LES DOUZE LIVRES

DU CODE

DE L'EMPEREUR JUSTINIEN,

DE LA SECONDE ÉDITION,

TRADUITS EN FRANÇAIS

Par P.-A. TISSOT, jurisconsulte, membre de plusieurs sociétés savantes.

TOME DEUXIÈME.

A METZ,

Au dépôt des Lois Romaines, chez BEHMER, Editeur-Propriétaire.

AN 1807.

CODICIS
DOMINI JUSTINIANI,
SACRATISSIMI PRINCIPIS,
EX REPETITA PRAELECTIONE.

CODE
DE L'EMPEREUR JUSTINIEN,
DE LA SECONDE ÉDITION.

LIVRE QUATRE.
TITRE PREMIER.
Des dettes et du serment.

1. *L'empereur Antonin à Herculien.*

UNE cause qui a été décidée par le serment qui a été déféré, du consentement des deux parties, par l'adversaire ou par le juge, et qui a été fourni ou remis, ne peut être renouvelée sous prétexte de parjure, à moins que ce ne soit dans un cas spécialement excepté par la loi.

Fait le 10 des cal. de juil. sous le 4e cons. de l'emp. Antonin et le 1.er de Balbinus. 223.

2. *L'emp. Alexandre à Félix.*

Le mépris de la religion du serment a assez de Dieu pour vengeur. Il en est de même si quelqu'un ayant juré par l'empereur, dans un moment d'emportement s'est parjuré, il ne doit point, d'après ce qui a été décidé par les empereurs mes ancêtres, être puni corporellement comme criminel de lèse majesté.

Fait le 6 des cal. d'avril sous le 2.e cons. de Maxime et le 1.er d'Elien. 224.

Tome II.

LIBER QUARTUS.
TITULUS PRIMUS.
De rebus creditis et jurejurando.

1. *Imp. Antoninus A. Herculiano.*

CAUSA jurejurando ex consensu utriusque partis, vel adversario inferente, delato et præstito, vel remisso decisa, nec perjurii prætextu retractari potest, nisi specialiter hoc lege excipiatur.

PP. 10 cal. jul. Antonino IV. et Balbino Coss. 223.

2. *Imp. Alexander A. Felici.*

Jurisjurandi contempta religio satis Deum ultorem habet. Periculum autem corporis, vel majestatis crimen, secundum constituta divorum parentum meorum, etsi per principis venerationem quodam calore fuerit pejeratum, inferri non placet.

PP. 6 cal. april. Maximo II et Æliano Coss. 224.

3. *Impp. Diocletianus et Maximianus AA. et CC. Severæ.*

In bonæ fidei contractibus, nec non etiam in ceteris causis inopia probationum, per judicem jurejurando causa cognita res decidi oportet.

PP. 10 calend. septembr. Maximo II et Aquilino Coss. 226.

3. *Les emper. Dioclétien et Maximien, et les Césars, à Sévéra.*

Il faut que dans ce qui concerne les contrats de bonne foi, ainsi que les autres, l'affaire, au défaut de preuves, soit décidée par le serment déféré en connaissance de cause par le juge.

Fait le 10 des cal. de septemb. sous le 2.ᵉ consul. de Maxime et le 1.ᵉʳ d'Aquilinus. 226.

4. *Iidem AA. et CC. Maximæ.*

Si ad excludendam tutelæ actionem pupillus jusjurandum tutori detulerit, postea eandem litem exercere non prohibetur.

PP. calend. jul. ipsis IV et III AA. Coss. 290.

4. *Les mêmes empereurs et Césars à Maxima.*

Quoiqu'un pupille ait, à l'effet d'éteindre l'action de la tutelle, déféré le serment à son tuteur, il ne lui est point défendu, si dans la suite il le désire, d'exercer la même action.

Fait pendant les cal. de juill. sous le cons. des mêmes emp. l'un pour la 4.ᵉ fois consul et l'autre pour la 3.ᵉ fois. 290.

5. *Iidem AA. et CC. Juliano.*

Cùm etiam à pupillorum tutoribus velut ab ipsis pupillis relicta fideicommissa videntur, super fideicommissis præses provinciæ cognoscet : et si id tibi relictum esse constiterit, reddi tibi efficiet. Idem si inficietur, ad jusjurandum (ut desideras) tutorem adiget.

PP. 4 cal. decembr. ipsis IV et III A. Coss.

5. *Les mêmes emp. et Césars à Julien.*

Lorsqu'il paraîtra que des fidéicommis ont été laissés à des pupilles par l'intermédiaire de leurs tuteurs, le président de la province connaîtra de ces fidéicommis ; et s'il conste qu'ils vous aient été laissés à vous-même, il ordonnera qu'ils vous soient restitués. Le même président, si votre adversaire le nie, déférera, comme vous le désirez, le serment au tuteur.

Fait le 4 des cal. de décemb. sous le même consul. 190.

6. *Iidem AA. et CC. Bessio.*

Cùm proponas partibus placuisse, jurisjurandi religione generis et ingenuitatis quæstionem decidi : præses provinciæ juxta decretum arbitri ad voluntatis vestræ placitum amitæ filiis consulet.

PP. 5 id. februar. Tiberiano et Dione Coss. 291.

6. *Les mêmes emp. et Césars à Bessius.*

Disant que les parties sont convenues de s'en référer au serment sur une question de famille et d'ingénuité, le président de la province, d'après le décret que l'arbitre a rendu au sujet de vos conventions, agira en faveur des fils de votre tante.

Fait le 5 des ides de févr. sous le cons. de Tibérien et de Dion. 291.

7. *Iidem AA. et CC. Eutychianæ.*

Nec filius, nec quisquam alius, nec litigando, nec paciscendo, sed neque jusjurandum contra voluntatem dominæ rei deferendo, præjudicium ei facere potest. Unde si citra mandatum tuum aliquid

7. *Les mêmes empereurs et Césars à Eutychiana.*

Un fils, ou tout autre, ne peut, sans le consentement de la maîtresse de la chose, soit en plaidant, soit en transigeant, soit en déférant le serment, lui porter préjudice. C'est pourquoi si votre fils a fait sans votre procuration quelque chose à l'égard de votre propriété, que vous désapprouvez, il n'a porté en cela aucune atteinte à vos droits.

Fait pendant les ides de novemb. sous le cons. des emp. nommés ci-dessus. 293.

8. Les mêmes empereurs et Césars à Alexandre.

Le serment étant déféré au demandeur, s'il l'a prêté ou s'il lui a été remis, il peut exercer l'action in factum, semblable à celle de la chose jugée.

Fait le 12 des cal. de mai, sous le cons. des Césars. 294.

9. Les mêmes emp. et Césars à Martien.

Si le demandeur a déféré, du consentement commun, le serment au défendeur, et s'il n'existe aucune preuve qu'il lui ait été déféré de mauvaise foi, il doit être forcé par le juge ou d'acquiescer à la demande qu'on lui fait, ou de prêter le serment, ou de s'en rapporter à celui du demandeur.

Fait le 5 des cal. de mai, sous le cons. des empereurs nommés ci-dessus. 299.

10. Les mêmes empereurs et Césars à Protogène.

Dans l'action du dépôt, qui est intentée au sujet des choses données sans écrit, le serment peut être déféré, à l'exemple des autres actions de bonne foi.

Fait le 5 des cal. de décemb. sous le cons. des Césars. 300.

11. L'empereur Justinien à Démosthène, préfet du prétoire.

Si quelqu'un, ayant déféré le serment, s'est dédit avant qu'il eût été prêté, à cause, par exemple, qu'il a découvert de nouvelles preuves; nous ordonnons qu'il ne lui soit plus permis de recourir au serment (car il est absurde d'y recourir lorsqu'on a cru devoir le rejeter, et de vouloir s'en servir encore après avoir reconnu la faiblesse des moyens qui l'ont d'abord fait rejeter), et que les juges ne permettent en aucune manière une telle injustice. Mais si quelqu'un, ayant d'abord déféré le serment, a cru ensuite devoir le révoquer, il doit lui être permis de le faire et de four-

erga rem tuam filius tuus gessit, nec hoc ratum habuisti : nihil tibi oberit.

S. idib. novembr. AA. et Coss. 293.

8. Iidem AA. et CC. Alexandro.

Actori delato vel relato jurejurando si juraverit, vel ei remissum sit sacramentum : ad similitudinem judicati in factum actio competit.

S. 12 cal. maii, CC. Coss. 294.

9. Iidem AA. et CC. Martiano.

Delata conditione jurisjurandi, reus (si non per actorem quominùs de calumnia, juret, steterit) per judicem solvere, vel jurare, nisi referat jusjurandum, necesse habet.

S. 5 cal. maii, AA. Coss. 299.

10. Iidem AA. et CC. Protogeni.

In actione etiam depositi, quæ super rebus quasi sine scriptis datis movetur, jusjurandum ad exemplum cæterorum bonæ fidei judiciorum deferri potest.

S. 5 cal. decembr. CC. Coss. 300.

11. Imper. Justinianus A. Demostheni P. P.

Si quis jusjurandum intulerit, et necdum eo præstito, posteà (utpotè sibi allegationibus abundantibus) hoc revocaverit : sancimus nemini licere penitùs iterum ad sacramentum recurrere (satis enim absurdum est reddire ad hoc, cui renuntiandum putavit : et cùm desperavit aliam probationem, tunc denuò ad religionem convolare), et judices nullo modo eos audire ad tales iniquitates venientes. Si quis autem sacramentum intulerit, et hoc revocare maluerit : licere quidem ei hoc facere, et alias probationes, si voluerit, præstare : ita tamen, ut hujusmodi licen-

1 *

tia usque ad litis tantummodò terminum ei præstetur. Post definitivam autem sententiam, quæ provocatione suspensa non sit, vel quæ postquam fuit appellatum, corroborata fuerit : nullo modo revocare juramentum, et iterum ad probationem venire cuiquam concedimus ; ne repetita lite, finis negotii alterius causæ fiat exordium.

Dat. 15 cal. octob. Chalcedone, Decio V. Coss. 529.

12. *Idem* A. *Demostheni* P. P.

Generaliter de omnibus juramentis quæ in litibus offeruntur, vel à judice, vel à partibus, definiendum est. Cùm enim jam increbuit, judices in plenissima definitione sacramentum imponere : evenit, ut provocatione lite suspensa, hi quidem qui jusjurandum præstare jussi sunt, ab hac forté luce subtrahantur, probationes autem rerum cadant : cùm multum discrepet juramentum hereditarium à principali sacramento. Necessitate itaque rerum coacti, et probationibus pinguiùs subvenientes, ad hujusmodi venimus sanctionem. Omne igitur juramentum, sive à judicibus, sive à partibus illatum, vel in principio litis, vel in medio, vel in ipsa definitiva sententia : sub ipso judice detur, non expectata vel ultima definitione, vel provocationis formidine.

§. 1. Sed juramento illato, cùm hoc à partibus factum fuerit, et à judice approbatum, vel ex auctoritate judicis cuicunque parti illatum, si quidem is cui imponitur sacramentum, nihil ad hoc fuerit reluctatus : hoc præstetur, vel referatur : necessitate ei imponenda, cui jure refertur, relationis sacramentum subire : vel si hoc recusaverit, quasi illato sacramento præstito, causa vel capitulum decidatur, nullo loco provocationis relinquendo. Quis enim ferendus est ad appellationis veniens auxilium in iis, quæ ipse facienda procuravit?

§. 2. Sin autem is cui sacramentum est illatum vel à parte, vel à judice, hoc su-

nir, s'il le désire, d'autres preuves. On ne doit cependant accorder cette permission que pendant toute la durée du procès ; car nous ne permettons point qu'après qu'il a été rendu une sentence définitive dont il n'y a pas d'appel, ou dont l'appel a été rejeté, on puisse révoquer le serment et présenter de nouveau des preuves ; de peur que le procès étant recommencé, il ne naisse, d'une cause déjà décidée, le commencement d'un autre procès.

Fait à Calcédoine le 15 des cal. d'octob. sous le cons. de Décius. 529.

12. *Le même emp. à* Démosthène, P. P.

Il est nécessaire de régler généralement ce qui concerne tous les sermens déférés par le juge ou par les parties : car il arrivait fréquemment autrefois que les juges déféraient le serment par une sentence définitive, et qu'avant que le serment fût prêté, ceux à qui il avait été déféré décédaient. De cette manière les preuves du procès se perdaient, parce qu'il y a une grande différence du serment de l'héritier à celui de son auteur. C'est pourquoi, forcés par la nécessité des choses, et voulant suppléer aux preuves d'une manière plus convenable, nous décrétons les présentes dispositions : ainsi que tout serment, soit qu'il ait été déféré par les juges ou par les parties, soit au commencement du procès, au milieu, ou même lors de la sentence définitive, soit prêté devant le même juge sans attendre une dernière décision ou le résultat de l'appel.

§. 1. Lorsque le serment a été déféré par les parties et approuvé par le juge, ou lorsque le juge lui-même de son autorité l'a déféré à l'une des parties, et celui à qui il a été déféré ne s'en est défendu par aucune raison, qu'il le prête ou qu'il s'y réfère, et on doit forcer celui à qui il a été référé de le prêter. S'il le refuse, que son adversaire soit censé l'avoir prêté, et que la cause ou l'incident dont il s'agit soit décidé sans appel; car quelle croyance mérite celui qui appelle d'une sentence qu'il a provoquée lui-même?

§. 2. Si celui à qui le serment a été déféré par son adversaire ou par le juge, ne veut pas le prêter, qu'il lui soit permis de le refuser. Mais si le juge croit qu'il doive être prêté, qu'il décide la cause sans l'intervention du serment, celui qui a refusé de le prêter étant censé le vouloir ainsi ; qu'il passe de suite à l'examen des autres points de la cause ou de la cause entière, que l'affaire aille son train et qu'elle ne soit arrêtée par aucun obstacle. Que celui qui a récusé le serment qui lui était déféré, ou expose les raisons de son refus, ou si elles sont rejetées, qu'il appelle de ce rejet ; et si le juge de l'appel a prononcé que le serment a été légalement déféré et qu'il n'a pu légitimement être récusé, les choses resteront telles qu'elles ont été jugées d'abord. Mais si au contraire il déclare que le serment a été illégalement déféré et qu'il a été légitimement récusé, il lui sera permis alors de faire corriger la sentence du juge, qui n'a été rendue que par le seul fait que le serment a été récusé, et il n'encourra absolument aucun préjudice ni ne supportera aucun frais injuste ; il ne lui sera point défendu de recommencer la cause depuis le commencement, qui devra être examinée impartialement.

§. 3. Soit que le serment déféré ait été prêté, soit qu'il ait été récusé, il doit être défendu à la partie qui l'a déféré d'appeler de ce qui aura été décidé : car il serait trop injuste, par cela même que le juge lui a accordé sa demande, que la partie qui a déféré le serment pût appeler de ce qui aurait été fait en conséquence.

§. 4. Ces dispositions concernent seulement les personnes présentes ; nous ne devons point oublier les absentes : c'est pourquoi nous devons en parler dans cette loi, à laquelle nous les soumettons. Si, par exemple, le procès étant poursuivi par procureur, la personne à qui le serment est déféré est absente, il est nécessaire qu'il lui soit accordé un certain délai pour qu'elle se rende au tribunal, afin qu'elle exécute ce qui a été ordonné à l'égard du serment ; ou, si le juge le croit à propos, qu'elle procède dans la province qu'elle habite, par acte authentique, sur le serment qu'elle doit prêter, référer ou récuser : de sorte que l'affaire soit terminée quel que soit le parti pris par la personne

bire minimè voluerit : licentiam quidem habeat sacramentum recusare. Judex autem si hoc omnimodò præstandum existimaverit, sic causam dirimat, quasi volente eo sacramentum sit recusatum : et ita cætera sive capitula, sive totius negotii summa examinentur, et lis suo marte percurrat, nullo ei obstaculo obviante. Ipse autem qui sacramentum sibi illatum dare recusaverit : vel hoc attestetur, vel si fortè non audeat, habeat sibi in ultima provocatione repositum auxilium ; et si judex appellationi præsidens bene quidem illatum jusjurandum, non ritè autem recusatum pronuntiaverit : res secundùm quod judicatum est, permanebit. Sin autem non ritè quidem illatum, rectè autem recusatum sacramentum pronuntiaverit : tunc ei licebit emendare sententiam judicis, quæ quasi ex recusato sacramento processit, et nihil penitùs nec præjudicii, nec injusti dispendii quicunque incurret : sed et causæ cursus ab initio usque ad novissimum terminum non impedietur, et lis æqua lance trutinabitur.

§. 3. Sive autem illatum juramentum præstitum fuerit, sive recusatum : ipsi parti, quæ hoc intulit, nullum provocationis remedium in hoc reservabitur : cùm nimis crudele est, parti quæ hoc detulit, propter hoc ipsum, quòd judex ejus petitionem secutus est, superesse provocationem.

§. 4. His de præsentibus personis statutis, nec absentes nos fugiunt, sed etiam eos huic legi subjugamus. Et si persona præsens non inveniatur, cui sacramentum illatum est, lite fortè per procuratorem ventilata : necesse est vel ipsam principalem personam datis certis induciis ad judicem venire, ut ea quæ de sacramentis statuta sunt, impleat : vel si judex existimaverit, in provincia ubi degit, sub actorum testificatione juramentum ab ea vel dari, vel referri, vel recusari, hoc procedere : ut singulis casibus eventus jam definitus imponatur. Licentia danda etiam parti alteri, vel per se, vel per procuratorem super hoc ipsum ordinatum adesse his quæ de juramento aguntur : vel si neutrum facere maluerit, et ex una parte, sub fide tamen gestorum juramentum praestari, vel referri, vel recusari : expensis propter hujusmodi causam praestandis officio judicis trutinandis, an ab utraque parte, an ab altera oporteat eas dependi : nullo tamen ex hoc litibus impedimento generando, sed donec ea procedunt, aliis vel capitalis vel litis membris à judice examinandis ; et postquam fuerint ei intimata gesta super juramento subsecuta, tunc iterum ad hoc capitulum judice redeunte, et eo adimpleto, ad cetera perveniente : omnibus aliis, quae de praesentibus sancita sunt, et in absentium parte observandis.

§. 5. In omnibus autem casibus, in quibus sacramenta praestantur, observationem judicialem permanere censemus secundùm personarum qualitatem, sive sub ipso judice praestari oportet juramentum, sive in domibus, sive sacris scripturis tactis, sive in sacrosanctis oratoriis.

§. 6. Similique modo in sua firmitate manere, quae de calumniae jurejurando, vel relato sacramento legibus cauta sunt, vel à nobis, vel à retrò divis principibus introducta. Non enim ut aliquid derogetur antiquioribus legibus, haec prolata sunt, sed ut si quid deesse eis videatur, hoc repleatur.

Dat. 3 cal. novemb. Decio V. C. Coss.

13. *Idem* A. *Joanni* P. P.

Cùm quis legatum vel fideicommissum, utpotè sibi relictum exigeret, et testamento fortè non apparente, pro eo sacramentum ei ab herede delatum esset, et is religionem suam praestasset, affirmans sibi

à qui le serment a été déféré. Il doit être permis à la partie adverse d'assister, soit par elle-même, soit par procureur, à la cérémonie du serment à prêter par l'absent ; mais si elle n'y assiste ni par elle-même ni par un autre, et si d'un autre côté il conste par acte dressé à cet effet que le serment a été prêté, référé ou récusé, le juge doit examiner par qui les dépenses qu'une cause de cette nature a entraînées doivent être remboursées, si elles doivent être supportées par les deux parties ou seulement par l'une d'entr'elles. Ceci ne doit cependant faire naître aucun retard au jugement du procès ; mais le juge doit, nonobstant cela, passer à l'examen des autres incidens ou autres points du procès. Dès que les actes faits à l'occasion du serment auront été présentés au juge, il doit de nouveau retourner sur ses pas et revenir au serment, et delà passer aux autres points. Les autres dispositions ordonnées à l'égard des présens doivent être aussi appliquées aux absens.

§. 5. Nous ordonnons que dans tous les cas où le serment doit être prêté, qu'on observe les distinctions introduites d'après les qualités des personnes, et que par conséquent, lorsque la qualité des personnes l'exige, il soit prêté chez le juge même ou dans la maison de celui à qui il a été déféré, ou sur les saintes écritures, ou enfin dans les églises.

§. 6. Nous ordonnons également que les dispositions concernant le serment de calomnie, ou le réferement du serment, portées dans les lois qui ont été déjà publiées, soit par nous, soit par nos prédécesseurs, conservent toute leur force ; car nous ne publions pas cette loi afin de déroger à celles qui sont plus anciennes, mais afin de suppléer à ce qui leur manque.

Fait le 3 des cal. de novembre, sous le cons. de Décius.

13. *Le même emper. à Jean, préfet du prétoire.*

Quelqu'un demande un legs ou un fidéicommis comme lui ayant été laissé : il ne paraît pas de testament ; l'héritier, pour suppléer au testament, lui a déféré le serment. Il a juré en conséquence que le legs ou le fidéicommis lui a été laissé ; après quoi le legs ou le fidéicommis lui a été délivré. On a trouvé des preuves dans la suite qu'il ne lui avait été rien laissé. Les anciens demandaient si, dans une telle espèce, ce qui avait été fait en vertu du serment devait être conservé ; ou si celui à qui il a été déféré doit être condamné à la restitution de ce qu'il a reçu en conséquence ; ou si le legs ou le fidéicommis lui ayant été laissé véritablement, l'héritier, s'il y a lieu, doit retenir la falcidie ? Quant à nous, il nous a paru mieux que dans le premier cas, le legs ou le fidéicommis devait être répété, et qu'il ne devait résulter aucun avantage de ce parjure ; et que dans le second cas où le serment a été sincère, l'héritier retienne la quarte, s'il y a lieu : afin que personne, par nos lois, ne retire un gain infâme par son délit.

Fait à Constantinople le 15 des cal. de novemb. après le cons. de Lampadius et d'Oreste. 552.

legatum vel fideicommissum derelictum esse, et ex hujusmodi testamento id quod petebat, consecutus esset, postea autem manifestum esset factum, nihil ei penitus fuisse derelictum : apud antiquos quærebatur, utrùm jurejurando standum esset, an restituere deberet quod accepisset ; vel si reverà ei derelictum fuisset legatum vel fideicommissum, an daremus hic etiam heredi falcidiam, si competat, ex hoc retinere ? Nobis itaque melius visum est, repeti ab eo legatum vel fideicommissum, nullumque ex hujusmodi perjurio lucrum ei accedere. Sed si verum fuerit inventum : quartæ detentionem introduci, si tamen locum habeat : ne cui ex delicto impium sibi lucrum adferre nostris legibus concedatur.

Dat. 15 cal. novembr. Constantinop. post consulatum Lampadii et Orestis, VV. CC. 552.

TITRE II.

De la demande d'une chose particulière.

1. Les empereurs Sévère et Antonin à Modestinus.

VOUS demandez une chose injuste et contraire à l'usage, en demandant que vous et votre frère, votre cohéritier, vous payiez les dettes de votre père, non au *prorata* de vos portions héréditaires, mais selon la valeur des choses laissées à titre de prélegs ; puisqu'il est de droit incontestable que les héritiers institués doivent supporter les charges héréditaires proportionnellement à la part qu'ils ont eue dans la succession, sans y comprendre ce qui a été laissé par prélegs. Vous ne paraissez pas vous-même ignorer ce principe du droit, puisque vous avez satisfait aux créanciers proportionnellement à votre portion héréditaire, selon la règle du droit ancien.

Fait pendant les cal. de juil. sous le cons. de Chilon et de Libon. 205.

TITULUS II.

Si certum petatur.

1. Imp. Severus et Antoninus AA. Modestino.

NEQUE æquam, neque usitatam rem desideras, ut æs alienum patris tui non pro portionibus hereditariis exsolvatis tu et frater cohæres tuus, sed pro æstimatione rerum prælegatarum : cùm sit explorati juris, hereditaria onera ad scriptos heredes pro portionibus hereditariis, non pro modo emolumenti pertinere. Quod nec tu ipse ignorare videris, cum creditoribus secundùm formam veteris juris pro portione tua caveris.

Dat. cal. jul. Chilone et Libone Coss. 205.

2. *Imp. Antoninus A. Hermogeni.*

Quamvis pecuniam tuam Asclepiades suo nomine crediderit, stipulando tamen sibi jus obligationis quaesivit, quam pecuniam ut possis petere, mandatis tibi ab eo actionibus, consequeris.

PP. 7 calend. maii, Messala et Sabino Coss. 215.

3. *Imp. Gordianus A. Sempronio.*

Eos qui officio administrant, neque per se, neque per suppositas personas tempore officii sui in provincia foenus egitare posse, saepè rescriptum est.

PP. 8 cal. septemb. Gordiano A. et Aviola Coss. 240.

4. *Imp. Philippus A. et Philippus C. Maximo.*

Si absentis pecuniam nomine ejus foenori dedisti, ac reprobato nomine, mandatis actionibus experiris, praeses provinciae jurisdictionem suam praebebit. Idem si cessare mandatum animadverterit, utilem tibi adversus debitorem actionem eo nomine competere non negabit.

Propos. 15 cal. mart. Praesente et Albino Coss. 247.

5. *Impp. Diocletianus et Maximianus AA. et CC. Aristodemo et Proculo.*

Si non singuli insolidum accepta mutua quantitate, vel stipulanti creditori sponte vos obligastis : licèt uni numerata sit pecunia, vel intercessionis nomine hanc pro reo suscepistis obligationem : frustrà veremini, ne ejus pecuniae nomine vos convenire possit, quam alii mutuò dedit, si intra praestitutum tempus rei gestae quaestionem detulistis. Ac multo magis manem timorem geritis, si pecunia numerate oleum susceptum instrumento sit collatum : cùm si reddendi stipulatio nulla subjecta est, et hujus rei est habita solemnis contestatio

iu

2. *L'empereur Antonin à Hermogènes.*

Quoique la somme d'argent qu'Asclépiade a prêtée vous appartint, ayant stipulé qu'elle lui serait rendue à lui-même, c'est envers lui que celui à qui il a prêté est obligé ; mais vous pouvez, par l'action du mandat, le forcer à vous céder l'action nécessaire pour que vous puissiez demander votre argent.

Fait le 7 des cal. de mai, sous le cons. de Messala et de Sabinus. 215.

3. *L'empereur Gordien à Sempronius.*

Il a été souvent rescrit qu'un fonctionnaire public dans les provinces ne peut, tant que durent ses fonctions, ni par lui, ni par personnes interposées, prêter de l'argent à usure.

Fait le 8 des cal. de septembre, sous le cons. de l'emp. Gordien et d'Aviola. 240.

4. *L'emp. Philippe et le César Philippe à Maxime.*

Si ayant prêté à usure l'argent d'un absent et en son nom, il désapprouve votre démarche et refuse d'user de l'action que vous lui avez acquise, usez vous-même des actions du mandat. Vous pouvez vous adresser à cet effet au président de la province ; et si ce même magistrat s'aperçoit que le mandat soit fini, il ne vous refusera point à ce titre l'action utile contre le débiteur.

Fait le 15 des cal. de mars, sous le cons. de Présens et d'Albinus. 247.

5. *Les emper. Dioclétien et Maximien, et les Césars, à Aristodème et à Proculus.*

Si vous n'avez point accepté solidairement la somme prêtée, ni ne vous êtes de vous-mêmes obligés envers le créancier stipulant, ni n'avez contracté l'obligation en servant de garant pour celui qui a reçu la somme, c'est mal-à-propos que vous craignez que le créancier puisse vous citer en demande de cet argent qui a été prêté à un autre, si dans le tems fixé à cet effet vous avez prouvé que la somme ne vous a point été complète. Votre crainte est encore bien moins fondée si, au lieu d'argent, le titre dont il s'agit portant de l'huile, l'huile, il n'a point été stipulé qu'il serait rendu, et s'il a élevé des plaintes à ce sujet pendant le tems légitime, celui qui a réellement reçu l'argent doit en être tenu; mais il est évident que, d'après le titre, il n'est rien dû pour l'huile dont il y est fait mention.

Fait le 5 des nones de mai, sous le cons. des emper. nommés ci-dessus. 293.

in suo statu remanente eo, quod verè factum intercessit, ex olei accepti scriptura nihil deberi manifestum est.

S. 5 non. maii, AA. Coss. 293.

6. *Les mêmes empereurs et Césars à Nicandre.*

Si quelqu'un vous devant une quantité d'argent à titre du prix d'une certaine chose, vous avez stipulé par novation qu'il vous en porteroit des intérêts licites, quoique la cause de la dette qui a été rappelée dans l'acte de novation soit fausse, cependant, comme la substance de l'obligation reste toujours la même, rien ne s'oppose à ce que les intérêts convenus ne puissent être exigés. Mais s'il a été convenu simplement et sans stipulation que la somme a été donnée en prêt et qu'elle doit porter intérêt, les actes simulés étant censés non faits, une telle convention ne peut rien changer à l'obligation antérieure.

Fait le 15 des cal. de décemb. sous le même cous. 293.

6. *Iidem AA. et CC. Nicandro.*

Si ex pretio debitæ quantitatis facta novatione, per stipulationem usuras licitas ab eo contra quem supplicas, stipulatus es : falsa mutuò datæ quantitatis demonstratio præmissa, cùm obligationis substantia non defecerit, quominùs usque ad modum placitum usuræ possint exigi, nihil nocet. Si verò citra vinculum stipulationis tantùm mutuam pecuniam datam conscriptum est, et ejus præstari fœnus convenit : simulatis pro infectis habitis, hujusmodi placitum nihil de præcedenti mutavit obligatione.

S. 15 cal. decemb. AA. Coss. 293.

7. *Les mêmes empereurs et Césars à Pactuméia.*

Dans les obligations qui naissent du prêt, on ne doit point considérer d'où provient la somme qui est donnée en prêt, mais seulement si celui qui l'a comptée, l'a donnée comme lui appartenante.

Fait le 5 des nones d'octobre, sous le même consul. 293.

7. *Idem AA. et CC. Pactumeiæ.*

Non unde originem pecunia quæ mutuò datur, habeat : sed qui contraxit, si ut propriam numeravit, in hujusmodi obligationibus requiritur.

S. 5 non. octobr. AA. Coss. 293.

8. *Les mêmes empereurs et Césars à Proculus.*

Si en place de l'argent que vous demandiez à votre créancier, il vous a donné de l'argent non monnoyé, ou des bestiaux, ou d'autres choses estimées avec son consentement et le vôtre, et si vous lui avez donné de l'or en gage, quoique vous lui ayez promis de lui faire les intérêts de cette somme au-delà de l'usure *centésime*, il ne peut cependant demander légalement que le principal fixé par votre consentement

8. *Iidem AA. et CC. Proculo.*

Si pro mutua pecunia, quam à creditore poscebas, argentum, vel jumenta, vel alias species utriusque consensu æstimatas accepisti, dato auro pignori : licèt ultra usuram centesimam, usuras stipulanti spopondisti : tamen sors quæ æstimatione placito partium definita est, et usurarum titulo legitima summa tantùm rectè petitur. Nec quicquam tibi prodesse potest, quod minoris esse pretii pignus quod dedisti

proponis, quominùs hujusmodi quantitatis solutioni pareas.

S. 17 cal. januar. AA. Coss. 293.

y. *Iidem* AA. *et* CC. *Alexandro.*

Cum te in Gallia cum Syntropho certum
auri pondus, itemque numeratam pecuniam mutuò dedisse, ut Romæ solveretur, precibus adseveras: aditus competens
judex, si duos reos stipulandi, vel re pro
solido tibi quaesitam actionem, sive ab heredibus Syntrophi procuratorem te factum
animadverterit : totum debitum, alioqui
quod dedisti solùm, restitui tibi jubebit.

S. 15 cal. januar. AA. Coss. 293.

10. *Iidem* AA. *et* CC. *Crispino.*

Eo quòd à multis proprii debiti singulorum obligationis uno tantùm instrumento probatio continetur, exactio non inter-
pellatur. Nam si pro pecunia quam mutuò
dedisti, tibi vinum stipulanti, qui debue-
rant, spoponderunt : negotii gesti pæni-
tentia contractum rectè habitum non constituit irritum.

S. 2 non. februar. AA. Coss. 293.

11. *Iidem* AA. *et* CC. *Maximiano.*

Incendium ære alieno non exuit debitorem.

S. 2 idem februar. AA. Coss. 293.

mutuel, et à titre d'intérêts que le taux
légitime. Mais vous ne pouvez tirer aucun
avantage de ce que le gage que vous avez
donné en nantissement de cette somme est
de moindre valeur, pour ne point payer la
totalité de la somme que vous avez reçue.

Fait le 17 des cal. de janvier, sous le
même consul. 293.

9. *Les mêmes empereurs et Césars à
Alexandre.*

Vous assurez dans votre supplique que
vous et Syntrophus avez donné en prêt,
dans la Gaule, un certain poids d'or et
une somme d'argent à quelqu'un, sous la
condition que cet or et cette somme d'argent vous seraient rendus à Rome ; allez
trouver le juge compétent, qui, s'il juge
que vous soyez son créancier pour le tout,
ou que vous ayez une action pour la totalité de la chose, ou que vous avez pouvoir de retirer des héritiers de Syntrophus, ordonnera non-seulement que ce
qui vous est dû vous soit restitué, mais
encore la totalité de la dette.

Fait le 15 des cal. de janvier, sous le
consulat ci-dessus. 293.

10. *Les mêmes emper. et Césars à Crispinus.*

Le paiement ne doit pas être refusé par
cela seul que la preuve de la dette de plusieurs personnes se trouve dans un seul et
un même acte. C'est pourquoi, si, pour
de l'argent que vous avez donné en prêt,
vous avez stipulé qu'on vous rendrait du
vin, et si on y a consenti, vos débiteurs
ne peuvent, par le repentir d'avoir souscrit une telle obligation, annuller un contrat passé légalement.

Fait le 2 des non. de fév., sous le même
consulat. 293.

11. *Les mêmes empereurs et Césars à
Maximien.*

Un incendie ne libère point un débiteur
de ce qu'il doit.

Fait le 2 des ides de fév., sous le même
consulat. 293.

12. *Les mêmes empereurs et Césars à. Théophanius.*

Si ayant accepté une somme en prêt dans une affaire qui vous est commune avec Ion, vous ne vous êtes obligé pour la totalité de la dette, ni par la chose, ni par la solennité des paroles ; quoique par la suite vous ayez payé la totalité de la dette, vous pouvez forcer Ion, devant le juge compétent, à vous rembourser la partie qui le concerne de la dette que vous avez payée en entier.

Fait le 15 des cal. de sept., sous le consulat des Césars. 300.

13. *Les mêmes emp. et Césars à Fronton.*

Il faut que celui qui a emprunté une somme d'argent, quoique ce soit pour employer aux affaires d'autrui, demeure principalement obligé à son prêteur, si ce dernier, en prêtant la somme, n'a pas eu en vue celui pour les affaires de qui la somme a été empruntée.

Fait à Nicomédie, le 17 des cal. de novemb., sous le consul. des Césars. 300.

14. *Les mêmes empereurs et Césars à Hadrien.*

Le créancier qui a prêté de l'argent à d'autres qu'à vous, la solennité des paroles n'ayant pas été observée, ne vous a point obligé par cela seul que vous avez souscrit l'acte constatant le prêt qu'il a fait à d'autres.

Fait sous le consul. des emper. nommés ci-dessus.

15. *Les mêmes empereurs et Césars à Charidème.*

Vous demandez une chose évidemment contraire au droit, en voulant que les créanciers ne dirigent point leur action contre vous qui avez emprunté, mais contre les héritiers de celui pour qui vous avez emprunté.

Fait le 5 des cal. de décemb., sous le consulat des Césars.

16. *Les emper. Honorius et Théodose à Théodore, préfet du prétoire.*

Que celui qui a prêté à intérêt une somme d'argent à un juge, soit, s'il est

---

12. *Iidem AA. et CC. Theophanio.*

Si in rem communem cum Ione mutuam sumpsisti pecuniam, nec re, nec solennitate verborum te obligasti in solidum : etsi eam post integra solvisti, de restituenda tibi parte contra Ionem experiri, ut debitum poscens, judice cognoscente potes.

S. 15 cal. septemb. CC. Coss. 300.

13. *Iidem AA. et CC. Frontoni.*

Eum qui mutuam sumpsit pecuniam, licèt in res alienas, creditore non contemplatione domini rerum eam fœnori dante, principaliter obligatum, obnoxium remanere oportet.

S. 17 calend. novembr. Nicomediæ, CC. Coss. 300.

14. *Iidem AA. et CC. Hadriano.*

Mutuæ pecuniæ, quam aliis dedit creditor, citra solennitatem verborum subscribentem instrumento te non habet obligatum.

Sine die. AA. Coss.

15. *Iidem AA. et CC. Charidemo.*

Non adversus te creditores, qui mutuam sumpsisti pecuniam, sed ejus cui hanc credideras, heredes experiri : contra juris formam evidenter postulas.

S. 5 cal. decemb. CC. Coss.

16. *Impp. Honorius et Theodosus AA. Theodoro P. P.*

Quisquis judici fœnebrem pecuniam mutuaverit, si in provincia fuerit versatus :

2 *

quasi emptor legum atque provinciæ : vel si quis collectarius honoris pretium dederit ambienti : exilii pœna unà cum ipso judice plectetur.

Dat. 17 calend. novembr. Basso et Philippo, Coss. 408.

son justiciable, considéré comme acheteur des lois de la province, et soit condamné, de même que le juge, à la peine de l'exil ; que le nummulaire qui a payé celui qui aspirait concurremment avec lui à une dignité, afin qu'il renonçât à ses prétentions, soit condamné à la même peine.

Fait le 17 des cal. de novemb., sous le consul. de Bassus et de Philippe. 408.

17. *Imp. Justinianus A. Mennæ præfecto prætorio.*

Super chirographariis instrumentis hæc pro communi utilitate sancienda duximus, ut si quis pecunias credere supra quinquaginta libras auri voluerit, vel super reddito debito securitatem accipere, cùm amplius sit memorata quantitate : sciat non aliter debere chirographum à debitore vel creditore percipere, quàm si testimonium trium testium probatæ opinionis per eorum subscriptiones idem chirographum capiat. Nam si contra hujusmodi observationem chirographum super pecuniis memoratam auri quantitatem excedentibus proferatur : minimè hoc admitti à judicantibus oportet. Quod et in futuris creditis vel debitorum solutionibus locum habere oportet.

Dat. 10 cal. jun. Constantinop. DN. Justiniano A. II. Coss. 528.

17. *L'empereur Justinien à Menna, préfet du prétoire.*

Nous avons cru, pour l'utilité commune, devoir décréter les présentes dispositions concernant les actes chirographaires ; que celui donc qui emprunte une somme excédant cinquante livres d'or, ou qui désire recevoir quittance excédant cette quantité, sache que l'acte ou la quittance dont il s'agit ne seront valables qu'autant que trois témoins de bonne renommée les auront souscrits. Car si on a omis cette formalité à l'égard de ces actes qui ont pour objet une somme qui excède la quantité dont nous venons de parler, les juges ne doivent y avoir aucune foi. Cette loi ne doit être observée qu'à l'égard des prêts et des paiemens qui se feront à l'avenir.

Fait à Constantinople, le 10 des cal. de juin, sous le second consulat de l'emp. Justinien. 528.

In authent. Nov. 73 cap. 1.

Sed novo jure quinque testes adhibendi sunt, si fiat ab imperito litterarum contractus in scriptis, et in civitate, et excedat libram auri. Nam si quis facere quemlibet contractum ex non scripto voluerit manifestum est quia aut per testes, aut per jusjurandum fidem percipiet, actore quidem testes deducente, pulsato autem jurante aut referente, sicut judex deposuerit. In agris autem, quæ hactenùs valuerunt apud eos, et nunc sint firma.

Authentique extraite de la novelle 73, chap. 8.

Mais, d'après le nouveau droit, on doit employer cinq témoins, si le contrat étant fait par écrit, a pour objet une somme excédant une livre d'or, et si celui qui le passe est illitéré et demeure dans la ville. Mais si quelqu'un veut faire un contrat non écrit, il est clair qu'il le peut, en employant des témoins ou le serment ; et en cas de contestation survenue au sujet des contrats non écrits, le demandeur doit amener devant les juges les témoins, le défendeur jurer ou référer le serment, selon ce que le juge ordonnera. Nous confirmons les anciennes lois au sujet des contrats faits à la campagne.

TITRE III.

De ce qui est promis à quelqu'un pour avoir son suffrage.

1. *Les emper. Théodose, Arcadius et Honorius à Rufinus, préfet du prétoire.*

Si des personnes, dans le dessein d'obtenir ce qu'elles désirent, ont prié quelqu'un de leur accorder son suffrage, et se sont obligées de lui donner en retour quelque chose, qu'elles remplissent leur promesse, et qu'elles observent les engagemens qu'elles ont contractés volontairement ; qu'elles y soient forcées, si sous divers prétextes elles cherchent à gagner du temps.

§. 1. S'il a été donné à ce titre quelque chose en or, en argent ou autres choses mobiliaires, la seule tradition suffira, et le contrat sera valable à perpétuité ; car la tradition d'une chose mobiliaire étant faite donnera au contrat toute son autorité.

§. 2. S'il a été convenu de donner un héritage rustique ou urbain, qu'il soit passé un acte qui conste que la propriété en a été transférée à un autre, et que la tradition s'en est ensuivie : car autrement le domaine n'en passerait pas au nouveau maître, et appartiendrait toujours à l'ancien.

§. 3. Si celui dont il a été convenu de payer le suffrage, s'empare de sa propre autorité des biens promis, sa violence et sa témérité seront réprimées, et les biens rendus à l'ancien maître ; et celui qui a cru devoir envahir ce qu'il aurait dû demander, sera débouté de sa demande.

Fait le 3 des non. de mars, sous le troisième consul. de l'emper. Arcadius, et le second de l'emp. Honorius. 394.

TITULUS III.

De suffragio.

Impp. Theodosus, Arcadius et Honorius AAA. Rufino P. P.

Si qui desideria sua explicare cupientes, ferri sibi a quoquam suffragium postulaverint, et ob referendam vicem se sponsione constrinxerint : promissa restituant, cùm ea quæ optaverint, consequantur. Si artibus moras nectant, ad solutionem debiti coartandi sunt.

§. 1. Si quid eo nomine in auro, vel argento, vel cæteris mobilibus datum fuerit : traditio sola sufficiet, et contractus habebit perpetuam firmitatem : quoniam collatio rei mobilis inita, integra fide ac ratione cumulatur.

§. 2. Quòd si prædia rustica vel urbana placitum continebit : scriptura quæ ea in alium transferat, emittatur, sequatur et traditio corporalis, et rem fuisse completam gesta testentur. Aliter enim ad novum dominum transire non possunt, neque de vetere jure discedere.

§. 3. Quòd si quis dum solo commonitorio suffragio nititur, bona duxerit occupanda : reus temeritatis ac violentiæ retinebitur, ac in statum pristinum possessio reducetur : eo à petitione excluso, qui non dubitavit invadere, quod petere debuisset.

Dat. 3 non. mart. Constantinop. Arcadio III. et Honorio II. AA. Coss. 394.

TITULUS IV.

De prohibita sequestratione pecuniae.

1. *Impp. Honorius. et Theodosus AA.*
Joanni P. P.

QUOTIES ex quolibet contractu pecunia postulatur, sequestrationis necessitas conquiescat. Oportet enim debitorem primò convinci, et sic deinde ad solutionem pulsari. Quam rem non tantùm juris ratio, sed et ipsa æquitas persuadet, ut probationes secum adferat, debitoremque convincat pecuniam petiturus.

Dat. 6 id. jul. Ravennæ, Honorio XIII. et Theodosio X. AA. Coss. 422.

TITULUS V.

De condictione indebiti.

1. *Imp. Antoninus A. Mutiano.*

PECUNIÆ indebitæ per errorem, non ex causa judicati solutæ esse repetitionem jure condictionis, non ambigitur. Si quid igitur probare potueris, patrem tuum, cui hæres extitisti, amplius debito creditori suo persolvisse, repetere potes. Usuras autem ejus summæ præstari tibi frustra desideras. Actione enim condictionis ea sola quantitas repetitur, quæ indebita soluta est.

PP. 5 calend. aug. Antonino A. IV. et Balbino, Coss. 223.

2. *Idem A. Secundinæ.*
Si citra ullam transactionem pecuniam indebitam alieno creditori promittere delegata es : adversus eam, quæ te delegavit, condictionem habere potes.

PP. 14 cal. januar. Antonino A. IV. et Balbino Coss. 293.

TITRE IV.

De la prohibition du séquestre de l'argent.

1. *Les emper. Honorius et Théodose à Jean, préfet du prétoire.*

IL n'est pas indispensable que lorsqu'une somme est demandée en vertu de quelque contrat, on la mette en séquestre. Il faut d'abord que la dette soit prouvée, et ensuite que le débiteur soit forcé de s'acquitter : car le droit et l'équité même demandent que le créancier fournisse les preuves de la vérité de la dette, et en convainque son débiteur.

Fait à Ravenne, le 6 des ides de juil., sous le treizième consul. de l'emp. Honorius, et le dixième de l'empereur Théodose. 422.

TITRE V.

De la répétition de ce qui a été payé sans être dû.

1. *L'emp. Antonin à Mutien.*

IL n'est aucun doute qu'on ne puisse répéter par l'action condictionnelle la somme payée par erreur et non par jugement. C'est pourquoi si vous pouvez prouver que votre père, dont vous avez hérité, a payé à son créancier une somme plus forte que celle qui était due, vous pouvez répéter cet excédent. Mais c'est en vain que vous désirez qu'il vous donne les intérêts de cette somme : car par l'action condictionnelle on ne peut répéter que la somme qui a été payée, quoique non due.

Fait le 3 des cal. d'août, sous le 4e. cons. de l'emper. Antonin, et le 1er. de Balbinus. 223.

2. *Le même emper. à Sécundina.*
Si, sans avoir passé aucune transaction à ce sujet, vous avez été délégué à l'effet de promettre au créancier de celle qui vous a délégué, une somme que vous ne deviez pas, vous avez l'action condictionnelle contre celle qui vous a délégué.

Fait le 14 des cal. de janvier, sous le 4.e cons. de l'emp. Antonin, et le 1.er de Balbinus. 293.

3. *Les emper. Dioclétien et Maximien, et les Césars, à Pamphile.*

Si une somme indue peut être répétée par celui qui l'a payée par ignorance, à plus forte raison pourra-t-on user de l'action condictionnelle contre le titre fait au sujet d'une somme indue, ou opposer l'action du dol contre le demandeur.

Fait à Bisance, le 5 des nones d'avril, sous le cons. des mêmes emper. 293.

4. *Les mêmes emper. et Césars à Héraclius.*

C'est un point de droit très-certain, que les sommes qui étant susceptibles de s'accroître par dénégation en justice, ont été payées, quoique non dues, ne peuvent être répétées. Il est encore constant que dans ce cas l'action condictionnelle n'a pas lieu, quand même on n'aurait fait que fournir caution de payer cette somme non due.

Fait à Bisance, le 5 des ides d'avril, sous le même consulat. 293.

5. *Les mêmes emp. et Césars à Attalus.*

Si, ayant été émancipé par votre père, vous ne lui avez point succédé dans le temps prescrit en vertu du droit honoraire, il est constant que vous pouvez répéter par l'action condictionnelle tout ce que vous avez payé d'indû ensuite, comme héritier de votre père.

Fait le 14 des cal. de mai, sous le cons. des mêmes emper. 293.

6. *Les mêmes emp. et Césars à Mnasca.*

Si ayant payé pour un autre une somme non due, par l'effet de l'ignorance du fait, cela a été prouvé devant le président de la province, le magistrat pourvoiera à ce que cette somme soit, à la demande de celui qui l'a payée, restituée à celui au nom duquel elle avoit été payée.

Fait le 6 des ides d'août, sous le même cons. 293.

3. *Impp. Dioclet. et Maximian. AA. et CC. Pamphilo.*

Cùm et soluta indebita quantitas ab ignorante repeti possit : multò facilius quantitatis indebitæ interpositæ scripturæ condictio competit, vel doli exceptio agenti opponitur.

S. 5 non. april. Byzantii, AA. Coss. 293.

4. *Iidem AA. et CC. Heraclio.*

Ea quæ per inficiationem in lite crescunt, ab ignorante etiam indebita soluta repeti non posse, certissimi juris est. Sed et si cautio indebitæ pecuniæ ex eadem causâ interponatur : condictioni locum non esse constat.

S. 5 id. april. Byzantii, AA. Coss. 293.

5. *Iidem AA. et CC. Attalo.*

Si à patre emancipatus, ei non intra tempora præstituta jure honorario successisti : quicquid indebitum postea per errorem (utpote patris successor) dedisti, ejus condictionem tibi competere, non est incerti juris.

S. 14 calend. maii, AA. Coss. 293.

6. *Iidem AA. et CC. Mnascæ.*

Si per ignorantiam facti non debitam quantitatem pro alio solvisti, et hoc addito rectore provinciæ, fuerit probatum : hanc ei, cujus nomine soluta est, restitui eo agente providebit.

S. 6 id. augusti, AA. Coss. 293.

7. Iidem AA. et CC. Dionysiæ.

Fideicommissum vel legatum indebitum per errorem facti solutum repeti posse, explorati juris est.

S. 5 id. septembris, AA. Coss. 293.

7. Les mêmes emper. et Césars à Dionysia.

C'est un point de droit approuvé, que le fidéicommis ou le legs indus, mais délivrés par erreur de fait, peuvent être répétés.

Fait le 5 des ides de septembre, sous le même cons. 293.

8. Iidem AA. et CC. Zyparo.

Creditoris falso procuratori solventi, adversus eum indebiti repetitio, non obligationis liberatio competit.

S. Petit. 15 cal. novembris, AA. Coss. 293.

8. Les mêmes empereurs et Césars à Zyparus.

Celui qui a payé un faux procureur de son créancier, peut demander à ce prétendu procureur la somme qu'il lui a payée illégitimement, mais non demander d'être libéré envers son créancier.

Fait le 15 des cal. de novembre, sous le même consulat. 293.

9. Iidem AA. et CC. Gratianæ.

Indebitum solutum sciens, non recte repetit. Citra mandatum autem ab alio re distracta, dominus evicta re, vel ob præcedens vitium satis emptori faciens, non indebitum prætendere potest : sed per hujusmodi factum ratum contractum habuisse probans, à se debitum ostendit esse solutum.

S. 4 non. decembr. Nicomediæ, CC. Coss. 294.

9. Les mêmes empereurs et Césars à Gratiana.

Celui qui a payé une somme qu'il savoit ne pas devoir, ne peut légalement la répéter. C'est pourquoi quelqu'un ayant vendu sans mandat la chose d'autrui, si le maitre, à cause de l'éviction ou de tout autre vice de la chose, satisfait à l'acheteur, il ne peut pas répéter ce qu'il a donné dans cette occasion comme indû : car cette démarche prouvant qu'il a ratifié le contrat, démontre que ce qu'il a payé était dû.

Fait à Nicomédie, le 4 des nones de décemb., sous le consulat des Césars. 294.

10. Imp. Justinianus A. Juliano præfecto prætorio.

Si quis servum certi nominis, aut quandam solidorum quantitatem, vel aliam rem promiserit; et cùm licentia ei fuerat unum ex his solvendo liberari, utrumque per ignorantiam dependerit : dubitabatur, cujus rei daretur à legibus ei repetitio, utrùmne servi, an pecuniæ; et utrùm stipulator, an promissor habeat hujus rei facultatem. Et Ulpianus quidem electionem ei præstat, qui utrumque accepit, ut hoc reddat quod sibi placuerit : et tam Marcellum quàm Celsum sibi consonantes refert. Papinianus autem ipsi qui utrumque persolvit, electionem donat : qui et antequàm dependat, ipsam habet electionem quod velit

10. L'emper. Justinien à Julien, préfet du prétoire.

Quelqu'un ayant promis un esclave désigné, ou de donner en place une certaine somme ou autre chose, a donné par ignorance l'esclave et la somme, quoiqu'il ne fût tenu que de donner une de ces choses ; on doutait laquelle de ces choses il peut répéter légalement de l'esclave ou de l'argent, ou lequel du stipulant ou du promettant a le choix. Ulpien donne le choix à celui qui a reçu les deux choses de rendre celle qui bon lui semble, et rapporte à l'appui de son opinion celle de Marcellus et de Celsus. Papinien au contraire donne le choix à celui qui a payé les deux choses ; parce qu'avant de les donner

ner il avait le choix de retenir celle des deux qu'il voudrait. Il appuie son opinion de celle de Salvius-Julien, homme d'un grand poids , et rédacteur de l'édit perpétuel. Quant à nous , nous embrassons l'opinion de Julien et de Papinien, et nous décidons que celui qui avait le choix de donner l'une ou l'autre, a aussi celui de redemander celle qu'il désire.

Fait à Constantinople , pendant les cal. d'août, sous le cons. de Lampadius et d'Oreste. 530.

11. Le même emper. à Julien , préfet du prétoire.

Il s'est élevé parmi les jurisconsultes des disputes au sujet de l'incertitude de ceux qui , quoique doutant s'il était dû ou non , ont payé une somme indue. Peuvent-ils ou non répéter ce qu'ils ont payé étant dans le doute ? Nous, décidant la question , nous ordonnons que tous ceux qui étant incertains s'ils la devaient ou ne la devaient pas, ont payé une certaine somme ou une autre chose , puissent en faire la répétition, et qu'on ne leur oppose pas une présomption de transaction, à moins qu'ils ne l'affirmassent spécialement eux-mêmes par leur aveu.

Fait à Constantinople , pendant les cal. d'octobre , sous le cons. de Lampadius et d'Oreste. 530.

TITRE VI.

De l'action de ce qui a été donné pour cause.

1. L'emper. Antonin à Callisthénide.

VOUS avouez avoir reçu une somme à titre de dot, et qu'un pacte est intervenu à ce sujet (ce qui arrive ordinairement lorsqu'on contracte mariage): c'est pourquoi, quelque cause ayant empêché que le mariage fût contracté légitimement, vous devez restituer par suite de l'action conditionnelle ce que vous avez reçu à titre de dot ; et le pacte qui avait été passé à ce sujet doit être considéré comme s'il n'avait jamais existé.

Fait le 6 des cal. d'août , sous le second

Tome II.

lit præstare. Et hujus sententiæ sublimissimum testem adducit Salvium Julianum summæ auctoritatis hominem , et prætorii edicti perpetui ordinatorem. Nobis hæc decidentibus , Juliani et Papiniani sententia placet : ut ipse habeat electionem recipiendi , qui et dandi habuit.

Dat. calend. aug. Constantinop. Lampadio et Oreste VV. CC. Coss. 530.

11. Idem A. Juliano P. P.

Pro dubietate eorum qui mente titubante indebitam solverint pecuniam, certamen legum latoribus incidit : idne quod ancipiti animo persolverint, possint repetere, an non. Quod nos decidentes, sancimus, omnibus qui incerto animo indebitam dederint pecuniam, vel aliam quandam speciem persolverint, repetitionem non denegari, et præsumptionem transactionis non contra eos induci : nisi hoc specialiter ab altera parte adprobetur.

Datum calend. octobr. Constantinop. Lampadio et Oreste VV. CC. Coss. 530.

TITULUS VI.

De condictione ob causam datorum.

1. Imp. Antoninus A. Callisthenidi.

PECUNIAM quam te ob dotem accepisse pacto interposito (ut fieri cùm jure matrimonium contrahitur, adsolet) proponis : impediente quocumque modo juris auctoritate matrimonium, jure condictionis restituere debes : et pactum quod ita interpositum est, perinde ac si interpositum non esset, haberi oportet.

PP. 6 cal. aug. Læto II. et Cereale Coss. 216.

cons. de Lætus, et le prem. de Céréal. 216.

2. *Imp. Alexander* A. *Asclepiadi.*

Si, ut proponis, pater tuus ea lege sorori tuæ prædia cæteraque quorum meministi, donavit, ut creditoribus ipsa sa-
tisfaceret, ac si placita observata non essent, donatio resolveretur : eaque contra
fidem negotii gesti versata est : non est
iniquum, actionem condictionis ad repetitionem rerum donatarum tibi, qui patri successisti, decerni.

PP. 14 cal. decemb. Albino et Maximo
Coss. 228.

2. *L'emp. Aexandre à Asclépiade.*

Si, comme vous le dites, votre père a
donné à votre sœur les héritages et les
autres choses dont vous parlez, sous la
condition qu'elle satisferait les créanciers,
et que dans le cas contraire la donation
serait nulle ; n'ayant point observé la condition qui lui était imposée, il est juste
qu'on vous accorde à vous qui avez succédé à votre père, l'action condictionnelle, à l'effet de répéter les choses qui
lui avaient été données.

Fait le 14 des cal. de décemb., sous le
cons. d'Albinus et de Maxime. 228.

3. *Impp. Valerianus et Gallienus* AA.
Aurelio et Alexandræ.

Ea lege in vos collata donatio, ut neutri alienandæ suæ portionis facultas ulla
competeret, id efficit, ne alteruter vestrum dominium prorsùs alienet : vel ut
donatori, vel ejus heredi condictio, si non
fuerit conditio servata, quæratur.

PP. calend. aprilis, Valeriano IV. et
Gallieno III. AA. Coss. 258.

3. *Les emper. Valérien et Gallien à
Aurélius et Alexandra.*

On vous a fait une donation sous la
condition que ni l'un ni l'autre ne pourriez aliéner la portion qui vous en revient.
Cette condition engage chacun de vous à
ne point aliéner le domaine de sa portion ;
et dans le cas que vous ne l'observiez pas,
le donateur ou son héritier peut par l'action condictionnelle répéter les objets
compris dans la donation.

Fait pendant les cal. d'avril, sous le
quatrième cons. de l'emp. Valérien, et le
troisième de l'emp. Gallien. 258.

4. *Iidem* AA. *et Valerianus* C. *Æmiliæ.*

Si cùm exiguam pecuniam reverà sus-
ciperes, longè majorem te accepisse ca-
visti, eo quòd tibi patrocinium adversarius repromitteret : cùm dicas fidem promissi non secutam : ut libereris obligatione
ejus quod non acceptum propter speratum
patrocinium spopondisti, per condictionem consequeris.

PP. 5 cal. maii, Æmiliano et Besso,
Coss. 260.

4. *Les mêmes emper. et le César-Valérien à Emilia.*

Si ayant reçu réellement une petite
somme, vous avez promis d'en rendre
une beaucoup plus grande, à cause que
votre adversaire vous promettait d'employer son crédit en votre faveur, n'ayant
point, comme vous le dites, exécuté sa
promesse, vous pouvez par l'action condictionnelle vous libérer de ce que vous
lui aviez promis, quoique vous ne l'eus-
siez pas reçu, à cause de la promesse qu'il
vous avait faite de vous défendre.

Fait le 5 des cal. de mai, Emilien et
Bassus, cons. 260.

5. *Impp. Diocletianus et Maximianus*
AA. *et* CC. *Martiali.*

Si militem ad negotium tuum, procuratorem fecisti, cùm hoc legibus interdictum

5. *Les emp. Dioclétien et Maximien, et
les Césars, à Martial.*

Si vous avez donné à un soldat votre
procuration à l'effet de faire vos affaires ;

et compté de l'argent à ce titre, comme de telles fonctions sont interdites aux soldats, le juge compétent pourvoiera à ce que tout ce que vous avez donné à cette occasion vous soit restitué, la cause pour laquelle vous l'aviez donné ne s'étant pas ensuivie.

Fait le 10 des cal. d'oct., sous le cons. des mêmes emper., l'un pour la quatrième, et l'autre pour la troisième fois consul. 290.

sit, ac propter hoc pecuniam ei numerasti : quicquid ob causam datum est, causa non secuta restitui tibi competens judex curæ habebit.

PP. 10 cal. octobris, ipsis IV. et III. Coss. 290.

6. *Les mêmes emper. et Césars à Cyrion et à Plotion.*

Vous dites que votre père a donné une esclave à celui contre qui vous suppliez ; il importe beaucoup de savoir s'il a donné dans le dessein de donner ou dans celui d'affranchir cette fille qu'il croyait esclave. Dans le premier cas la donation étant parfaite, elle ne peut être révoquée ; mais dans le second cas la répétition a lieu, parce que la donation n'a pas été faite dans le dessein de donner.

Fait le 6 des ides de mai, sous le cons. des mêmes emp. 293.

6. *Iidem AA. et CC. Cyrioni et Plotioni.*

Cùm ancillam patrem vestrum ei contra quem supplicatis, dedisse proponatis : interest multum, utrumne donandi animo dederit, an ob manumittendam filiam, quam ancillam existimabat : cùm perfecta quidem donatio revocari non possit : causa verò donandi non secuta, repetitio competat.

S. 2 id. maii, AA. Coss. 293.

7. *Les mêmes emp. et Césars à Gérontius.*

Si ayant fait une donation à la femme de quelqu'un pour l'engager par cette libéralité à déterminer son mari à partir avec vous, vous n'avez apposé aucune condition à l'effet de cette donation, elle est entièrement valable ; parce que le droit s'oppose à ce qu'une donation parfaite puisse être révoquée par la légèreté du donateur.

Fait le 7 des cal. de sept., sous le cons. des mêmes emp. 293.

7. *Iidem AA. et CC. Gerontio.*

Si repetendi quod donabas uxori ejus quem ad proficiscendum tecum hujusmodi liberalitate provocare proposueras, nullam addidisti conditionem, remanet integra donatio : cùm levitati perfectam donationem revocare cupientium jure occurratur.

S. 7 cal. septembris, AA. Coss. 293.

8. *Les mêmes emper. et Césars à Flavien.*

Le droit ordonne qu'il y ait lieu à l'action conditionnelle, lorsque la condition apposée à la donation n'étant pas impossible, le donataire ne l'a pas remplie ; c'est pourquoi si ayant donné à titre de libéralité vos biens à votre fiancée sous une certaine condition, elle ne l'a pas remplie, quoiqu'elle le pût, vous n'êtes point empêché d'attaquer ses héritiers, si

8. *Iidem AA. et CC. Flaviano.*

Dictam legem donationi, si non impossibilem contineat causam, ab eo qui hanc suscepit, non impletam, conditioni facere locum, juris dictat disciplina. Quapropter si titulo liberalitatis res tuas in sponsam conferendo, certam dixisti legem, nec huic illa, cùm posset, paruit : successores ipsius de repetendis quæ dederis, si hoc tibi placuerit, convenire non prohiberis.

2.

S. 3 id. februarii, AA. Coss. 293.

vous le désirez, en répétition des biens que vous avez donnés.

Fait le 3 des ides de févr., sous le cons. des mêmes emper. 293.

9. *Iidem AA. et CC. Bibulo.*

Si liber constitutus, ut filiæ tuæ manumittantur, aliquid dedisti : causa non secuta, de hoc tibi restituendo condictio competit. Nam si quid servus de peculio domino dederit : contra eum quidem nullam actionem habere potest : sed dominum, qui semel accipere pecuniam pro libertate passus est, aditus provinciæ rector hortabitur, salva reverentia, favore scilicet libertatis, placito suo stare.

S. 3 id. februarii, AA. Coss. 299.

9. *Les mêmes empereurs et Césars à Bibulus.*

Si étant libre, vous avez donné quelque chose afin qu'on affranchît vos filles, la cause ne s'étant pas ensuivie, vous avez l'action conditionnelle en répétition de ce que vous avez donné. Mais si un esclave a donné quelque chose de son pécule à son maître, il ne peut avoir aucune action contre ce dernier ; cependant étant allé trouver le gouverneur de la province, ce magistrat exhortera en faveur de la liberté le maître (sauf le respect qui lui est dû), qui a reçu de l'argent en prix d'un affranchissement, d'exécuter ses conventions.

Fait le 3 des ides de fév., sous le cons. des mêmes emper. 299.

10. *Iidem AA. et CC. Canonianæ.*

Pecuniam à te datam, si hæc causa pro qua data est, non culpa accipientis, sed fortuito casu non est secuta : minimè repeti posse, certum est.

S. 3 non. decembris, Nicomediæ, CC. Coss. 300.

10. *Les mêmes empereurs et Césars à Canoniana.*

Il est certain que vous ne pouvez répéter la somme que vous avez donnée, si la cause pour laquelle vous l'avez donnée n'a pas lieu par l'effet d'un cas fortuit, et non par la faute de celui qui a reçu l'argent.

Fait à Nicomédie, le 3 des nones de décemb., sous le cons. des Césars. 300.

11. *Iidem AA. et CC. Stratonicæ.*

Advocationis causa datam pecuniam, si per eos, qui acceperant, quominùs susceptam fidem impleant, stetisse probetur : restituendam esse convenit.

S. 17 cal. januarii, CC. Coss. 300.

11. *Les mêmes empereurs et Césars à Stratonice.*

Il convient que la somme donnée à titre d'honoraires à un avocat soit restituée, s'il est prouvé que celui qui l'a reçue n'a point par sa faute, rempli ses engagemens.

Fait le 17 des cal. de janvier, sous le cons. des Césars. 300.

TITRE VII.

De l'action condictionnelle en répétition de ce qui a été donné pour une cause honteuse.

TITULUS VII.

De condictione ob turpem causam.

1. L'empereur Antonin à Ingénuus.

Si on vous a cité en justice pour l'exécution de votre engagement, vous devez prouver au juge qui doit connaître de cette affaire, que vous n'avez reçu aucun argent, et que votre promesse a une cause honteuse, et que par conséquent elle ne doit avoir aucun effet, étant prohibée par les lois : car cela étant prouvé, vous serez libéré de votre obligation.

1. Imp. Antoninus A. Ingenuo.

Si ex cautione tua conveniri cœperis : nullam pecuniam te accepisse, sed ob turpem causam, et quam fieri prohibitum est, interpositam cautionem, ei qui super ea re cogniturus est, probandum est : et eo impleto, absolutio sequetur.

2. Le même empereur à Longin.

Avouant que vous avez donné pour une cause honteuse et au mépris de la discipline de mon règne, une maison à votre adversaire, c'est en vain que vous demandez qu'elle vous soit restituée : car les deux parties se trouvant dans un pareil cas, la cause du possesseur est meilleure que celle de l'autre.

Fait le 15 des cal. de décembre, sous le second cons. de Lætus, et le prem. de Céréal. 216.

2. Idem A. Longino.

Cùm te propter turpem causam, contra disciplinam temporum meorum, domum adversariæ dedisse profitearis, frustrà eam tibi restitui desideras : cùm in pari causa possessoris conditio melior habeatur.

PP. 15 cal. decemb. Læto II. et Cereale Coss. 216.

3. Les emp. Dioclétien et Maximien à Dizont, soldat.

Si vous prouvez évidemment devant le juge compétent avoir donné à celui dont vous vous plaignez une somme à l'effet de vous soustraire de la milice, il vous la fera recouvrer par son autorité ; et n'oubliant point la censure publique après que la restitution de la somme aura été faite, il punira votre adversaire comme coupable de concussion.

Fait le 3 des cal. d'août, sous le cons. des mêmes emp., l'un pour la quatrième et l'autre pour la troisième fois cons. 290.

3. Impp. Diocletianus et Maximianus AA. Dizonti militi.

Quod evitandi tyrocinii causa dedisse te apud competentem judicem ei de quo quereris, indubia probationis luce constiterit, instantia ejus recipies : qui memor censuræ publicæ, post restitutionem pecuniæ etiam concessionis crimen inultum esse non patietur.

P. 3 cal. augusti, ipsis IV. et III. AA. Coss. 290.

4. Les mêmes emp. et César à Rufinus.

Toutes les fois qu'il y a cause honteuse non-seulement de la part de celui qui reçoit, mais encore de celle de celui qui donne, on ne peut répéter, quoique la

4. Iidem AA. et CC. Rufino.

Quoties accipientis, non etiam dantis turpis invenitur causa : licèt hæc secuta fuerit : datum condici tantùm, non etiam usuræ peti possunt.

S. 7 id. januarii, AA, Coss. 293.

cause se soit ensuivie, que la somme donnée et non ses intérêts.

Fait le 7 des ides de janv., sous le cons. des mêmes emper. 293.

5. *Iidem AA. et CC. Bichoporo.*

Mercalem te habuisse uxorem proponis: unde intelligis et confessionem lenocinii preces tuas continere, et cautæ quantitatis ob turpem causam exactioni locum non esse. Quamvis enim utriusque turpitudo versatur, ac solutæ quantitatis cessat repetitio : tamen ex hujusmodi stipulatione contra bonos mores interposita, denegandas esse actiones, juris auctoritate demonstratur.

S. 6 id. maii, CC. Coss. 294.

5. *Les mêmes empereurs et Césars à Bichoporo.*

Vous avouez que votre femme fait un commerce de prostitution ; c'est pourquoi sachez que d'après un aveu renfermé dans votre requête, vous ne pouvez exiger la somme qui vous a été promise pour cette cause honteuse. Mais, quoique la turpitude soit de l'un et de l'autre côté, si la somme a été payée, elle ne peut être répétée. Le droit défend d'accorder des actions en vertu de telles stipulations contractées au mépris des bonnes mœurs.

Fait le 6 des ides de mai, sous le cons. des Césars. 294.

6. *Iidem AA. et CC. Eutychiæ.*

Ob restituenda ea quæ subtraxerat, accipientem pecuniam : cùm ejus tantùm interveniat turpitudo, condictione conventum, hanc restituere debere convenit.

Datum 15 cal. junii, CC. Coss. 294.

6. *Les mêmes empereurs et Césars à Eutychia.*

Il convient que celui qui a reçu une somme d'argent à l'effet d'être engagé à restituer ce qu'il avoit volé, la turpitude n'étant que de son côté, et étant poursuivi en vertu de l'action condictionnelle, restitue l'argent qu'il a reçu.

Fait le 15 des cal. de juin, sous le cons. des Césars. 294.

7. *Iidem AA. et CC. Zenoni.*

Eum qui ob restituenda quæ abegerat pecora, pecuniam accepit : tam hanc, quàm ea quæ per hoc commissum tenuit, restituere debere convenit : licèt mortua vel alio fortuito casu periisse dicantur : cùm hoc casu in rem mora fiat.

Datum 5 calend. decembris, Nicomediæ, AA. Coss. 299.

7. *Les mêmes empereurs et Césars à Zénon.*

Il convient que celui qui, pour prix de la restitution des brebis qu'il a enlevées, a reçu de l'argent, restitue non-seulement cette somme, mais encore les brebis qu'il a volées, ou leur valeur, s'il objecte qu'elles sont mortes ou qu'elles ont péri par l'effet d'un cas fortuit : car alors il se trouve en demeure.

Fait à Nicomédie, le 5 des cal. de déc. sous le cons. des mêmes emper. 299.

TITRE VIII.

De l'action condictionnelle pour cause de vol.

1. *Les emper. Dioclétien et Maximien, et les Césars, à Hermogène.*

LE président de la province, qui ne l'ignore point, déclarera par sa sentence que chacun est tenu, en vertu de l'action de vol, pour le tout; mais que pour l'action condictionnelle en répétition de l'argent volé, si ayant été intentée contre l'un d'eux il a satisfait, les autres sont libérés.

Fait pendant les cal. de mai, sous le cons. des Césars. 294.

2. *Les mêmes empereurs et Césars à Aristénète.*

C'est un point certain du droit, que si la chose volée périt avant que le voleur en ait offert la restitution, il doit seul en supporter la perte.

Fait pendant les cal. de mai, sous le cons. des Césars. 294.

TITRE IX.

De la condiction qui naît de la loi; et de ce qui a été donné ou fait sans cause ou pour une cause injuste.

1. *Les emper. Dioclétien et Maximien à Ulpius.*

QUOIQUE les dettes ne puissent être exigées avant le temps de leur échéance, cependant si le président de la province, vous étant débiteur du fisc par suite de l'administration primipilaire que vous avez exercée, apprend que vous êtes insolvable au point que la dette dont vous êtes tenu envers le fisc ne peut être garantie que par une seule somme qui vous est due, il assignera votre débiteur, s'il est solvable, afin qu'il paie avant l'échéance pour vous, et jusqu'à concurrence de ce qu'il vous doit, ce que vous devez au fisc. Cela doit

TITULUS VIII.

De condictione furtiva.

1. *Impp. Diocletianus et Maximianus AA. et CC. Hermogeni.*

PRÆSES provinciæ sciens furti quidem actione singulos quosque in solidum teneri, condictionis verò nummorum furtim subtractorum electionem esse, ac tum demùm si ab uno satisfactum fuerit, cæteros liberari : jure proferre sententiam curabit.

Datum cal. maii, CC. Coss. 294.

2. *Iidem AA. et CC. Aristæneto.*

Ante oblationem interemptæ rei furtivæ damnum ad furem pertinere, certissimi juris est.

Datum cal. maii, CC. Coss. 294.

TITULUS IX.

De condictione ex lege, et sine causa, vel injusta causa.

1. *Impp. Diocletianus et Maximianus AA. Ulpio.*

LICÈT ante tempus debita exigi non possint : tamen si te ex primipilo debitorem constitutum fisci, ac patrimonium tuum exhaustum præses provinciæ compererit, ut ad solutionis securitatem solum fænebris pecuniæ subsidium superesse videatur : commonebit debitorem tuum, si saltem ipse sit solvendo, ut ante definitum tempus debita repræsentet : ut fisco, cujus ob necessitates publicas causam potiorem esse oportet, debita pecunia exsolvatur.

S. 13 calend. augusti, CC. Coss. 294.

être ainsi, parce que la cause du fisc, à cause des besoins publics, doit être préférée.

Fait le 13 des cal. d'août, sous le cons. des Césars. 294.

2. Iidem AA. et CC. Sculatio.

Dissolutæ quantitatis retentum instrumentum, inefficax penes creditorem remanere : et ideò per condictionem reddi oportere, non est ambigui juris.

S. 3 non. aprilis, CC. Coss. 300.

2. Les mêmes empereurs et Césars à Sculatius.

C'est un point certain de droit que quoique le créancier possède entre ses mains l'acte constatant le paiement de la dette, le débiteur qui s'est acquitté ne peut plus être inquiété pour cette même dette. C'est pourquoi il faut qu'en vertu de l'action condictionnelle cet acte lui soit rendu.

Fait le 3 des nones d'avril sous le cons. des Césars. 300.

3. Iidem AA. et CC. Galatiæ.

Mala fide possidens, de proprietate victus, de extantibus fructibus rei vindicatione, de consumptis verò condictione conventus, eorum restitutioni parere compellitur.

Datum idib. februarii, CC. Coss. 300.

3. Les mêmes empereurs et Césars à Galatia.

Le possesseur de mauvaise foi qui a été déclaré non propriétaire, est forcé de restituer les fruits pendans, par l'action en revendication, et ceux qu'il a consommés par l'action condictionnelle.

Fait pendant les ides de février, sous le cons. des Césars. 300.

4. Iidem AA. et CC. Alexandro.

Si non est numeratum, quod velut accepturum te sumpsisse mutuò scripsisti : et necdum transiisse tempus statutum, vel intra hunc diem habitam contestationem monstrando : reddi tibi cautionem præsidiali notione postulare potes.

Datum 17 calend. januarii, CC. Coss. 300.

4. Les mêmes empereurs et Césars à Alexandre.

Si la somme que vous avez avoué par écrit avoir reçu en prêt, espérant que vous la recevriez bientôt, ne vous ayant pas été comptée, le tems fixé pendant lequel vous pouvez élever une contestation à ce sujet n'est pas écoulé, vous pouvez demander devant le président que cette promesse vous soit rendue.

Fait le 17 des cal. de janvier, sous le cons. des Césars. 300.

TITULUS X.

De Obligationibus et Actionibus.

1. Imp. Gordianus A. Valeriæ.

DATA certæ pecuniæ quantitate ei cujus meministi, invicem debiti actionem tibi adversus debitorem pro quo solvisti, dicis esse mandatum : et antequàm eo nomine litem contestareris, sine herede creditorem

TITRE X.

Des Obligations et des Actions.

1. L'empereur Gordien à Valéria.

VOUS dites qu'au moyen d'une certaine somme d'argent que vous avez donnée à celui dont vous parlez, il vous a cédé l'action, pour prix de cette avance, qu'il avait contre son débiteur, pour lequel vous

vous avez payé, et qu'avant d'avoir intenté le procès à ce sujet, le créancier votre cédant, est mort sans héritier ; si cela est vrai, vous pouvez exercer l'action utile.

Fait le 5 des cal. de mai, sous le cons. d'Atticus et de Prétextatus. 243.

2. *Les emper. Valérien et Gallien à Celsus.*

Il a été souvent rescrit qu'une femme ayant apporté ses actions en dot à son mari, ce dernier a, quoiqu'il ne soit intervenu auparavant aucune délégation ni aucune contestation en cause, l'action utile, à l'exemple de celui qui achète une action.

Fait le 14 des cal. de fév., sous le cons. de Sécular et de Donat. 255.

3. *Les emper. Dioclétien et Maximien à Rusticien.*

C'est contraire au droit d'assigner en paiement des propres dettes du maître, ses colons qui paient exactement la rente convenue.

Fait la veille des cal. de janv., sous le deuxième cons. de Maxime, et le prem. d'Aquilinus. 286.

4. *Les mêmes emp. et Césars à Licinia.*

Il est juste de prendre en considération la bonne foi dans les contrats.

Fait le 3 des nones d'octobre, sous le cons. des mêmes emper. 287.

5. *Les mêmes emper. et Césars à Camérinus et à Martien.*

De ce que chacun a la libre faculté de contracter ou de ne pas contracter, il s'ensuit qu'une obligation une fois constituée, un des contractans ne peut, sans le consentement de son adversaire, y renoncer. C'est pourquoi vous devez savoir qu'une fois que vous êtes liés par une obligation volontaire, vous ne pouvez vous dispenser de remplir les engagemens qu'elle vous impose, si votre adversaire dont vous parlez dans votre réquête n'y consent pas.

Fait à Bysance, pendant les non. d'av., sous le cons. des mêmes emp. 290.

Tome II.

rem fati munus implesse proponis. Quæ si ita sunt, utilis actio tibi competit.

PP. 5 calend. maii, Attico et Prætextato Coss. 243.

2. *Impp. Valerianus et Gallienus* AA. *Celso.*

Nominibus in dotem datis, quamvis nec delegatio præcesserit, nec litis contestatio subsecuta sit : utilem tamen marito actionem ad similitudinem ejus, qui nomen emerit, dari oportere, sæpè rescriptum est.

PP. 14 calend. februarii, Seculari et Donato Coss. 255.

3. *Impp. Diocletianus et Maximianus* AA. *et* CC. *Rusticiano.*

Ob causam proprii debiti locatoris conveniri colonos, pensionibus ex placito satisfacientes, perquàm injuriosum est.

PP. prid. calend. januarii, Maximo II. et Aquilino Coss. 286.

4. *Iidem* AA. *et* CC. *Liciniæ.*

Bonam fidem in contractibus considerari, æquum est.

3 non. octobris, AA. Coss. 287.

5. *Iidem* AA. *et* CC. *Camerino et Martiano.*

Sicut initio libera potestas unicuique est habendi vel non habendi contractus : ita renuntiare semel constitutæ obligationi, adversario non consentiente, nemo potest. Quapropter intelligere debetis, voluntariæ obligationi semel vos nexos, ab hac, non consentiente altera parte, cujus precibus fecistis mentionem, minimè posse discedere.

Datum non. aprilis, Byzantii AA. et Coss. 290.

6. *Iidem* AA. *et* CC. *Mauricio.*

Si in solitum nomen debitoris sui debitor tibi dedit tuus, ac te in rem tuam procuratorem fecit : pignora quæ specialiter vel generaliter habes obligata, persequere. Quòd si ab his, quibus fuerant obligata, cùm potiores erant, distracta probentur : emptoribus avocari non posse perspicis.

Datum 9 calend. julii, AA. Coss. 293.

6. *Les mêmes empereurs et Césars à Mauricius.*

Si votre débiteur vous ayant donné en paiement de ce qu'il vous devait, l'action qu'il peut exercer contre un débiteur à lui, vous a fait procureur dans votre chose, demandez les gages spéciaux ou généraux qui lui étaient obligés à cause de cette dette. Mais s'il est prouvé qu'ils aient été vendus par ceux à qui ils avaient été obligés antérieurement, sachez que vous ne pouvez les revendiquer de ceux qui les ont achetés.

Fait le 9 des cal. de juill., sous le cons. des mêmes emp. 293.

7. *Iidem* AA. *et* CC. *Dionysio.*

Si à creditore nomen comparasti : ea pignora quæ venditor nominis persequi posset, apud præsidem provinciæ vindica. Nam si debitum ex ejus persona res tibi obligatas tenentes non transferant : jure communi pignora distrahere non prohiberis. Sanè si creditoribus in ordine pignorum antecedentibus venundantibus, qui possident, comparaverunt, vel longi temporis præscriptione muniti perhibentur : pignorum distrahendorum facultatem te non habere perspicis.

S. 3 calend. januarii, AA. Coss. 293.

7. *Les mêmes empereurs et Césars à Dionysius.*

Ayant acheté l'action d'un créancier, revendiquez auprès du président de la province les gages que votre vendeur pouvait demander. Car si ayant en votre possession les choses qui vous sont obligées, on ne paie pas la dette qui vous a été transférée, il ne vous est point, d'après le droit commun, défendu de les vendre. Mais si ceux qui les possèdent les ont achetés des créanciers antérieurs, ou s'ils opposent la prescription de long temps, sachez que vous n'avez point le droit de les vendre.

Fait le 3 des cal. de janv., sous le cons. des mêmes emper. 293.

8. *Iidem* AA. *et* CC. *Crescentio.*

Si quidem donationis causa ei, quem affectione patris te dilexisse proponis, tuam accipere pecuniam permisisti : et hanc tuam liberalitatem ille remunerans, te à procuratore suo aliam pecuniam sumere præcepit, rebusque humanis ante perceptionem fuit exemptus : nec quod dederas, recuperare, cùm perfectam habuit donationem ; nec quod tibi dari mandavit, needum tibi traditum, petere potes à procuratore. Quòd si mutuò dedisti, nec à delegato dari novandi causa stipulatus es : successores ejus solutioni parere compellantur.

Datum 13 calend. februarii, CC. Coss. 294.

8. *Les mêmes empereurs et Césars à Crescentius.*

Si ayant offert pour cause de donation à celui que vous dites avoir aimé comme un père aime ses enfans, une certaine somme, lui, voulant reconnaître cette libéralité, vous a prié de recevoir de son procureur une autre somme d'argent, et est mort avant que vous ayez reçu cette somme, vous ne pouvez point recouvrer ce que vous avez donné, parce que la donation est parfaite ; ni demander à son procureur la somme qu'il l'avait chargé de vous remettre, parce que la tradition n'en a pas été faite. Mais si vous aviez donné cette somme en prêt, et que vous n'ayez point stipulé qu'elle vous serait rendue par un délégué par novation, ses héritiers seront forcés de vous la payer.

Fait le 13 des cal. de février, sous le cons. des Césars. 294.

9. Les mêmes empereurs et Césars à Glycon.

On ne doit pas intimider par la force armée les débiteurs qui nient l'existence des dettes qu'on leur demande : au contraire, ils doivent être absous si le demandeur ne prouve point sa demande, ou s'il est éloigné par une exception. Mais s'ils sont convaincus d'avoir contracté les obligations qu'ils nient, il convient qu'ils soient condamnés et forcés par tous les moyens de droit au paiement.

Fait pendant les ides de févr., sous le cons. des Césars. 294.

10. Les mêmes empereurs et Césars à Rufinus.

On ne perd pas l'action personnelle qu'on a contre son débiteur, par cela seul qu'on a exercé son action sur les gages ; mais la valeur des gages étant computée sur la dette, on a l'action personnelle dans toute son intégrité pour le restant.

Fait le 3 des nones d'avr., sous le cons. des Césars. 294.

11. Les mêmes empereurs et Césars à Paula.

Vous vous êtes abandonnée à une trop grande crédulité, lorsqu'en faisant un prêt à des colons pour leur propre compte, vous avez cru pouvoir en réclamer le remboursement du propriétaire du fonds auquel ils sont attachés. Vous ne pouvez pas non plus, pour l'obliger, vous prévaloir de la présence de ses agens lorsque vous fîtes ce prêt.

Fait le 8 des cal. d'août, sous le cons. des Césars. 294.

12. Les mêmes empereurs et Césars à Jovinus.

Le droit défend que les enfans des débiteurs soient livrés aux créanciers à cause des dettes de leurs pères.

Fait le 13 des cal. de novembre, sous le cons. des Césars. 294.

9. Iidem AA. et CC. Glyconi.

Negantes debitores non oportet armata vi terreri : sed petitore quidem non implente suam intentionem, vel exceptione submoto, absolvi : convictos autem condemnari, ac juris remediis ad solutionem urgeri convenit.

Datum idib. februarii, CC. Coss. 294.

10. Iidem AA. et CC. Rufino.

Adversus debitorem electis pignoribus personalis actio non tollitur : sed eo quod de pretio servari potuit, in debitum computato, de residuo manet integra.

Datum 3 non. aprilis, CC. Coss. 294.

11. Iidem AA. et CC. Paulæ.

Nimia credulitate circumventa es, cùm quod colonis in rem suam mutuo dedisti, à domino prædii postulare posse credidisti : nec ad eum obligandum actorum ipsius adjuvat te præsentia.

Datum 8 calend. augusti, CC. Coss. 294.

12. Iidem AA. et CC. Jovino.

Ob æs alienum servire liberos creditoribus, jura compelli non patiuntur.

Datum 13 calend. novembris, CC. Coss. 294.

In authent. Nov. 134, *cap.* 7.

Imò à debito creditor cadit, tantumdem dando vel retento, vel ejus parentibus : ipso quoque creditore corporalibus pœnis subdendo.

13. *Iidem* AA. *et* CC. *Barsumio.*

Eum, cui mutuam dedisti pecuniam, ad solutionem urgere competenti debes actione : nam adversus negotiatores, quos ex mercibus pecunias abstulisse tuo debitori proponis, nullam habes actionem.
Datum 11 calend. aprilis, CC. Coss. 300.

14. *Iidem* AA. *et* CC. *Hermodoro et Nicomacho.*
Est in arbitrio vestro, personali debitoris heredes actione, an eum qui ab his distracta sibique tradita pignora tenet, in rem Serviana, si non longi temporis præscriptione munitus sit, an utrosque conveniatis.
Datum 5 calend. decembris, Nicomediæ, CC. Coss. 300.

In authent. Nov. 4, *cap.* 3.
Sed hodie novo jure priùs conveniendi sunt omnes fidejussores, et mandatores, et sponsores, quàm ad pignorum veniatur possessores.

TITULUS XI.

Ut actiones et ab heredibus, et contra heredes incipiant.

1. *Imp. Justinianus* A. *Joanni præfecto prætorio.*

CUM stipulationes, et legata, et alios contractus post mortem compositos, anti-

---

Authentique extraite de la Novelle 134, *chap.* 7.

Bien plus, le créancier perd sa dette, et est forcé de payer une somme égale à cette dette à celui qu'il a retenu ou à ses parens, et sera en outre soumis à des peines corporelles.

13. *Les mêmes empereurs et Césars à Barsumius.*

Vous devez forcer au paiement, par l'action compétente, celui à qui vous avez prêté une somme d'argent : car vous n'avez aucune action contre les marchands que vous dites avoir épuisé l'argent de votre débiteur par les ventes qu'ils lui ont faites.
Fait le 11 des cal. d'avril, sous le cons. des Césars. 300.

14. *Les mêmes empereurs et Césars à Hermodore et à Nicomaque.*
Vous pouvez à votre choix intenter l'action personnelle contre les héritiers de votre débiteur, ou l'action hypothécaire contre celui qui possède les biens qui vous avaient été obligés, et qui ont été vendus et livrés par les héritiers, à moins qu'il ne vous oppose la prescription de long temps ; ou intenter l'un et l'autre en même tems.
Fait à Nicomédie, le 5 des calend. de décemb., sous le cons. des Césars. 300.

Authent. extraite de la Nov. 4, *chap.* 3.
Mais aujourd'hui, d'après le nouveau droit, on doit citer préalablement tous les fidéjusseurs, cédans et répondans avant d'en venir aux possesseurs des biens obligés à la dette.

TITRE XI.

Que les actions puissent commencer par les héritiers ou contre les héritiers.

1. *L'emp. Justinien à Jean, préfet du prétoire.*

LES anciens rejetaient les stipulations, les legs et les autres contrats dont l'exécution devait avoir lieu après la mort : quant à nous nous les avons admis pour l'avantage général. Il paraissait convenable à tout le monde que cette règle, dont les anciens se servaient, fût corrigée selon l'usage : car les anciens ne permettaient pas qu'à l'égard des stipulations et des autres contrats faits pour avoir lieu après la mort, les actions commençassent par les héritiers ou contre les héritiers ; mais il nous paraît nécessaire de détruire cet ancien vice, et d'abolir cette règle. C'est pourquoi nous ordonnons qu'il soit permis que les actions et les obligations commencent par les héritiers et contre les héritiers, afin que les volontés des contractans ne soient pas trop gênées par une trop grande subtilité de mots.

Fait à Constantinople, le 15 des cal. de novemb., après le cons. de Lampadius et d'Oreste. 531.

quitas quidem respuebat, nos autem pro communi hominum utilitate recepimus : consentaneum erat, etiam illam regulam, qua vetustas utebatur, more humano emendare. Ab heredibus enim incipere actiones, vel contra heredes, veteres non concedebant, contemplatione stipulationum, cæterarumque causarum post mortem conceptarum. Sed nobis necesse est, ne prioris vitii materiam relinquamus, et ipsam regulam de medio tollere : ut liceat et ab heredibus, et contra heredes incipere actiones et obligationes : ne propter nimiam subtilitatem verborum voluntates contrahentium impediantur.

Datum 15 calend. novembr. Constantinop. post consulat. Lampadii et Orestæ VV. CC. 531.

TITRE XII.

Que la femme ne puisse être poursuivie pour son mari, ni le mari pour sa femme, ni enfin la mère pour son fils.

1. *Les emper. Dioclétien et Maximien, et les Césars, à Asclépiodota.*

C'EST mal-à-propos que vous vous mettez en peine si les contrats faits avec votre mari sont valables ou non : car il suffit que les contrats n'aient point été passés en votre nom pour que vous ne puissiez être poursuivi pour votre mari ; on ne pourrait encore légalement, d'après le sénatus-consulte, rien exiger de vous, quand même vous auriez volontairement répondu pour lui.

Fait la veille des ides d'avril, sous le troisième cons. de l'emp. Dioclétien, et le prem. de l'emp. Maximien. 287.

2. *Les mêmes emper. à Térentia.*

Les lois défendent que les femmes soient inquiétées pour les fautes de leurs maris. C'est pourquoi, si vous prouvez

TITULUS XII.

Ne uxor pro marito vel maritus pro uxore, vel mater pro filio conveniatur.

1. *Impp. Diocletianus et Maximianus AA. et CC. Asclepiodotæ.*

FRUSTRA disputas de contractibus cum marito tuo habitis, utrumne jure steterint, an minimè : cùm tibi sufficiat, si proprio nomine nullum contractum habuisti, quominùs pro marito tuo conveniri possis : quòd nec si sponte pro eo intercessisses, quicquam à te propter senatusconsultum exigi jure potuisset.

Datum prid. idus april. Dioclet. III. et Maximiano AA. Coss. 287.

2. *Iidem AA. Terentiæ.*

Ob maritorum culpam uxores inquietari leges vetant. Proinde rationalis noster, si res quæ à fisco occupatæ sunt, dominû tui esse probaveris, jus publicum sequetur.

Datum 3 non. septemb. Diocletiano et Maximiano AA. Coss. 287.

que la propriété des choses dont le fisc s'est emparé vous appartienne , notre procureur se conformera au droit commun.

Fait le 3 des nones de septembre , sous le cons. des mêmes emper. 287.

3. Iidem AA. et CC. Carpophoro.

Cùm te possessiones non in dotem pro filia tua dedisse , sed ad sustentandam eam extra dotis causam filiæ tuæ prædia adsignasse proponas : civilium munerum vel onerum municipalium obtentu, ex persona mariti ejus, quomodò matres ex persona filiorum interpellari non possunt : cùm neque maritum pro uxoris obligatione conveniri posse constet, nisi ipse pro ea se obnoxium fecit. Certissimum enim est, ex alterius contractu neminem obligari.

3 id. septembris, AA. Coss. 293.

3. Les mêmes empereurs et Césars à Carpophore.

Disant que vous n'avez point donné à titre de dot à votre fille les héritages dont vous parlez, mais les lui avoir donnés non comme dot , mais pour servir à son usage , ces héritages ne peuvent pas plus être obligés à cause des charges civiles ou municipales du mari , que des mères ne peuvent être poursuivies pour leur fils. Il est de même constant que le mari ne peut être poursuivi pour les obligations contractées par sa femme, à moins qu'il ne se soit engagé pour elle : car il est évident que personne ne peut être obligé par le contrat d'un autre.

Fait le 3 des ides de septemb. , sous le cons. des mêmes emper. 293.

4. Iidem AA. et CC. Philoterœ.

Cùm te ideò ex persona filii tui commemores conveniri, quòd pro debitis ejus aliquid intulisse videaris : defensionibus tuis uti apud eum cujus super ea re notio est , minimè prohiberis : ut is ad solutionem alieni debiti urgeri te non patiatur.

Datum 10 calend. septembris , Titiano et Nepotiano Coss. 301.

4. Les mêmes empereurs et Césars à Philotéra.

D'après ce que vous dites que vous êtes poursuivie pour votre fils, sous le prétexte que vous avez payé quelque chose de ses dettes, vous pouvez présenter vos moyens de défense pardevant celui à qui la connaissance de cette affaire appartient , afin qu'il défende que vous soyez poursuivie pour le paiement du restant de ces dettes.

Fait le 10 des cal. de sept. , sous le cons. de Titien et de Népotien. 301.

In authent. Nov. 52 , cap. 1.

Sed omninò qui alium pro alio secundùm formam pignorationis, exigit, totum id ipsum quicquid sit, in quadruplum vim passo reddet : necnon et ab actione pro qua talia præsumit, cadet.

Authentique extraite de la Novelle 52 , chap. 1.

Mais encore celui qui poursuit les biens de quelqu'un pour payer les dettes d'un autre , comme s'ils y étaient engagés, restituera les biens au quadruple, quels qu'ils soient, à celui qui a souffert cette injustice, et perdra l'action par laquelle il pouvait exiger la dette dont il s'agit.

TITRE XIII.

Que le fils ne soit point poursuivi pour son père, ni le père pour son fils émancipé, ni l'affranchi pour le patron, ni l'esclave pour le maître.

1. *L'empereur Gordien à Candidus, soldat.*

LE père ne peut être poursuivi pour la dette de son fils *sui juris*, à moins qu'il n'ait répondu pour lui, ni pour celui qu'il a en sa puissance, s'il a contracté sans son consentement; mais si le prêt qui a été fait au fils de famille n'est pas prohibé par le sénatus-consulte Macédonien, le père en est tenu jusqu'à concurrence du pécule. C'est pourquoi si votre père a été forcé par les créanciers de votre frère, de payer des dettes dont il n'était pas tenu, vous pouvez en demander la restitution devant le président de la province.

Fait le 3 des nones d'oct., Pius et Pontien consuls. 239.

2. *Les emp. Dioclétien et Maximien à Néothérius et Eutolmus.*

Le président de la province pourvoira à ce que vous ne soyez pas inquiété, si vous êtes émancipés, par celui qui a appelé votre père à des fonctions civiles.

Fait le 8 des cal. de février, sous le deuxième cons. de Maxime, et le premier d'Aquilinus. 286.

3. *Les mêmes empereurs et Césars à Théogène.*

Si un fils de famille a été fait décurion sans le consentement de son père, il a été ordonné par un droit très-clair que son père ne peut être inquiété pour lui.

Fait le 10 des cal. de mai, sous le cons. des Césars. 294.

4. *Les mêmes empereurs et Césars à Achiva.*

Il est constant que le fils ne peut être poursuivi pour son père, qui est vivant, par

TITULUS XIII.

Ne filius pro patre, vel pater pro filio emancipato, vel libertus pro patrono, vel servus pro domino conveniatur.

1. *Imp. Gordianus A. Candido militi.*

NEQUE ex ejus filii persona, qui cùm sui juris esset, mutuam pecuniam accepit, pater ejus, si non fidem suam obstrinxit, conveniri potest : neque ex ejus quem in potestate habet, si sine jussu ejus contractum est; neque si contra senatusconsultum Macedonianum mutua pecunia data est, amplius quàm de peculio actionem sustinere cogitur. Quapropter pater tuus, si ei pecunia à creditore fratris tui extorta est, ad quam reddendam non tenebatur : præsidis provinciæ auctoritate eam recuperabit.

PP. 3 non. octobris, Pio et Pontiano Coss. 239.

2. *Impp. Diocletianus et Maximianus AA. Neotherio et Eutolmi.*

Ne contra juris auctoritatem ab eo qui patrem vestrum, à quo emancipatos vos dicitis, ad munus civile devocaverat, inquietemini : præses provinciæ providebit.

Datum 8 calend. februarii, Maximo II. et Aquilino Coss. 286.

3. *Iidem AA. et CC. Theogeni.*

Si filiusfamilias invito patre decurio creatus sit : pro eo patrem inquietari non posse, jure manifestissimo cautum est.

G. 10 calend. maii, CC. Coss. 294.

4. *Iidem AA. et CC. Achivæ.*

Patris nomine superstitis filium, nec munerum civilium, nec debiti causa personali posse conveniri actione constat.

S. 12 calend. martii, CC. Coss. 3oo.

l'action personnelle, pour charges civiles ou dettes.

Fait le 12 des cal. de mars, sous le cons.
des Césars. 3oo.

5. *Iidem* AA. *et* CC. *Lampetio*.

Ex patroni vel domini contractu, liberti
vel servi conveniri non possunt.

Datum idib. aprilis, CC. Coss. 3oo.

**5. *Les mêmes empereurs et Césars à*
*Lampétius.***

Les affranchis ou les esclaves ne peuvent être poursuivis en vertu des obligations de leurs patrons ou de leurs
maitres.

Fait pendant les ides d'avril, sous le
cons. des Césars. 3oo.

Nova constitutio Friderichi.

Habita quidem super hoc diligenti inquisitione episcoporum, abbatum, ducum,
omnium judicum, et aliorum procerum
sacri nostri palatii examinatione, omnibus
qui causa studiorum peregrinantur schola•
ribus, et maximè divinarum atque sacrarum legum professoribus, hac nostræ pietatis beneficium indulgemus, ut ad loca in
quibus litterarum exercentur studia, tam
ipsi, quàm eorum nuncii veniant, et in
eis securè habitent. Dignum namque existimamus, ut cùm omnes bona facientes,
nostram laudem et protectionem omnimodò mereantur, quorum scientia totus
illuminatur mundus, et ad obediendum
Deo et nobis ejus ministris, vita subjectorum informatur, quadam speciali dilec-
tione eos ab omni injuria defendamus.
Quis enim eorum non misereatur, qui
amore scientiæ exules, facti de divitibus
pauperes, semetipsos exinaniunt, vitam
suam multis periculis exponunt, et à vi-
lissimis sæpè hominibus (quod graviter
ferendum est) corporales injurias sine
causa perferunt? Hac igitur generali et in
perpetuum valitura lege decernimus, ut
nullus de cætero tam audax inveniatur,
qui alienam scholaribus injuriam inferre
præsumat, nec ob alterius cujuscunque
provinciæ delictum sive debitum (quod
aliquando ex perversa consuetudine factum audivimus) aliquod damnum eis in-
ferat : scituris hujusmodi sacræ constitutionis temeratoribus, et etiam ipsis locorum rectoribus, qui hoc vindicare neglexerint, restitutionem rerum ablatarum ab
omnibus exigendam in quadruplum nota-

quo

Nouvelle constitution de Frédéric.

D'après le mûr examen et l'avis des
évêques, des abbés, des ducs, de tous
les juges et de tous les autres conseillers
de notre sacré palais, nous accordons ces
priviléges à tous ceux qui voyagent pour
cause d'études, et sur-tout aux profes-
seurs des lois divines et impériales ; à
savoir qu'ils puissent venir et habiter eux
et leurs noices en sécurité dans les lieux
des études : car rendant tous de grands
services : nous les avons trouvé dignes
d'être encouragés, et de jouir de notre protection ; ils éclairent tout le monde par
leurs lumières, et apprennent à nos sujets
à obéir à Dieu et à nous qui sommes ses
ministres ; c'est pourquoi ils méritent
que par une protection spéciale, nous
les défendions de toute injure. Qui est-ce
qui ne prendrait pas en considération le
sort de ceux qui par leur amour de la
science, souffrent l'exil et dissipent leur
fortune, passent leur vie dans les fatigues,
et l'exposent à mille périls? Qui est-ce
qui pourrait souffrir qu'ils soient insultés
par les hommes les plus méprisables ?
Nous ordonnons donc par cette loi générale, et dont l'autorité doit durer à jamais,
que personne ne soit assez audacieux pour
faire quelqu'injure aux étudians ; ni pour
leur porter quelque dommage à cause du
délit ou de la dette d'un autre, de quelque province qu'il soit ; ce que nous avons
appris avoir, par un usage condamnable,
été fait quelquefois. Que les infracteurs
de cette constitution impériale, ainsi que
les gouverneurs des lieux qu'ils habitent,
qui ont négligé de les punir, sachent

quo

sachent que tous juges seront compétens pour les forcer à la restitution du quadruple des choses dont ils se seront emparés ; qu'ils seront de droit notés d'infamie et dégradés à perpétuité de leurs dignités. Mais si quelqu'un désire leur intenter un procès sur quelqu'affaire, cela ne pourra se faire que devant leur maître ou professeur, ou devant l'évêque de la ville, auxquels nous permettons de connaître de ces affaires, au choix des étudians. Que celui qui cherche à les poursuivre devant un autre juge soit débouté de sa demande, quand même elle serait fondée en justice. Nous ordonnons que cette constitution soit insérée parmi les constitutions impériales, à la suite du titre, *Que le fils ne soit point poursuivi pour son père,* etc.

Fait au mois de novemb. l'an 1158.

que infamiæ eis ipso jure irroganda, dignitate sua se carituros in perpetuum. Verumtamen si litem eis quispiam super aliquo negotio movere voluerit : hujus rei optione data scholaribus, eos coram domino vel magistro suo, vel ipsius civitatis episcopo, quibus hanc jurisdictionem dedimus, conveniat. Qui verò ad alium judicem eos trahere tentaverit : etiam si causa justissima fuerit, à tali conamine cadat. Hanc autem legem inter imperiales constitutiones, scilicet sub titulo, Ne filius pro patre, etc. inseri jussimus.

Datum mense novembri 1158.

TITRE XIV.

Si un esclave est tenu de son fait après son affranchissement.

1. Les empereurs Sévère et Antonin à Juventien.

QUOIQUE vous ayez contracté avec un esclave à qui la liberté a été donnée conditionnellement, vous devez savoir cependant que la condition mise à sa liberté étant accomplie, vous n'avez contre lui aucune action pour ce qu'il a fait avant l'accomplissement de cette condition.

Fait le 4 des ides de décemb., sous le deuxième cons. de Dexter, et le premier de Priscus. 197.

2. L'emper. Antonin à Bexicus.
Vos créanciers qui vous ont prêté de l'argent pendant que vous étiez dans la servitude, n'ont aucune action contre vous ; sur-tout si, comme vous le dites, on ne vous a point légué de pécule.

Fait le 3 des cal. de septemb., sous le cons. de Létus et de Céréal. 216.

3. L'emp. Alexandre à Hérode.
Si votre esclave vous ayant promis une
Tome II.

TITULUS XIV.

An servus pro suo facto post manumissionem teneatur.

1. Impp. Severus et Antoninus AA. Juventiano.

QUAMVIS cum statulibero contraxeris : tamen ex antè gesto te non habere cum eo post impletam conditionem libertatis actionem, scire debes.

PP. 4 id. decembris, Dextro II. et Prisco Coss. 197.

2. Imp. Antoninus A. Bexico.
Creditoribus tuis, qui tibi in servitute mutuam pecuniam crediderunt, nulla adversus te actio competit : maximè cùm peculium tibi non esse legatum proponas.

PP. 3 calend. septembris, Læto et Cereale Coss. 216.

3. Imp. Alexander A. Herodi.
Promissæ tibi pecuniæ à servo tuo, ut

5

eum manumitteres : si posteaquàm manumisisti, stipulatus ab eo non es : adversus eum petitionem per in factum actionem habes.

PP. idibus septembris, Alexandro A. Coss. 227.

4. *Imp. Gordianus* A. *Hieroni.*

Licèt servitutis tempore ea quæ pecuniam matris tuæ subripuisse dicitur, ob hujusmodi admissum conveniri non poterat : ad libertatem tamen perducta (nam caput noxa sequitur) furti actione tenetur.

PP. idib. septembris, Pio et Pontiano Coss. 239.

5. *Idem* A. *Chresto.*

Si, ut allegas, antequam à domino manumittereris, fundos ejus coluisti, posteaque adempto peculio libertate donatus es : ob reliqua, si qua pridem contracta sunt, res bonorum, quas postea propriis laboribus quæsiisti, inquietari minimè possunt.

PP. 16 calend. decembris, Ariano et Pappo Coss. 244.

6. *Impp. Diocletianus et Maximianus* AA. *et* CC. *Feliciano.*

Sive servi sunt hi, quorum precibus fecisti mentionem, domi eos conveni : quia inter dominos ac servos judicium constare nullum potest. Sive post delictum manumissi sunt, ex antecedentibus post datam libertatem eos nulla ràtio juris à dominis quondam convenire patitur. Sanè si post manumissionem quid illicitè commiserint : hoc apud præsidem provinciæ argue, accepturus ex jure sententiam.

Datum 2 id. aprilis, Byzantii AA. Coss. 287.

---

certaine somme sous la condition que vous l'affranchirez, vous n'avez pas stipulé après l'affranchissement qu'il accomplirait sa promesse, vous avez contre lui l'action *in factum*.

Fait pendant les ides de décemb., sous le cons. de l'emp. Alexandre. 227.

4. *L'emp. Gordien à Hiéron.*

L'esclave que vous accusez d'avoir volé une somme d'argent à votre mère, ne peut être poursuivie à cause de ce vol; mais si elle parvient à la liberté, elle sera tenue de l'action de vol : car la faute est inhérente à la personne.

Fait pendant les ides de septemb., Pius et Pontien consuls. 239.

5. *Le même emp. à Chrestus.*

Si, comme vous le dites, ayant cultivé avant votre affranchissement le fonds de votre maître, il vous a donné la liberté sous la condition que vous lui céderiez votre pécule, ce que vous pouvez avoir conservé après votre affranchissement, ainsi que ce que vous pouvez avoir acquis ensuite par vos propres travaux, ne peut nullement vous être contesté.

Fait le 16 des cal. de décemb., sous le cons. d'Arien et de Pappon. 244.

6. *Les emp. Dioclétien et Maximien, et les Césars, à Félicien.*

Si ceux dont vous parlez dans votre requête sont esclaves, soyez vous-mêmes leur propre juge ; parce qu'il ne peut exister aucun jugement entre les maîtres et les esclaves : mais s'ils ont été affranchis après le délit dont vous vous plaignez, aucune disposition du droit ne permet que leurs actions antérieures à leur affranchissement puissent être recherchées par les maîtres. Si, après leur affranchissement, ils ont commis quelque chose d'illicite, portez vos plaintes devant le président de la province, qui rendra une sentence conformément au droit.

Fait à Bysance, le 2 des ides d'avril, sous le cons. des mêmes emper. 287.

TITRE XV.

Des cas où le fisc ou les particuliers peuvent poursuivre les débiteurs de leurs débiteurs.

1. *Les empereurs Sévère et Antonin à Valérien.*

On ne doit pas saisir les biens du tuteur ni ne possède rien des biens de son pupille, à cause des dettes de ce dernier.

Fait le 11 des cal. de juin, sous le cons. de Latéran et de Rufinus. 198.

2. *L'emper. Antonin à Marcus.*

Si Valens, contre qui vous dites avoir obtenu une condamnation, n'a rien qu'on puisse vendre sans procéder à des saisies-arrêts, ses débiteurs étant poursuivis, ils seront forcés par le président de la province au paiement.

3. *L'emp. Gordien à Primanius.*

Si ceux que vous dites obligés aux débiteurs du fisc ne nient pas les dettes qu'on les accuse de devoir à ces derniers, il n'est pas injuste qu'ils soient forcés, comme vous le désirez, au paiement par-devant le procureur du fisc; mais sachez que s'il s'élève quelque difficulté, cela ne peut pas avoir lieu.

Fait le 6 des cal. de fév., sous le cons. de Sabinus et de Vénustus. 241.

4. *Les emp. Dioclétien et Maximien, et les Césars, à Zosime.*

C'est un point de droit évident que le fisc ne peut poursuivre les débiteurs de ses débiteurs, qu'en tant qu'il apparaît évidemment que ces derniers sont insolvables.

Fait le 12 des cal. de mai, sous le cons. des mêmes emp. 293.

5. *Les mêmes empereurs et Césars à Nanida.*

Une créance ayant été donnée en paiement, le créancier ne peut pas poursuivre les débiteurs de celui qui l'a payé de cette

TITULUS XV.

Quando fiscus, vel privatus debitoris sui debitores convenire possit, vel debeat.

1. *Impp. Severus et Antoninus AA. Valeriano.*

Propter æs alienum pupilli, res tutoris, qui nihil ex bonis ejus tenet, pignori capi non oportet.

PP. 11 calend. junii, Laterano et Rufino Coss. 198.

2. *Imp. Antoninus A. Marco.*

Si in causa judicati Valentis, quem tibi condemnatum esse proponis, nihil est quod sine quæstione pignoris loco capi et distrahi possit: debitores ejus conventi ad solutionem auctoritate præsidis provinciæ compelluntur.

3. *Imp. Gordianus A. Primanio.*

Si debitum non inficiantur hi, quos obnoxios debitoribus fisci esse proponis: potest videri non esse iniquum quod desideras, ut ad solutionem per officium procuratoris compellantur. Nam si quæstio aliqua refertur: id concedi non oportere, etiam ipse perspicis.

PP. 6 calend. februarii, Sabino et Venusto Coss. 241.

4. *Impp. Diocletianus et Maximianus AA. et CC. Zosimo.*

Non prius ad eos, qui debitoribus fisci nostri sunt obligati, actionem fiscalem extendi oportere, nisi patuerit principales reos idoneos non esse, certissimi juris est.

S. 12 calend. maii, AA. Coss. 293.

5. *Iidem AA. et CC. Nanidæ.*

In solutum nomine dato, non aliter, nisi mandatis actionibus, ex persona sui debitoris adversus ejus debitores creditor

5 *

experiri potest : suo autem nomine utili
actione rectè utetur.

Datum calend. januarii , CC. Coss.
294.

manière au nom de ce dernier , à moins
qu'il ne lui ait cédé ses actions ; mais il
peut le poursuivre légalement en son nom
par l'action utile.

Fait pendant les cal. de janv. , sous le
cons. des Césars. 294.

TITULUS XVI.

De hereditariis actionibus.

1. *Imp. Gordianus A. Hermeroti.*

Pecuniam quam tibi à matre debitam
fuisse dicis, ab heredibus ejus coheredibus tuis pro parte tibi competente petere
debes. Sed et res, si quæ tibi ob idem
debitum obligatæ sunt, persequi non prohiberis.

PP. 11 calend. martii , Gordiano A.
II. et Pompeiano Coss. 242.

2. *Imp. Decius A. Telemachæ.*

Pro hereditariis partibus heredes onera
hereditaria agnoscere, etiam in fisci rationibus placuit ; nisi intercedat pignus vel
hypotheca : tunc enim possessor obligatæ
rei conveniendus est.

PP. 14 calend. novembris , Æmiliano
et Aquilino Coss. 250.

3. *Impp. Diocletianus et Maximianus
AA. et CC. Maximæ.*

Heredem mariti quondam tui de dote
tibi reddenda conveni : personalem enim
actionem contra debitores hereditarios tibi
decerni frustra postulas.

PP. 14 calend. maii , AA. Coss. 293.

4. *Iidem AA. et CC. Crispo.*

Sub prætextu ætatis pupilli debitoris
hereditarii creditorum exactionem differri
non posse, nimis evidens est. Unde cùm
te tutorem proponas : quemadmodùm à

TITRE XVI.

Des actions héréditaires.

1. *L'empereur Gordien à Hermérote.*

Vous devez demander l'argent que
vous dites que votre mère vous devait ,
pour la portion qui. vous compète , à
ses héritiers qui sont vos cohéritiers ; et
on ne peut vous empêcher de poursuivre
ce qui vous est dû sur les choses affectées à
la dette , s'il y en a qui le soient.

Fait le 11 des cal. de mars , sous le
deuxième cons. de l'emp. Gordien , et le
premier de Pompéien. 242.

2. *L'emp. Décius à Télémacha.*

On a décidé que les héritiers doivent
supporter les charges héréditaires proportionnellement à la portion qu'ils ont
eue de l'hérédité, même pour les charges
fiscales , à moins qu'il n'y ait un gage ou
une hypothèque : car, dans ce cas, c'est le
possesseur de la chose obligée qui doit
être poursuivi.

Fait le 14 des cal. de novemb., Emilien
et Aquilinus consuls. 250.

3. *Les emp. Dioclétien et Maximien , et
les Césars, à Maxima.*

Assignez l'héritier de votre mari en reddition. de votre dot : car c'est vainement
que vous demandez qu'on vous accorde
l'action personnelle contre les débiteurs
héréditaires.

Fait le 14 des cal. de mai , sous le cons.
des mêmes emp. 293.

4. *Les mêmes empereurs et Césars à
Crispus.*

Il est plus qu'évident que sous prétexte
de la pupillarité des débiteurs héréditaires , le paiement de la dette ne peut
être différé ; c'est pourquoi si , comme

vous le dites, vous êtes leur tuteur, vous devez faire en sorte qu'ils satisfassent leurs créanciers.

Fait le 10 des cal. de décemb., sous le cons. des mêmes emp. 293.

5. *Les mêmes empereurs et Césars à Julius.*

Au sujet de ce que vous demandez d'être payé avant l'adition d'hérédité, nous ordonnons qu'on examine si l'hérédité ne vous appartient pas : car votre demande ne peut avoir lieu encore. En effet, s'il arrive que la succession de votre beau-père vous soit acquise, il n'est aucun doute que la dette ne soit éteinte par la confusion.

Fait la veille des nones de mars, sous le cons. des Césars. 294.

6. *Les mêmes empereurs et Césars à Domnus.*

Si l'adulte dont vous êtes curateur est héritière pour un tiers dans la succession de son oncle paternel, lequel, d'après ce que vous dites, a été son tuteur, et ne lui a point défendu d'exiger des cohéritiers au *prorata* de leurs portions, la somme dont lui testateur était redevable, elle peut exiger cette dette de ses cohéritiers, proportionnellement aux deux tiers de la succession : car la dette n'est confuse que jusqu'à concurrence de la portion à laquelle l'adulte a succédé ; c'est contre les intérêts de votre pupille adulte que vous demandez que le testament soit rescindé : car ses cohéritiers, en acceptant l'hérédité, s'obligent aussi à payer la dette. Et s'il était prouvé qu'ils fussent insolvables, le président de la province ne permettra point, après que la demande en séparation de patrimoine aura été faite, qu'elle souffre aucun dommage.

Fait pendant les cal. de décemb., sous le cons. des mêmes emp. 299.

7. *Les mêmes empereurs et Césars à Apolaustus.*

Il convient que les créanciers héréditaires n'aient aucune action personnelle contre les légataires : car la loi des douze tables ne leur donne évidemment l'action personnelle que contre les héritiers.

pupillis creditoribus satisfiat, eniti debes.

Datum 10 calend. decembris, AA. Coss. 293.

5. *Iidem AA. et CC. Julio.*

Ut debitum tibi ante aditam hereditatem solvatur, at tunc si ad te pertineret hereditas, quæri jubeamus : præpostera petitio est. Etenim, cùm tibi soceri successionem quæsitam patuerit, debiti petitionem extingui per confusionem non ambigitur.

Datum pridiè non. martii, CC. Coss. 294.

6. *Iidem AA. et CC. Domno.*

Si adulta, cujus curam geris, pro triente patruo suo (quem etiam tutelam ejus administrasse proponis) heres extitit, nec ab eo quicquam exigere prohibita est : debitum à coheredibus ejus pro besse petere non prohibetur, cùm ultra eam portionem qua successit, petitio non confundatur. Nam adversus adultam tuam rescindi postulas testamentum : si quidem coheredes ejus adeuntes hereditatem se etiam obligant. Etsi non solvendo constituti probentur : postulata separatione, nullum ei damnum præses provinciæ fieri patietur.

Datum calend. decembris, AA. Coss. 299.

7. *Iidem AA. et CC. Apolausto.*

Creditores hereditarios adversus legatarios non habere personalem actionem convenit : quippe cùm evidentissimè lex duodecim tabularum heredes huic rei faciat obnoxios.

Datum 6 idib. decembris, Nicomediæ CC. Coss. 3oo.

Fait à Nicomédie, le 6 des ides de décembre, sous le cons. des Césars. 3oo.

TITULUS XVII.

Ex delictis defunctorum in quantum heredes conveniantur.

1. *Impp. Diocletianus et Maximianus AA. et CC. Macedoni.*

Post litis contestationem eo , qui vim fecit, vel concussionem intulit, vel aliquid deliquit, defuncto, successores ejus insolidum, alioquin in quantum ad eos pervenit, conveniri, juris absolutissimi est : ne alieno scelere ditentur.
Datum 5 calend. maii , CC. Coss. 294.

TITRE XVII.

De la quotité pour laquelle les héritiers doivent être poursuivis à raison des délits des défunts.

1. *Les emper. Dioclétien et Maximien , et les Césars, à Macédonus.*

Il est incontestable que si celui qui a commis une violence , une concussion ou quelque délit contre quelqu'un, est mort après la contestation en cause, les héritiers en seront tenus solidairement ; mais si la contestation en cause n'a pas eu lieu avant la mort du coupable, ses héritiers sont tenus proportionnellement à la part qu'ils ont eue à la succession ; car personne ne doit être enrichi par les crimes d'autrui.
Fait le 5 des cal. de mai , sous le cons. des Césars. 294.

TITULUS XVIII.

De constituta pecunia.

1. *Imp. Gordianus A. Felici.*

Si pro alieno debito te soluturum constituisti : pecuniæ constitutæ actio non solùm adversus te, sed etiam adversus heredes tuos perpetuò competit.
Datum 7 calend. julii , CC. Coss.

TITRE XVIII.

De la somme constituée.

1. *L'empereur Gordien à Félix.*

Si vous vous êtes obligé de payer la dette d'un autre , on aura non-seulement contre vous l'action de la somme constituée , mais encore à perpétuité contre vos héritiers.
Fait le 7 des cal. de juillet , sous le cons. des Césars.

In authent. Nov. 115 , cap. 6.

Si quando quis pro se , vel pro alia persona pecuniam se solvere constituerit, vel spoponderit, sic dicens , satisfaciam tibi : tenetur pro quantitate , quam promisit. Sin autem sic dixerit , satisfiet à me , et ab illo, et illo : illis quidem, quos nominavit, non consentientibus, solus pro rata tantùm portione persolvet. Sin autem dixerit, satisfiet : verbo impersonaliter prolato : non tenebitur Sin autem sic dixerit, erit

Authentique extraite de la Novelle 115 , chap. 6.

Lorsque quelqu'un , pour soi ou pour une autre personne, s'est obligé ou a promis de payer une somme par ces mots , *Je vous paierai* , il est tenu de payer la somme qu'il a promise ; mais s'il s'est exprimé ainsi , *Nous paierons tel et tel et moi ;* si ceux qu'il a nommés n'y consentent pas , il ne sera tenu de payer que la portion pour laquelle il s'est obligé. S'il a dit seulement, *il satisfera*, on employant le verbe impersonnellement, il ne sera tenu à rien ; mais s'il a dit , *vous serez payé par moi, ou par tel* ; si celui qu'il a nommé ne paie pas, il sera tenu lui seul pour le tout.

2. *L'emper. Justinien à Jean , préfet du prétoire.*

L'action *receptitia* , qui consistait dans des paroles solennelles, n'ayant plus lieu, et étant tombée en désuétude , il nous a paru nécessaire de donner plus d'étendue à celle de la somme constituée. Comme donc cette action de la somme constituée dont il est question, n'avait lieu anciennement que dans les cas où il s'agissait d'une chose qui s'évalue par le poids, le nombre ou la mesure, et ne s'appliquait point aux autres choses ; et comme en outre elle n'avait pas dans tous les cas le caractère des actions perpétuelles , mais que dans certaines espèces elle était seulement d'une durée annale , on doutait si elle devait avoir lieu à l'égard d'une dette conditionnelle , ou d'une dette dont l'échéance avait été fixée à un certain jour , ou si elle pouvait avoir lieu à l'égard de la somme constituée simplement et sans condition. Nous ordonnons en conséquence , par cette loi, très-claire, qu'il soit permis à tous de contracter le constitut , non-seulement pour les choses qui consistent en nombre, poids et mesure , mais encore pour toutes les autres choses mobiliaires ou immobiliaires, se mouvant d'elles-mêmes, droits incorporels, et enfin pour toutes celles qui peuvent faire la matière d'une obligation. Nous ordonnons que l'action qui en naît ne soit en aucun cas annale, mais qu'elle ait, soit que le constitut ait été contracté pour soi ou pour un autre , la durée ordinaire des actions personnelles , c'est-à-dire qu'elle soit de trente ans ; que le constitut puisse être contracté pour une dette pure , ou conditionnelle , ou dont l'échéance a été fixée à un certain jour ; qu'il ait toute la force de la stipulation , et conserve cependant toutes ses qualités particulières, et que l'action qui en naît puisse être intentée par les héritiers ou contre les héritiers ; qu'il n'y ait point dans ces cas de

tibi satisfactum aut à me, aut ab illo : illo , quem nominavit , non consentiente , solus insolidum tenebitur.

2. *Imp. Justinianus* A. *Joanni* P. P.

Receptitia actione cessante, quæ solemnibus verbis composita , inusitato recessit vestigio : necessarium nobis visum est magis pecuniæ constitutæ naturam ampliare. Cùm igitur præfata pecuniæ constitutæ actio in his tantummodò casibus à veteribus conclusa est , ut exigeret res , quæ pondere , numero , mensura consistunt, in aliis autem rebus nullam haberet communionem : et neque in omnibus casibus longæva esset constituta, sed in speciebus certis annali spatio concluderetur : et dubitaretur, an pro debito sub conditione vel in diem constituto eam possibile esset fieri , et an purè constituta pecunia contracta valeret : hac apertissima lege definimus, ut liceat omnibus constituere, non solùm res quæ pondere, numero, mensura consistunt, sed etiam alias omnes , sive mobiles, sive immobiles, sive sese moventes, sive instrumenta, vel alias quascunque res , quas in stipulationem possunt homines deducere. Neque sit in quocunque casu annalis, sed sive pro se quis constituat , sive pro alio , sit et ipsa in tali vitæ mensura , in qua omnes personales actiones positæ sunt, id est, in annorum metis triginta : et liceat pro debito purè , vel in diem, vel sub conditione constitui : et non absimilem penitùs stipulationi habeat dignitatem , suis tamen naturalibus privilegiis minimè defraudata sit, sed et heredibus et contra heredes competat : ut neque receptitiæ actionis, neque alio indigeat respublica in hujusmodi casibus adminiculo ; sed sit pecuniæ constitutæ actio per nostram constitutionem sibi in omnia sufficiens : ita tamen , ut hoc ei inhæreat : ut pro jam debito fiat constitutum : cùm secundùm antiquam receptitiam actionem res exigebatur , etiam si quid non fuerat debitum : cùm satis absurdum, et tam nostris temporibus , quàm justis legibus contrarium sit, permittere per actionem receptitiam res indebitas consequi, et iterum multas proponere condictiones, quæ et pecunias indebitas, et promissiones corrumpi et restitui definiunt. Ut non erubescat igitur tale legum jurgium : hoc tantummodò constituatur, quod debitum est : et omnia quæ de receptitia in diversis libris legumlatorum posita sunt, aboleantur : et sit pecuniæ constitutæ actio omnes casus complectens, qui et per stipulationem possunt explicari.

§. 1. Et neminem moveat, quòd sub nomine pecuniæ etiam omnes res exigi definiamus : cùm et in antiquis libris prudentium, licèt constituta pecunia nominabatur, tamen non pecuniæ tantùm per eam exigebantur, sed omnes res quæ pondere, numero, mensura constitutæ erant. Sed et possibile est omnes res in pecuniam converti. Si enim certa domus, vel certus ager, vel certus homo, vel alia res, quæ expressa est, in constituendis rebus ponatur : quid distat à nomine ipsius pecuniæ? Sed ut subtilitati eorum satisfiat, qui non sensum, sed vana nominum vocabula amplecti desiderant : ita omnes res veniant in constitutam actionem, tanquam si fuisset ipsa pecunia constituta : cùm etiam veteres pecuniæ appellatione omnes res significari definiant : et hujusmodi vocabulum, et in libris juris auctorum, et in alia antiqua prudentia manifestissimè inventum sit.

§. 2.

lacune dans le droit, à cause du non-usage de l'action *receptitia* ou de toute autre action; mais en vertu de cette constitution, que l'action de la somme constituée supplée à toutes les actions et suffise à tous ces cas. Le constitut doit être considéré de telle manière qu'une dette soit son essence ; à l'opposé de l'ancienne action *receptitia*, en vertu de laquelle on pouvait exiger une chose quoiqu'elle ne fût pas due. Il est bien absurde, bien indigne de notre règne, et bien contraire aux lois équitables, de permettre, en vertu de l'action *receptitia*, l'exaction d'une chose non due, et de donner de nouveau beaucoup d'actions en répétition, par lesquelles les sommes indues et les promesses sont tour-à-tour anéanties et rétablies. Pour éviter le scandale de cette divergence dans les lois, on ne pourra établir le constitut que pour ce qui est dû. C'est pourquoi, que toutes les dispositions qui se trouvent dans les divers livres des législateurs, concernant l'action *receptitia*, soient abolies, et que l'action de la somme constituée embrasse tous les cas qui peuvent faire la matière d'une stipulation.

§. 1. Que personne ne s'étonne de ce que nous ordonnons que par cette action, qui porte seulement le nom d'argent, on puisse exiger non-seulement des sommes d'argent, mais encore toute autre chose : car on voit dans les livres des anciens jurisconsultes, que quoique cette action porte le nom de somme constituée, on pourrait cependant par son moyen, non-seulement exiger des sommes d'argent, mais encore toute autre chose qui s'évalue par le poids, le nombre ou la mesure. Il est en effet possible de convertir toutes les espèces de choses en une somme d'argent ; car si une chose certaine, comme une maison, un champ, un esclave ou toute autre chose, fait l'objet d'un contrat de constitut ; quelle différence trouve-t-on entre ces choses et le nom de l'argent même? Mais, afin de satisfaire à la subtilité de ceux qui s'attachent moins au sens qu'à de vains noms, que les choses qui feront l'objet d'un contrat de constitut soient censées sommes d'argent. Il est manifeste que les anciens appelaient

appelaient du mot d'argent toute espèce de choses. On trouve ce mot pris dans cette acception générale, non-seulement dans les auteurs de droit, mais encore dans le texte des anciennes lois.

§. 2. A l'égard des usages que les banquiers et autres négocians ont suivis constamment, nous ordonnons qu'ils conservent leur force et continuent d'être suivis comme ils l'ont été jusqu'à présent.

Fait le 10 des cal. de mars, après le cons. de Lampadius et d'Oreste. 531.

3. *Le même empereur à Jean, préfet du prétoire.*

Il est nécessaire que la lettre de l'empereur Hadrien, qui porte que les mandans et les fidéjusseurs seront tenus chacun pour leur part, s'étende à ceux qui constituent ensemble de l'argent pour d'autres; car l'équité demande qu'il n'y ait aucune différence entre les divers cas d'une même action.

Fait pendant les cal. de novemb., après le cons. de Lampadius et d'Oreste. 531.

TITRE XIX.

Des Preuves.

1. *Les empereurs Sévère et Antonin à Faustinus.*

DE même que le créancier qui demande une somme d'argent qu'il dit avoir comptée, est obligé de prouver sa demande; de même le débiteur qui affirme l'avoir rendue, doit donner les preuves de ce paiement.

Fait la veille des cal. de juillet, sous le deuxième cons. de Dexter, et le premier de Priscus. 197.

2. *L'empereur Antonin à Aulizanus.*

Poursuivez suivant les formes judiciaires les fonds que vous dites vous appartenir : car celui qui possède ne peut être forcé de donner les preuves de sa propriété ; et faute par vous de prouver votre demande, la propriété de ces fonds restera à votre adversaire qui les possède actuellement.

Tome II.

§. 2. His videlicet, quæ argenti distractores, et alii negotia ores indefensè constituerint, in sua firmitate secundùm morem usque adhuc obtinentem durantibus.

Datum 10 calend. martii, post consulatum Lampadii et Orestis VV. CC. 531.

3. *Idem A. Joanni P. P.*

Divi Hadriani epistolam, quæ de periculo dividendo inter mandatores et fidejussores loquitur, locum habere in his etiam qui pecunias pro aliis simul constituunt, necessarium est. Æquitatis enim ratio diversas species actionis excludere nullo modo debet.

Datum calend. novembris, post Lampadii et Orestis VV. CC. consulatum. 531.

TITULUS XIX.

De Probationibus.

1. *Impp. Severus et Antoninus AA. Faustino.*

UT creditor, qui pecuniam petit numeratam, implere cogitur : ita rursum debitor qui solutam adfirmat, ejus rei probationem præstare debet.

PP. pridie calend. julii, Dextro II. et Prisco Coss. 197.

2. *Imp. Antoninus A. Aulizano.*

Possessiones, quas ad te pertinere dicis, more judiciorum persequere. Non enim possessori incumbit necessitas probandi, eas ad se pertinere : cùm te in probatione cessante, dominium apud eum remaneat.

PP. 15 calend. decembris, Læto et Cereale Coss. 216.

6

Fait le 15 des cal. de décembre, Létus
et Céréal consuls. 216.

5. *Imp. Alexander A. Lœnc et Lupo.*

Ex persona collegæ avi vestri conveniri
non debetis, si eundem collegam tempore
depositi officii solvendo fuisse ostenderitis.
PP. 5 calend. januarii, Pompeiano et
Peligno Coss. 232.

3. *L'emp. Alexandre à Lœna et à Lupus.*

Vous ne devez point être poursuivi
pour le collègue de votre aïeul, si vous
prouvez que ce collègue était solvable
dans le temps qu'il a cessé les fonctions
de son office.

Fait le 5 des cal. de janvier, sous le
cons. de Pompéien et de Pélignus. 232.

4. *Idem A. Vito.*

Proprietatis dominium non tantùm instrumento emptionis, sed et quibuscumque
aliis legitimis probationibus ostenditur.
PP. calend. novembris, Alexandro A.
III. et Dione Coss. 230.

4. *Le même emp. à Vitus.*

On peut prouver le domaine de la propriété, non-seulement par l'acte de vente,
mais encore par toutes autres preuves légitimes.

Fait pendant les cal. de novemb., sous
le troisième cons. de l'emp. Alexandre,
et le premier de Dion. 230.

5. *Imp. Philippus A. et Philippus Cæs.
Sertorio.*

Instrumenta domestica, seu privata testatio, seu adnotatio, si non aliis quoque
adminiculis adjuventur, ad probationem
sola non sufficiunt.
PP. 7 idib. aprilis, Philippo A. et Titiano Coss. 246.

5. *L'emp. Philippe et le César-Philippe
à Sertorius.*

Les papiers domestiques, c'est-à-dire
les écrits privés faits pardevant témoins,
et les simples notes, si elles ne sont point
appuyées d'autres circonstances, n'ont
pas seuls la force d'une preuve.

Fait le 7 des ides d'avril, l'empereur
Philippe et Titien consuls. 246.

6. *Iidem AA. et Cæs. Romulo.*

Rationes defuncti, quæ in bonis ejus
inveniuntur, ad probationem sibi debitæ
quantitatis solas sufficere non posse, sæpè
rescriptum est. Ejusdem juris est, et si in
ultima voluntate defunctus certam pecuniæ quantitatem, aut etiam res certas sibi
deberi significaverit.
PP. idibus martii, Philippo A. et Titiano Coss. 246.

6. *Les mêmes empereurs et Césars à
Romulus.*

Il a été souvent rescrit que les livres
de compte d'un défunt, trouvés dans ses
biens, ne sont pas seuls suffisans pour
prouver qu'une somme lui est due. On
suit le même droit, lorsqu'un défunt a
déclaré dans un acte de dernière volonté
qu'une telle somme d'argent, ou telles
choses lui étaient dues.

Fait pendant les ides de mars, sous
le même cons. 246.

In authent. Nov. 48, cap. 1.

Quod obtinet omnimodò si testator non
juraverit : alioquin heredes necesse habent testatoris religioni stare, aut minimè
fruentur his, quæ relicta sunt : sed creditoribus nihil ex hoc præjudicii comparabitur.

*Authentique extraite de la Novelle 48,
chap. 1.*

Ces dispositions doivent avoir lieu,
si le testateur n'a point confirmé son assertion par le serment ; mais s'il a juré, les
héritiers doivent remplir la volonté du
testateur, ou renoncer à la succession. Les
créanciers ne doivent, dans cette circonstance, souffrir aucun dommage.

7. *L'emp. Gallien à Sabinus.*

Ce serait donner un exemple pernicieux que d'ajouter foi à une écriture
privée ; car chacun pourrait, par une
note écrite de sa main, se constituer des
débiteurs. C'est pourquoi ni le fisc, ni
toute autre personne, ne doivent prouver
par leur propre note, la vérité de la dette
qu'ils réclament.

Fait le 3 des nones de mars, sous le
septième cons. de l'emper. Gallien, et
le premier de Sabinillus. 267.

8. *Les emp. Dioclétien et Maximien, et
les Césars, à Publicius et Optatus.*

Vous craignez mal-à-propos qu'on ne
force le défendeur à fournir les preuves.

Fait le 13 des cal..... Bassus et Quin-
tien consuls. 289.

9. *Les mêmes emp. et Césars à Mar-
ciana.*

Assurant que vous êtes mineur de
vingt-cinq ans, vous devez aller trouver
le président de la province, et fournir
pardevant lui les preuves de votre âge.

Fait pendant les ides d'avril, sous le
cons. des mêmes emper. 293.

10. *Les mêmes emp. et Césars à Isidore.*

L'acte de votre naissance, les dignités
que vous dites avoir exercées (quand
même vous pourriez prouver que vous êtes
ingénu), ne fournissent pas une preuve
assez forte de l'ingénuité de votre fille ;
parce qu'il peut fort bien se faire que vous
soyez ingénu et que votre fille soit esclave.

Fait le 18 des cal. de mai, sous le même
cons. 293.

11. *Les mêmes empereurs et Césars à
Antonia.*

Si vous croyez pouvoir prouver que
l'héritier institué par le testament de votre
tante paternelle, est incapable de recueillir l'hérédité, soit à cause d'un vice
du testament, soit à cause d'un autre
motif, vous pouvez agir au sujet de cette
hérédité auprès du gouverneur de la
province.

Fait à Héraclée, le 5 des cal. de mai,
sous le cons. des Césars. 294.

7. *Imp. Gallienus A. Sabino.*

Exemplo perniciosum est, ut ei scripturæ credatur, qua unusquisque sibi adnotatione propria debitorem constituit.
Unde neque fiscum, neque alium quemlibet, ex suis subnotationibus debiti probationem præbere oportet.

PP. 5 non. martii Gallieno A. VII. et
Sabinillo Coss. 267.

8. *Impp. Diocletianus et Maximianus
AA. et CC. Publicio et Optato.*

Frustrà veremini, ne ab eo, qui lite
pulsatur, probatio exigatur.

PP. 13 calend. .... Basso et Quin-
tiano Coss. 289.

9. *Iidem AA. et CC. Marcianæ.*

Cùm te minorem quinque et viginti annis esse proponas : adire præsidem provinciæ debes, et de ea ætate probare.

Datum idib. aprilis, AA. Coss. 293.

10. *Iidem AA. et CC. Isidoro.*

Neque natales tui (licèt ingenuum te
probare possis), neque honores quibus te
functum esse commemoras, idoneam probationem pro filiæ tuæ ingenuitate conti-
nent : cùm nihil prohibeat et te ingenuum,
et eam ancillam esse.

Datum 18 calend. maii, AA. Coss. 293.

11. *Iidem AA. et CC. Antoniæ.*

Si scriptum heredem ab amita tua, vel
de testamenti vitio, vel quacumque alia
ratione non posse obtinere hereditatem,
probari à te posse confidis : de hac hereditate apud rectorem provinciæ agere
potes.

S. 5 calend. maii, Heracliæ, CC. Coss.
294.

6 *

12. *Iidem* AA. *et* CC. *Chroniæ.*

Cùm res non instrumentis gerantur, sed in hæc rei gestæ testimonium conferatur : factam emptionem , et in vacuam possessionem inductum patrem tuum , pretiumque numeratum, quibus potes jure proditis probationibus docere debes.

Datum 5 non. octobris, AA. et CC. Coss. 299.

13. *Idem* AA. *et* CC. *Justino.*

Non epistolis necessitudo consanguinitatis , sed natalibus, vel adoptionis solemnitate conjungitur : nec adversùs absentem hereditatis dividendæ gratiam velut contra fratrem pro ancilla petitus arbiter , substantiæ perimit veritatem. Sive itaque quasi ad sororem, quam ancillam te posse probare confidis , epistolam emisisti : sive familiæ erciscundæ , quasi pro coherede petitus arbiter doceatur : fraternitatis quæstio per hæc tolli non potuit.

Datum calend. decembris , AA. Coss. 299.

14. *Iidem* AA. *et* CC. *Munitiano.*

Non nudis adseverationibus, nec ementita professione (licèt utrique consentiant) sed matrimonio legitimo concepti, vel adoptione solemni filii civili jure patri constituuntur. Si itaque hunc , contra quem supplicas, alienum esse probare confidis : per te, vel per procuratorem adfirmationem ejus falsam detege.

Datum calend. decembris , AA. Coss. 299.

15. *Iidem* AA. *et* CC. *Antonio.*

Vis ejus, qui se dominum contendit, ad imponendum onus probationis servo cui male prodest. Cùm igitur aufugisse te

12. *Les mêmes emp. et Césars à Chronia.*

On ne fait rien par les contrats écrits , mais les contrats écrits servent de preuve de ce qu'on a fait. C'est pourquoi vous devez démontrer , par les preuves que vous pourrez fournir à cet égard , que la vente a été faite à votre père, qu'il a reçu la simple possession de l'objet vendu, et qu'il en a payé le prix.

Fait le 5 des nones d'octob. , sous le cons. des mêmes emper. 299.

13. *Les mêmes emp. et Césars à Justin.*

La consanguinité ne se prouve point par lettres familières , mais par l'acte de naissance , ou la solennité de l'adoption. C'est pourquoi, si un arbitre a été demandé par une esclave , à l'effet de partager une succession contre un absent qu'elle prétend être son frère, cette demande ne porte aucune atteinte à la vérité. En conséquence vous pouvez prouver que celle à qui vous avez écrit comme à votre sœur est esclave, quand même il serait prouvé que l'arbitre nommé pour le partage l'a été comme pour un cohéritier. La question de fraternité n'a pu par ces circonstances être éteinte.

Fait pendant les cal. de décembre , sous le cons. des mêmes emper. 299.

14. *Les mêmes emp. et Césars à Munitien.*

Ce n'est point par de simples assertions ni par une déclaration mensongère , quand même les deux parties y consentiraient , que quelqu'un peut, par le droit civil , être constitué fils de celui qu'il dit être son père ; mais par la conception en légitime mariage ou les solennités de l'adoption. C'est pourquoi si vous pouvez prouver que celui contre lequel vous suppliez n'est point le fils de celui qu'il dit être son père , démontrez par vous-même ou par procureur la fausseté de son assertion.

Fait sous le même cons. 299.

15. *Les mêmes empereurs et Césars à Antonius.*

La violence de celui qui se prétend le maître de quelqu'un, ne peut lui servir de prétexte, pour forcer ce dernier à

DES PREUVES.

45

prouver lui-même qu'il n'est pas esclave. Avouant donc que vous vous êtes enfui de la maison de Sévérus, qui, à ce que vous assurez, ne vous a pas dans le principe possédé justement, mais vous a retenu chez lui par la violence; qu'on s'informe d'abord si vous êtes en possession de la liberté sans dol et sans mauvaise foi. L'événement de cette question indiquera celui de vous deux qui doit faire les preuves.

Fait le 6 des cal. de janvier, sous le même cons. 299.

16. *Les mêmes empereurs et Césars à Philippa et à Sébastiana.*

Si vos frères émancipés revendiquent les héritages que vous possédez, prétendant qu'ils leur ont été donnés par votre père commun, ce sont eux qui sont obligés de faire les preuves. Il en est de même, si eux-mêmes possédant ces héritages, comme leur ayant été donnés par votre père commun, vous, comme cohéritières de votre père, vous demandez qu'ils prouvent que votre demande est sans fondement : car dans une pareille contestation, ils sont forcés de prouver à quel titre ils possèdent ces héritages.

Fait le 10 des cal. de février, sous le même consul. 299.

17. *Les mêmes emp. et Césars à Paulina.*

Pour prouver que vous êtes ingénue, il faut que vous démontriez que votre mère vous a mise au monde après avoir reçu la liberté; car vous ne pouvez vous prévaloir pour votre défense de ce qu'il ne s'est élevé aucune question sur l'état de vos frères.

Fait le 5 des ides de février, sous le même cons. 299.

18. *Les mêmes empereurs et Césars à Violantilla.*

Vous déclarez dans votre requête que celui dont vous y faites mention, a fait insérer à votre insu dans l'acte, que vous lui donniez le champ dont il s'agit; si cela est vrai, ce fonds ne peut pas lui parvenir à titre de donation. C'est pourquoi il faut que vous prouviez devant le juge com-

de domo Severi profitearis, verùm nec ab illo justo initio, sed per violentiam adseveras te esse detentum : inquisito priùs, an in possessione libertatis sine dolo malo constitutus sis : tunc etiam onus probationis quis debeat subire, per hujusmodi eventum declarabitur.

Datum 6 calend. januarii, AA. Coss. 299.

16. *Iidem AA. et CC. Philippæ et Sebastianæ.*

Sive possidetis prædia, quæ à patre communi sibi fratres emancipati donata contendentes vindicant, ipsis incumbit facti probationis necessitas. Sive ipsis ea prædia quasi à patre vestro sibi donata tenentibus, vos coheredes constituti patris petitis : ut intentionem vestram non constitisse detegant ; unde domini facti sunt, emergente questione, docere compelluntur.

Datum 10 calend. feb. AA. Coss. 299.

17. *Iidem AA. et CC. Paulinæ.*

Matrem tuam consecutam libertatem, ac te post editam, ut ingenua probari possis, ostendi convenit. Quòd enim fratribus tuis nulla moveatur questio, ad defensionem tuam nihil prodesse potest.

Datum 5 id. februarii, AA. Coss. 299.

18. *Iidem AA. et CC. Violantillæ.*

Cum precibus tuis significes, ignorante te prædium cum cujus meministi, sibi velut à te donatum instrumentis inseri fecisse : si vera sunt quæ precibus indidisti : nec ad nomen facte donationis fundus isto pervenit. Unde adito judice competenti, probare te oportet contra voluntatem tuam hunc fundum instrumento adversarium tuum sibi adscribi laborasse : ut secundùm tenorem rescripti nostri possis consequi sententiam.

Datum 7 id. aprilis, Bysantii, CC. Coss. 300.

19. *Iidem* AA. *et* CC. *Menandro.*

Exceptionem dilatoriam opponi quidem initio : probari verò postquàm actor monstraverit quod adseverat , oportet.

Datum 13 calend. aprilis, Nicomediæ, CC. Coss. 300.

In authent. Nov. 90 , *cap.* 4.

At qui semel produxerit testes, aut bis, aut ter, et testificata tractaverit, aut ab adversario hoc faciente disputationem acceperit, et ex hoc testificata didicerit : non habebit licentiam ulterius uti productione testium ex divina etiam jussione. Si verò hoc non egerit : tunc danda est quarta productio testium , sacramento ab eo priùs dando quòd neque subtraxerit , neque per conlatus est ipse testificationes , vel aliquis advocatorum ejus , vel alius pro eo agens : nec per dolum , nec per machinationem , vel artem , quartam productionem testium petat fieri.

20. *Iidem* AA. *et* CC. *Phrominæ.*

Si de possessione servitutis , emptionis instrumentis subtractis, in libertatem proclamat Eutychia : cùm petitori probationis onus incumbat , intentione sua detecta, his juvari minimè potest. Nam si in servitutem petatur : ad emptionis probationem non est indiciis aliis opus , sed instrumentorum furtum monstrare sufficit.

4 non. decembr. Nicomediæ, CC. Coss. 300.

pétent , que c'est contre votre volonté que votre adversaire a trouvé le moyen de faire écrire dans l'acte , que vous lui donniez ce fonds ; afin que , d'après la teneur de notre rescrit, vous puissiez obtenir une sentence.

Fait à Bisance , le 7 des ides d'avril , sous le cons. des Césars. 300.

19. *Les mêmes empereurs et Césars à Ménandre.*

Il faut opposer exception dilatoire dès le commencement de l'instance , et la prouver après que le demandeur a fait connaître l'objet de sa demande.

Fait à Nicomédie , le 13 des cal. d'avril , sous le consul. des Césars. 300.

Authentique extraite de la Novelle 90, *chapitre* 4.

Celui qui a produit une fois , deux fois ou trois fois des témoins, qui a discuté leurs témoignages, ou dont la discussion en ayant été faite par son adversaire, elle lui a été communiquée , et qui par-là a connu ces dépositions , n'aura plus la liberté de produire de nouveaux des témoins, quand même il aurait notre permission. Mais dans le cas contraire, on doit lui permettre de produire une quatrième fois des témoins , sous la condition qu'il affirmera préalablement par serment , qu'il n'a lui-même ni supprimé ni suggéré des dépositions , ni quelqu'un de ses avocats , ni quelqu'autre agissant pour lui , et que ce n'est pas par dol, par machination ou par artifice qu'il a demandé à faire une quatrième production de témoins.

20. *Les mêmes empereurs et Césars à Phromina.*

Si Eutychia, ayant soustrait l'acte d'achat dont elle est l'objet, réclame, de la servitude où elle est, la liberté ; quoique ce soit au demandeur à fournir les preuves, et qu'il ne puisse en apporter à l'appui de sa demande, la soustraction qu'elle a faite de l'acte d'achat , ne peut lui servir de rien. Car si elle est réclamée par son maître , il n'a pas besoin de fournir les preuves de l'achat , il suffit seulement qu'il prouve le vol de l'acte d'achat.

A Nicomédie, le 4 des nones de décemb.,
sous le cons. des Césars. 300.

21. *Les mêmes empereurs et Césars à Crispus.*

Ceux qui ont soustrait des titres appartenans à d'autres, ne peuvent nullement s'en servir pour prouver leur propriété sur les choses qui font l'objet de ces titres : car ils ne peuvent pas servir à celui dont ils ne font pas mention, mais seulement à celui qui s'y trouve désigné. Comme on peut offrir d'autres preuves, montrez par des moyens légitimes que la propriété des héritages qui font l'objet de la contestation vousappartient. En effet, il ne faut pas que celui qui revendique une chose de l'acheteur, qui assure qu'elle a été achetée de son argent, soit admis à la prouver. Ce fait, serait-il prouvé, il n'en serait pas plus fondé dans sa demande.

Fait le 6 des ides de décembre, sous le consulat des Césars. 303.

22. *Les mêmes empereurs et Césars à Agathocléa.*

Il n'est point suffisant pour prouver la servitude de Glycon, de prouver que sa mère ou son frère ont rempli le ministère des esclaves. Car le consentement des ingénues ne peut nuire à la liberté de leur proche, et l'un des esclaves nés de la même mère peut bien avoir obtenu la liberté.

Fait le 8 des cal. de janvier, sous le consul. des Césars.

23. *Les mêmes empereurs et Césars à Ménélaus.*

Le demandeur, en avouant qu'il ne peut prouver sa demande, ne met pas le défendeur dans la nécessité de prouver le contraire ; car, suivant la nature des choses, la dénégation n'est point une preuve.

Fait le 8 des cal. de janvier, sous le consulat des Césars. 304.

24. *Les empereurs Valens, Gratien et Valentinien à Antonius, préfet du prétoire.*

Nous ordonnons que ceux qui s'inscri-

21. *Iidem AA. et CC. Crispo.*

Ad probationem dominii aliena subtrahentes instrumenta, his uti minimè possunt : quippe cùm horum lectio non recitantem, sed quem tenor scripturæ designat, adjuvet. Cùm itaque nec cætera probationum indicia reprobentur; jure competenti, prædiorum quæ in quæstionem veniunt, dominium ad te ostende pertinere. Nam res vindicantem, ab emptore, suos numeratos nummos adseverantem, erga probationem laborare non convenit. Siquidem hujusmodi, licèt probetur factum, tamen intentioni nullum præbet adminiculum.

S. 6 idib. decembris, CC. Coss. 303.

22. *Iidem AA. et CC. Agathocleæ.*

Ad probationem servitutis Glyconis, matrem ejus, ac fratrem servilia fecisse ministeria, non sufficit : cùm neque ingenuarum connivencia conjunctis necessitudine præjudicet, neque de servis ex eadem matre natis libertatem unus adipisci prohibeatur.

Datum 9 calend. januarii, ipsis CC. Coss.

23. *Iidem AA. et CC. Menelao.*

Actor quod adseverat, probare se non posse profitendo, reum necessitate monstrandi contrarium non adstringit : cùm per rerum naturam factum negantis probatio nulla sit.

Datum 8 calend. januarii, CC. et Coss. 304.

24. *Impp. Valens, Gratianus et Valentinianus AAA. ad Antonium P. P.*

Jubemus omnes, qui scripturas suspectas comminiscuntur : cùm quid in judicio prompserint, nisi ipsi adstruxerint veritatem, ut nefariæ scripturæ reos, et quasi falsarios esse detinendos.

Datum pridiè idus januarii, Valente V. et Valentiniano Coss. 376.

25. *Impp. Gratianus, Valentinianus et Theodosus AAA. Floro P. P.*

Sciant cuncti accusatores eam se rem deferre in publicam notionem debere, quæ munita sit idoneis testibus, vel instructa apertissimis documentis, vel indiciis ad probationem indubitatis, et luce clarioribus expedita.

ront en faux contre des écritures produites en justice, soient, à moins qu'ils ne prouvent leur assertion, comme accusés de faux en écritures, saisis comme faussaires.

Fait la veille des ides de janvier, sous le cinquième consulat de Valens, et le premier de Valentinien. 376.

25. *Les empereurs Gratien, Valentinien et Théodose à Florus, préfet du prétoire.*

Que tous les accusateurs sachent qu'ils ne peuvent déférer à la justice que ce qui est prouvé par des témoins irrécusables, par des documens très-évidens, ou par des indices indubitables et plus clairs que le jour.

TITULUS XX.

De Testibus.

1. *Imp. Alexander A. Carpo.*

Si tibi controversia ingenuitatis fiat : defende causam tuam instrumentis et argumentis quibus potes. Soli etenim testes ad ingenuitatis probationem non sufficiunt.

PP. 10 calend. maii, Maximo II. et Æliano Coss. 224.

TITRE XX.

Des Témoins.

1. *L'empereur Alexandre à Carpus.*

S'il s'élève une contestation au sujet de votre ingénuité, défendez votre cause par des pièces authentiques, et par d'autres preuves s'il vous est possible. Car des témoins seuls sont insuffisans pour prouver l'ingénuité.

Fait le 10 des cal. de mai, sous le deuxième cons. de Maxime et le premier d'Elien. 224.

2. *Impp. Valerianus et Gallienus AA. Rosæ.*

Etiam jure civili domestici testimonii fides improbatur.

PP. 3 calend. septembris, Valeriano III. et Gallieno II. AA. Coss. 256.

2. *Les empereurs Valérien et Gallien à Rosa.*

Le droit civil rejette aussi le témoignage des personnes de la maison.

Fait le 3 des cal. de sept., sous le troisième consul. de l'emp. Valérien, et le deuxième de l'emp. Gallien. 256.

3. *Impp. Carus, Carinus et Numerianus AAA. Valerio.*

Sola testatione probatam, nec aliis legitimis adminiculis causam adprobatam, nullius esse momenti, certum est.

PP. 8 calend. decembris, Caro et Carino AA. Coss. 283.

3. *Les emp. Carus, Carinus et Numérien à Valérius.*

Il est certain que la cause qui n'est soutenue que par des témoins, et qui n'a en sa faveur aucune autre preuve légitime, est insoutenable.

Fait le 8 des cal. de décemb., les empereurs Carus et Carinus consuls. 283.

4. *Les emper. Dioclétien et Maximien à Candidus.*

Il faut, dans la recherche de la vérité, employer le témoignage des personnes qui peuvent préférer le respect dû à la justice, au désir de plaire, ou à la faveur des puissans.

Fait le 5 des cal. de mai, sous le deuxième consul. de Maxime et le premier d'Aquilinus. 280.

5. *Les mêmes empereurs et les Césars à Tertullus.*

Les pères et les enfans ne peuvent, quand même ils le voudraient, être admis à témoigner l'un contre l'autre.

Fait à Nicomédie, le 5 des nones de décem. sous le consul. des Césars. 294.

6. *Les mêmes empereurs et Césars à Diogène et à Ingénua.*

Elle est par trop forte la demande que vous faites, que votre partie adverse soit forcée de produire le témoignage des personnes qui font ses affaires. C'est pourquoi sachez que vous devez vous-même fournir les preuves de votre action, et que vos adversaires ne peuvent être forcés à fournir des preuves contre eux-mêmes.

Fait le 6 des cal. de mai, sous le consul. des Césars. 294.

7. *Les mêmes empereurs et Césars à Dérulonus.*

Il n'est aucun doute qu'un esclave ne peut être soumis à la question pour ou contre son maitre. Mais il est aussi certain qu'il peut y être soumis pour son propre fait.

Fait à Nicomédie, pendant les cal. de novemb., sous le consul. des Césars. 294.

8. *L'empereur Constantin à Julien, président.*

Nous avons il y a long-tems ordonné qu'on lie les témoins par la religion du serment, avant de les entendre dans leurs dépositions, et qu'on préfère le témoignage des personnes reconnues pour être plus intègres.

§. 1. Nous avons de même ordonné

Tome II.

4. *Impp. Diocletianus et Maximianus AA. Candido.*

Eos testes ad veritatem indicandam adhiberi oportet, qui omni gratiæ, et potentatui fidem religioni judiciariæ debitam possint præponere.

PP. 5 calend. maii, Maximo II. et Aquilino Coss. 280.

5. *Iidem AA. et CC. Tertullo.*

Parentes et liberi invicem adversus se, nec volentes ad testimonium admittendi sunt.

PP. 4 non. decembris, Nicomediæ, CC, Coss. 294.

6. *Iidem AA. et CC. Diogeni et Ingenuæ.*

Nimis grave est quod petitis, urgeri partem adversam ad exhibitionem eorum per quos sibi negotium fiat. Unde intelligitis, quod intentionis vestræ proprias adferre debetis probationes, non adversus se ab adversariis adduci.

Datum 6 calendas. maii, CC. Coss. 294.

7. *Iidem AA. et CC. Deruloni.*

Servus pro domino, quemadmodum adversus eum, interrogari non posse : pro facto autem suo interrogari posse, non ambigitur.

Datum calend. novembris, Nicomediæ, CC. Coss. 294.

8. *Imp. Constantinus A. ad Julianum præsidem.*

Jurisjurandi religione testes priùs quàm perhibeant testimonium, jamdudum artari præcepimus : et ut honestioribus potiùs testibus fides adhibeatur.

§. 1. Simili modo sanximus, ut unius

7

testimonium nemo judicum in quacunque causa facilè patiatur admitti. Et nunc manifestè sancimus, ut unius omninò testis responsio non audiatur, etiam si præclaræ curiæ honore præfulgeat.

Datum 8 calend. septembris, Optato et Paulino Coss. 534.

9. *Impp. Valens, Gratianus et Valentinianus AAA. ad Gracchum P. U.*

Omnibus in re propria dicendi testimonii facultatem jura submoverunt.

Datum 5 calend. decembris, Valente V. et Valentiniano Jun. Coss. 376.

10. *Impp. Honorius et Theodosus AA. Cæciliano P. U.*

Quoniam liberi testes ad causas postulantur alienas, si socii et participes criminis non dicantur, sed fides ab his notitiæ postuletur : in exhibitione necessariarum personarum, hoc est testium, talis debet esse cautio judicantis, ut his venturis ad judicium per accusatorem, vel ab his per quos fuerunt postulati, sumptus competentes dari præcipiat. Idem juris est, et si in pecuniaria causa testes ab alterutra parte producendi sunt.

Datum 12 calend. februarii, Ravennæ, Honorio VIII. et Theodosio IV. AA. Coss, 409.

In authent. Nov. 90, cap. 6.

Si testis productus dicatur servilis esse fortunæ, et testari voluerit, ipse verò se liberum esse adfirmet, si quidem ex nativitate, impleatur testimonium ejus : ut si is habita disputatione servus esse apparuerit, respuatur ejus testimonium. Si verò libertinum se dixerit : priùs instrumentum suæ manumissionis ostendat, quàm testificetur : nisi juraverit se alibi probationes habere; quo facto testificatio quidem scribatur : sed nisi instrumentum monstraverit, respuatur testimonium ejus. Si verò

qu'aucun juge, dans quelle cause que ce soit, ne reçoive facilement le témoignage d'un seul témoin ; et aujourd'hui nous ordonnons d'une manière claire, qu'on ne reçoive en aucune manière le témoignage d'un témoin qui serait seul, quand même il serait honoré de la dignité sénatoriale.

Fait le 8 des cal. de septembre, Optatus et Paulinus, consuls. 534.

9. *Les empereurs Valens, Gratien et Valentinien à Gracchus, préfet de la ville.*

Les lois ne permettent pas que personne puisse témoigner dans sa propre cause.

Fait le 5 des cal. de décemb., sous le cinquième cons. de Valens et le premier de Valentinien. 376.

10. *Les emper. Honorius et Théodose à Cécilien, préfet de la ville.*

Il faut que les témoins appelés à rendre témoignage dans une cause soient libres, et que la cause leur soit étrangère; ils doivent rendre compte de ce qu'ils savent; le juge dans la production en cause des personnes nécessaires, c'est-à-dire des témoins, doit faire en sorte que les dépenses faites à cette occasion soient fournies par l'accusateur ou les autres personnes qui ont appelé les témoins. La même règle doit être observée quand des témoins sont produits dans une cause pécuniaire par l'une ou l'autre des parties.

Fait à Ravennes, le 12 des cal. de février, sous le huitième cons. de l'emp. Honorius et le quatrième de l'emp. Théodose. 409.

Authentique extraite de la Novelle 90, chapitre 6.

Si le témoin produit étant récusé comme esclave, veut témoigner, affirmant qu'il est libre, il doit auparavant prouver cette question qui s'élève sur son état; s'il en résulte qu'il est esclave, son témoignage doit être rejeté. S'il se prétend affranchi, qu'il montre l'acte d'affranchissement avant d'être admis à témoigner, à moins qu'il ne jure qu'il se trouve ailleurs; qu'à cette condition son témoignage soit reçu; et si ensuite il ne produit pas l'acte de son affranchissement, qu'il a dit être ailleurs, qu'il soit rejeté. Si le témoin produit est récusé comme suspect, à cause qu'il existe contre lui et la partie contre laquelle il témoigne un procès-criminel, et si cela est prouvé, qu'il ne soit entendu qu'après que ce procès aura été jugé. Mais s'il est récusé comme suspect, à cause d'un procès pécuniaire ou autrement, qu'il soit entendu dans son témoignage, et que les incidens qui s'élèvent soient renvoyés au tems des débats.

dicatur odiosus ex lite criminis inter eos mota, et hoc apparuerit : non antè audiatur quàm de crimine judicetur. Si verò ex lite pecuniaria vel aliter est odiosus, procedat quidem testatio, tempore verò disputationum serventur hujusmodi quæstiones.

11. *Les mêmes empereurs à Georgia.*

Nous défendons aux affranchis, sous peine de punition, de porter un témoignage contraire à leurs patrons; de pareils témoignages sont illicites et produits par l'ingratitude. C'est pourquoi qu'ils n'aient pas non-seulement l'audace d'offrir volontairement un tel témoignage, mais encore qu'ils ne puissent, étant appelés en jugement, être contraints de s'y rendre.

Fait à Ravennes, le 4 des ides d'août, Marinien et Asclépiodote, consuls. 423.

11. *Iidem AA. Georgiæ.*

Libertorum adversus patronos illicitas atque improbas voces pœnæ abjectione præcludimus : atque ita, ut non solummodò sponte prodire non audeant, sed ne vocati quidem in judicium venire cogantur.

Datum 4 id. augusti, Ravennæ, Mariniano et Asclepiodoto Coss. 423.

12. *L'empereur Zénon à Arcadius, préfet du prétoire.*

Nous ordonnons que quiconque ayant comparu devant un juge quelconque, quoiqu'il ne soit pas le sien, pour porter témoignage, ne puisse observer l'exception de la milice armée ou toute autre exception, pour éviter que le juge sévisse contre lui, selon que le demande la nature de sa déposition ou la qualité du fait; mais que tous ceux qui sont appelés à fournir témoignage dans une cause civile, étant privés et dépouillés dans cette circonstance du privilége d'opposer l'exception déclinatoire, soient conduits dans le cabinet du juge, afin qu'ils ne doutent point qu'il ne puisse lui-même punir tout ce qui pourrait offenser ses oreilles. Il est donné à tous les juges, comme il a été dit souvent, pouvoir de punir, selon que l'exige le délit, sans qu'ils puissent en être empêchés par aucune exception, les témoins dont les dépositions seront reconnues fausses et scandaleuses.

Fait le 12 des calend. de juin, Décius et Longin, consuls. 486.

12. *Imp. Zeno A. Arcadio præfecto prætorio.*

Nullum penitus, cùm semel ad judicem quemlibet, licèt non suum, dicendi gratia testimonium fuerit ingressus : armatam forte militiam, vel quamlibet aliam fori præscriptionem, ad evadendum judicis motum, quem vel testimonii verborum improbitas, vel rei qualitas flagitaverit, posse prætendere præcipimus ; sed omnes qui in civili scilicèt causa, suum præbent testimonium, separato, et tanquam ante judicium interim deposito exceptionis fori privilegio, hujusmodi præsidio denudatos, ita ad judicantis 'rare secretum, ut quicumque aures ejus offenderint, non dubitent sibimet formidandum : data cunctis judicibus absque ullo præscriptionis obstaculo (sicut sæpè dictum est) in testes quorum voces falsitate vel fraude non carere perspexerint, pro qualitate videlicèt delicti, animadvertendi licentia.

Datum 12 calend. junii, Decio et Longino Coss. 486.

13. *Imp. Justinianus A. Mennœ P. P.*

Si quis testibus usus fuerit, iidemque testes adversus eum in alia lite producantur : non licebit ei personas eorum excipere : nisi ostenderit inimicitias inter se et illos posteà emersisse, ex quibus testes repelli leges præcipiunt : non adimenda scilicet ei licentia, ex ipsis depositionibus testimonium eorum arguere. Sed et si liquidis probationibus datione vel promissione pecuniarum eos corruptos esse ostenderit : etiam eam allegationem integram ei servari præcipimus.

Datum 7 calend. junii, DN. Justiniano A. II. Coss. 528.

13. *L'emper. Justinien à Menna, préfet du prétoire.*

Si quelqu'un s'étant servi déjà une fois de certaines personnes pour témoins, ces mêmes témoins sont produits contre lui dans un autre procès, il lui est défendu de les récuser; à moins qu'il ne prouve que depuis, il est né entre lui et ces témoins une inimitié telle que les lois commandent que leur témoignage soit rejeté. Dans ce cas il ne doit pas être privé de la faculté de réfuter leur témoignage par leurs propres dépositions ; et même s'il prouve par des preuves évidentes qu'ils ont été corrompus par de l'argent qui leur a été donné ou promis, nous ordonnons qu'il lui soit permis de poursuivre cette accusation.

Fait le 7 des calend. de juin, sous le deuxième consul. de l'emp. Justinien. 528.

14. *Idem A. Mennœ P. P.*

Testium facilitatem, per quos multa veritati contraria perpetrantur, prout possibile est, resecantes : omnibus prædicimus, ut qui in scriptis à se debita retulerint, non facilè audiantur, si dicant omnis debiti vel partis solutionem sine scriptis se fecisse, velintque viles, et forsitan redemptos testes super hujusmodi solutione producere : nisi quinque testes idonei, et summæ atque integræ opinionis præstò fuerint solutioni celebratæ, hique cum sacramenti religione deposuerint sub præsentia sua debitum esse solutum : ut scientes omnes ita ea statuta esse, non aliter debitum vel partem ejus persolvant, nisi vel securitatem in scriptis capiant, vel observaverint præfatam testium probationem : his scilicet, qui jam sine scriptis debitum vel partem ejus solverint, à præsenti sanctione meritò excipiendis. Sin verò facta quidem per scripturam securitas sit, fortuito autem casu vel incendii, vel naufragii, vel alterius infortunii perempta : tunc liceat his qui hoc perpessi sunt, causam peremptionis probantibus, etiam debiti solutionem per testes probare, damnumque ex amissione instrumenti effugere.

Datum calend. junii, DN. Justiniano A. II. Coss. 528.

14. *Le même empereur à Menna, préfet du prétoire.*

Voulant, autant que possible, restreindre la faculté de faire entendre des témoins, par le moyen desquels il est porté beaucoup d'atteinte à la vérité, nous prévenons que tous ceux qui auront par écrit contracté des dettes ne seront point écoutés, en disant qu'ils ont soldé toute la dette ou une partie, mais qu'il n'a été passé aucun écrit au sujet de ce paiement; et s'ils veulent, pour le prouver, produire des témoins ignobles ou peut-être achetés, qu'on n'aura d'égard à leurs allégations, qu'autant qu'ils produiront, pour le prouver, cinq témoins capables et jouissant d'une bonne réputation, qui auront été présens au paiement et qui jureront que la dette a été payée en leur présence ; afin que personne n'ignore qu'on ne peut faire le paiement d'une dette ou d'une partie, sans en faire conster par écrit ou par témoins de la manière que nous venons de le dire. Nous exceptons à juste titre de la présente loi, ceux qui ont déjà fait le paiement d'une dette ou d'une partie, sans en avoir fait conster par écrit. Mais si quelqu'un s'étant assuré du paiement qu'il a fait par un écrit, il l'a perdu par l'effet d'un événement fortuit, comme d'un incendie, d'un naufrage ou d'un autre malheur; nous ordonnons dans ce cas, qu'il lui

soit permis , s'il prouve l'existence de cet
accident , de produire des témoins qui
certifient le paiement, et d'éviter par-là
les suites de la perte de l'acte dont il
s'était pourvu.

Fait pendant les cal. de juin , sous le
même consulat. 528.

Authentique extraite de la Novelle 90 ,
chapitre 2.

Il faut, comme dans les testamens, que
ces témoins soient appelés expressément ,
et qu'ils ne viennent point fortuitement
ou en passant. C'est la même chose, si
étant appelés après que le paiement a
été fait, ils assistent à l'aveu du créancier,
qui dit que le paiement de la dette a été
fait.

15. *Le même empereur à Julien, préfet*
du prétoire.

Lorsque quelqu'un, d'après notre loi ,
a décidé dans une cause pécuniaire de
faire entendre le témoignage de personnes
qui ne veulent pas lui servir de témoins,
ces derniers peuvent offrir volontairement
caution qu'ils ne s'absenteront pas; mais
s'ils ne le veulent pas, nous ordonnons
qu'ils soient non renfermés dans une pri-
son, mais liés par le serment. Car si ceux
qui les ont produits font dépendre de leur
serment l'événement de leur procès, ils doivent avoir bien plus de confiance au serment
que ces témoins font de comparaître. Mais,
comme il n'est pas juste que dans ces cas
les témoins soient forcés de sortir de chez
eux, et d'éprouver des désagrémens pour
l'avantage des autres, nous disposons que
les juges ne forcent point les témoins d'attendre plus de quinze jours, à compter du
moment qu'ils ont été cités, et que les
juges pendant ce délai fixent le tems auquel ils prendront connaissance de la
cause dans laquelle il est nécessaire d'entendre des témoins. Il est absolument permis aux juges , lorsqu'une des parties est
absente, qui étant prévenue par les exé-
cuteurs a refusé de comparaître , de recevoir le témoignage des témoins que
celle des parties qui est présente a produit. Ces quinze jours étant écoulés, qu'il
soit permis aux témoins de retourner à

In authent. Nov. 90 , cap. 2.

Rogati , ut in testamentis, non fortuiti,
vel transeuntes veniant. Idem est si post
solutionem rogati intersint confessioni creditoris, dicentis pecuniam sibi debitam
solutam fuisse.

15. *Idem A. Juliano præfecto præ-*
torio.

Si quando invitos testes in pecuniariis
causis ex nostra lege aliquis detrahere maluerit : si quidem sua sponte fidejussionem
suæ personæ sine damno præstare velint ,
hoc fieri. Sin autem noluerint : non car-
cerali custodia detrudi, sed sacramento eos
committi censemus. Si enim pro toto litis
certamine jurejurando testium credendum
esse putaverint hi, qui eos produxerint :
multo magis præsentiam suam testibus sacramento eorum credere debent. Sed cùm
minimè oporteat testes in hujusmodi casibus protelari, et pro alienis commodis suas
invenire difficultates : disponimus non ampliùs testes observare compelli judices,
postquàm fuerint admoniti , nisi tantùm
quindecim dies , intra quos judices provi-
deant , quatenùs cognitionem suscipiant ,
in qua testes necessarii visi fuerint : ut omninò licentia eis concedatur, et alterutra
parte cessante, et minimè eos observare
volente, si per executores admoniti venire
noluerint, testes accipere , et alterutra
parte præsente, quæ eos introducit, testimonia eorum capere. His autem diebus
effluentibus, liceat quidem testibus discedere à judice , nullam habente licentiam
eos, postquàm abfuerint, iterùm retrahere.
Ipsum autem judicem, si per eum steterit quominùs testimonium præstetur : parti
læsæ omnem jacturam pro hujusmodi causâ

illatam ex suis facultatibus resarcire disponimus.

Datum 12 calend. aprilis, Lampadio
et Oreste Coss. 530.

leurs affaires, les juges n'ayant aucun
pouvoir de les rappeler de nouveau, après
qu'ils ont une fois comparu. Nous ordonnons que, si par la faute du juge,
le témoignage n'a pas été entendu, qu'il
soit condamné à dédommager avec ses
propres biens la partie lésée.

Fait le 12 des cal. d'avril, sous le cons.
de Lampadius et d'Oreste. 530.

In authent. Nov. 90, cap. 2.

Sed et si quis ab aliquo aliquid patiatur
contra leges, aut aliter læsus, aut damnum patiens, et testes apud judicem producere voluerit, et eorum testimonia publicare : adversarius moneatur à judice,
et sic in eo præsente judex attestationes
recipiat. Quòd si venire noluerit, etiam
eo absente attestationes recipiat : et perinde valebunt, ac si eo præsente receptæ
fuissent : nec opponere poterit, quòd ex
una parte datæ sunt.

Authentique extraite de la Novelle 90,
chap. 2.

Mais si quelqu'un, éprouvant de la
part d'un autre quelque chose de contraire
aux lois, ou étant autrement lésé, ou
souffrant quelque dommage, veut produire des témoins devant le juge, et publier leurs témoignages, que le juge cite
son adversaire et reçoive les témoignages en présence de ce dernier. Si l'adversaire a refusé de comparaître, que le
juge reçoive néanmoins les dépositions
des témoins ; elles auront autant de poids
que si elles avaient été faites en sa présence, et il ne pourra opposer qu'elles ont
été fournies par une seule des parties.

16. *Idem A. Juliano præfecto prætorio.*

Cum apud compromissarios judices testes fuissent producti, variatum erat, utrùm
deberet eorum depositionibus in judicio
litigator uti, an non esset audiendus. Sancimus igitur, si quidem in compromissis
aliquid pro hujusmodi causa statutum est,
hoc observari. Sin autem nihil conventum
est in hujusmodi casibus : si quidem supersint testes, licentiam habere eum contra quem depositiones eorum proferuntur,
si eas recusaverit, concedere testes iterum
adduci, et non opponi eis, quòd jam testimonium suum dederint. Vel si hoc concedere minimè maluerit, depositiones eorum quasi factas accipere : omni jure legitimo, quod ei competit, adversus eas,
servato. Sin autem ab hac luce omnes subtracti sint : tunc necessitatem ei imponi,
fide scripturæ approbata, in qua depositiones eorum referuntur, eas quasi factas
accipere. Si verò res permixtæ fuerint, et
quidam ex his mortui, alii viventes : tunc
in superstitum quidem testimoniis eandem

16. *Le même empereur à Julien, préfet*
du prétoire.

On doutait si des témoins ayant été produits devant les juges *compromissaires*,
la partie qui les avait produits pouvait
ou non faire usage de leurs dépositions
en justice. C'est pourquoi nous ordonnons que s'il a été réglé quelque chose
à ce sujet dans le compromis, on l'observe ; mais s'il n'a rien été convenu au
sujet de ces cas, nous ordonnons que si
les témoins sont vivans, celui contre qui
ils ont déposé, et dont il récuse les dépositions, ait la faculté de les faire appeler de nouveau, et qu'on ne leur puisse
point opposer qu'ils ont déjà été entendus.
Mais si, récusant leurs dépositions, il refuse de les faire appeler de nouveau, qu'il
soit forcé d'admettre les dépositions déjà
faites, pouvant néanmoins les réfuter par
tous les moyens légitimes qui seront en
son pouvoir. Mais si les témoins sont
tous morts, il doit être forcé d'admettre
leurs premières dépositions qui sont conservées dans l'écrit. Mais si quelques-uns

d'entre eux sont morts, et les autres sont vivans, le plaideur a le choix, à l'égard de ceux qui sont vivans, ou de s'en tenir à leurs premières dépositions, ou de les faire appeler de nouveau. Mais, quant à ceux qui sont morts, il ne peut rejeter leurs dépositions, pouvant toujours, comme nous l'avons dit, user de tous les moyens légitimes qui seront en son pouvoir pour attaquer et les témoins et leurs dépositions.

Fait le 6 des cal. d'avril, sous le consul. de Lampadius et d'Oreste. 531.

electionem servari litigatori adversus quem testimonia proferuntur : in mot.. dium autem personas depositiones eorum con esse respondeas : omni, secundùm quod jam praediximus, adversus eas et testes legitimo jure, quod ei competit, adversus quem proferuntur, integro reservato.

Datum 6 calend. aprilis, Lampadio et Oreste Coss. 531.

TITRE XXI.

De la foi due aux Actes authentiques, de leur perte, des quittances ou des contre-quittances qu'on peut faire, et de ce qui peut se faire sans écrit.

TITULUS XXI.

De fide instrumentorum, et amissione eorum, et de apochis, et antapochis faciendis, et de his quae sine scriptura fieri possunt.

1. L'empereur Antonin à Marchia.

Si vous pouvez prouver, par quelques moyens que ce soit, qu'il vous est dû quelque chose ; ayant été trouver le président de la province, il forcera vos débiteurs à vous payer ; peu importe que vous ayez perdu les actes qui constataient de la dette, pourvu que vous prouviez par des preuves évidentes qu'ils vous sont redevables.

Fait le 5 des ides de septembre, sous le quatrième consul. de l'empereur Antonin et le premier de Balbinus. 214.

1. Imp. Antoninus A. Marchiæ.

Debitores tuos quibuscunque rationibus debere tibi pecuniam si probaveris : ad solutionem compellet aditus praeses provinciae : nec oberit tibi amissio instrumentorum, si modò manifestis probationibus eos debitores esse apparuerit.

PP. 5 id. septembris, Antonino A. IV. et Balbino Coss. 214.

2. L'empereur Alexandre à Mabilien.

Si vous prévalant d'un acte dont un autre s'est déjà prévalu, il a été accusé de faux et l'accusation prouvée, et si celui à qui vous demandez de l'argent juge à propos d'intenter contre vous aussi la même accusation, et de s'exposer à la peine prononcée par la loi Cornélia ; quoique celui contre qui la sentence sur le faux a été rendue n'en ait pas appelé, ni vous non plus, qui n'étiez pas accusé, vous pouvez vous prévaloir de cet acte.

Fait le 5 des calend. d'octobre, sous le deuxième consul. de Maxime et le premier d'Elien. 224.

2. Imp. Alexander A. Mabiliano.

Si uteris instrumento, de quo alius accusatus falsi victus est, et paratus est (si ita visum fuerit) à quo pecuniam petis, ejusdem criminis te reum facere, et discrimen periculi poenae legis Corneliae subire : non oberit sententia, à qua nec is contra quem data est, appellavit : nec tu, qui tunc criminis non eras subjectus, appellare debuisti.

PP. 3 calend. octobris, Maximo II. et Æliano Coss. 224.

3. *Idem* A. *Æliano.*

Si adversarius tuus apud acta præsidis provinciæ, cùm fides instrumenti, quod proferebat, in dubium revocaretur, non usurum se contestatus est : vereri non debes, ne ex ea scriptura, quam non esse veram etiam professione ejus constitit, negotium denuò repetatur.

PP. 3 non. decembris, Maximo II. et Æliano Coss. 224.

4. *Imp. Gordianus* A. *Martiano.*

Illatæ dispensatori pecuniæ, si ob amissorum instrumentorum casum probatione deficeris : inspectio rationum fiscalium fidem demonstrabit.

Datum 2 id. februarii, Gordiano A. et Aviola Coss. 240.

5. *Idem* A. *Prisco et Marco militibus.*

Sicut iniquum est, instrumentis vi ignis consumptis, debitores quantitatum debitarum renuere solutionem : ita non statim casum conquerentibus facilè credendum est. Intelligere itaque debetis, non existentibus instrumentis, vel aliis argumentis, probare debere fidem precibus vestris adesse.

PP. 3 calend. junii, Sabino II. et Venusto Coss. 241.

6. *Impp. Diocletianus et Maximianus* AA. *et* CC. *Lucido.*

Statum tuum, natali professione perdita, mutilatum non esse, certi juris est.

Datum 13 calend. februarii, Nicomediæ, Maximo II. et Aquilino Coss. 286.

7. *Idem* AA. *et* CC. *Zinimæ.*

Si solennibus stipendiis honestè sacramento solutus es : licèt super hujusmodi re instrumenta, ut dicis, facta perdita sint ;

3. *Le même empereur à Élien.*

Si votre adversaire a signifié au président de la province qu'il ne se prévaudrait pas du titre qu'il avait produit, parce qu'il doutait de sa vérité, vous ne devez plus craindre que l'affaire soit renouvelée à cause de ce titre qu'il a avoué lui-même n'être pas véritable.

Fait le 3 des nones de décembre, sous le deuxième consul. de Maxime et le premier d'Élien. 224.

4. *L'empereur Gordien à Martien.*

Si vous n'avez pas de preuves de la somme que vous avez payée au procureur du fisc, à cause de la perte de vos titres, la vérité se connaîtra par l'inspection des registres du fisc.

Fait le 2 des ides de février, l'emp. Gordien et Aviola, consuls. 240.

5. *Le même empereur aux soldats Priscus et Marcus.*

Il est injuste, il est vrai, que par cela seul que les titres ont été consumés par le feu, les débiteurs refusent le paiement des sommes qu'ils doivent ; mais cependant on ne doit pas croire trop aisément ceux qui se plaignent d'un pareil accident. C'est pourquoi, sachez qu'à défaut de titres, vous devez fournir d'autres preuves, et certifier la vérité de ce que vous dites dans votre requête.

Fait le 3 des calendes de juin, sous le deuxième consul. de Sabinus, et le premier de Vénustus. 241.

6. *Les empereurs Dioclétien et Maximien, et les Césars, à Lucidus.*

Il est de droit certain que votre état ne reçoit aucune atteinte de la perte de votre acte de naissance.

Fait à Nicomédie, le 13 des calendes de février, sous le deuxième consulat de Maxime, et le premier d'Aquilinus. 286.

7. *Les mêmes empereurs et Césars à Zinima.*

Si après avoir servi à l'armée pendant le tems fixé, vous avez obtenu un congé, quoique l'écrit qui a été fait, comme vous dites,

dites, à ce sujet soit perdu ; cependant si vous pouvez prouver votre assertion par d'autres preuves évidentes, il n'est aucun doute que vous ne puissiez jouir des priviléges des vétérans.

Fait le 15 des calendes de juin, sous le deuxième consul. de Maxime, et le premier d'Aquilinus. 286.

sint : tamen si aliis evidentibus probationibus veritas ostendi potest, veteranorum privilegia etiam te usurpare posse, dubium non est.

Datum 15 calend. junii, Maximo II. et Aquilino, Coss. 286.

8. Les mêmes empereurs et Césars à Alexandre.

S'il est constant que la propriété du fonds dont il s'agit vous appartienne, le juge pourvoira à ce que l'usufruitier , sous prétexte de la perte de vos titres, ne cause aucun dommage à votre propriété.

Fait le 15 des calend. de mars, sous le deuxième consul. de l'emper. Dioclétien , et le premier de l'empereur Maximien. 287.

8. Iidem AA. et CC. Alexandro.

Si constiterit proprietatem possessionis, de qua agitur, apud vos esse, providebit judex ex persona fructuarii nullum præjudicium dominio vestro comp···ri propter amissionem instrumentorum.

Datum 15 calend. martii , Diocletiano II. et Maximiano AA. Coss. 287.

9. Les mêmes empereurs et Césars à Aristénète.

Un partage fait légalement n'est pas nul, par cela seul qu'il n'a point été passé d'écrits à ce sujet.

Fait le 7 des calend. de juillet, sous le consul. des mêmes empereurs.

9. Iidem AA. et CC. Aristeneto.

Instrumentis etiam non intervenientibus , semel divisio rectè facta non habetur irrita.

PP. 7 calend. julii, AA. Coss.

10. Les mêmes empereurs et Césars à Victorinus.

De ce qu'une vente faite légalement n'est point nulle, par cela seul qu'il n'a pas été passé d'écrits à ce sujet, il s'ensuit que celle pour laquelle il en a été passé, mais qui sont perdus , est de même valable.

Fait le 8 des cal. de novembre, sous le consul. des mêmes empereurs.

10. Iidem AA. et CC. Victorino.

Cum instrumentis etiam non intervenientibus venditio facta rata maneat : consequenter amissis etiam quæ intercesserant, non tolli substantiam veritatis placuit.

Datum 8 calendas novembris , AA. Coss.

11. Les mêmes empereurs et Césars à Théagéna.

L'émancipation ayant eu lieu, quoique la teneur des actes n'existe plus ; si l'on peut prouver par d'autres preuves indubitables, tirées soit des personnes ou des actes, qu'elle a eu lieu, la vérité ne souffrira aucune atteinte de la perte des actes principaux.

Fait le 3 des ides de novembre, sous le consul. des mêmes empereurs.

11. Iidem AA. et CC. Theagenæ.

Emancipatione facta, etsi actorum tenor non existat : si tamen aliis indubiis probationibus, vel ex personis , vel ex instrumentorum incorrupta fide factam esse emancipationem probari possit : actorum interitu veritas convelli non solet.

Datum 3 id. novembris, AA. Coss.

8

12. *Iidem* AA. *et* CC. *Dionysiæ.*

Non idcircò minùs in vacuam inductus prædii possessionem donationis causa, quòd ejus facti prætermissum instrumentum adseveratur, hanc obtinere potes.

Datum idibus decembris, Nicomediæ, AA. Coss.

13. *Iidem* AA. *et* CC. *Leontio.*

Apud eos qui rem gestam ignoraverunt, amissorum instrumentorum habita testatio nihil ad probationem veritatis prodesse potest.

Datum 16 calend. januarii, Nicomediæ, AA. Coss.

14. *Iidem* AA. *et* CC. *ad Severum comitem Hispaniarum.*

Scripturæ diversæ, fidem sibi invicem derogantes, ab una eademque parte prolatæ, nihil firmitatis habere poterunt.

Datum 4 calend. maii, CC. Coss.

15. *Imp. Constantinus* A. *ad populum.*

In exercendis litibus eandem vim obtinent tam fides instrumentorum, quàm depositiones testium.

Datum Romæ, 12 calend. augusti, Gallicano et Basso Coss. 317.

16. *Imp. Justinianus* A. *Mennæ* P. P.

Contractus venditionum, vel permutationum, vel donationum, quas intimari non est necessarium : dationes etiam arrharum, vel alterius cujuscunque causæ, quas tamen in scriptis fieri placuit : transactionum etiam, quas in instrumento recipi convenit : non aliter vires habere sancimus, nisi instrumenta in mundum recepta, subscriptionibusque partium confirmata, et si per tabellionem conscribantur, etiam ab ipso completa, et postremò à partibus absoluta sint : ut nulli liceat priùs quàm hæc ita præcesserint, vel à scheda conscripta (licèt litteras unius partis vel amborum habeat) vel ab ipso mundo, quod necdum est impletum vel absolutum, aliquod jus sibi ex eodem contractu vel transac-

12. *Les mêmes empereurs et Césars à Dionysia.*

Puisque vous avez reçu la simple possession de l'héritage qui vous a été donné, cette donation est valable quoiqu'il n'en ait pas été dressé d'acte.

Fait à Nicomédie, pendant les ides de décembre, sous le consul. des mêmes emp.

13. *Les mêmes empereurs et Césars à Léontius.*

La protestation qui a été faite devant des personnes ignorantes de l'objet des titres, que ces titres ont été perdus, ne peut servir à prouver la vérité.

Fait à Nicomédie, le 16 des calend. de janvier, sous le même consulat.

14. *Les mêmes empereurs et Césars à Sévérus, comte des Espagnes.*

Des titres différens qui dérogent l'un à l'autre, et qui sont produits par une seule et même partie, n'ont aucune force.

Fait le 4 des cal. de mars, sous le consulat des Césars.

15. *L'empereur Constantin au peuple.*

Dans l'administration de la justice, les titres ont autant de force que les dépositions des témoins.

Fait à Rome, le 12 des calend. d'août, Gallicanus et Bossus consuls. 317.

16. *L'emper. Justinien à Menna, préfet du prétoire.*

Nous ordonnons que les contrats de ventes, d'échanges, de donations exemptes de l'insinuation, de dations d'arrhes ou tout autre contrat qu'on veut rédiger par écrit, ainsi que les transactions pour lesquelles il est nécessaire de dresser acte, ne soient valables qu'autant qu'ils auront été mis au net et confirmés par la signature des parties ; ou s'ils sont reçus par un tabellion, qu'en tant qu'il les aura lui-même tirés au net, et qu'ils auront été ensuite confirmés par les parties : de sorte qu'il ne soit permis à personne de revendiquer un droit quelconque, en vertu d'un tel contrat ou d'une transaction, se fondant seulement sur une minute non tirée au net ou non portée à sa perfection , quand même elle serait signée par l'une des parties ou par toutes les deux ; ni qu'il résulte d'une vente faite de cette sorte , que le vendeur soit engagé à céder la chose au prix fixé , ni que la vente soit regardée comme parfaite , ni que l'acheteur soit forcé de payer le prix. Nous ordonnons que ces dispositions aient lieu non-seulement à l'égard des actes qui se passeront à l'avenir , mais encore à l'égard de ceux qui le sont déjà ; à moins cependant qu'on n'ait transigé à ce sujet ou qu'ils ne soient passés en force de chose jugée : car dans ce cas ils ne peuvent être révoqués. Nous en exceptons néanmoins les actes de vente qui ont été rédigés et mis au net ; car nous n'étendons point jusqu'à eux la présente loi , et nous permettons qu'on suive à cet égard l'ancien droit. Nous ordonnons en outre que si à l'avenir, il est donné des arrhes au sujet d'une vente , soit qu'il soit passé ou non à cet égard des écrits, et quoiqu'il n'ait été rien stipulé à cet égard , en cas de non exécution du contrat celui qui a promis de vendre , soit, s'il ne remplit pas sa promesse , condamné à la restitution du double des arrhes , et celui qui a promis d'acheter, s'il néglige l'exécution de sa promesse, condamné à la perte des arrhes qu'il a données, et qu'il ne puisse en faire la répétition.

Fait pendant les cal. de juin , sous le deuxième cons. de l'empereur Justinien. 528.

tione vindicare : adeò ut nec illud in hujusmodi venditionibus liceat dicere , quod pretio statuto necessitas venditori imponatur vel contractum venditionis perficere , vel id , quod emptoris interest , ei persolvere. Quæ tam in posteà conficiendis instrumentis , quàm in his , quæ jam scripta , nondum autem absoluta sunt , locum habere præcipimus : nisi jam super his transactum sit , vel judicatum , quæ retractari non possunt : exceptis emptionalibus tantùm instrumentis , jam in scheda , vel in mundo conscriptis , ad quæ præsentem sanctionem non extendimus , sed prisca jura in his tenere concedimus. Illud etiam adjicientes , ut in posterum , si quæ arrhæ super facienda emptione cujuscumque rei datæ sunt , sive in scriptis , sive sine scriptis : licèt non sit specialiter adjectum , quid super iisdem arrhis non procedente contractu fieri oporteat : tamen et qui vendere pollicitus est , venditionem recusans , in duplum eas reddere cogatur : et qui emere pactus est , ab emptione recedens , datis à se arrhis cadat , repetitione earum deneganda.

Datum calend. junii, DN. Justiniano A. II. Coss. 528.

---

17. Le même emper. à Menna , préfet du prétoire.

Nous ordonnons que les juges , soit dans cette capitale , soit dans les provinces , puissent, s'ils le jugent à propos, d'après ce que nous avons déjà décrété, lorsque les témoins habitent d'autres lieux que ceux où ils siègent , envoyer dans les lieux les parties ou leurs procureurs ; de sorte que les dépositions faites en présence de l'une et l'autre parties leur soient rapportées. Nous voulons en outre, que ces mêmes dispositions soient observées à l'égard de ceux qui produisent des

17. Idem A. Mennæ præfecto prætorio.

Judices , sive in hac inclyta urbe , sive in provinciis , secundùm ea quæ disposuimus , ut possint (si hoc perspexerint) occasione testium in aliis locis degentium litigantes , vel procuratores eorum ibi destinare , ut depositionibus sub utriusque partis præsentia factis , res ad eos referatur : etiam in illis servare volumus , qui prolatis instrumentis fidem adhibere exiguntur , ut si poposcerint , in aliis locis , id eis facere permittatur. Et hoc si justè peti judex invenerit , similis proferatur

8 *

sententia : ut postquàm in locis opportunis fides instrumento data, vel minùs data fuerit, referatur negotium ad priorem judicem.

Datum 8 id. aprilis, Decio V. C. Coss. 529.

titres, dont on demande la vérification ; de sorte que si les circonstances, exigeant qu'elle soit faite en d'autres lieux que ceux où siègent les juges, ils demandent qu'il leur soit permis de la faire en ces lieux ; que le juge, s'il trouve cette demande juste, l'accorde par une sentence ; qu'ensuite soit que ces titres aient été confirmés ou non, l'affaire soit renvoyée au premier juge.

Fait le 8 des ides d'avril, sous le cons. de Décius. 529.

In authent. Nov. 90, *cap.* 5.

Apud eloquentissimum aliquem judicem, vel defensorem civitatis, sive à provincia in provinciam, vel ab urbe in urbem, sive ab urbe in provinciam hæc petantur, sed hoc in civilibus tantummodò causis. Nam in criminalibus testes apud judices repraesentandi sunt, et cùm res exegerit, tormentis subjiciendi.

Authentique extraite de la Novelle 90, *chapitre* 5.

Ces renvois d'une province dans une autre province, d'une ville dans une autre ville, ou d'une ville dans une province, seront demandés au juge ou au défenseur de la ville ; mais ils ne pourront avoir lieu que dans les causes civiles : car dans les causes criminelles, les témoins sont obligés de comparaître et doivent être soumis à la question lorsque le cas l'exige.

18. *Idem* A. *Demostheni præfecto prætorio.*

Plures apochis vel redituum, vel usurarum perceptis, si quando super his fuerit dubitatio exorta, eas habere se negando, jus agentium faciunt vacillare : tum coloni adversus dominium certantes, et sibi iniquam forté libertatem vindicantes, vel debitores creditoribus suis temporalem praescriptionem opponere cupientes, ad easdem inficiationes perveniunt. Quod resecantes, jubemus, ut in praefatis casibus, vel aliis privatis similibus : si voluerit is qui apocham conscripsit, vel exemplar cum subscriptione ejus, qui apocham suscepit, ab eo accipere, vel antapocham suscipere : omnis ei licentia hoc facere concedatur, necessitate imponenda apochæ susceptori antapocham reddere : ita tamen, ut si hoc is qui apocham conscripsit, facere neglexerit, vel non curaverit : nullum ei praejudicium ex eo quòd antapocham non recepit, generetur : cùm hoc quod pro quibusdam introductum est, inferre eis jacturam, minimé rationi conveniat aequitatis.

18. *Le même empereur à Démosthène, préfet du prétoire.*

Plusieurs personnes ayant reçu les quittances des rentes ou intérêts qu'ils ont payés, obscurcissent, lorsqu'il s'élève quelque contestation à ce sujet, les droits de leurs créanciers, en niant avoir reçu ces quittances ; tels que les colons qui contestent le domaine ou revendiquent leur liberté, ou les débiteurs, qui voulant opposer à leurs créanciers la prescription temporaire, font de telles dénégations. Nous extirpons ces difficultés, et ordonnons que dans les cas dont nous venons de parler ou dans d'autres semblables, si celui qui a donné la quittance désire avoir ou une copie de la quittance, signée de son débiteur ou une contre-quittance, il lui soit permis de l'exiger, et que le débiteur soit forcé de lui donner une contre-quittance ; en sorte que cependant le créancier ne souffre aucun préjudice de ce qu'il aurait négligé de demander ou d'exiger une contre-quittance : car il est contraire à l'équité que ce qui a été introduit en faveur de quelqu'un tourne à son désavantage.

Fait le 12 des cal. d'octobre, sous le cons. de Décius.

Datum 12 calend. octobris, Decio V. C. Coss.

19. *Le même empereur à Julien, préfet du prétoire.*

Il est reconnu que les comparaisons d'écritures qui se font à l'égard d'écrits privés ou d'autres titres non authentiques, donnent lieu fréquemment à des accusations de faux dans les actions et les contrats ; c'est pourquoi nous ordonnons que les comparaisons d'écritures privées ne soient permises, qu'autant que les écritures porteront la signature de trois témoins, et qu'au préalable ces témoins n'aient reconnu la sincérité de ces écritures, ou du moins deux d'entre eux. Cette vérification des écritures par les témoins doit se faire sans comparaison d'écriture : car ce n'est qu'après que toutes ces formalités ont été observées qu'on doit en venir à cette dernière. Nous défendons d'admettre la comparaison d'écriture dans tout autre cas, même dans celui où quelqu'un produirait un écrit contre lui, excepté lorsqu'il s'agit d'écritures émanées des juges, du titre public et authentique ou des écritures privées dont nous venons de parler. Nous défendons qu'il soit procédé à aucune comparaison d'écriture, avant que ceux qui doivent y procéder n'aient affirmé et juré que dans cette comparaison ils ne sont mus par aucun gain, ni par aucune inimitié ou partialité. Nous ordonnons que cette constitution soit observée tant dans nos écrits impériaux que dans les tribunaux du préfet, du maître des soldats et de tous les autres juges établis dans notre empire ; ces dispositions seront observées à l'avenir : car il ne serait pas sans danger d'annuller les comparaisons d'écritures déjà faites.

Fait le 13 des cal. d'avril, sous le cons. de Lampadius et d'Oreste. 530.

19. *Idem A. Juliano præfecto prætorio.*

Comparationes litterarum ex chirographis fieri, et aliis instrumentis, quæ non sunt publicè confecta, satis abundeque occasionem criminis falsitatis dare, et in judiciis et in contractibus, manifestum est. Ideoque sancimus non licere comparationes litterarum ex chirographis fieri, nisi trium testium habuerint subscriptiones : ut priùs litteris eorum fides imponatur, vel ex ipsis hoc deponentibus, sive cunctis, sive omnimodo duobus ex his, sine comparatione litterarum testium procedente : et tunc ex hujusmodi chartula jam probata comparatio fiat ; aliter etenim fieri comparationem nullo concedimus modò, licèt in semetipsum aliquis chartam conscriptam proferat : sed tantummodò ex forensibus, vel publicis instrumentis, vel hujusmodi chirographis, quæ enumeravimus, comparationem trutinandam. Omnes autem comparationes non aliter fieri concedimus, nisi juramento anteà præstito ab his, qui comparationem faciunt, fuerit affirmatum, quòd neque lucri causa, neque inimicitiis, neque gratia tenti, hujusmodi faciunt comparationem. Et hoc observari tam in omnibus sacris nostris scriniis, quàm in apparitione omnis sublimissimæ præfecturæ, necnon magisteriæ potestatis, cæterisque omnibus judiciis, quæ in orbe nostro constituta sunt : his omnibus in posterum observandis. Comparationes etenim jam anteà factas retractari, extra periculum minimè est.

Datum 13 calend. aprilis, Lampadio et Oreste, Coss. 530.

Authentique extraite de la Novelle 49, chapitre 2.

C'est avec fondement que vous demandez qu'on fasse la comparaison des écritures, dont se prévaut et que produit votre adversaire : on peut de même demander la

In authent. Nov. 49, cap. 2.

Ad hæc, ex his litteris quibus adversarius tuus utitur, et profert : rectè petis examinationem fieri. Item et charta quæ profertur ex archivo publico, testimonium publicum habet.

comparaison d'écriture , à l'égard de celles qui ont été tirées des archives publiques.

In authent. Nov. 73 , cap. 8 et 9.

At si contractus fiat in civitate , et unam liberam auri excesserit : omnimodò collationi adsit argumentum quodlibet , nec credatur ei soli.

Authentique extraite de la Novelle 73 , chapitres 8 et 9.

Mais s'il s'agit d'un contrat fait dans une ville et excédant une livre d'or , qu'on ajoute d'autres preuves à la comparaison d'écritures : car dans ce cas elle ne suffit pas seule pour prouver la vérité du contrat.

20. Idem A. Juliano præfecto prætorio.

Cùm quidam instrumentum protulerit , vel aliam chartulam , eique fidem imposuerit , postea autem persona , contra quam ista chartula vel instrumentum prolatum est , quasi falsum hoc constitutum redarguere nitatur : ne diutiùs dubitetur , utrùm necessitatem ei qui protulit , imponi oporteat repetita vice hoc proferre , an sufficiat fides jam approbata : sancimus , si quid tale eveniat , eum qui petit iterum eam chartam proferri , priùs sacramentum præstare , quod existimans se posse falsum redarguere , quod prolatum est , ad hujusmodi veniat petitionem. Quid enim , si cùm nosset deperditam esse chartam , vel fortè concrematam , vel alio modo diminutam , hanc requiri adsimulans , et ad difficultatem productionis respiciens , hujusmodi faciat petitionem ? Et postquam hoc ab actore vel petitore fuerit juratum , et inscriptionum pagina apud competentem judicem deposita : tunc necessitatem imponi ei qui protulit chartam de qua quæritur , iterum eam apud judicem criminis proferre , quatenùs possit apud eum crimen falsitatis ventilari. Sin autem dicat non esse sibi possibile eam ostendere , quia per fortuitos casus hujus copia abrepta sit : tunc subeat sacramentum , quòd nec habeat eamdem chartulam , nec alii eam dederit , nec apud alium voluntate ejus constituta sit , nec dolo malo fecerit , quominùs appareat ea : sed reverà ipsa chartula sine omni dolo sit deperdita , et productio ejus sibi impossibilis sit. Et si tale subeat sacramentum , ab hujusmodi necessitate relaxetur. Quòd si prædictum

20. Le même emper. à Julien , préfet du prétoire.

Si quelqu'un ayant produit un titre ou un autre écrit , et en ayant prouvé la sincérité , la personne contre laquelle ce titre ou cet écrit a été produit l'argue de faux ; nous ordonnons , afin qu'on ne doute plus désormais si celui qui a produit ce titre , et qui en a déjà prouvé la vérité , doit être forcé de prouver de nouveau sa sincérité , ou s'il suffit du premier examen , que si un tel cas arrive , celui qui demande que le titre soit produit de nouveau , jure préalablement qu'il croit pouvoir arguer de faux cette pièce. Mais que devra-t-on faire si , étant instruit que la pièce dont il s'agit est perdue , ou a été brûlée , ou détruite de toute autre manière , il fait cette demande , feignant de s'enquérir de sa sincérité , tandis qu'il ne compte que sur la difficulté de la produire ? Celui qui accuse la pièce de faux , ayant prêté le serment dont nous venons de parler , et son accusation ayant été déposée chez le juge compétent , on doit forcer celui qui se prévaut de la pièce en question , de la produire de nouveau pardevant le juge , afin que le crime de faux puisse être discuté devant lui ; mais s'il objecte qu'il lui est impossible de montrer cette pièce , parce qu'il en a été privé par l'effet de cas fortuits , qu'il prête serment qu'il ne l'a possède point , qu'il ne l'a point donnée à d'autres , qu'elle ne se trouve point par suite de sa volonté en la possession d'une autre personne , qu'il ne l'a point détruite frauduleusement , et qu'il ne dépend pas enfin de lui de la produire ; mais qu'elle est véritablement perdue sans sa faute, et qu'il lui est impossible de la produire. S'il prête un tel serment, qu'il ne soit point forcé de la montrer ; s'il refuse de prêter ce serment, nous ordonnons que cette pièce soit censée fausse et n'ait aucune autorité contre celui contre qui elle a été produite, et qu'elle soit absolument nulle. Nous ne voulons point cependant que celui qui, comme dans ce cas, a refusé de prêter ce serment, soit condamné à une plus grande peine ; parce qu'il y a des personnes qui, par une certaine délicatesse ne veulent point prêter de serment, même sur une chose véritable. Nous donnons donc la faculté à celui qui attaque la pièce de s'inscrire en faux, tant que la cause n'est pas décidée ; mais si le procès est entièrement terminé et n'est point suspendu par l'appel, ou si on ne peut espérer de le faire revivre par aucun des moyens ordinaires, il est trop dur d'accueillir des plaintes de cette sorte : car autrement les procès se prolongeraient à l'infini ; on renouvellerait par de telles voies ceux qui sont déjà terminés, et il arriverait le contraire de ce que nous nous sommes proposé.

Fait le 10 des cal. de mars, sous le cons. de Lampadius et d'Oreste. 530.

jusjurandum subire minimè maluerit : tunc quasi falsa chartula nullas habeat vires adversus eum contra quem prolata est, sed sit penitùs evacuata. Neque enim ulteriùs pœnam produci contra eos qui non juraverint, volumus : cùm forsitan quidam subtili reverentia tenti, nec verum sacramentum præstare patiuntur. Eandem autem copiam ei præstamus, donec causa apud judicem ventilatur. Si enim jam plenissimum finem accepit, et neque per appellationem suspensa est, neque per solitam retractationem adhuc lis vivere speratur : tunc satis durum est hujusmodi querelæ indulgeri : ne in infinitum causæ retractentur, et sopita jam negotia per hujusmodi viam iterum aperiantur, et contrarium aliquid nostro eveniat proposito.

Datum 10 calend. martii, Lampadio et Oreste, VV. CC. Coss. 530.

TITRE XXII.

Ce qui a été réellement fait dans un acte a plus de force que les termes dont les parties se sont servis pour le colorer.

1. *Les empereurs Valérien et Gallien à Rufinus.*

ON doit dans les contrats, s'attacher plutôt à la vérité qu'aux termes de l'écriture.

2. *Les emper. Dioclétien et Maximien, et les Césars, à Sotérus.*

Des actes simulés par lesquels il apparaîtrait que l'achat a été fait par la

TITULUS XXII.

Plus valere quod agitur, quàm quod simulatè concipitur.

1. *Impp. Valerianus et Gallienus AA. Rufino.*

IN contractibus rei veritas potius, quàm scriptura perspici debet.

2. *Impp. Diocletianus et Maximianus AA. et CC. Soteri.*

Acta simulata, velut non ipse, sed ejus uxor comparaverit, veritatis substantiam matare non possunt. Quæstio itaque facti per judicem vel præsidem provinciæ examinabitur.

Datum 10 calend. maii, CC. Coss.

femme et non par son mari, ne peuvent porter atteinte à la vérité. C'est pourquoi cette question de fait sera examinée par le juge ou le président de la province.

Fait le 10 des cal. de mai , les Césars consuls.

3. Iidem AA. et CC. Maximæ.

Emptione pignoris causa facta, non quod scriptum, sed quod gestum est, inspicitur.
Datum calend. maii, CC. Coss.

3. Les mêmes empereurs et Césars à Maxima.

Dans une cause où il s'agit de l'achat d'un gage, on doit considérer non ce qui est écrit, mais ce qui a été fait.

Fait pendant les calendes de mai , les Césars consuls.

4. Iidem AA. et CC. Decio.

Si quis gestum à se, alium agisse scribi fecerit : plus actum, quàm scriptum valet.
Datum 8 calend. decembris, CC. Coss.

4. Les mêmes empereurs et Césars à Décius.

Si quelqu'un a fait écrire que ce qu'il a fait lui-même a été fait par un autre, on doit s'attacher plutôt au fait qu'à l'écriture.

Fait le 8 des cal. de décembre, sous le consul. des Césars.

5. Iidem AA. et CC. Victori.

Si falsum instrumentum emptionis conscriptum tibi velut locationis, quam fieri mandaveras, subscribere non relegentem, sed fidem habentem suasit : neutrum contractum (in utroque alterutrius consensu deficiente) constitisse, proculdubio est.
Datum 13 calend. januarii, CC. Coss.

5. Les mêmes empereurs et Césars à Victor.

Si croyant signer un contrat de louage que vous aviez chargé quelqu'un de faire pour vous, vous avez signé de confiance un contrat d'achat, il n'est aucun doute que l'un et l'autre contrats manquant de consentement, ne soient nuls.

Fait le 13 des cal. de janvier, sous le cons. des Césars.

TITULUS XXIII.

De Commodato.

1. Impp. Diocletianus et Maximianus AA. Sciolæ.

EA quidem, quæ majore vi auferuntur, detrimento eorum, quibus res commodantur, imputari non solent : sed cùm is qui à te commodari sibi bovem postulabat, hostilis incursionis contemplatione periculum amissionis, ac fortunam futuri damni in se suscepisse proponatur : præses provinciæ, si probaveris eum indemnitatem tibi promisisse, placitum conventionis implere

TITRE XXIII.

Du Commodat.

1. Les emper. Dioclétien et Maximien à Sciola.

LES choses qui sont détruites par une force majeure, ne peuvent être aux risques et périls de ceux à qui elles ont été prêtées à titre de commodat ; mais comme vous dites que celui à qui vous avez prêté en commodat un bœuf, a répondu en le recevant des risques de le perdre, et des événemens futurs que les incursions des ennemis faisaient craindre , le président de de la province, si vous prouvez qu'il vous ait promis une indemnité dans le cas que ces craintes se réaliseraient, le forcera à remplir ses engagemens.

Fait le 6 des cal. de juin, sous le cons. des mêmes emper.

plere cum compellet.

Datum 6 calend. junii ipsis, AA. Coss.

2. *Les mêmes emp. à Aulizanus.*

Comme la bonne foi exige que celui qui a reçu une esclave à l'effet de s'en servir pour un travail temporaire, la restitue, il s'ensuit que votre beau-père doit prouver devant le président de la province l'objet pour lequel l'esclave lui a été livrée, afin que celui contre lequel vous suppliez soit forcé de remplir ses engagemens.

Fait la veille des nones de novembre, sous le cons. des mêmes emper.

2. *Iidem* AA. *Aulizano.*

Cùm eum, qui temporalis ministerii causa suscepit ancillam, ad restitutionem ejus bona fides urgeat : consequens est socerum tuum hujus rei causa tradidisse ancillam, adito præside provinciæ probare : ut fidem susceptam is, adversus quem supplicas, compellatur agnoscere.

Datum pridiè non. novembr. ipsis, AA. Coss.

3. *Les mêmes emper. à Sotéria.*

A l'égard de la restitution des choses que vous avez données à votre mari pour qu'il les oblige pour lui, vous pouvez, après que la dette a été payée, exercer contre lui ou ses héritiers l'action du commodat.

Fait le 3 des ides d'avril, sous le même consulat.

3. *Iidem* AA. *Soteriæ.*

De restituendis rebus, quas marito obligandas pro se dederas, postquam debitum fuerit extenuatum, commodati actionem etiam adversus hæredes ejus exercere potes.

Datum 3 id. aprilis, ipsis et Coss.

4. *Les mêmes emp. et Césars à Faustina.*

On ne peut, sous le prétexte d'une dette, refuser la restitution de ce qui a été donné en commodat.

Fait le 12 des cal. de décemb., sous le même consulat.

4. *Iidem* AA. *et* CC. *Faustinæ.*

Prætextu debiti restitutio commodati non probabiliter recusatur.

Datum 12 calend. decembris ipsis, AA. Coss.

TITRE XXIV.

De l'Action pigneratitia, ou à cause de gage.

1. *L'emp. Alexandre à Démétrius.*

LA dette sera diminuée d'une égale quantité à celle que l'on a retirée de l'esclave et des loyers de la maison que vous dites être détenue en gage.

Fait pendant les cal. d'octobre, sous le quatrième cons. d'Antonin, et le premier d'Alexandre. 223.

TITULUS XXIV.

De pigneratitia actione.

1. *Imp. Alexander* A. *Demetrio.*

QUOD ex operis ancillæ, vel ex pensionibus domus, quam pignori detineri dicis, perceptum est : debiti quantitatem revelabit.

Datum calend. octobris, Antonino IV. et Alexandro Coss. 225.

2. *Idem* A. *Victorino.*

Creditor, qui prædium pignori nexum detinuit, fructus, quos percepit, vel percipere debuit, in rationem exonerandi debiti computare necesse habet : et si agrum deteriorem constituit, eo quoque nomine pigneratitia actione obligatur.

PP. 6 idibus decembris, Antonino IV. et Alexandro Coss. 223.

2. *Le même emp. à Victorinus.*

Le créancier qui a possédé un héritage à titre de gage, est obligé de diminuer la dette de la valeur des fruits qu'il a perçus ou qu'il aurait dû percevoir ; mais s'il a causé des dommages au champ, il sera encore obligé en vertu de l'action *pigneratitia.*

Fait le 6 des ides de décemb., sous le quatrième cons. d'Antonin, et le premier d'Alexandre. 223.

3. *Idem* A. *Hermeo et Maximillæ.*

Pactum vulgare, quod proposuistis, ut si intra certum tempus pecunia soluta non fuisset, prædia pignori vel hypthecæ data vendere liceret : non adimit debitori adversus creditorem pigneratitiam actionem.

PP. 12 calend. maii, Maximo II. et Æliano Coss. 224.

3. *Le même empereur à Herméus et à Maximilla.*

Le pacte vulgaire dont vous faites mention, qui porte, que si à une certaine époque ou ne vous a pas payé, il vous sera permis de vendre les héritages qui vous ont été donnés en gage ou hypothéqués, ne prive pas le débiteur de l'action *pigneratitia* contre le créancier.

Fait le 12 des cal. de mai, sous le deuxième cons. de Maxime, et le premier d'Élien. 224.

4. *Idem* A. *Dioscoridæ.*

Si creditor sine vitio suo argentum pignori datum perdiderit, restituere id non cogitur. Sed si culpæ reus deprehenditur, vel non probat manifestis probationibus se perdidisse : quanti debitoris interest, condemnari debet.

PP. 13 calend. maii, Juliano II. et Crispino Coss. 225.

4. *Le même emp. à Dioscorida.*

Si le créancier a perdu sans sa faute l'argent qui lui a été donné en gage, il n'est point forcé de le restituer. Mais s'il est convaincu de l'avoir perdu par sa faute, ou s'il ne prouve pas par des preuves évidentes qu'il l'a perdu, il doit être condamné en faveur du débiteur aux dommages et intérêts.

Fait le 13 des cal. de mai, sous le deuxième cons. de Julien, et le premier de Crispinus. 225.

5. *Idem* A. *Trophimæ.*

Quæ fortuitis casibus accidunt, cùm prævideri non potuerint (in quibus etiam aggressura latronum est) nullo bonæ fidei judicio præstantur : et ideo creditor pignora, quæ hujusmodi casu interierint, præstare non compellitur : nec à petitione debiti submovetur, nisi inter contrahentes placuerit, ut amissio pignorum liberet debitorem.

PP. idibus aprilis, Fusco et Dextro Coss. 226.

5. *Le même emper. à Trophima.*

Les accidens qui arrivent fortuitement, et qu'on ne peut prévoir, comme les invasions des voleurs, ne donnent pas lieu à la garantie dans les actions de bonne foi ; c'est pourquoi le créancier n'est pas responsable des gages qui ont péri de cette manière, ni privé de l'action en demande de ce qui lui est dû, à moins qu'il ne fût convenu entre les contractans que la perte des gages libérerait le débiteur.

Fait pendant les ides d'avril, sous le cons. de Fuscus et Dexter. 226.

6. *L'empereur Gordien à Julien.*

Le créancier qui a reçu des fonds ou des maisons en gage ou hypothèques, est forcé de déduire sur la dette la valeur des dommages qu'il a causés dans ces fonds en coupant des arbres qui étaient plantés, ou dans les maisons par des démolitions ; s'il a détérioré par dol ou par sa faute ce qui a été engagé de cette manière, il sera aussi tenu, par l'action *pigneratitia*, de le restituer dans l'état où il était lorsque l'obligation a été contractée. Il n'est point défendu cependant au créancier d'exiger les dépenses nécessaires qu'il a faites au sujet des effets qui lui ont été engagés.

Fait le 13 des cal. d'août, sous le deuxième cons. de l'emper. Gordien, et le premier de Pompéius. 242.

6. *Imp. Gordianus A. Juliano.*

Creditor, qui fundos et domos pignori vel hypothecæ accepit, damnum in decidendis arboribus, domibusque destruendis ab eo datum, in rationem debiti deducere cogitur : et si dolo vel culpa rem suppositam deteriorem fecerit, eo quoque nomine pigneratitia actione tenebitur, ut talem restituat, qualis fuerat tempore obligationis. Creditor autem necessarios sumptus, quos circa res pigneratitias fecit, exigere non prohibetur.

PP. 13 calend. augusti, Gordiano A. II, et Pompeniano Coss. 242.

7. *L'emper. Philippe et le César-Philippe à Saturninus.*

Si on ne peut reprocher au créancier aucune faute ni négligence, la perte des gages n'est point à sa charge ; mais si la perte des gages est supposée, et si, comme vous l'assurez, ils sont encore en la possession de votre adversaire, vous pouvez exercer votre action contre lui.

Fait le 8 des cal. de mars, Présens et Albinus consuls. 247.

7. *Imp. Philippus A. et Philippus Cæs. Saturnino.*

Si nulla culpa seu segnitia creditori imputari potest, pignorum amissorum dispendium ad periculum ejus minimè pertinet. Sanè si simulata amissione, etiamnum eadem pignora, ut adseveras, à parte diversa possidentur : adversus eum experiri potes.

PP. 8 calend. martii, Præsente et Albino Coss. 247.

8. *Les emp. Dioclétien et Maximien, et les Césars, à Georgius.*

Il n'est aucun doute que le gage ne demeure des biens du débiteur, et que s'il périt, il n'en supporte la perte. Assurant donc que les gages ont été déposés dans les magasins, il résulte, si cependant ces magasins sont des lieux où l'on est dans l'usage de placer ces sortes de choses, que vous avez, d'après le droit immuable, qui porte que ces gages sont aux risques du débiteur, l'action personnelle dans toute son intégrité, pour exiger la dette que ces gages garantissent.

Fait à Milan, le 6 des nones de mai, sous le cons. des mêmes empereurs.

8. *Impp. Diocletianus et Maximianus AA. et CC. Georgio.*

Pignus in bonis debitoris permanere, ideòque ipsi perire, in dubium non venit. Cùm igitur adseveras in horreis pignora deposita : consequens est, secundùm jus perpetuum pignoribus debitori pereuntibus (si tamen in horreis, quibus et alii solebant publicè uti, res depositæ sint) personalem actionem debiti reposcendi causa integram te habere.

Propositum 6 nonas maii, Mediolani, AA. Coss.

9. *Les mêmes empereurs et Césars à Appollodora.*

Les créanciers ni leurs héritiers ne

9. *Iidem AA. et CC. Apollodoræ.*

Nec creditores, nec qui his successe-

9 *

runt, adversus debitores pignori quondam res nexas petentes, reddita jure debiti quantitate, vel his non accipientibus, oblata et consignata, et deposita : longi temporis præscriptione muniri possunt. Unde intelligis, quòd si originem rei probare potes, adversario tenente, vindicare dominium debes. Ut autem creditor pignoris defensione se tueri possit, extorquetur ei necessitas probandi debiti ; vel si tu teneas, per vindicationem pignoris hoc idem inducitur : et tibi non erit difficilis, vel solutione, vel oblatione atque solemni depositione pignoris liberatio.

Datum nonis maii, ipsis CC. et Coss.

peuvent opposer la prescription de long tems aux débiteurs qui, après avoir payé entièrement la dette, ou après l'avoir affectée à ceux à qui elle était due, et d'après leur refus, l'avoir consignée et déposée, demandent les gages qu'ils avaient donnés en garantie de la dette. C'est pourquoi sachez que si vous pouvez prouver que telle a été l'origine de la possession de votre adversaire, vous devez revendiquer la propriété. De cette manière, pour se défendre de la demande du gage, le créancier sera obligé de prouver la dette ; si c'est vous qui êtes le détenteur de la chose donnée en gage, lui la revendiquant, il sera de même obligé de prouver la dette ; et alors il ne vous sera pas difficile de délivrer votre gage, en payant la dette, ou en faisant l'offre, et en en déposant solennellement le montant.

Fait pendant les nones de mai, sous le consul. des Césars.

10. Iidem AA. et CC. Ammiano.

Pignoris causa res obligatas, soluto debito restitui debere pigneratitiæ actionis natura declarat. Quo jure, si titulo pignoris obligasti mancipia, per eandem actionem uti potes : ne creditor citra conventionem vel præsidalem jussionem debiti causa res debitoris arbitrio suo auferre potest.

Datum 5 calend. januarii, ipsis CC. et Coss.

10. Les mêmes empereurs et Césars à Ammien.

La nature de l'action *pigneratitia* indique que les choses obligées à titre de gages doivent être restituées aussitôt que le paiement de la dette a eu lieu. C'est pourquoi, si vous avez obligé des esclaves à titre de gage, vous pouvez les demander en vertu de cette action : car le créancier ne peut, sans une convention qui le lui permette, ou sans un ordre du président, s'approprier à sa volonté, pour cause d'une dette, les effets de son débiteur.

Fait le 5 des cal. de janv., sous le cons. des Césars.

11. Iidem AA. et CC. Herisco.

Quominùs fructuum quos creditor ex rebus obligatis accepit, habita ratione, ac residuo debito soluto, vel (si per creditorem factum fuerit, quominùs solveretur) oblato, et consignato, et deposito pignora, quæ in eadem causa durant, restituat debitori : nullo spatio longi temporis defenditur.

Datum 12 calend. decembris, CC. Coss.

11. Les mêmes empereurs et Césars à Hériscus.

La valeur des fruits que le créancier a perçu des choses qu'il a reçues en gage étant déduite de la dette, et le paiement du restant ayant été fait, ou si le créancier n'ayant pas voulu le recevoir, la somme a été offerte, consignée et déposée, les gages qui avaient été donnés en garantie de la dette, doivent être restitués au débiteur, à qui on ne peut opposer aucune prescription de long tems.

Fait le 12 des cal. de décemb., sous le consul. des Césars.

TITRE XXV.

Des actions institoria et exercitoria.

1. *L'emper. Antonin à Hermétus.*

VOTRE esclave en recevant une somme d'argent en prêt, vous a obligé en vertu de l'action *institoria*, s'il est prouvé qu'en le préposant à quelque fonction ou à quelque commerce, vous lui avez permis de faire cet emprunt. Mais si, cette action n'ayant pas lieu, il est prouvé que l'argent provenant de cet emprunt a été employé pour une chose qui vous appartient, vous serez tenu de le payer, en vertu de l'action réelle qui est donnée sur cette chose.

Fait le 8 des cal. de septemb., sous le cons. des deux Asper. 213.

2. *L'emp. Alexandre à Calliste.*

Quoique les maîtres ne soient obligés par suite des contrats de leurs esclaves que jusqu'à concurrence du pécule, il n'est aucun doute qu'ils ne puissent être cités pour le tout, lorsque les fonds en question ont été employés pour les biens des maîtres, ou lorsque l'esclave qui a contracté est institeur, et s'est obligé relativement à la partie des affaires à laquelle il avait été préposé.

Fait le 3 des calendes de mai, sous le deuxième cons. de l'emp. Alexandre et le premier de Marcellus. 227.

3. *Le même emp. à Martia.*

Vous avez l'action *institoria* contre celui qui, d'après ce que vous dites, a préposé un esclave à son comptoir, s'il peut être prouvé que la somme a été déposée entre les mains de l'esclave qui exerçait les affaires de son maître, et qu'elle n'a pas été rendue.

Fait pendant les nones de mai, sous le cons. d'Agricola et de Clémentin. 231.

4. *Les emp. Dioclétien et Maximien, et les Césars, à Antigona.*

La femme est obligée par le contrat de

TITULUS XXV.

De institoria et exercitoria actione.

1. *Imp. Antoninus A. Hermeti.*

SERVUS tuus pecuniam mutuam accipiendo, ita demum te institoria actione obligavit, si cum eum officio alicui vel negotiationi exercendæ præponeres, etiam ut id faceret, ei permissum à te probetur. Quòd si hæc actio locum non habeat : si quid in rem tuam versum probabitur, actione in eam rem proposita, cogeris exsolvere.

Proposit. 8 calend. septembris, duobus et Aspris Coss. 213.

2. *Imp. Alexander A. Callisto.*

Ex contractibus servorum, quamvis de peculio duntaxat domini teneantur : de eo tamen quod in rem eorum versum est, vel cum institore ex causa cui præpositus fuit, contractum est : etiam in solidum conveniri posse, dubium non est.

Proposit. 3 calend. maii, Alexandro A. II. et Marcello Coss. 227.

3. *Idem A. Martiæ.*

Institoria tibi adversus eum actio competit, à quo servum mensæ propositum dicis : si ejus negotii causa, quod per eum exercebatur, depositam pecuniam, nec redditam, potest probari.

Propositum nonis maii, Agricola et Clementino Coss. 231.

4. *Imper. Diocletianus et Maximianus AA. et CC. Antigonæ.*

Et si à muliere magister navi præpositus fuerit : ex contractibus ejus ca exercitoria actione ad similitudinem institoriæ tenetur.

Proposit. 13 calend. novembris, CC. Coss.

5. *Iidem* AA. *et* CC. *Caio.*

Si mutuam pecuniam accipere à te Demetriano Domitianus mandavit, et hoc posse probare confidis : ad exemplum institoriæ eundem Domitianum apud competentem judicem potes convenire.

Datum 4 calend. novembris, ipsis CC. et Coss.

6. *Iidem* AA. *et* CC. *Onesimæ.*

Qui secutus domini voluntatem, cum servo ipsius habuit contractum, ad instar actionis institoriæ rectè insolidum dominum convenit.

Datum 14 calend. decembris, CC. Coss.

TITULUS XXVI.

Quod cum eo, qui in aliena potestate est, negotium gestum esse dicetur, vel de peculio, sive quod jussu, aut de in rem verso.

1. *Impp. Severus et Antoninus* AA. *Ælio.*

Cum filiusfamilias tutor aut curator datur : pater tutelæ, vel negotiorum gestorum, judicio de peculio et de in rem verso conveniendus est. Quòd si voluntate ejus filius decurio sit creatus, et à magistratibus tutor constitutus, pater insolidum satisfacere cogitur : cùm id onus exemplo cæterorum munerum civilium introductum intelligatur.

Datum 7 id. novembris, Dextro II. et Prisco Coss. 197.

---

celui qu'elle a préposé comme maitre de son navire, en vertu de l'action *exercitoria*, à l'exemple de celle *institoria*.

Fait le 13 des cal. de novemb., sous le consul. des Césars.

5. *Les mêmes emper. et Césars à Caïus.*

Si vous croyez pouvoir prouver que Domitien ait chargé Démétrien d'emprunter de vous une certaine somme, vous pouvez assigner devant le juge compétent, à l'exemple de l'action *institoria*, ce même Domitien.

Fait le 4 des cal. de novemb., sous le consul. des Césars.

6. *Les mêmes empereurs et Césars à Onésima.*

Celui qui s'est conformé à la volonté de quelqu'un, quoiqu'il ait contracté avec l'esclave de ce dernier, peut, à l'instar de l'action *institoria*, assigner légitimement le maitre pour le tout.

Fait le 14 des calend. de décemb., sous le cons. des Césars.

TITRE XXVI.

Des contrats faits par ceux qui sont sous la puissance d'autrui ; du pécule ; de ce qui a été fait par ordre, et de ce qui a été employé à la chose de celui sous la puissance duquel est le contractant.

1. *Les empereurs Sévère et Antonin à Elius.*

Si un fils de famille a été nommé tuteur ou curateur, celui sous la puissance duquel il est doit être assigné en vertu de l'action de la tutelle ou des affaires gerées, à raison du pécule ou de ce qui a été employé sur ces biens : si ce dernier a consenti à ce que son fils fût fait décurion, et ensuite nommé à une tutelle par les magistrats, il est obligé pour la totalité de la dette; parce que cette charge est censée avoir été établie à l'exemple des autres charges civiles.

Fait le 7 des ides de novembre, sous le deuxième consul. de Dexter, et le premier de Priscus. 197.

2. *Les mêmes emp. à Annius.*

Il a été déclaré par l'interprétation de l'édit perpétuel, qu'à l'égard de la chose au sujet de laquelle il a été contracté avec un fils de famille , soit que le contrat ait été fait par la volonté de ce dernier, ou par celle de celui sous la puissance duquel il se trouve , soit que la somme qui en est l'objet ait été employée pour le pécule du fils de famille ou pour les biens de son père, s'il s'abstient de l'hérédité de son père , il n'est d'action à ce sujet contre lui qu'à concurrence de ce qu'il lui est possible de payer.

Fait le 8 des cal. de décemb. , sous le même consulat. 197.

3. *L'emper. Antonin à Artémon.*

Si ayant prêté à l'esclave de Prisca une somme d'argent, sans que cette dernière vous l'ait mandé ou ordonné , ou sans qu'elle y ait consenti, cette somme a été épuisée en de justes dépenses pour les biens de la maîtresse de l'esclave à qui vous l'avez prêtée, assignez-la pardevant son juge en vertu de l'action *de in rem verso*, et vous obtiendrez, conformément aux lois, ce qui sera prouvé vous être dû.

Fait le 3 des cal. de juillet, Lœtus et Céréal consuls. 216.

4. *Le même empereur à Lucius.*

Si ayant reçu , en vertu du contrat de votre père, et par son ordre , une somme à titre de prêt, vous vous abstenez de la succession, vous êtes mal fondé à craindre que vous ne soyez poursuivi par les créanciers.

Fait le 5 des cal. de janvier , Messala et Sabinus consuls. 215.

5. *L'empereur Alexandre à Asclépiade.*

Rien n'empêche que les fils de famille qui , étant majeurs de vingt-cinq ans, se sont rendus fidéjusseurs pour d'autres , ne soient poursuivis en vertu de l'action compétente. Mais si on ne vous actionne que jusqu'à concurrence du pécule, usez des moyens de défenses qui sont en votre pouvoir.

Fait le 6 des ides de décemb., sous le deuxième consul. de Maxime et le premier d'Elien. 224.

2. *Iidem AA. Annio.*

Ejus rei nomine , de qua cum filiofamilias contractum est , sive sua voluntate , sive ejus in cujus potestate fuit , sive in peculium ipsius , sive in rem patris ea pecunia redacta est : si paterna hereditate abstinuit , actionem , nisi in id quod facere possit, non dari, perpetui edicti interpretatione declaratum est.

Proposit. 8 calend. decembris, Dextro II. et Prisco Coss. 197.

3. *Imp. Antoninus A. Artemoni.*

Etiam si non mandante , neque jubente, neque subscribente domina , pecuniam mutuam servo Priscæ dedisti : tamen ea quantitas, si in rem dominæ ejus justis erogationibus versa est , de in rem verso apud suum judicem eam conveni ; consecuturus secundùm juris formam, id quod tibi deberi apparuerit.

Datum 3 calend. julii , Læto et Cereali Coss. 216.

4. *Idem A. Lucio.*

Si ex contractu patris jussu ejus mutuam pecuniam accepisti, teque ejus hereditate abstines : frustra vereris ne à creditoribus ejus conveniaris.

Datum 5 calend. januarii , Messala et Sabino Coss. 215.

5. *Imp. Alexander A. Asclepiadi.*

Nulla res prohibet filiosfamilias , si pro aliis majores vigintiquinque annis fidejusserint , actione competenti adversus eos teneri. Sed si duntaxat de peculio tecum agatur : defensionibus , si quæ tibi competunt, uteris.

Proposit. 6 id. decembris , Maximo II. et Æliano Coss. 224.

6. *Impp. Valerianus et Gallienus AA. et Valerianus Cœs. Matrono.*

Si servus tuus sine permissu tuo accepta pecunia mutua in usurarum vicem habitandi facultatem creditori concessit : nullo jure adversarius tuus hospitium ex hac causa sibi vindicat, cùm te servi factum non obligaverit : et ingrediens rem tuam, contra vim ejus auctoritate competentis judicis protegeris.

Datum 12 calend. julii Æmiliano et Basso Coss. 260.

6. *Les emper. Valérien et Gallien, et le César-Valérien, à Matronus.*

Si votre esclave ayant reçu sans votre permission une somme d'argent à titre de prêt, a accordé à son créancier, en place des intérêts de la somme, un droit d'habitation, votre adversaire ne peut aucunement revendiquer à ce titre le droit d'habitation, parce que vous n'êtes point obligé par le fait de votre esclave. C'est pourquoi s'il entre dans votre maison, vous pourrez vous garantir de cette violence par l'autorité du juge compétent.

Fait le 12 des cal. de juillet, Emilien et Bossus consuls. 260.

7. *Impp. Diocletianus et Maximianus AA. et CC. Crescenti.*

Ei qui servo alieno dat pecuniam mutuam, quandiù superest servus, item post mortem ejus intra annum, de peculio in dominum competere actionem : vel si in rem domini versa sit hæc quantitas, post annum etiam esse honorariam actionem, non est ambigui juris. Quapropter si quidem in rem domini pecunia versa est : heredes ejus convenire potes de ea summa, quæ in rem ipsius processit. Si verò hoc probari non potuerit : consequens est, ut superstite quidem servo, dominum de peculio convenias : vel si jam servus rebus humanis exemptus est, vel distractus, seu manumissus, nec annus excessit : de peculio quondam adversus eum experiri possis.

7. *Les emper. Dioclétien et Maximien, et les Césars, à Crescens.*

C'est un droit non douteux que celui qui a prêté une somme d'argent à l'esclave d'autrui a, tant que cet esclave est vivant et pendant l'année qui suit sa mort, une action contre le maître sur le pécule de l'esclave, et que si la somme en question a été employée pour la chose du maître, il a même après l'année qui suit la mort de l'esclave l'action honoraire contre le maître. C'est pourquoi si cette somme a été employée pour la chose du maître, vous pouvez assigner ses héritiers pour la somme qui a été employée pour ses biens. Mais si cela ne peut être prouvé, il convient, si l'esclave est encore vivant, que vous citiez le maître à raison du pécule ; mais si l'esclave est mort ou aliéné ou affranchi, vous pouvez, s'il ne s'est pas écoulé depuis une année, assigner à raison du pécule celui qui le possède.

§. 1. Alioquin si cum libero res ejus agente, cujus precibus meministi, contractum habuisti, et ejus personam elegisti : pervides contra dominum nullam te habuisse actionem, nisi vel in rem ejus pecunia processit, vel hunc contractum ratum habuit.

Datum non. aprilis, Byzantii, AA. Coss.

§. 1. Mais si ayant contracté avec un homme libre qui faisait les affaires de celui dont vous parlez dans votre requête, vous l'avez choisi pour votre débiteur, sachez que vous n'avez aucune action contre le maître, à moins que la somme dont il s'agit n'ait été employée pour sa chose, ou qu'il n'ait ratifié le contrat.

Fait à Bisance pendant les nones d'avril, sous le consul. des empereurs.

8. *Iidem AA. et CC. Diogeni.*

Si mandator pro filio tuo extitisti, vel
        jussu

8. *Les mêmes emp. et Césars à Diogène.*

Si par votre mandat vous avez chargé
        quelqu'un

quelqu'un de contracter avec votre fils, ou si par votre ordre il a été contracté avec votre fils, que vous aviez alors en votre puissance, sachez que si vous vous êtes obligé pour le principal et les intérêts, vous êtes forcé d'y satisfaire, afin que les choses qui ont été données en gage puissent être délivrées. Si vous vous êtes rendu fidéjusseur de la somme prêtée, il est d'un droit éprouvé que vous en êtes tenu.

Fait le 3 des cal. de mai, sous le cons. des Césars.

9. *Les mêmes emp. et Césars à Isidore.*

Si vous êtes débiteur en vertu d'un contrat qui n'a pas pour objet un prêt illicite, ou si vous vous êtes rendu fidéjusseur pour votre père, vous êtes légitimement tenu de la dette, soit que vous soyez sous la puissance de votre père, ou que vous en ayez été délivré par sa mort. Si vous êtes héritier de votre père, vous êtes tenu de la totalité de la dette ; dans le cas contraire, vous n'êtes tenu que jusqu'à concurrence de vos moyens, d'après l'édit perpétuel. Vous devez savoir de même, que si vous avez été délivré de la puissance paternelle par l'émancipation, vous pouvez également être assigné à ce sujet.

Fait à Bisance, le 6 des ides d'av., sous le consul. des Césars.

10. *Les mêmes empereurs et Césars à Diogène et à Aphrodisius.*

Si des esclaves qui avaient la libre administration de leur pécule, ont vendu les jumens qui en faisaient partie avec leurs poulains, le maître ne peut en aucune manière révoquer le contrat. Mais si ces esclaves, n'ayant pas la libre administration de leur pécule, ont aliéné à l'insu du maître les choses qui lui appartenaient, ils n'ont pu par cette vente transférer à un autre le domaine de ces choses qu'ils n'avaient pas eux-mêmes. Les acheteurs connaissant la condition servile de leurs vendeurs, ne peuvent non plus se prévaloir d'un juste commencement de possession : c'est pourquoi c'est avec raison qu'il est incontestable que de tels acheteurs ne peuvent invoquer

Tome II.

jussu tuo cum eo, quem in potestate tunc habuisti, contractum est : intelligis et sorti et usuris te parere oportere, si te his omnibus obligasti : ut res quæ pignoris jure detinentur, liberari possint. Quòd si fidejussor creditæ pecuniæ intercessisti : teneri te ex ea obligatione, explorati juris est.

Datum 3 calend. maii, CC. Coss.

9. *Iidem* AA. *et* CC. *Isidoro.*

Si ex alio contractu, non ex illicita mutui datione debitor extitisti, vel quod patrem tuum in fidem suscepisti : tam in patris positus potestate jure teneris, quàm etiam morte genitoris tui juris effectus. Et si quidem patri heres extitisti, in solidum : alioquin, in quantum facere potes secundùm edicti formam. Sed et si per emancipationem tui juris effectus es : similiter conveniri te posse, debes intelligere.

Datum 6 idus aprilis, Byzantii, CC. Coss.

10. *Iidem* AA. *et* CC. *Diogeni et Aphrodisio.*

Si liberam peculii administrationem habentes, equas de peculio cum fœtu servi vendiderunt : reprobandi contractum dominus nullam habet facultatem. Quòd si non habentes liberam peculii administrationem, rem dominicam eo ignorante distraxerunt : neque dominium, quod non habent, in alium transferre possunt : neque conditionem eorum servilem scientibus emptoribus possessionis justum attulerunt initium. Unde non immeritò, nec longi temporis præscriptionem hujusmodi possessoribus prodesse manifestum est : ideòque res mobiles ementes à servo, etiam furti actione tenentur.

Datum 3 non. octobris, CC. Coss.

10

en leur faveur la prescription de long
tems. C'est par ce motif que ceux qui
ont acheté une chose mobiliaire d'un
esclave, en sont tenus par l'action du
vol.

Fait le 15 des nones d'octobre, sous
le consul. des Césars.

11. *Iidem* AA. *et* CC. *Attalo.*

Cum ancilla contrahenti (quam jure
non obligari posse constat) adversus dominum, in quantum locupletius ejus peculium factum est, ea superstite ; ac post
mortem ejus, intra utilem annum dandam
actionem non ambigitur.

Datum pridie calend. decembris, CC.
Coss.

11. *Les mêmes emp. et Césars à Attalus.*

Il n'est point douteux que celui qui a
contracté avec une esclave qui ne peut
être obligée par les contrats, n'ait une
action contre son maître jusqu'à concurrence du pécule, si l'esclave vit encore ;
il pourra de même user de cette action
pendant l'année qui suivra sa mort.

Fait la veille des cal. de décembre,
sous le consul. des Césars.

12. *Iidem* AA. *et* CC. *Victori.*

Dominum per servum obligari non
posse, ac tantum de peculio, deducto scilicet quòd naturaliter servus domino debet, ejus creditoribus dari actionem : vel
si quid in rem ejus versum probetur, de in
rem verso, edicto perpetuo declaratae.

Datum 13 calend. februarii, CC. Coss.

12. *Les mêmes emp. et Césars à Victor.*

Il a été statué par l'édit perpétuel,
que le maître ne pouvait être obligé par
son esclave, et que les créanciers de ce
dernier n'auraient d'action que sur le
pécule, après en avoir déduit ce que l'esclave doit naturellement à son maître ; ou
que s'il était prouvé que l'objet de l'obligation a été employé dans la chose du
maître, ils auraient l'action *de in rem.
verso.*

Fait le 13 des cal. de février, sous
le consul. des Césars.

13. *Impp. Honorius et Theodosus* AA.
Joanni prafecto pratorio.

Dominos ita constringi manifestum est
actione pratoria, quae appellatur *Quod
jussu,* si certam numerari praeceperint
servo actorive pecuniam. Igitur hac in
perpetuum edictali lege sancimus, ut qui
servo, colono, conductori, procuratori,
actorive possessionis, pecuniam mutuam,
dat : sciat dominos possessionum culto-
resve terrarum obligari non posse. Neque
familiares epistolas, quibus homines plerumque commendant absentem, in id trahere convenit ut pecuniam quam roga-
tus non fuerat, impendisse pro praediis
nuntiatur : cùm nisi specialiter ut pecuniam prestet, à domino fuerit postulatus,
idem dominos teneri non possit : credita-
que quantitate mulctari volumus credito-

13. *Les emper. Honorius et Théodose
à Jean, préfet du prétoire.*

Il est certain que les maîtres sont obligés par l'action prétorienne appelée *quod
jussu,* s'ils ont ordonné qu'on comptât
à leur esclave ou à leur agent une certaine somme. C'est pourquoi nous ordonnons par cette loi *édictale,* que celui
qui prête de l'argent à un esclave, à un
colon, à un fermier, à un procureur ou
à un agent attachés à une propriété,
sache que les maîtres ou les cultivateurs
de cette propriété ne peuvent en être
tenu, et qu'il ne convient pas que des
lettres familières, par lesquelles il arrive
souvent qu'on recommande un absent,
puissent servir de motifs pour supposer
qu'une somme d'argent qui n'a point été
demandée ait été dépensée pour l'utilité

des fonds : car le maître ne peut être tenu que de l'argent qu'il a demandé spécialement qu'on fournît. Nous voulons que ceux qui, sans l'ordre du maître et sans avoir exigé spécialement des fidéjusseurs, ont prêté de l'argent à ces sortes de personnes, soient condamnés à la perte de leur argent. Nous permettons cependant au créancier, si l'agent, l'esclave ou le procureur attachés aux fonds, et auxquels il peut avoir prêté, ne doivent rien au maître à raison de leur gestion, d'user de l'action utile du pécule.

Fait à Ravennes, le 5 des ides de juillet, sous le dixième cons. de l'emp. Honorius, et le sixième de l'emp. Théodose. 415.

res, si hujusmodi personis non jubente domino, nec fidejussoribus specialiter acceptis, fuerit credita pecunia. Sané creditori damus licentiam, ut si liber à rationibus quas gerebat, fuerit inventus actor, servus, procuratorve praediorum : utilis actio pateat de peculio.

Datum 5 id. julii, Ravennae, Honorio X. et Theodosio VI. AA. Coss. 415.

TITRE XXVII.

Par quelles personnes nous pouvons acquérir.

1. *Les emper. Dioclétien et Maximien à Marcella.*

Il est d'un droit indubitable qu'une personne libre qui n'est point soumise à la puissance d'autrui, ne peut rien nous acquérir, excepté la cause de la possession. C'est pourquoi si un procureur a fait un pacte non en son nom, mais en celui de la personne dont il administre les affaires, par lequel il s'est réservé dans un certain cas la revendication de la chose vendue, et y a ajouté la stipulation, un pacte de cette sorte n'acquiert aucune obligation au maître. Les choses qui ont été livrées par la tradition à des esclaves, sont acquises à leurs maîtres.

Fait pendant les cal. de juillet, sous le cons. des mêmes empereurs.

2. *L'empereur Justinien à Julien, préfet du prétoire.*

Une somme d'argent ayant été comptée par une personne libre au nom d'une autre, par cette numération, la condition est acquise à la personne au nom de laquelle la somme a été prêtée ; cependant l'hypothèque ou les gages qui ont été

TITULUS XXVII.

Per quas personas nobis acquiratur.

1. *Impp. Diocletianus et Maximianus AA. Marcellae.*

Excepta possessionis causa, per liberam personam, quae alterius juri non est subdita, nihil acquiri posse, indubitati juris est. Si igitur procurator non sibi, sed ei cujus negotia administrabat, redintegratae rei vindicationem pactus est, idque pactum etiam stipulatio insecuta est : nulla domino obligatio acquisita est. Servis autem res traditae, dominis acquiruntur.

Datum calend. julii, ipsis et Coss.

2. *Imp. Justinianus A. Juliano praefecto praetorio.*

Cùm per liberam personam, si pecunia alterius nomine fuerit numerata, acquiratur quidem ei cujus nomine pecunia credita est, per hujusmodi numerationem condictio : non autem hypotheca, vel pignus eorum, quae procuratori data vel

10 *

supposita sunt, dominis contractus acquiritur : talem differentiam expellentes, sancimus et condictionem, et hypothecariam
actionem, vel pignus, ipso jure et sine
aliqua cessione ad dominum contractus
pervenire. Si enim procuratori necessitas
legibus imposita est, domino contractus
cedere actionem : quare quemadmodum
ab initio in personali actione cessio supervacua videbatur, non etiam in pignoribus
et hypothecis simili modo dominus contractus habeat hypothecariam actionem,
seu pignoris vinculum, vel retentionem
sibi acquisitam?

Datum calend. novembris, Lampadio
et Oreste VV. CC. Coss. 53o.

donnés au procureur, ne sont point acquis aux maitres du contrat. Nous, voulant détruire cette différence, nous ordonnons que la condiction et l'action
hypothécaire ou du gage, soient acquises de droit et sans le secours d'aucune
cession au maitre du contrat : car si,
d'après les lois, le procureur est forcé
de céder l'action au maitre du contrat,
pourquoi la cession de cette action personnelle paraissant inutile dans le commencement, le maitre du contrat n'ac-
querrait-il pas également à l'égard des
gages et des hypothèques l'action hypothécaire, le gage ou le droit de le retenir?

Fait pendant les cal. de novembre,
sous le cons. de Lampadius et d'Oreste.
53o.

3. *Idem* A. *Juliano præfecto prætorio.*

Si duo vel plures communem servum
habeant, et unus ex his jusserit, ut suo
nomine servus ab aliquo stipuletur, decem
puta aureos, vel aliam rem : ipse autem
servus non ejus qui jussit, sed alterius
ex dominis suis fecit mentionem, et nomine illius stipulatus est : inter antiquam
sapientiam quærebatur, cui acquiratur
actio vel lucrum, quod ex hac causa accidit ; utrùm ci qui jussit, an ci cujus servus fecit mentionem, an ambobus? Cùmque ex omni latere magna pars auctorum
multum effuderit tractatum : nobis verior
eorum sententia videtur, qui domino qui
jussit, afferunt stipulationem, et ci tantummodò acquiri dixerunt : quàm aliorum, qui in alias opiniones deferuntur.
Neque enim malignitati servorum indulgendum est, ut liceat eis domini jussione
contempta, sua libidine facere stipulationem, et ad alium dominum, qui cum forsitan corrupit, alienum lucrum transferre.
Quod neque ferendum est, si servus impius domino quidem, qui jussit, minimè
obediendum existimaverit : alii autem, qui
forsitan ignorat et nescit, repentinum ad-
ducat solatium. Quod enim sæpè apud antiquos dicebatur, jussionem domini non
esse absimilem nominationi : tunc debet
obtinere, cùm servus jussus ab uno ex do-

3. *Le même empereur à Julien, préfet
du prétoire.*

Si deux ou plusieurs autres personnes
ayant un esclave en commun et l'un de ces
maitres ayant ordonné à l'esclave de stipuler en son nom quelque chose, par
exemple dix pièces d'or, ou quelqu'autre chose, l'esclave à qui il a été ordonné de stipuler a fait mention non
de celui qui le lui a ordonné, mais d'un
autre de ses maitres, et a stipulé au nom
de ce dernier ; les anciens jurisconsultes
demandaient à qui l'action ou le gain
qui résultaient de cette stipulation étaient
acquis ; s'ils appartenaient à celui qui
avait ordonné la stipulation, ou à celui
dont l'esclave avait fait mention, ou
enfin à tous les deux? Ces trois opinions
étaient soutenues par un égal nombre
d'auteurs ; quant à nous, l'opinion de
ceux qui accordent la stipulation à celui
qui a ordonné qu'elle fût faite et qui
disent qu'elle n'est acquise qu'à lui seul,
nous parait plus vraie que celle des autres
qui professent d'autres sentimens. Car on
ne doit point tolérer la méchanceté des
esclaves qui, méprisant les ordres de leur
maitre, font la stipulation comme il leur
plait et transfèrent à l'un de leurs maitres
qui peut-être l'a corrompu, le profit
qui appartient à l'autre. On ne doit point
supporter qu'un esclave impie se permette

de ne point obéir aux ordres de son maître, et rapporte à un autre, qui peut-être ignore l'affaire dont il s'agit, un profit inattendu. Quant à cette opinion qu'on trouve chez les anciens, que l'ordre du maître ne diffère point de la nomination, elle doit être suivie lorsque l'esclave ayant reçu l'ordre de l'un de ses maîtres de faire la stipulation, l'a faite sans nommer personne : car dans ce cas, il n'acquiert qu'à celui-là seul qui l'a commandé. S'il a fait mention d'un autre de ses maîtres, il faut que l'acquisition n'appartienne qu'à ce dernier : car il convient que la mention du maître ait beaucoup plus de valeur que son ordre.

Fait le 13 des cal. de décembre, sous le cons. de Lampadius et d'Oreste. 530.

minis stipulationem facere, sine nomine stipulatus est. Tunc etenim ei soli acquirit, qui jussit. Sin autem expresserit alium dominum : soli illi necesse est acquisitionem celebrari : multò enim amplius oportet valere dominici nominis mentionem, quàm herilem jussionem.

Datum 15 calend. decembris, Lampadio et Oreste VV. CC. Coss. 530.

TITRE XXVIII.

Du sénatus-consulte Macédonien.

1. *L'empereur Ælius-Pertinax à Atilius.*

Si vous pouvez prouver par de justes raisons, que vous avez ajouté foi à l'assertion du fils de famille à qui vous avez prêté de l'argent, et qui pour l'obtenir s'est donné pour père de famille, quoiqu'il fût sous la puissance de son père, l'exception lui sera refusée.

Fait le 10 des cal. d'avril, Falcon et Clarus consuls. 194.

2. *Les empereurs Sévère et Antonin à Sophia.*

Si Zénodore passant publiquement pour être *sui juris*, a contracté conformément à la volonté de son père, ou a reçu une somme pour employer à une dépense à la charge de son père, et devenu ensuite *sui juris*, il a, par une novation ou tout autre moyen, reconnu la dette, il n'y a pas lieu au sénatus-consulte Macédonien.

Fait le 5 des cal. de mars, Saturninus et Gallus consuls. 199.

3. *Le mêmes empereurs à Macrinus.*

Si un fils de famille achetant quel-

TITULUS XXVIII.

Ad senatusconsultum Macedonianum.

1. *Imp. Ælius Pertinax A. Atilio.*

Si filiusfamilias cùm in potestate patris esset, mutuam à te pecuniam accepit, cùm se patremfamilias diceret, ejusque affirmationi credidisse te justa ratione edocere potes : exceptio ei denegabitur.

Propositum 10 calend. aprilis, Falcone Claro Coss. 194.

2. *Impp. Severus et Antoninus AA. Sophiæ.*

Zenodorus si cùm sui juris esse publicè videretur, aut patris voluntate contraxit, aut in eam rem pecuniam accepit, quæ patris oneribus incumberet, vel suæ potestatis constitutis novatione facta fidem suam obligavit, vel aliàs agnovit debitum : non esse locum decreto amplissimi ordinis, rationis est.

Proposit. 5 calend. martii, Saturnino et Gallo Coss. 199.

5. *Iidem AA. Macrino.*

Si filiusfamilias aliquid mercatus, pretium stipulanti venditori cum usurarum accessione spondeat : non esse locum senatusconsulto, quo fœnerare filiisfamilias est prohibitum, nemini dubium est. Origo enim potius obligationis, quàm titulus actionis considerandus est.

Proposit. id. martii, Saturnino et Gallo Coss. 199.

que chose, a promis le prix avec les intérêts au vendeur stipulant, il n'est pas douteux qu'il n'y a point lieu au sénatus-consulte qui défend aux fils de famille de supporter des intérêts : car on doit plutôt considérer l'origine de l'obligation que le titre de l'action.

Fait pendant les ides de mars, Saturninus et Gallus consuls. 199.

4. Iidem AA. Cyrillæ.

Si permittente patre, filiofamilias pecuniam mutuam dedisti, senatusconsulti potestas non intervenit. Et ideò persecutio pignoris quod in bonis patris fuit, non denegabitur : præsertim cùm et eidem filius heres extiterit : modò si nullus alius jure conventionis, vel ratione temporis et ordinis potior apparuerit.

Proposit. 12 calend. maii, Fabiano et Mutiano Coss. 202.

4. Les mêmes empereurs à Cyrilla.

Si, avec la permission de son père, vous avez prêté de l'argent à un fils de famille, on ne peut vous opposer dans ce cas l'autorité du sénatus-consulte. C'est pourquoi on ne vous refusera point le droit de poursuivre le gage qui faisait partie des biens du père, sur-tout si son fils est son héritier; pourvu qu'il ne se présente pas d'autres créanciers dont les droits soient préférables aux vôtres par leur nature ou par l'ordre de tems ou d'inscription.

Fait le 12 des cal. de mai, Fabien et Mutien consuls. 202.

5. Imp. Alexander A. Musæ.

Macedoniani senatusconsulti auctoritas petitionem ejus pecuniæ non impedit, quæ filiofamilias studiorum vel legationis causa ulibi degenti, ad necessarios sumptus, quos patris pietas non recusaret, credita est. Sed ex contractu filii post mortem ejus de peculio actio in patrem competere ita demùm poterit, si anni utilis spatium petitionem non impedit. Sanè si jussu patris datum mutuum probetur : nec in quos usus versa sit pecunia, disquiri necesse est, sed perpetua in patrem etiam mortuo filio est actio.

Poposit. pridiè cal. maii, Agricola et Clementino Coss. 231.

5. L'empereur Alexandre à Musa.

Le sénatus-consulte Macédonien ne prohibe point la demande de la somme prêtée au fils de famille absent de son pays pour cause d'études ou de députation, pour ses dépenses nécessaires que l'amour paternel de son père n'aurait pu lui refuser. Et si l'expiration de l'année utile ne met aucun obstacle à la demande, il résultera du contrat du fils, même après sa mort, l'action sur le pécule contre le père. Bien plus, s'il est prouvé que le prêt ait été fait par ordre du père, il ne sera point nécessaire de s'informer à quel usage a été employée la somme; et, quoique le fils soit mort, on aura une action perpétuelle contre le père.

Fait la veille des cal. de mai, Agricola et Clementin consuls. 231.

6. Imp. Philippus A. et Philippus Cæs. Theopompo.

Si filius tuus in potestate tua agens, contra senatusconsultum Macedonianum mutuam sumpsit pecuniam : actio de peculio adversus te eo nomine efficaciter di-

6. L'emp. Philippe et le César-Philippe, à Théopompe.

Si votre fils, étant sous votre puissance, a, en contravention du sénatus-consulte Macédonien, emprunté une somme d'argent, vous ne pouvez en aucune manière être attaqué valablement pour cette somme par l'action du pécule. Quoique le sénatus-consulte ne parle que des fils de famille, on doit l'étendre aux petits-fils et aux arrières-petits-fils.

Fait le 6 des nones de mars, sous le consul. de l'empereur Philippe et celui de Titien. 246.

7. L'emper. Justinien à Julien, préfet du prétoire.

Si un fils de famille ayant reçu à titre de prêt, sans l'ordre, le mandat ou la permission de son père, une somme d'argent, son père a depuis ratifié ce contrat; nous ordonnons, voulant détruire les doutes qui s'étaient élevés à ce sujet chez les anciens, que le fils de famille soit tenu fermement de l'obligation, comme il serait arrivé s'il eût fait cet emprunt dans le commencement avec la volonté ou le mandat de son père : car, quoique le père n'ait ratifié le contrat que dans la suite, il ne doit pas en être moins valable; parce qu'il serait trop injuste de rejeter l'approbation paternelle. D'ailleurs la ratification du père ne diffère point du mandat qu'il aurait donné dès le commencement de l'affaire, ni de son consentement, conformément à notre loi, qui donne généralement à toute ratification un effet rétroactif et l'autorité de confirmer tout ce qui a été fait depuis le commencement. Les dispositions que nous venons de rapporter doivent être appliquées aux affaires des personnes privées.

§. 1. Mais s'il s'agit d'un emprunt fait par un fils de famille militaire, le contrat doit être considéré comme valable, quoiqu'il ait été fait sans le mandat, le consentement, la volonté ou la ratification du père, et quelle que soit la cause de l'emprunt ou l'usage auquel il a été employé : car en plusieurs points du droit les fils de famille militaires sont semblables aux hommes *sui juris;* et le soldat est toujours présumé n'avoir emprunté et épuisé la somme empruntée qu'en vue de son service militaire.

Fait le 12 des cal. d'août, Lampadius et Oreste consuls. 530.

rgi nequaquam potest. Quod senatusconsulti auxilium licet filiifamilias meminerit, et ad nepotes et pronepotes porrigitur.

Proposit. 6 non. martii, Philippo A. et Titiano Coss. 246.

7. Imp. Justinianus A. Juliano præfecto prætorio.

Si filiusfamilias citra patris jussionem, vel mandatum, vel voluntatem, pecunias creditas acceperit, postea autem pater ratum contractum habuerit : veterum ambiguitatem decidentes, sancimus, quemadmodùm si ab initio voluntate patris vel mandatu filiusfamilias pecuniam creditam accepisset, obnoxius firmiter constitueretur : ita et si postea ratum pater habuerit contractum, validum esse hujusmodi contractum : cùm testimonium paternum respuere satis iniquum sit. Necesse est enim patris ratihabitionem, vel principali mandato patris, vel consensui non esse absimilem : cum nostra novella lege generaliter omnis ratihabitio prorsus retrotrahatur, et confirmet ea quæ ab initio subsecuta sunt. Et hæc quidem de privatis hominibus sancienda sunt.

§. 1. Sin autem miles filiusfamilias pecuniam creditam acceperit, sive sine mandato, sive consensu vel voluntate vel ratihabitione patris : stare oportet contractum, nulla differentia introducenda, ob quam causam pecuniæ creditæ, vel ubi consumptæ sint. In pluribus enim juris articulis filiifamilias milites non absimiles videntur hominibus qui sui juris sunt : et ex præsumptione omnis miles non creditur in aliud quicquam pecuniam accipere et. expendere, nisi in causas castrenses.

Datum 12 calend. augusti, Lampadio et Oreste VV. CC. Coss. 530.

TITULUS XXIX.

Ad senatusconsultum Velleianum.

1. *Imp. Antoninus A. Lucillæ.*

MULIERIBUS quidem, quæ alienam obligationem suscipiunt, vel in se transferunt, si id contrahentes non ignorent, senatusconsulto subvenitur. Sed si pro aliis, cùm obligatæ non essent, pecuniam exsolverint : intercessione cessante, repetitio nulla est.

Proposit. non. decembris, Gentiano et Basso Coss. 212.

2. *Idem A. Nepotianæ.*

Frustrà senatusconsulti exceptione, quod de intercessionibus fœminarum factum est, uti tentasti : quoniam principaliter ipsa debitrix fuisti. Ejus enim senatusconsulti exceptio tunc mulieri datur, cùm principaliter ipsa nihil debet, sed pro alio debitore apud creditorem ejus intercessit. Sin autem pro creditore suo alii se obligaverit, vel ab eo se vel debitorem suum delegari passa est : hujus senatusconsulti auxilium non habet.

Proposit. 3 idus augusti, Antonino A. IV. et Balbino Coss. 214.

3. *Idem A. Servato.*

Si cùm ipse mutuam pecuniam acciperes, mater tua contra amplissimi ordinis consultum fidem suam interposuit : exceptione se tueri potest.

PP. 3. id. aug. Antonino A. IV. et Balbino Coss. 214.

4. *Imp. Alexander A. Alexandræ.*

Senatusconsultum locum habet, sive eam obligationem, quæ in alterius persona constitit, mulier in se transtulit, vel participavit ;

TITRE XXIX.

Du sénatus-consulte Velléien.

1. *L'empereur Antonin à Lucilla.*

LE sénatus-consulte vient au secours des femmes qui répondent de l'obligation d'autrui ou s'en chargent entièrement, si les contractans n'ignorent point leur condition ; mais si n'étant point obligées, elles ont payé pour un autre, elles ne peuvent répéter ce qu'elles ont donné à cette occasion, parce que personne ne les y a obligées.

Fait pendant les nones de décembre, Gentien et Bassus consuls. 212.

2. *Le même empereur à Népotiana.*

C'est en vain que vous avez essayé d'user de l'exception du sénatus-consulte qui a été fait au sujet des femmes qui répondent pour d'autres personnes, puisque vous êtes vous-même la principale débitrice : car l'exception de ce sénatus-consulte n'est donnée qu'à la femme qui a répondu de la dette d'autrui et non à celle qui est débitrice principale. Une femme ne peut non plus se prévaloir du sénatus-consulte Velléien, si elle s'est obligée envers son créancier pour une autre personne, ou si elle a souffert que son créancier la chargeât de payer à un autre ce qu'elle lui doit à lui-même.

Fait le 3 des ides d'août, sous le quatrième cons. de l'emper. Antonin, et le premier de Balbinus. 214.

3. *Le même empereur à Servatus.*

Si ayant emprunté vous-même une somme d'argent, votre mère vous a, en contravention du sénatus-consulte, servi de caution, elle peut se défendre par l'exception de ce sénatus-consulte.

Fait le 3 des ides d'août, sous le même consul. 214.

4. *L'emper. Alexandre à Alexandra.*

Le sénatus-consulte a lieu lorsqu'une femme s'est chargée d'une obligation constituée sur une autre personne, ou **lorsqu'elle** lorsqu'elle l'a garantie, ou lorsqu'un autre ayant reçu une somme, elle s'en est d'abord constituée débitrice. Cela a lieu toutes les fois qu'elle oblige ses propres biens pour les obligations d'autrui. Mais si étant majeure de vingt-cinq ans, vous avez vendu vos héritages pour payer les dettes de votre mari, vous ne pouvez vous prévaloir du sénatus-consulte.

Fait le 6 des cal. de janvier, sous le deuxième cons. de Maximo et le premier d'Élien. 224.

ticipavit : sive cùm alius pecuniam acciperet, ipsa se ab initio ream constituit. Quod in rerum earum habitis pro aliis obligationibus admissum est. Sed si prædia tua annis major vigintiquinque vendidisti, et pro marito pecuniam solvisti : deficit auxilium senatusconsulti.

PP. 6 calend. januar. Maximo II et Æliano Coss. 224.

5. Le même empereur à Popilia.

Si votre mari a donné sans votre consentement vos biens en gage, ils ne sont pas valablement engagés. Si votre créancier, connaissant votre condition, vous avez consenti à l'obligation, vous pouvez vous prévaloir du privilége du sénatus-consulte. Mais si vous avez souffert que votre mari engageât vos biens comme s'ils lui avaient appartenu, dans l'intention de tromper le créancier, vous ne pourrez vous prévaloir du sénatus-consulte, qui a pour objet de secourir la faiblesse, et non de favoriser la méchanceté des femmes.

Fait le 15 des cal. de juillet, sous le deuxième cons. de Julien et le premier de Crispinus. 225.

5. Idem A. Popiliæ.

Si sine voluntate tua res tuæ à marito tuo pignori datæ sunt, non tenentur. Quòd si consensisti obligationi, sciente creditrice : auxilio senatusconsulti uti potes. Quòd si patientiam præstitisti, ut quasi suas res maritus obligaret, decipere voluisti mutuam pecuniam dantem : et ideo tibi non succurretur senatusconsulto, quo infirmitati, non calliditati mulierum consultum est.

Dat. 15 cal. jul. Juliano II. et Crispino Coss. 225.

6. Le même empereur à Torquatus.

Si une mère désirant administrer le patrimoine de ses fils, a donné des sûretés à leurs tuteurs, en leur fournissant un fidéjusseur ou en leur donnant des gages ; étant considérée comme ayant fait en quelque sorte sa propre affaire, elle ne peut elle-même, ni son fidéjusseur, se prévaloir du privilége du sénatus-consulte ; on ne peut non plus s'en prévaloir pour les biens qui ont été engagés à cette occasion.

§. 1. Si le tuteur voulant s'excuser, la mère l'en a empêché, en lui promettant une indemnité, elle ne sera point empêchée d'user du secours du sénatus-consulte.

§. 2. Si ayant demandé des tuteurs, elle s'est chargée volontairement des périls de la tutelle, l'autorité du droit la décharge de cette obligation.

6. Idem A. Torquato.

Si mater cùm filiorum suorum patrimonium gereret, tutoribus eorum securitatem promiserit, et fidejussorem præstiterit, vel pignora dederit : quoniam quodammodo suum negotium gessisse videtur, senatusconsulti auxilio neque ipsa, neque fidejussor ab ea præstitus, neque res ejus pignoratæ adjuvantur.

§. 1. Sin autem tutore se excusare volente, ipsa se interposuit, indemnitatem ei repromittens : auxilio senatusconsulti uti minimè prohibetur.

§. 2. Si verò tutores petiit, et sponte periculum suscepit, quominùs teneatur, auctoritas eam juris tuetur.

Tome II. 11

PP. 6 id. octob. Modesto et Probo
Coss. 229.

Fait le 6 des ides d'octob., Modestus et
Probus consuls. 229.

7. *Imp. Gordianus A. Viviano.*

Si sciens creditor à marito propter proprium debitum obligari fundum mulieris, licèt ca consenticute, cum pignori accepit: propter senatusconsulti auxilium vendendo eum dominium mulieri auferre nequivit: nec tibi necesse est, præstito pretio emptori vindicare, si matri hæres extitisti.

PP. 12 calend. octob. Pio et Pontiano
Coss. 239.

7. *L'empereur Gordien à Vivien.*

Si un créancier a reçu en gage de la part du mari et pour sûreté de la propre dette de ce dernier, un fonds qu'il savait appartenir à la femme, il ne peut, quoique la femme y ait consenti, enlever, en le vendant à cette dernière; la propriété de son fonds, à cause du privilége du sénatus-consulte. Si vous êtes héritier de la femme qui était votre mère, vous n'êtes point obligé, en revendiquant le fonds, d'en restituer le prix à l'acquéreur.

Fait le 12 des cal. d'octobre, Pius et
Pontien consuls. 239.

8. *Idem A. Triphoni.*

Si paternam obligationem non tantùm masculini sexus filii, verumetiam filiæ emancipatæ in se receperunt: quamvis filiæ virilibus obligationibus eximantur propter exceptionem, quæ ex senatusconsulto Velleiano descendit: tamen filios in id in quod se obligaverunt, teneri; filiarumque subducta persona, patrem in id conveniri posse, in quo conveniretur si filiæ non intercessissent, dubium non est. Pignora tamen patris, et si in posteriore obligatione accepta sunt, sine dubio tenentur. Sed et si in priore fuerint obligatione, quatenus ad patrem per restitutoriam actionem redit, eatenus tenebuntur.

PP. non. octob. Pio et Pontiano Coss.
239.

8. *Le même empereur à Triphon.*

Si les fils et les filles émancipés se sont chargés en commun d'une obligation de leur père; quoique les filles soient exemptes des obligations viriles, en vertu de l'exception du sénatus-consulte Velléien, il n'est cependant aucun doute que les fils ne soient tenus pour la part pour laquelle ils se sont obligés, et que le père, ses filles étant exemptes de l'obligation, ne puisse être attaqué pour la part pour laquelle il aurait pu l'être si ses filles ne se fussent point obligées pour lui. Il n'y a pas de doute que les gages du père ne soient obligés, s'ils ont été reçus pour la dernière obligation. Mais si au contraire ils ont été reçus pour la première obligation, ils sont obligés jusqu'à concurrence de ce qui retourne à la charge du père, par l'action rescisoire.

Fait pendant les nones d'octobre, Pius
et Pontien consuls. 239.

9. *Idem A. Proculo.*

Quamvis mulier pro alio solvere possit: tamen si præcedente obligatione, quam senatusconsultum de intercessionibus efficacem esse non sinit, solutionem fecerit, ejus senatusconsulti beneficio munitam se ignorans: locum habet repetitio.

PP. non. jul. Gordiano A. et Aviola
Coss. 240.

9. *Le même empereur à Proculus.*

Quoiqu'une femme puisse payer pour un autre, cependant si l'obligation qu'elle a payée, étant une de celles qui sont nulles d'après le sénatus-consulte, elle n'a fait ce paiement que parce qu'elle ignorait qu'elle pourrait se défendre par l'exception de ce sénatus-consulte, il y a lieu à répétition.

Fait pendant les nones de juillet, l'emp.
Gordien et Aviola consuls. 240.

10. *L'emp. Philippe et le César-Philippe, à Triphona.*

Si votre adversaire a traité avec vous et non avec votre mari, vous ne pouvez, sous le prétexte que cette obligation est nulle, refuser de payer les loyers dont vous dites avoir convenu, et qui sont dus. Il en seroit autrement, si ayant loué à votre mari les fonds qu'elle vous a loué à vous-même, il vous eût accepté comme caution convenable de votre mari ; vous pourriez alors vous défendre par le privilège du sénatus-consulte qui a été fait sur les intercessions des femmes.

Fait le 18 des cal. de sept. Pérégrinus et Emilien consuls. 245.

11. *Le même empereur à Ebora.*

C'est d'un droit éprouvé, que pendant le mariage, le droit des hypothèques ou des gages peut être remis au mari.

Fait le 8 des cal. d'octob., Pérégrinus et Emilien consuls. 245.

12. *Les empereurs Valérien et Gallien à Sépiduta.*

Si voulant doter votre fille, vous avez obligé vos biens à votre gendre, c'est sans fondement que vous pensez pouvoir vous prévaloir du privilège du sénatus-consulte : car les jurisconsultes ont pensé qu'il n'y avait pas lieu dans ce cas à ce privilège.

Fait le 9 des cal. de mars, Tuscus et Bassus conslus. 239.

13. *Les emper. Dioclétien et Maximien à Condiana.*

Si votre créancier vous a réellement prêté de l'argent à intérêt, soit que vous prétendiez que toute cette somme qui vous a été prêtée, ou seulement une partie, ait été épuisée à l'usage de votre mari, vous ne pouvez vous prévaloir du privilège du sénatus - consulte, quand même le créancier aurait connu la cause du contrat.

Fait le 3 des cal. de septembre, sous le cons. des mêmes empereurs.

14. *Les mêmes emp. et Césars à Basilissa.*

D'après le droit, une femme ne peut

10. *Imp. Philippus A. et Philippus Cæs. Triphonæ.*

Si adversarius tuus non cum marito tuo, sed tecum negotium gessit : reliqua conductionis, quæ dicis esse contracta, obtentu hujusmodi obligationum non potes recusare. Enimverò si cum eosdem fundos non tibi, sed marito tuo locaret, personam tuam ut idoneam secutus est : beneficio amplissimi ordinis, quod factum est de intercessionibus fœminarum, te tueri potes.

PP. 18 cal. septemb. Peregrino et Æmiliano Coss. 245.

11. *Idem A. Æboræ.*

Etiam constante matrimonio jus hypothecarum, seu pignorum marito remitti posse, explorati juris est.

PP. 8 cal. octob. Peregrino et Æmiliano Coss. 245.

12. *Impp. Valerian. et Gallien. AA. Sepidutæ.*

Si dotare filiam volens, genero res tuas obligasti : pertinere ad te beneficium senatusconsulti falsò putas : hanc enim causam ab eo beneficio esse removendam, prudentes viri putaverunt.

PP. 9 calend. mart. Tusco et Basso Cos. 239.

13. *Impp. Dioclet. et Maximian. AA. Condianæ.*

Si fœnebris pecunia juxta fidem veri à creditore tibi data est : sive tota quantitas fœnoris, sive pars ejus in usum mariti processisse proponatur : decreto patrum non adjuvaris, licèt creditor causam contractus non ignoraverit.

Dat. 3 cal. septemb. ipsis AA. et Coss.

14. *Iidem AA. et CC. Basilissæ.*

Mulierem contra senatusconsulti Vel-

11 *

leiani auctoritatem non posse intercedere, eademque exceptione fidejussores ejus uti posse juris auctoritas probat. Unde si mater tua marito quondam suo hœres non extitit : satis idoneæ exceptionis remedio tuta est.

PP. 8 cal. april. Byzantii, CC. Coss.

se porter caution en contravention du sénatus‑consulte Velléien, et ses fidéjusseurs peuvent user de la même exception. C'est pourquoi si votre mère ne se trouve point héritière de son mari, elle est assez défendue par l'exception du sénatus‑consulte.

Fait à Bisance, le 8 des cal. d'avril, sous le cons. des Césars.

15. *Iidem* AA. *et* CC. *Agripino.*

Si uxor pro marito contra senatusconsultum intercessura, te rogavit mandatorio nomine, ut pro ea tuam fidem obstringeres : initio contractus per exceptionis auxilium obligationi tuæ adhæsit securitas, qua conventus defendi potes.

PP. 18 calend. jun. CC. Coss.

15. *Les mêmes empereurs et Césars à Agripinus.*

Si une femme, voulant en contravention du sénatus‑consulte servir de caution à son mari, vous a prié de vous obliger à titre de mandataire pour elle, vous êtes délivré de cette obligation par le secours de l'exception qui résulte de l'origine de ce contrat, et étant poursuivi à ce sujet, vous pouvez vous en prévaloir.

Fait le 18 des cal. de juin, sous le consulat des Césars.

16. *Iidem* AA. *et* CC. *Rufino.*

Si mulier alienam suscepit obligationem, eùm ei per exceptionem Velleiani senatusconsulti succurratur : creditori contra priores debitores rescissoria actio datur.

PP. 17 calend. februar. CC. Coss.

16. *Les mêmes empereurs et Césars à Rufinus.*

L'orsqu'une femme s'étant chargée de l'obligation d'autrui, se prévaut de l'exception du sénatus‑consulte Velléien, le créancier peut intenter l'action rescisoire contre les premiers débiteurs.

Fait le 17 des cal. de février, les Césars consuls.

17. *Iidem* AA. *et* CC. *Alexandro et aliis.*

Si cùm pater vester à Callistrato mutuam sumpsisset pecuniam, velut hanc ejus uxor accepisset, instrumentum conscriptum est : nec ad exceptionis tractatum ex senatusconsulto venientem pervenire necesse est : cùm eam veritatis substantia constituta potius quàm simulata gesta tueatur.

3. id. Mart. CC. Coss.

17. *Les mêmes empereurs et Césars à Alexandre et à d'autres.*

Si votre père ayant reçu de Callistrate une somme en prêt, il a été passé un acte par lequel il semble que c'est sa femme qui a emprunté la somme, on ne peut se prévaloir de l'exception qui résulte du sénatus‑consulte ; parce que la femme étant assez défendue par la vérité, on doit avoir plus d'égard à ce qui a été fait qu'à ce qu'on a feint de faire.

Fait le 3 des ides de mars, sous le cons. des Césars.

18. *Iidem* AA. *et* CC. *Zotico.*

Fœminis alienas vel veteres vel novas obligationes aliqua ratione suscipientibus

18. *Les mêmes empereurs et Césars à Zoticus.*

On vient au secours des femmes qui se sont chargées, à quelque titre que ce soit, des obligations d'autrui, soit que ces obligations soient anciennes ou nouvelles, à moins que le créancier n'ait été trompé de quelque manière que ce soit par la femme : car il a été réglé que dans ce cas, à cause de la réplication du dol, que l'exception du sénatus-consulte n'aurait pas lieu.

Fait à Antioche, le 5 des ides de novembre, sous le cons. des Césars.

19. Les mêmes empereurs et Césars à Faustina.

Il a été déclaré par l'édit perpétuel, que le sénatus-consulte concernant le cautionnement des femmes, s'applique aussi aux obligations dont les femmes se sont chargées dans le principe par suite de la fraude du créancier ; si le créancier qui se proposait de contracter avec un autre a choisi ensuite une femme, vous pouvez, d'après les faits que vous exposez, être défendue par l'exception du sénatus-consulte, contre ceux qui dirigeraient leur demande contre vous.

Fait à Nicomédie, le 18 des cal. de janvier, sous le cons. des Césars.

20. Les mêmes empereurs et Césars à Théodotien.

Il n'est pas douteux que les héritiers de la femme ne puissent se servir de l'exception du sénatus-consulte contre ses créanciers.

Fait le 9 des cal. de janvier, sous le cons. des Césars.

21. L'empereur Anastase à Céler, maître des offices.

Nous ordonnons qu'il soit permis aux femmes de renoncer, si elles le désirent, aux droits d'hypothèque qui leur sont dus en faveur d'un ou de plusieurs contrats ou d'une personne ou de plusieurs, ou seulement en faveur de certains biens, et que cette renonciation soit, en vertu de notre autorité, ferme et irrévocable : en sorte cependant, que cette renonciation ne soit appliquée que pour les objets pour lesquels, comme nous l'avons déjà dit, elle

subvenitur : nisi creditor aliqua ratione per mulierem deceptus sit. Nam tunc replicatione doli, senatusconsulti exceptionem removeri constitutum est.

Dat. 5 id. novembr. Antiochiæ, CC. Coss.

19. Iidem AA. et CC. Faustinæ.

Cùm ad eas etiam obligationes, quæ ex mulieris persona calliditate creditoris sumpserunt primordium, decretum patrum quod de intercessione fœminarum factum est, pertinere edicto perpetuo declaratur : si tamen creditor, qui contrahere cum alio proposuerat, mulieris personam elegit : exceptione contra petitores secundùm ea quæ asseveras, defendi potes.

Dat. 18 calend. januar. Nicomediæ, CC. Coss.

20. Iidem AA. et CC. Theodotiano.

Heredes quoque mulieris adversus creditores eadem exceptione quæ ex senatusconsulto introducta est, uti posse, dubium non est.

Dat. 9 calend. januar. ipsis CC. Coss.

21. Imp. Anastasius A. Celeri magistro officiorum.

Jubemus licere mulieribus et pro uno contractu, vel certis contractibus, seu pro una vel certis personis, seu rebus, juri hypothecarum sibi competenti per consensum proprium renuntiare : quodque ita gestum sit, hac auctoritate nostra firmum illibatumque custodiri : ita tamen, ut et si generaliter tali renuntiatione pro uno, ut dictum est, contractu, seu certis contractibus, vel ad unam, vel ad certas res seu personas consensum proprium accommo-

dantes, usæ sunt, vel fuerint : eadem re-
nuntiatio ad illos contractus, et illas res
seu personas, quibus consensum suum proprium accommodaverunt vel accommo-
daverint, coartetur : nec aliis quibusdam
contractibus, quibus minimè mulieres
consenserunt vel consenserint, præten-
dentibus eam, opponendi licentia præbeatur : his scilicet, omnibus quæ in præsenti
per hanc consultissimam legem statuimus,
ad præteritos nihilominus contractus, pro
negotiis et controversiis necdum transac-
tionibus, vel definitivis sententiis, seu alio
legitimo modo sopitis, locum habituris.

Dat. cal. april. Anatolio et Agapito
Coss.

a été faite, et non à d'autres en faveur
desquels elle n'a pas été faite. Nous ordonnons que les dispositions de la présente loi soient applicables aux contrats
qui se feront à l'avenir, aux affaires et
aux procès non encore terminés par transactions, sentences définitives ou par
tout autre moyen.

Fait pendant les cal. d'avril, sous le
cons. d'Anatolius et d'Agapitus.

In authent. Nov. 61, cap. 1.

Sive à me, sive ab alio pro me fiat donatio propter nuptias : quod ea ex causa
est immobile, neque alienare valeo, neque
obligare. In hoc ergo contractu mulieris
consensus nihil proficit quominùs demus
mulieri in rem actionem in sponsalitia largitate soluto matrimonio : nisi et secundò
post biennium profiteatur, et aliæ res viro
sint, ex quibus ei consuli possit. Absque
his enim neque si frequenter consentiat,
lædetur : vir tamen obligabitur in aliis rebus suis hujus obligationis seu alienationis
occasione, quæ quantum ad mulierem pro
non dicta et pro non scripta habetur.

Authentique extraite de la Novelle 61, chapitre 1.

Soit que j'aie fait, ou qu'un autre pour
moi ait fait une donation à cause de mariage d'un objet immobilier, je ne puis
ni l'aliéner ni l'obliger. Le consentement
de la femme à l'égard de ce contrat, ne
lui enlève pas l'action in rem, qu'elle a
après la dissolution du mariage sur les
objets qui lui sont parvenus à titre de
donation pour fiançailles ; à moins qu'a-
près deux ans elle n'ait donné un second
consentement à ce contrat, et qu'il ne
reste d'autres biens appartenans au mari
suffisans pour qu'elle puisse être satis-
faite. Faute de ces deux circonstances,
la femme ne pourrait perdre ses droits,
quand même elle donnerait plusieurs con-
sentemens au contrat. Le mari en contractant une telle obligation, ou en faisant
une telle aliénation, oblige ses autres
biens : car des obligations ou des contrats
de cette sorte sont, à l'égard de la
femme, censés non faits et non écrits.

§. 1. Et multo magis idem in dotibus
locum habet, ut non aliquid immobile pro
ea alienetur vel obligetur : omnibus tamen
privilegiis doti datis, in sua firmitate durantibus, sive agat mulier, sive nomine
ejus alius.

§. 1. Ces dispositions doivent être appliquées avec encore beaucoup plus de
raison à ce qui concerne les dots, afin
qu'aucun des immeubles qui en dépendent ne puissent être aliénés ni obligés ;
les privilèges accordés en faveur des dots
étant maintenus dans toute leur force,
soit que ce soit la femme qui agisse,
soit que ce soit un autre en son nom.

22. *L'empereur Justinien à Julien,* *préfet du prétoire.*

Si une femme majeure s'est rendue caution ou si elle a donné un gage ou un fidéjusseur, faisant cesser l'ancienne diversité des lois à cet égard, nous ordonnons que, quoique dans l'espace de deux ans, dont tous les jours doivent être comptés depuis la première caution qu'elle a fournie, elle ait pour la même affaire cautionné ou donné un gage ou un fidéjusseur, elle ne se soit porté aucun préjudice, de ce qu'à cause de la fragilité de son sexe, il lui est arrivé de nouveau de s'exposer au même dommage. Mais si c'est après l'écoulement de l'espace de deux ans qu'elle a confirmé sa promesse, nous ordonnons qu'elle s'impute à elle-même d'avoir encouru un dommage, au sujet duquel elle a eu assez de tems pour réfléchir, et que bien loin d'éviter, comme elle le pouvait, elle s'y est soumise volontairement : car elle doit être censée, à cause de la longueur du tems qui s'est écoulé, ne s'être point liée pour l'obligation d'autrui, mais avoir agi pour sa propre cause, et s'être soumise par la seconde obligation à payer tout ce qui y est exprimé, et avoir donné utilement le gage et les fidéjusseurs qu'elle a fournis.

Authentique extraite de la Novelle 134, chapitre 8.

Si une femme a donné son consentement à l'obligation d'une dette pour son mari, ou si elle l'a souscrite, ou a obligé ses biens personnels, ou s'est obligée elle-même, nous ordonnons qu'un engagement de cette sorte soit nul, soit que cette obligation ait été contractée une seule fois, ou qu'elle ait été répétée plusieurs autres; soit que la dette soit privée ou publique : et qu'elle ne soit censée ni contractée ni écrite, à moins qu'il ne soit prouvé évidemment que l'argent de l'emprunt n'ait été épuisé en dépenses pour la propre chose de la femme.

23. *Les mêmes empereurs à Julien,* *préfet du prétoire.*

Résolvant les subtilités et les points les

22. *Imp. Justinianus A. Juliano præfecto prætorio.*

Si mulier perfectæ ætatis constituta, post intercessionem vel cautionem conscripserit, vel pignus aut intercessorem præstiterit : sancimus, antiqua legum varietate cessante, si quidem intra biennale juge tempus post priorem cautionem numerandum, pro eadem causa fecerit cautionem, vel pignus aut intercessorem dederit : nihil sibi præjudicare, quòd adhuc ex consequentia suæ fragilitatis in secundam jacturam inciderit. Si autem post biennium hæc fecerit : sibi imputet, si quod sæpius cogitare poterat et evitare, non fecit, sed ultro firmavit. Videtur etenim ex hujusmodi temporis prolixitate, non pro aliena obligatione se illigare, sed pro sua causa aliquid agere : et tam ex secunda cautione sese obnoxiam facere, inquantum hoc fecit, quàm pignus aut intercessorem utiliter dare.

In authent. Nov. 134, cap. 8.

Si qua mulier crediti instrumento consentiat proprio viro, aut scribat, et propriam substantiam, aut seipsam obligatam faciat : jubemus hoc nullatenus valere : sive semel, sive multoties hujusmodi aliquid pro eadem re fiat : sive privatum, sive publicum sit debitum : sed ita esse, ac si neque factum quicquam, neque scriptum esset : nisi manifestè probetur, quòd pecuniæ in propriam ipsius mulieris utilitatem expensæ sint.

23. Idem A. Juliano P. P.

Antiquæ jurisdictionis retia et difficilimos nodos resolventes, et supervacuas distinctiones exulare cupientes : sancimus mulierem, si intercesserit, sive ab initio, sive postea aliquid accipiens, ut sese interponat, omnimodò teneri, et non posse senatusconsulti Velleiani uti auxilio : sive sine scriptis, sive per scripturam sese interposuerit. Sed si quidem in ipso instrumento intercessionis dixerit sese aliquid accepisse, et sic ad intercessionem venisse, et hoc instrumentum publicè confectum inveniatur, et à tribus testibus consignatum : omnimodò esse credendum eam pecunias vel res accepisse, et non esse ei ad senatusconsulti Velleiani auxilium regressum. Sin autem sine scriptis intercesserit, vel instrumento non sic confecto : tunc si possit stipulator ostendere eam accepisse pecunias vel res, et sic subiisse obligationem : repelli eam à senatusconsulti juvamine. Sin verò hoc minimè fuerit ab eo approbatum : tunc mulieri superesse auxilium, et antiquam actionem adversus eum servari, pro quo mulier intercessit, vel ei actionem parari.

§. 1. Sed si minus idoneæ mulieri constitutæ aliquis pecunias vel res dederit, ut pro eo sese obligaret : mulieri quidem, quæ revera hæc accepit, nullus pateat aditus ad senatusconsulti auctoritatem : creditori autem liceat adversus eam venire, et quod potest, ab ea exigere, et in reliquum antiquum debitorem aggredi, vel in partem, si aliquid à muliere possit accipere : vel in totum, si ea penitus inopia fatigetur.

§. 2. Ne autem mulieres perperam sese pro aliis interponant : sancimus, non aliter eas in tali contractu posse pro aliis se obligare, nisi instrumento publicè confecto, et

plus difficiles de l'ancienne jurisprudence, et voulant anéantir des distinctions superflues ; nous ordonnons que la femme qui s'est rendue caution ou qui a reçu quelque chose pour donner son consentement, soit tenue de cette obligation et ne puisse se prévaloir du sénatus-consulte Velléien ; peu importe qu'elle se soit rendue caution par écrit ou sans écrit. Si dans le titre même du cautionnement, elle a déclaré avoir reçu quelque chose, et que ce n'est que par ce motif qu'elle s'est rendue caution, et si en outre il se trouve que ce titre soit fait par acte public et devant trois témoins, nous ordonnons qu'elle soit censée avoir reçu la somme ou les choses dont il est fait mention dans le titre, et déchue du privilége du sénatus-consulte. Mais s'il n'est intervenu dans le cautionnement aucun écrit ni titre, nous ordonnons qu'elle soit de même déchue de ce privilége, si son stipulant prouve qu'elle a reçu la somme ou les choses dont il est question, et qu'elle a par conséquent contracté l'obligation. Si cela ne peut être prouvé, nous ordonnons que la femme puisse jouir du privilége du sénatus-consulte, que l'ancienne action soit conservée au créancier contre celui pour qui la femme avait servi de caution, ou qu'il lui en soit donné une autre.

§. 1. Si quelqu'un a donné à une femme une somme d'argent ou autre chose, afin qu'elle s'obligeât pour lui ; qu'il ne soit point permis à cette femme qui a reçu l'argent ou les choses en question, quand même elle se trouverait dans l'impossibilité de remplir entièrement l'obligation, de se prévaloir de l'autorité du sénatus-consulte ; qu'il soit permis au créancier de la poursuivre, et d'exiger d'elle à compte de la dette, tout ce que ses moyens lui permettront de payer, et de poursuivre l'ancien débiteur pour le restant, si la femme a payé quelque chose, ou pour la totalité, si elle est dans une indigence absolue.

§. 2. Afin que les femmes ne s'obligent pas légèrement pour d'autres, nous ordonnons qu'elles ne puissent! servir de caution à autrui, qu'autant qu'il en sera passé

passé acte public, souscrit par trois témoins, et qu'elles ne puissent s'obliger
qu'en remplissant les formalités et tout
ce qui a été ordonné par les lois anciennes
et les constitutions impériales au sujet des
cautionnemens des femmes. Si quelqu'un,
sans remplir les formalités ci - dessus, a
reçu des femmes pour cautions, nous ordonnons que l'écriture ou l'obligation
soient considérées comme nulles, comme
si elles n'avaient jamais eu lieu, et que
la femme, dans ce cas, qui a servi de
caution, ne soit point obligée de réclamer le secours du sénatus-consulte, puisqu'elle est libre de tout engagement,
comme s'il n'avait jamais été question de
cette affaire.

et à tribus testibus subsignato. Tunc
etenim tantummodo eas obligari, et sic
omnia tractari, quæ de intercessionibus
fœminarum, vel veteribus legibus cauta,
vel ab imperiali auctoritate introducta sunt.
Sin autem extra eandem observationem
mulieres acceperint intercedentes, pro
nihilo habeatur hujusmodi scriptura, vel
sine scriptis obligatio, tanquam nec confec-
fecta, nec penitus scripta : ut nec senatusconsulti auxilium imploretur, sed sit libera
et absoluta, quasi penitus nullo in eadem
causa subseculo.

24. *Le même empereur à Julien, préfet
du prétoire.*

Fixant l'irrésolution des anciens, nous
ordonnons que si une femme s'étant obligée
envers quelqu'un pour une certaine somme,
afin de l'engager à affranchir son esclave,
l'affranchissement a eu lieu, soit que la
femme se soit obligée principalement ou
seulement pour l'esclave, elle ne puisse
nullement dans ce cas invoquer le sénatus-
consulte : car il est dur et contraire à la
justice, que le maitre de l'esclave qui a
compté sur la bonne foi de cette femme,
qui a garanti la dette toute seule ou qui
a garanti la promesse de l'esclave, affran-
chisse son esclave, et par conséquent le
perde et ne reçoive pas ce qui lui a été
promis en indemnité de cette liberté.

24. *Idem A. Juliano præfecto
prætorio.*

Veterum ambiguitatem decidentes, sancimus, si quis ut servo suo manumissionem imponat, mulierem acceperit obnoxiam sese pro certa quantitate facientem,
si ad libertatem servum perduxerit : sive
principaliter mulier sese obligavit, sive
pro servo hoc fecit : teneri eam recte omnimodo, senatusconsultum Velleianum in
hoc casu tacere imperantes. Satis etenim
acerbum est, et pietatis rationi contrarium, dominum servi, qui credidit mulieri, sive soli, sive post servi promissionem, et libertatem servo imponere, et
suum famulum perdere, et ea minimè accipere, quibus fretus ad ejusmodi venit
liberalitatem.

25. *Le même empereur au peuple de la
ville de Constantinople et aux habitans
de toutes les provinces.*

Nous ordonnons en général que si
quelqu'un, majeur de vingt - cinq ans,
quel que soit son sexe, a promis une dot,
ou s'est obligé au sujet de la dot d'une
femme quelle qu'elle soit, pourvu que le
mariage dont il s'agit soit licite, il soit
contraint de remplir son engagement ; car
on ne doit pas souffrir qu'une femme soit
privée de sa dot comme par un événement fortuit, et que par suite elle puisse
être répudiée par son mari, et que le
mariage puisse être dissous. Nous savons

25. *Idem A. ad populum urbis Constantinopolitanæ, et universos provinciales.*

Generaliter sancimus, ut si quis major
vigintiquinque annis, sive masculus, sive
femina, dotem pollicitus sit, vel spoponderit pro qualibet muliere, cum qua matrimonium licitum est : omnimodo compellatur suam confessionem adimplere;
neque enim ferendum est, quasi casu fortuito interveniente mulierem fieri indotatam, et sic à viro forsitan repelli, et distrahi matrimonium. Cùm enim scimus,
favore dotium et antiquos juris conditores
severitatem legis sæpius mollire : meritò

et nos ad hujusmodi venimus sanctionem. Nam si spontanea voluntate ab initio liberalitatem suam ostendit : necesse est eum vel eam suis promissionibus satisfacere : ut quod ab initio sponte scriptum, aut in pollicitationem deductum est, hoc ab invitis postea compleatur : omni auctoritate Velleiani senatusconsulti in hac causa cessante.

que les anciens législateurs ont souvent adoucis la sévérité des lois en faveur des dots ; c'est pourquoi c'est avec raison que nous rendons cette loi. En conséquence, si quelqu'un a d'abord volontairement témoigné de vous faire une libéralité, quel que soit son sexe, il doit être forcé de remplir sa promesse : car ce qui a été d'abord promis volontairement par écrit ou par simple promesse, doit être ensuite exécuté par voie de rigueur, s'il est nécessaire ; le sénatusconsulte Velléien n'ayant dans ce cas aucune autorité.

TITULUS XXX.

De non numerata pecunia.

1. Impp. Severus et Antoninus AA. Hilario.

Si pecuniam tibi non esse numeratam, atque ideo frustra cautionem emissam adseris, et pignus datum probaturus es : in rem experiri potes. Nam intentio dati pignoris, nec numeratae pecuniae, non aliter tenebit, quàm si de fide debiti constiterit. Eademque ratione veritas servetur, si te possidente pignus, adversarius tuus agere cœperit.

PP. calend. septemb. Laterano et Rufino Coss.

TITRE XXX.

De la somme non comptée.

1. Les empereurs Sévère et Antonin à Hilarius.

Si la somme d'argent n'ayant point été comptée, vous avez, d'après ce que vous dites, fourni caution de rendre cette somme que vous n'avez pas reçue, vous devez prouver que vous avez donné le gage, que vous pouvez revendiquer par l'action *in rem*. Car l'action qui résulte de la dation du gage et de la somme non comptée, n'aura pas autrement lieu que s'il constait de la sincérité de la dette. Par la même raison c'est au créancier à fournir les preuves, si vous possédez les gages et à commencer à agir.

Fait pendant les calend. de septemb. Latéran et Rufinus consuls.

2. Imp. Antoninus A. Maturio.

Minorem pecuniam te accepisse, et majorem cautionem interposuisse, si apud eum, qui super ea re cogniturus est, constiterit : nihil ultra quàm accepisti, cum usuris in stipulatum deductis, restituere te jubebit.

2. L'empereur Antonin à Maturius.

S'il conste devant le juge compétent que vous ayez reçu une moindre somme que celle que vous avez promis de rendre, il ne vous forcera de rendre que ce que vous avez reçu, avec les intérêts convenus.

3. Idem A. Demetrio.

Si ex cautione tua, licèt hypotheca data, conveniri cœperis : exceptione opposita seu doli, seu non numeratae pecuniae, compellitur petitor probare pecuniam tibi esse numeratam. Quo non impleto, abso-

3. Le même emper. à Démétrius.

Si vous êtes attaqué par suite de votre obligation, quoique fortifiée par l'hypothèque, votre demandeur sera obligé de prouver que la somme vous a été comptée, si vous lui opposez l'exception du dol ou de la somme non comptée ; et si ses preuves ne sont point admises , il sera débouté de sa demande.

4. *Le même emper. à Bassanus.*

Ayant reconnu la vérité de l'obligation, vous avez payé une partie de la dette ou des intérêts ; sachez que vous n'êtes plus à tems d'opposer l'exception de la somme non comptée.

Authent. extraite de la Nov. 18, chap. 8.

Celui qui étant cité d'après sa propre écriture la désavoue et nie que la somme lui ait été comptée, doit être condamné à payer le double de la somme dont il s'agit, si son adversaire prouve la vérité de sa demande ; à moins que le serment lui étant ensuite déféré, il reconnaisse la vérité de l'obligation : car dans ce cas il n'est condamné qu'à payer les dépenses que les preuves qui ont été fournies ont exigé, lesquelles dépenses doivent être fixées par le serment du demandeur. Mais si, après avoir nié que la somme lui ait été comptée, il convient ensuite du contraire, en prétendant l'avoir rendue, il doit être forcé à en faire le paiement sans avoir égard à celui qu'il prétend avoir déjà fait. Il en est de même du demandeur, lorsqu'il désavoue des écrits de sa main que son adversaire lui oppose : il doit être soumis à la même peine et au même serment. Ces dispositions sont aussi applicables au procureur qui conteste les écrits émanés de lui dans la cause de celui dont il fait les affaires.

7. *L'emp. Alexandre à Haustien.*

Si vous avez quelques moyens à opposer aux demandes de votre adversaire, vous pouvez vous en servir ; mais vous ne devez pas ignorer qu'on peut opposer l'exception de la somme non comptée, toutes les fois que la demande consiste en une somme prêtée. Lorsque la somme est spécifiée dans le titre chirographaire, on ne recherche pas si la somme a été comptée au tems où le titre a été fait, mais si la dette a une juste cause.

lutio sequetur.

4. *Idem* A. *Bassano.*

Cùm fidem cautionis agnoscens, etiam solutionem portionis debiti vel usurarum feceris : intelligis te non numerata pecunia nimium tardè querelam deferre.

In authent. Nov. 18, cap. 8.

Contra qui propriam scripturam quæ convenitur, abnegat, vel numerationem inficiatur : convictus, in duplum condemnetur, nisi sacramento illato confiteatur. Tunc enim non punitur nisi in expensas circa probationes factas, actoris juramento declarandas. At si post numerationis inficiationem prætendat solutionem : omnino solidum exigitur, nec prodest jam facta solutio. Contrà si actor litteras suas à reo prolatas abneget, eadem sit et pœnæ et jurisjurandi forma : hac pœna curatori infligenda, si de suis litteris quæstionem referat in causa ejus quem curat.

5. *Imp. Alexander* A. *Haustiano.*

Adversus petitiones adversarii si quid juris habes : uti eo potes. Ignorare autem non debes, non numeratæ pecuniæ exceptionem ibi locum habere, ubi quasi credita pecunia petitur. Cùm autem ex precedenti causa debiti in chirographum quantitas redigitur : non requiritur an tunc cùm cavebatur, numerata sit : sed an justa causa debiti præcesserit.

12 *

6. *Idem A. Justino.*

Frustra opinaris exceptione non numeratæ pecuniæ te esse munitum, quando, ut
fateris, in ejus vicem, qui erat obligatus,
substitueris te debitorem.

6. *Le même emp. à Justin.*

C'est sans fondement que vous croyez
être garanti par l'exception de la somme
non comptée, puisque, comme vous en
convenez, vous êtes substitué débiteur
à la place de celui qui s'est obligé en
premier lieu.

7. *Idem A. Juliano et Ammiano.*

Si quasi accepturi mutuam pecuniam
adversario cavistis, quæ numerata non
est : per condictionem obligationem repetere, etsi actor non petat : vel exceptione
non numeratæ pecuniæ adversus agentem
uti potestis.

7. *Le même empereur à Julien et à
Ammien.*

Si, dans l'espérance de recevoir une
somme à titre de prêt, vous avez promis à celui qui devait vous la prêter
de la lui rendre, quoique vous ne l'ayiez
pas reçue, vous pouvez par l'action condictionnelle répéter votre obligation, quoique vous ne soyez pas poursuivi à ce
sujet ; ou si votre adversaire vous poursuit, vous pouvez lui opposer l'exception
de la somme non comptée.

8. *Idem A. Materno.*

Si intra legibus definitum tempus, qui
cautionem exposuit, nulla querimonia
usus, defunctus est : residuum tempus ejus
hæres habebit, tam adversus creditorem,
quàm adversus ejus heredem. Sin autem
questus est, exceptio non numeratæ pecuniæ heredi et adversus heredem ejus perpetuò competit. Sin verò legitimum tempus excessit, in querimoniam creditore
minimè deducto : omnino heres ejus,
etiam si pupillus sit, debitum solvere
compellitur.

8. *Le même emper. à Maternus.*

Si celui qui a souscrit une obligation
n'a opposé à ce sujet aucune exception,
mais cependant est mort avant le tems
pendant lequel il pouvait en opposer,
son héritier pourra profiter du restant
de ce tems contre le créancier ou son
héritier. Mais s'il a contesté l'obligation
avant de mourir, son héritier sera toujours à tems d'opposer l'exception de la
somme non comptée contre l'héritier du
créancier. Mais si le débiteur a laissé
écouler le tems légitime sans contester
l'obligation, son héritier, fût-il pupille,
sera tenu de payer la dette.

9. *Impp. Dioclet. et Maximian. AA.
Zoilo.*

Cùm ultra hoc quod accepit, re obligari neminem posse constet ; et si stipulatione interposita, placita creditor non dederit : in factum esse dandam exceptionem convenit, si necdum tempus intra
quod hujus rei querela deferri debet,
transiit ; vel si intra hoc intestando juri
paritum sit : nihil ultra hoc quod accepisti,
sortis à te nomine aditus rector vel præses
provinciæ exigi patietur.

9. *Les emper. Dioclétien et Maximien à
Zoïle.*

Comme personne ne peut être forcé
de rendre une somme plus grande que
celle qu'il a reçue ; c'est pourquoi si la
stipulation étant faite, le créancier n'a
point compté la somme convenue, il
convient d'accorder l'exception *in factum*, si le tems pendant lequel on peut
opposer cette exception n'est point écoulé ;
ou si étant écoulé on a, avant qu'il le
fût, satisfait à ce qu'exige la loi, le
président ou le recteur de la province
ne souffrira point qu'on exige de vous
à titre de capital une somme excédant
celle que vous avez reçue.

10. *Les mêmes empereurs à Mézantius.*

Celui qui prétend avoir payé la dette est toujours à tems à faire cette assertion. On ne peut pas lui opposer qu'il ne peut user de l'exception de la somme non comptée, n'ayant porté plainte à cet égard sous le délai fixé par la loi : car il y a une grande différence entre celui qui assure un fait et se soumet à en faire la preuve, et celui qui nie avoir reçu la somme, ce qui n'est susceptible d'aucune preuve, et qui par cela seul met le demandeur dans la nécessité de faire lui-même la preuve.

11. *Les mêmes empereurs à Eutychien.*

Si vous avez promis de donner une somme à Palladius pour cause de transaction, vous ne pouvez vous défendre par l'exception de la somme non comptée.

12. *Les mêmes empereurs à Sévérien.*

L'exception de l'argent non compté compète au mandateur et au fidéjusseur de la même manière qu'elle compète au principal obligé.

13. *L'empereur Justin à Théodore, préfet du prétoire.*

Nous ordonnons généralement que si, ayant été fait une obligation par écrit pour quelque somme d'argent procédant de toute autre cause que du prêt, celui qui a contracté l'obligation en a désigné spécialement la cause, il ne soit pas permis à ce dernier d'exiger de son créancier la preuve de la cause de son obligation, devant s'en tenir à ses propres aveux ; à moins qu'il ne puisse, par des preuves évidentes tirées de l'écrit même, faire voir que l'affaire s'est passée d'une autre manière, quelle qu'elle soit, et non comme il est exprimé dans l'écrit. Car nous pensons qu'il est très-odieux que quelqu'un puisse nier et désapprouver ce qu'il a promis d'une manière manifeste.

14. *L'empereur Justinien à Menna, préfet du prétoire.*

Celui ou son successeur qui a reconnu dans un écrit qu'une somme lui a été comptée ou donnée, ou une autre chose,

10. *Iidem AA. Mezantio.*

Adseveratio debitum solutum contendentis, temporis diuturnitate non excluditur. Nec huic obloquitur, quòd exceptio non numeratæ pecuniæ certa die non delata querela prius evanescat : cùm inter eum, qui factum adseverans, onus subiit probationis, et negantem numerationem, cujus naturali ratione probatio nulla est, et ob hoc ad petitorem ejus rei necessitatem transferentem, magna sit differentia.

11. *Iidem AA. Eutychiano.*

Si transactionis causa dare Palladio pecuniam stipulanti spopondisti : exceptione non numeratæ pecuniæ defendi non potes.

12. *Iidem AA. Severiano.*

Tam mandatori, quàm fidejussori non numeratæ pecuniæ exceptio, exemplo rei principalis competit.

13. *Imp. Justinus A. Theodoro præfecto prætorio.*

Generaliter sancimus, ut si quid scriptis cautum fuerit pro quibuscumque pecuniis ex antecedente causa descendentibus, eamque causam specialiter promissor edixerit : non jam ei licentia sit causæ probationem stipulatorem exigere, cum suis confessionibus adquiescere debeat : nisi certè ipse è contrario per apertissima rerum argumenta scriptis inserta, religionem judicis possit instruere, quòd in alium quemquam modum, et non in eum quem cautio perhibet, negotium subsecutum sit. Nimis enim indignum esse judicamus, ut quod suæ quisque voce dilucidè protestatus est, id in eundem casum infirmare, testimonioque proprio resistere.

14. *Imp. Justinianus A. Mennæ præfecto prætorio.*

In contractibus in quibus pecuniæ, vel aliæ res numeratæ vel datæ esse conscribuntur, non intra quinquennium (quod

antea constitutum erat) non numeratæ pecuniæ exceptionem objicere possit , qui
accepisse pecunias vel alias res scriptus sit,
vel successor ejus : sed intra solum biennium continuum : ut eo elapso, nullo modo querela non numeratæ pecuniæ introduci possit : his scilicet , qui propter aliquas causas specialiter legibus expressas,
etiam elapso quinquennio in præteritis temporibus adjuvabantur, etiam in posterum,
licèt biennium pro quinquennio statutum
est, eodem auxilio potiturus.

§. 1. Sed quoniam securitatibus et instrumentis depositarum rerum vel pecuniarum talem exceptionem opponere litigato-
res conantur, justum esse perspeximus,
hujusmodi potestatem in certis quidem
casibus prorsus amputare , in aliis verò
brevi tempore concludere. Ideoque sancimus, instrumento quidem depositionis
certarum rerum, vel certæ pecuniæ, secu-
ritatibusque publicarum functionum (sive
in solidum, sive pro parte esse
conscribantur) illis etiam securitatibus,
quæ post confectionem dotalium instrumentorum de soluta dote ex parte vel in
solidum exponuntur , nullam exceptionem
non numeratæ pecuniæ penitus opponi.

§. 2. Super cæteris verò securitatibus ,
quæ super privatis debitis à creditore
conscribuntur, partem debiti sortis vel
usurarum nomine solutam esse significan-
tes , vel adhuc fæneratitia cautione apud
creditorem manente, solidi tamen debiti
solutionem factam esse demonstrantes, vel
etiam futuram esse redhibitionem instrumenti fæneratitii promittentes , vel (si
qua alterius cujuscumque contractus gratia,
in quo numeratio pecuniarum vel datio
certarum specierum scripta est, securitas
similiter data sit) depensas esse pecunias,
vel alias res vel partem earum significan-
tes : intra triginta tantummodo dies post
hujusmodi securitatis expositionem con-

ne jouit pas pendant l'espace de cinq ans ,
comme il av it été réglé précédemment,
de la faculté d'opposer contre le contrat
l'exception de la somme non comptée ;
mais il ne la conservera dorénavant que
pendant deux ans continus. Ce laps de
tems écoulé, l'exception de la somme non
comptée ne pourra en aucune manière
être opposée au contrat. Ceux qui, à cause
de quelques exceptions exprimées spécialement par les lois, pouvaient user de
ce secours , même après l'expiration des
cinq ans, lorsque ce délai était ainsi fixé,
jouiront dorénavant du même privilége,
quoique l'espace de deux années ait été
substitué à celui de cinq ans.

§. 1. Les plaideurs s'efforçant d'user
de cette exception contre les quittances
ou les titres dressés à l'occasion de dépôts
consistans en argent ou autre chose, nous
avons jugé juste d'interdire entièrement
dans certains cas l'usage de cette faculté, et
dans d'autres cas d'en renfermer l'usage
dans l'espace d'un tems très-court. C'est
pourquoi nous ordonnons qu'on ne puisse
opposer en aucune manière l'exception de
la somme non comptée au titre concernant le dépôt d'une certaine somme ou
de toute autre chose, aux quittances des
contributions publiques, soit qu'elles attestent que la contribution due par celui
à qui elles ont été délivrées, a été payée
en entier ou en partie ; et enfin aux quittances faites après le contrat de promesse
de dot , qui attestent que la dot a été
payée en totalité ou en partie.

§. 2. A l'égard des quittances faites
par le créancier au sujet de dettes privées, portant qu'il a été payé quelque
chose à-compte du capital ou des intérêts , ou (le contrat usuraire étant encore
entre les mains du créancier) que le paiement du capital a été fait en entier, ou
contenant la promesse que le contrat usuraire sera remis nécessairement, ou s'il
a été fourni quittance au sujet d'un contrat quelconque dans lequel il soit fait
mention qu'une somme d'argent a été
comptée ou qu'il a été donné certaines
choses, portant que l'argent ou les choses
dont il s'agit ont été payées en totalité
ou en partie ; nous ordonnons qu'on puisse

opposer l'exception de la somme non comptée pendant les trente jours qui suivent celui auquel il est fait mention que la somme a été comptée ; et qu'après l'expiration de ce délai les juges admettent ces quittances comme valables ; devant être interdit à celui qui est porteur de cette quittance après l'expiration de ce délai, de se plaindre du non paiement de la somme ou des choses dont il s'agit.

§. 3. On doit encore observer constamment que le serment ne doit pas être déféré dans les cas où il n'est pas permis d'opposer l'exception de la somme non comptée, soit dès le commencement, soit après l'expiration du délai fixé.

§. 4. Il sera permis à celui qui a le droit, pendant le délai dont nous venons de parler, d'opposer cette exception, de signifier par écrit la plainte qu'il fait de ce que la somme n'a pas été comptée à celui qui est dit dans le titre avoir compté la somme ou livré les choses. S'il arrive que ce dernier soit absent du lieu où le contrat a été fait, il pourra dans cette ville faire la signification dont il s'agit auprès du juge ordinaire, et dans les provinces auprès de leurs gouverneurs ou des défenseurs des lieux ; par ce moyen, il pourra se conserver la faculté d'opposer en tout tems l'exception. Mais si celui qui est dit dans le titre avoir compté la somme ou livré les choses étant présent, gère dans cette ville ou dans les provinces quelqu'admin istrrtion, de sorte qu'il paraisse difficile de lui faire cette signification, nous permettons à celui qui désire d'user de l'exception désignée ci-dessus de se pourvoir pardevant d'autres juges, soit dans cette ville, soit dans les provinces, afin que par leur moyen il soit signifié à celui à qui l'exception doit être opposée, qu'on porte plainte contre lui au sujet de la somme non comptée ; mais si dans la province où la signification doit être faite, celui à qui elle doit être faite est le seul administrateur, et ne s'en trouve aucun autre, soit civil ou militaire, ou y en ayant d'autres, il s'offre des circonstances difficiles qui empêchent qu'on puisse se pourvoir devant eux et faire la signification susdite, nous lui permettons de faire

numerandos, exceptionem non numeratæ pecuniæ posse objici : ut si hi transacti fuerint, eadem securitas à judicantibus omnibus modis admittatur : nec ei liceat, qui securitatem exposuit, post excessum memoratorum triginta dierum non esse sibi solutas pecunias, vel alias res dicere.

§. 3. Illo videlicet semper observando, ut in quibus non permittitur exceptionem non numeratæ pecuniæ opponere, vel ab initio, vel post taxatum tempus elapsum in his, nec jusjurandum offerre liceat.

§. 4. In omni verò tempore quod memoratæ exceptioni taxatum est, ei licebit, cui talis exceptio competit, vel denuntiationibus scripto missis querelam non numeratæ pecuniæ manifestare ei qui numerasse eam, vel alias res dedisse, instrumento scriptus est : vel si abesse eum his locis in quibus contractus factus est, contigerit, in hac quidem alma urbe apud quemlibet ordinarium judicem, in provinciis verò apud viros clarissimos rectores earum vel defensores locorum, eandem querelam manifestare, eoque modo perpetuam sibi exceptionem efficere. Sed si præsens quidem sit, qui pecunias numerasse, vel alias res dedisse scriptus est, aliquam verò administrationem in hac alma urbe vel in provinciis gerat, ut difficile esse videatur demuntiationem ei mittere : licentiam damus ei qui memorata exceptione uti velit, alios judices adire, vel in hac alma urbe, vel in provinciis, et per eos ei manifestare cui exceptionem hujusmodi objicit, factam à se super non numerata pecunia querelam esse. Quòd si in provinciis, vel non sit alius administrator civilis vel militaris, vel propter aliquam causam difficile sit ei, qui memoratam querelam opponit, adire eum, et ea quæ dicta sunt, facere : licentiam ei damus, per virum reverendissimum episcopum eandem suam exceptionem creditori manifestare, et ita tempus statutum interrumpere. Quæ etiam in exceptione non numeratæ dotis locum habere, certum est.

Dat. cal. jul. Constantinop. DN. Justiniano A. II. Coss.

cette signification à son créancier par le moyen de l'évêque, et d'interrompre ainsi le délai fixé. Il est certain que ces dispositions sont aussi applicables à l'exception de la dot non comptée.

Fait à Constantinople, sous le deuxième cons. de l'emp. Justinien.

In authent. Nov. 100 , *cap.* 1.

Hanc autem querelam in scriptis fieri oportet : et si quis eam in judicio fiat, oportet eam mulieri, vel omnimodo ei qui dotem conscripsit, innotescere.

Authent. extr. de la Nov. 100 , *chap.* 1.

La plainte au sujet de la dot non comptée doit être faite par écrit. Celui qui oppose cette exception en justice doit en faire la signification à sa femme ou à celui qui a promis la dot.

15. *Idem A. Mennæ præfecto prætorio.*

Si cui non numeratæ pecuniæ competere possit exceptio : etiam eo supersedente tali auxilio . . ., vel præsente, vel absente, creditores ejus (sive ipsi conveniantur, utpote res ejus detinentes, ab iis qui debita ejus exigunt, cui competit hujusmodi exceptio, vel dotis, vel alterius causæ nomine : sive contra alios possidentes aliquam actionem ipsi moveant) possint in examinando negotio suis adversariis eandem non numeratæ pecuniæ exceptionem opponere : nec eo prohibeantur, quòd principalis debitor ea nunquam usus sit : ita tamen, ut neque principali debitori, neque fidejussori ejus aliquod præjudicium generetur, si is qui eam exceptionem opposuerit, victus fuerit : sed possint illi postea, si conveniantur, intra statuta scilicet tempora, eadem se exceptione tueri.

15. *Le même empereur à Menna, préfet du prétoire.*

Si quelqu'un ayant le droit d'opposer l'exception de la somme non comptée, diffère d'en faire usage, soit qu'il soit présent, soit qu'il soit absent, ses créanciers (soit qu'ils soient assignés comme détenteurs des biens de leur débiteur par d'autres créanciers, soit qu'ils poursuivent eux-mêmes d'autres détenteurs), peuvent en jugement opposer l'exception de la somme non comptée, soit qu'il s'agisse d'une dot, ou d'une autre chose. Ils ne sont point empêchés d'user de cette exception par cela que le principal débiteur ne s'en est jamais servi. Cependant, de ce que les créanciers qui opposent cette exception ont perdu leur cause, il n'en résulte aucun préjudice pour le principal débiteur ou le fidéjusseur : car ils peuvent, s'ils sont assignés, se défendre par la même exception, s'ils sont encore dans le délai prescrit.

16. *Idem A. Joanni præfecto prætorio.*

Indubitati juris est, non numeratæ pecuniæ exceptionem locum habere, et in talibus nominibus, vel fœneratitiis, vel aliis cautionibus, quæ etiam sacramenti habent mentionem. Quæ enim differentia est in hujusmodi exceptione, sive jusjurandum positum est, sive non tam in fœneratitiis cautionibus, quàm in aliis instrumentis, quæ talem exceptionem recipiunt ?

16. *Le même empereur à Jean, préfet du prétoire.*

C'est d'un droit non douteux que l'exception de la somme non comptée a lieu à l'égard des promesses d'intérêts et autres qui font mention du serment : car la mention du serment faite ou non faite introduit-elle quelque différence dans cette exception, opposée à des titres usuraires ou autres qui sont susceptibles de cette exception ?

TITULUS

TITRE

TITRE XXXI.

Des Compensations.

1. *L'empereur Antonin à Dianensus.*

LE sénat a été d'avis, et il a été souvent rescrit que dans une cause fiscale il y avait lieu à compensation, lorsque c'est la même administration qui doit et qui forme la demande. On doit observer inviolablement cette disposition, afin de ne pas introduire de la confusion dans les divers offices. C'est pourquoi s'il vous est dû quelque chose par l'administration fiscale dont vous faites mention, vous serez payé de suite.

2. *Le même emper. à Asclépiada.*

Par cela qu'on ne peut répéter ce qu'on a payé par suite de la chose jugée, on ne peut être admis à la compensation. Mais il n'est aucun doute qu'étant assigné pour payer la chose jugée, vous ne puissiez obtenir la compensation avec ce que votre adversaire vous doit.

3. *L'empereur Alexandre à Capiton.*

Le juge compétent ordonnera que ce qui vous est dû par la république soit compensé avec ce que vous confessez lui devoir ; pourvu que vous ne soyez pas débiteur *ex calendario*, ou par suite des tributs, des contributions en huile, en froment et alimens, ou des contributions affectées aux dépenses réglées, ou à cause des fidéicommis d'une ville.

4. *Le même empereur à Lucien.*

S'il est prouvé que deux personnes se doivent mutuellement la même somme, la compensation doit avoir lieu de plein droit, et tenir lieu de paiement à compter du tems que les deux parties se doivent l'un à l'autre, jusqu'à concurrence de la moindre des deux dettes. C'est pourquoi si on demande des intérêts, ils ne pourront être exigés que pour le surplus de la dette, qui n'a pu être éteinte par la compensation.

5. *Le même empereur à Honorata.*

S'il vous est dû un fidéicommis à prendre

Tome II.

TITULUS XXXI.

De Compensationibus.

1. *Imp. Antoninus A. Dianensi.*

ET senatus censuit, et sæpe rescriptum est, compensationi in causa fiscali ita demum locum esse, si eadem statio quid debeat, quæ petit. Atque hoc jus propter confusionem diversorum officiorum tenaciter servandum est. Si quid autem tibi ex ea statione, cujus mentionem fecisti, deberi constiterit : quamprimùm recipies.

2. *Idem A. Asclepiadæ.*

Ex causa quidem judicati si debitum solutum repeti non potest, ea propter nec compensatio ejus admitti potest. Eum verò qui judicati convenitur, compensationem pecuniæ sibi debitæ implorare posse, nemini dubium est.

3. *Imp. Alexander A. Capitoni.*

In ea quæ reipublicæ te debere fateris, compensari ea quæ invicem ab eadem tibi debentur, is cujus de ea re notio est, jubebit : si neque ex calendario, neque ex vectigalibus, neque ex frumenti vel olei publici pecunia, neque tributorum, neque alimentorum, neque ejus qui statutis sumptibus servit, neque fideicommissis civitatis debitor sis.

4. *Idem A. Luciano.*

Si constat pecuniam invicem deberi : ipso jure pro soluto compensationem haberi oportet ex eo tempore, ex quo ab utraque parte debetur, utique quo ad concurrentes quantitates : ejusque solius quod amplius apud alterum est, usuræ debentur : si modò petitio earum subsistit.

5. *Idem A. Honoratæ.*

Etiam si fideicommissum tibi ex ejus

13

bonis deberi constat, cui debuisse te minorem quantitatem dicis : æquitas compensationis usurarum excludit computationem : petitio autem ejus quod amplius tibi deberi probaveris, sola relinquitur.

sur les biens de celui à qui vous dites devoir une moindre somme, l'équité de la compensation exclut la demande des intérêts, si ce n'est pour la portion que vous prouverez vous être due de plus que ce que vous devez.

6. *Idem* A. *Pollidenti.*

Neque scriptura qua cautum est accepta, quæ negas tradita, obligare te contra fidem veritatis potuit, et compensationis æquitatem jure postulas. Non enim prius exsolvi quod debere te constiterit, æquum est, quàm petitioni mutuæ responsum fuerit : eò magis quòd ea te persequi dicis, quæ à muliere divortii causa amota quereris.

PP. dat. 5 calend. decemb. Alexand. A. III. et Dione Coss.

6. *Le même empereur à Pollidentus.*

L'écrit par lequel il conste que vous avez reçu ce que vous niez vous avoir été livré, ne pouvant vous obliger au préjudice de la vérité, c'est avec justice que vous réclamez la compensation ; car vous ne devez pas être contraint de payer ce qu'il est reconnu que vous devez, avant qu'on ait répondu à la demande que vous faites vous-même à votre adversaire, votre créancier, que vous prétendez être aussi votre débiteur. Votre demande est d'autant plus fondée, que vous dites poursuivre les biens que votre femme a détournés à l'occasion du divorce.

Fait le 5 des cal. de décemb., sous le troisième cons. de l'emp. Alexandre et le premier de Dion.

7. *Idem* A. *Euzosio.*

Si ex venditione pretium venditori debetur : compensationis ratio opponitur. Adversus fiscum enim solummodo emptores petitioni pretii compensationem objicere prohibentur.

7. *Le même emp. à Euzosius.*

On peut opposer la compensation à la dette qui provient du prix d'une vente ; car les acheteurs ne sont incapables d'opposer la compensation de la dette provenant du prix d'une vente, que lorsque le fisc est le vendeur.

8. *Imp. Gordianus* A. *Emerito.*

Si propter fructus ex possessione tua perceptos, vitricus tuus debitor tibi constitutus est : cùm id quod à matre tua ei legatum est, à te peteret cœperit : mutuò debitæ quantitatis apud eum qui super ea re judicaturus est, compensationem non immeritò objicies.

8. *L'empereur Gordien à Eméritus.*

Si votre beau-père, étant votre débiteur par suite des fruits qu'il a perçus dans vos biens, vous demande ce qui lui a été légué par votre mère, ce n'est pas sans justice que vous pouvez opposer la compensation de la somme qu'il vous doit.

9. *Idem* A. *Eumenidi.*

Ejus quod non ei debetur, qui convenitur, sed alii, compensatio fieri non potest.

9. *Le même emper. à Euménide.*

La compensation ne peut avoir lieu qu'à l'égard de ce qui est dû par la personne poursuivie.

10. *Impp. Diocletian. et Maximian.* AA. *Nicandro.*

Quoniam liberum fundum distractum tibi proponis : post verò, veluti præcedente

10. *Les emper. Dioclétien et Maximien à Nicandre.*

Puisque vous proposez que le fonds qui vous a été vendu comme libre, était grevé d'une obligation antérieure à l'achat que vous en avez fait, vous avez payé une certaine somme pour le libérer : si l'ancien propriétaire de ce fonds vous demande le paiement d'une dette, vous pouvez lui opposer, pardevant le président de la province, la compensation de ce que vous avez payé, quoique non dû.

emptionem obligatione, certum quid solvisse : si debitum à te apud præsidem provinciæ petatur, compensationem ejus, quod indebitè solvisti, potes opponere.

11. *Les mêmes empereurs à Julien et à Paul.*

Si ayant été forcé par l'autorité du magistrat, vous avez nommé des tuteurs à des pupilles, et avez payé pour eux une somme d'argent dont ils étaient redevables à cause de la charge de primipile, vous êtes mal fondé à craindre que dans le cas que vous fussiez poursuivi par les pupilles, vous ne puissiez leur opposer la compensation ; vous êtes en droit de l'opposer, soit que la somme que vous avez déboursée soit égale à celle dont les tuteurs sont redevables envers les pupilles, soit qu'il soit prouvé que vous ayez donné une somme plus grande.

11. *Iidem* AA. *Juliano et Paulo.*

Si tutores pupillis officio magistratus urgente nominastis, ac pro his propter onus primipili pecuniam solvistis : superstitiosam geritis solicitudinem, ne ab ipsis conventi, hanc eis imputare minimè possitis ; vel à vobis quicquam amplius exigatur, si tantum, quantum eis tutores debuerunt, vel vos nomine ipsorum majorem quantitatem dedisse probetur.

12. *Les mêmes empereurs à Cornélien.*

Si vous avez usé de la compensation à l'égard d'une partie d'une dette, vous pouvez, en payant le restant, ou en en faisant l'offre, si le créancier ne veut pas le recevoir, et en le consignant en dépôt, revendiquer vos gages.

12. *Iidem* AA. *Corneliano.*

Invicem debiti compensatione habita, si quid amplius debeas : solvens, vel accipere creditore nolente offerens, et consignatum deponens, de pignoribus agere potes.

13. *Les mêmes empereurs et Césars à Bassus.*

Si vous êtes convenu par écrit avec Mutien, votre débiteur, que par compensation avec ce qu'il vous doit, il paierait pour vous ce que vous devez à titre de contributions publiques, et que sous cette condition vous le tiendriez quitte de ce qu'il vous doit, vous ne pouvez, en cas que malgré cette convention vous payiez vous-même les contributions dont il s'agit, en répéter le montant, comme n'étant pas dû ; mais vous pouvez exiger d'être payé par votre débiteur, la compensation n'ayant pas eu lieu.

13. *Iidem* AA. *et* CC. *Basso.*

Si velut in id debitum, quod solemnium publicarum pensitationum nomine debueras, compensaturo tibi nihil te petiturum postea Mutiano scripsisti : redditis his quæ venerant in compensationem, non indebiti soluti repetitio, sed antè debiti competit exactio.

14. *Imper. Justinianus* A. *Joanni*
P. P.

Compensationes ex omnibus actionibus ipso jure fieri sancimus, nulla differentia in rem, vel in personalibus actionibus inter se observanda.

§. 1. Ita tamen compensationes objici jubemus, si causa ex qua compensatur, liquida sit, et non multis ambagibus innodata, sed possit judici facilem exitum sui præstare: satis enim miserabile est, post multa forte variaque certamina, cùm res jam fuerit approbata, tunc ex altera parte quæ jam penè convicta est, opponi compensationem jam certo et indubitato debito, et moratoriis ambagibus spem condemnationis excludi. Hoc itaque judices observent, et non procliviores ad admittendas compensationes existant, nec molli animo eas suscipiant: sed jure stricto utentes, si invenerint eas majorem et ampliorem exposcere indaginem, eas quidem alii judicio reservent: litem autem pristinam jam penè expeditam, sententia terminali componant: excepta actione depositi secundùm nostram sanctionem, in qua nec compensationi locum esse disposuimus.

§. 2. Possessionem autem alienam perperam occupantibus, compensatio non datur.

TITULUS XXXII.

De usuris.

1. *Imp. Antoninus Pius* A. *Evocato.*

Si interrogatione præcedente promissio usurarum rectè facta probetur: licèt instrumento conscripta non sit, tamen optimo jure debentur.

2. *Impp. Severus et Antoninus* AA. *Lucio.*

Usuras emptor, cui possessio rei tradita est, si pretium venditori non obtulerit:

14. *L'emper. Justinien à Jean, préfet du prétoire.*

Nous ordonnons que la compensation ait lieu de plein droit, pour toute sorte d'actions, sans distinction des actions réelles ou des actions personnelles.

§. 1. Nous permettons d'opposer la compensation, lorsque la créance offerte en paiement est liquide, non environnée de beaucoup de difficultés, et susceptible d'être jugée facilement: car il est assez injuste que lorsque l'affaire a été prouvée après beaucoup de discussions diverses, l'autre partie, qui est presque convaincue, puisse opposer la compensation à une dette certaine et indubitable, et exclure l'espérance d'une condamnation par des difficultés moratoires. C'est pourquoi nous recommandons aux juges de n'être pas trop faciles à admettre les compensations, et de ne pas les admettre avec indifférence, mais d'agir avec rigueur, s'ils s'apperçoivent que les compensations proposées exigent de grandes et longues recherches; nous ordonnons qu'on réserve la décision d'une telle affaire à un autre jugement, et que l'ancienne affaire, presque entièrement instruite, soit terminée par une sentence définitive. Nous exceptons des actions qui sont susceptibles de compensation, l'action du dépôt, à laquelle, d'après ce que nous avons déjà disposé, on ne peut opposer la compensation.

§. 2. Ceux qui ont usurpé une propriété appartenante à d'autres, ne peuvent pas non plus opposer la compensation.

TITRE XXXII.

Des intérêts.

1. *L'emper. Pie Antonin à Evocatus.*

S'il est prouvé que des intérêts aient été stipulés conformément aux lois, la stipulation est valable, quoiqu'elle n'ait pas été rédigée par écrit.

2. *Les empereurs Sévère et Antonin à Lucius.*

Si l'acheteur à qui la chose vendue a été livrée n'en a point offert le prix au vendeur, mais l'a seulement consigné pour cause de dépôt, l'équité demande qu'il soit tenu des intérêts depuis qu'il est en demeure.

3. *Les mêmes empereurs à Julien.*

Quoiqu'on ne puisse exiger les intérêts d'une somme que dans le cas où ils ont été stipulés, cependant s'ils ont été payés en vertu d'un simple pacte, ils ne peuvent être répétés comme non dus, ni être imputés sur le capital.

4. *Les mêmes empereurs à Honorius.*

Il a été établi avec raison que les intérêts peuvent être garantis par rétention du gage, quoiqu'il n'y eût pas eu de stipulation à ce sujet ; puisque les gages sont obligés aux intérêts constitués par de simples pactes. Mais on ne peut se prévaloir de ce moyen dans la cause pour laquelle vous agissez : car au tems du contrat on est convenu que les intérêts seraient payés à un certain taux, et le débiteur a promis ensuite de rechef des intérêts à un taux plus fort. C'est pourquoi dans ce cas la rétention du gage est illégitime ; parce qu'à l'époque où les titres ont été rédigés, il n'a pas été convenu que le gage garantissait le supplément des intérêts.

5. *Les mêmes empereurs et les Césars, à Sabinus et autres.*

L'exception utile du pacte peut être opposée au créancier qui demande des intérêts à un certain taux constitués par l'effet d'une stipulation, s'il est prouvé que le créancier a reçu pendant un certain nombre d'années le paiement des intérêts à un moindre taux. C'est pourquoi vous pouvez, par la même raison, vous défendre de la demande des défenseurs de la ville, fondée sur une promesse, si vous pouvez prouver que la tante maternelle de vos pupilles n'a payé ces intérêts qu'à raison de cinq pour cent, quoiqu'elle les eût promis à un taux plus fort.

6. *L'empereur Antonin à Antiénéus.*

Si vous avez offert à votre créancier, en présence de témoins, le paiement du capital et des intérêts que vous lui deviez,

quamvis pecuniam obsignatam in depositi causam habuerit, æquitatis ratione præstare cogitur.

3. *Iidem AA. Juliano.*

Quamvis usuræ fœnebris pecuniæ citra vinculum stipulationis peti non possint, tamen ex pacti conventione solutæ, neque ut indebitæ repetuntur, neque in sortem accepto ferendæ sunt.

4. *Iidem AA. Honorio.*

Per retentionem pignoris usuras servari posse, de quibus præstandis convenit, licét stipulatio interposita non sit, meritò constitutum est, et rationem habet : cùm pignora conventione pacti etiam usuris obstricta sint. Sed enim in causa de qua agis, hæc ratio cessat : si quidem tempore contractus de minoribus usuris petendis convenit, postea autem, cùm se debitor præstaturum majores repromisit, non potest videri rata pignoris retentio : quando eo tempore quo instrumenta emittebantur, non convenit, ut pignus etiam ob hanc adjectionem teneatur.

5. *Iidem AA. et CC. Sabino et aliis.*

Adversus creditorem usuras majores ex stipulatu petentem, si probetur per certos annos minores postea consecutus, utilis est pacti exceptio : secundùm quod tueri causam potestis, etiam adversus defensores civitatis majores petentes ex cautione : si probaveritis, semper quicunces amitam pupillorum vestrorum, quæ majores caverat dependisse.

6. *Imp. Antoninus A. Antiœnæo.*

Si creditrici, quæ ex causa pignoris obligatam sibi rem tenuit, pecuniam debitam cum usuris testibus præsentibus obtulisti,

eaque non accipiente, obsignatam eam deposuisti : usuras ex eo tempore quo obtulisti , præstare non cogeris. Absente verò
creditrice , præsidem super hoc interpel-
lare debueras.

et pour lesquels vous lui aviez obligé des
gages , ou si ne voulant pas recevoir ce
paiement vous en avez consigné le montant en dépôt, les intérêts ont cessé de
courir depuis le moment auquel vous avez
fait l'offre du paiement, et par conséquent
vous n'en êtes point tenu depuis ce tems-
là. Si votre créancière est absente , vous
devez faire cette offre en justice devant le
président de la province.

7. Idem A. Aristeo.

Creditor instrumentis suis probare debet, quæ intendit, et usuras se stipulatum,
si potest. Nec enim si aliquando ex consensu præstitæ sunt , obligationem constituunt.

7. Le même empereur à Aristéus.

Le créancier doit prouver sa demande
par ses titres , et, s'il le peut, prouver qu'il
a stipulé des intérêts : car les intérêts qui
peuvent avoir été payés volontairement
ne constituent point une obligation.

8. Idem A. Theophoro.

Quamvis Bassa cùm pecuniam mutuam
acciperet , minores usuras Menophani
spopondit , et nisi intra certum tempus
eas solvisset , ampliores (licitas tamen)
promisit : tamen si post tempus cautioni
præfinitum creditor easdem accepit, nec
majores sibi dari postulavit, ac per hoc
non recessisse eum à minorum præstatione
probari potest : eas usuras computari oportet , quarum in exactione creditor perseveravit.

8. Le même empereur à Théophore.

Quoique Bassa, en empruntant une
somme d'argent, ait promis à Ménophane,
de qui elle a emprunté cette somme , de
lui en payer les intérêts à un certain taux,
et ait promis en outre dans le cas où elle
n'aurait pas payé ces intérêts à l'époque
convenue , de les payer sur un taux plus
fort, licite cependant ; si le créancier, après
l'époque que nous venons de rappeler, a
reçu ces intérêts selon le premier taux, et
n'a point demandé qu'ils lui fussent payés
selon le dernier , et s'il l'on peut prouver
par ce fait qu'il n'a pas refusé les intérêts
selon le moindre taux, la débitrice ne peut
payer à son créancier les intérêts que
sur le pied qu'il a persévéré de les recevoir.

9. Idem A. Probo.

Si per te non stat , quominùs intra tempora præfinita pecuniam minorum solveres
usurarum, sed per tutores filiorum creditoris, qui eam accipere noluerunt , idque
apud judicem datum probaveris : ejus temporis quo per te non stetisse apparuerit ,
usuræ majores non exigentur. Quòd si
etiam sortem deposuisti : exinde ex quo
id factum apparuerit , in usuras non con-
venieris.

9. Le même empereur à Probus.

Si n'ayant dépendu de vous de payer
les moindres intérêts dans le tems fixé, à
cause que les fils du créancier n'en ont pas
voulu recevoir le paiement, vous pouvez
prouver le fait devant le juge compétent ,
les intérêts constitués sur un pied plus fort
ne pourront être exigés de vous, à compter
de l'époque où vous avez fait l'offre dont
nous venons de parler. Si, avec les intérêts,
vous avez aussi déposé le capital, vous ne
pourrez être poursuivi pour les intérêts à
compter de l'époque assurée par des
preuves où vous aurez fait le dépôt.

10. *Le même empereur à Donat.*

Le débiteur ne peut se prévaloir de ce qu' les intérêts payés en divers tems excédent le double du capital : car ce n'est que lorsque la somme des intérêts excède le capital au tems du paiement, qu'ils ne peuvent être exigés.

11. *Le même empereur à Popilius.*

Il est certain que le créancier qui, n'ayant pas voulu recevoir le paiement de ce qui lui était dû, et dont l'offre lui en a été faite légalement, a perçu les fruits des héritages qui lui avaient été obligés à cause de cette dette, a diminué le capital d'une quantité égale à la valeur des fruits qu'il a perçus.

12. *L'empereur Alexandre à Tyrannus.*

L'accession qu'il est convenu, quoique par un simple pacte, que celui qui reçoit du blé ou de l'orge en prêt fournira, peut être exigée.

13. *Le même empereur à Eustachia.*

Il est certain qu'on doit tenir compte des intérêts dans les actions de bonne foi, comme celle des affaires gerées ; mais si l'affaire a été terminée par une sentence dont on n'a point appelé, quoiqu'elle ait pour objet une moindre somme que celle qui est due, n'y étant point question des intérêts, cependant on ne peut plus revenir sur des affaires qui ont déjà été terminées, ni demander conséquemment avec droit les intérêts écoulés depuis que la sentence a été rendue, à moins que ce ne soit en vertu de la chose jugée.

14. *Le même emper. à Aurélius.*

Si votre femme ayant prêté une somme sous la condition qu'en place des intérêts, elle habiterait la maison de la personne à qui elle a prêté, elle a usé, comme elle en convient, de ce pacte, et n'a point retiré de loyer en la louant, on ne peut en aucune manière élever la question, qu'elle aurait retiré de la maison, si elle l'eût louée, une somme plus forte que ne l'est le taux légitime des intérêts ; car, quoique la maison eût pu être louée davantage, le prêt à intérêts n'est pas pour

10. *Idem A. Donato.*

Usuræ per tempora solutæ non proficiunt reo ad dupli computationem. Tunc enim ultra sortis summam usuræ non exiguntur, quoties tempore solutionis summa usurarum excedit eam computationem.

11. *Idem A. Popilio.*

Ex prædiis pignori obligatis creditor post oblatam sibi jure pecuniam, quam non suscepit, si fructus accepit, exonerari sortis debitum, certum est.

12. *Imp. Alexander A. Tyranno.*

Frumenti vel hordei mutuo dati accessio etiam ex nudo pacto præstanda est.

13. *Idem A. Eustachiæ.*

In bonæ fidei judiciis, quale est negotiorum etiam gestorum, usurarum rationem haberi certum est. Sed si finitum est judicium sententia : quamvis minoris condemnatio facta est, non adjectis usuris, nec provocatio secuta est : finita retractanda non sunt, nec ejus temporis quod post rem judicatam fluxerit, usuræ ullo jure postulantur, nisi ex causa judicati.

14. *Idem A. Aurelio.*

Si ea pactione uxor tua mutuam pecuniam dedit, ut vice usurarum domum inhabitaret, pactoque ita ut convenit usa est, non etiam locando domum pensionem redegit : referri quæstionem, quasi plus domus redigeret si locaretur, quàm usurarum legitimarum ratio colligit, minimè oportet. Licèt enim uberiore sorte potuerit contrahi locatio : non ideo tamen illicitum fœnus esse contractum, sed vilius conducta habitatio videtur.

cela illicite ; il résulte seulement delà
que la maison a été louée pour un prix
au-dessous de sa valeur.

15. *Imp. Gordianus A. Claudio.*

Cùm allegas uxorem tuam ea conditione
mille aureorum quantitatem sumpsisse , ut
si intra diem certum debito satis non fecisset , cùm pœna quadrupli redderet quod
accepit : juris forma non patitur legem
contractus istius ultra pœnam legitimarum
usurarum posse procedere.

15. *L'empereur Gordien à Claude.*

Vous dites que votre femme a emprunté la somme de mille pièces d'or,
sous la condition que si elle ne la rendait
pas le jour indiqué, elle serait obligée
de restituer le quadruple de cette somme ;
les lois ne permettent pas que la disposition pénale de ce contrat excède le taux
légitime des intérêts.

16. *Idem A. Sulpitio.*

Cùm non frumentum , sed pecuniam
fœnori te accepisse alleges , ut certa mo-
diatio tritici præstaretur : ac nisi is modius
sua die fuisset oblatus , mensurarum addi-
tamentis in fraudem legitimarum usurarum
gravatum te esse contendas : potes adversus improbam petitionem competenti uti
defensione.

16. *Le même empereur à Sulpitius.*

Vous dites que vous avez reçu non du
froment , mais une somme à titre de prêt
à intérêt , sous la condition qu'au-lieu
des intérêts en argent , vous fourniriez
une mesure déterminée de blé ; et vous
prétendez que dans le cas où vous n'of-
fririez pas le jour indiqué la mesure de
blé convenue, vous seriez obligé en fraude
du taux légitime des intérêts, de donner
un plus grand nombre de mesures de blé ;
vous pouvez user contre cette injuste demande des défenses convenables.

In authent. Nov. 34 , *cap.* 1.

Ad hæc , qui fructus aridos credidit
agricolæ , vel pecuniam , in unoquoque
anno pro modio octavam partem modii,
pro solido siliquam unam usurarum nomine accipiens : terram , sive aliquid aliud
quod pignori accepit omnimodò reddat.
Si aliquid præter hoc commiserit : ab actione cadat omni modo.

Authentique extraite de la Nov. 34, *ch.* 1.

En outre celui qui a prêté à un culti-
vateur des grains ou une somme d'argent, sous la condition qu'à titre d'intérêt il lui donnerait chaque année pour
une mesure le huitième de cette même
mesure, ou pour un sou une *silique*, doit
restituer la terre ou toute autre chose
qu'il peut avoir reçu en gage. S'il exige
un intérêt plus fort que celui dont nous
venons de faire mention, il sera déchu
tout-à-fait de sa créance.

17. *Imp. Philippus A. Euxeno.*

Si ea lege possessionem mater tua apud
creditorem suum obligavit , ut fructus in
vicem usurarum consequeretur : obtentu
majoris percepti emolumenti, propter incertum fructuum proventum rescindi placita non possunt.

17. *L'empereur Philippe à Euxène.*

Si votre mère a obligé son fonds à
son créancier, sous la condition qu'il en
recueillerait les fruits pour lui tenir lieu
d'intérêts, cette convention ne peut être
rescindée, sous le prétexte que la valeur
des fruits que le créancier perçoit excède le taux légitime des intérêts, parce
que le produit de ces fruits est incertain.

18. *Le même empereur à Castor.*

Après mûre délibération, il a été décidé, pour détruire les doutes de l'ancien droit, que les intérêts indus qui n'ont point été payés avant le paiement du capital, mais après, et qui pour cette cause n'ont pu être imputés sur le capital, peuvent être répétés.

19. *Le même empereur à Hyrénia.*

Après protestation, offrez à vos créanciers la somme que vous avez reçue en prêt avec ses intérêts légitimes ; s'ils refusent de la recevoir, déposez et consignez cette somme dans un lieu public, afin d'arrêter le cours des intérêts. On doit entendre dans cette circonstance par lieu public, les temples ou autres lieux dans lesquels le juge compétent, consulté à ce sujet, ordonnera que la somme soit déposée. Cela fait, le débiteur sera déchargé du péril que la somme déposée peut courir, et le droit sur les gages ne subsistera plus : car l'action *Serviana* déclare évidemment qu'on ne peut poursuivre les gages lorsque la dette a été payée, ou lorsqu'il a tenu au créancier qu'elle le fût. Ces mêmes dispositions doivent être observées à l'égard du transport de l'argent, réservant au créancier l'action utile pour qu'il puisse exiger cette somme, non contre le débiteur (à moins qu'il ne l'eût retirée), mais contre le dépositaire.

20. *Le même empereur à Élius.*

Les constitutions impériales qui fixent le taux légitime des intérêts, et qui défendent qu'on en exige à un taux plus fort, sont applicables aux mandans et aux fidéjusseurs ; c'est pourquoi, comme mandant ou fidéjusseur, si vous êtes poursuivi, vous pouvez vous en prévaloir dans votre défense.

21. *Le même empereur à Chrésimus.*

Si, ayant été convenu que la somme prêtée porterait intérêt, et cette convention ayant été consolidée par la dation de gage, vous n'avez pas de suite après le paiement que vous avez fait, ou immédiatement avant, déterminé lequel du capital ou des intérêts vous avez voulu payer, le créancier a pu imputer le paiement sur les intérêts.

Tome II.

18. *Idem A. Castori.*

Indebitas usuras, etiam si ante sortem solutæ non fuerint, ac propterea minuere eam non potuerint, sed post sortem redditam creditori fuerint datæ, exclusâ veteris juris varietate, repeti posse persuasâ ratione firmatum est.

19. *Idem A. Hyreniæ.*

Acceptam mutuo sortem cum usuris licitis creditoribus post contestationem offeras. At si non suscipiant, consignatam in publico depone, ut cursus legitimarum usurarum inhibeatur. In hoc autem casu publicum intelligi oportet, vel sacratissimas ædes, vel ubi competens judex super ea re aditus deponi eas disposuerit. Quo subsecuto, etiam periculo debitor liberabitur, et jus pignorum tolletur : cùm Serviana etiam actio manifestè declaret pignoris inhiberi persecutionem vel solutis pecuniis, vel si per creditorem steterit quominùs solvantur. Quod etiam in trajectitiis servari oportet : creditori scilicet actione utili ad exactionem earum, non adversus debitorem (nisi fortè eas receperit), sed contra depositarium, vel ipsas competente pecunias.

20. *Idem A. Ælio.*

Constitutionibus sacris, quæ ultra certum modum usuras fœnebris pecuniæ exigi prohibent, mandatoribus etiam vel fidejussoribus subventum est : quibus quasi mandator vel fidejussor conventus uti potes.

21. *Idem A. Chresimo.*

Si usuras præstari pignore dato convenerat, et incontinenti numeratione facta, posteà vel antè, propter quod debitum solutionem feceras, non designasti : habuit creditor in usuras tibi accepto ferendæ solutæ quantitatis facultatem.

22. Idem A. Carino.

Pignoribus quidem intervenientibus usurœ quœ sine stipulatione peti non poterant, pacto retineri possunt. Verùm hoc jure constituto, cum hujusmodi nullo interposito pacto, tantummodò certæ summæ præstari pœnam convenisse proponas: nec peti, nec retineri quicquam ampliùs posse, et ad pignoris solutionem urgeri tu disciplina juris perspicis.

23. Idem A. Jasoni.

Oleo quidem, vel quibuscunque fructibus mutuo datis, incerti pretii ratio additamenta usurarum ejusdem materiæ suasit admitti.

24. Idem A. Glauciæ.

Si mater tua major annis constituta, negotia quæ ad te pertinent, gesserit : cùm omnem diligentiam præstare debeat : usuras pecuniæ tuæ, quam administrasse fuerit comprobata, præstare compelli potest.

25. Imp. Constantinus A. ad Populum.

Pro auro et argento et veste facto chirographo licitas solvi vel promitti usuras jussimus.

26. Imp. Justinianus A. Mennæ præfecto prætorio.

Eos qui principali actione per exceptionem triginta vel quadraginta annorum, sive personali, sive hypothecaria ceciderunt : jubemus non posse super usuris vel fructibus præteriti temporis aliquam movere quæstionem, dicendo ex iisdem temporibus eas velle sibi persolvi, quæ non ad triginta vel quadraginta præteritos annos referuntur, adserendo singulis annis earum actiones nasci. Principali enim actione non subsistente, satis supervacuum est, super usuris vel fructibus adhuc judicem cognoscere.

§. 1. Super usurarum verò quantitate etiam generalem sanctionem facere neces-

22. Le même empereur à Carinus.

Lorsqu'il a été donné des gages, les intérêts qui n'auraient pu autrement être exigés sans stipulation, peuvent l'être dans ce cas en vertu du pacte. Mais comme vous dites qu'il n'a pas été question de pacte de cette sorte, mais qu'il a été convenu seulement qu'il serait payé en forme de peine une somme déterminée, faites attention que les lois vous défendent de demander ou d'exiger une somme plus forte, et qu'elles vous forcent à rendre les gages.

23. Le même empereur à Jason.

S'il a été donné de l'huile ou d'autres fruits quelconques à titre de prêt, l'incertitude de leur valeur détermine à admettre pour ces sortes de choses une augmentation d'intérêts.

24. Le même empereur à Glaucia.

Si votre mère étant majeure, a administré vos affaires, comme elle a dû leur donner tous les soins nécessaires, elle peut être forcée de fournir les intérêts de l'argent qu'il est prouvé qu'elle a reçu pour votre compte pendant qu'elle administrait vos affaires.

25. L'empereur Constantin au Peuple.

Nous ordonnons qu'on pourra payer ou promettre les intérêts légitimes pour de l'or, de l'argent ou des vêtemens, lorsqu'il en aura été fait un billet.

26. L'empereur Justinien à Menna, préfet du prétoire.

Nous ordonnons que ceux qui ont été déchus de l'action principale ou personnelle, ou hypothécaire, par la prescription de trente ou de quarante ans, ne puissent élever aucune contestation au sujet des intérêts ou des fruits du tems qui s'est écoulé, sous le prétexte que leur intention n'est que de demander les intérêts courus dans des tems non distans du moment présent, par l'espace de trente ou de quarante ans, disant que les actions pour les intérêts naissent chaque année. Car l'action principale étant éteinte, il est très-inutile que le juge s'occupe d'une contestation pareille élevée au sujet des intérêts ou des fruits.

§. 1. L'ancien taux des intérêts étant exorbitant et onéreux, nous avons cru devoir, pour le réduire à un mode plus juste, rendre une loi générale à ce sujet. C'est pourquoi nous ordonnons que les personnes illustres, ainsi que celles d'un rang plus élevé, ne puissent stipuler des intérêts qui excèdent le taux de quatre pour cent, quelle que soit l'importance du contrat; que les banquiers et ceux qui exercent quelque commerce licite ne puissent excéder dans leurs stipulations d'intérêts le taux de huit pour cent. Quant à ce qui concerne les contrats qui ont pour objet de faire passer de l'argent d'un lieu dans un autre, ou les contrats de prêt à intérêt, qui ont pour objet d'autres choses que de l'argent, nous ordonnons qu'on ne puisse exiger des intérêts au-delà du taux de douze pour cent, quoique cela fût permis par les anciennes lois; que les personnes des autres conditions ne puissent stipuler des intérêts qu'au taux de six pour cent; que dans tous les autres cas où l'on peut exiger des intérêts sans stipulation, il ne soit permis en aucune manière d'excéder le mode que nous venons de prescrire, et que le juge ne puisse permettre qu'on excède ce mode sous le prétexte de la coutume du pays. Si quelqu'un a stipulé des intérêts excédant le taux fixé par cette loi, nous ordonnons qu'il n'ait absolument aucune action pour exiger la partie des intérêts qui excède le taux fixé; que si elle a été payée, le stipulant soit forcé de l'imputer sur le capital. Il est défendu aux créanciers de distraire ou retenir quelque chose des sommes prêtées à usure, sous le prétexte des *siliques*, des *sportules* ou d'autres motifs: car si un créancier s'avise de faire quelque chose de contraire à ces dispositions, ce qu'il aura retenu ou distrait de cette manière sera retranché du principal de la dette: de sorte qu'il lui sera défendu non-seulement d'exiger cette partie de la dette, mais encore ses intérêts. Voulant ne laisser aucune prise aux machinations des créanciers qui, appartenant à une classe à laquelle il n'est pas permis de stipuler des intérêts sur le plus haut taux, se servent de l'intermédiaire d'autres personnes comprises dans d'autres classes auxquelles

sarium esse duximus, veterem duram et gravissimam earum molem ad mediocritatem deducentes. Ideóque jubemus, illustribus quidem personis, sive eas præcedentibus, minimè licere ultra tertiam partem centesimæ usurarum nomine in quocumque contractu vili vel maximo stipulari. Illos verò qui ergasteriis præsunt, vel aliquam licitam negotiationem gerunt, usque ad bessem centesimæ suam stipulationem moderari. In trajectitiis autem contractibus, vel specierum fœnori dationibus, usque ad centesimam tantummodò licere stipulari, nec eam excedere, licèt veteribus legibus hoc erat concessum. Cæteros autem omnes homines dimidiam tantummodò centesimæ usurarum nomine posse stipulari: et eam quantitatem usurarum etiam in aliis omnibus casibus nullo modo ampliari, in quibus citra stipulationem usuræ exigi solent: nec liceat judici memoratam augere taxationem occasione consuetudinis in regione obtinentis. Si quis autem aliquid contra modum hujus fecerit constitutionis, nullam penitus de superfluo habeat actionem: sed et si acceperit, in sortem hoc imputare compelletur: interdicta licentia creditoribus, ex pecuniis fœnori dandis aliquid detrahere vel retinere siliquarum nomine, vel sportularum, vel alterius cujuscumque causæ gratia. Nam si quid hujusmodi factum fuerit, principale debitum ab initio ea quantitate minuetur, ut tam ipsa minuenda pars, quàm usuræ ejus exigi prohibeantur. Machinationes etiam creditorum, qui ex hac lege prohibiti majores usuras stipulari, alios medios subjiciunt, quibus hoc non ita interdictum est, resecantes: jubemus, si quid tale fuerit attentatum, ita usuras computari, ut necesse esset, tanquam si ipse qui alium interposuit, fuisset stipulatus. In quo casu sacramenti etiam illationem locum habere sancimus.

les mêmes défenses ne s'adressent pas ; nous ordonnons que s'il est fait quelque chose de semblable, que le taux des intérêts soit réduit à celui que la personne qui en a interposé une autre peut stipuler ; et nous ordonnons que dans ce cas le serment soit déféré.

27. *Idem* A. *Mennæ præfecto prætorio.*

De usuris, quarum modum jam statuimus, pravam quorumdam interpretationem penitùs removentes, jubemus etiam eos, qui ante eandem sanctionem ampliores quàm statutæ sunt, usuras stipulati sunt, ad modum eandem sanctione taxatum ex tempore lationis ejus suas moderari actiones : scilicet illius temporis quod ante eam defluxit legem, pro tenore stipulationis usuras exacturos.

§. 1. Cursum insuper usurarum ultra duplum minimè procedere concedimus : nec si pignora quædam pro debito creditori data sint, quorum occasione quædam veteres leges et ultra duplum usuras exigi permittebant. Quod et in bonæ fidei judiciis, cæterisque omnibus casibus, in quibus usuræ exiguntur, servari censemus.

28. *Idem* A. *Demostheni præfecto prætorio.*

Ut nullo modo usuræ usurarum à debitoribus exigantur, et veteribus quidem legibus constitutum fuerat, sed non perfectissimè cautum. Si enim usuras in sortem redigere fuerat concessum, et totius summæ usuras stipulari : quæ differentia erat debitoribus, à quibus revera ad usurarum usuras exigebantur ? Hoc certè erat non rebus, sed verbis tantummodò legem ponere. Quapropter hac apertissima lege definimus, nullo modo licere cuiquam usuras præteriti temporis vel futuri in sortem redigere, et earum iterum usuras stipulari. Sed et si hoc fuerit subsecutum, usuras quidem semper usuras manere, et nullum usurarum aliarum incrementum sentire :

27. *Le même emper. à Menna, préfet du prétoire.*

Voulant corriger la mauvaise interprétation que certaines personnes ont donnée à la loi que nous avons faite au sujet du taux des intérêts, nous ordonnons que ceux aussi qui, avant la publication de notre loi, ont stipulé des intérêts sur un taux plus haut que celui qui est déterminé dans la même loi, réduisent leurs intérêts à ce dernier, à compter de l'époque où la loi sur ce sujet a été publiée ; leur étant permis d'exiger jusqu'à cette époque les intérêts stipulés sur le taux convenu.

§. 1. Nous défendons que les intérêts puissent s'élever au-delà du double, quand même des gages auraient été donnés au créancier pour sûreté de la dette, auquel cas des lois anciennes permettaient d'exiger le paiement des intérêts au-delà du double. Nous ordonnons que ces dispositions soient appliquées à tous les contrats de bonne foi et à tous les cas dans lesquels il est permis d'exiger des intérêts.

28. *Le même empereur à Démosthène, préfet du prétoire.*

Les anciennes lois ont bien défendu qu'on ne puisse en aucune manière exiger des débiteurs les intérêts des intérêts, mais non assez clairement : car s'il est permis d'ajouter au capital les intérêts et d'exiger ensuite les intérêts de cette somme entière, quelle différence y a-t-il pour les débiteurs desquels de cette manière on exige les intérêts des intérêts ? Certainement la différence n'est que dans les mots et non dans les choses ; c'est pourquoi nous ordonnons par cette loi, qu'il ne soit permis à personne, et en aucune manière, d'ajouter au capital les intérêts du tems écoulé ou futur. Cette loi étant exécutée, les intérêts resteront toujours intérêts, le capital ne sera point augmenté de la somme des intérêts, et ils n'en seront jamais qu'une accession.

sorti autem antiquæ tantummodò incrementum usurarum accedere.

TITRE XXXIII.

Du prêt maritime.

1. *Les emp. Dioclétien et Maximien à Honoratus.*

IL est certain que l'argent qui doit être transporté par mer d'un lieu dans un autre aux risques du créancier, ne commence d'être soumis à la règle des intérêts ordinaires, que lorsque le vaisseau est entré dans le port.

2. *Les mêmes emp. à Chosimania.*

Vous dites avoir prêté de l'argent sous la condition qu'il vous serait restitué dans la capitale, et que les périls et l'incertitude de la navigation n'étaient pas à votre charge ; dans ce cas, il est certain qu'il ne vous est pas permis d'exiger les intérêts au-dessus du taux licite.

3. *Les mêmes emp. à Junia.*

Exposant que vous avez fait un prêt maritime sous cette condition, qu'après la navigation, que le débiteur assurait devoir faire jusqu'en Afrique, relâchant dans le port des Salonitaniens, il vous rendrait la somme que vous lui avez prêtée : de sorte que vous ne deviez être chargé que des périls qui pouvaient survenir dans le cours de la navigation pour l'Afrique ; que votre débiteur n'ayant point, par sa faute, dirigé sa navigation vers le lieu convenu, et qu'ayant chargé son vaisseau de marchandises prohibées, le fisc s'est emparé de ce chargement ; les lois ne permettront point que vous supportiez la perte des marchandises que vous aviez sur le vaisseau, qu'il est prouvé n'avoir pas été perdues par l'effet des accidens de la mer, mais par l'avarice aveugle et la témérité de votre débiteur.

4. *Les mêmes emper. à Euchariste.*

La perte de l'argent qui doit être transporté par mer et qui n'est point au péril du créancier, n'est pas à la charge du débiteur lorsqu'elle arrive pendant

TITULUS XXXIII.

De nautico fœnore.

1. *Impp. Diocletianus et Maximianus AA. Honorato.*

TRAJECTITIAM pecuniam, quæ periculo creditoris datur, tam diù liberam esse ab observatione communium usurarum, quàm diù navis ad portum adpulerit, manifestum est.

2. *Iidem AA. Chosimaniæ.*

Cùm dicas te pecuniam ea lege dedisse, ut in sacra urbe tibi restitueretur, nec incertum periculum, quòd ex navigatione maris metui solet, ad te pertinuisse profitearis : non est dubium, pecuniæ creditæ ultra licitum modum te usuras exigere non posse.

3. *Iidem AA. Juniæ.*

Cùm proponas te nauticum fœnus ea conditione dedisse, ut post navigium quod in Africam dirigi debitor adseverabat, in Salonitanorum portum nave delata, fœnebris pecunia tibi redderetur : ita ut navigii duntaxat quod in Africam destinabatur, periculum susceperis : perque id vitium debitoris, nec loco quidem navigii servato illicitis comparatis mercibus, ea quæ navis continebat, fiscum occupasse : amissarum mercium detrimentum, quod non ex marinæ tempestatis discrimine, sed ex præcipiti avaritia, et incivili debitoris audacia accidisse adseveratur, adscribi tibi, juris publici ratio non permittit.

4. *Iidem AA. Eucharisto.*

Trajectitiæ quidem pecuniæ, quæ periculo creditoris mutuo datur, casus, antequam ad destinatam locum navis perveniat, ad debitorem non pertinet : sine hu-

jusmodi verò conventione, infortunio naufragii debitor non liberabitur.

la navigation et avant d'être arrivé au
lieu désigné ; mais si cette convention
n'a pas été faite, le débiteur ne sera
point libéré de la perte occasionnée par
le naufrage.

TITULUS XXXIV.

Depositi vel contra.

TITRE XXXIV.

De l'action du dépôt et de celle contraire.

1. Imp. Alexander A. Mesteno.

Si incursu latronum vel alio fortuito
casu ornamenta deposita apud interfectum
perierint : detrimentum ad heredem ejus
qui depositum accepit, qui dolum solum
et latam culpam (si non aliud specialiter
convenit) præstare debuit, non pertinet.
Quòd si prætextu latrocinii commissi, vel
alterius fortuiti casus, res quæ in potestate heredis sunt, vel quas dolo desiit possidere, non restituuntur : tam depositi,
quàm ad exhibendum actio, sed et in rem
vindicatio competit.

1. L'emper. Alexandre à Mesténus.

Si par une attaque de voleurs ou par
un autre cas fortuit, les ornemens déposés ont péri chez le dépositaire qui a
été aussi tué, la perte ne doit pas être
supportée par l'héritier de ce dernier qui
n'était tenu que de son dol ou de sa
faute, à moins qu'on n'eût convenu spécialement du contraire. Mais si, sous le
prétexte d'un vol ou d'un autre cas fortuit, l'héritier refuse de restituer les
choses déposées qui sont en sa puissance,
ou qu'il a cessé de posséder par son dol,
on a contre lui non–seulement l'action
du dépôt, mais encore celle *ad exhibendum* et la revendication.

2. Imp. Gordianus A. Celso.

Usuræ in depositi actione, sicut in cæteris bonæ fidei judiciis, ex mora venire
solent.

2. L'empereur Gordien à Celse.

Dans l'action du dépôt, comme dans
les autres actions de bonne foi, les intérêts sont dus ordinairement à compter
du jour où le dépositaire est en retard
de rendre le dépôt.

3. Idem A. Austero.

Si depositi experiaris non immeritò
etiam usuras tibi restitui fatigabis : cùm
tibi debeat gratulari, quòd furti cum actione non facias obnoxium. Si quidem qui
rem depositam invito domino sciens pru-
densque in usus suos converterit, etiam
furti delicto succedit.

3. Le même empereur à Austérus.

Si vous le poursuivez par l'action du
dépôt, vous serez bien fondé d'exiger
de lui les intérêts : car il devra se fé-
liciter de ce que vous ne l'attaquez pas
comme voleur par l'action du vol ; puisque celui qui sciemment et de dessein
formé emploie à son propre usage, et
sans le consentement du maître, la chose
déposée, se rend coupable de vol. .

4. Idem A. Timocrati.

Si deposita pecunia is qui eam suscepit,
usus est : non dubium est et eum usuras debere præstare. Sed si cum depositi actione
expertus es, tantummodò sortis facta condemnatio est : ultra non potes propter usuras experiri. Non enim duæ sunt actiones, alia sortis, alia usurarum, sed una ;

4. Le même empereur à Timocrate.

Si celui qui a reçu une somme d'argent en dépôt s'en est servi pour son
propre usage, il n'est aucun doute qu'il
ne doive en payer les intérêts ; mais si
l'ayant poursuivi par l'action du dépôt,
il a été seulement condamné à la restitution du principal, vous ne pouvez pas

renouveler l'action pour lui demander
les intérêts : car il n'y a pas deux actions, l'une pour le capital et l'autre
pour les intérêts, mais une seule, qui
ayant été suivie d'une sentence définitive,
fait qu'on ne peut plus la renouveler
sans qu'elle soit repoussée par l'exception
de la chose jugée.

**5. Les emper. Valérien et Gallien à
Claudien.**

Si ayant déposé, comme vous le dites,
avec votre adversaire, les titres qui ont
été passés à l'occasion d'un bien qui vous
a été affermé, sous la condition qu'ils
resteraient en dépôt jusqu'à ce que le
restant de la rente soit payé, et qu'a-
lors ils vous seraient rendus, vous avez
satisfait à la condition, vous pouvez poursuivre le séquestre. Si ces titres ne vous
étaient pas restitués, ayant payé tout ce
que vous deviez par suite de ce contrat,
vous n'en seriez pas moins libéré envers
celui qui vous a affermé son bien.

**6. Les emper. Dioclétien et Maximien à
Alexandre.**

Celui chez qui vous dites que les deux
parties ont déposé une transaction ou
autres titres, doit observer la condition
sous laquelle il s'est chargé de ce dépôt.

7. Les mêmes empereurs à Atticus.

Votre demande n'est point conforme
aux principes du droit : car vous étant
chargé de la garde d'une somme d'argent que vous avez prêtée à d'autres, le
titre que vous avouez avoir fait rédiger
à ce sujet, et par lequel il conste que cette
somme doit vous être rendue, prouve
contre vous ; c'est par mauvaise foi que
vous refusez de la restituer à ceux qui
vous l'ont confiée.

12. Les mêmes emper. à Alexandre.

Si celui qui a reçu de vous une somme
d'argent en dépôt, l'a prêtée à quelqu'autre en son nom ou en celui d'une
autre personne, il est manifeste qu'il est
tenu non-seulement lui-même à remplir
les engagemens qu'il a contractés envers
vous, mais encore son héritier ; mais
vous n'avez aucune action contre celui
qui a reçu cette somme en prêt du dépositaire, à moins que la somme ne soit

ex qua condemnatione facta, iterata actio
rei judicatae exceptione repellitur.

**5. Impp. Valerianus et Gallienus AA.
Claudiano.**

Propter instrumenta quidem, quæ te
deposuisse cum adversario tuo dicis, ut
residua pecunia quæ ex conductione debebatur, soluta, ea reciperes ; si id quod
placuerat implesti, sequestrum potes convenire. Quamvis autem hæc reddita non
fuerint : tamen adversus eum à quo fundum conduxeras : si omne quo ex hoc contractu debebatur, reddidisti, ipsis solutionibus tutus es.

**6. Impp. Diocletianus et Maximianus
AA. Alexandro.**

Is penes quem utramque partem transactionis vel alia instrumenta commen-
dasse dicis, legem qua hæc suscepit, servare necesse habet.

7. Iidem AA. Attico.

Desiderium tuum cum rationibus juris
non congruit. Nam si custodiam pecuniæ
suscepisti, quam aliis à te mutuo datam,
conscriptum instrumentum, quo hanc tibi
reddi profiteris, arguit : solutionem ejus
competentem improbè recusas.

8. Iidem AA. Alexandro.

Si is qui depositam à te pecuniam accepit, eam suo nomine vel cujuslibet alterius
mutuo dedit : tam ipsum de implenda suscepta fide, quàm ejus successores teneri
tibi, certissimum est. Adversus eum autem
qui accepit, nulla actio tibi competit : nisi
nummi extent. Tunc enim contra possidentem uti rei vindicatione potes.

9. Iidem AA. Menophyllo et cæteris.

Cùm hereditas personam domini sustineat : ab hereditario servo prius quàm patri vestro successeritis, res commendatas secundùm bonam fidem ab ejus qui suscepit, successoribus apud rectorem provinciæ petere potestis.

10. Iidem AA. et CC. Septimæ.

Qui depositum non restituit, suo nomine conventus et condemnatus, ad ejus restitutionem cum infamiæ periculo urgetur.

11. Imp. Justinianus A. Demostheni.

Si quis vel pecunias, vel res quasdam per depositionis acceperit titulum : eas volenti ei qui deposuit, reddere illicò modis omnibus compellatur : nullamque compensationem, vel deductionem, vel doli exceptionem opponat, quasi et ipse quasdam contra eum qui deposuit actiones personales, vel in rem, vel hypothecariam prætendens : cùm non sub hoc modo depositum acceperit, ut non concessa ei retentio generetur, et contractus qui ex bona fide oritur, ad perfidiam retrahatur. Sed et si ex utraque parte aliquid fuerit depositum, nec in hoc casu compensationis præpeditio oriatur, sed deposite quidem res vel pecuniæ ab utraque parte quam celerrimè sine aliquo obstaculo restituantur, ei videlicet primum, qui primus hoc voluerit : et posteà legitimæ actiones integræ quoque ei reserventur. Quod obtinere (sicut jam dictum est) oportet, et si ex una parte depositio celebrata est, ex altera autem compensatio fuerit opposita : ut integra omni legitima ratione servata, depositæ res vel pecuniæ prima fronte restituantur.

§. 1.

encore intacte : car dans ce cas, vous pouvez user contre le possesseur de la revendication.

9. Les mêmes empereurs à Ménophylle et autres.

L'hérédité représentant la personne du maître décédé, vous pouvez demander, pardevant le président de la province, aux successeurs du dépositaire, les choses qui ont été déposées chez lui de bonne foi par l'esclave héréditaire, avant d'avoir succédé à votre père.

10. Les mêmes empereurs et Césars à Septima.

Celui qui ne restituant point un dépôt, a été poursuivi et condamné en son propre nom, est forcé à la restitution et encourt l'infamie.

11. L'empereur Justinien à Démosthène.

Si quelqu'un ayant reçu de l'argent ou d'autres choses à titre de dépôt, refuse de les rendre à celui qui les a déposées et qui les réclame, qu'il soit forcé par tous les moyens de droit de les rendre incontinent ; qu'il ne lui soit point permis d'opposer une compensation, une déduction ou une exception de dol, sous le prétexte qu'il a lui-même contre celui qui a fait le dépôt des actions personnelle ou *in rem* ou hypothécaire ; parce qu'il n'a pas reçu le dépôt sous la condition qu'il pourrait le retenir en paiement de ce qu'il prétend lui être dû, et qu'un contrat qui naît de la bonne foi se termine en perfidie. La compensation n'est pas même un obstacle à la restitution du dépôt, quand même les deux parties seraient réciproquement dépositaires l'une de l'autre ; mais que dans ce cas l'argent ou les choses déposées par l'une et par l'autre des parties soient promptement et sans retard restituées, à commencer par celui qui le premier l'a désiré, et qu'ensuite ses actions lui soient rendues dans leur intégrité : ce qui doit avoir lieu, comme il a déjà été dit, lorsque le dépôt ayant été fait par l'une des parties, l'autre oppose la compensation, afin que chacun conservant d'ailleurs ses droits dans toute son intégrité, l'argent ou les choses déposées

déposées soient restituées à la première réquisition.

§. 1. Mais si une signification écrite a été faite par un tiers à celui qui a reçu le dépôt, non par le dol ou la fraude de ce dernier, de ne point restituer le dépôt, ce que le dépositaire doit affirmer par serment, qu'il soit permis à celui qui a fait le dépôt, après avoir préalablement fourni une caution valable, de récupérer au plus vite les choses déposées. *Authentique extraite de la Novelle 88, chap. 1.*

Mais il a été déjà ordonné qu'un tiers ne pouvait pas interdire au dépositaire la remise du dépôt. Cette disposition étant observée, le déposant, quoique possesseur des choses qu'il avait déposées, pourra être poursuivi par celui qui a fait la défense. Si au contraire, cette loi étant négligée, celui à qui on fait violence supporte quelque perte, celui qui a défendu de remettre le dépôt sera tenu de la réparer, et en outre de quatre pour cent d'intérêts depuis la date de la défense. Sera soumis encore aux mêmes peines, celui qui aura défendu au locataire de payer ses loyers ou à une personne publique la fourniture du pain.

12. *Le même emper. à Jean, préfet du prétoire.*

Abolissant une distinction inutile admise par les anciens, nous ordonnons que si quelqu'un ayant déposé un certain poids d'or ou d'argent ouvré ou en lingot, et ayant institué plusieurs héritiers, l'un d'entre eux a reçu du dépositaire la portion du dépôt qui lui revenait, et que l'autre ne l'ait pas reçue, soit qu'il en ait été empêché par l'effet d'un cas fortuit, ou que le dépositaire soit depuis tombé dans l'indigence, ou enfin soit que le dépôt ait péri sans son dol ; nous ordonnons, disons-nous, qu'il ne soit pas permis au cohéritier d'attaquer son cohéritier, et de se dédommager avec la part de l'autre de la perte de la somme, comme si c'était encore un bien commun : car personne ne doute que si un des cohéritiers a reçu sa part d'une certaine somme mise en dépôt, il ne l'ait bien

§. 1. Quòd si in scriptis attestatio non per dolum, vel fraudem fuerit ei qui depositum suscepit, ab alio transmissa, ut minimè depositum restituat, hocque per jusjurandum adfirmaverit : liceat ei qui deposuit, sub defensionis cautela idonea praestita, res depositas quàm ocyssimè recuperare.

In authent. Nov. 88, cap. 1.

Sed jam cautum est, ne quis extrinsecus depositario interdicat depositi restitutionem, qua subsecuta, depositor possidens pulsari poterit ab eo qui interdixit. Si contra factum fuerit : damnum quodcunque acciderit ei qui vim passus est, praestabitur ab eo qui interdixit, necnon et tertia centesimae usurarum nomine, ex quo facta est hujusmodi contestatio. Quibus poenis subjacet, qui vel inquilino dationem pensionum, vel publicae personae panis interdicit administrationem.

12. *Idem A. Joanni praefecto praetorio.*

Supervacuum veterum differentiam è medio tollentes, si quis certum pondus auri vel argenti confecti vel in massa constituti deposuerit, et plures scripserit heredes, et unus ex his contingentem sibi portionem à depositario acceperit, alter supersederit, vel aliàs fortuito casu impeditus hoc facere non potuerit, et posteà depositarius in adversam inciderit fortunam, vel sine dolo depositum perdiderit : sancimus, non esse coheredi ejus licentiam venire contra coheredem suum, et ex ejus parte avellere quod ipse ex sua parte consequi minimè potuit, quasi eo quod coheres accepit, communi constituto : cùm si certae pecuniae depositae fuerint, et suam partem unus ex coheredibus acceperit, nemini veniat in dubium, bene eum accepisse partem suam, et non debere aliam partem attingere. Nobis etenim non vi-

15

detur esse homo obnoxius , neque in massa, neque in specie, neque in pecunia numerata, qui suam partem suscepit : ne industria pœnas desidiæ solvat. Si enim et alius heres tempora oportuna, quemadmodùm coheres ejus observasset : et suum uterque reciperet, et sequentibus altercationibus minimè locus relinqueretur.

reçue, et ne doive s'en tenir à cette portion sans en revendiquer une autre. Il nous parait que le cohéritier qui a reçu sa part, soit qu'il s'agisse d'or en lingot, ou travaillé ou monnoyé, n'est point tenu envers son cohéritier ; parce que la diligence ne doit pas souffrir de la négligence : car si l'autre héritier eût profité du tems favorable, comme l'a fait son cohéritier, l'un et l'autre auraient reçu ce qui leur appartenait ; ce qui aurait évité pour la suite toute contestation.

TITULUS XXXV.

Mandati, vel contra.

1. Impp. Severus et Antoninus AA. Leonidæ.

ADVERSUS eum cujus negotia gesta sunt, de pecunia quam de propriis opibus, vel ab aliis mutuo acceptam erogasti, mandati actione pro sorte et usuris potes experiri. De salario autem quod promisit, apud præsidem provinciæ cognitio præbebitur.

2. Iidem AA. Marcello.

Cùm ex causa fidejussionis pecuniam patrem tuum exsolvisse proponas, habes mandati actionem : qua non solùm pecuniam, sed etiam pignora in obligationem deducta, potes consequi.

3. Iidem AA. Germano.

Si pater tuus tibi sui juris constituto actionem adversus debitores suos mandavit : potuit et ipse præsens adversus eos re integra experiri. Si quid itaque ab eo apud judicem actum est, rescindi id nulla ratio patitur.

4. Imp. Alexander A. Vulnerato.

Etiam si contrariam sententiam repor-

TITRE XXXV.

De l'action du mandat et de celle contraire.

1. Les empereurs Sévère et Antonin à Léonidas.

VOUS pouvez poursuivre par l'action du mandat, en remboursement du capital et des intérêts, celui dont vous avez fait les affaires, et pour l'administration desquelles vous avez fait des dépenses avec votre propre argent ou avec celui que vous avez emprunté pour cet effet. Vous pourrez vous adresser au président de la province, relativement aux honoraires que votre mandant vous a promis.

2. Les mêmes empereurs à Marcellus.

Exposant que votre père a payé une somme d'argent pour cause de fidéjussion, vous avez l'action du mandat, par le moyen de laquelle vous pouvez obtenir non – seulement la somme dont il vient d'être question, mais encore les gages donnés pour sûreté de l'obligation.

3. Les mêmes emper. à Germanus.

Quoique votre père vous ait chargé par mandat, étant sui juris, de son action contre ses débiteurs, il a pu luimême, nonobstant ce mandat, les poursuivre et intenter lui-même son action. C'est pourquoi s'il a été fait quelque chose à ce sujet pardevant le juge, il n'existe aucun motif qui détermine à ce qu'il soit rescindé.

4. L'emp. Alexandre à Vulnératus.

Quoique ceux qui vous ont nommé

leur procureur pour poursuivre leurs causes sur l'appel, aient obtenu une sentence contraire à leurs prétentions, si cela ne provient pas de votre faute, vous pourrez demander le remboursement des frais qu'il sera probable que vous aurez faits à cause de ce procès, en attaquant vos mandans par l'action contraire du mandat.

5. *Le même empereur à Gallianus.*

Si le mari de votre sœur, que vous avez nommé votre procureur, n'a pas voulu demander pour vous la possession des biens, c'est lui que vous devez attaquer ; et vous sortirez vainqueur de cette lutte, si vous prouvez que vous l'avez constitué votre procureur afin qu'il demandât la possession des biens, et qu'il a négligé de le faire.

6. *L'emp. Gordien à Sosibius.*

Si quelqu'un s'est rendu le fidéjusseur d'un débiteur du consentement de ce dernier, on peut, après le paiement de la somme ou après la condamnation rendue à ce sujet, diriger contre lui l'action du mandat.

7. *Le même empereur à Aurélien.*

Si, pour vous conformer aux lettres d'un banquier, vous avez prêté de l'argent à celui qui vous les a présentées, vous avez non-seulement l'action condictionnelle contre celui à qui vous avez livré l'argent, mais encore l'action du mandat contre celui au mandat duquel vous vous êtes conformé.

8. *Les empereurs Valérien et Gallien, et le César-Valérien, à Lucius.*

Si le père des pupilles vous a demandé de prêter de l'argent à ses esclaves pour être employé à sa chose, et si en outre, toujours par son ordre, vous avez obligé des gages encore pour l'utilité de sa chose ; à défaut de paiement, vous pouvez poursuivre les pupilles après la mort de leur père par l'action du mandat, et suivre les gages exprimés dans l'obligation.

9. *Les emp. Dioclétien et Maximien à Marcellus.*

Exposant que votre cause a périclité par l'effet de votre procureur, vous pouvez agir contre lui par l'action du mandat.

taverunt qui te ad exercendas causas appellationis procuratorem constituerunt : si tamen nihil culpa tua factum est, sumptus quos in litem probabili ratione feceras, contraria mandati actione petere potes.

5. *Idem* A. *Galliano.*

Si maritus sororis tuæ tibi procurans petere bonorum possessionem noluerit, cum ipso tibi congrediendum est : quam querelam ita cum effectu habes, si mandasse te ut peteretur bonorum possessio, eumque neglexisse arguas.

6. *Imp. Gordianus* A. *Sosibio.*

Si fidejussor pro reo patiente fidem suam adstrinxerit, mandati cum eo post exsolutam pecuniam, vel factam condemnationem potest actionem exercere.

7. *Idem* A. *Aureliano.*

Si litteras ejus secutus, qui pecuniæ actor fuerat, ei qui tibi litteras tradidit, pecunias credidisti : tam condictio adversus eum qui à te mutuam sumpsit pecuniam, quàm adversus eum cujus mandatum secutus es, mandati actio tibi competit.

8. *Impp. Valerianus et Gallienus* AA. *et Valerianus* C. *Lucio.*

Si tibi pupillorum pater, ut pecuniam in rem suam servis ejus crederes, mandavit, et in hanc rem æquè ipso præcipiente pignora sunt obligata : et mandati actione pupillos post mortem patris convenire, et exequi jus obligationis pignorum poteris, si in solutione cessabitur.

9. *Impp. Dioclet. et Maximian.* AA. *Marcello.*

Cùm per procuratorem causam tuam læsam esse dicas, mandati actio adversus eum tibi competit.

15*

10. *Iidem* AA. *Papio.*

Si pro ea contra quam supplicas, fidejussor seu mandator intercessisti, et neque condemnatus es, neque bona eam dilapidare postea cœpisse comprobare possis, ut tibi justam metuendi causam præbeat, neque ab initio ita te obligationem suscepisse, ut eam possis et ante solutionem convenire : nulla juris ratione antequàm satis creditori pro ea feceris, eam ad solutionem urgeri, certum est. Fidejussorem verò seu mandatorem exceptione munitum, et injuria judicis damnatum, et appellatione contra bonam fidem minimè usum, non posse mandati agere, manifestum est.

●

11. *Iidem* AA. ·*Caio.*

Procuratorem non tantùm pro iis quæ gessit, sed etiam pro iis quæ gerenda suscepit, et tam propter exactam ex mandato pecuniam, quàm non exactam, tam dolum quàm culpam, sumptuum ratione bona fide habita, præstare necesse est.

12. *Iidem* AA. *Firmo.*

Cùm mandati negotii contractum certam accepisse legem adseveres : eam integram secundùm bonam fidem custodire convenit. Unde si contra mandati tenorem procurator tuus ad te pertinentem fundum vendidit, nec venditionem posteà ratam habuisti : dominium tibi auferri non potuit.

13. *Idem* AA. *Zosimo.*

A procuratore dolum et omnem culpam, non etiam improvisum casum præstandum esse, juris auctoritate manifestè declaratur.

14. *Iidem* AA. *Hermiano.*

Si secundùm mandatum Triphonis et Felicis equos tua pecunia comparatos, vel in solutum à proprio debitore tibi traditos, uui de his utriusque voluntate dedisti :

10. *Les mêmes empereurs à Papius.*

Si ayant intercédé comme fidéjusseur ou comme mandateur pour celle contre qui vous suppliez, et n'ayant point été condamné pour cause de cette intercession, vous ne pouvez pas prouver qu'elle ait commencé depuis à dissiper ses biens, au point de vous donner un juste motif de crainte, et que vous n'avez dans le principe répondu pour elle que sous la condition que vous pourriez la poursuivre avant le paiement ; il est certain que vous ne pouvez vous prévaloir d'aucune disposition du droit pour la contraindre au paiement avant que vous ayez satisfait vous-même au créancier. Il est manifeste qu'un fidéjusseur ou un mandant muni d'une exception, condamné par l'ignorance du juge, et qui a négligé par mauvaise foi d'interjeter appel, ne peut intenter l'action du mandat.

11. *Les mêmes emp. à Caïus.*

Il faut que le procureur soit tenu de son dol comme de sa faute, tant pour les affaires qu'il a gérées, que pour celles qu'il s'était chargé de gérer, tant pour les sommes qu'il a perçues en vertu du mandat, que pour celles qu'il aurait dû percevoir ; on doit au reste lui tenir compte des justes frais qu'il peut avoir faits à l'occasion du mandat.

12. *Les mêmes emper. à Firmus.*

Assurant que vous avez déterminé vos intentions dans la procuration que vous avez donnée à quelqu'un, il faut, comme l'exige la bonne foi, que le procureur s'y conforme entièrement. C'est pourquoi si votre procureur ayant vendu un fonds vous appartenant, vous n'avez pas ratifié la vente, elle ne peut transmettre le domaine de ce fonds à l'acheteur.

13. *Les mêmes empereurs a Zosime.*

C'est un point de droit très-certain, que le procureur est tenu de son dol et de toute sa faute, mais non des cas imprévus.

14. *Les mêmes emper. à Hermien.*

Si d'après le mandat de Triphon et de Félix, ayant acheté des chevaux avec votre propre argent, ou les ayant reçus en paiement de votre propre débiteur, vous les avez livrés à l'un des susnommés par la volonté de tous les deux ; étant poursuivis par l'action du mandat, la bonne foi exige qu'ils remplissent leurs engagemens.

15. *Les mêmes emp. à Précatius.*

Le mandat est entièrement anéanti par la mort du mandant.

16. *Les mêmes emper. à Uranius.*

Celui qui ayant accepté un mandat pour acheter des marchandises et de l'argent à cet effet, a trompé la confiance de son mandant, est tenu d'indemniser ce dernier des pertes qu'il peut lui avoir occasionnées.

17. *Les mêmes empereurs à Gorgonius.*

Le salaire fondé sur une promesse incertaine ne peut être demandé.

18. *Les mêmes empereurs à Tuscien.*

Celui qui a mandé qu'on fît un prêt, peut, après avoir payé son mandataire, avec justice demander de celui pour qui il a intercédé, ou de ses héritiers, ce qu'il a payé, avec les intérêts courans, depuis qu'il est ou qu'ils sont en demeure.

19. *Les mêmes empereurs à Eugénius.*

Vous ne pouvez être contraint de payer les intérêts du prix des choses vendues, et dont vous avez fait la vente en vertu d'un mandat du maître, sur un taux illicite, soit qu'il ait été fixé par l'effet d'une stipulation ou par la suite d'un retard, quand même il serait prouvé que vous avez donné des gages.

20. *Les mêmes emp. à Epagathe.*

Si contre ce qui est permis, vous avez acheté un procès incertain, c'est en vain que vous demandez l'exécution d'une telle convention prohibée par les lois ; mais si vous avez accepté gratuitement le mandat, c'est avec justice que vous demandez, d'après la bonne foi, qu'on vous rembourse vos frais.

21. *L'empereur Constantin à Volusien, préfet du prétoire.*

Dans ce qui concerne le mandat, on risque non-seulement son bien, qui est l'objet principal de l'action du mandat, mais encore l'infamie : car celui qui est l'administrateur et le maître de sa chose, ne fait point toutes ses affaires, mais la

---

ad parendum placitis eos mandati judicio conventos bona fides urget.

15. *Iidem AA. Precatio.*

Mandatum re integra domini morte finitur.

16. *Iidem AA. Uranio.*

Ad comparandas merces data pecunia, qui mandatum suscepit, fide rupta, quanti interest mandatoris, tenetur.

17. *Iidem AA. Gorgonio.*

Salarium incerta pollicitatione promissum, peti non potest.

18. *Iidem AA. Tusciano.*

Post solutionem à se factam, qui dari mutuò mandavit, ab eo pro quo intercessit, vel successoribus ejus, quod solutum est, etiam cum usuris post moram rectè postulat.

19. *Iidem AA. Eugenio.*

Pretii rerum distractarum, quas venales praecedente mandato acceperas, ultra licitum usuras ex stipulatione vel mora praestare (licèt pignora data probentur) compelli non potes.

20. *Iidem AA. Epagatho.*

Si contra licitum litis incertum redemisti : interdictae conventionis tibi fidem impleri frustra petis : quòd si gratuitum mandatum suscepisti, secundùm bonam fidem sumptus rectè postulas.

21. *Imp. Constantinus A. Volusiano praefecto praetorio.*

In re mandata non pecuniae solùm, cujus est certissimum mandati judicium, verùm etiam existimationis periculum est. Nam suae quidem quisque rei moderator atque arbiter, non omnia negotia, sed pleraque ex proprio animo facit. Aliena vérò negotia exacto officio geruntur : nec quicquam in eorum administratione neglectum ac declinatum, culpa vacuum est.

22. *Imp. Anastasius A. Eustachio præfecto prætorio.*

Per diversas interpellationes ad nos factas, comperimus quosdam alienis rebus fortunisque inhiantes, cessiones aliis competentium actionum in semetipsos exponi properare : hocque modo diversis personas litigatorum vexationibus allicere : cùm certum sit, pro indubitatis obligationibus eos magis quibus antea suppetebant, jura sua vindicare, quàm ad alios ea transferre velle. Per hanc itaque legem jubemus in posterum hujusmodi conamen inhiberi. Nec enim dubium est, redemptores litium alienarum videri eos esse, qui tales cessiones in se confici cupiunt : ita tamen, ut si quis datis pecuniis, hujusmodi subierit cessionem : usque ad ipsam tantummodò solutarum pecuniarum quantitatem, et usurarum ejus actiones exercere permittatur, licèt instrumento cessionis venditionis nomen insertum sit : exceptis scilicet cessionibus, quas inter coheredes pro actionibus hereditariis fieri contingit : et iis, quascumque vel creditor vel is qui res alienas possidet, pro debito, seu rerum apud se constitutarum munimine ac tuitione accepit : necnon iis quas inter legatarios seu fideicommissarios, quibus debita vel actiones seu res aliæ relictæ sunt, pro his fieri necesse sit. Nulla etenim tali intercedente ratione, redemptor (sicuti superius declaratum est) magis existit, qui alienas pecuniis præstitis subiit actiones. Si autem per donationes cessio facta est : sciant omnes hujusmodi legi locum non esse, sed antiqua jura esse servanda : ut cessiones tam pro exceptis et specialiter enumeratis, quàm aliis causis factæ seu faciendæ, secundùm actionum, quæcumque cessæ sunt vel fuerint tenorem, sine quadam imminutione obtineant.

plupart à sa volonté. Les affaires d'autrui doivent être administrées avec la plus grande exactitude ; à cet égard rien de ce qui a été négligé ou mal administré n'est exempt de faute.

22. *L'empereur Anastase à Eustachius, préfet du prétoire.*

Par divers rapports qui nous ont été faits, nous avons découvert que certaines personnes poussées par le désir de posséder le bien d'autrui, s'empressaient de se faire faire en leur faveur des cessions d'actions compétentes à d'autres; que par ce moyen les plaideurs devenaient les victimes de quantité de vexations. Comme il est certain qu'à l'égard des obligations non douteuses, ceux qui y ont intérêt sont plutôt dans l'intention de revendiquer leurs droits que de les céder à d'autres, nous ordonnons par cette loi, que désormais de pareils attentats soient réprimés. Il n'est aucun doute qu'on n'entende par acheteurs de procès d'autrui, ceux qui cherchent à engager les plaideurs à faire la cession de leurs procès en leur faveur : c'est pourquoi si quelqu'un, après avoir donné un certain prix, s'est fait faire une pareille cession, qu'il ne lui soit permis d'exercer les actions qu'il a achetées que jusqu'à concurrence de la somme qu'il en a donnée pour tenir lieu de prix et des intérêts, quand même on aurait donné au titre de la cession le nom de vente. Nous exceptons de ces dispositions les cessions qu'il arrive souvent que les cohéritiers se font des actions héréditaires; celles, quelles qu'elles soient, qu'un créancier ou un possesseur de choses d'autrui ont reçu ou en paiement d'une dette, ou à cause de l'administration et de la conservation des choses qui leur ont été confiées ; ainsi que celles qui ont lieu entre des légataires ou des fidéicommissaires à qui il a été laissé des dettes, des actions ou d'autres choses : car ces personnes ne peuvent souvent se dispenser de faire de ces sortes de cessions. L'acheteur de procès, est celui qui, comme nous l'avons dit, n'étant engagé par aucun de ces motifs, se charge des actions d'autrui au moyen d'une certaine somme qu'il donne pour tenir lieu de prix. Mais si une cession de cette sorte a été faite par donation, personne ne doit ignorer que cette loi n'est pas applicable dans ce cas ; mais qu'en pareille occurrence on doit observer le droit ancien : de sorte que les cessions faites ou à faire, tant pour les causes exceptées et spécialement déterminées ci-dessus, que pour les autres, ne soient nullement réduites et obtiennent toute la force qu'exige l'étendue des actions qui en sont l'objet.

23. *L'empereur Justinien à Jean, préfet du prétoire.*

L'empereur Anastase, de divine mémoire, a publié une constitution très-équitable, marquée du sceau de l'humanité et de la bienfaisance, dont l'objet est de défendre que personne ne se charge des actions d'autrui, par le moyen d'une cession faite en sa faveur par celui que ces actions concernent, et que ceux qui malgré cette défense achèteraient de pareilles actions, ne reçoivent du débiteur une somme plus grande que celle qu'ils ont donnée au cédant pour lui tenir lieu de prix de la cession ; excepté dans certains cas spécialement désignés dans cette même constitution. Mais comme ceux qui recherchent les procès ont altéré et éludé cette pieuse constitution, en inventant la subtilité par laquelle ils transfèrent à un autre créancier à titre de vente une partie de la dette, et cèdent l'autre partie par une donation feinte ; nous ordonnons par cette loi, dont l'objet est d'affermir la constitution d'Anastase, qu'il ne soit permis à personne de céder, au moyen d'une certaine somme pour tenir lieu de prix et par une vente d'actions, une partie de la dette, et de transférer l'autre partie sous le titre feint de donation ; mais que si l'on veut donner purement et simplement toute la dette, on ne reçoive pas en secret et par des artifices clandestins de l'argent, pour ensuite publiquement passer une donation simulée ; mais que l'on fasse une donation simple et non feinte : car nous ne prohibons point ces sortes de cessions.

§. 1. Or si quelqu'un cherche en secret à agir d'une autre manière, comme s'il

23. *Imp. Justinianus A. Joanni præfecto prætorio.*

Ab Anastasio divæ memoriæ principe justissima constitutio conscripta est, tam humanitatis quàm benevolentiæ plena : ut ne quis alienum subeat debitum cessione in eum facta, et ne ampliùs à debitore consequatur his quæ præstitit cessionis auctori : exceptis quibusdam casibus, qui specialiter illa sanctione continentur. Sed cum ii qui circa lites morantur, eandem piam dispositionem in sua natura remanere minimè concesserint, invenientes machinationem, ut partem quidem debiti venditionis titulo transferant in alium creditorem, reliquam autem partem per coloratam cedunt donationem : generaliter Anastasianæ constitutioni subvenientes, sancimus nulli licere partem quidem debiti cedere pecuniis acceptis, et venditione actionum habita, partem autem donationis titulo videri transferre : sed si voluerit debitum totum purè donare, et per donationem actiones transferre : non occultè nec per artes clandestinas pecunias suscipere, publicè autem simulatam donationem celebrare, sed undique puram et non dissimulatam facere donationem. Hujusmodi enim cessionibus non adversamur.

§. 1. Si quis autem occultè aliud quidem agere conatur, et pecunias pro parte accipit, et vendidit particulatim actiones, partem autem donare simulat, vel ipsi qui emptionem actionis partim subit, vel forsitan alii per suppositam personam (quia et hoc sæpius perpetratum esse didicimus): hujusmodi machinationem penitus amputamus, ut nihil amplius accipiat, quàm ipse vero contractu re ipsa persolvit : sed omne quod superfluum est, et per figuratam donationem translatum, inutile esse ex utraque parte censemus : et neque ei qui cessit actiones, neque ei qui eas suscipere curavit, aliquid lucri vel fieri vel remanere, vel aliquam contra debitorem, vel res ad eum pertinentes, esse utrique eorum actionem,

§. 2. Sed et si quis donationem quidem omnis debiti facere adsimulaverit, ut videatur esse tota donatio, aliquid autem occultè susceperit : et in hoc casu tantummodò exactionem sortiri ejus quod datum esse comprobetur. Et si hoc à debitore persolvatur : nulla contra eum vel substantiam ejus ex dissimulata donatione oriatur molestia.

§. 3. Et justum quidem fuerat hoc remedium debitoribus ab Anastasianis temporibus impertiri, ex quibus etiam lex data est, quam homines astutè lacerandam esse existimaverunt. Sed ne videamur in tantæ temporum nostrorum benevolentia aliquid acerbius admittere : in futuris post præsentem legem casibus hæc observari censemus : ut omne quod contra legem Anastasianam excogitatum est, hoc in posterum nostro perfruatur remedio.

reçoit de l'argent pour une partie de la dette et feint de donner l'autre partie, ou à celui qui en a acheté une partie ou à une autre personne interposée (ce que nous avons appris être arrivé souvent), nous anéantissons entièrement cette subtilité, en ordonnant que le cessionnaire ne puisse exiger en vertu d'une action de cette sorte une plus grande somme que celle qu'il a donnée pour prix de la cession, et que le surplus de cette somme qui aurait pu être exigé en vertu de l'action qui a été cédée par une donation feinte, ne puisse pour cette cause être exigé ni par le cédant ni par le cessionnaire, et que ni l'un ni l'autre ne fassent ni ne conservent aucun profit ni action contre le débiteur ou ses biens,

§. 2. Nous ordonnons que si quelqu'un ayant fait une donation simulée de toute la dette, reçoit ensuite quelque chose en secret pour en tenir lieu de prix, on ne puisse dans ce cas exiger seulement ce qui sera prouvé avoir été donné ; et lorsque le débiteur l'aura payé, lui et ses biens ne pourront plus être recherchés en vertu de cette donation simulée.

§. 3. L'empereur Anastase, dans son tems, voulut, par cette loi salutaire, venir au secours des débiteurs ; mais, quelque juste qu'elle fût, il se trouva encore des hommes qui ne se firent aucun scrupule de la dénaturer et de l'éluder artificieusement. Quant à celle-ci, afin qu'on ne nous accuse pas d'être trop sévère, nous ordonnons qu'elle ne soit applicable qu'aux affaires futures. Au moyen de cette loi, tout ce qu'on a entrepris contre la constitution Anastasienne, sera désormais anéanti.

TITULUS XXXVI.

Si servus extero se emi mandaverit.

1. Impp. Diocletianus et Maximianus AA. et CC. Dionynæ.

SI servus extero se mandaverit emendum : quamvis nec ex persona servi (quia hoc liber mandare non potest) nec ex domini

TITRE XXXVI.

De l'esclave qui a mandé à un étranger de l'acheter.

1. Les emp. Dioclétien et Maximien, et les Césars, à Dionyna.

SI un esclave a chargé par un mandat un étranger de l'acheter, quoiqu'on ne crût pas qu'il pût naître une action d'un tel

tel mandat, soit que le mandant fût esclave (parce qu'un homme libre même
ne peut faire un mandat de cette sorte),
soit qu'il fût le maître de l'esclave (puisque celui qui mande d'acheter quelque
chose de lui-même, le fait inutilement).
Cependant comme cela n'a pas lieu afin
qu'il naisse une action du mandat même,
mais afin qu'il en naisse une d'un autre
contrat à cause du mandat, nous ordonnons avec de plus justes motifs qu'une
telle obligation soit acquise au maître.
C'est pourquoi si à l'insu de votre maître
vous avez chargé quelqu'un de vous acheter et lui avez fourni l'argent provenant
de votre pécule, avec lequel vous lui
avez payé le prix convenu, vous n'êtes pas
pour cela délivrée de la servitude : car
si vous n'avez pas été encore livrée ni
affranchie, nous accordons à votre maître
la faculté de vous revendiquer vous-même,
ou le prix que vous avez donné, par les
actions contraires du mandat et de l'a-
chat. Il a le droit de choisir ou de vous
réclamer vous-même, ou de se contenter
du prix que vous avez donné ; le paiement ayant été fait avec de l'argent du
pécule qui lui appartenait, il n'a pu délivrer l'acheteur du lien de l'obligation.

mini persona (quoniam qui mandat ut à
se res comparetur, inutiliter mandat) consistere credebatur actio : tamen optima
ratione, quia non id agitur ut ex ipso
mandato, sed propter mandatum ex alio
contractu nascatur actio : domino quæri
placuit obligationem. Si itaque domino
ignorante emi te mandasti, ac te nummos
subministrante peculiares, soluti sunt
emptori : minime liberatio per hujusmodi
factum potuit pervenire. Nec tamen si
tradita, nec manumissa es : etiam mandati de ancilla, et empti de pretio conse-
quendo contrarias actiones ei exercere
concedi placuit. Sane in illius arbitrio
relictum est, utrumne mancipium, an
pretium consequi velit : cùm ex peculio
quod ejus fuit, solutio celebrata, obligationis vinculo emptorem liberare non potuerit.

TITRE XXXVII.

De l'action pro socio.

1. *Les emper. Dioclétien et Maximien, et*
les Césars, à Aurélius.

IL est admis qu'une société peut être
contractée entre des personnes dont l'une
apporterait à la masse commune de l'argent et l'autre de l'ouvrage.
2. *Les mêmes empereurs et Césars à*
Pantonius.
Exposant que vous avez acheté un
fonds en société avec votre patron, et
que vous avez été tous les deux mis en
possession, le droit exige que le domaine
du fonds vous appartienne à l'un et à
l'autre ; mais, comme vous dites que vous
en avez seul compté le prix et payé les
charges, vous récupérerez par l'action de

TITULUS XXXVII.

Pro Socio.

1. *Impp. Diocletianus et Maximianus*
A.A. *et* CC. *Aurelio.*

SOCIETATEM, uno pecuniam confe-
rente, alio operam, posse contrahi, magis obtinuit.

2. Iidem AA. et CC. Pantonio.

Cùm proponas te prædium conjuncto
dominio cum patrono tuo comparasse, in
possessionemque tam te, quàm ipsum inductum : juris ratio efficit, ut dominium
fundi ad utrumque pertineat. Sane quia
pretium à te solo numeratum, et solemnibus pensitationibus, cessante socio, satisfactum esse dicis : judicio societatis id

quod eo nomine præstari oportuerit, consequeris.

3. Idem AA. et CC. Victorino.

Cùm in societatis contractibus fides exuberet, conveniatque æquitatis rationibus, etiam compendia æqualiter inter socios dividi : præses provinciæ si patrem tuum salinarum societatem participasse, et non recepta communis compendii portione, rebus humanis exemptum esse perspexerit : commodum societatis, quod deberi juxta fidem veri constiterit, restitui tibi præcipiet.

4. Iidem AA. et CC. Celeri.

Si societatis jure, vel transactionis stipulatione subdita, bonorum omnium æquis partibus inter te et Faviam divisionem rectè fieri placuit : quominùs hæc rata serventur, nihil interest utrùm testatus quis fuerit obligatus, an intestatus rebus sit humanis exemptus.

5. Iidem AA. et CC. Theodoro.

Tam diù societas durat, quàm diù consensus partium integer perseverat. Proindè si jam tibi pro socio nata est actio : eam inferre apud eum cujus super ea re notio est, non prohiberis.

6. Imp. Justinianus A. Joanni præfecto prætorio.

De societate apud veteres dubitatum est, si sub conditione contrahi potest : putà, si ille consul fuerit, societatem esse contractam. Sed ne simili modo apud posteritatem, sicut apud antiquitatem, hujusmodi causa ventiletur : sancimus societatem contrahi posse non solùm purè, sed etiam sub conditione. Voluntates etenim legitimè contrahentium omnimodò conservandæ sunt.

7. Idem A. Joanni præfecto prætorio.

Sancimus, veterum dubitatione semota,

la société ce que votre associé aurait dû fournir pour cette cause.

3. Les mêmes empereurs et Césars à Victorinus.

Comme les contrats de société sont ceux qui exigent le plus de bonne foi, l'équité demande que les gains soient partagés également entre les associés. Si le président de la province est convaincu que votre père était un des membres de la société formée pour l'exploitation des salines, et qu'il est décédé avant d'avoir reçu sa part du commun profit, il ordonnera qu'on vous restitue cette portion des gains de la société qui, d'après la vérité, sera prouvé être due.

4. Les mêmes empereurs et Césars à Céler.

Si vous êtes convenus vous et Favia de faire par le droit de société ou par stipulation, que tous les biens qui vous étaient communs seraient divisés par partie égale entre vous deux, le partage ne sera pas moins valable, soit que celui qui se trouve obligé ait fait un testament, soit qu'il soit mort ab intestat.

5. Les mêmes empereurs et Césars à Théodore.

La société dure autant de tems qu'il plaît à tous les associés de la conserver. Par conséquent s'il vous est acquis une action pro socio, vous pouvez l'intenter auprès de celui qui a droit d'en connaître.

6. L'empereur Justinien à Jean, préfet du prétoire.

Les anciens doutaient si on pouvait contracter société conditionnellement, comme par exemple, si tel est nommé consul, la société sera contractée. Afin qu'à l'avenir il n'y ait plus de doute à cet égard, comme chez les anciens, nous ordonnons qu'une société puisse être contractée non-seulement purement, mais encore conditionnellement. On ne doit gêner en aucune manière les volontés des contractans qui ne sont point contraires aux lois.

7. Le même empereur à Jean, préfet du prétoire.

Nous ordonnons, en décidant le doute

des anciens, que le curateur d'un furieux ait la faculté de dissoudre, si c'est sa volonté, la société qu'il avait contractée avec lui avant qu'il fût furieux, et de renoncer en même tems à la société contractée avec les autres associés. Comme à l'égard de tous les autres contrats le curateur d'un furieux jouit d'une autorité légitime, nous lui permettons encore à l'égard de celui-ci de pourvoir aux avantages de celui qui est confié à ses soins.

licentiam habere furiosi curatorem dissolvere, si maluerit, societatem furiosi, et sociis licere ei renuntiare. Et quemadmodùm in omnibus contractibus aliis legitimam auctoritatem ei dedimus, ita et in hac parte eum permittimus competenter commodis furiosi providere.

TITRE XXXVIII.

De l'achat et de la vente.

1. Les empereurs Valérien et Gallien à Paul.

LA vente n'est pas nulle par cela seul qu'elle a été faite dans un autre lieu que celui où sont situés les objets vendus.

2. Les emper. Dioclétien et Maximien à Avitus.

Il est clair que l'achat et la vente ont besoin du consentement, et qu'un furieux n'est pas censé avoir un consentement. On ne doute pas cependant que des furieux majeurs de vingt-cinq ans ne puissent, dans leurs momens lucides, faire des ventes et passer d'autres contrats.

3. Les mêmes empereurs à Valéria.

Si on a couvert une donation par une vente simulée, cette vente ne peut avoir aucun effet. Si vous avez livré la possession de votre fonds à quelqu'un afin qu'il vous fournît des alimens à titre de donation, mais cependant couvert par l'image d'une vente; comme on ne peut facilement rescinder une donation parfaite, il convient que vous vous soumettiez aux conditions que vous vous êtes imposées à vous-même en donnant votre bien.

4. Les mêmes empereurs à Lucien.

Vous exposez que vous avez acheté de l'héritier de la donatrice les choses qu'elle vous avait données; vous auriez dû savoir que le titre de votre possession ne pouvait être doublé. C'est inutilement que

TITULUS XXXVIII.

De contrahenda emptione et venditione.

1. Impp. Valerianus et Gallienus AA. Paulo.

VENDITIONES etsi in alio loco quàm in quo possessiones constitutæ sunt, fiant: non ideò irritæ esse creduntur.

2. Impp. Diocletianus et Maximianus AA. Avito.

Emptionem et venditionem consensum desiderare, nec furiosi ullum esse consensum, manifestum est. Intermissionis autem tempore furiosos majores vigintiquinque annis venditiones et alios quoslibet contractus posse facere, non ambigitur.

3. Iidem AA. Valeriæ.

Si donationis causa venditionis simulatus contractus est: emptio in sui deficit substantia. Sanè si in possessionem rei, sub specie venditionis, causa donationis, ut te aleret, induxisti: sicut perfecta donatio facilè rescindi non potest, ita legi quam tuis rebus donans dixisti, parere convenit.

4. Iidem AA. Luciano.

Cùm res tibi donatas ab herede donatricis tibi distractas esse proponas, intelligere debueras, duplicari tibi titulum possessionis non potuisse: sed ex donatione et traditione dominum factum te frustrà

16 *

emisse : cùm rei propriæ emptio non possit consistere. At tunc demùm tibi profuit, si ex donatione te non fuisse dominum demonstretur. Sanè quoniam omnia bona tibi ab ea donata et tradita dicis : ad hoc et à filio facta venditio rerum maternarum adferre, perfecta etiam donatione, poterit defensionem, ne vel exemplo inofficiosi testamenti possit hæc avocare.

5. Iidem AA. Gratiæ.

Cùm ipse tutor nihil ex bonis pupilli, quæ distrahi possunt, comparare palàm et bona fide prohibetur : multò magis uxor ejus hoc facere potest.

6. Idem AA. Lucretio.

Si Gaudentius in matrem tuam titulo venditionis sine quadam fraude dominium mancipii transtulit : non idcircò quòd postea inter eos matrimonium et divortium secutum dicitur, juri ejus quicquam derogatum est. Quod vindicare, te matri tuæ successisse probans, minimè prohiberis.

7. Iidem AA. Pisoni.

Si ancillam ex emptione sibi quæsitam, mater tua donatione à secundo marito posteà se simulavit accepisse : tituli falsi figmentum donationis dominium ei duplicare vel auferre non potuit.

8. Iidem AA. Diogeni.

Si non donationis causa, sed verè vineas distraxisti, nec pretium numeratum est : actio tibi pretii, non eorum quæ dedisti, repetitio competit.

9. Iidem AA. Severo.

Empti fides, ac venditi sine quantitate nulla est. Placito autem pretio non numerato, sed solùm tradita possessione, istiusmodi contractus non habetur irritus : nec idcircò is qui comparavit, minùs rectè possidet, quòd soluta summa quam dari

vous avez acheté ces choses, puisque vous en étiez déjà le maitre en vertu de la donation et de la tradition : car on ne peut faire l'achat de sa propre chose ; c'est pourquoi cet achat serait valable s'il était prouvé que par la donation vous n'étiez pas le maitre des choses qui en font l'objet. Certainement, puisque vous dites que la donatrice vous avait donné et livré tous ses biens, la vente faite par le fils des effets composant la succession de sa mère, pourra, quoique la donation soit parfaite, être soutenue, parce que le fils, par la querelle d'inofficiosité du testament, pouvait se faire restituer la succession de sa mère.

5. Les mêmes empereurs à Gratia.

Si le tuteur lui-même ne peut acheter publiquement et sans mettre de la mauvaise foi ceux des biens du pupille qui peuvent être vendus, à plus forte raison sa femme.

6. Les mêmes empereurs à Lucrèce.

Si Gaudentius a transféré à votre mère, à titre de vente et sans fraude, le domaine d'un esclave, cette vente n'en est pas moins valable, quoique par la suite les deux contractans se soient mariés ensemble et aient même divorcé. C'est pourquoi vous pourrez revendiquer cet esclave si vous prouvez avoir succédé à votre mère.

7. Les mêmes empereurs à Pison.

Si votre mère a feint d'avoir reçu à titre de donation de son second mari, l'esclave qu'elle avait acheté elle-même auparavant, la supposition de cette fausse donation n'a pu doubler le titre de sa propriété ni la lui enlever.

8. Les mêmes empereurs à Diogène.

Si vous avez réellement vendu et non donné vos vignes, et que le prix ne vous en ait pas été compté, vous avez action pour demander le prix et non pour répéter les choses que vous avez données.

9. Les mêmes empereurs à Sévère.

Il n'existe point d'achat ni de vente sans prix. Le contrat n'est point considéré comme nul, quoique le prix n'ait point été compté, si l'acheteur a été mis en possession ; l'acheteur n'en possède pas moins bien, quoiqu'il refuse de payer le prix qu'il était convenu de donner. Si la tradition suit la vente d'un champ faite pour cause de donation, n'existant aucune action pour le prix, la donation est parfaite.

10. *Les mêmes empereurs à Georgius.*

Si votre mère a acheté son propre fonds croyant qu'il faisait partie des biens de votre père ; comme on ne peut acheter sa propre chose, vous exposez que cet achat est simulé ; une convention de cette sorte n'a pu rien changer à la substance de la vérité et n'a pu nuire à votre mère.

11. *Les mêmes empereurs à Patérius.*

La demande du pétitionnaire, qui consiste à demander qu'il lui soit permis d'acheter une chose malgré le maître qui la possède, ou qu'il lui soit permis de forcer quelqu'un à acheter celle dont il est le propriétaire lui-même, n'est pas fondée sur un juste motif.

12. *Les mêmes empereurs à Paternus.*

L'achat n'en est pas moins parfait quoique l'acheteur n'ait point reçu de fidéjusseur qui le garantisse de l'éviction, ou que le contrat n'ait pas été rédigé par écrit : car il possède légitimement s'il est entré en possession avec le consentement du vendeur. Mais s'il est prouvé que le prix n'a pas été payé, il peut être demandé : car la protestation contre ce qui a été fait, quoique faite aussitôt après la perfection du contrat, ne peut le rescinder s'il a été fait avec le consentement de toutes les parties.

13. *Les mêmes empereurs à Julien.*

Le contrat de vente auquel on a ajouté la condition, qu'il n'aurait d'effet qu'autant que le vendeur ou l'acheteur le désirerait, est nul, parce qu'il ne lie pas indispensablement les contractans. C'est pourquoi le maître, ni qui que ce soit, ne peuvent être contraint en vertu d'une telle convention de vendre leur chose.

14. *Les empereurs Valentinien, Théodose et Arcadius à Fabien, préfet d'Illyrie et d'Italie.*

Autrefois les proches parens, lorsqu'il s'agissait d'un achat, éloignaient les étrangers et leur étaient préférés, ce qui faisait qu'on ne pouvait pas à sa volonté

convenerat, negatur. Sed et si donationis gratia prædii factam venditionem, traditio sequatur : actione pretii nulla competente, perficitur donatio.

10. *Iidem AA. Georgio.*

Si mater tua velut ex patris tui bonis prædium suum comparavit : cùm rei propriæ non consistat emptio, et hanc simulatam proponas : hujusmodi placitum mutare substantiam veritatis, et ei nocere non potuit.

11. *Iidem AA. Paterio.*

Invitum comparare, vel distrahere postulantis desiderium, justam causam non continet.

12. *Iidem AA. Paterno.*

Non idcircò minus emptio perfecta est, quòd emptor judejussorem non accepit, vel instrumentum testationis vacuæ possionis omissum est : nam secundùm consensum auctoris in possessionem ingressus, rectè possidet. Pretium sanè, si eo nomine satisfactum non probetur, peti potest : nec enim, licèt incontinenti facta, pœnitentiæ contestatio consensu finita rescindit.

13. *Iidem AA. Juliano.*

In vendentis vel ementis voluntatem collata conditione comparandi, quia non adstringit necessitate contrahentes, obligatio nulla est. Idcircò dominus invitus ex hujusmodi conventione rem propriam, vel quilibet alius distrahere non compellitur.

14. *Impp. Valentinianus, Theodosus et Arcadius AAA. Fabiano præfecto prætorio Illyrici et Italiæ.*

Dudum proximis consortibusque concessum erat, ut extraneos ab emptione removerent, neque homines suo arbitratu vendenda distraherent : sed quia gravis hæc videtur injuria, quæ inani honestatis colore velatur, ut homines de rebus suis facere aliquid cogantur inviti : superiore lege quassata, unusquisque suo arbitratu quærere vel probare possit emptorem : nisi lex specialiter quasdam personas hoc facere prohibuerit.

Datum 6 calend. junii, Tatiano et Symmacho Coss. 391.

15. *Imp. Justinianus A. Juliano præfecto prætorio.*

Super rebus venundandis, si quis rem ita comparaverit, ut res vendita esset quanti Titius æstimaverit, magna dubitatio exorta est multis antiquæ prudentiæ cultoribus. Quam decidentes, sancimus, cùm hujusmodi conventio super venditione procedat, quanti ille æstimaverit, sub hac conditione stare venditionem, ut si quidem ipse qui nominatus est, pretium definierit : omnimodò secundùm ejus æstimationem et pretia persolvi, et venditionem ad effectum pervenire, sive in scriptis, sive sine scriptis contractus celebretur : scilicèt si hujusmodi pactum, cùm in scriptis fuerit redactum, secundùm nostræ legis definitionem, per omnia completum et absolutum sit. Sin autem vel ipse noluerit, vel non potuerit pretium definire : tunc pro nihilo esse venditionem, quasi nullo pretio statuto : nulla conjectura, imò magis divinatione, in posterum servanda, utrùm in personam certam, an in boni viri arbitrium respicientes contrahentes ad hæc pacta venerint : quia hoc penitùs impossibile esse credentes, per hujusmodi sanctionem expellimus. Quod etiam in hujusmodi locatione locum habere censemus.

vendre les choses dont on voulait se défaire ; mais cette charge voilée d'une vaine honnêteté était onéreuse, en ce qu'elle gênait la libre disposition des biens ; étant aboli par cette loi, qu'il soit permis à qui que ce soit de choisir à sa volonté l'acheteur de ce qu'il peut avoir à vendre, à moins que la loi n'ait interdit spécialement cette faculté à certaines personnes.

Fait le 6 des cal. de juin, sous le cons. de Tatien et de Symmaque. 391.

15. *L'emper. Justinien à Julien, préfet du prétoire.*

A l'égard des contrats de vente, il s'était élevé de grands doutes parmi les anciens jurisconsultes au sujet de cette condition apposée dans un contrat de vente : qu'on donnerait de la chose le prix auquel Titius l'estimerait. Nous, voulant décider les doutes, nous ordonnons que lorsqu'on aura mis cette condition dans le contrat de vente, *que tel estimerait la chose*, que si celui qui est nommé dans le contrat pour faire l'estime, a déterminé le prix, le prix soit fourni tel qu'il aura été réglé, et que la vente sorte son entier effet, soit que le contrat soit fait par écrit ou non. Car lorsqu'un pacte de cette sorte a été rédigé par écrit, il est, d'après une de nos lois, complet et parfait en toutes choses. Si celui qui a été nommé pour faire l'estime, refuse ou ne peut pas fixer le prix, la vente dans ce cas est nulle, n'y ayant pas de prix fixé. Nous abolissons les conjectures et à plus forte raison les divinations qui étaient employées pour savoir si les contractans qui faisaient de tels pactes s'en rapporteraient à la décision d'une certaine personne ou à l'arbitrage d'un homme de bien. Croyant ces formalités absolument impossibles, nous les abolissons par la présente loi. Nous ordonnons que cette loi soit applicable aux locations pareilles aux ventes dont nous venons de parler.

TITRE XXXIX.

De l'hérédité ou de la vente des actions.

1. *Les empereurs Sévère et Antonin à Géminius.*

Il est certain que l'hérédité étant vendue au nom du fisc, les dettes sont à la charge de l'acheteur des biens, et que le fisc n'est pas tenu de répondre aux créanciers héréditaires.

2. *L'empereur Antonin à Florian.*

Le droit exige que vous répondiez aux créanciers héréditaires, aux légataires et aux fidéicommissaires qui vous attaquent, et que d'un autre côté vous attaquiez celui à qui vous avez vendu l'hérédité. Car c'est trop tard maintenant que vous demandez qu'il vous donne caution de payer les charges héréditaires, puisque cela n'a pas été fait au temps où la vente a eu lieu. D'ailleurs, quoiqu'il ait acheté sous la condition qu'il satisferait aux créanciers héréditaires, il peut cependant être contraint par ces derniers à admettre les actions héréditaires.

3. *L'empereur Alexandre à Timothée.*

La vente d'une dette peut avoir lieu même à l'insu ou malgré celui contre qui l'action est dirigée.

Fait le 5 des ides de fév., sous le deuxième cons. de Maxime et le premier d'Elien.

4. *Le même empereur à Diogène.*

Celui qui étant incertain sur l'importance de la succession l'a, cédant aux instances de l'acheteur, vendue comme n'étant pas considérable, ne peut être forcé sans mauvaise foi à livrer les choses ou à mander les actions. Car il peut aussi par son droit revendiquer les choses.

5. *Le même empereur à Onésime.*

L'acheteur d'une hérédité, les actions lui étant mandées, doit user du droit qui appartenait à celui dont il tient la place ; quoique cependant l'acheteur ait les actions utiles contre les débiteurs héréditaires.

TITULUS XXXIX.

De hereditate, vel actione vendita.

1. *Impp. Severus et Antoninus AA. Geminio.*

Æs alienum, hereditate nomine fisci vendita, ad onus emptoris bonorum pertinere, nec fiscum creditoribus hereditariis respondere, certum et absolutum est.

2. *Imp. Antoninus A. Floriano.*

Ratio juris postulat, ut creditoribus hereditariis, et legatariis seu fideicommissariis te convenire volentibus, tu respondeas : et cum eo cui hereditatem venundedisti, tu experiaris suo ordine. Nam ut satis tibi detur, serò desideras : quoniam eo tempore quo venundabatur hereditas, hoc non est comprehensum. Quamvis enim ea lege emerit, ut creditoribus hereditariis satisfaciat : excipere tamen actiones hereditarias invitus cogi non potest.

3. *Imp. Alexander A. Timotheo.*

Nominis venditio etiam ignorante vel invito eo, adversus quem actiones mandantur, contrahi solet.

Proposit. 5 id. februarii, Maximo II. et Æliano Coss.

4. *Idem A. Diogeni.*

Qui nondum certus de quantitate hereditatis, persuadente emptore, quasi exiguam quantitatem eam vendidit : bonæ fidei judicio conveniri, ut res tradat, vel actiones mandet, non compellitur. Nam suo quoque jure eorum persecutionem habet.

5. *Idem A. Onesimo.*

Emptor hereditatis, actionibus mandatis, eo jure uti debet, quo is, cujus persona fungitur : quamvis utiles etiam adversus debitores hereditarios actiones emptori tribui placuit.

6. *Idem* A. *Pomponio.*

Qui tibi hereditatem vendidit, antequàm res hereditarias traderet, dominus
earum perseveravit : et ideò vendendo eas
aliis, dominium transferre potuit. Sed quoniam contractus fidem fregit, ex empto
actione conventus, quanti tua interest,
præstare cogetur.

7. *Impp. Diocletianus et Maximianus*
AA. *Manassæ.*

Postquàm eò decursum est, ut cautiones quoque debitorum pignori dentur :
ordinarium visum est, post nominis venditionem utiles emptori (sicut responsum
est) vel ipsi creditori postulanti, dandas
actiones.

8. *Iidem* AA. *et* CC. *Juliano.*

Ex nominis emptione dominium rerum
obligatarum ad emptorem non transit :
sed vel in rem suam procuratore facto,
vel utilis secundùm ea quæ pridem constituta sunt, exemplo creditoris persecutio
tribuitur.

9. *Imp. Justinianus* A. *Joanni præfecto*
prætorio.

Certi et indubitati juris est, ad similitudinem ejus, qui personalem redemerit
actionem, et utiliter eam movere suo
nomine conceditur : etiam eum qui in
rem actionem comparaverit, eadem uti
posse facultate. Cùm enim actionis nomen generale sit omnium, sive in rem,
sive in personam actionum, et apud omnes veteris juris conditores hoc nomen in
omnibus pateat : nihil est tale, quod differentiam in hujusmodi utilibus actionibus
possit introducere.

TITULUS XL.

Quæ res vendi non possunt, et qui
vendere vel emere vetantur.

1. *Imperat. Gratianus, Valentinianus et*
Theodosus AAA. *Fausto comiti sacr.*
largitionum.

FUCANDÆ atque distrahendæ purpuræ,
vel

---

6. *Le même empereur à Pomponius.*

Celui qui vous a vendu l'hérédité ne
cesse d'être le maître des choses héréditaires que lorsque la tradition est faite ;
c'est pourquoi en les vendant à d'autres
il a pu en transférer le domaine. Mais
comme il a manqué à la foi du contrat,
cité par l'action *ex empto*, il sera forcé de
vous indemniser du dommage que vous
pouvez avoir essuyé à cette occasion.

7. *Les emp. Dioclétien et Maximien à*
Manassa.

Depuis que l'usage s'est établi de donner aussi les promesses des débiteurs en
gage, il a paru ordinairement que l'on
devait donner à l'acheteur (comme il
a été décidé) après la vente de la dette,
ou au créancier lui-même le demandant,
les actions utiles.

8. *Les mêmes emp. et Césars à Julien.*

Par la vente de la dette, le domaine
des choses obligées ne passe pas à l'a-
cheteur ; mais ou il est fait procureur
dans sa propre chose, ou on lui accorde,
à l'exemple du créancier, l'action utile
d'après ce qui a déjà été décidé.

9. *L'empereur Justinien à Jean, préfet*
du prétoire.

Il est de droit certain que celui qui
a acheté une action *in rem* peut user
de la même faculté qui est accordée à
l'acquéreur d'une action personnelle, c'est-
à-dire qu'il lui permis de l'intenter utilement en son nom. Comme le nom d'action est général, et que chez tous les
anciens législateurs ce nom comprend
toutes les actions soit *in rem*, soit personnelles, il n'est aucune différence qu'on
puisse introduire entre les actions utiles
de cette sorte.

TITRE XL.

Des choses qui ne peuvent pas être
vendues, et de ceux qui ne peu-
vent vendre ou acheter.

1. *Les empereurs Gratien, Valentinien*
et Théodose à Faustus, comte des
largesses impériales.

QU'AUCUN homme privé n'ait la faculté
de

de teindre la soie ou la laine avec les sortes de pourpre nommées *blatta*, ou *oxyblatta*, ou *hyacinthina*, et de vendre ensuite les étoffes. Si quelqu'un s'avise de vendre le fruit du murex dont nous avons parlé ci-dessus, qu'il sache qu'il y va de sa fortune et de sa tête.

2. *Les mêmes empereurs à Toriobande, duc de Mésopotamie.*

Nous ordonnons, comme il a été déjà décrété, qu'on prive tous les barbares du droit d'acheter de la soie, excepté le comte des commerces.

3. *Les empereurs Arcade et Honorius, au sénat et au peuple.*

Étant arrivé quelquefois que les fromens destinés aux besoins publics ont été vendus en divers rivages, que les vendeurs et les acheteurs de ces sortes de choses sachent qu'ils seront soumis à la peine de mort, et que ces commerces mystérieux, qui ne se font qu'en fraude du public, sont prohibés.

4. *Les empereurs Honorius et Théodose, à Faustus, préfet du prétoire.*

Que le froment destiné à notre très-dévouée armée ne devienne pas la proie ni le moyen de s'enrichir de personne. Nous décrétons par cette loi que qui que ce soit qui soit trouvé faire un pareil commerce, s'il appartient à une condition élevée, qu'il soit condamné à la déportation et à la perte de tous ses biens, et s'il tient à une condition inférieure et à la lie du peuple, qu'il soit condamné à mort.

TITRE XLI.

Des choses dont l'exportation est défendue.

1. *Les empereurs Valens et Gratien, à Théodore, maître des soldats.*

QUE personne n'ait la faculté de transporter chez les barbares, soit pour son usage, soit pour en faire un commerce, du vin, de l'huile ou d'autres liquides.

2. *L'empereur Martien à Aulus, préfet du prétoire.*

Que personne n'ait la témérité de

vel in serico, vel in lana, quæ blatta, vel oxyblatta, atque hyacinthina dicitur, facultatem nullus possit habere privatus. Sin autem aliquis supradicti muricis vellus vendiderit, fortunarum suarum et capitis sciat se subiturum esse discrimen.

2. *Iidem AAA. Toriobando duci Mesopotamiæ.*

Comparandi serici à barbaris facultatem omnibus, sicut jam præceptum est, præter comitem commerciorum etiamnum jubemus auferri.

3. *Impp. Arcadius et Honorius AA. ad senatum et populum.*

Quia nonnunquam in diversis littoribus distrahi publici canonis frumenta dicuntur, vendentes et ementes sciant capitali pœnæ se esse subdendos, et in publicam fraudem commercia contracta damnari.

4. *Impp. Honorius et Theodosus AA. Fausto præfecto prætorio.*

Ne frumentum quod devotissimo exercitui mittitur, in prædam lucrumque vertatur : hac sanctione decernimus, ut quicunque hoc fuerint forté mercati : honestiores quidem stylum proscriptionis, et omnium bonorum amissionem incurrant : inferiores autem vilioresque personæ capitali supplicio subjaceant.

TITULUS XLI.

Quae res exportari non debeant.

1. *Impp. Valens et Gratianus AA. ad Theodorum magistrum militum.*

AD barbaricum transferendi vini, olei, et liquaminis nullam quisquam habeat facultatem, nec gustus quidem causa, aut usus commerciorum.

2. *Imp. Martianus A. Aulo præfecto prætorio.*

Nemo alienigenis barbaris cujuscunque

gentis ad hanc urbem sacratissimam sub legationis specie, vel sub quocunque alio colore venientibus, aut in diversis aliis civitatibus vel locis, loricas, scuta et arcus, sagittas et spathas et gladios, vel alterius cujuscunque generis arma audeat venundare : nulla prorsus iisdem tela, nihil penitus ferri vel facti jam, vel adhuc infecti, ab aliquo distrahatur. Perniciosum namque romano imperio, et proditioni proximum est, barbaros, quos indigere convenit, telis eos, ut validiores reddantur instruere. Si quis autem aliquod armorum genus quarumcunque nationum barbaris alienigenis contra pietatis nostræ interdicta ubicunque vendiderit : bona ejus universa protinus fisco addici, ipsum quoque capitalem pœnam subire decernimus.

vendre aux étrangers barbares, quel que soit leur pays, arrivés dans cette capitale pour cause de légation ou pour toute autre cause, ou dans les diverses autres villes ou lieux, des cuirasses, des écus, des arcs, des flèches, des spatules, des glaives ou autres genres d'armes ; qu'il ne leur soit en outre vendu par personne des traits ou du fer déjà travaillé ou en barre. Car c'est pernicieux à l'empire romain et près de la trahison, de fournir aux barbares des armes (dont nous devons désirer qu'ils manquassent toujours) pour qu'ils deviennent plus redoutables. Si quelqu'un donc vend, en quelque lieu que ce soit, quelque espèce d'armes aux étrangers barbares, de quelque pays que ce soit, nous ordonnons que tous ses biens soient aussitôt adjugés au fisc et qu'il soit condamné à mort.

TITULUS XLII.

De Eunuchis.

1. *Imp. Constantinus A. Aurelio duci Mesopotamiæ.*

Si quis post hanc sanctionem in orbe romano eunuchos fecerit, capite puniatur : mancipio tali, necnon etiam loco ubi hoc commissum fuerit domino sciente et dissimulante, confiscando.

2. *Imp. Leo A. Viviano præfecto prætorio.*

Romanæ gentis homines, sive in barbaro, sive in romano solo eunuchos factos, nullatenus quolibet modo ad dominium cujusquam transferri jubemus : pœna gravissima statuenda adversus eos qui hoc perpetrare ausi fuerint : tabellione videlicet, qui hujusmodi emptionis, sive cujuslibet alterius alienationis instrumenta conscripserit, et eo qui octavam vel aliquid vectigalis causa pro his susceperit, eidem pœnæ subjiciendo. Barbaræ autem gentis eunuchos extra loca nostro imperio subjecta factos, cunctis negotiatoribus, vel quibuscunque aliis emendi in commer-

TITRE XLII.

Des Eunuques.

1. *L'empereur Constantin à Aurélius, duc de Mésopotamie.*

Si quelqu'un, après la publication de cette loi, s'avise, dans l'étendue de l'empire romain, de faire des eunuques, qu'il soit puni de mort, et l'esclave ainsi que le lieu où le crime aura été commis au su du maître, mais dissimulant, soient confisqués.

2. *L'empereur Léon à Virien, préfet du prétoire.*

Nous ordonnons que le domaine d'hommes de la nation romaine, faits eunuques dans un lieu barbare ou sur le territoire romain, ne puisse en aucune manière être transféré à personne, destinant à la peine de mort ceux qui auront eu la témérité de faire une pareille chose, ainsi que le tabellion qui aura rédigé l'acte d'achat ou de toute autre aliénation, et celui qui aura reçu d'eux l'*octave* ou quelqu'autre chose pour cause d'impôt. Nous accordons au reste la faculté à tous les négocians ou autres d'acheter et de vendre où ils voudront des eunuques d'une nation barbare et faits tels hors des lieux soumis à l'empire romain.

ciis, et vendendi ubi voluerint, tribuimus facultatem.

TITRE XLIII.

Des pères qui ont vendu leurs enfans.

1. *Les empereurs Dioclétien et Maximien à Papiniana.*

Il est de droit certain que les enfans ne peuvent être transférés par leurs parens à d'autres personnes à titre de vente, de donation, de gage, ou à tout autre titre que ce soit ; ce qui ne peut être non plus excusé par la bonne foi de celui qui reçoit.

2. *L'empereur Constantin aux habitans des provinces.*

Si quelqu'un, à cause d'une pauvreté excessive et de l'indigence absolue, a vendu pour se fournir de quoi vivre son fils ou sa fille nouveaux nés, une telle vente n'est valable que dans ce seul cas, que l'acquéreur ait la faculté d'en obtenir du service, qu'il soit permis au vendeur et à toute autre personne de le rendre à son ingénuité ; qu'il lui soit permis à lui-même de la demander, pourvu toutefois que dans tous ces cas on offre au maître la valeur de cet infortuné ingénu, ou qu'on lui offre en place un autre esclave.

TITRE XLIV.

De la rescision de la vente.

1. *L'empereur Alexandre à Maron.*

Si votre père, contraint par la violence, a vendu sa maison, cet achat n'est pas valable, parce qu'il n'a pas été fait avec bonne foi ; car les achats faits avec mauvaise foi sont nuls. Si vous allez trouver le président de la province, il interposera son autorité dans cette affaire, sur-tout étant prêt, comme vous le dites, à rembourser à l'acheteur le prix qu'il en a donné.

TITULUS XLIII.

De patribus, qui filios suos distraxerunt.

1. *Impp. Diocletianus et Maximianus AA. Papinianæ.*

Liberos à parentibus neque venditionis, neque donationis titulo, neque pignoris jure, aut alio quolibet modo, nec sub prætextu ignorantiæ accipientis, in alium transferri posse, manifesti juris est.

2. *Imp. Constantinus A. provincialibus.*

Si quis propter nimiam paupertatem egestatemque, victus causa filium filiamve sanguinolentus vendiderit : venditione in hoc tantummodò casu valente, emptor obtinendi ejus servitii habeat facultatem : liceat autem ipsi qui vendidit, vel qui alienatus est, aut cuilibet alii ad ingenuitatem eum propriam repetere : modò si aut pretium offerat quod potest valere, aut mancipium pro ejusmodi præstet.

TITULUS XLIV.

De rescindenda venditione.

1. *Imp. Alexander A. Maroni.*

Si pater tuus per vim coactus domum vendidit, ratum non habebitur, quod non bona fide gestum est : malæ fidei enim emptio irrita est. Aditus itaque nomine tuo præses provinciæ, auctoritatem suam interponet : maximè cùm paratum te proponas id quod pretii nomine illatum est, emptori refundere.

17 *

2. *Impp. Diocletianus et Maximianus AA. Lupo.*

Rem majoris pretii si tu vel pater tuus minoris distraxerit, humanum est, ut vel pretium te restituente emptoribus, fundum venditum recipias, auctoritate judicis intercedente : vel, si emptor elegerit, quod deest justo pretio recipias. Minus autem pretium esse videtur, si nec dimidia pars veri pretii soluta sit.

3. *Iidem AA. Martianæ.*

De contractu venditionis et emptionis jure perfecto, alterutro invito, nullo recedi tempore bona fides patitur, nec ex rescripto nostro. Quo jure fiscum nostrum uti, sæpè constitutum est.

4. *Iidem AA. Eudoxio.*

Ad rescindendam venditionem et malæ fidei probationem hoc solum non sufficit, quòd magno pretio fundum comparatum, minoris distractum esse commemoras.

5. *Iidem AA. Rufo.*

Si dolo adversarii deceptum venditionem prædii te fecisse, præses provinciæ aditus animadverterit : sciens contrarium esse dolum bonæ fidei, quæ in hujusmodi maximè contractibus exigitur, rescindi venditionem jubebit. Quòd si jure perfecta venditio est à majore vigintiquinque annis : intelligere debes, consensu mutuo perfectam venditionem resolvi non posse.

6. *Iidem AA. Gratiano.*

Non est probabilis causa propter quam rescindi consensu factam venditionem desideras. Quamvis enim duplum offeras pretium emptori : tamen invitus ad rescindendam venditionem urgeri non debet.

---

2. *Les empereurs Dioclétien et Maximien à Lupus.*

Si vous ou votre père avez vendu un fonds pour un prix moindre que la moi ié de sa valeur, il est juste qu'en offrant préalablement aux acheteurs le prix qu'ils en ont donné, ils vous restituent le fonds vendu par l'intermédiaire du juge, ou si l'acquéreur le désire, que vous receviez le supplément du prix. *Minus pretium* (moindre prix) est celui qui ne représente pas la moitié de la juste valeur de la chose.

3. *Les mêmes empereurs à Martiana.*

La bonne foi ne souffre point qu'on puisse en aucun tems, même en vertu d'un rescrit impérial, négliger les engagemens contractés par un contrat de vente revêtu de toutes les formalités de droit, sans le consentement de toutes les parties. Il a été souvent décidé que notre fisc use de ce droit.

4. *Les mêmes empereurs à Eudoxe.*

Il ne suffit pas pour la rescision d'une vente et pour prouver qu'elle a eu lieu de mauvaise foi, d'alléguer que le fonds dont il s'agit a été vendu à un prix moindre que la moitié de sa valeur.

5. *Les mêmes empereurs à Rufus.*

Si le président de la province, que vous aurez soin d'aller trouver, se convainc que vous n'avez vendu votre fonds que parce que vous avez été trompé par le dol de votre adversaire, sachant que le dol est contraire à la bonne foi qui est exigée principalement dans ces sortes de contrats, ordonnera que la vente soit rescindée. Mais si la vente, revêtue de toutes les formalités du droit, a été faite par un majeur de vingt-cinq ans, vous de ez savoir qu'ayant été confirmée par un consentement mutuel elle ne peut être annullée.

6. *Les mêmes empereurs à Gratien.*

Le motif à cause duquel vous demandez qu'une vente consentie par un consentement mutuel soit rescindée, n'est pas admissible. Car, quoique vous offriez à l'acheteur le double du prix, il ne peut être cependant contraint de rescinder la vente.

7. Les mêmes empereurs à Mucarolus et autres soldats.

Il importe à vous-mêmes que les ventes faites légalement ne puissent être rescindées : car si on permet facilement de rescinder une vente par la raison qu'on offrira à l'acquéreur la restitution du prix, il arrivera que si vous achetez quelque chose avec le fruit de vos travaux , du fisc ou d'un particulier, vous serez poursuivi au nom de la même loi que vous demandez.

7. Iidem AA. Mucarolo et aliis militibus.

Ratas manere semper factas jure venditiones, vestra etiam interest. Nam si oblato pretio rescindere venditionem facilè permittatur : eveniet ut si quid vos de laboribus vestris à fisco nostro vel à privato comparaveritis, eadem lege conveniamini, quam vobis tribui postulatis.

8. Les mêmes empereurs à Erodia.

Si votre fils, avec votre consentement, a vendu votre fonds , il peut se prévaloir du dol résultant des ruses et des embûches de l'acquéreur, exposer , afin de faire déclarer la vente nulle, qu'il a employé, pour parvenir à faire consentir ce contrat, la crainte de la mort et la menace des tourmens corporels. Car le motif seul que le fonds n'a pas été vendu à sa valeur, que vous mettez en avant, n'est pas suffisant pour faire rescinder la vente. En effet si vous considérez la nature du contrat de vente, si vous faites attention que l'acheteur cherche à acheter au plus bas prix, et que les désirs du vendeur le portent à évaluer sa chose au plus haut prix , qu'ils ne parviennent à convenir du contrat qu'après bien des discussions, le vendeur en diminuant peu à peu de son premier prix, et l'acheteur ajoutant de même à ce qu'il avait offert , qu'ils conviennent enfin d'un prix , vous vous appercevrez que la bonne foi qui est l'essence du contrat de vente, ni aucune autre raison, ne souffrent qu'on vous accorde pour ce motif seul la rescision d'un contrat terminé avec un consentement mutuel, ou aussitôt, ou devant le juge. Il en serait autrement si le prix donné était moindre que la moitié de la valeur du fonds lors de la vente ; car alors l'acheteur serait contraint ou de faire le supplément du prix , ou de restituer la chose après en avoir reçu préalablement le prix qu'il en aurait donné.

Fait pendant les calend. de décemb., sous le cons. des Césars.

8. Iidem AA. Erodiæ.

Si voluntate tua fundum tuum filius tuus venundedit : dolus ex calliditate atque insidiis emptoris argui debet , vel metus mortis, vel cruciatus corporis imminens detegi, ne habeatur (rata venditio) Hoc enim solum, quòd paulò minore pretio fundum venundatum significas ; ad rescindendam venditionem invalidum est. Quòd si videlicet contractus emptionis atque venditionis cogitasses substantiam , et quòd emptor viliore comparandi, venditor cariore distrahendi votum gerentes ad hunc contractum accedant, vixque post multas contentiones paulatim venditore de eo quod petierat, detrahente, emptore autem huic quod obtulerat, addente, ad certum consentiant pretium : profecto perspiceres , neque bonam fidem, quæ emptionis atque venditionis conventionem tuetur, pati, neque ullam rationem concedere, rescindi propter hoc consensu finitum contractum, vel statim, vel post pretii quantitatis disceptationem : nisi minus dimidia justi pretii quod fuerat tempore venditionis , datum esset , electione jam emptori præstita servanda.

Datum calend. decembris, CC. Coss.

9. *Iidem* AA. *Domitio.*

Pretii causa non pecunia numerata, sed pro ea pecoribus in solutum consentienti datis, contractus non constituitur irritus.

10. *Iidem* AA. *Severo.*

Dolus emptoris, qualitate facti, non quantitate pretii æstimatur. Quem si fuerit intercessisse probatum : non adversus eum in quem emptor dominium transtulit, rei vindicatio venditori, sed contra illum cum quo contraxerat, in integrum restitutio competit.

11. *Iidem* AA. *Magnæ.*

Venditor factum emptoris quod eum tempore contractus latuit, post arguendo, non quod eo tempore scierit, quo id ageretur, et consensit, de dolo queri potest. Igitur cum patrem tuum, ut majus comprehenderetur instrumento pretium, quàm rei quæ distrahebatur, esse convenerat, consensisse profitearis : propter hoc solùm de circumscriptione frustra queritur.

§. 1. Sanè si placitum pretium non probetur solutum, vel in quantitatem debiti per errorem facti compensari cautum fuerit : hoc reddi rectè postulatur.

12. *Iidem* AA. *Antiocho.*

Non idcircó minus venditio fundi, quód hunc ad munus sumptibus necessariis urgentibus, non viliore pretio, vel urgente debito te distraxisse contendis, rata manere debet. Ab illicitis itaque petitionibus abstinendo, ac pretium, si non integrum solutum est, petendo, facies consultiús.

13. *Iidem* AA. *et* CC. *Nicæ.*

Si major annis vigintiquinque fundum distraxisti : propter hoc solùm, quód ementi, ne compararet socer tuus de-

9. *Les mêmes empereurs à Domitius.*

Le contrat de vente est valable, quoiqu'on n'ait pas payé le prix en argent comptant, si pour en tenir lieu il a été donné des bêtes à laine du consentement du vendeur.

10. *Les mêmes empereurs à Sérère.*

Le dol de l'acheteur se conclut non de la valeur du prix, mais de la qualité du fait ; s'il est prouvé que le dol a eu lieu, on ne doit pas poursuivre par la revendication celui à qui l'acquéreur a transféré le domaine, mais demander la restitution en entier contre celui avec qui le contrat a eu lieu.

11. *Les mêmes empereurs à Magna.*

Le vendeur peut se plaindre du dol que son acquéreur a employé lorsque le contrat a été passé et dont il ne s'est apperçu que par la suite ; et non de celui employé à son su, et qu'il a approuvé par son silence. Donc, puisque vous avouez que votre père a consenti à ce qu'on fît mention dans l'acte de vente d'un plus grand prix que celui qu'on était convenu qu'il serait donné de la chose vendue, c'est en vain qu'à cause de cela seul vous vous plaignez de la supercherie dont vous dites que votre père a été l'objet.

§. 1. S'il est prouvé que le prix convenu ne soit pas payé, ou s'il avait été promis par erreur de fait qu'il serait compensé par une autre dette, on peut demander légitimement qu'il soit payé.

12. *Les mêmes empereurs à Antiochus.*

La vente de votre fonds n'en est pas moins valable, quoique vous prétendiez que vous n'y avez consenti que parce que vous aviez un besoin urgent d'argent pour satisfaire à une charge publique ; non parce qu'elle a été faite à un trop vil prix, mais pour payer une dette pressante. C'est pourquoi vous abstenant de réclamations injustes, si le paiement n'a pas encore été fait en entier, vous pourrez présenter des moyens mieux fondés.

13. *Les mêmes empereurs et les Césars à Nica.*

Si, étant majeur de vingt-cinq ans, vous avez vendu un fonds, la bonne foi ne permet pas que cette vente soit rescindée

par cela seul que votre beau-père a signifié à l'acquéreur de ne point l'acheter.

nuntiavit, emptionem factam à te rescindi bona fides non patitur.

14. *Les mêmes empereurs et Césars à Basilica.*

Des héritages ayant été vendus sous
la condition que l'acquéreur paierait pour
le vendeur ce que ce dernier devait à
l'état; le vendeur ayant fait le paiement,
il peut attaquer en indemnité son acheteur; mais il ne peut demander la nul-
lité du contrat sous le prétexte que l'a-
cheteur n'a pas satisfait à la condition.

14. *Iidem AA. et CC. Basilicæ.*

Ea conditione distractis prædiis, ut
quod reipublicæ debebatur, qui comparavit, restitueret: venditor à se celebrata
solutione, quarti interest, experiri potest: non ex eo, quòd emptor non satis
conventioni fecit, contractus irritus constituitur.

15. *Les empereurs Gratien, Valentinien et Théodose à Hypatius, préfet du prétoire.*

Si un majeur a vendu des héritages
situés dans un pays éloigné, qu'il n'obtienne pas la répétition de la chose vendue, sous le prétexte que ce qui en a
été donné est un peu au-dessous de la
valeur réelle; qu'il ne lui soit pas permis
d'entraîner des longueurs par de vaines
objections, comme d'alléguer qu'il ne
connaissait pas la valeur de la chose
vendue, tandis qu'il aurait dû en connaître auparavant la valeur, les avantages
et les produits.

Fait le 6 des cal. de mai, sous le
deuxième cons. de Mérobaude et le premier de Saturninus.

15. *Imppp. Gratianus, Valentinus et Theodosus AAA. ad Hypatium præ-fectum prætorium.*

Quisquis major ætate prædia etiam procul posita distraxerit: paulò vilioris pretii
nomine repetitionis rei venditæ copiam
minimè consequatur: neque enim inani-
bus inmorari sinatur objectis, ut vires
locorum sibimet causetur incognitas, qui
familiaris rei scire vires vel merita atque
emolumenta antè debuerat.

Datum 6 calend. maii, Merobaude II.
et Saturnino Coss.

16. *Les empereurs Valentinien, Théo-dose et Arcadius, à Magillus, vicaire d'Afrique.*

Si la nécessité du recouvrement des
impositions publiques contraint quelqu'un
épuisé par la quantité de ses dettes, à
abandonner ses propres biens; que la
quantité de ces biens, ainsi que la valeur
de leurs revenus soient estimés, et que
sous le prétexte d'une saisie publique, on
n'exerce pas des fraudes, pour tâcher d'obtenir les fonds à vil prix, au point que
le percepteur des impositions retire davantage de la faveur qu'il accorde que
le débiteur du prix de son bien; que
ceux-là jouissent perpétuellement et légitimement du domaine de la chose qui
en ont donné au fisc un prix équivalent
à sa valeur: car il est injuste que lorsqu'il s'agit de la vente, il arrive que,
par l'effet de la faveur, le fisc retire peu
de chose, et le débiteur perde le tout.

16. *Imppp. Valentinus, Theodosus et Arcadius AAA. ad Magillum ricarium Africæ.*

Si quos debitorum mole depressos necessitas publicæ rationis adstringat proprias distrahere facultates: rei qualitas et
reditum quantitas æstimetur, nec sub
nomine subhastationis publicæ locus frau-
dibus relinquatur, ut possessionibus viliore pretio distractis, plus exactor ex gratia, quàm debitor ex pretio consequatur.
Hi postremò sub empti titulo perpetuo
dominii jure potiantur, qui tantum adnu-
meraverit fisco, quantum exegerit utilitas
privatorum. Etenim periniquum est, ut
alienis bonis sub gratiosa auctione distractis, parum accedat publico nomini, còm
totum pereat debitori. ●

17. *Impp. Arcadius et Honorius AA.*
Messalæ.

Hi qui imposita munera civitatum fuga destituunt, vel ineundos furtim existimant esse contractus : intelligant sibi nihil hæc profutura esse commenta, et pretio emptorem fugæ conscium multandum esse, quod dederit.

Datum 12 calend. septembris, Theodoro v. c. Coss. 399.

18. *Imppp. Arcadius, Honorius et Theodosus AAA. Nestorio com. rerum privatarum.*

Vestium, auri et argenti, seu mancipiorum coëmendorum, siquando à privatis nostris ea contigerit venundari, Palatini sciant sibi copiam denegatam : pœna in eos amissionis pretii exercenda.

17. *Les empereurs Arcadius et Honorius,*
à Messala.

Que ceux qui, pour se dispenser d'acquitter les charges publiques qui leur sont imposées, prennent la fuite ou font furtivement des contrats frauduleux, sachent qu'ils ne retireront aucun profit de ces ruses, et que l'acheteur son complice sera condamné à une amende équivalente au prix qu'il en a donné.

Fait le 12 des cal. de septembre, sous le consul. de Théodose. 399.

18. *Les empereurs Arcadius, Honorius et Théodose à Nestorius, comte des affaires privées.*

Que les Palatins sachent qu'il leur est défendu d'acheter des particuliers, des vêtemens, de l'or, de l'argent ou des esclaves, sous peine d'être condamnés à la perte du prix qu'ils en auront donné.

TITULUS XLV.

Quando liceat ab emptione discedere.

1. *Imp. Gordianus A. Rufino.*

RE quidem integra ab emptione et venditione utriusque partis consensu recedi potest. Etenim quod consensu contractum est, contrariæ voluntatis adminiculo dissolvitur. At enim post traditionem interpositam nuda voluntas non resolvit emptionem, si non actus quoque priori similis, retroagens venditionem intercesserit.

2. *Impp. Diocletianus et Maximianus AA. Felici.*

Perfectam emptionem atque venditionem re integra tantùm pacto et consensu posse dissolvi constat. Ergo si quidem arrhæ nomine aurum datum sit : potes hoc solum secundùm fidem pacti recuperare. Sin verò partem pretii persolvisti : ad ea quæ venditorem ex venditione oportet præstare, magis actionem, quàm ad pretii quantitatem, quam te dedisse significas, habes.

TITRE XLV.

Des cas où il est permis de négliger l'exécution d'un contrat de vente.

1. *L'emp. Gordien à Rufinus.*

SI l'exécution de la vente n'a pas encore été commencée, les parties peuvent l'annuller par leur consentement commun : car ce qui a été contracté par le consentement commun, peut être détruit de même, mais le simple consentement n'est pas suffisant pour résilier la vente, lorsque la tradition a eu lieu, à moins qu'il n'intervienne un acte semblable au premier, qui, agissant en sens contraire, le détruise.

2. *Les emper. Dioclétien et Maximien à Félix.*

Il est certain qu'une vente quoique parfaite, si elle n'a pas commencé à être exécutée, peut être annullée par un pacte et le consentement commun. C'est pourquoi s'il a été donné quelque chose à titre d'arrhes, vous pouvez le récupérer en vertu du pacte. Mais si vous avez payé une partie du prix, vous avez plutôt une action pour exiger les choses que le vendeur d'après le contrat de vente est tenu de vous fournir, que pour exiger la restitution du prix que vous dites avoir payé.

TITULUS

TITRE XLVI.

De la vente faite pour cause des contributions publiques.

1. L'empereur Antonin à Maternus.

ON ne doit point révoquer la vente faite à cause du non paiement des tributs, soit que l'ancien maître de la chose qui fait l'objet de cette vente en offre à cet effet le prix, ou qu'un créancier oppose ses droits d'hypothèque ou de gage : car la cause des tributs est la plus favorable ; tous les biens de celui qui cesse de les payer sont obligés aux tributs, aucune autre dette ne peut lui être préférée.

2. Les emper. Dioclétien et Maximien à Plotius.

Si vous avez acheté des héritages enlevés à leurs maîtres à cause du non paiement des charges et tributs, et vendus solennellement avec bonne foi et à un juste prix, d'après la permission du président, par ceux qui sont chargés du recouvrement des tributs à leurs risques et périls ; cette vente faite à cause du non paiement des prestations publiques, ne doit pas être annullée. Mais si la vente n'a pas eu lieu en vertu de l'ordre du président, les lois défendent qu'on la regarde comme valable ; c'est pourquoi on doit la révoquer, ayant été faite inutilement ; mais on doit en même tems employer tous les moyens possibles pour que les tributs à cause desquels cette vente avait été faite, soient acquittés. Toutes ces choses doivent être faites en présence de celui que vous dites avoir été l'acquéreur.

3. L'empereur Constantin au président Faustus.

Si quelqu'un a acheté un fonds ou un esclave, ou une autre chose saisie à cause du non paiement des tributs, ou pour n'avoir pas donné les habits d'or ou d'argent qu'il était tenu de donner annuellement, et vendus par autorité de justice, le débiteur ayant été préalablement interpellé sur la cessation du paiement de ces dettes ; nous ordonnons que cette vente jouisse d'une

TITULUS XLVI.

Si propter publicas pensitationes venditio fuerit celebrata.

1. Imp. Antoninus A. Materno.

VENDITIONEM ob tributorum cessationem factam revocari non oportet, neque priore domino pretium offerente, neque creditore ejus jura hypothecæ, sive pignoris præcedente. Potior est enim causa tributorum, quibus priore loco omnia bona cessantis obligata sunt.

2. Impp. Diocletianus et Maximianus A.A. Plotio.

Si deserta prædia ob cessationem collationum, vel reliqua tributorum, ex permissu præsidis ab iis quibus periculum exactionis tributorum imminet, distracta sincera fide justo pretio solemniter comparasti : venditio ob solemnes præstationes necessitate facta, convelli non debet. Sin autem venditio nulla justa auctoritate præsidis præcedente facta est : hanc ratam haberi jura non concedunt. Id itaque quod frustra gestum est, revocari oportet : ita ut indemnitati tributorum omnibus modis consulatur. Quæ omnia tractari convenit præsente eo quem emptorem extitisse proponis.

3. Imp. Constantinus A. Fausto præsidi.

Si quis fundum vel mancipium, aliamve rem ob cessationem tributorum, vel etiam ob vestium, auri, argentique debitum, quæ annua exactione solvuntur, occupata, convento debitore, et apud judicem interpellatione celebrata, cùm solutio cessaverit, sub hasta distracta comparaverit : perpetuam emptionis accipiat firmitatem. Sin autem minoris fortè persona fuerit inserta,

18

necesse sit legitimæ defensionis venditioni personam adesse : nihilque intersit, utrùmne officium summæ rei procuratoris, an certè rectoris provinciæ, id quod debitum fuerit, proposuerit.

Datum pridiè id. decembris, Feliciano et Titiano Coss. 337.

autorité perpétuelle. Si la personne dont on doit vendre les biens pour ces motifs se trouve mineure, il est nécessaire que la vente se fasse en présence d'une personne qui lui fournisse une légitime défense. Peu importe que la vente ait été faite par ordre de notre procureur ou par celui du gouverneur de la province.

Fait la veille des ides de décembre, sous le consul. de Félicien et de Titien. 337.

TITULUS XLVII.

Sine censu vel reliquis fundum comparari non posse.

TITRE XLVII.

Défenses qu'un fonds ne puisse être acheté sans charges de cens et arrérages.

1. *Imp. Alexander A. Capitoni.*

Ex conventione quidem, qua pactam novercam tuam cum patre tuo dicis, cùm fundum in dotem daret, ut ipsa tributa agnosceret : actio tibi adversus eam competere non potest, etiam si pactum in stipulationem deductum probetur. Sed et si fundus æstimatus, ita ut pars instrumenti significat, in dotem datus est : ex vendito actio, ut placitis stetur, non competit.

Proposit. non. decembris, ipso A. III. et Dione Coss. 230.

1. *L'empereur Alexandre à Capiton.*

Il ne naît aucune action de la convention par laquelle vous dites qu'il a été convenu entre votre belle-mère et votre père, qu'elle se chargerait des tributs imposés sur le fonds qu'elle a donné en dot ; il ne naît, dis-je, aucune action contre votre belle-mère, quand même le pacte aurait été revêtu de la stipulation. Si on trouve dans l'acte que le fonds a été donné, quoiqu'il ait été estimé, il ne naît de cette estime aucune action *ex vendito*, dont on puisse user pour forcer la contractante à remplir ses engagemens.

Fait pendant les nones de décembre, sous le troisième consul. de l'empereur Alexandre et le premier de Dion. 230.

2. *Imp. Constantinus A. ad Marcellum.*

Rei annonariæ emolumenta tractantes, cognovimus hanc esse causam maximè reliquorum, quód nonnulli captantes aliquorum momentarias necessitates, sub hac conditione fundos comparant, ut nec reliqua coram fisco inferant, et immunes eos possideant. Ideóque placuit, ut si quem constiterit hujusmodi habuisse contractum, atque hac lege possessionem esse mercatum : tam pro solitis censibus fundi comparati, quàm pro reliquis universis ejusdem possessionis obnoxius teneatur : cùm necesse sit eum qui comparavit, censum rei comparatæ agnoscere : nec liceat

2. *L'empereur Constantin à Marcellus.*

Nous avons reconnu que la principale cause qui faisait que les arrérages des tributs n'étaient pas payés, était que quelques personnes profitant des besoins momentanés où peut se trouver quelqu'un, lui achètent ses fonds, sous la condition qu'ils ne seraient pas tenus de payer les arrérages des tributs dus au fisc, et qu'ils les posséderaient comme libres de toute charge : c'est pourquoi nous ordonnons que celui qui aura passé un contrat de cette sorte, et aura reçu la possession sous cette condition, soit tenu non-seulement du cens courant dont le fonds acheté est

grevé, mais encore de tous les arrérages; et comme l'acheteur est tenu du
cens imposé sur la chose qu'il achète,
qu'il ne soit permis à personne de vendre ou d'acheter un fonds sans cens.

Fait à Agrippina, pendant les calen. de
juille', sous le cinquième consul. de
l'empereur Constantin et le premier de
Licinius. 319.

*Authentique extraite de la Novelle 17,
chap. 8., §. 1.*

Mais le vendeur peut se charger du
paiement des arrérages, si après avoir
pris des renseignemens, l'acheteur est
déclaré avant la tradition insolvable : car
alors le vendeur est obligé de déclarer
que le transfèrement du domaine du fonds
se fait à ses risques et périls, pour ce
qui concerne les tributs fiscaux.

6. *L'empereur Julien à Secundus, préfet
du prétoire.*

Que tous acquittent les tributs publics
imposés sur les champs qu'ils possèdent;
qu'ils ne puissent se prévaloir de pactes
contraires et illicites par lesquels le vendeur ou le donateur se serait chargé de
satisfaire à ces tributs, et cela quand
même le nom du nouveau propriétaire
n'aurait pas encore été inscrit sur les
registres des contributions, et que le nom
de l'ancien y aurait été conservé; afin
que les non possesseurs ne soient pas poursuivis pour les possesseurs.

Fait à Antioche, le 14 des cal. de mars,
sous le quatrième consul. de Julien et le
premier de Saluste. 363.

TITRE XLVIII.

Des diminutions et des accroisse-
mens de la chose vendue.

1. *L'empereur Alexandre à Apollonius.*

Après que la vente est parfaite, tout
ce qui peut arriver d'avantageux ou de
désavantageux à la chose vendue est à
la charge ou profite à l'acheteur : car le
vendeur n'est tenu à son tour que des
causes qui entraînent l'éviction, et dont
l'origine s'étend au tems qui a précédé
la vente ; toutefois si l'acheteur lui a

cuiquam rem sine censu comparare vel
vendere.

Datum cal. julii Agrippinæ, Constantino A. V. et Licinio CC. Coss. 319.

In authent. Nov. 17, cap. 8, §. 1.

Sed et periculum in se recipere potest,
si examinatione ante traditionem facta
emptor minùs idoneus inventus fuerit :
tunc enim venditor apud gesta profiteri
cogitur, quia periculo suo transpositio fit
fiscalium tributorum.

3. *Imp. Julianus A. Secundo præfecto prætorio.*

Omnes pro his agris quos possident,
publicas pensitationes agnoscant : nec pactionibus contrariis adjuventur, si venditor aut donator apud se collationis sarci-
nam pactione illicita voluerit retinere. Et
si necdum translata sit professio censualis,
sed apud priorem fundi dominum fortè
permaneat, dissimulantibus ipsis, ut non
possidentes pro possidentibus exigantur.

Datum 14 calend. martii, Antiochiæ
Juliano A. IV. et Sallustio Coss. 363.

TITULUS XLVIII.

De periculo et commodo rei ven-
ditæ.

1. *Imp. Alexander A. Apollonio.*

Post perfectam venditionem omne commodum et incommodum quod rei venditæ
contingit, ad emptorem pertinet. Auctor
enim ex his tantùm causis suo ordine tenetur, quæ ex præcedente tempore causam evictionis parant : et ita, si denun-
tiatum est ut causæ agendæ adesset, et
non absente emptore contra eum pronun-

18 *

ciatum est.

signifié de poursuivre la cause concernant l'éviction, et si en présence de l'acheteur il a été prononcé contre le vendeur.

2. *Iidem* A. *Juliano.*

Cùm convenit ut singulæ amphoræ vini certo pretio veneant : antequam tradantur, imperfecta etiam tunc venditione, periculum vini mutati, emptoris, qui moram mensuræ faciendæ non interposuit, non fuit. Cùm autem universum, quod in horreis erat positum, venisse sine mensura, et claves emptoribus traditas alleges : post perfectam venditionem quod vino mutato damnum accidit, ad emptorem pertinet. Hæc omnia locum habent non solùm si vinum, sed etiam si oleum, vel frumentum, vel his similia venierint, et ea aut deteriorata, aut penitùs corrupta fuerint.

2. *Les mêmes empereurs à Julien.*

Comme il convient que tous les tonneaux de vin soient vendus à un prix certain, si avant que la tradition ait eu lieu, la vente étant par conséquent alors imparfaite, on a changé le vin, ce changement ne peut être au risque de l'acheteur, s'il n'est pas constitué en demeure de faire mesurer le vin. Mais comme vous alléguez que tout le vin qui était dans la cave a été vendu en bloc et sans mesure, et que les clefs ont été livrées aux acquéreurs, le dommage qui est arrivé par le changement du vin, après que la vente a été parfaite, est à la charge de l'acheteur. Ces dispositions ont lieu non-seulement lorsqu'il s'agit du vin, mais encore lorsqu'il s'agit de l'huile, du froment et d'autres choses semblables qui ont été endommagées ou même qui ont péri entièrement.

3. *Iidem* A. *Diaphaniæ.*

Dolum auctoris bonæ fidei emptori non nocere, certi juris est.

3. *Les mêmes empereurs à Diaphanias.*

C'est d'un droit certain que le dol du vendeur ne peut nuire à l'acquéreur de bonne foi.

4. *Imp. Gordianus* A. *Siluro.*

Cùm inter emptorem et venditorem, contractu sine scriptis inito, de pretio convenit, moraque venditoris in traditione non intercessit : periculo emptoris rem distractam esse, in dubium non venit.

4. *L'empereur Gordien à Silurus.*

Lorsque par un contrat non rédigé par écrit, il a été convenu entre l'acheteur et le vendeur d'un certain prix, et que le vendeur n'a mis aucun retard à faire la tradition, il n'est aucun doute que le péril de la chose vendue ne soit à la charge de l'acheteur.

5. *Impp. Diocletianus et Maximianus* AA. *Leontio.*

Cùm speciem venditam per violentiam ignis absumptam dicas : si venditionem nulla conditio suspenderat, amissæ rei periculum te non adstringit.

5. *Les emper. Dioclétien et Maximien à Léontius.*

Exposant que la chose vendue a été consumée par la violence du feu, si la vente n'était suspendue par aucune condition, le péril de la chose vendue, et qui a été consumée par le feu, n'est pas à votre charge.

6. *Iidem* AA. *Cærulo.*

Mortis casus ancillæ distractæ, etiam ante traditionem sine mora venditoris dilatam, non ad venditorem, sed ad emptorem pertinet : et hæc non ex præterito vitio rebus humanis exempta, solutionem pretii emptor non rectè recusat.

6. *Les mêmes empereurs à Cérulus.*

L'événement de la mort de l'esclave vendue, arrivé sans la demeure du vendeur avant la tradition, n'est pas à la charge de ce dernier, mais à celle de l'acheteur. Cette esclave étant morte non pour cause d'un vice dont l'origine se rapporte au tems qui a précédé la vente, c'est injustement que l'acheteur refuse d'en payer le prix.

TITRE XLIX.

Des actions de l'achat et vente.

1. L'empereur Antonin à Déliana.

Assignez par l'action *venditi* celui à qui vous avez vendu un champ : car vous n'avez pas contre l'acheteur, qui ne vous est pas obligé personnellement, l'action *in rem*.

2. Les empereurs Valérien et Gallien, et le César-Valérius, à Domitien.

Vous pouvez intenter contre votre adversaire, à l'effet qu'il vous paye le restant du prix, l'action *venditi*. On ne pourra vous opposer que prétendant que vous lui devez, cette somme a été compensée avec la prétendue dette, si vous prouvez que dans un contrat de bonne foi (contre lequel les majeurs de vingt-cinq ans, s'il y est entré du dol, sont restitués par l'autorité du juge), induit dans une juste erreur ou trompé par la fraude de votre adversaire, vous avez par un pacte reconnu une dette qui réellement n'était pas due. Vous revendiquerez par la même action les fruits perçus avant la vente, et qui n'y étaient pas compris, dont vous dites que l'acheteur s'est emparé.

3. Les emper. Dioclétien et Maximien à Serpodore.

Le pacte par lequel il a été donné des arrhes, ne produit aux contractans que l'action personnelle.

4. Les mêmes empereurs à Mutien.

Si la tradition de la chose vendue n'a pas lieu, conformément au contrat de vente, par la faute du vendeur, le président de la province veillera à ce qu'il soit condamné à telle indemnité qu'il jugera vous être due.

5. Les mêmes empereurs à Décima.

Le président de la province veillera à ce que l'acheteur, qui étant en possession a perçu les fruits, vous restitue la partie

TITULUS XLIX.

De actionibus empti et venditi.

1. Imp. Antoninus A. Delianæ.

Adversus eum cui agrum vendidisti, judicio venditi consiste. Nec enim tibi in rem actio cum emptore, qui personaliter tibi sit obligatus, competit.

2. Impp. Valerianus et Gallienus AA. et Valerianus Cæs. Domitiano.

Venditi actionem ad recipiendum residuum pretium intendere adversario tuo poteris. Nec quod in compensationem venerit, quasi et tu invicem deberes, id obesse tibi poterit : si in bonæ fidei contractu, in quo majores etiam viginti-quinque annis officio judicis in iis, quæ dolo commissa sunt, adjuvantur : justo errore te ductum, vel fraude adversarii captum, quasi debitum id esset, quod reverá non debebatur, pepigisse monstraveris. Fructus quoque perceptos ante venditionem contractam, quos, cùm venditioni non accessissent, eundem emptorem invasisse proponis, eodem judicio reposces.

3. Impp. Diocletianus et Maximianus AA. Serpodoro.

Ex arrhali pacto personalis duntaxat actio paciscentibus præparatur.

4. Iidem AA. Mutiano.

Si traditio rei venditæ justa emptionis contractum procacia venditoris non fiat : quanti interesse compleri emptionem fuerit arbitratus præses provinciæ, tantum in condemnationis taxationem deducere curabit. o

5. Iidem AA. Decimæ.

Curabit præses provinciæ compellere emptorem, qui nactus possessionem fructus percepit, partem pretii, quam pæne se habet, cum usuris restituere : quas et perceptorum fructuum ratio, et minoris ætatis favor (licèt nulla mora intercesserit) generavit.

6. Iidem AA. Neracto.

Venditi actio, si non ab initio aliud convenit, non facilè ad rescindendam perfectam venditionem, sed ad pretium exigendum competit.

7. Iidem AA. Diodoro.

Si servos distraxisti, ac pretium de peculio eorum, quod ad te pertinebat, nesciens unde solveretur, accepisti : consequens est integram te habere actionem pretii : cùm proprii venditoris nummi soluti non præstent emptori liberationem.

8. Iidem AA. Eusebio.

Si pater tuus venundedit portionem suam, nec induxit in vacuam possessionem prædii : jus omne penes se eum retinuisse certum est. Neque enim velut traditionis factæ vectigal exolutum, si simulatum factum intercessit, veritatem mutare potuit. Quapropter aditus præses provinciæ, si animadverterit in vacuam possessionem neque patrem tuum, neque successores ejus emptorem vel heredes ipsius quocumque loco factos induxisse : non dubitabit nihil esse translatum prononciare. Et si te ex empto ad inducendum eum in vacuam possessionem prædii perspexerit conveniri : æstimabit, an pretium sit solutum : ac si repererit non esse pretio satisfactum : hoc restitui tibi providebit.

9. Iidem AA. Antipatræ.

Si minor à venditore (sive sciente, sive ignorante) dicebatur capitatio prædii venditi, et major inventa sit : in tantum convenitur, in quantum, si scisset emptor ab initio, minùs daret pretii. Sin verò hujusmodi onus et gravamen functionis cognovisset : nullam adversus venditorem

du prix avec les intérêts qu'il n'a pas encore payés ; quoiqu'il ne soit pas en retard, il est tenu de faire ce paiement à cause de la perception des fruits et de l'âge de minorité.

6. Les mêmes empereurs à Néractus.

L'action venditi, à moins qu'il n'ait été convenu autrement, ne peut servir facilement à faire rescinder une vente déjà parfaite; son objet propre est l'exaction du prix.

7. Les mêmes empereurs à Diodore.

Si ayant vendu des esclaves et ne sachant pas avec quel argent on vous les paierait, on vous en a payé le prix avec l'argent provenant de leur pécule qui vous appartient, il résulte delà que vous avez l'action dans toute son intégrité pour en obtenir le prix; parce que l'acheteur ne se libère pas en payant avec le propre argent du vendeur.

8. Les mêmes empereurs à Eusèbe.

Si votre père ayant vendu sa portion d'un fonds, n'a pas mis son acheteur en possession, il est certain qu'il s'est conservé à lui-même tout le droit de propriété, et cela quand même l'acheteur aurait payé l'impôt imposé sur le champ en question ; parce qu'un fait simulé ne peut porter aucune atteinte à la vérité. C'est pourquoi ayant été trouvé le président de la province, si ce magistrat se convainc que ni votre père ni ses héritiers n'ont mis en possession ni l'acheteur ni ses héritiers, quel que soit leur degré, il n'hésitera pas à prononcer que le domaine du champ en question n'a pas été transféré. Mais s'il s'apperçoit que vous soyez poursuivi par l'acheteur en vertu de l'action ex empto, à l'effet de se faire envoyer en possession, il examinera si le prix à été payé ; et s'il découvre qu'il ne l'ait pas été, il pourvoira à ce qu'il vous soit restitué.

9. Les mêmes empereurs à Antipatra.

Si un vendeur en vendant un champ, a dit sciemment ou par ignorance, que le tribut imposé sur le champ vendu était moindre que ce qu'il est réellement, il doit être condamné envers l'acheteur à donner une somme égale à ce qu'il faudrait ajouter au prix que l'acheteur aurait donné du fonds, s'il eût connu l'état réel des choses, pour l'égaler au prix convenu; mais si lors du contrat il a connu le taux réel des impositions dues par le champ, il n'a aucune action contre le vendeur.

10. *Les mêmes empereurs à Attalus.*

Exposant que le Boucher, contre la foi de la convention, ne vous a pas livré la viande dans le tems convenu, vous pouvez le poursuivre pardevant le président de la province en dédommagement des pertes que cette contravention à ce qui avait été convenu peut vous avoir causées.

11. *Les mêmes empereurs à Bucarpia.*

Si un vendeur a affranchi l'esclave qui vous avait été livrée pour cause de vente, il n'a pu par-là donner la liberté à une esclave qui ne lui appartenait pas. Mais s'il l'a affranchie avant la tradition, quoiqu'après la vente, en étant encore le maître de plein droit, il a pu en faire une citoyenne romaine; quant à vous, vous avez une action personnelle contre le vendeur, à cause de la contravention à ce qui avait été convenu.

12. *Les mêmes empereurs à Crispinus.*

De même que le péril du vin qui a été changé après avoir été acheté déterminément, est à la charge de l'acheteur, de même il profite des avantages qui peuvent naître de l'augmentation du prix. C'est pourquoi s'il a été acheté du vin avec la désignation de la qualité et du nombre des mesures, il faut que la convention soit exécutée; et si on a refusé de le livrer, l'acheteur a une action, non pour exiger le prix du vin, mais pour demander une indemnité équivalente aux pertes qu'il a éprouvées par la non exécution de la convention.

13. *Les mêmes empereurs à Alexandre.*

Il convient qu'après que le contrat a reçu toute sa perfection, les fruits de la chose achetée appartiennent à l'acheteur, par la même raison qu'il est tenu des charges dont elle est grevée; mais le vendeur peut aussi par l'autorité du juge, exiger non-seulement le prix, mais encore ses intérêts, s'il est prouvé qu'on ait été en demeure de le lui payer.

habet actionem.

10. *Iidem* AA. *Attalo.*

Cùm venditorem carnis fide conventionis rupta, tempore placito hanc non exhibuisse proponas : ex empto actione eum, quanti intersit tua, si tunc tibi præstita fuisset, apud præsidem provinciæ convenire potes.

11. *Iidem* AA. *Bucarpiæ.*

Si ancillam tibi ex causa venditionis traditam venditor manumisit : libertatem alienæ factæ præstare non potuit. Quòd si post venditionem ante traditionem manumisit : pleno jure dominus constitutus, civem romanam facere non prohibetur : tibi personali propter ruptam fidem contra venditorem actione competente.

12. *Iidem* AA. *Crispino.*

Sicut periculum vini mutati, quod certum fuerat comparatum, ad emptorem, ita commodum aucti pretii pertinet. Utque hoc verum est, sic certæ qualitatis ac mensuræ distracto vino, fidem placiti servandam esse convenit. Quo non restituto, non pretii quantitatis, sed quanti interest emptoris, competit actio.

13. *Iidem* AA. *Alexandro.*

Fructus post perfectum jure contractum, emptoris spectare personam convenit, ad quem et functionum gravamen pertinet. Venditor quoque pretium tantùm, ac si moram intercessisse probetur, **usuras** officio judicis exigere potest.

14. *Iidem* AA. *Rufoni.*

Emptor servorum certè de his traden-
dis, et de eorum fuga, itemque sanitate
erronesque non esse, aut noxa solutos, re-
promitti sibi rectè postulat.

15. *Iidem* AA. *Antonio.*

Ultra modum tritici distracti citra pactum, in solutione mora non facta, nihil
emptor exigere potest.

16. *Iidem* AA. *Cyrillo.*

Post perfectam venditionem, fœtus quidem pecorum emptori, venditori verò
sumptus, si quos bona fide fecerit, restitui
debere, notissimum est.

17. *Iidem* AA. *Hermiano et Lupo.*

Expulsos vos de fundo per violentiam à
Nerone, quem habere jus in eo negatis,
profitentes : nullam vobis adversus eum,
ex cujus venditione fundum possidetis, actionem competere probatis. Igitur ad instar interdicti seu actionis permissæ expe-
riendum esse perspicitis.

TITULUS L.

*Si quis alteri, vel sibi sub alterius
nomine, vel aliena pecunia emerit.*

1. *Imp. Antoninus* A. *Secundino.*

Si pecunia patris fundus, mancipiaque
comparata sunt : tamen cùm emptiones
matris tuæ nomine factas esse proponas :
ignorare non debes traditione matrem
tuam dominam fuisse constitutam. Planè
si pecuniæ petitionem competere tibi propter numerationem pretii existimas, civili-
ter contende.

14. *Les mêmes empereurs à* **Rufonus.**

C'est légitimement que celui qui achète
des esclaves demande qu'on le garantisse
de la livraison, qu'ils ne s'enfuiront pas,
de leur santé, qu'ils ne sont pas fainéans,
et qu'ils ne sont point engagés noxale-
ment.

15. *Les mêmes empereurs à Antonius.*

L'acheteur ne peut exiger sans pacte,
une quantité de froment plus grande que
celle qu'il a achetée, si le vendeur n'est pas
constitué en demeure pour la tradition.

16. *Les mêmes empereurs à Cyrilla.*

C'est un point de droit très-connu,
qu'après que la vente est parfaite, les
petits du bétail doivent être restitués à
l'acheteur, et le remboursement des dépenses au vendeur, si toutefois il en a
fait de bonne foi.

17. *Les mêmes empereurs à Hermien et
Lupus.*

Exposant avoir été expulsés du fonds
par la violence employée par Néron, lequel vous dites n'avoir aucun droit dans
ce fonds, cette assertion prouve que vous
n'avez aucune action contre le vendeur ;
c'est pourquoi sachez que vous devez
vous défendre par l'action *interdicti* ou
celle *permissæ.*

TITRE L.

*De celui qui a acheté pour un
autre, ou pour soi sous le nom
d'un autre, ou avec l'argent d'autrui.*

1. *L'empereur Antonin à Secundinus.*

Quoique le fonds et les esclaves aient
été achetés avec l'argent du père, cependant comme vous avouez que ces achats
ont été faits au nom de la mère, vous
ne devez pas ignorer que votre mère a
été constituée la maîtresse des objets de
ces achats par la tradition. Mais si vous
croyez avoir droit de demander le prix
qui en a été donné, à cause qu'il a été
compté à votre mère, attaquez-la par des
actions civiles.

2. *L'empereur Alexandre à Septima et à d'autres.*

Si étant émancipés, votre père vous a fait la tradition des fonds qu'il avait achetés en votre nom pendant que vous étiez constitués en sa puissance, ou si vous avez possédé ces fonds avec son consentement, vous en avez acquis la propriété.

3. *Le même empereur à Patrimus.*

A l'égard des esclaves dont vous parlez, si, comme vous le dites, ayant été achetés en votre nom et en celui de votre frère à qui vous avez succédé, ils vous ont été livrés par la tradition ; quoiqu'il soit dit dans le titre d'achat que votre mère en a compté le prix, vous n'êtes pas empêché de les revendiquer selon les formes ordinaires des actions.

4. *Les empereurs Valérien et Gallien, et le César-Valérien, à Cyrille.*

Quoiqu'il paraisse par l'acte d'achat, que vous l'avez fait au nom de votre belle-mère, cependant, si vous êtes constitué le maître de la chose achetée par la possession, c'est mal-à-propos que vous craignez à l'égard de cette chose les poursuites de votre femme, quoiqu'elle ait elle-même l'acte d'un contrat.

5. *Les emper. Dioclétien et Maximien à Vérus.*

Vous dites qu'ayant acheté un fonds avec votre propre argent, et ayant seulement fait mettre dans le titre d'achat le nom de votre femme, comme si c'était elle qui eût acheté, votre femme se prévalant de ce titre qui lui avait été confié, s'est emparé contre la bonne foi de la propriété du fonds ; le gouverneur de la province s'étant assuré de la vérité du fait, veillera à ce que la donation de ce fonds faite par votre femme à qui il n'appartenait pas, en faveur de sa fille, ne porte aucun préjudice à votre propriété, et à ce qu'elle vous restitue le fonds avec ses fruits.

6. *Les mêmes empereurs à Dionysius.*

Il y a beaucoup de différence entre le cas où votre femme achetant, vous avez compté le montant du prix et la chose lui a été livrée par la tradition, et celui où achetant vous-même, vous avez ensuite fait mettre dans le titre le nom de

Tome II.

2. *Imp. Alexander A. Septimæ et aliis.*

Si emancipatis vobis, fundos, quos nomine vestro, cùm in potestate ageretis, pater emerat, tradidit, vel in possessione eorum voluntate patris fuistis : dominium adquisistis.

3. *Idem A. Patrimo.*

Mancipia quorum meministi, si (ut proponis) nomine tuo, itemque fratris tui, cui successisti, empta, vobis tradita sunt : licèt instrumento emptionis matrem tuam pecunias numerasse contineatur, persequi ea more judiciorum non prohiberis.

4. *Impp. Valerianus et Gallienus AA. et Valerianus Cæs. Cyrillo.*

Quamvis instrumento emptionis socrus nomen inscripseris : tamen si possessionem tenens dominus effectus es, ob eam rem frustra calumniam mulieris, quamvis ipsa contractus tabulas habeat, reformidas.

5. *Impp. Diocletianus et Maximianus AA. Vero.*

Cum propria pecunia tua te comparante possessionem, quondam uxoris tuæ nomen tantummodò accommodasse dicas, eandemque occasione custodiæ suæ commissorum intrumentorum contra bonam fidem proprietatem ejusdem fundi usurpasse dicas : rector provinciæ pro sua exercitatione cognitum habens, donationem à non domina uxore tua in filiam suam collocatam, nullum præjudicium dominio tuo attulisse : docenti tibi veritatem precibus tuis adsistere, restituere eandem possessionem, habita etiam fructuum taxatione, curabit.

6. *Idem AA. Dionysio.*

Multum interest, utrumne uxore tua comparante, pecuniam numerasti, eique possessio tradita est : an contractu emptionis à te nomine tuo habito, tantùm uxoris nomen post instrumentis inscribi feceris. Nam si quidem uxor tua nomine suo emit, eique res traditæ sunt, nec in re quicquam de his processit : non nisi de pretio adversus eam, in quantum tu pauperior, et illa locupletior facta est, habes actionem. Quòd si tu quidem emisti, et tibi tradita est possessio, tantùm autem nomen uxoris quondam tuæ instrumento inscriptum est: res gesta potior quàm scriptura habetur. Si verò ab initio negotium uxoris gerens, comparasti nomine ipsius : empti actionem nec illi nec tibi quæsisti, dumque tibi non vis, nec illi potes : quare in dominii quæstione ille potior habetur, cui possessio à domino tradita est.

votre femme : car si votre femme ayant acheté en son nom la tradition lui a été faite, vous n'avez aucun droit de propriété sur la chose achetée ; vous avez seulement action contre elle, pour demander une somme égale à celle dont par-là vous avez été fait plus pauvre et elle plus riche. Mais si ayant acheté vous-même, et la tradition vous ayant été faite, le nom de votre femme a seulement été inscrit dans le titre, on doit préférer ce qui a été fait réellement à ce qui a été écrit. Mais si dans l'origine, administrant les affaires de votre femme, vous avez acheté en son nom, vous ne vous êtes point acquis l'action *empti*, parce que ce n'a pas été votre intention ; vous ne l'avez pas acquise non plus à votre femme, parce que vous ne le pouviez pas : c'est pourquoi dans cette question de propriété, la cause de celui-là est préférable à qui la tradition du fonds a été faite par le maître.

7. *Iidem AA. Gerontio.*

Cùm per eos qui negotia tua gerebant, olei materiam te comparasse, contractusque fidem pretio suscepto rupisse venditorem proponas : si quidem ex empto iis qui juri tuo subjecti fuerant, contrahentibus, tibi quæsita est actio : vel per te, vel per eum cui mandaveris. Sin verò sui juris constituti, secundùm mandatum tuum hunc contractum habuerunt, ac sibi empti quæsierunt actionem : per eos, vel quibus illi dederint mandatum, adi competentem judicem : qui secundùm bonam fidem, quæ in hujusmodi contractibus observari solet, satisfieri providebit.

7. *Les mêmes empereurs à Gérontius.*

Exposant qu'ayant acheté de l'huile par le moyen de ceux qui administraient vos affaires, le vendeur a manqué à la foi du contrat ; certainement le contrat ayant été fait par ceux qui étaient soumis à votre puissance, l'action *ex empto* vous est acquise ou par vous ou par celui que vous aviez chargé de faire l'achat. Mais si des personnes *sui juris* ont fait le contrat d'après le mandat dont vous les aviez chargés, elles se sont acquis à elles-mêmes l'action *ex empto*. C'est pourquoi faites par leur intermédiaire, ou par celui de ceux à qui ils ont cédé le mandat, vos réclamations devant le juge compétent, qui, d'après la bonne foi qui a coutume de régner dans ces sortes de contrats, pourvoira à ce que vous soyez satisfait.

8. *Iidem AA. Valentinæ.*

Qui aliena pecunia comparat, non ei cujus nummi fuerunt, sed sibi tam actionem empti, quàm dominium, si ei fuerit tradita possessio, quærit. Cùm itaque de rebus communibus fratrem patruelem tuum quædam comparasse contendas : de tua pecunia hunc conveniendo, facies consultius. Nam in rem de rebus ab eo comparatis, tibi contra eum petitio non competit.

8. *Les mêmes emp. à Valentina.*

Celui qui achète avec l'argent d'autrui, acquiert à soi tant l'action *ex empto* que le domaine, si la tradition lui a été faite, et non à celui à qui appartient l'argent. C'est pourquoi exposant que votre cousin a fait un achat avec l'argent qui vous était commun avec lui, vous pourrez le poursuivre en demande de votre argent ; mais vous n'avez contre lui sur les choses achetées aucune action *in rem.*

9. *Les mêmes empereurs à Rufina.*

Rien n'empêche qu'avec le consentement des deux contractans ou seulement du vendeur, le domaine de la chose vendue ne puisse être transféré à une autre personne qu'à celle qui compte l'argent ; nous ne laissons aucun doute sur ce point, afin qu'un tel contrat puisse être fait entre des absens par une personne intermédiaire, comme un procureur, et même par une lettre.

TITRE LI.

De la prohibition de l'aliénation des choses d'autrui et de l'hypothèque.

1. *L'emp. Alexandre à Cantien.*

Si le président de la province est convaincu que Julien, sans aucun droit, a vendu vos esclaves à des personnes qui savaient qu'ils ne lui appartenaient pas, il ordonnera aux acheteurs de vous les restituer ; mais si, ignorant que ces esclaves n'appartenaient pas au vendeur, ils les ont reçus par la tradition, le président de la province ordonnera que Julien vous en restitue le prix.

2. *L'emper. Gordien à Gratia.*

Si vous n'avez point consenti à la vente que votre mari a faite du bien qui vous appartenait ; quoiqu'engagée par la fraude, vous ayez signé avec votre cachet le titre de la vente, une fraude de cette sorte ne peut donner aucune garantie à l'acheteur, si d'ailleurs il ne peut se prévaloir de l'usucapion ni de la prescription de long tems.

3. *Les empereurs Dioclétien et Maximien à Valérien.*

Il n'est pas permis au successeur par droit héréditaire de la venderesse, de rescinder une vente légale et parfaite, et de récupérer par-là la propriété ; mais s'il fait partir ses prétentions de son propre droit, vous pourrez, si vous voulez, vous défendre par l'exception du dol avec mauvaise foi ; ou si vous ne choisissez

9. *Iidem AA. Rufinæ.*

Nihil prohibet, altero pecuniam numerante, in alium vel utriusque contrahentis consensu, vel certè venditore tantummodò volente, dominium transferri : eo etiam manifestè constituto, ut inter absentes per mediam personam, veluti per nuntium, vel per epistolam, talis contractus perfici possit.

TITULUS LI.

De rebus alienis non alienandis ; et de prohibita rerum alienatione vel hypotheca.

1. *Imp. Alexander A. Cantiano.*

Si præsidi provinciæ probatum fuerit, Julianum nullo jure munitum, servos tuos scientibus vendidisse : restituere tibi emptores servos jubebit. Quòd si ignoraverint, et eorum facti sunt : pretium eorum Julianum tibi solvere jubebit.

2. *Imp. Gordianus A. Græciæ.*

Distrahente marito rem tui juris, si consensum ei non accomodasti : licèt sigillo tuo venditionis instrumentum fraude conquisita, signaveris : hujusmodi tamen commentum emptori, usucapione non subsecuta, vel longi temporis præscriptione minimè munito, nullam præstitisse securitatem potest.

3. *Impp. Diocletianus et Maximianus AA. Valeriano.*

Venditrici succedenti hereditario jure, perfectam rectè venditionem rescindere, ac dominium revocare non licet. Sed et si hæc ex persona sua vindicet : vel exceptione te doli mali, si hanc viam elegeris, tueri : vel evicta re, si defensione monstrata uti nolueris, quanti tua interest, poteris experiri.

19 *

4. *Iidem AA. Affabili.*

Mancipia patris, qui fundum à Philippo conduxerat, successione tibi quæsita, domino fundi pro debitis in solutum mater tua dando, nihil tibi auferre potuit. Ideàque si tu major vigintiquinque annis effectus, ab ea negotium non fecisti ratum : oblato debito, si non hæc locator jure pignoris sibi obligata vendidit, petere poteris.

5. *Iidem AA. Ægro.*

Si fundum tuum pater post emancipationem te non consentiente venundedit, neque ei successisti, neque possidens longi temporis præscriptione munitus est : tibi agenti, cum rector provinciæ reddi efficiet.

6. *Iidem AA. Rufo.*

Nemo res ad te pertinentes, non obligatas sibi, nec ex officio vendendi potestatem habens, distrahendo, quicquam tibi nocere potuit.

7. *Imp. Justinianus A. Joanni præfecto prætorio.*

Sancimus, sive lex alienationem inhibuerit, sive testator hoc fecerit, sive pactio contrahentium hoc admiserit : non solùm dominii alienationem, vel mancipiorum manumissionem esse prohibendam ; sed etiam ususfructus dationem, vel hypothecam, vel pignoris nexum penitus prohiberi. Similique modo et servitutes minimè imponi, nec emphyteuseos contractum : nisi in iis tantummodò casibus, in quibus constitutionum auctoritas, vel testatoris voluntas, vel pactionum tenor, qui alienationem interdixit, aliquid tale fieri permiserit.

---

pas cette voie de défense, vous pourrez le poursuivre en dommages et intérêts.

4. *Les mêmes empereurs à Affabilus.*

Votre mère en donnant les esclaves de votre père, qui avait affermé un fonds de Philippe, à ce dernier en paiement de dettes, si ces esclaves vous sont acquis par succession, elle n'a pu par cette démarche nullement diminuer vos droits. C'est pourquoi, si étant majeur de vingt-cinq ans, vous n'avez pas ratifié cette affaire, et si Philippe ne les a pas vendus comme lui étant obligés par droit de gage, vous pourrez les revendiquer en lui offrant de lui en restituer le prix.

5. *Les mêmes empereurs à Égrus.*

Si votre père ayant vendu postérieurement à votre émancipation un fonds vous appartenant sans votre consentement, vous ne lui avez pas succédé, le président de la province fera en sorte que, d'après vos réclamations, le possesseur vous le rende, s'il ne peut vous opposer la prescription de long tems.

6. *Les mêmes empereurs à Rufus.*

Personne n'a pu vous nuire en aucune manière, en vendant une chose vous appartenant, qui ne lui était pas obligée, et qui ne pouvait se prévaloir d'aucune autorisation pour faire cette vente.

7. *L'empereur Justinien à Jean, préfet du prétoire.*

Nous ordonnons que lorsqu'une aliénation a été défendue par la loi, par le testateur ou par l'effet d'un pacte, qu'on ne puisse non-seulement aliéner le domaine ou affranchir les esclaves, mais encore céder l'usufruit ou engager la chose par hypothèque ou gage ; qu'on ne puisse de même imposer sur ce fonds des servitudes ou le donner par emphytéose, à moins que ce ne soit dans les cas où les constitutions, la volonté du testateur ou la teneur des pactes, qui ont interdit l'aliénation, le permettent.

TITRE LII.

De l'aliénation des choses communes.

1. *L'emper. Antonin à Appollodore.*

Si l'acquéreur du fonds que vous dites avoir été ve.. par les cohéritiers de votre oncle paternel, ne peut se prévaloir, à l'égard de votre portion, de l'usucapion, ni de la prescription acquise par l'effet d'un long silence, l'action *in rem* n'a reçu aucune atteinte; mais si les vendeurs ont garanti l'acheteur, il vous est libre de les poursuivre, eux qui, pour ce qui concerne votre portion, ont consenti une vente bien illicite.

2. *Le même empereur à Térentien.*

Il y a une grande différence entre le cas où vos cohéritiers ont vendu le fonds commun et celui où le fils étant copropriétaire, a vendu par un privilège qui lui est particulier, de même un fonds commun. C'est pourquoi si la vente a été faite par le fisc, il n'est pas permis de faire des réclamations contre; mais si ce sont les héritiers qui ont vendu la chose commune, quoique l'acheteur délégué par eux ait payé une partie du prix au fisc et ait promis de payer le restant, cependant cette vente ne peut vous être opposée à l'égard de la portion qui vous concerne.

3. *Les emper. Dioclétien et Maximien à Eusébius.*

C'est faussement qu'on vous a persuadé qu'une portion d'un fonds commun possédé par indivis, ne pouvait être vendue qu'à l'un des associés et non à un étranger, avant que le partage ait été opéré.

4. *Les mêmes emper. au soldat Ulpien.*

Votre frère n'a pu aliéner votre portion, de vous sur-tout qui étiez militaire; mais cependant il ne convient pas à un militaire de demander que son associé lui restitue sa propre portion en lui en offrant le prix.

TITULUS LII.

De communium rerum alienatione.

1. *Imp. Antoninus A. Apollodoro.*

Si nulla usucapionis prærogativa, vel diuturni silentii præscriptio, emptorem possessionis, quam à coheredibus patrui tui distractam suggeris, pro portione tua munit : in rem actio incolumis perseverat. At si receptum jus securitatem emptori præstiterit, arbitrium est tibi liberum conveniendi eos, qui pro portione tua satis illicitam venditionem celebraverunt.

2. *Idem A. Terentiano.*

Multum interest, utrum coheredes tui possessionem communem distraxerunt : an verò fiscus, cùm partis dominus esset, soliditatem juxta proprium privilegium vendidit. Etenim si à fisco facta sit venditio : fidem ejus infringi, minimè rationis est. Si verò coheredes soliditatem vendiderunt : licèt emptor ab his delegatus partem pretii fisco solverit, alteramque in cautionem deduxerit ; tamen portioni tuæ ea venditio non potest obsistere..

3. *Impp. Diocletianus et Maximianus AA. Eusebio.*

Falsò tibi persuasum est, communis prædii portionem pro indiviso, antequàm communi dividundo judicium dicetur, tantùm socio, non etiam extraneo posse distrahi.

4. *Iidem AA. Ulpiano militi.*

Portionem quidem tuam militantis frater tuus alienare non potuit. Ejus autem partem pretio soluto tibi restitui postulare, nec militari gravitati convenit.

5. *Iidem* AA. *et* CC. *Olympiano.*

Si major annis vigintiquinque veluti propria, nescienti communia cum fratribus tuis prædia distraxisti : licèt nullum instrumentum intercesserit, nec quicquam specialiter convenerit : alienæ portionis evictione secuta, quanti interest, emptori solves.

5. *Les mêmes empereurs et les Césars à Olympien.*

Si étant majeur de vingt-cinq ans vous avez vendu des héritages comme vous étant propres, ne sachant pas qu'ils vous étaient communs avec vos frères; quoiqu'il ne soit intervenu dans cette vente aucun titre, et que vous n'ayez fourni spécialement aucune garantie, vous êtes obligé de dédommager l'acheteur, si les portions qui ne vous appartenaient pas ont été évincées.

TITULUS LIII.

Rem alienam gerentibus non interdici rerum suarum alienatione.

1. *Impp. Severus et Antoninus* AA. *Publicæ.*

Non est interdictum tutoribus vel curatoribus, etsi ex eo titulo judicati debitores sunt constituti, cum sua causa res suas alienare. Potuit ergo curator tuus fundum suum cum suo onere obligare fisco nostro. Nam et privato potuisset.

TITRE LIII.

De la liberté qu'ont ceux qui administrent les affaires d'autrui d'aliéner leurs propres biens.

1. *Les empereurs Sévère et Antonin à Publica.*

Il n'est pas défendu aux tuteurs ni aux curateurs, quoiqu'ils aient déjà été constitués débiteurs par suite de leur administration, d'aliéner leurs biens, néanmoins avec les charges dont ils sont grevés. C'est pourquoi votre curateur a pu obliger avec la charge dont il était grevé, son fonds à notre fisc : ce qu'il aurait pu faire de même à l'égard d'un particulier.

TITULUS LIV.

De pactis inter emptorem et venditorem compositis.

1. *Imp. Antoninus* A. *Diotimæ.*

Si ea lege prædium vendidisti, ut nisi intra certum tempus pretium fuisset exsolutum, emptrix arrhas perderet, et dominium ad te pertineret : fides contractus servanda est.

2. *Imp. Alexander* A. *Charisio.*

Si fundum parentes tui ea lege vendiderunt, ut sive ipsi, sive heredes eorum emptori pretium quandocumque, vel intra certa tempora obtulissent, restitueretur, teque parato satisfacere conditioni dictæ,

TITRE LIV.

Des pactes convenus entre l'acheteur et le vendeur.

1. *L'empereur Antonin à Diotima.*

Si vous avez vendu votre héritage sous la condition que le prix en serait payé dans un certain tems, faute de quoi l'acheteur perdrait ses arrhes, et le domaine de la chose vendue retournerait à vous, la foi de ce contrat doit être gardée.

2. *L'empereur Alexandre à Charisius.*

Si vos parens ayant vendu un fonds sous cette condition, que l'acheteur le le restituerait lorsqu'eux-mêmes ou leurs héritiers lui en rembourseraient le prix, et qu'ils pourraient jouir indéfiniment de cette faculté, ou seulement jusqu'à une époque déterminée, vous êtes prêt de satisfaire à la condition ; si l'héritier de l'acheteur refuse de s'y soumettre, afin que la foi du contrat soit conservée, on vous donnera l'action *præscriptis verbis* ou celle *ex vendito*, au moyen desquelles le possesseur sera aussi obligé de vous tenir compte des fruits qu'il a recueillis de la chose, à compter de l'époque que le prix lui a été offert d'après les dispositions du pacte.

3. *Le même empereur au soldat Félix.*

Si celui qui a vendu un héritage sous la condition que si dans le tems déterminé le restant du prix ne lui était pas payé, l'héritage lui retournerait, n'a pas donné la tradition précaire, il ne peut pas user de la revendication, mais seulement de l'action *ex vendito*.

4. *Le même empereur à Julien.*

Si celui qui ayant vendu sa chose sous la condition que faute de paiement au tems déterminé elle lui retournerait, a non revendiqué la chose, mais demandé les intérêts du prix, il ne peut plus se prévaloir de la condition sous laquelle la vente avait été faite.

5. *L'empereur Gordien à Longin.*

Si lors de la vente vous êtes convenu que celui à qui vous avez vendu votre fonds, faute de payer au tems indiqué, vous paierait les intérêts du prix, c'est avec fondement que vous croyez qu'en allant porter vos réclamations devant le président de la province, ce magistrat le forcera de vous en tenir compte. Mais si vous n'êtes pas convenu de cet objet dans le tems que le contrat a eu lieu, ayant commencé vos poursuites, vous pourrez demander seulement les intérêts courus depuis le moment où l'on a été en demeure de vous payer le prix, tant de votre propre débiteur que de celui qui a répondu pour lui.

6. *Les empereurs Carus, Carinus et Numérien à Rimulus.*

Exposant que vous avez transféré la propriété de votre fonds à un vil prix, en considération d'une certaine chose convenue entre vous, cette convention ne peut tourner à votre préjudice : puisque

heres emptoris non paret, ut contractus fides servetur : actio præscriptis verbis, vel ex vendito tibi dabitur, habita ratione eorum quæ post oblatam ex pacto quantitatem, ex eo fundo ad adversarium pervenerunt.

3. *Idem A. Felici militi.*

Qui ea lege prædium vendidit, ut nisi reliquum pretium intra certum tempus restitutum esset, ad se reverteretur : si non precarium possessionem tradidit : rei vindicationem non habet, sed actionem ex vendito.

4. *Idem A. Juliano.*

Commissoriæ venditionis legem exercere non potest, qui post præstitutum pretii solvendi diem, non vindicationem rei eligere, sed usurarum pretii petitionem sequi maluit.

5. *Imp. Gordianus A. Longino.*

Initio venditionis si pactus es, ut is cui vendidisti possessionem, pretii tardius exsoluti tibi usuras pensitaret : non immerito existimas etiam eas tibi, adito præside provinciæ, ab emptore præstari debere. Nam si initio contractus non es pactus : si cœperis experiri, deberi ex mora duntaxat usuras, tam ab ipso debitore, quàm ab eo qui in omnem causam empti suam fidem adstrinxit, de jure postulabis.

6. *Imppp. Carus, Carinus et Numerianus AAA. Rimulo.*

Cùm te fundum tuum certæ rei contemplatione inter vos habita, exiguo pretio in alium transtulisse commemores, poterit tibi ea res non esse fraudi : quando non impleta promissi fide, dominii tui jus in suam causam reverti conveniat. Et ideo aditus competens judex, fundum, cujus mentionem facis, restitui tibi cum fructibus suis sine ulla lindificatione sua auctoritate perficiet : præcipuè cùm et adversa pars receptis nummis suis, nullam passa videri possit injuriam.

7. *Impp. Diocletianus et Maximianus* AA. *Musæo.*

Si à te comparavit is, cujus meministi, et convenit, ut si intra certum tempus soluta fuerit data quantitas, sit res inempta : remitti hanc conventionem rescripto nostro non jure petis. Sed si se subtrahat, ut jure dominii eandem rem retineat : denuntiationis, et obsignationis, depositionisque remedio contra fraudem potes juri tuo consulere.

8. *Iidem* AA. *et* CC. *Auxanoni.*

Tempore contractus inter emptorem et venditorem habitam conventionem integram servari, si ab ea posteriore pacto non recedatur, certum est.

9. *Imp. Justinianus* A. *Joanni præfecto prætorio.*

Si quis paciscatur in venditionis vel alienationis contractu, ut novo domino nullo modo liceat in loco vendito, vel alio modo sibi concesso, monumentum extruere, vel alio modo humano juri eum eximere : sancimus, licèt hoc apud veteres dubitabatur, tale pactum ex nostra lege esse fovendum, et immutilatum permanere. Forsitan enim multum ejus intererat, nec ei vicinus, non solùm quem nollet, aggregaretur, sed etiam pro quo specialiter interdictum est. Cùm etenim venditor, vel alius alienator non alia lege jus suum transferre passus est, nisi tali fretus conventione : quomodò ferendum est, aliquam captionem ex varia pati cum interpretatione ?

TITULUS

la foi promise n'ayant pas été gardée, la propriété doit vous retourner. C'est pourquoi ayant été trouvé le juge compétent, il ordonnera que le fonds dont vous faites mention vous soit restitué sans retard avec ses fruits ; sur-tout si ayant restitué à votre adversaire le prix que vous en aviez reçu, il ne peut porter aucune plainte.

7. *Les emper. Dioclétien et Maximien à Muséus.*

Si celui dont vous parlez a acheté quelque chose de vous, sous la condition que si dans un tems déterminé vous lui rendiez le prix qu'il en a donné la vente serait nulle, vous n'êtes pas fondé en droit à demander que par un rescrit vous soyez dispensé de vous soumettre à cette convention. Mais si votre acheteur refuse de s'y soumettre, en retenant sur la chose vendue conditionnellement le droit de propriété, vous pouvez aider votre droit par les offres, le dépôt et la consignation du prix, au moyen duquel il est tenu de vous restituer la propriété de la chose.

8. *Les mêmes emp. et Césars à Auxanon.*

Il est certain que l'on doit observer en entier la convention conclue dans le tems du contrat, entre l'acheteur et le vendeur, si d'ailleurs on n'y a pas dérogé par un pacte postérieur.

9. *L'empereur Justinien à Jean, préfet du prétoire.*

Si l'on est convenu dans le contrat de vente ou d'aliénation, qu'il ne serait permis en aucune manière au nouveau maître d'élever dans le fonds vendu ou cédé à tout autre titre, un tombeau, ou de l'exclure, de quelque manière que ce soit, du nombre des biens désignés par la qualification de profanes ; nous ordonnons, quoiqu'il se soit élevé des doutes à ce sujet chez les anciens, qu'un tel pacte soit, d'après la présente loi, observé et exécuté dans toute son intégrité : car s'il importe beaucoup au contractant de n'avoir pas pour voisin celui dont il refuse le voisinage, à plus forte raison de n'être pas dans un voisinage qui, le pouvant, il a prohibé. D'ailleurs le vendeur ou le cédant à tout autre titre, n'a cédé son droit qu'à

qu'à cette condition. D'ailleurs peut-on
souffrir qu'il éprouve du dommage par
l'effet d'une autre interprétation du pacte?

TITRE LV.

De l'esclave qui est vendu pour être expatrié.

1. *Les empereurs Sévère et Antonin à Pétronia.*

LES esclaves qui ont été vendus sous
la condition qu'ils seraient expatriés, et
que faute de quoi ils seraient confisqués,
peuvent recevoir la liberté de l'acheteur
ou de celui qui a succédé à sa place,
avant toutefois que le tems déterminé
dans la convention pour l'expatriation
soit écoulé. Mais si l'affranchissement
ayant eu lieu après l'écoulement du terme
défini, et les affranchis habitent des pays
dont les contractans ont voulu les chas-
ser, ils seront revendiqués par le fisc,
et d'après la même condition, réduits en
une servitude perpétuelle. Il n'est pas
défendu de les confisquer avant l'affranchissement, si le maître est en demeure
de satisfaire à la condition.

2. *Les mêmes empereurs à Nédiénus.*

Si vous avez stipulé que vous auriez
le droit de saisie sur l'esclave, vous
pouvez user de votre droit. Si vous ne
vous vous êtes pas réservé ce droit, mais
avez stipulé une peine, l'esclave sera
confisqué par le fisc, et vous vous aurez
l'action *ex stipulatu.* Cependant dans tous
les cas, on doit préalablement examiner si
l'esclave est venu dans le lieu interdit avec
le consentement de son maître.

3. *L'empereur Alexandre à Nonius.*

L'esclave qui, ayant été vendue pour
être expatriée, ne l'a pas été, mais habitant
la même ville où elle a été achetée, l'acheteur l'a affranchie, elle n'a pu l'être en contravention de la vente : c'est pourquoi si
vous allez trouver mon procureur, il fera
son devoir.

4. *Le même empereur à Papias.*

Je suis indigné de ce que vous affirmez avoir été vendu par des esclaves dont
vous étiez le maître, sous la condition
Tome II.

TITULUS LV.

Si servus exportandus veneat.

1. *Impp. Severus et Antoninus AA. Petroniæ.*

LEGE venditionis exportata mancipia
sub denuntiatione manus injiciendæ, libertatem ab emptore, vel qui successit in
locum ejus, antequam fides rumpatur, accipere possunt. Quæ tamen à fisco post
manumissionem vindicantur, et in perpetuam servitutem eadem lege veniunt, cùm
in iis civitatibus conversantur, quas contrahentes exceperunt. Ante manumissionem verò injiciendæ manus facultas non
denegatur.

2. *Iidem AA. Nedieno.*

Si ut manus injectionem haberes, ca-
visti tibi : jure tuo uti potes. Quòd si hoc
omisisti, et pœnam stipulatus es : homo
quidem fisco commissus est, tu verò nactus es ex stipulatu actionem. In omnibus
tamen quæritur, an domini voluntate in
locum prohibitum venerit.

3. *Imp. Alexander A. Nonio.*

Ancilla quæ exportanda veniit, nec exportata est, sed ab emptore in eadem civitate morante empta et manumissa est :
adversus legem venditionis libera fieri non
potuit. Et ideò aditus à te procurator
meus, partibus suis fungetur.

4. *Idem A. Papiæ.*

Moveor, quòd te à servis tuis dominum
eorum venisse adfirmas sub ea lege, ne
in patria moreris : et ab eo, cui te emptor

20

prior vendiderat, manumissum esse dicis. Quare competens judex adversus eum quem praesentem esse dicis, cognitionem suam praebebit : et si veritas accusationi aderit, execrabile delictum in exemplum capitali poena vindicabit. Sed quoadusque probaveris quae intendis, status tuus esse is videtur, qui in te post manumissionem deprehenditur.

5. *Idem A. Seraphiano.*

Qui exportandus à domino de civitate sua venit, nec in urbe Roma morari debet. Qui autem de provincia certa, nec in Italia. Si itaque contra legem constitutam factum probare potes : utere jure quod proptereà tibi competit.

TITULUS LVI.

Si mancipium ita venierit, ne prostituatur.

1. *Imp. Alexander A. Socrati.*

PRÆFECTUS urbi amicus noster, ea quae ita venit, ut si prostituta fuisset, abducendi potestas esset, ei cui secundùm constitutionem divi Hadriani id competit, abducendi impertiet facultatem. Quòd si eum patientiam accommodasse contra legem quam ipse dixerat, ut in turpi quaestu mulier haberetur animadverterit : libertate competente secundùm interpretationem ejusdem principis, perduci eam ad praetorem, cujus de liberali causa jurisdictio est, ut ibi lis ordinetur, jubebit. Nec enim tenor legis, quam semel comprehendit, intermittitur, quòd dominium per plures emptorum personas ad primum, qui prostituit, sine lege simili pervenit.

que vous seriez expatrié ; vous ajoutez que vous avez été affranchi par celui à qui votre premier acheteur vous avait vendu. Le juge compétent exercera ses fonctions contre celui que vous dites être présent ; et s'il trouve que l'accusation soit conforme à la vérité, il punira, pour l'exemple, un délit si exécrable par la peine de mort. Mais tant que vous serez à faire les preuves de l'accusation que vous intentez, vous serez considéré comme affranchi.

5. *Le même empereur à Séraphianus.*

Celui qui a été vendu par son maître, à condition qu'il serait déporté de la ville qu'il habite, ne peut demeurer dans la ville de Rome. Si la condition porte qu'il sera déporté hors d'une province, il pourra habiter l'Italie. C'est pourquoi, si vous prouvez qu'il ait été fait quelque chose de contraire à la condition convenue, vous pourrez jouir du droit qui, à cause de cela, vous compète.

TITRE LVI.

De l'esclave qui a été vendu sous la condition qu'il ne serait pas prostitué.

1. *L'empereur Alexandre à Socrate.*

A l'égard de l'esclave qui a été vendue sous la condition que si on la prostituait, le vendeur aurait le droit de la saisir pour son compte, le préfet de la ville, notre ami, accordera la faculté de la saisir à celui que ce droit compète d'après la constitution de l'empereur Adrien. Si ce magistrat se convainc que le vendeur, contre la condition qu'il a dictée lui-même, souffre que cette esclave fasse un commerce honteux de son corps, la liberté dans ce cas lui étant accordée d'après la constitution du même empereur, il ordonnera qu'elle soit amenée devant le préteur qui a le droit de connaître des causes de liberté, et que là l'on instruise le procès. La condition qui a été une fois mise à la vente ne reçoit aucune atteinte de ce que le domaine de l'esclave peut passer successivement à plusieurs maîtres ;

elle a toujours l'effet de faire retourner, en cas de prostitution, la propriété au maître qui le premier l'a apposée à la vente.

5. *Le même empereur à Sévérus, préfet du prétoire.*

Il faut que la femme que vous alléguez avoir été vendue sous la condition qu'elle ne serait pas prostituée, et qu'en cas qu'on la prostituât elle serait libre, soit, à la requête du ministère public, amenée pardevant le tribunal du préfet de la ville. S'il s'élève des difficultés sur le pacto (en vertu duquel cependant s'il est reconnu véritable la liberté appartient à la femme), que la cause soit poursuivie pardevant le juge compétent. Cette condition, quoiqu'elle ne soit pas insérée dans l'acte de vente, est valable, s'il en conste par une lettre familière, ou même sans écrit s'il est prouvé qu'elle ait été faite.

3. *Le même empereur à Aurélius.*

Il faut que la femme esclave qui a été vendue sous la condition qu'elle ne ferait pas un commerce honteux de son corps, afin d'éviter qu'il ne soit porté aucune atteinte à la condition, ne se prostitue pas dans un cabaret sous prétexte de servir.

TITRE LVII.

De l'esclave qui a été aliéné sous la condition qu'il serait affranchi ou sous celle qu'il ne le serait pas.

1. *L'empereur Alexandre à Patricensus.*

Si Patroclus, après vous avoir cédé à Hermia pour cause de donation, sous la condition que si vous serviez quinze années continues, elle vous donnerait la liberté, et que vous seriez fait, après l'écoulement de cet espace de tems, citoyen romain; si, dis-je, Patroclus n'a pas manifesté depuis une volonté contraire, ou s'il est mort, vous êtes parvenu à la liberté, puisqu'il a été ordonné que la condition de l'affranchissement pouvait non-seulement être appliquée aux esclaves vendus, mais encore à ceux qui sont l'ob-

2. *Idem A. Severo præfecto prætorio.*

Mulierem quam ita venisse allegas, ne prostitueretur : aut si prostituta fuerit libera esset : per officium militare exhiberi apud tribunal oportet : ut si controversia referatur de pacto (quo tamen si verum est, libertas mulieri existente conditione competit) agatur causa apud eum cujus de ea re notio est. Hæc autem lex, et nisi tabulis venditionis inserta non sit, quamvis epistola vel sine scriptis facta ostenditur, valet.

3. *Idem A. Aurelio.*

Eam quæ ita venit, ne corpore quæstum faceret, nec in caupona sub specie ministrandi prostitui (ne fraus legi dictæ fiat) oportet.

TITULUS LVII.

Si mancipium ita fuerit alienatum, ut manumittatur, vel contra.

1. *Imp. Alexander A. Patricensi.*

Si Patroclus posteà quam te Hermiæ donationis causa dedit lege dicta, ut si quindecim annis continuis servisses, ad libertatem perducereris, ita ut civis Romanus esses tempore peracto : si modò Patroclus non contrariæ voluntatis fuerat ; aut etiam si jam decesserat, ad libertatem pervenisti : quoniam placuit non solùm ad venditos, sed etiam ad donatos eam legem, ut manumitterentur, pertinere. Nec te potuit, semel translato dominio in Hermiam, posteà alii Patroclus vendere : et ideò non de præstanda tibi libertate, quam

20 *

ex constitutione jam fueras adeptus, litigare debuisti : sed libertatem quam obti-
nueras, defendere.

jet d'une donation. Patroclus lui-même
ayant transféré une fois la propriété de
votre personne à Hermia, n'aurait pu
vous vendre à un autre. C'est pourquoi
vous ne devez pas plaider à l'effet qu'on
vous accorde la liberté dont, d'après la
loi, vous êtes déjà muni, mais seulement
pour défendre cette liberté que vous avez
obtenue.

2. *Idem A. Eutychiano liberto.*

Si ea lege Chrestes servum suum, sed
naturalem filium, venundedit, ut emptor
eum manumitteret : quamvis non est manumissus, ex constitutione divorum Marci
et Commodi ad Aufidium Victorinum, liber est.

2. *Le même empereur à l'affranchi Eu-tichien.*

Si Chrestés a vendu son esclave, qui est
aussi son fils naturel, sous la condition que
l'acheteur l'affranchirait ; quoiqu'il n'ait
pas été affranchi, d'après la constitution
des empereurs Marcus et Commode, il est
libre de droit.

3. *Idem A. Fulginio.*

Si Justa Saturnino puellam nomine
Firmam agentem tunc annos septem hac
lege vendiderit, ut cùm haberet annos vigintiquinque, libera esset : quamvis factum ab emptore præstandæ libertatis pacto
non sit insertum, sed ut libera esset, expressum : tamen constitutioni divorum
Marci et Commodi in semestribus scriptæ
locus est : ideòque impleto vicesimoquinto
anno Firma libera facta est : nec obest ei,
quòd vicesimoseptimo anno manumissa
est, quae jam ex constitutione libera erat.
Et is quem post vicesimumquintum annum
ex te conceptum enixa est, ingenuus est.

3. *Le même empereur à Fulginius.*

Si Justa a vendu à Saturninus une
fille esclave appelée Firma, et âgée alors
de sept ans, sous la condition que lorsqu'elle aurait atteint l'âge de vingt-cinq
ans elle serait libre ; quoique le pacte porte
seulement *qu'elle serait libre*, et non que
l'acheteur serait obligé de l'affranchir, il
y a lieu cependant, dans ce cas, à ap-
plication de la constitution des empereurs
Marcus et Commode, insérée dans le
recueil qui porte pour titre les sémestres.
C'est pourquoi Firma a été libre dès
l'instant qu'elle a eu atteint l'âge de vingt-
cinq ans. On ne peut pas lui opposer
qu'elle a été affranchie à l'âge de vingt-
sept ans, parce que, d'après la constitution que nous venons de citer, elle était
déjà libre. En conséquence l'enfant qui
est né de vous et d'elle, et qui a été
conçu après la vingt-cinquième année de
sa mère, est ingénu.

4. *Imp. Gordianus A. Jocundæ.*

Si is qui pretium pro te acceperat, ut
statuto tempore te libertate donaret, moram repromissæ libertati præstitit : ex eo
tempore te liberam esse effectam manifestum est, ex quo cùm posset dari libertas,
non est præstita : et ideò ex te natos, inge-
nuos videri procreatos, non incertæ opinionis est.

4. *L'empereur Gordien à Jocunda.*

Si celui qui, ayant reçu un prix sous
la condition que dans un tems déterminé il
vous donnerait la liberté, est en retard de
remplir sa promesse ; il est manifeste que
vous êtes libre depuis le moment où vous
auriez dû être affranchie : c'est pourquoi
il n'est pas moins certain que vos enfans
sont ingénus.

5. *Idem A. Martino.*

Ea quidem mancipia, quorum venditio
eam legem accepit, ne ad libertatem per-

5. *Le même empereur à Martinus.*

Les esclaves qui ont été vendus sous
la condition qu'ils ne seraient point af-

franchis, ne peuvent obtenir la liberté, quand même, contre la condition, leur affranchissement aurait lieu. Celui qui a acheté sous une telle condition ne peut la changer par son fait, parce qu'elle est inhérente à la personne. Cependant s'il a été stipulé une peine pour le cas où la condition ne serait pas observée, elle ne peut être exigée. C'est par cette raison que celui qui vous a vendu un esclave sous cette condition ne pourra vous appeler devant le procureur du fisc. D'ailleurs le fisc ne peut s'immiscer dans les contrats des particuliers, et les lettres qui vous ont été adressées ne prouvent point que vous ayez contrevenu à la condition, puisque vous n'avez pas fait l'affranchissement vous-même.

6. *Les empereurs Dioclétien et Maximien, et les Césars, à Rufina.*

Si vous avez vendu une jeune fille esclave sous la condition qu'elle serait affranchie, et qu'en cas que l'acheteur ne remplît point la condition, il serait obligé de donner cent pièces d'or; quoique la foi du contrat ne soit pas observée, il est constant néanmoins que l'esclave a obtenu la liberté. C'est pourquoi on ne peut pas demander légitimement la peine stipulée, sous le prétexte de non observation de la foi du contrat, puisqu'il a été décidé avec plus de raison que la condition, pour se remplir, n'avait pas besoin de l'affranchissement formel.

TITRE LVIII.

Des Actions édilitiennes.

1. *L'empereur Antonin à Décensius.*

Si quelqu'un vous ayant vendu non de bonne foi, mais en faisant usage de fraude, un esclave fugitif ou grevé de quelque autre vice, sans vous en prévenir, cet esclave vous a abandonné par la fuite ; le juge compétent, comme il a déjà été disposé, ordonnera que le vendeur soit tenu non-seulement de rendre le prix, mais encore de réparer les dommages que l'acheteur peut avoir éprouvés à cette occasion.

---

ducantur, etiam si manumittantur, nancisci libertatem non possunt. Neque enim conditio, quæ personæ ejus cohæsit, immutari facto ejus qui ea lege comparavit, potest. Nec tamen pœnæ exactio (si qua addita est) conditioni non servatæ, justam exigendi tribuit causam. Qua igitur ratione te poterit revocare ad officium procuratoris, qui eam legem venditioni dedit, perspici non potest : cùm nec in privatorum contractibus fiscus se interponere debeat, et litteræ ad te missæ personæ factum, si non ipse manumiseris, non contineant.

6. *Impp. Diocletianus et Maximianus AA. et CC. Rufinæ.*

Si puellam ea lege vendidisti, ut manumitteretur : et si manumissa non esset, centum aurei præstarentur : non servata fide, nihilominùs eam raptam ex vestigio servitutis ad libertatem, quæ præstari potuit, constitit : nec pecunia, quasi rupta fide suscepta, rectè petetur : cùm, non mutata venditoris voluntate, conditionis potestatem post manumittentis factum repræsentari, optima ratione placuit.

TITULUS LVIII.

De ædilitiis Actionibus.

1. *Imp. Antoninus A. Decensio.*

Si non simpliciter, sed consilio fraudis servum tibi nescienti fugitivum, vel alio modo vitiosum, quis vendidit, isque idem fugitivus abest : non solùm in pretium servi venditorem conveniri, sed etiam damnum quod per eum tibi accidit, competens judex (ut jam pridem placuit) præstari jubebit.

2. *Imp. Gordianus* A. *Penthilio.*

Cùm proponas servum, quem pridem comparasti, post anni tempus fugisse : qua ratione eo nomine cum venditore ejusdem congredi quæras, non possum animadvertere. Etenim redhibitoriam actionem sex mensium temporibus, vel quanto minoris anno concludi, manifesti juris est.

3. *Impp. Diocletianus et Maximianus* AA. *Mutiano.*

Si apud priorem dominum fugisse mancipium non doceatur : fuga post venditionem interveniens, ad damnum emptoris pertinet. Sin autem venditor non vitiosum etiam in posterum fieri servum temerè promiserit : quamvis hoc impossibile esse videatur, tamen secundùm fidem antecedentis vel incontinenti secuti pacti experiri posse, non ambigitur. Posteriores enim casus, non venditoris, sed emptoris periculum expectant. Verùm cùm servum quem comparaveras, ad eum qui distraxerat, rediisse contendis : competens judex perspectis omnibus, pro repertæ rei qualitate proferre curabit sententiam.

4. *Iidem* AA. *Falso.*

Si prædium quis sub ea lege comparavit, ut si displicuerit, inemptum sit : id, utpote sub conditione venditum, resolvi, et redhibitoriam actionem adversus venditorem competere, palàm est. Idem observatur et si pestibilis fundus, id est, pestibiles herbas, vel lethiferas habens, ignorante emptore, distractus sit. Nam et in hoc etiam casu per eandem actionem eum quoque redhibendum esse constat.

5. *Imppp. Gratianus, Valentinus et Theodosus* AAA. *Nephridio.*

Habito semel bonæ fidei contractu,

2. *L'empereur Gordien à Penthilius.*

Vous exposez que l'esclave que vous aviez acheté il y a long-tems s'est enfui depuis une année, je ne puis vous permettre, à cause de ce trop long espace de tems que vous avez laissé écouler sans faire des réclamations, d'attaquer votre vendeur au sujet de cette fuite. Car il est de droit certain que l'action redhibitoire ne peut s'étendre au-delà de six mois, et celle *quanto minoris* au-delà d'une année.

3. *Les emper. Dioclétien et Maximien à Mutien.*

La fuite de l'esclave arrivée après la vente est à la charge de l'acheteur, si toutefois il n'est pas prouvé que l'esclave se soit enfui chez son ancien maitre. Mais si le vendeur a garanti témérairement, nous,lement que l'esclave n'avait aucun vice redhibitoire, mais qu'il n'en aurait jamais ; quoique cela paraisse impossible, cependant il n'est aucun doute qu'il ne puisse être attaqué en vertu du pacte qui a précédé ou suivi immédiatement la vente. Car ordinairement les périls postérieurs à la vente ne sont point à la charge du vendeur, mais de l'acheteur. Mais disant que l'esclave que vous avez acheté est retourné chez celui qui vous l'avait vendu, le juge compétent, après avoir considéré toutes choses, rendra une sentence telle que l'exigera la qualité du fait.

4. *Les mêmes empereurs à Falsus.*

Il est manifeste que celui qui a acheté héritage sous la condition que s'il déplaisait à l'acheteur, il serait considéré comme invendu et le contrat résilié comme ayant été vendu sous condition, peut attaquer son vendeur par l'action redhibitoire. Les mêmes dispositions doivent être observées dans le cas de la vente d'un fonds pestilentiel, c'est-à-dire qui produit des herbes pernicieuses et vénimeuses, de quoi l'acheteur n'a pas été instruit ; car il est constant que dans ce cas aussi il peut intenter à son vendeur l'action redhibitoire.

5. *Les empereurs Gratien, Valentinien et Théodose, à Néphridius.*

Quoique le contrat de bonne foi ait

été conclu, que l'esclave qui en fait l'objet ait été livré et enfui; quoique le prix ait été payé, on doit cependant accorder à l'acheteur la faculté de répéter le prix, si toutefois il peut représenter l'esclave qu'il dit être fugitif. Ces dispositions, d'après les lois, doivent être non-seulement observées à l'égard des esclaves nés parmi les barbares, mais aussi à l'égard de ceux qui sont nés dans nos provinces.

Fait à Constantinople, le 3 des cal. de juillet, sous le neuv. cons. d'Honorius, et le premier d'Evodius.

TITRE LIX.

Des monopoles, des réunions illicites des négocians, des artifices des entrepreneurs de travaux et de bains, et des conventions illicites.

1. *L'empereur Zénon à Constantin, préfet du prétoire.*

Nous ordonnons que personne ne soit assez téméraire pour exercer le monopole des objets destinés à l'habillement, des poissons ou de toute autre chose servant à la nourriture ou à tout autre usage, quelle que soit sa nature, soit qu'il prenne sur lui d'exercer le monopole, soit qu'il se prévale d'un rescrit déjà rendu ou à rendre, d'une pragmatique sanction ou d'une annotation de notre majesté; et qu'on ne convienne dans des assemblées tenues illicitement, que les diverses marchandises ne pourront être vendues à un plus bas prix que celui qui a été fixé dans ces assemblées; que les maçons, les entrepreneurs de travaux, tous ceux qui exercent les autres professions, et les entrepreneurs de bains, ne conviennent par des actes faits entr'eux que l'ouvrage qui aura été une fois proposé à l'un d'entr'eux ne pourra être fait par un autre, ou qu'un autre empêchera celui qui a été chargé d'un ouvrage de le faire. Nous donnons pleine liberté à chacun d'achever sans crainte l'ouvrage commencé et abandonné par un autre, ainsi que de dénoncer, sans rien redouter ni être obligé

mancipioque suscepto, et pretio soluto, ita demùm repetendi pretii potestas est ei qui mancipium comparavit, largienda: si illud quod dixerit fugitivum, poterit exhibere. Hoc enim non solùm in barbaris, sed etiam provincialibus servis jure praescriptum est.

Datum 3 calend. julii Constantinopoli, Honorio IX. et Evodio V. C. Coss.

TITULUS LIX.

De monopoliis, et conventu negotiatorum illicito, vel artificio ergolaborum, necnon balneatorum prohibitis, et pactionibus illicitis.

1. *Imp. Zeno A. Constantino praefecto praetorio.*

Jubemus, ne quis cujuscunque vestis, vel piscis, vel pectinum fortè, aut echini, vel cujuslibet alterius ad victum, vel ad quemcunque usum pertinentis speciei, vel cujuslibet materiae, pro sua auctoritate, vel sacro jam elicito, aut in posterum eliciendo rescripto, aut pragmatica sanctione, vel sacra nostrae pietatis adnotatione, monopolium audeat exercere: neve quis illicitis habitis conventionibus conjuret, aut paciscatur, ut species diversorum corporum negotiationis, non minoris quàm inter se statuerint, venundentur. Ædificiorum quoque artifices, vel ergolabi, aliorumque diversorum operum professores, et balneatores, penitus arceantur pacta inter se componere, ut ne quis, quod alteri commissum sit, opus impleat, aut injunctam alteri sollicitudinem alter intercipiat: data licentia unicuique ab altero inchoatum et derelictum opus, per alterum sine aliquo timore dispendii implere, omniaque hujusmodi facinora denuntiandi sine ulla formidine, et sine judiciariis sumptibus. Si quis autem monopolium ausus fuerit exercere, bonis propriis expoliatus, perpetuitate damnetur exilii. Cæterarum præterea professionum primates, si in posterum aut super taxandis rerum pretiis, aut super quibuslibet illicitis placitis, ausi fuerint convenientes hujusmodi sese pactis constringere : quadraginta librarum auri solutione percelli decernimus : officio tuæ sedis quinquaginta librarum auri condemnatione multando, si in prohibitis monopoliis et interdictis corporum pactionibus commissas forte (si hoc evenerit) saluberrimæ nostræ dispositionis condemnationes, venalitate interdum, aut dissimulatione, vel quolibet vitio minus fuerit executum.

de faire des dépenses judiciaires, tous les crimes de cette sorte. Nous ordonnons en conséquence que celui qui aura osé exercer un monopole, soit exproprié de tous ses biens et condamné à un exil perpétuel. Et à l'égard des principaux des autres professions, s'ils osent à l'avenir fixer un prix à leurs marchandises et s'astreindre par des pactes à ne pas les céder à un prix au-dessous, qu'ils soient condamnés à quarante livres d'or. Nous ordonnons enfin que votre tribunal soit condamné à cinquante livres d'or, s'il arrive que par l'avarice, la dissimulation ou quelqu'autre vice, les dispositions de notre salutaire constitution sur la prohibition des monopoles et les pactes entre les divers corps des marchands, ne soient prs exécutées.

TITULUS LX.

De nundinis et mercatibus.

1. *Impp. Valens et Valentinus* AA. *ad Probum præfectum prætorium.*

QUI exercendorum mercatuum aut nundinarum licentiam, vel veterum indulto, vel nostra auctoritate meruerunt : ita beneficio rescripti potiantur, ut nullam in mercatibus atque nundinis ex negotiatorum mercibus conveniant, vel in venalitiis, aut locorum temporali quæstu et commodo privata exactione sectentur, vel sub prætextu privati debiti aliquam ibidem concurrentibus molestiam possint inferre.

TITRE LX.

Des foires et marchés.

1. *Les empereurs Valens et Valentinien à Probus, préfet du prétoire.*

QUE ceux à qui il a été permis de tenir des foires ou des marchés par un privilége de nos prédécesseurs ou de nos majestés, ne puissent, dans les foires et marchés, être assignés à l'effet de céder leurs marchandises ou leurs esclaves, ou poursuivis à l'effet de payer un certain prix des places qu'ils occupent momentanément ; et enfin que personne ne puisse, lorsqu'ils sont dans des lieux de cette sorte, leur causer aucune inquiétude sous le prétexte d'une dette privée.

TITULUS LXI.

De vectigalibus et commissis.

1. *Impp. Severus et Antoninus* AA. *Victorino.*

SI jure manumissus es ante quæstionem commissi motam : statum tuum vectigalis nomine convelli non est æquum.

TITRE LXI.

Des droits sur les marchandises, et des contrebandes.

1. *Les empereurs Sévère et Antonin à Victorinus.*

SI vous avez été légalement affranchi avant que la question de contrebande fût élevée, on ne peut pas vous enlever votre état sous le prétexte de contrebande.

2.

2. *Les mêmes empereurs à Linuus.*

On ne peut rechercher le crime de contrebande commis il y a cinq ans, et sur lequel il n'y a pas eu dans cet intervalle de contestation en cause. On ne peut non plus demander le prix de la chose qui ayant été l'objet d'une contrebande n'existe plus, mais qui n'a pas été supprimée par le dol du possesseur.

3. *Les mêmes emper. au soldat Ingénuus.*

Nous avons accordé à tous nos soldats la faveur de n'être point tenus de la peine de la contrebande pour n'avoir pas fait leur déclaration. C'est pourquoi, bannissant toutes craintes, s'il conste que vous deviez quelques droits, payez-les.

4. *L'empereur Constantin à Rufus.*

Il faut que la ferme des droits sur les marchandises soit accordée à celui qui en a offert le plus haut prix ; que le bail ne soit pas d'une durée moindre de trois ans, et qu'il n'y ait en aucune manière, aucune interruption dans l'exaction des droits. Le bail étant expiré, on doit mettre de nouveau la ferme à l'enchère, faire un nouveau bail et adjuger la ferme de la même manière que ci-dessus.

Fait le 10 des calend. de juillet, sous le deuxième cons. du César Crispus et de Constantin. 321.

5. *Les mêmes empereurs à Ménandre.*

Que les receveurs des droits n'exigent rien des provinciaux pour les choses destinées à leur propre usage ou au fisc, ou pour servir à la culture des terres. Mais nous soumettons aux droits toutes les autres choses qui ne sont pas comprises dans l'exception ci-dessus et qui sont apportées pour cause de commerce. Nous prononçons la peine de mort contre les receveurs, les commis et les autres employés qui seront convaincus d'avoir par avarice tenté quelque chose contre ces dispositions.

6. *Les empereurs Valens et Valentinien à Florentinus, comte des largesses impériales.*

A l'égard des charges publiques, toutes les choses et toutes les personnes privées doivent être considérées comme étant d'une même condition. Nous parlons ainsi, parce que quelques particuliers se pré-

Tome II.

---

2. *Iidem* AA. *Linuo.*

Neque commissum, quod ante quinquennium factum dicitur, si lite res anticipata non est, vindicari potest : neque pro re quæ in commissi causam cecidit, si ipsa non existat, nec dolo supprimatur, pretium poti potest.

3. *Iidem* AA. *Ingenuo militi.*

Omnibus militibus nostris prospeximus, ne ob omissas professiones pœna commissi tenerentur. Proinde deposito hoc metu, si qua portoria debere te apparuerit, exsolve.

4. *Imp. Constantinus* A. *ad Rufum.*

Penes illum vectigalia manere oportet, qui superior in licitatione extiterit : ita ut non minus quàm triennii sine locatio concludatur, nec ullo modo interrumpatur tempus exigendis vectigalibus præstitutum. Quo peracto tempore, licitationum jura conductionumque recreari oportet, ac simili modo aliis collocari.

Datum 10 calend. julii Crispo Cæs. II. et Constantino Coss. 321.

5. *Iidem* AA. *Menandro.*

Universi provinciales pro iis rebus, quas ad usum proprium vel ad fiscum inferunt, vel exercendi ruris gratia vehunt, nullum vectigal à stationariis exigantur. Ea verò quæ extra prædictas causas, vel negotiationis gratia portantur : solitæ præstationi vel pensitationi subjugamus ; capitali pœna proposita stationariis et urbanis militibus, et cæteris personis quorum avaritia id tentari firmatur.

6. *Impp. Valens et Valentinus* AA. *ad Florentinum comitem sacrarum largitionum.*

Omnium rerum ac personarum quæ privatam degunt vitam, in publicis functionibus æqua debet esse inspectio. Hoc ideò dicimus, quia nonnulli privatorum elicitas suffragio proferunt sanctiones, quibus

21

vectigalia, vel cætera hujusmodi quæ inferri fisco moris est, sibi adserant esse concessa. Si quis ergo privatorum hujusmodi rescriptione nitatur, cassa eadem sit. Vectigalium enim non parva functio est, quæ debet ab omnibus qui negotiationis seu transferendarum mercium habent curam, æqua ratione dependi : exceptis naviculariis, cùm sibi gerere rem probabuntur.

valent de rescrits obtenus par faveur et par lesquels ils assurent avoir été dispensés de payer les droits imposés sur les marchandises et autres qu'il est d'usage de verser dans le fisc. Si donc un particulier se prévaut d'un pareil rescrit, qu'il soit considéré comme nul. Les droits sur les marchandises ne forment pas une charge de peu d'importance ; elle doit être supportée également par tous ceux qui exercent quelque commerce ou qui se chargent du transport des marchandises. Nous exceptons de ceux qui doivent les droits, les pilotes, lorsqu'il sera prouvé que leur chargement leur appartient.

7. *Iidem* AA. *et Gratianus* A. *ad Archelaum comitem Orientis.*

Ex præstatione vectigalium nullius omninò nomine quicquam minuatur, quin octavas more solito constitutas omne hominum genus, quod commerciis voluerit interesse, dependat : nulla super hoc militarium personarum exceptione facienda.

7. *Les empereurs Valens, Valentinien et Gratien à Archélaüs, comte d'Orient.*

Que personne ne soit autorisé à payer les droits sur les marchandises sur un taux au-dessous du huitième, qui est supporté par tous ceux qui exercent quelque commerce ; on ne doit pas même à cet égard excepter les militaires.

8. *Imppp. Gratianus, Valentinus et Theodosus* AAA. *Palladio comiti sacrarum largitionum.*

A legatis gentium devotarum ex iis tantùm speciebus quas de locis propriis unde conveniunt, ut deportant, octavarii vectigal accipiant. Quas verò ex Romano solo (quæ sunt tamen lege concessæ) ad propria deferunt, has habeant à præstatione immunes ac liberas.

8. *Les empereurs Gratien, Valentinien et Théodose à Palladius, comte des largesses impériales.*

Que les ambassadeurs des puissances soumises à notre empire, soient tenus de payer les droits pour les marchandises qu'ils apportent de leurs pays dans celui-ci ; mais ils doivent être exempts de tous droits pour celles qu'ils emportent d'ici dans leurs pays. Nous ne parlons cependant ici que des objets que la loi leur permet d'emporter.

9. *Iidem* AAA. *eidem comiti sacrarum largitionum.*

Usurpationem totius licentiæ submovemus circa vectigal Arabarchiæ per Ægyptum atque Augustanicam constitutum : nihilque super traductione animalium, quæ sine præbitione solita minimè permittenda est, temerariè per licentiam vindicari concedimus.

9. *Les mêmes empereurs au même.*

Nous ordonnons que personne ne se permette aucune liberté à l'égard des droits établis sur les bêtes à laine, établis en Egypte et dans l'*Augustanique.* Nous voulons qu'on ne puisse non plus sans témérité, s'arroger quelque licence à l'égard du transport des animaux, qui n'est permis qu'en payant les droits ordinaires.

10. *Impp. Arcadius et Honorius* AA. *Rufino præfecto prætorio.*

Vectigalia quæcunque qualibet civitates sibi ac suis curiis ad angustiarum suarum

10. *Les empereurs Arcadius et Honorius à Rufinus, préfet du prétoire.*

Nous ordonnons que les droits, quels qu'ils soient, établis sur les marchandises par les villes qui y ont été autorisées, et affectés aux dépenses locales, soit qu'ils aient été désignés pour servir à l'usage des curiaux ou pour tout autre usage de ces mêmes villes, soient solidement établis et exigibles à perpétuité ; nous ordonnons en outre qu'il ne puisse résulter des réclamations faites à ce sujet, aucun effet contraire à l'existence de ces droits.

11. *Les mêmes emper. à Lampadius, préfet du prétoire.*

Si quelqu'un, sans l'autorisation des fermiers des salines, a tenté d'acheter ou de vendre du sel, soit qu'il ait fait cela de sa propre autorité ou qu'il se prévale d'un rescrit, que ce sel avec son prix soient adjugés aux fermiers.

12. *Les empereurs Honorius et Théodose à Cuson, comte des largesses impériales.*

Nous ordonnons que tout ce qui a été accordé à titre de largesses, au détriment des droits établis sur les marchandises, en vertu de pragmatiques sanctions ou d'annotations impériales, soit nul et sans effet.

13. *Les empereurs Théodose et Valentinien à Flavien, préfet du prétoire.*

Excepté les droits établis sur les marchandises qui ont été destinées de tous tems à notre patrimoine impérial, qu'il soit abandonné aux villes sur le restant de quoi fournir à leurs dépenses locales, préalablement évaluées. Comme l'ancien réglement fait à ce sujet porte que deux portions de ces droits seront versées dans notre trésor, nous ordonnons que la troisième restante soit mise à la disposition des villes, afin qu'elles apprennent que ces droits ont été établis plus pour leur propre avantage que pour celui des autres; et qu'il soit permis à ces villes tant qu'elles auront droit à la portion désignée, de l'affermer autant qu'elles jugeront convenables à leurs intérêts.

rum solatia quæsierunt, sive illa functionibus curialium ordinum profutura sunt, sive quibuscunque aliis earundem civitatum usibus designantur : firma his, atque ad habendum perpetua manere præcipimus ; neque ullam contrariam supplicantium super his molestiam formidari.

11. *Iidem AA. Lampadio præfecto prætorio.*

Si quis sine persona mancipum, id est, salinarum conductorum, sales emerit, venderevė tentaverit ; sive propria audacia, sive nostro munitus oraculo : sales ipsi unà cum eorum pretio mancipibus addicantur.

12. *Impp. Honorius et Theodosus AA. Cusoni comiti sacrarum largitionum.*

Quicquid contra vectigales largitionalium titulorum, vel pragmaticis vel sacris adnotationibus fuerit elicitum, effectu et viribus carere censemus.

13. *Impp. Theodosius et Valentinus AA. Flaviano præfecto prætorio.*

Exceptis iis vectigalibus quæ ad sacrum patrimonium nostrum quocunque tempore pervenerunt : cætera reipublicæ civitatum atque ordinum, æstimatis dispendiis quæ pro publicis necessitatibus tolerare non desinunt, reserventur : cùm duas portiones ærario nostro conferri prisca institutio disposuerat, atque hanc tertiam jubemus adeò in ditione urbium municipumque consistere, ut proprii compendii curam non in alieno potius, quàm in suo arbitrio noverint constitutam. Designatæ igitur consortium portionis ettenús juri ordinum civitatumque obnoxium maneat, ut etiam locandi, quanti sua interest, licentiam sibi noverint contributam.

TITULUS LXII.

Vectigalia nova institui non posse.

1. *Impp. Severus et Antoninus AA. Victorino.*

Non quidem temerè permittenda est novorum vectigalium exactio : sed si adeò tenuis est patria tua, ut extraordinario auxilio juvari debeat, allega præsidi provinciæ, quæ in libellum contulisti. Qui re diligenter inspecta, utilitatem communem intuitus, scribet nobis quæ compererit : et an habenda sit ratio vestri, et quatenùs existimabimus.

2. *Iidem AA. Callistiano.*

Vectigalia nova nec decreto civitatum institui possunt.

3. *Impp. Gallienus et Valerianus AA. Tusco et aliis.*

Non solent nova vectigalia inconsultis principibus institui. Ergo et exigi aliquid, quod illicitè poscatur, competens judex vetabit : et id quod exactum videtur, si contra rationem juris extortum est, restitui jubebit.

4. *Imp. Constantinus A. ad Felicem præfectum prætorio.*

Si provincialium nostrorum querela de conductorum aviditate extiterit, probatum fuerit ultra antiquam consuetudinem et nostræ terminos jussionis aliquid eos flagitasse : rei tanti criminis perpetuo exilio puniantur. Sub conspectibus autem tuis, vel eorum qui tuæ gravitati succedunt, licitationis cura servetur.

TITRE LXII.

Défenses d'établir de nouveaux droits sur les marchandises.

1. *Les empereurs Sévère et Antonin à Victorinus.*

On ne doit pas légèrement permettre l'exaction de nouveaux droits ; mais si votre ville est tellement pauvre qu'il soit nécessaire de l'aider par des secours extraordinaires, exposez au président de la province ce que vous avez rapporté dans votre requête. Ce magistrat, après avoir mûrement examiné l'affaire et considéré ce qu'exige l'utilité publique, nous écrira quels sont ses sentimens à cet égard, et nous nous déciderons ensuite tout ce qui sera nécessaire.

2. *Les mêmes emper. à Callistien.*

Les villes, par un décret, ne peuvent établir de nouveaux droits sur les marchandises.

3. *Les empereurs Gallien et Valérien à Tuscus et autres.*

Les princes n'ont pas coutume d'établir légèrement de nouveaux droits : c'est pourquoi le juge compétent veillera à ce qu'il ne soit rien exigé d'illicite, et ordonnera que ce qui a été extorqué illégitimement soit restitué.

4. *L'empereur Constantin à Félix, préfet du prétoire.*

Si les habitans de nos provinces ayant porté des plaintes contre l'avidité des fermiers des droits, il est prouvé que ces derniers ont exigé d'eux plus que ce qui est d'usage et ordonné par nos réglemens, que les coupables d'un si grand crime soient condamnés à un exil perpétuel ; que la surveillance des fermiers des droits vous appartienne ainsi qu'à vos officiers.

TITRE LXIII.

Des divers commerces et des marchands.

1. *Les empereurs Valens et Valentinien à Julien, comte de l'Orient.*

QUE les négocians attachés à notre maison impériale, ainsi que ceux attachés à celle des grands, soient prévenus de reconnaitre, comme l'honnêteté le demande, les dettes auxquelles ils sont obligés; afin que tous ceux qui font quelque profit dans le commerce, reconnaissent amicalement les dettes dont ils sont redevables.

Fait à Constantinople, le 15 des calend. de mai, sous le cons. de Jovien et de Varronien. 364.

2. *Les empereurs Gratien, Valentinien et Théodose à Tatien, comte des largesses impériales.*

Que non-seulement on ne fournisse pas de l'or aux Barbares, mais encore qu'on leur enlève subtilement celui qui pourra être trouvé chez eux; et si dorénavant des marchands font passer dans des pays barbares de l'or en prix d'esclaves ou d'autres choses, qu'ils ne soient pas condamnés seulement à des amendes, mais au dernier supplice. Si le juge à qui un tel crime serait découvert refuse d'en tirer vengeance, qu'il soit aussitôt puni lui-même comme complice.

3. *Les empereurs Honorius et Théodose à Théodore, préfet du prétoire.*

Nous interdisons aux grands, soit par leur naissance, soit par les honneurs dont ils jouissent, ou par leurs richesses, la faculté d'exercer quelque commerce qui ne pourrait être que pernicieux aux villes, afin que les plébéiens et les négocians puissent plus facilement acheter et vendre entr'eux.

4. *Les mêmes empereurs à Anthémius, préfet du prétoire.*

Il ne faut point que les négocians, tant ceux qui sont sujets à notre empire que ceux qui le sont au roi des Perses, tiennent des marchés au-delà des limites fixées dans le tems du traité d'alliance conclu avec cette dernière nation, afin que les

TITULUS LXIII.

De commerciis, et mercatoribus.

1. *Impp. Valens et Valentinus AA. ad Julianum comitem Orientis.*

NEGOCIATORES, si qui ad domum nostram pertinent, potentiorum quoque homines necessitatem debitam pensionum (ut honestas postulat) agnoscere moneantur : ut per cunctos, qui emolumenta negotiationibus captant, tolerabilis fiat agnoscendæ devotionis effectus.

Datum 15 calend. maii, Constantinop. divo Joviano et Varroniano Coss. 364.

2. *Impp. Gratius, Valentinus et Theodosus AAA. Tatiano comiti sacrarum largitionum.*

Non solùm Barbaris aurum minimè præbeatur, sed etiam si apud eos inventum fuerit, subtili auferatur ingenio. Sed si ulteriùs aurum pro mancipiis, vel quibuscunque speciebus ad Barbaricum fuerit translatum à mercatoribus : non jam damnis, sed suppliciis subjugentur. Et si id judex repertum non vindicat : tegere, ut conscius, criminosa festinat.

3. *Impp. Honorius et Theodosus AA. Theodoro præfecto prætorio.*

Nobiliores natalibus, et honorum luce conspicuos, et patrimonio ditiores, perniciosum urbibus mercimonium exercere prohibemus, ut inter plebeios et negotiatores faciliùs sit emendi vendendique commercium.

4. *Iidem AA. Anthemio præfecto prætorio.*

Mercatores tam imperio nostro, quàm Persarum regi subjectos, ultra ea loca in quibus fœderis tempore cum memorata natione nobis convenit, nundinas exercere minimè oportet, ne alieni regni (quod non convenit) scrutentur arcana. Nullus igitur

posthac imperio nostro subjectus ultra Ni-
sibin, Callinicum et Artaxatan, emendi
seu vendendi species causa proficisci audeat : nec præter memoratas civitates cum
Persa merces existimet commutandas.
Sciente utroque qui contrahit, et species
quæ præter hæc loca fuerint venundatæ
vel comparatæ, sacro ærario nostro vin-
dicandas : et præter earum rerum ac pretii
amissionem, quod fuerit numeratum vel
commutatum, exilii se pœnæ sempiternæ
subdendum : non defutura contra judices,
eorumque apparitores, per singulos contractus qui extra memorata loca fuerint
agitati, triginta librarum auri condemnatione, per quorum limitem ad inhibita
loca mercandi gratia Romanus vel Persa
commeaverit : exceptis videlicet iis qui legatorum Persarum quoslibet tempore ad
nostram clementiam mittendorum iter co-
mitati, merces duxerint commutandas,
quibus humanitatis et legationis intuitu
extra præfinita etiam loca mercandi copiam non negamus ; nisi sub specie legationis diutiùs in qualibet provincia resi-
dentes, nec legati reditum ad propria co-
mitentur. Hos enim mercaturæ insisten-
tes, non immeritò unà cum iis cum quibus
contraxerint seu resederint, pœna hujus
sanctionis persequetur.

5. *Iidem* AA. *Ælio præfecto prætorio.*

Cessante omni ambitione, omni licentia, quingentorum sexaginta trium colle-
giatorum numerus maneat, nullique his
addendi mutandive, vel in defuncti locum
substituendi pateat copia : ita ut judicio
tuæ sedis sub ipsorum præsentia corporatorum, in eorum locum, quos humani sub-

secrets de l'un et de l'autre des deux états
(ce qui serait inconvenant) ne soient pas
divulgués. Que personne donc desormais,
sujet à notre empire, n'ait la témérité
d'aller, pour vendre ou acheter, au-delà
de Nisibis, de Callinice et d'Artaxata ;
qu'il ne s'avise pas de changer des marchandises avec les Perses dans un lieu
situé au-delà des villes dont nous venons
de parler. Nous faisons savoir que si, contre
les dispositions de cette loi, on osait contracter dans un tel cas, que l'un et l'autre
des contractans seraient obligés de livrer
à notre trésor les marchandises vendues
ou achetées, d'en livrer en outre le prix
compté ou la marchandise donnée en
échange, et qu'enfin ils seraient condamnés
à un exil perpétuel. Nous prévenons de
même que les juges, ainsi que leurs appariteurs, seront condamnés à trente livres
d'or pour chacun des contrats qui auront été passés au-delà des lieux susnommés ; le juge et ses appariteurs seront tenus de cette amende lorsque le Romain ou
le Perse aura passé pour cause de commerce des frontières qui leur sont confiées dans les lieux interdits au commerce.
Nous exceptons de ces dispositions les
députés des Perses, qui ayant été envoyés
en quelque tems que ce soit auprès de
notre majesté, ont apporté des marchandises pour faire des échanges, à qui en
faveur de l'humanité et de leur caractère d'ambassadeurs, nous ne refusons
point la liberté de commercer; à moins
que sous le prétexte de la députation,
ayant résidé long-tems dans une province
quelconque, ils ne commencent pas à retourner dans leurs pays : car s'appliquant
au commerce, ce ne sera pas injustement
qu'on les soumettra eux et ceux avec
qui ils ont contracté, à la peine prononcée
par cette loi.

5. *Les mêmes empereurs à Ætius, préfet*
du prétoire.

Toute ambition cessant, que le corps
des marchands attachés à notre maison
reste déterminé au nombre de sept cent
soixante-trois, et qu'il ne soit permis à
aucun d'entr'eux d'ajouter à ce nombre,
de faire des changemens ou de subroger
quelqu'un à la place des membres décé-

dés ; mais que ceux qui sont morts soient remplacés par vous en présence du corps avec des personnes prises dans la classe à laquelle appartenaient les défunts ; que personne par l'effet d'un privilége, ne puisse être agrégé au corps tant qu'il est complet.

6. *Les mêmes empereurs à Maxime, comte des largesses impériales.*

Que ceux qui seront convaincus d'avoir été, pour cause de commerce, au-delà des villes nominativement désignées dans les anciennes lois, ou d'avoir reçu chez eux, sans l'autorisation du comte des commerces, des marchands étrangers, n'échappent point à la peine de la confiscation des biens et de l'exil perpétuel. C'est pourquoi que tous sachent également que, soit qu'ils soient hommes privés ou qu'ils exercent quelque dignité, soit qu'ils soient militaires, ils doivent s'abstenir d'enfreindre les défenses de cette loi, ou se soumettre à la peine qu'elle prononce.

TITRE LXIV.

De l'échange et de l'action præscriptis verbis.

1. *L'empereur Gordien à Thérasa.*

VOTRE oncle paternel ayant un fonds à vendre, votre père lui a donné à titre de prix un autre fonds, quoique non estimé ; vous ajoutez que le fonds acheté de cette manière a été évincé non par la faute du juge, mais par celle de votre père. Ce n'est point sans fondement qu'ayant succédé à votre père, vous désirez obtenir des dommages et intérêts par l'action *ex empto.* Car si le fonds étant à vendre, l'échange a été fait, et le fonds reçu en échange a été ensuite évincé, vous pourrez encore, si vous voulez, demander avec fondement qu'on vous restitue celui qui a été donné en échange pour celui-là.

2. *Les empereurs Dioclétien et Maximien à Primitiva.*

Il est de droit certain qu'un échange fait comme vous dites, avec bonne foi, est considéré comme une vente.

traxerint casus, ex eodem quo illi fuerant corpore subrogentur : nulli alii corporatorum præter dictum numerum per patrocinia immunitate concessa.

6. *Iidem* AA. *Maximo comiti sacrarum largitionum.*

Si qui inclytas nominatim vetustis legibus civitates transgredientes ipsi, vel peregrinos negotiatores sine comite commerciorum suscipientes fuerint deprehensi : nec proscriptionem bonorum, nec pœnam perennis exilii ulteriùs evadent. Ergo omnes pariter, sive privati, seu cujuspiam dignitatis, sive in militia constituti, sciant sibi aut ab hujusmodi temeritate penitus abstinendum, aut supradicta supplicia subeunda.

TITULUS LXIV.

De rerum permutatione, et præscriptis verbis.

1. *Imp. Gordianus* A. *Therasæ.*

SI cùm patruus tuus venalem possessionem haberet, pater tuus pretii nomine, licèt non taxata quantitate, aliam possessionem dedit : idque quod comparavit, non injuria judicis, nec patris tui culpa evictum est : ad exemplum ex empto actionis, non immeritò id quod tua interest, si in patris jura successisti, consequi desideras. At enim si cùm venalis possessio non esset, permutatio facta est : idque quod ab adversario præstitum est, evictum est, quod datum est (si hoc elegeris) cum ratione restitui postulabis.

2. *Impp. Diocletianus et Maximianus* AA. *Primitivæ.*

Permutationem, utpote reipsa bonæ fidei constitutam, sicut commemoras, vicem emptionis obtinere, non est juris incogniti.

3. *Iidem* AA. *et* CC. *Leontio.*

Ex placito permutationis nulla re secuta, constat nemini actionem competere :
nisi stipulatio subjecta ex verborum obligatione quæsierit partibus actionem.

4. *Iidem* AA. *et* CC. *eidem Leontio.*

Cum precibus tuis expresseris placitum
inter te et alium permutationis intercessisse, eumque fundum à te datum vendidisse : contra emptorem quidem te nullam
habere actionem perspicis, cum ab eo susceperit dominium, cui te tradidisse titulo
permutationis non negas. Sed si secundùm
iidem placiti stipulatio subjecta est : successores ejusdem cum quo contractum habuisti, convenire non prohiberis. Si verò
nulla stipulatio intercessit : præscriptis
verbis actio est, ut vel fides placiti tibi
servetur, vel quod alterius accipiendi
fundi gratia dedisti, causa non secuta restituatur.

5. *Iidem* AA. *et* CC. *Theodolanæ.*

Quoniam adseveras patrem tuum ci,
contra quem preces fundis, hac conditione dedisse fundum, ut invicem domum certam acciperet : aditus præses
provinciæ placitis cum parere : vel si
causam, propter quam fundus datus est,
sequi non perspexerit : conditionis ratione datum à te restituere, sicut postulas, jubebit.

6. *Iidem* AA. *et* CC. *Protogeni.*

Rebus certa lege traditis, si huic non
pareatur, præscriptis verbis incertam civilem dandam actionem, juris auctoritas
demonstrat.

7. *Iidem* AA. *et* CC. *Timotheo.*

Emptionem rebus fieri non posse, pridem

---

3. *Les mêmes empereurs et les Césars à Léontius.*

Il est constant qu'il ne naît aucune
action d'un échange dont l'exécution n'a
pas été commencée ; à moins qu'il ne
fût intervenu une stipulation *ex verborum obligatione*, qui acquiert une action
aux parties.

4. *Les mêmes empereurs et les Césars au même Léonce.*

Vous exposez dans votre requête qu'ayant
fait un échange avec quelqu'un, le fonds
que de votre côté vous avez donné, a
été vendu. Sachez que vous n'avez aucune
action contre l'acheteur, parce qu'il en
a reçu la propriété de celui à qui, même
d'après votre aveu, vous l'avez abandonné à titre d'échange. Mais si la stipulation a été ajoutée au contrat d'é-
change, rien ne vous empêche de poursuivre les successeurs de celui avec qui
vous avez contracté. S'il n'est intervenu
aucune stipulation, vous avez l'action
præscriptis verbis, en vertu de laquelle
vous pourrez exiger ou que la foi du
contrat soit gardée, ou que ce que vous
avez donné en échange contre le fonds
vous soit restitué, la cause du contrat
ne s'étant pas ensuivie.

5. *Les mêmes empereurs et les Césars à Théodolana.*

Assurant que votre père a donné un
fonds à celui contre qui vous dirigez votre
requête, sous la condition qu'il lui serait
donné en place une certaine maison ; étant
allé trouver le président de la province,
il ordonnera ou que votre adversaire exécute la convention ; ou s'il s'apperçoit
que la cause pour laquelle le fonds a
été donné ne se soit pas ensuivie, que
le fonds donné conditionnellement vous
soit restitué comme vous le demandez.

6. *Les mêmes empereurs et les Césars à Protogènes.*

L'autorité du droit démontre que des
choses ayant été livrées sous une certaine condition, on doit donner l'action
civile incertaine *præscriptis verbis*, si on
n'obéit pas à la condition.

7. *Les mêmes empereurs et Césars à Timothée.*

Il a été décidé il y a long-tems qu'une
vente

vente ne peut avoir lieu en donnant des choses au lieu d'un prix. C'est pourquoi assurant que vous avez donné à Callimaque et à Ocamatus une quantité déterminée de froment sous la condition qu'ils vous donneraient une quantité déterminée d'huile ; si la convention n'étant point fortifiée par la stipulation, ils ne gardent pas la foi du contrat, la cause ne s'étant pas ensuivie, vous pouvez demander, par l'action condictionnelle, le froment que vous avez donné.

8. *Les mêmes empereurs et Césars à Paulina.*

Des choses ayant été données à Candidus sous la condition qu'il vous donnerait ce qui a été convenu chaque mois ou chaque année ; comme une convention de cette sorte ne peut être considérée comme un nu pacte, parce qu'elle a été fortifiée par la tradition de vos choses, l'action *præscriptis verbis* vous compète pour demander, comme vous le désirez, que la convention soit exécutée.

TITRE LXV.

Du louage.

1. *L'empereur Antonin à Agrippinus.*

Le maître des greniers n'est point tenu envers le locataire du péril d'une force majeure ou d'une fracture faite par des voleurs. Mais si ces causes n'ayant pas lieu, quelque chose de ce qui a été déposé dans les greniers a péri ; quoiqu'il n'y ait aucune fracture aux greniers, il doit dédommager le locataire des pertes qu'il a éprouvées à cette occasion.

2. *Le même empereur à Epiclète.*

En attaquant par l'action *ex conducto*, ceux par qui vous avez été chargé de construire un bâtiment, vous obtiendrez par cette action, qui est au nombre de celles de bonne foi, ce qui vous est dû, ainsi que les intérêts ordinaires.

3. *Le même emper. à Callimorphonia.*

Si vous avez payé en entier au maître le loyer de la maison que vous avez louée, vous ne pouvez en être chassée malgré vous ; à moins que le maître ne

Tome II.

---

dem placuit. Igitur cùm frumenti certam modiationem Callimacho et Acamato te dedisse, ut tibi repræsentent olei designatum pondus, adseveres : si placitis citra stipulationis solemnitatem non c..hibeant fidem : quantùm dedisti, causa non secuta condicere pro desiderio tuo potes.

8. *Iidem* AA. *et* CC. *Paulinæ.*

Ea lege rebus donatis Candido, ut, quod placuerat, menstruum seu annuum tibi præstaret : cùm hujusmodi conventio non nudi pacti nomine censeatur, sed rebus propriis dictæ legis substantia muniatur : ad implendum tibi placitum, sicut postulas, præscriptis verbis competit actio.

TITULUS LXV.

De locato et conducto.

1. *Imp. Antoninus* A. *Agrippino.*

Dominus horreorum periculum vis majoris, vel effracturam latronum, conductori præstare non cogitur. His cessantibus, si quid extrinsecus ex depositis rebus illæsis horreis perierit : damnum depositarum rerum ei resarcire debet.

2. *Idem* A. *Epicleto.*

Adversus eos à quibus extruenda ædificia conduxisti, ex conducto actione contendens : eo judicio, quod est bonæ fidei, debitum cum usuris solitis consequeris.

3. *Idem* A. *Callimorphoniæ.*

Ædе, quam te conductam habere dicis, si pensionem domino insolidum solvisti, invitam te expelli non oportet : nisi propriis usibus dominus eam necessariam esse probaverit, aut corrigere domum maluerit, aut tu malè in re locata versata es.

4. *Imp. Alexander* A. *Sabino.*

Ex divi Antonini Pii litteris certa forma est, ut domini horreorum effractorum, ejusmodi querelas deferentibus custodes exhibere necesse habeant, nec ultra periculo subjecti sunt. Quod vos quoque adito præside provinciæ impetrabitis. Qui si majorem animadversionem exigere rem deprehenderit : ad Domitium Ulpianum præfectum prætorio et parentem meum reos remittere curabit. Sed quia domini horreorum nominatim etiam ipsi custodiam repromiserunt : idem exhibere debent.

5. *Idem* A. *Petromæ.*

Certi juris est, ea quæ voluntate dominorum coloni in fundum conductum induxerint, pignoris jure dominis prædiorum teneri. Quando autem domus locatur, non est necessaria in rebus inductis vel illatis scientia domini. Nam ea quoque pignoris jure tenentur.

6. *Idem* A. *Victorino.*

Nemo prohibetur rem, quam conduxit fruendam, alii locare, si nihil aliud convenit.

7. *Idem* A. *Terentiano.*

Si cùm Hermes vectigal octavarium in quinquennium continuum conduceret, fidem tuam obligasti : posteaque spatio ejus temporis expleto, cùm idem Hermes in conductione ut idoneus detineretur, non consensisti, sed cautionem tibi reddi postulasti : non oportere te de posterioris temporis periculo adstringi , competens judex non ignorabit.

prouve que cette maison lui est nécessaire pour son propre usage , ou qu'il veuille la réparer, ou enfin que vous ne remplissez pas les engagemens des locataires envers la chose louée.

4. *L'empereur Alexandre à Sabinus.*

Il résulte des rescrits de l'empereur Antonin, que les maîtres des greniers ouverts avec effraction sont obligés de livrer à ceux qui leur intentent des procès à ce sujet les gardes placés pour veiller aux greniers , et qu'ils ne sont tenus du péril qu'en cela ; vous obtiendrez vous-même l'exhibition des gardes en en formant la demande devant le président de la province. Mais si le cas exigeant une plus grande peine, elle excède la compétence de ce magistrat, il aura soin de renvoyer les coupables à Domitius-Ulpien, préfet du prétoire, et mon parent. Mais si les maîtres des greniers ont promis nominativement de servir eux-mêmes de gardes, ils doivent être tenus du péril survenu par la faute des gardes.

5. *Le même empereur à Pétroma.*

Il est de droit certain que les choses que les colons, par la volonté de leur maître, ont placées dans le fonds affermé, sont obligées par droit de gage aux maîtres du fonds. Quand il s'agit d'une maison, il n'est pas nécessaire pour que les choses qui y ont été apportées soient obligées au propriétaire, que le maître des colons sache qu'ils les y ont apportées.

6. *Le même empereur à Victorinus.*

Personne ne peut être empêché , si d'ailleurs il n'a rien été convenu de contraire, de louer à un autre la chose qui lui a été louée à lui-même pour en jouir.

7. *Le même empereur à Térentien.*

Si Hermès ayant pris à ferme les droits de huitième établis sur les marchandises pour cinq années continues, vous avez répondu pour lui ; et ensuite le tems ajouté le même Hermès ayant été continué dans la même ferme et jugé solvable, vous n'y avez pas consenti, mais vous avez demandé de n'être plus son répondant, le juge compétent n'ignorera pas que vous ne devez point être tenu des périls du tems postérieur aux cinq ans pour lesquels vous aviez répondu pour lui.

8. *Le même empereur à Iliginius.*

Quoiqu'un fonds ait été pris à ferme moyennant la fourniture annuelle d'une quantité déterminée d'une chose désignée; cependant s'il n'a pas été fait mention dans le contrat, comme l'usage du pays le demandait, que si par l'effet d'un mauvais tems ou de quelqu'autre vice du ciel, il survenait des dommages, ils seraient à votre charge, vous serez, s'il est prouvé que ces stérilités ne puissent être compensées par l'abondance des autres années, bien fondé à demander, selon la bonne foi, que vous soyez dispensé de payer la redevance promise; et le juge qui jugera sur l'appel prononcera d'après ces principes.

9. *Le même empereur à Fuscus.*

L'acheteur d'un fonds n'est point tenu de laisser le fermier à qui le premier maitre a affermé le fonds, en jouir jusqu'à l'expiration du bail, à moins que la vente n'ait été faite sous cette condition. Mais s'il est prouvé par quelque pacte qu'il ait consenti, quoique sans écrit, à ce que le fermier jouit du fonds jusqu'à la fin du bail, il est forcé par une action de bonne foi à remplir les engagemens qu'il a contractés.

10. *L'empereur Gordien à Pomponius.*

Vous vous écartez de la vérité, en croyant que l'héritier du fermier ne succède point au défunt dans la ferme: car ce dernier transmet ses droits à ses héritiers, soit que le bail soit perpétuel ou temporel; dans le premier cas ils ont la ferme à perpétuité, dans le deuxième ils l'ont pour le tems pour lequel le défunt l'avait encore.

11. *L'empereur Philippe à Théodore.*

Il a été souvent rescrit que les fermiers ou leurs héritiers, ne pouvaient être forcés après l'expiration du bail, de le continuer malgré eux.

12. *Le même empereur à Nicas.*

A l'égard des dommages que vous exposez que votre chose, placée dans un fonds que vous avez à louage, a soufferts, vous n'êtes pas fondé à demander que celle dont vous tenez le fonds à titre de

8. *Idem A. Iliginio.*

Licèt certis annuis quantitatibus fundum conduxeris: si tamen expressum non est in locatione (ut mos regionis postulabat) ut si qua luc tempestatis, vel alio cœli vitio damna accidissent, ad onus tuum pertinerent: et quæ evenerunt sterilitates, ubertate aliorum annorum repensatæ non probabuntur: rationem tui juxta bonam fidem haberi rectè postulabis; eamque formam, qui ex appellatione cognoscet, sequetur.

9. *Idem A. Fusco.*

Emptorem quidem fundi necesse non est stare colono cui prior dominus locavit: nisi ea lege emit. Verùm si probetur aliquo pacto consensisse, ut in eadem conductione maneat, quamvis sine scripto: bonæ fidei judicio ei quod placuit, parere cogitur.

10. *Imp. Gordianus A. Pomponio.*

Viam veritatis ignoras, in conductionibus non succedere heredes conductoris existimans: cùm sine perpetua conductio est, etiam ad heredes transmittatur: sive temporalis, intra tempora locationis heredi quoque onus contractus incumbat.

11. *Imp. Philippus A. Theodoro.*

Invitos conductores seu heredes eorum post tempora locationis impleta non esse retinendos, sæpe rescriptum est.

12. *Idem A. Nicæ.*

Damnum quod per aggressuram latronum in possessionibus locatis rei tuæ illatum esse proponis, à domina earundem possessionum, quam nullius criminis ream facere te dicis, resarciri tibi nulla ratione

22 *

desideras.

13. Impp. Valerianus et Gallienus AA. et Valerianus Cæs. Heraclidæ.

Si divisa conductio fuit, et in singulis pro partibus facta : alieno nomine conveniri vos non oportet. Si autem omnes, qui conducebant, in solidum locatori sunt obligati : jus ei competens conveniendi quem velit, non debet auferri. Habetis sanè vos facultatem locatori offerendi debitum ; et ut transferantur in vos ea quæ ob hanc conductionem ab iis quorum nomine inquietamini, obligata sunt, postulandi.

14. Iidem AA. et CC. Juliano et aliis.

Si hi qui à vobis redemerant frumentum et hordeum annonæ inferendum, accepta pecunia fidem fefellerunt : ex locato agere cum eis potestis.

15. Iidem AA. et CC. Euphrosinæ.

Si de fundo à locatore expulsa es, cùm eo agere ex conducto potes : pœnam quoque à locatore, quam præstari rupta conventionis fide placuit, exigere ac retinere potes.

16. Iidem AA. et CC. Timotheo.

Legem quidem conductionis servari oportet, nec pensionum nomine ampliùs quàm convenit, reposci. Si autem tempus in quo fundus locatus fuerat, sit exactum, et eadem locatione conductor permanserit : tacito consensu eandem locationem unâ cum vinculo pignoris renovare videtur.

louage vous en dédommage, puisque vous ne l'accusez pas d'avoir par sa faute occasionné ce dont vous vous plaignez.

13. Les empereurs Valérien et Gallien, et le César-Valérien, à Héraclidas.

Si la chose qui fait l'objet du contrat de louage a été cédée partiellement, de sorte que chacun ait eu une partie assignée, vous ne pouvez être poursuivis les uns pour les autres. Mais si tous les locataires se sont obligés solidairement, on ne peut priver le maître du droit qui lui appartient, de poursuivre celui d'entre tous les locataires qu'il lui plaira de choisir. Vous avez cependant la faculté d'offrir au maître ce qui lui est dû, afin que vous puissiez exiger vous-mêmes que les obligations pour lesquelles vous êtes poursuivis, et contractées par les autres à l'occasion du contrat de louage, soient exécutées.

14. Les mêmes empereurs et Césars à Julien et autres.

Si ceux qui se sont chargés de porter, pour votre compte, du froment et de l'orge destinés aux subsistances publiques, ont, après avoir reçu leur salaire, manqué à leurs engagemens, vous pouvez les poursuivre par l'action ex locato.

15. Les mêmes empereurs et Césars à Euphrosine.

Si vous avez été expulsée du fonds par le propriétaire duquel vous le teniez en vertu d'un contrat de louage, vous pouvez le poursuivre par l'action ex conducto ; vous pouvez même exiger du propriétaire et la retenir, la peine à laquelle il s'est soumis en cas de rupture de sa part du bail.

16. Les mêmes empereurs et Césars à Timothée.

On doit observer les engagemens contractés par le contrat de louage ; c'est pourquoi on ne peut exiger à titre de rente plus que ce qui a été convenu. Mais si le tems pour lequel le fonds a été loué étant écoulé, le locataire demeure toujours en possession, le bail est censé avoir été renouvelé par un consentement tacite, ainsi que l'obligation des gages.

17. *Les empereurs Dioclétien et Maximien à Hosalius.*

Le président de la province veillera à ce que ce qui est dû pour cause de loyer soit payé sans retard. Il n'ignore pas que l'action *ex locato* et *conducto* étant de bonne foi, exige que les intérêts, s'il y a retard, soient payés.

18. *Les mêmes empereurs à Amnus.*

Le président de la province ordonnera qu'on vous restitue les fruits perçus dans le tems qui a suivi celui où les sauterelles par leurs dégats avaient occasionné la stérilité, qu'il sera prouvé vous être dus conformément à l'usage du passé.

19. *Les mêmes empereurs à Valérius.*

On doit sur-tout à l'égard des baux à ferme ou à loyer, observer la foi du contrat, à moins qu'il n'ait été convenu spécialement quelque chose de contraire à l'usage du pays. C'est pourquoi, si quelques-uns, contre la teneur du contrat et l'usage du pays, ont fait grace des pensions dues, cela ne peut porter aucun préjudice aux autres.

20. *Les mêmes empereurs à Carpophore.*

Celui qui a pris à louage sa propre chose, ne sachant pas qu'elle lui appartint, ne transfère pas par là la propriété, mais ne fait qu'un inutile contrat de louage.

21. *Les mêmes empereurs et Césars à Antonia.*

Si pour une certaine quantité d'huile, vous avez donné à louage les fruits d'une année de votre fonds, le contrat ayant eu lieu avec bonne foi, vous ne pouvez pas le rejeter par cela seul qu'un autre vous offre une plus grande quantité d'huile.

22. *Les mêmes empereurs et Césars à Papinien.*

Si ceux contre qui vous dirigez votre requête, le contrat ayant été fait pour un certain tems, vous ont loué leur travail, le juge compétent connaissant de la cause, ordonnera, autant que la bonne foi le permettra, que la convention soit observée.

23. *Les mêmes empereurs et Césars à Priscus.*

Pour prouver la propriété de sa chose

---

17. *Impp. Diocletianus et Maximianus AA. Hosalio.*

Præses provinciæ ea quæ ex locatione debentur, exsolvi sine mora curabit : non ignarus ex locato et conducto actionem, cùm sit bonæ fidei, post moram usuras legitimas admittere.

18. *Iidem AA. Amno.*

Excepto tempore quo edaci locustarum pernicie sterilitatis vicium intercessit, sequentis temporis fructus, quos tibi juxta præteritam consuetudinem deberi constiterit, reddi tibi præses provinciæ jubebit.

19. *Iidem AA. Valerio.*

Circa locationes atque conductiones maximè fides contractus servanda est : si nihil specialiter exprimatur contra consuetudinem regionis. Quòd si alii remiserint contra legem contractus atque regionis consuetudinem pensiones : hoc aliis præjudicium adferre non potest.

20. *Iidem AA. Carpophoro.*

Qui rem propriam conduxit, existimans alienam, dominium non transfert, sed inefficacem conductionis contractum facit.

21. *Iidem AA. et CC. Antoniæ.*

Si olei certa ponderatione fructus anni locasti : de contractu bona fide habito propter hoc solum, quòd alter majorem obtulit ponderationem, recedi non oportet.

22. *Iidem AA. et CC. Papiniano.*

Si hi contra quos supplicas, facta locatione certi temporis, suas tibi locaverint operas : quatenus bona fides patitur, causa cognita competens judex conventionem servari jubebit.

23. *Iidem AA. et CC. Prisco.*

Ad probationem rei propriæ sive defensionem non sufficit locatio ei facta, qui post de dominio cœperit contendere : cùm ins- cientia domini proprii, et errantis nullum habeat consensum ; sed ex eventu, si vic- tus fuerit, contractus locationis non cons- titisse magis declaratur. Nemo enim sibi jure possessionem mutare potest.

ou la défendre, il ne suffit pas d'opposer que celui qui maintenant revendique la propriété, a reçu auparavant cette même chose à titre de louage ; parce que l'igno- rance ou l'erreur où peut se trouver le propriétaire qui fait qu'il ne se le croit pas, n'est pas censé consentement. C'est pourquoi si le locataire sort vainqueur de cette lutte, il est prouvé d'une ma- nière évidente qu'il n'a jamais existé de contrat de louage. Car personne ne peut légalement se transmettre à soi-même la propriété.

24. Iidem AA. et CC. Antonino.

Contractus locationis conductionisque, non intervenientibus etiam instrumentis, ratus habeatur ; secundùm quod heredes conductoris (etsi non intervenerint ins- trumenta) non uxorem convenire debes. Sané de posteriore tempore quo conduc- tricem ipsam proponis fuisse, adesse fidem precibus tuis probans, pensiones integras ab ea pete.

24. Les mêmes empereurs et Césars à Antoninus.

Que le contrat de louage, quoiqu'il n'in- tervienne aucun écrit, soit valable. C'est pourquoi, quoiqu'il ne soit intervenu aucun écrit, vous devez poursuivre les héritiers de votre locataire et non sa femme. Mais quant au tems postérieur pendant lequel vous exposez qu'elle a été votre locataire, en prouvant les faits avancés dans votre requête, demandez qu'elle vous paye les pensions dans leur intégrité.

25. Iidem AA. et CC. Epagatho.

Si quis conductionis titulo agrum, vel aliam quamcunque rem accepit : possessio- nem prius restituere debet, et tunc de pro- prietate litigare.

25. Les mêmes empereurs et Césars à Epagathus.

Si quelqu'un a reçu à titre de louage un champ ou autre chose, la possession doit être d'abord restituée, et ensuite on doit plaider sur la propriété.

26. Iidem AA. et CC. Oploni et Her- mogeni.

Si conductionis implestis fidem : ejusdem rei gratia factum instrumentum evanuit. Quòd si quid vestrum in fundo fuit, vel vi direptum est : hoc restitui vobis præses provinciæ jubebit.

26. Les mêmes empereurs et Césars à à Oplon et à Hermogène.

Si vous avez observé la teneur du contrat de louage, le titre fait à ce sujet perd sa force. Si quelque chose vous appartenant est resté dans le fonds ou a été enlevé par la violence, le président de la province ordonnera que la resti- tution vous en soit faite.

27. Iidem AA. et CC. Neroni.

Si tibi, quæ pro colonis conducti prædii prorogasti, dominus fundi stipulanti dare spopondit : competens judex reddi tibi ju- bebit. Nam si conventio placiti fine stetit : ex nudo pacto perspicis actionem jure nos- tro nasci non posse.

27. Les mêmes empereurs et Césars à Néron.

Si le maitre du fonds, par une stipu- lation, vous a promis de vous rembour- ser ce que vous avez dépensé pour les fermiers, le juge compétent le forcera de remplir sa promesse. Mais si la conven- tion n'est pas fortifiée par la stipulation, sachez que vous n'avez aucune action ; parce que, d'après nos lois, il ne peut en naitre d'un nu pacte.

28. *Les mêmes empereurs et Césars au même Néron.*

Il est constant que le locataire et le propriétaire peuvent, par les actions qui les compètent respectivement, agir sur le dol ou la garde, mais non sur les cas fortuits auxquels on ne peut résister.

29. *Les mêmes empereurs et Césars à Julien.*

Exposant que le locataire a dégradé les édifices qui lui avaient été remis intacts, le président de la province forcera ses héritiers de les réparer, d'après ce qui aura été convenu entre vous à cet égard.

30. *Les empereurs Théodose et Valentinien à Florentius, préfet du prétoire.*

Qu'un décurion ne puisse être procureur ni locataire des choses d'autrui, ni fidéjusseur, ni mandant du locataire. En outre nous ordonnons qu'il ne résulte d'un contrat de cette sorte aucune obligation en faveur du locataire ou du propriétaire.

31. *L'empereur Léon à Aspar, maître des soldats.*

Nous défendons que les militaires à notre service puissent être locataires des choses d'autrui, ou chargés comme procureurs de leur administration, et en outre, qu'ils puissent être fidéjusseurs ou mandans des locataires : de peur qu'abandonnant l'usage des armes, ils ne s'adonnent à l'agriculture, et qu'à cause de leur état militaire, ils ne soient à charge à leurs voisins ; qu'ils s'occupent des armes et non d'affaires privées, afin qu'étant présens continuellement à leurs corps et à leurs drapeaux, ils défendent la république, qui les entretient, des maux qui sont la suite des guerres.

32. *L'empereur Zénon à Adamantius, préfet du prétoire.*

Qu'il ne soit permis à aucun locataire de maison ou de boutique, ou fermier d'un champ, d'intenter un procès onéreux à celui qui, après l'expiration du bail, a reçu par le volonté du propriétaire la même chose et au même titre, sous le prétexte que le nouveau bail est illicite. Mais au contraire que les propriétaires puissent en toute liberté louer

---

28. *Iidem AA. et CC. eidem Neroni.*

In judicio tam locati, quàm conducti, dolum et custodiam, non etiam casum cui resisti non potest, venire constat.

29. *Iidem AA. et CC. Juliano.*

Cùm conductorem ædificia quæ suscepit integra, destruxisse proponis : hæc etiam heredes ejus præses provinciæ instaurare, ædificiorum inter vos habita ratione, jubebit.

30. *Impp. Theodosus et Valerianus AA. Florentio præfecto prætorio.*

Curialis neque procurator, neque conductor alienarum rerum, nec fidejussor aut mandator conductoris existat : alioquin nullam obligationem neque locatori neque conductori ex hujusmodi contractu competere sancimus.

31. *Imp. Leo A. Aspari magistro militum.*

Milites nostros alienarum rerum conductores, seu procuratores, aut fidejussores vel mandatores conductorum fieri prohibemus : ne omisso armorum usu, ad opus rurestre se conferant, et vicinis graves præsumptione cinguli militaris existant. Armis autem, non privatis negotiis occupentur : ut numeris et signis suis jugiter inhærentes, rempublicam, à qua aluntur, ab omni bellorum necessitate defendant.

32. *Imp. Zeno A. Adamantio præfecto prætorio.*

Ne cui liceat, qui aliquam domum alienam, vel locum, aut ergasterium nomine conductionis accepit, alteri qui post eum domini voluntate ad eandem conductionem accessit, litem inferre, quasi rem illicitam, aut agenti damnosam tentaverit : sed patere facultatem dominis domos suas, vel ergasteria, vel loca, cui voluerint, locandi : ipsis nihilominus qui conduxerint, ab omni super hoc molestia liberis conservandis : nisi fortè pacta per scripturam specialiter inita cum dominis, vel cum his qui postea conduxerint, legibus videlicet cognita, agentis intentionibus suffragentur. Quòd si quis hujusmodi controversiam sacris jussionibus interdictam crediderit commovendam : si privatus est, acriter cæsus, exilii subeat pœnam ; si militat, decem librarum auri dispendio feriatur.

à qui bon leur semble, leurs maisons, leurs boutiques ou affermer leurs champs. Les propriétaires ou ceux qui pour eux ont donné ces choses à louage, ne doivent non plus éprouver aucune inquiétude à cet égard, à moins que des pactes écrits ne soient intervenus spécialement entre les locataires et les maîtres ou leurs procureurs, qui faits conformément aux lois, justifient les réclamations du plaignant ; que si quelqu'un s'avise d'élever une telle contestation prohibée par nos lois, s'il est homme privé, après avoir été battu sévèrement, qu'il soit condamné à un exil perpétuel ; s'il est fonctionnaire public, qu'il soit condamné à l'amende de dix livres d'or.

33. *Iidem* A. *Sebastiano præfecto prætorio.*

Conductores alienarum rerum, seu alienam cujuslibet rei possessionem precariò detinentes, seu heredes eorum, si non eam dominis recuperare volentibus restituerint, sed litem usque ad definitivam sententiam expectaverint : non solùm rem locatam, sed etiam æstimationem ejus victrici parti ad similitudinem invasoris alienæ possessionis præbere compellantur.

33. *Les mêmes empereurs à Sébastien, préfet du prétoire.*

Que les locataires ou fermiers des choses d'autrui, et ceux qui sont à titre précaire en possession d'une chose d'autrui, quelle qu'elle soit, ou leurs héritiers, s'ils ont refusé d'en faire la restitution aux propriétaires qui le demandaient, et ont attendu pour la faire qu'il fût rendu contre eux une sentence définitive, soient non-seulement forcés de restituer la chose, mais encore, à l'exemple de ceux qui s'emparent du bien d'autrui, condamnés en faveur de la partie victorieuse à payer une somme égale à la valeur de la chose.

34. *Imp. Justinianus* A. *ad Senatum.*

Licèt retrò principes multa de militibus, qui alienas possessiones, vel domos conductionis titulo procurandas suscipiunt, sanxisse manifestum est : tamen quia res sic est contempta, ut neque interminationis sacratissimæ constitutionis milites memores, ad hujusmodi sordida audeant venire ministeria, et relictis studiis publicis, signisque victricibus, ad conductiones alienarum rerum prosilire, et armorum atrocitatem non in hostes ostendere, sed contra vicinos, et forsitan etiam adversus ipsos miseros colonos, quos procurandos susceperint, convertere : necessarium duximus ad hanc sacratissimam venire constitutionem, altiùs et pleniùs hujusmodi causam corrigentes. Jubemus itaque omnes omnino qui sub armis militant, sive majores,

34. *L'empereur Justinien au Sénat.*

Quoiqu'il soit évident que les princes nos prédécesseurs ont décrété beaucoup de dispositions à l'égard des militaires qui prennent à titre de louage des fonds ou des maisons appartenans à autrui ; cependant cette matière est tellement négligée, que les militaires oubliant les bornes fixées par les constitutions impériales, osent s'occuper d'affaires aussi viles, et abandonnant leurs devoirs publics et leurs enseignes victorieuses, se mêler de prendre à titre de louage des choses d'autrui, diriger la cruauté des armes non contre les ennemis, mais les tourner contre leurs voisins et même contre les malheureux colons qu'ils ont reçus sous leur protection. Voulant remédier entièrement à cet abus, nous avons cru devoir

voir décréter la présente constitution : c'est pourquoi nous ordonnons que tous ceux majeurs ou mineurs, qui sont employés dans les armes (nous comprenons sous la dénomination de soldats, non-seulement ceux qui exercent l'art militaire sous le commandement des généraux, mais encore ceux qui font partie de nos onze fidèles corps appelés *scholæ*, ainsi que ceux que des officiers ont choisi pour leurs suppléans), s'abstiennent absolument à l'avenir de prendre quelque chose à titre de louage; qu'ils sachent que par l'effet d'un contrat de cette sorte, et dès l'instant qu'il aura été convenu, ils seront dégradés de droit : de sorte qu'il ne sera nécessaire pour que ce dégradement s'opère, d'aucun fait ni d'aucune sentence, et qu'ils ne pourront jamais retourner à leur ancien état, ni par l'effet d'un bienfait de l'empereur, ni par le consentement ou la permission du juge sous le commandement duquel ils combattent; afin que, pour s'occuper des choses d'autrui possédées à titre de louage, ils n'abandonnent leurs devoirs militaires et ne perdent leur réputation, et afin que de militaires, ils ne deviennent paysans, et de respectables, infames. Nous ordonnons que ceux qui auront négligé les dispositions de cette loi soient forcés de restituer, sans délai ni retard, tout ce qu'ils auront reçu des deniers publics après s'être engagés par un tel contrat; que ceux en outre qui auront donné leurs biens à ce titre à de telles personnes, sachent qu'ayant violé par leurs efforts notre loi, il leur est défendu d'exiger quelque chose en vertu d'un contrat de cette sorte; et que comme celui-ci qui tente d'usurper le bien d'autrui, celui qui choisit un militaire pour son procureur, soit déchu de ses droits; qu'il soit permis à tout le monde de dénoncer aux juges compétens les infractions faites à cette loi; qu'une telle dénonciation soit plutôt considérée comme louable que comme blâmable. La peine prononcée contre les militaires infracteurs de cette loi, et ceux qui leur confieront leurs biens à titre de louage, n'est applicable que pour les cas qui se présenteront à l'avenir.

Tome II.

majores, sive minores (milites autem appellamus eos, qui tam sub excelsis magistris militum tolerare noscuntur militiam, quàm qui in undecim devotissimis scholis taxati sunt, necnon eos qui sub diversis optionibus fœderatorum nomine sunt decorati), saltem in posterum ab omni conductione alienarum rerum temperare: scituros quod ex ipso contractu ab initio sine aliquo facto vel aliqua sententia cadant militia, et non sit regressus eis ad pristinum gradum, neque beneficio imperiali, neque consensu vel permissu judicis sub quo tolerandam sortiti sunt militiam : ne dum alienas res conductionis titulo esse gubernandas existiment, suas militias suamque opinionem amittant ex militibus pagani, ex decoratis infames constituti : et quod post hujusmodi conductionem, quam penitus interdicimus, à publico susceperint; et hoc sine aliqua mora vel procrastinatione reddere compellantur. Scituris et ipsis, qui suas facultates post hanc legem eis ad conductionem permiserint, nostra lege eorum conamine violata, quòd nulla eis exactio contra eos concedatur : ut qui alieni appetens constitutus militem procuratorem elegerit, et à suis cadat redititus. Pateat autem omnibus hujusmodi copia apud competentes judices accusationis : ut qui in hac causa delator existat, laudandus magis quàm vituperandus intelligatur : pœna quam contra milites nostrorum præceptorum contemptores, et ipsos qui eis conductiones rerum ad se pertinentium permiserint, statuimus, in futuris causis obtinente.

TITULUS LXVI.

De jure emphyteutico.

1. *Imp. Zeno* A. *Sebastiano prafecto pratorio.*

Jus emphyteuticarium neque conductionis, neque alienationis esse titulis adjiciendum, sed hoc jus tertium esse constituimus,
ab utriusque memoratorum contractuum
societate seu similitudine separatum : conceptionem item definitionemque habere
propriam, et justum esse validumque co-
tractum, in quo cuncta quae inter utrasque
contrahentium partes super omnibus, vel
etiam fortuitis casibus, pactionibus, scriptura interveniente, habitis placuerint, firma illibataque perpetua stabilitate modis
omnibus debeant custodire ita ut si interdum
ea quae fortuitis casibus eveniunt, pactorum non fuerint conventione concepta : si
quidem tanta emerserit clades, quae prorsus etiam ipsius rei quae per emphyteusin
data est, faciat interitum : hoc non emphy-
teuticario, cui nihil reliquum permansit, sed
rei domino qui quod fatalitate ingruebat,
etiam nullo intercedente contractu habiturus fuerat, imputetur. Sin vero particula-
re, vel aliud leve contigerit damnum, ex
quo non ipsa rei penitus laedatur sub stan-
tia : hoc emphyteuticarius suis partibus
non dubitet adscribendum.

2. *Imp. Justinianus* A. *Demostheni prafecto pratorio.*

In emphyteuticariis contractibus sancimus, si quidem aliquae pactiones in emphyteuticis instrumentis fuerint conscrip-
tae, easdem et in omnibus aliis capitulis
observari, et de rejectione ejus qui emphyteusin suscepit, si solitam pensionem,
vel publicarum functionum apochas non
praestiterit, Sin autem nihil super hoc capitulo fuerit pactum, sed per totum triennium neque pecunias solverit, neque apochas domino tributorum reddiderit : volenti ei licere eum à praediis emphyteuticariis

TITRE LXVI.

De l'emphytéose.

1. *L'emper. Zénon à Sébastien, préfet du prétoire.*

LE contrat emphythéotique ne doit pas
être classé parmi ceux de louage ou d'a-
liénation ; mais nous ordonnons qu'il
forme une troisième espèce de contrat
séparée et distinguée de l'une et de l'autre précitées ; qu'il ait un caractère et une
définition qui lui soient propres ; qu'il
soit légitime et valable, et qu'en vertu
duquel tout ce qui a été convenu entre
les parties contractantes par écrit, sur
quelque objet que ce soit, même les cas
fortuits, soit ferme et valable, jouisse
d'une autorité perpétuelle et soit observé
en toute manière. Si n'ayant rien été
prévu dans la convention au sujet des
cas fortuits, il arrive que par un cas de
cette espèce tellement violent que la
chose donnée par contrat emphytéotique
périsse, que ce dommage soit supporté
non par le preneur à qui il ne reste rien,
mais par le propriétaire ; parce que cette
perte est arrivée par un accident fortuit,
et que d'ailleurs le contrat ne porte aucune disposition qui puisse le laisser à
la charge du preneur. Mais si le dommage arrivé est léger, ou ne porte point
sur toute la chose, et duquel il ne résulte absolument aucun dommage à la
substance de la chose, que le preneur
ne doute point qu'il ne soit à sa charge.

2. *L'empereur Justinien à Démosthène, préfet du prétoire.*

Nous ordonnons qu'à l'égard des contrats emphytéotiques, les pactes et toutes
les autres dispositions contenues dans ce
titre, soient observées, et même ce qui concerne l'expulsion du preneur, dans le cas
où il ne paierait pas au propriétaire la
pension convenue, et celui où il ne lui
apporterait pas les quittances par lesquelles il doit conster que les impositions
publiques du fonds ont été acquittées.
Mais si n'ayant rien été convenu dans
le contrat sur ce dernier objet, il a

cessé pendant trois ans entiers de payer au propriétaire les pensions convenues, et de lui apporter les quittances qui doivent conster du paiement des impositions, le propriétaire voulant l'expulser, le preneur ne peut lui rien demander en aucune manière à titre des améliorations qu'il peut avoir apportées dans le fonds, ni lui opposer la clause pénale du contrat; mais si le propriétaire le désire, il doit être absolument expulsé, quand même il prétendrait qu'il n'a été nullement inquiété au sujet de la cause qui occasionne son expulsion; parce qu'aucun débiteur ne doit attendre d'être poursuivi et prévenu, mais s'offrir volontairement à payer la dette, d'après ce que nous avons ordonné généralement par une loi antérieure. Mais, afin que les propriétaires ne puissent sous ce prétexte expulser leurs preneurs emphytéotiques, en refusant de recevoir la pension convenue, et en continuant ce refus pendant trois ans pour que ces derniers soient déchus de leurs droits, nous permettons aux preneurs en emphytéose d'éviter le péril de l'expulsion, en offrant les pensions convenues (après avoir pris préalablement des témoins), et en les consignant et déposant conformément à la loi.

3. *Le même emp. à Julien, préfet du prét.*

On doutait si le preneur par contrat emphytéotique, avait besoin, pour aliéner ses améliorations, appelées du mot grec *emponemata*, du consentement du propriétaire, et s'il avait besoin du même consentement pour aliéner le droit même qui lui est acquis par le contrat. Pour anéantir ces doutes, nous ordonnons que si le titre du contrat contient quelque convention à ce sujet, elles soient observées. Mais s'il n'a été fait aucun pacte de cette sorte ou si le titre du contrat est perdu, que le preneur ne puisse vendre à d'autres, sans le consentement du propriétaire, ses améliorations, ni transférer le droit qui lui est acquis par le contrat emphytéotique. Mais afin que les propriétaires, saisissant cette occasion, n'empêchent point leurs preneurs de retirer un prix de leurs améliorations, ne les trompent point et ne leur fassent perdre de cette manière tout l'avantage

repellere : nulla ei in posterum allegatione nomine meliorationis, vel eorum quæ emponemata dicuntur, vel pœna opponenda; sed omnimodo eo (si dominus voluerit) repellendo, neque pretendente quód non est super hac causa inquietatus : cùm neminem oporteat conventionem vel admonitionem expectare, sed ultro sese offerre, et debitum spontanea voluntate persolvere, secundùm quod et anteriore lege nostri numinis generaliter cautum est. Ne autem ex hac causa dominis facultas oriatur emphyteutas suos repellere, et reditum minimè velle suscipere, ut ex hujusmodi machinatione triennio elapso, suo jure is qui emphyteusin suscepit, cadat : licentiam ei concedimus, attestatione præmissa, pecunias offerre, hisque obsignatis, et secundùm legem depositis, minimè dejectionis timere periculum.

3. *Idem A. Juliano præfecto prætorio.*

Cùm dubitabatur, utrùm emphyteuta debeat cum domini voluntate suas meliorationes, quæ Græco vocabulo ἐμπονήματα dicuntur alienare, vel jus emphyteuticum in alium transferre, an ejus expectare consensum : sancimus, siquidem emphyteuticum instrumentum super hoc casu aliquas pactiones habeat, eas observari. Sin autem nullo modo hujusmodi pactio interposita est, vel forté instrumentum emphyteuseos deperditum est : minimè licere emphyteutæ sine consensu domini meliorationes suas aliis vendere, vel jus emphyteuticum transferre. Sed nec hac occasione accepta, domini minimè concedant emphyteutas suos accipere pretia meliorationum quæ invenerunt, sed eos deludant, et ex hoc commodum emphyteutæ depereat : disponimus attestationem domino transmitti, et prædicere quantum pretium ab alio reverà accipi potest; et si quidem dominus hoc dare maluerit, et tantam præstare

quantitatem, quantam ipse reverà emphyteuta ab alio accipere potest : ipsum dominum omnimodo hæc comparare. Sin autem
duorum mensium spatium fuerit emensum,
et dominus hoc facere noluerit : licentia
emphyteutæ detur, ubi voluerit, et sine
consensu domini meliorationes suas vendere : iis tamen personis , quæ non solent in
emphyteuticis contractibus vetari ad hujusmodi venire emptionem. Necessitatem
autem habere dominos, si aliis melioratio
secundum præfatum modum vendita sit,
accipere emphyteutam : vel si jus emphyteuticum ad personas non prohibitas , sed
concessas et idoneas ad solvendum emphyteuticum canonem, transponere emphyteuta maluerit : non contradicere, sed novum emphyteutam in possessionem suscipere, non per conductorem , vel per procuratorem, sed ipsos dominos per se, vel
per litteras suas , vel (si hoc non potuerint,
vel noluerint) per depositionem in hac
quidem civitate apud virum clarissimum
magistrum censuum, vel præsentibus tabu-
lariis per attestationem , in provinciis autem per præsides vel defensores celebran-
dam. Et ne avaritia tenti domini magnam
molem pecuniarum propter hoc efflagitent
(quod usque ad præsens tempus perpetrari
cognovimus), non ampliùs eis liceat pro
subscriptione sua vel depositione , nisi
quinquagesimam partem pretii vel æstimationis loci, qui ad aliam personam transfertur, accipere. Si autem novum emphyteutam vel emptorem meliorationis suscipere minimè dominus maluerit , et attestatione facta intra duos menses hoc facere
supersederit : licere emphyteutæ , etiam
non consentientibus dominis ad alios suum
jus vel emponemata transferre. Sin autem
aliter fuerit versatus , quàm nostra constitutio disposuit , jure emphyteutico cadat.

du bail, nous ordonnons que le preneur
envoie une signification au propriétaire,
dans laquelle il doit mentionner le prix
qu'on lui offre réellement de ses améliorations ; et si le propriétaire offre de
donner lui-même au preneur le prix
proposé , qu'il soit préféré dans l'achat
à celui qui a le premier offert le prix.
Mais si deux mois étant écoulés depuis
la signification, le propriétaire ne veut
pas acheter la chose au prix proposé,
qu'il soit permis au preneur de vendre
ses améliorations à qui bon lui plaira ,
sans le consentement de son maître ;
pourvu néanmoins qu'il choisisse son
acheteur parmi les personnes à qui il n'est
pas défendu par le contrat emphytéotique de faire un tel achat. Si l'amélioration a été vendue de cette manière à
d'autres , nous ordonnons que les propriétaires soient forcés d'accepter le nouveau preneur : car si le preneur a transporté son droit emphytéotique, non à
des personnes prohibées , mais à celles
à qui il est permis de conférer ces droits,
et solvables du canon emphytéotique,
que les propriétaires ne puissent contrarier
cette transmission, et reçoivent en possession le nouveau preneur , non par leur
fermier ou par procureur, mais par eux-
mêmes en personne ou par lettres ; ou s'ils
ne peuvent ou ne le veulent pas , par leur
déclaration, dans cette ville, auprès du
maître des cens, ou par une attestation
faite devant témoins et les tabellions. Cette
déclaration dans les provinces doit être
faite devant les présidens de provinces ou
les défenseurs des lieux ; et de peur que
poussés par l'avarice les propriétaires
n'exigent une grande somme d'argent à
cause de cette mutation (ce que nous
avons appris avoir eu lieu même dans le
tems présent), nous ordonnons qu'il leur
soit défendu de recevoir pour prix de
leur signature ou de leur déclaration,
une plus grande somme que la cinquan-
tième partie du prix ou de l'estimation
du fonds au sujet duquel la mutation a
lieu. Mais si le propriétaire ne veut pas
absolument reconnaître le nouveau preneur ou acheteur de l'amélioration ; s'il
s'est écoulé deux mois depuis que la si-

gnification a été faite ; nous ordonnons
que le preneur puisse dans ce cas transférer son droit emphytéotique ou son
amélioration à d'autres sans le consentement du propriétaire. Mais si le preneur
s'est conduit autrement que ne le prescrit
notre constitution, qu'il soit déchu de son
droit emphytéotique.

CODICIS
DOMINI JUSTINIANI,
SACRATISSIMI PRINCIPIS,
EX REPETITA PRAELECTIONE.

CODE
DE L'EMPEREUR JUSTINIEN,
DE LA SECONDE ÉDITION.

LIVRE CINQ.

TITRE PREMIER.

*Des fiançailles, des arrhes à cause
des fiançailles et du salaire des
proxénètes.*

1. *Les emper. Dioclétien et Maximien
et les Césars, à Annonaria.*

Il n'est pas défendu à celle qui a été
déjà fiancée, de se marier à une autre
personne qu'à celle à laquelle elle a été
fiancée.

2. *L'empereur Constance et le César-
Constant à Célius-Probinus, préfet
de la ville.*

Si celui qui a promis d'épouser une

LIBER QUINTUS.

TITULUS PRIMUS.

*De sponsalibus, et arrhis sponsa-
litiis et proxeneticis.*

1. *Impp. Diocletianus et Maximianus
AA. et CC. Annonariæ.*

Alii desponsata renuntiare conditioni,
et nubere alii, non prohibetur.

2. *Imper. Constantius A. et Constans
Cæs. ad Cælium Probinum P. U.*

Si is qui puellam suis nuptiis pactus est,

intra biennium exequi nuptias in eadem provincia degens supersederit, ejusque spatii fine decurso, in alterius posteà conjunctionem puella pervenerit : nihil fraudis ei sit, quæ nuptias maturando, vota sua diutiùs eludi non passa est.

3. *Imppp. Gratianus , Valentinus et Theodosus* ΑΑΑ. *Eutropio præfecto prætorio.*

Arrhis sponsaliorum nomine datis, si interea sponsus vel sponsa decesserit : quæ data sunt, jubemus restitui ; nisi causam ut nuptiæ non celebrarentur, defuncta persona jam præbuit.

4. *Impp. Honorius et Theodosus* AA. *ad Marianum præfectum prætorio.*

Si pater pactum de filiæ nuptiis inierit, et humana sorte consumptus, ad vota non potuerit pervenire : id inter sponsum et sponsam firmum ratumque permaneat, quod à patre docebitur destinatum : nihilque permittitur habere momenti, quòd cum defensore, ad quem minoris commoda pertinebant, docebitur fuisse transactum. Periniquum est enim, ut contra paternam voluntatem redempti forsitan tutoris aut curatoris admittatur arbitrium : cùm plerumque etiam ipsius fœminae adversus commoda propria inveniatur laborare consilium.

Datum 3 non. novembris, Honorius XIII. et Theodosus X. AA. Coss. 422.

5. *Impp. Leo et Anthemius* AA. *Erythrio præfecto prætorio.*

Mulier juris sui constituta, arrharum sponsalium nomine usque ad duplum teneatur, id est, in id quod accepit, et aliud tantundem, nec amplius, si post completum vicesimumquintum annum, vel post impetratam veniam ætatis : atque in competenti judicio comprobatam, hujusmodi arrhas suscepit. In simplum autem, id est, tantummodo in id quod accepit, si minoris ætatis est : sive virgo, sive vidua sit, sive per se, sive per tutorem aut curato-

jeune fille, ayant demeuré pendant deux ans dans la même province sans accomplir sa promesse, la fille après l'expiration de cet espace de tems, a contracté de nouveaux nœuds, il n'y a aucune fraude de sa part en ce qu'elle n'a pas souffert en hâtant son mariage que ses vœux fussent plus longtems abusés.

3. *Les empereurs Gratien, Valentinien et Théodose à Eutrope, préfet du prétoire.*

Si le fiancé ou la fiancée décèdent après que des arrhes ont été données à cause des fiançailles, nous ordonnons qu'elles soient restituées ; à moins que la célébration du mariage n'ait pas eu lieu par la faute de la personne décédée.

4. *Les empereurs Honorius et Théodose à Marianus, préfet du prétoire.*

Si un père ayant fait un pacte au sujet du mariage de sa fille, n'a pu mettre ses intentions à exécution, à cause de la mort qui lui est survenue, que ce qui est prouvé avoir été réglé par le père entre le fiancé et la fiancée demeure ferme et valable. Quant à ce qui serait prouvé avoir été fait pour cause de transaction avec le tuteur ou curateur, qu'il soit nul : car il est très-injuste qu'au préjudice de la volonté du père, on admette celle achetée peut-être du tuteur ou du curateur. D'ailleurs il arrive ordinairement que la plupart des femmes agissent à cet égard d'une manière contraire à leurs intérêts.

Fait le 3 des nones de novembre, sous le treizième consul. de l'emper. Honorius et le dixième de l'empereur Théodose. 422.

5. *Les empereurs Léon et Anthémius à Erythrius, préfet du prétoire.*

Qu'une femme *sui juris* soit tenue en cas qu'elle manque à sa promesse, de restituer le double des arrhes qu'elle a reçues à titre de fiançailles, c'est-à-dire, de donner ce qu'elle a reçu et de plus une autre somme égale, mais rien de plus, si lorsqu'elle a reçu ces arrhes elle avait vingt-cinq ans complets, ou obtenu une dispense d'âge légalement approuvée en justice ; qu'une mineure, soit vierge, soit veuve, qui a reçu des arrhes par elle-même ou par son tuteur, curateur ou autre personne, soit tenue de restituer simplement les arrhes qu'elle a reçues. Mais il convient que le père ou la mère qui ont reçu ensemble ou séparément des arrhes au nom de leur fille, ou un aïeul ou bisaïeul qui en ont reçu au nom de leur petite-fille ou arrière-petite-fille, soient tenus à la restitution du double seulement. Nous ordonnons que ces dispositions soient observées, si le mariage n'a pas été empêché à cause ou de l'état de la personne, de sa condition, ou enfin de toute autre cause que les lois et les constitutions générales mettent au nombre des empêchemens au mariage : car alors nous ordonnons que les arrhes soient restituées simplement comme ayant été données sans cause, et non parce que la promesse n'a pas été exécutée.

§. 1. Aux précédentes dispositions, nous ajoutons encore celles-ci : quoique le mariage projeté ne soit pas prohibé par les lois, cependant nous ordonnons que si après que les arrhes ont été données la fiancée rejette le mariage projeté avec son fiancé, à cause qu'il n'a que des entretiens obscènes, qu'il est prodigue ou impudique, ou à cause qu'il est d'une autre religion ou d'une autre secte, ou qu'il est impuissant, ou par toute autre juste cause autorisée par les lois, il lui soit permis de rompre les fiançailles. Mais s'il est prouvé que la femme ou ses parens aient connu, avant d'avoir reçu les arrhes, que le fiancé avait les défauts dont ils se prévalent maintenant pour faire annuller les fiançailles, ils doivent s'imputer à eux-mêmes de les avoir contractées, puisqu'ils ne peuvent pas objecter qu'ils étoient dans l'erreur ni qu'ils ont été trompés. Mais si ignorant ces causes de dissolution des fiançailles, ils ont reçu les arrhes, ou si après les avoir reçues, il leur est survenu quelque juste cause de repentir, qu'ils ne soient tenus que de rendre les arrhes qu'ils ont reçues. Nous ordonnons que ces dispositions soient également applicables au fiancé, lorsqu'il se trouve dans le même cas, soit qu'il ait reçu les arrhes ou qu'il les ait données ; et que la peine du quadruple sur laquelle

rem, vel aliam personam easdem arrhas acceperit. Patrem verò, vel matrem legitimæ ætatis constitutos, sive simul, sive separatim arrhas pro filia susceperint : avum etiam, vel proavum, si pro nepte, vel pronepte : in duplum tantummodò convenit teneri. Quæ ita custodiri censemus, si non propter personam, vel conditionem, vel aliam causam legibus, vel generalibus constitutionibus interdictam, futurum matrimonium constare prohibetur : tunc enim quasi nullo facto, utpote sine causa easdem arrhas præstitas, tantummodò reddi consequens esse præcipimus.

§. 1. His illud quoque adjicimus, ut etiam si legibus prohibitæ non sint speratæ nuptiæ : post arrhas autem sponsalitias sponsa conjugium sponsi, propter turpem vel prodigam vel impudicam conversationem, aut religionis vel sectæ diversitatem recusaverit, vel eo quòd quasi vir coitum (ex quo spes sobolis oritur) facere non potuerit, vel ob aliam justam excusationis causam : si quidem probatum fuerit, ante datas easdem arrhas sponsalitias hoc idem mulierem, vel parentes ejus cognovisse, sibi debeant imputare. Sin verò horum ignari sponsalitias arrhas susceperint, vel post arrhas datas aliqua justa causa pœnitentiæ intercesserit : iisdem tantummodò redditis, super alterius simpli pœna liberi custodiantur. Quæ omnia simili modo etiam de sponsis super recipiendis necne arrhis præstitis custodiri censemus : quadrupli videlicet pœna, quæ in anterioribus legibus definita erat, in qua et arrharum quantitas imputabatur, cessante : nisi specialiter aliud ex communi consensu inter contrahentes de eadem quadruplici ratione placuerit. Extra definitionem autem hujus legis si cautio pœnam stipulationis continens fuerit interposita, ex utraque parte nullas vires habebit : cùm in contrahendis nuptiis libera potestas esse debeat.

Datum calend. julii, Martiano et Zenone Coss. 469.

on imputait la somme des arrhes, portée par des lois antérieures, soit abolie ; à moins qu'il n'ait été convenu spécialement entre les contractans, que cette peine du quadruple aurait lieu dans les cas prévus dans la convention. S'il a été mis dans la convention une clause pénale excédant les bornes fixées par cette loi, elle sera censée nulle, et pour l'une et pour l'autre des parties : car on doit être absolument libre lorsqu'il s'agit de contracter mariage.

Fait pendant les cal. de juillet, sous le consul. de Martien et de Zénon. 469.

TITULUS II.

Si rector provinciae, vel ad eum pertinentes, sponsalitias dederint arrhas.

1. *Imppp. Gratianus, Valentinus et Theodosus* AAA. *Eutropio praefecto praetorio.*

Sɪ quis in potestate publica positus, atque honore administrandarum provinciarum, qui parentibus aut tutoribus, aut curatoribus, aut ipsis quae matrimonium contracturae sunt, potest esse terribilis, arrhas sponsalitias dederit : jubemus, ut deinceps, sive parentes, sive caedem mutaverint voluntatem : non modò juris laqueis liberentur, praenaeque statutae expertes sint : sed extrinsecus data pignora lucrativa habeant, si ea non putent esse reddenda. Quod ita latè patere volumus, ut non solùm circa administrantes, sed etiam circa administrantium filios, nepotes, ac propinquos et participes, id est, consiliarios domesticosque locum habeat : quibus tamen administrator operam dederit. Impleri autem id posteà matrimonium non vetamus, quod tempore potestatis ob eas personas, de quibus locuti sumus, arrhis fuerat obligatum, si sponsarum consensus accedat.

Datum 15 calend. julii, Thessalonicæ DD. NN. Gratiano A. V. et Theodosio A. I. Coss. 380.

TITRE II.

Du gouverneur de la province, ou de ceux attachés à lui qui ont donné des arrhes à cause de fiançailles.

1. *Les empereurs Gratien, Valentinien et Théodose à Eutrope, préfet du prétoire.*

Sɪ un fonctionnaire public, chargé d'une administration de province, qui par la position où il se trouve peut, à cause de la crainte qu'il peut inspirer, influer sur la volonté des parens, des tuteurs et des curateurs, et même sur celle des personnes du mariage desquelles il s'agit, a donné des arrhes pour cause de fiançailles, nous ordonnons que si dans la suite, les parens ou les fiancés changent de volonté, ils soient non-seulement dispensés d'observer les lois rendues à ce sujet pour de semblables cas, mais encore libérés de la peine qui peut avoir été stipulée, et au surplus qu'ils profitent des arrhes qui ont été données, s'ils pensent qu'elles ne doivent pas être rendues. Nous voulons que cette loi soit tellement étendue, que ses dispositions s'appliquent non – seulement aux fonctionnaires publics, mais encore à leurs enfans et petits-enfans, à leurs proches et à ceux qui exercent auprès d'eux des fonctions qui leur sont subordonnées, comme leurs conseillers et leurs huissiers ; si toutefois le magistrat dont ils dépendent

TITULUS

dépendent s'est mêlé de leurs fiançailles. Au reste nous n'empêchons pas que le mariage soit contracté après la cessation des fonctions, si le consentement des fiancés intervient sur l'obligation contractée par les arrhes au tems de la puissance des personnes dont nous avons parlé.

Fait à Thessalonique, le 15 des cal. de juillet, sous le cinquième consulat de l'empereur Gratien et le premier de l'empereur Théodose. 280.

## TITRE III.	## TITULUS III.
Des donations ante nuptias *ou propter* nuptias, *et des fiançailles.*	*De donationibus ante nuptias, vel propter nuptias, et sponsalitiis.*
1. *Les empereurs Sévère et Antonin à Métrodore.*	1. *Impp. Severus et Antoninus* AA. *Metrodoro.*

IL importe beaucoup de savoir si les biens que le futur époux donne ont été livrés par la tradition à son épouse, et si dans la suite il les a reçus comme faisant partie de la dot de son épouse; ou si, quoique dans l'intention de donner, il a augmenté la dot, en confessant avoir reçu à ce titre une plus grande somme que celle qu'il a reçue : car dans le premier cas la donation est valable, et parconséquent les objets qui par suite de la donation ont été compris dans la dot, peuvent être demandés par l'action *de dote*. Mais dans le deuxième cas, la donation n'a aucun effet, et en conséquence ce qui par suite de cette donation a été compris dans la dot ne peut être répété.

MULTUM interest, si ea quæ donat vir futurus tradiderit uxori, et posteà in dotem acceperit : an verò donandi animo dotem auxerit, ut videatur accepisse quod non accepit. Priore enim casu donatio non impeditur, et res quæ in ea causa sunt dotis effectæ, judicio de dote peti possunt. Posteriore autem casu nihil actum est donatione : et quod in dotem datum non est, repeti non potest.

2. *L'empereur Alexandre à Attalus.*

Si vous prouvez pardevant le président de la province que vous avez fait des présens aux parens d'Eutychia, afin qu'ils vous permissent de l'épouser, ce magistrat ordonnera que si Eutychia ne se marie pas avec vous, ses parens vous restituent les présens que vous leur avez faits.

2. *Imp. Alexander* A. *Attalo.*

Si præsidi provinciæ probaveris, ut Eutychiam uxorem duceres, munera te parentibus ejus dedisse : nisi Eutychia tibi nupserit, tibi restitui quod dedisti, jubebit.

3. *Le même empereur à Marcella.*

La promesse faite autrefois par votre frère à cause de ses fiançailles, bien qu'elle soit revêtue de la stipulation, ne peut être exigée; puisqu'à l'égard de la dot,

3. *Idem* A. *Marcellæ.*

Pollicitatione à fratre quondam tuo sponsalium causa facta, etiam si in stipulation in deducta sit, ideò præstandæ non fuit, quoniam in dote uxor maritum fefel-

Tome II. 24

lit. Exceptionem itaque doli adversus actionem ex stipulatu rectè objicies.

4. *Imp. Gordianus A. Marcello.*

Quod sponsæ ea lege donatur, ut tunc dominium ejus adipiscatur, cùm nuptiæ fuerint secutæ, sine effectu est.

5. *Impp. Valerianus et Gallienus AA. Theodoræ.*

Ea quæ tibi ut sponsæ daturum se promisit is qui te ficto cœlibatu, cùm aliam matremfamilias domi reliquisset, sollicitavit ad nuptias, petere cum effectu non potes : cùm tu sponsa, uxore domi posita, non fuisti.

6. *Imp. Aurelianus A. Donatæ.*

Cùm in te simplicem donationem dicas factam esse die nuptiarum, et ambiguum possit venire utrùm à sponso, an à marito donatum sit : sic distinguendum est, ut si in tua domo donum acceptum est, ante nuptias videatur facta esse donatio. Quòd si penes se dedit sponsus, revrahi possit. Uxor enim fuisti.

7. *Imppp. Carus, Carinus et Numerianus AAA. Lucianæ.*

Si cùm ante nuptias munera darentur, ita conventum est, atque hujusmodi conscripta est pactio, ut si qua sors extitisset contra voluntatem ejus, et matrimonium distraxisset, tunc quæ data erant, apud eum qui dedisset heredemve ejus remanerent : potest qui hereditatem ejus accepit, cui pacta puella munera lege prædicta susceperat, eadem jure postulare.

8. *Impp. Diocletianus et Maximianus AA. et CC. Euphrosinæ.*

Si ante matrimonium major quinque et viginti annis constitutus, sponsæ suæ, licèt ante sponsalia, fundum donavit, eamque in vacuam induxit possessionem : posteà nullo titulo superstitem vel testamento eumdem relinquentem, alienare potuisse, certi ac manifesti juris est.

---

son épouse l'a trompé. C'est pourquoi vous êtes fondée à opposer l'exception de dol à l'action *ex stipulatu.*

4. *L'empereur Gordien à Marcellus.*

La donation faite à la fiancée par le fiancé, sous la condition qu'elle aura la propriété des choses données aussitôt que le mariage sera célébré, est sans effet.

5. *L'empereur Valérien et Gallien à Théodora.*

Vous ne pouvez valablement demander ce que quelqu'un feignant d'être dans le célibat, tandis qu'il était déjà marié, a promis de vous donner à titre de fiançailles en vous demandant en mariage ; parce que vous n'avez pu être sa fiancée à cause qu'il était déjà marié.

6. *L'empereur Aurélien à Donata.*

Disant qu'une donation simple vous a été faite le jour du mariage, comme il peut être douteux si le donateur l'a faite en qualité de fiancé ou en celle de mari, il faut distinguer, si la donation a été faite chez vous, elle doit être censée avoir été faite avant le mariage. Mais si le fiancé a fait la donation chez lui, elle peut être révoquée : car vous étiez alors son épouse.

7. *Les empereurs Carus, Carinus et Numérien à Luciana.*

Si lorsque les présens *ante nuptias* ont été donnés, on a convenu et écrit dans le pacte, que si par l'effet d'un événement imprévu l'un des contractans ne pouvait donner de suite à sa volonté actuelle, et si le mariage par-là ne pouvait pas avoir lieu, les présens qui ont été donnés seraient restitués au donateur ou à ses héritiers, l'héritier de celui de qui la jeune fille a reçu les présens sous la condition ci-dessus, peut les revendiquer en vertu du pacte.

8. *Les emper. Dioclétien et Maximien, et les Césars, à Euphrosine.*

Si quelqu'un étant majeur de vingt-cinq ans avant la célébration du mariage, a donné à sa fiancée, quoiqu'avant les fiançailles, un fonds et l'en a mise en possession, c'est un point de droit certain et évident qu'il n'a pu ensuite l'aliéner à aucun titre ni le laisser par testament.

9. *Les mêmes emper. et Césars à Julien.*

Avouant que vous avez fait une donation à la fiancée de votre fils, il ne convient pas qu'une telle donation, garantie par votre consentement et l'autorité du droit, soit rescindée par l'effet d'un rescrit de notre majesté.

10. *Les mêmes empereurs et Césars à Dionysius.*

Si le fiancé de votre fille ayant donné à cette dernière un esclave, vous lui avez donné à lui-même des bêtes de somme à titre de libéralité, et si le mariage n'ayant pas eu lieu, il a enlevé, contre les dispositions des lois, ce qu'il avait donné, la restitution réciproque de ce qui a été donné de part et d'autre n'a pas lieu, mais bien la répétition de ce qui a été enlevé illicitement.

11. *Les mêmes emper. et Césars à Néa.*

Si votre fiancé vous a donné ses biens et vous en a fait la tradition, la donation ne peut être annullée, par cela seul qu'ensuite il a été tué par les ennemis.

12. *Les mêmes empereurs et Césars à Timothéa et à Cléotima.*

Si votre mère a donné au fiancé ou au mari de sa fille des héritages sans stipuler aucun droit de retour, et l'a mis en possession, la donation étant parfaite, elle ne peut être annullée par la dissolution du mariage survenue par l'effet du divorce.

13. *Les mêmes empereurs et Césars à Alexandre.*

Les créanciers du mari ne peuvent poursuivre leurs créances sur les biens qu'il a donnés à sa femme lors des fiançailles, à moins qu'ils ne prouvent que les choses comprises dans la donation leur aient été obligées antérieurement à la donation.

14. *Les mêmes empereurs et Césars à Aurélia.*

Si du consentement de sa mère, le fiancé de votre fille a donné à cette dernière des esclaves appartenans à la première, qui ont été compris dans la dot, quoique sans estimation, et est ensuite mort pendant le mariage, la mère, qui est aussi l'héritière du défunt mari, refuse injustement de livrer les esclaves sous le prétexte qu'elle en offre la valeur.

9. *Iidem AA. et CC. Juliano.*

Cùm te sponsæ filii tui quædam donasse confitearis : perfectam donationem rescindi nec nostro oportet rescripto, quam tua voluntas jurisque auctoritas fecit ratam.

10. *Iidem AA. et CC. Dionysio.*

Si filiæ tuæ sponsus ei mancipium donavit, ac tu in eum jumenta liberalitatis ratione contulisti, nec nuptiis secutis, contra juris rationem, quod dederat abstulit : non invicem datorum restitutio, sed ejus quod illicitè rapuit, repetitio competit.

11. *Iidem AA. et CC. Neæ.*

Si tibi res proprias liberalitatis causa sponsus tuus tradidit : eo quòd ab hostibus posteà interfectus est, irrita donatio fieri non potest.

12. *Iidem AA. et CC. Timotheæ et Cleotimæ.*

Si mater vestra filiæ suæ sponso vel marito prædia sine ulla repetendi lege donavit, et eum in vacuam possessionem induxit : nuptiis divortio solutis, perfecta non dissolvitur donatio.

13. *Iidem AA. et CC. Alexandro.*

De rebus in sponsam donationis gratia collatis, creditores mariti facti, si non priùs obligatas eas sibi probent, eam convenire minimè possunt.

14. *Iidem AA. et CC. Aureliæ.*

Si consentiente matre sua, sponsus filiæ tuæ mancipia donavit, et his acceptis in dotem non æstimatis, in matrimonio post decessit : mater eademque heres ejus pretium offerens, restitutionem eorum improbè recusat.

24*

15. *Imp. Constantinus A. ad Maximum præfectum urbi.*

Cùm veterum sententia displiceat, quæ donationes in sponsam, nuptiis quoque non secutis, decrevit valere : ea quæ largiendi animo inter sponsos et sponsas jure celebrantur, redigi ad hujusmodi conditiones jubemus : ut sive adfinitalis coëundæ causa, sive non ita, vel in potestate patris degentes, vel ullo modo proprii juris constituti, tanquam futuri causa matrimonii aliquid sibi ipsi, vel consensu parentum mutuo largiantur : si quidem sponsus vel parentes ejus sortiri filium noluerint uxorem : id quod ab eo donatum fuerit, nec repetatur traditum : et si quid apud donatorem resedit, ad sponsam et heredes ejus summotis ambagibus transferatur. Quòd si sponsa, vel is in cujus agit potestate causam non contrahendi matrimonii præbuerit : tunc sponso ejusque heredibus sine aliqua deminutione per condictionem, aut per utilem actionem in rem redhibeantur. Quæ similiter observari oportet, et si ex parte sponsæ in sponsum donatio facta sit.

Proposit. 6 calend. septembris Romæ, Constantino A. V. et Licinio Coss. 319.

16. *Idem A. ad Tiberianum vicarium Hispaniarum.*

Si à sponso rebus sponsæ donatis interveniente osculo ante nuptias hunc vel illam mori contigerit, dimidiam partem rerum donatarum ad superstitem pertinere præcipimus, dimidiam ad defuncti vel defunctæ heredes cujuslibet gradus sint, et quocumque jure successerint : ut donatio stare pro parte dimidia, et resolvi pro parte dimidia videatur. Osculo verò non interveniente, sive sponsus sive sponsa obierit, totam infirmari donationem, et donatori sponso vel heredibus ejus restitui.

15. *L'empereur Constantin à Maximus, préfet de la ville.*

N'approuvant point le sentiment des anciens, qui déclaraient valables les donations faites à la fiancée, lors même que le mariage ne s'ensuivait pas, nous ordonnons qu'on observe à l'égard des donations faites entre fiancés les règles suivantes : que les objets donnés pour cause de mariage ou pour autre cause, soit par les fiancés eux-mêmes, s'ils sont *sui juris*, soit du consentement de leurs parens, s'ils sont soumis à la puissance paternelle, soient censés avoir été donnés pour cause de mariage futur. Si le fiancé ou ses parens s'opposent à ce que le mariage proposé ait lieu, que tout ce qui a été donné dans la vue de ce mariage par le fiancé, ou en son nom par ses parens, ne soit point répété, et s'il reste quelque chose des objets compris dans la donation chez le donateur, qu'il soit rendu sans difficultés à la fiancée ou à ses héritiers. Mais si la fiancée ou celui sous la puissance duquel elle se trouve, est la cause de ce que le mariage proposé n'a pas lieu, qu'alors les choses données soient restituées dans toute leur intégrité au fiancé donateur ou à ses héritiers, en vertu de l'action condictionnelle ou de l'action utile *in rem*. Les mêmes dispositions doivent être également observées, à l'égard de la fiancée donatrice envers son fiancé.

Fait à Rome, le 6 des cal. de septem., sous le cinquième consul. de l'empereur Constantin et le premier de Licinius. 319.

16. *Le même emper. à Tibérien, vicaire des Espagnes.*

Si après la donation faite par le fiancé à la fiancée, le baiser étant intervenu, il arrive que l'un ou l'autre meure avant la célébration du mariage, nous ordonnons que la moitié des choses données appartienne au survivant, et l'autre moitié aux héritiers du défunt ou de la défunte, de quelque degré qu'ils soient et quel que soit le droit en vertu duquel ils viennent à la succession ; en sorte que la donation soit valable pour la moitié et qu'elle soit nulle quant à ce qui concerne l'autre moitié. Mais que, si le baiser n'est pas intervenu, n'importe lequel des deux du fiancé ou de la fiancée soit mort, la donation soit non avenue pour le tout et les objets qui la composent restitués au donateur ou à ses héritiers. Si la fiancée, le baiser étant intervenu ou non, a donné au fiancé quelque chose à titre de donation (ce qui arrive rarement), et que l'un des deux soit décédé avant le mariage, que toute la donation soit anéantie, et que la propriété des choses données passe à la fiancée donatrice ou à ses successeurs.

Fait le 13 des cal. de mai, sous le consul. de Népotien et de Pacatus. 336.

17. *Les emper. Théodose et Valentinien à Hiérus, préfet du prétoire.*

C'est avec justice que l'on est venu au secours des femmes mineures, lorsqu'elles sont privées de l'appui de leur père, en décidant que les donations qui leur ont été faites avant le mariage et dont l'insinuation a été omise, soient valables.

Fait à Constantinople, le 10 des cal. de mars, sous le consul. de Taurus et de Félix. 428.

18. *L'empereur Zénon à Sébastianus, préfet du prétoire.*

Soit qu'un père après avoir eu des enfans d'un premier mariage passe à de secondes noces, soit qu'il n'y passe pas, il ne peut être forcé de laisser aux enfans qu'il a eus de son premier mariage quelque chose de la donation *ante nuptias*, que lui-même ou un autre pour lui a faite autrefois à son épouse mère des enfans communs ; puisqu'une mère, dans le cas même où elle ne passe pas à de secondes noces, ne peut être forcée de conserver quelque chose aux enfans existans du premier mariage, de la dot qu'elle-même ou un autre pour elle a apportée à leur père.

19. *L'empereur Justinien à Archélaüs préfet du prétoire.*

Si, pendant le mariage, l'épouse, ou quelqu'autre que ce soit en son nom, forme le dessein d'augmenter la dot, qu'il ne soit pas moins permis au mari ou à une autre personne quelconque pour lui,

Quòd si sponsa, interveniente vel non interveniente osculo, donationis titulo (quod raró accidit) fuerit aliquid sponso largita, et ante nuptias hunc vel illam mori contigerit : omni donatione infirmata, ad donatricem sponsam, sive ejus successores, donatarum rerum dominium transferatur.

Accep. 13 calend. maii, Nepotiano et Pacato Coss. 336.

17. *Impp. Theodosus et Valentinianus AA. Hiero præfecto prætorio.*

Minoribus ætate fœminis, etiam actorum testificatione in ante nuptias donatione ad eas facta, omissa : si patris auxilio destitutæ sint, justè consulitur, ut firma donatio sit.

Datum 10 calend. martii Constantinop. Tauro et Felice Coss. 428.

18. *Imp. Zeno A. Sebastiano præf. cto prætorio.*

Si liberis ex priore matrimonio procreatis pater ad secundas migraverit nuptias, vel non migraverit : nihil omnino filiis priori conjugi ex donatione ante nuptias, quam ipse vel alius pro ipso uxori quondam ejus matri communium liberorum donaverit, servare cogitur : quoniam et mater liberis ex priore matrimonio extantibus, post secundas nuptias, multoque amplius si non fuerit alteri marito sociata, nihil iisdem filiis ex dote, quam patri eorum ipsa, vel alius pro ea obtulerit, servare compellitur.

19. *Imp. Justinianus A. Archelao præfecto prætorio.*

Si constante matrimonio consilium augendæ dotis inierit, vel uxor fortè, vel ejus nomine quilibet alius : nihilominùs marito quoque liceat, seu pro marito cuilibet alii, tanto donationem ante nuptias additamento

majorem facere , quanto dotis augetur titulus Nec obsit in hujusmodi munificen-
tiis interdictas esse liberalitates tempore
nuptiarum. Indulgendum est namque consensui communi partium : ne cùm negetur
augendæ potestas donationis, dotis etiam
pigrius constituatur augmentum. Idemque
licere præcipimus etiam in his matrimoniis , in quibus interdum accidit ante nuptias quidem donationem nullam esse , solam verò dotem marito mulierem obtulisse:
ut etiam tunc muliere dotem augente, liceat marito quoque donationem in uxorem
suam ejusdem quantitatis facere, quantum
aucta dos continere dignoscitur : pactis
videlicet de redhibitione vel retentione
auctæ dotis vel donationis, prout partes
consenserint, pro jam statuto modo ineun-
dis, sive injungendis veteribus pactis, quæ
initio nuptiarum de ante nuptias donatione
et dote principaliter constituenda inita
sunt. Jura etiam hypothecarum , quæ in
augenda dote vel donatione fuerint, ex
eo tempore initium accipiant, ex quo eædem hypothecæ contractæ sunt, et non
ad prioris dotis, vel ante nuptias donationis
tempora referantur. Sed et si è contrario
maritus et uxor ad deminuendam dotem
et ante nuptias donationem consenserint
licere eis ad similitudinem deminutionis ,
quæ in dote fit, etiam ante nuptias minuere
donationem : ut pacta de amborum de-
minutionibus ineunda , firma et legitima
esse intelligantur: exceptis videlicet his
casibus , in quibus aut maritus ex priore
matrimonio liberos habens , ad secundas
migraverit nuptias · aut uxor similiter ex
anteriore matrimonio liberis extantibus ,
secundo marito se junxerit. In hoc enim
secundo matrimonio , vel à parte mariti ,
vel à parte mulieris, vel ab utraque (si
hoc etiam acciderit), interdictam esse deminutionem dotis, vel ante nuptias donationis ; ne aliquid adversus filios prioris matrimonii machinari videatur, censemus.

de rendre la donation *ante nuptias* d'autant plus grande que la dot a été augmentée ; qu'on n'oppose point que de telles
générosités sont interdites durant le mariage : car on doit un peu se relâcher de
la rigueur du droit en faveur du consentement unanime des parties ; de peur
qu'en refusant la faculté d'augmenter la
donation, l'augment de la dot ne soit constitué plus difficilement. Nous ordonnons
de même qu'à l'égard de ces mariages
dans lesquels il n'est point intervenu de
donation *ante nuptias*, mais où seulement
la femme a apporté à son mari une dot,
il soit permis à ce dernier, lorsque la
femme augmente sa dot, de faire une
donation *ante nuptias* à son épouse de
la même valeur que l'augment de la dot :
en sorte que les pactes sur la restitution
ou la rétention augmentées (selon que
les parties l'ont jugé à propos) soient
faits d'après le mode déjà établi ou soient
joints aux anciens pactes qui ont été faits
au commencement du mariage touchant
la donation *ante nuptias*, ou la dot constituée dans le principe. Que les droits
hypothécaires qui naissent de l'augment
de la dot ou de la donation , obtiennent
leur effet à compter de l'époque où ces
mêmes hypothèques ont été contractées,
et ne soient pas rapportés au tems de la
première dot ou de la donation avant le
mariage. Mais si au contraire le mari et
la femme sont convenus de diminuer la
dot et la donation *ante nuptias* , nous ordonnons qu'il leur soit permis, à l'exemple
de la diminution qui a lieu à l'égard de
la dot , de diminuer aussi la donation
ante nuptias : en sorte que les pactes faits
au sujet de ces deux diminutions soient
réputés valables et légitimes, excepté dans
le cas où le mari ou la femme ayant des
enfans vivans d'un premier mariage auraient convolé à de secondes noces : car
nous ordonnons que dans ce cas la diminution de la dot ou de la donation
ante nuptias soit interdite , soit que l'un
des deux ait des enfans vivans d'un premier mariage , soit qu'ils en aient tous
les deux, afin qu'il ne paraisse pas qu'il
ait été machiné quelque chose contre
les enfans du premier mariage.

Mais il est maintenant nécessaire que si l'une des parties fait de son côté une augmentation, l'autre en fasse aussi de son côté une. Si les dettes du mari n'y mettent point d'obstacle, que toutes sortes de choses puissent être affectées à l'augmentation; mais si le mari a des dettes, afin qu'il ne puisse être soupçonné de fraude envers ses créanciers, que les immeubles soient absolument affectés à l'accroissement de la dot; car si la femme possédant des immeubles, a donné en accroissement de sa dot des choses mobiliaires, qu'elle ne puisse user, à l'égard de cette partie de la dot, d'aucun privilége contre les autres créanciers.

20. *L'emp. Justinien à Jean, préfet du prétoire.*

Plusieurs plaintes nous ayant été portées contre les maris qui, dans le dessein de tromper leurs femmes, faisaient des donations appelées depuis long-tems donations *ante nuptias*, qu'ils différaient de faire insinuer afin qu'elles restassent imparfaites, et par ce moyen de jouir des avantages de la dot en ne laissant à leur femme aucun droit sur les objets compris dans la donation *ante nuptias*; c'est pourquoi nous ordonnons qu'il soit remédié à cette fraude de la manière suivante; et nous attachant d'abord au nom, nous ordonnons qu'une telle donation ne soit plus appelée donation *ante nuptias*, mais donation *propter nuptias*. Car, pourquoi serait-il permis à la femme de donner une dot au mari même pendant le mariage, et ne serait-il pas permis à ce dernier de faire une donation à sa femme, si ce n'est avant le mariage? Pourrait-on trouver cette différence conforme à la raison, tandis qu'il vaut mieux secourir les femmes à cause de la fragilité de leur sexe, que les maris? Car de même que la dot ne peut être constituée qu'à cause de mariage, qu'il ne peut exister de dot sans mariage, et qu'un mariage peut exister sans dot, de même à l'égard des donations que les maris font ou que quelqu'un autre fait pour eux, il doit leur être permis de

Sed jam necesse est, si alia pars augmentum præstat, alteram quoque partem incrementum celebrare: et si quidem vir alieno ære non impediatur, in rebus quibuslibet procedat augmentum. At si debitor sit: ne fraudis erga creditores suspicio subesse possit, omnino res immobiles incremento dotis proficiant. Si enim mulier immobilis substantiæ domina, res mobiles in augmentum dederit: in hac parte dotis nullo utetur adversus alios creditores privilegio.

20. *Imp. Justinianus* A. *Joanni præfecto prætorio.*

Cùm multæ nobis interpellationes factæ sint adversus maritos, qui decipiendo suas uxores, faciebant donationes, quas ante nuptias antiquitas nominavit, insinuare autem eas actis intervenientibus supersedebant, ut infectæ maneant, et ipsi quidem dotis commoda lucrentur, uxores autem sine nuptiali remedio reliquantur: sancimus nomine prius emendato, ita rem corrigi, et non ante nuptias donationem eamdem vocari, sed propter nuptias donationem. Quare enim dotem quidem etiam constante matrimonio mulieri marito dare conceditur: donationem autem marito, nisi ante nuptias facere non permittatur? et quæ hujus rei differentia rationabilis potest inveniri: cùm melius erat mulieribus propter fragilitatem sexus, quàm maribus subveniri? sicut enim dos propter nuptias fit, et sine nuptiis quidem nulla dos intelligitur, sine dote autem nuptiæ possunt celebrari: ita et in donationibus quas mariti faciunt, vel pro his alii, debet esse aperta licentia, et constante matrimonio talem donationem facere: quia quasi antipherna hæc possunt intelligi, et non simplex donatio. Ideò enim et antiqui juris conditores inter donationes etiam dotes connumerant. Si igitur et nomine et substantia nihil distat à dote ante nuptias donatio: quare non etiam ea simili modo et matrimonio contracto

dabitur? Sancimus itaque omnes licentiam habere, sive prius quàm matrimonia
contraxerint, sive posteà, donationes mulieribus dare propter dotis donationem : ut
non simplices donationes intelligantur, sed
propter dotem et propter nuptias factæ.

In authent. Nov. 61 , *cap.* 1.

Permissa est et in rem actio pro tali donatione mulieri adversus omnes possessores.

Finis authenticæ.

Sequitur textus Codicis.
Simplices etenim donationes non propter
nuptias fiunt, sed propter nuptias velitæ
sunt : et propter alias causas, et libidines
forsitan, vel unius partis egestatem, non
propter ipsarum nuptiarum affectionem efficiuntur. Si igitur dote jam præstita, maritus nulla ante nuptias donatione facta,
donare mulieri res maluerit, ita tamen,
ut dotis quantitatem non excedant, et hoc
ipsum significaverit, quod non simplicem
faciat donationem, sed propter dotem jam
conscriptam et ipse ad donationem venerit : licebit hoc ei facere, et supponatur
pactis dotalibus hujusmodi donatio. Et si
quidem hoc specialiter fuerit expressum :
pacta conventa servari oportet. Sin autem
donatio quidem talis facta sit, utpote dotali instrumento antecedente, nulla autem
pacta tali donationi post nuptias inseran-
tur : re ipsa videatur hoc esse pactum, ut
secundùm dotales conventiones intelligantur et in tali donatione pacta fuisse conventa : ut æquis passibus utraque ambu-
let, tam dos, quàm donatio : ita tamen,
ut Leoniana constitutio (quæ super exæ-
quatione

faire une telle donation durant le mariage.
En effet, ces libéralités de la part du
mari, peuvent être considérées comme des
avantages faits à sa femme, et non comme
une simple donation. C'est par cette raison
que les fondateurs de l'ancien droit comp-
tent les dots parmi les donations. Si donc
la donation *ante nuptias* ne diffère en rien
de la dot, ni par son nom, ni par son
essence, pourquoi ne pourrait-elle pas
de même avoir lieu pendant le mariage?
C'est pourquoi nous ordonnons que tous
les maris aient la faculté de faire à leurs
femmes, soit avant, soit après la célébration du mariage, de telles donations
à cause de la dot, et qu'elles ne soient
pas considérées comme de simples donations, mais comme faites à cause de
dot ou de mariage.

Authentique extraite de la Nov. 61 ,
chap. 1.

L'action *in rem* est accordée à la femme,
en vertu d'une telle donation, contre tous
possesseurs.

Fin de l'authentique.

Suit le texte du Code.
Les donations simples n'ont pas lieu
non-seulement à cause de mariage, mais
encore il est défendu de les faire pour
cette cause ; de peur que loin de les faire
dans la vue du mariage même, elles ne
le soient pour d'autres causes, comme le
libertinage ou l'indigence de l'un des
époux. C'est pourquoi si, après que la
dot a été constituée, le mari n'ayant
fait aucune donation *ante nuptias*, aime
mieux donner à sa femme certaines choses,
en déclarant expressément qu'il ne les
donne pas à titre de simple donation,
mais qu'il fait cette donation à cause de
la dot qui a été constituée, il lui sera
permis de faire une telle libéralité, pourvu
que sa valeur n'excède pas celle de la dot,
laquelle devra être ajoutée aux pactes dotaux ; et si ce dernier point a été spécialement exprimé, les pactes convenus à
l'égard de la dot doivent être étendus à
la donation. Si une telle donation a eu
lieu, quoique le titre constitutif de la
dot ait été fait antérieurement, et qu'il
ne contienne aucun pacte au sujet d'une
donation

donation de cette sorte faite après la célébration du mariage, qu'elle soit censée
avoir été faite sous la condition qu'elle
serait soumise aux conventions faites au
sujet de la dot, et qu'elle serait régie par
les mêmes règles que la dot: de manière
cependant que la constitution de l'empereur *Léon*, qui traite de l'égalité des conventions, non sous le rapport de la quantité, mais sous celui de la quotité, demeure
dans ce cas intacte; que cette constitution
soit non-seulement observée ponctuelle-
ment, mais encore que celle que nous
avons faite pour lui servir d'interprétation
et lever les doutes auxquels elle avait donné
lieu, soit observée de même. C'est pourquoi, dans le cas où les avantages mutuels
convenus entre le mari et la femme,
seraient inégaux, nous ordonnons qu'ils
soient réduits de part et d'autre au taux
du moindre, duquel seul les deux parties
pourront jouir.

Authentique extraite de la Novelle 91,
chap. 2.

La dot qui a été donnée mérite d'être
suivie d'une donation *propter nuptias*.
En outre si du côté de la femme on est
prêt à compter la dot, le mari refuse
de la recevoir, que la femme fasse conster
de ce refus. Si la dot est composée d'objets
mobiliers, qu'elle la ... ipose après avoir
fait apposer le scellé; ou étant allé trouver
le juge, qu'elle demande qu'il soit fait
une dénonciation au mari; c'est une règle
qu'en agissant de cette manière on persis-
terait à refuser la donation. Mais si on
est en demeure de livrer la dot au mari,
qu'on soit fondé à refuser aussi la donation.

Fin de l'authentique.

Suit le texte du Code.
§. 1. Pareillement, s'il a été fait une telle
donation, appelée avant la publication de
cette loi *ante nuptias*, et maintenant *propter nuptias*, et qu'elle n'ait point été insinuée, il sera permis de la faire insinuer pendant le mariage, l'intervention du mariage
n'y apportant absolument aucun obstacle :
car s'il est permis de faire de telles donations après la célébration du mariage,
à plus forte raison de revêtir celles qui

quatione pactionem loquitur, non in quantitate, sed in partibus) maneat in his casibus intacta : et non solùm ea immutilata
custodiatur, sed etiam nostra, quam de
interpretatione ejus fecimus, ambiguitatem ejus tollentes. Disparibus etenim pactionibus factis, majorem fieri partem ad
minorem deducendam esse censemus, ut
eodem modo uterque minorem partem lucretur.

In authent. Nov. 91, cap. 2.

Dos data donationem propter nuptias
meretur. Præterea si pars mulieris dotem
solvere sit parata, cùm ex diverso recuse-
tur, et mulier hoc contestetur : cumque
sit res mobilis, signaculo imposito recon-
dat : aut ingrediens judicium hoc petat
fieri, ut parti viri denuncietur : et sic nequaquam declinanda est donationis exactio. At si per dilationem dos viro non detur : etiam donatio prorsus denegetur.

Finis authenticæ.

Sequitur textus Codicis.
§. 1. Similique modo si facta quidem
fuerit talis donatio, quæ anteà quidem
ante nuptias vocabatur, nunc autem propter nuptias, non autem fuerit actis intervenientibus insinuata : licebit etiam constante matrimonio eam insinuare, nullo
penitus obstaculo ex nuptiarum interventu
faciendo. Si enim fieri eas post nuptias
concedatur : multò magis insinuari. Similique modo et ea constitutio, quam pro

augendis tam dotibus, quàm ante nuptias donationibus fecimus, intacta illibataque conservetur : omnibus videlicet quæ de simplicibus donationibus inter maritum et uxorem constante matrimonio, vel à veteribus, vel à nobis statuta sunt, in suo robore duraturis.

In authent. Nov. 127, cap. 1.

Eo decursum est, ut sponsalitia largitas specialis sit contractus, nec insinuationem desideret, etiamsi ab alio detur, licèt in viri personam donatio fiat, quatenus ipse in hunc contractum conscribat. Hoc quantum ad mulierem. At si vir, vel alius, qui dederit eam, non insinuet, cùm ea sit quantitas, et pacta dotalium concedant parti viri: nullam super eis habeat vir actionem.

Pater donationem propter nuptias, quam contulit in uxorem, non cogitur servare liberis prioris matrimonii, etsi ad secundas nuptias migraverit. Aliud est si apud maritum aliquid ex dote, vel apud mulierem ex donatione resedit. Illud enim servare liberis prioris matrimonii debet.

In authent. Nov. 127, cap. 2.

Nunc inhibetur deminutio, ne fraus fiat liberis prioris matrimonii, quorum unicuique, etiam cui minus datum est, dare tantum cogitur, quantum secundæ uxori. Ita etiam à parte uxoris.

ont été faites avant, de la formalité de l'insinuation. Que cette constitution, que nous publions au sujet de l'augmentation des dots et des donations *ante nuptias*, soit observée dans toutes ses dispositions, laissant d'ailleurs subsister dans toute leur vigueur les lois portées par les anciens ou par nous-même, touchant les simples donations entre maris et femmes, faites pendant le mariage.

Authentique extraite de la Novelle 127, chap. 1.

Il suit de là que les libéralités, à cause de mariage ont lieu par un contrat particulier qui n'a pas besoin d'insinuation, quand même il serait souscrit par une autre personne, pourvu que ce soit au nom du mari, selon que le mari lui-même l'établit dans le contrat. Ces dispositions ont lieu, quant à ce qui concerne la femme. Si le mari ou un autre qui a fait la donation, ne l'a pas fait insinuer, si l'objet de la donation excède la valeur de cinq cents pièces d'or; quoique par les conventions dotales, la dot soit accordée au mari survivant, il n'a à cet égard aucune action.

Le père n'est pas obligé de conserver aux enfans du premier mariage la donation *propter nuptias* qu'il a faite à son épouse, quand même il aurait convolé à de secondes noces. Mais il en est autrement, s'il est resté chez le mari quelque chose de la dot, ou chez la femme quelque chose de la donation : car l'un et l'autre, dans ce cas, doivent le conserver aux enfans du premier mariage.

Authent. extraite de la Nov. 127, chap. 2.

Aujourd'hui la diminution est défendue, de peur qu'on ne commette quelque fraude contre les enfans du premier mariage, à chacun desquels, même à celui d'entr'eux qui a reçu la moindre libéralité, le mari est obligé de donner autant qu'à sa seconde femme. Il en est de même à l'égard de la femme.

TITRE IV.

Du Mariage.

1. Les empereurs Sévère et Antonin à Porcius.

Lorsqu'il s'agit du mariage d'une jeune fille, si le tuteur, la mère et les proches, ne s'accordent pas entr'eux sur le choix d'un mari, l'intervention du président de la province est nécessaire.

2. Les mêmes empereurs à Trophima.

Il suffit que votre père ait consenti à votre mariage : peu vous importe qu'il n'ait pas signé l'acte de mariage.

3. Les mêmes empereurs à Valéria.

Vous pouvez accuser devant le juge compétent l'affranchi qui a eu la témérité d'épouser sa patronne ou la fille de son patron, ou son épouse, ou enfin sa petite-fille, ou son arrière-petite-fille; afin qu'il rende une sentence conforme aux mœurs de notre siècle, qui considère avec raison de telles unions comme odieuses.

4. L'empereur Alexandre à Perpétuus.

Les enfans ne peuvent épouser les concubines de leurs pères et ascendans : car une telle action n'est point louable et est peu conforme à ce qu'exige la piété filiale. Ceux qui ont fait quelque chose de semblable, sont coupables d'un commerce illicite.

5. Le même empereur à Maxima.

Si, comme vous l'exposez, le père de votre mari, sous la puissance duquel il a été, étant instruit de la célébration du mariage qu'il a contracté avec vous, ne s'y est point opposé, vous ne devez point craindre qu'il refuse de reconnaître son petit-fils.

6. L'empereur Gordien à Valéria.

Si, avec le consentement de la femme, il a été contracté en province un mariage avec une personne exerçant quelque dignité dans la province, ce mariage devient légitime, si la femme persévère dans

TITULUS IV.

De Nuptiis.

1. Impp. Severus et Antoninus AA. Porcio.

Cum de nuptiis puellæ quæritur, nec inter tutorem, et matrem, et propinquos de eligendo futuro marito convenit, arbitrium præsidis provinciæ necessarium est.

2. Iidem AA. Trophimæ.

Si nuptiis pater tuus consensit, nihil oberit tibi quòd instrumento ad matrimonium pertinenti non subscripsit.

3. Iidem AA. Valeriæ.

Libertum, qui patronam, seu patroni filiam, vel conjugem vel neptem, vel proneptem uxorem ducere ausus est : apud competentem judicem accusare poteris, moribus temporum meorum congruentem sententiam daturum, quæ hujusmodi conjunctiones odiosas esse meritò duxerunt.

4. Imp. Alexander A. Perpetuo.

Liberi concubinas parentum suorum uxores ducere non possunt : quia minus religiosam et probabilem rem facere videntur. Qui si contra hoc fecerint, crimen stupri committunt.

5. Idem A. Maximæ.

Si (ut proponis) pater quondam mariti tui, in cujus fuit potestate cognitis nuptiis vestris, non contradixit : vereri non debes, ne nepotem suum non agnoscat.

6. Imp. Gordianus A. Valeriæ.

Et si contra mandata principum contractum sit in provincia consentiente muliere matrimonium : tamen post depositum officium, si in eadem voluntate perseveraverit, justæ nuptiæ efficiuntur : et ideò

25 *

postea suscept liberos, natosque ex justo matrimonio, legitimos esse, responsum viri prudentissimi Pauli declarat.

7. *Idem* A. *Apro.*

Si (ut proponis) post querelam de marito à filia tua ad te delatam, dissolutum est matrimonium, nec te consentiente ad eundem regressa est : minus legitima conjunctio est, cessante patris voluntate, in cujus est potestate, atque ideo non petente filia, petitionem dotis repetere non prohiberis.

8. *Idem* A. *Romano.*

In copulandis nuptiis nec curatoris (qui solam rei familiaris sustinet administrationem) nec cognatorum vel adfinium ulla auctoritas potest intervenire : sed spectanda est ejus voluntas, de cujus conjunctione tractatur.

9. *Imp. Probus* A. *Fortunato.*

Si vicinis vel aliis scientibus uxorem liberorum procreandorum causa domi habuisti, et ex eo matrimonio filia suscepta est : quamvis neque nuptiales tabulæ, neque ad natam filiam pertinentes factæ sunt : non ideo minus veritas matrimonii, aut susceptæ filiæ, suam habet potestatem.

10. *Impp. Dioclétianus et Maximianus* AA. *et* CC. *Paulinæ.*

Cùm te non ex senatore patre procreatam, sed ob matrimonium cum senatore contractum, clarissimæ fœminæ nomen adeptam dicas : claritas quæ beneficio mariti tibi parata est, si secundi ordinis virum postea sortita es : redacta ad prioris dignitatis statum, deposita est.

11. *Iidem* AA. *et* CC. *Alexandro.*

Si invita detinetur uxor tua à parentibus suis : interpellatus rector provinciæ amicus noster, exhibita muliere, volunta-

sa première volonté après l'expiration des fonctions du magistrat avec lequel elle l'a contracté : c'est pourquoi le jurisconsulte Paul a décidé que les enfans nés d'un tel mariage sont légitimes.

7. *Le même empereur à Aper.*

Si, comme vous l'exposez, d'après les plaintes que votre fille vous a faites contre son mari, son mariage ayant été dissout, s'est ensuite unie de nouveau avec cette même personne sans votre consentement, ce mariage est illégitime ; parce qu'il n'a pas été contracté avec le consentement du père de la femme sous la puissance duquel elle est. C'est pourquoi votre fille ne demandant pas sa dot, rien ne vous empêche d'en faire la demande.

8. *Le même empereur à Roman.*

Lorsqu'il s'agit d'un mariage, le sentiment du curateur, dont l'autorité se borne à l'administration des affaires du pupille, ou celui des parens du côté de la mère, ou enfin celui des alliés, ne sont d'aucune considération ; mais on doit s'attacher à la volonté de la personne du mariage de qui il s'agit.

9. *L'empereur Probus à Fortunatus.*

Si, au su de vos voisins ou d'autres, ayant eu chez vous une épouse dans la vue d'avoir des enfans, il est né de ce mariage une fille, quoique le mariage n'ait point été constaté publiquement par écrit, ni même la naissance de la fille, il n'en est pas moins vrai que le mariage a eu lieu et que la fille qui en est provenu est légitime.

10. *Les empereurs Dioclétien et Maximien, et les Césars, à Paulina.*

Exposant que vous n'avez point acquis la qualité de femme noble par l'effet de la naissance d'un père sénateur, mais pour avoir contracté mariage avec un sénateur, vous êtes, si vous avez convolé à de secondes noces avec un plébéien, retournée à votre première condition, et vous êtes déchue de la noblesse acquise par votre premier mariage.

11. *Les mêmes empereurs et Césars à Alexandre.*

Si votre femme est détenue malgré elle par ses parens, le gouverneur de la province, notre ami, étant prévenu à ce sujet, vous accordera votre demande en se faisant représenter votre épouse et en la rendant libre de vous suivre.

12. Les mêmes emp. et Césars à Sabinus.

Les lois ne permettent point qu'un fils de famille soit contraint de se marier malgré lui. C'est pourquoi rien ne vous empêche, en observant les formalités voulues par les lois, de prendre en mariage la femme à laquelle vous désirez de vous unir, pourvu néanmoins que votre père y consente.

13. Les mêmes empereurs et Césars à Onésimus.

Les actes dressés à l'occasion du mariage, ne sont pas propres à constater le mariage s'il ne s'est pas ensuivi ; mais il en est autrement du mariage contracté d'ailleurs avec toutes les formalités voulues par les lois, au sujet duquel il n'a été dressé aucun acte : il est valable, puisque le défaut d'écrit ne détruit pas les autres preuves.

14. Les mêmes empereurs et Césars à Titius.

Personne ne peut être contraint de contracter mariage ni de rétablir celui qui est dissout. Delà vous devez comprendre qu'on ne peut transformer en nécessité la libre faculté de contracter mariage ou de le dissoudre.

15. Les mêmes empereurs et Césars à Tatien.

Il n'est point défendu au patron, s'il n'est point de ces personnes à qui ces sortes de mariages sont interdits spécialement, d'épouser son affranchie ; et il est très-certain que les enfans nés d'un pareil mariage sont légitimes.

Authentique extraite de la Novelle. 78, chapitre 3.

Mais par le nouveau droit, aucune dignité n'empêche qu'un patron ne puisse épouser son affranchie, pourvu qu'il soit fait au sujet d'un tel mariage des conventions dotales.

16. Les mêmes empereurs et Césars à Rhodon.

Il convient que le père qui a exposé sa fille, qui ayant été recueillie par vous a été élevée par vos soins et vos dépenses,

---

tem ejus secutus desiderio tuo medebitur.

12. Iidem AA. et CC. Sabino.

Nec filium quidem familias invitum ad uxorem ducendam cogi, legum disciplina permittit. Igitur sicut desideras, observatis juris præceptis, sociare conjugio tuo, quam volueris, non impedieris : ita tamen, ut contrahendis nuptiis patris tui consensus accedat.

13. Iidem AA. et CC. Onesimo.

Neque sine nuptiis instrumenta facta ad probationem matrimonii sunt idonea, diversum veritate continente : neque non interpositis instrumentis, jure contractum matrimonium irritum est : cùm omissa quoque scriptura, cætera nuptiarum indicia non sunt irrita.

14. Iidem AA. et CC. Titio.

Neque ab initio matrimonium contrahere, neque dissociatum reconciliare quisquam cogi potest. Unde intelligis liberam facultatem contrahendi atque distrahendi matrimonii transferri ad necessitatem non oportere.

15. Iidem AA. et CC. Tatiano.

Uxorem libertam suam manumissori, si non sit ex iis personis quæ specialiter prohibentur, ducere non est interdictum : et ex eo matrimonio justos patri filios nasci, certissimum est.

In authent. Nov. 78, cap. 3.

Sed novo jure nulla dignitas prohibet cum liberta nuptias contrahi dotalibus instrumentis confectis.

16. Iidem AA. et CC. Rhodoni.

Patrem qui filiam exposuit, hanc nunc adultam sumptibus et labore tuo factam, matrimonio conjungi filio tuo desiderantis

favere voto convenit : qui si renitatur ,
alimentorum solutioni in hoc solummodo
casu parere debet.

17. *Iidem* AA. *et* CC.

Nemini liceat contrahere matrimonium
cum filia , nepte , vel pronepte : itemque
cum matre , avia , vel proavia , et ex latere amita , ac matertera , sorore , sororis
filia , et ex ea nepte : præterea fratris tui
filia , et ex ea nepte ; itemque ex adfinibus
privigna , noverca , nuru , socru , cæterisque , quæ jure antiquo prohibentur , à
quibus cunctos volumus se abstinere.

18. *Imppp. Valentinus , Valens et*
Gratianus AA. *ad Senatum.*

Viduæ intra quintum et vicesimum annum degentes , etiamsi emancipationis libertate gaudent , tamen in secundas nuptias sine patris sententia non conveniant.
Quòd si in conjunctionis delectu mulieris
voluntas patris repugnat sententiæ , et propinquorum : placet (quemadmodum et in
virginum conjunctionibus sancitum est)
habendo examini auctoritatem quoque judiciariæ cognitionis adjungi : ut si pares
sint genere ac moribus competitores , is
potior existimetur , quem sibi consulens
mulier approbaverit. Sed ne fortè ii qui
gradu proximo ad viduarum successionem
vocantur , etiam honestas nuptias impe-
diant : si hujus rei suspicio processerit ,
eorum volumus auctoritatem judiciumque
succedere , ad quos etiam si fatalis sors intercesserit , tamen hereditatis commodum
pervenire non possit.

Datum 17 calend. august., Gratiano A.
II. et Probo Coss. 571.

consente à ce qu'elle soit mariée à votre
fils qui désire s'unir en mariage avec
elle; mais s'il refuse de donner son consentement à ce mariage , il doit être contraint , mais seulement dans ce cas , de
vous dédommager des alimens que vous
avez fournis à sa fille.

17. *Les mêmes emper. et Césars.*

Qu'il ne soit permis à personne de
contracter mariage avec sa fille , sa petite-
fille ou son arrière-petite-fille , ni avec
sa mère , son aïeule ou sa bisaïeule, et
en ligne collatérale avec sa tante paternelle ou maternelle, sa sœur , la fille de
sa sœur ou la petite-fille de cette dernière,
ni avec la fille de son frère ou sa petite-
fille , du côté de l'alliance avec la fille de
sa femme , sa marâtre , la femme de son
fils ou sa belle-mère , ni avec les autres
personnes entre lesquelles le mariage est
interdit par le droit ancien : car nous
voulons que personne ne contracte mariage avec de telles personnes.

18. *Les empereurs Valentinien, Valens*
et Gratien au Sénat.

Que les veuves qui n'ont point encore
atteint l'âge de vingt-cinq ans accomplis ,
quand même elles auraient été émanci-
pées , ne puissent convoler à de secondes noces sans le consentement de leur
père. Mais si, dans le choix d'un mari,
la volonté de la veuve n'est point conforme à celle de son père et de ses proches , nous ordonnons (comme il l'a déjà
été fait à l'égard du mariage des femmes
qui n'ont jamais été mariées) , qu'on
fasse intervenir dans ce cas l'autorité judiciaire , pour que si les prétendans sont
égaux sous le rapport de leur famille et
sous celui des mœurs, celui-là soit préféré qui a été choisi par la femme elle-
même; que ceux qui tenant de très-près
par les liens du sang aux veuves qui
sont dans l'intention de convoler à de
secondes noces, et qui dans le cas de prédécès de ces dernières leur succéderaient ,
déterminés par cette considération , ne
les empêchent pas de contracter un mariage légitime. Nous consentons bien à
ce qu'ils soient admis à l'assemblée des
parens qui doivent délibérer du mariage
de la veuve ; mais s'ils sont soupçonnés

d'avoir fait en sorte que le mariage n'eût
pas lieu, dans l'espérance d'avoir la succession par défaut de postérité, nous
voulons aussi qu'en cas de prédécès de
la veuve ils ne puissent lui succéder.

Fait le 17 des cal. d'août, sous le
deuxième consul. de l'empereur Gratien
et le premier de Probus. 5-1.

19. *Les emper. Arcadius et Honorius à
Eutychien, préfet du prétoire.*

Le mariage entre cousins germains est
permis par cette loi salutaire : d'où il suit
que le droit ancien concernant cette matière étant abrogé et les levains de calomnie étant détruits, le mariage entre
ces sortes de personnes, soit qu'elles soient
nées de deux frères ou de deux sœurs,
soit d'un frère et d'une sœur, doit être
légitime, et que les enfans provenus d'un
tel mariage doivent être légitimes et
héritiers de leurs pères.

Fait sous le deuxième cons. de Stilicon,
et le premier d'Anthémius. 405.

20. *Les empereurs Honorius et Théodose
à Théodore, préfet du prétoire.*

Que lorsqu'il s'agit du mariage des filles
constituées sous la puissance paternelle,
on consulte la volonté du père. Si la
fille qu'il s'agit de marier est mineure
vingt-cinq ans, quoiqu'elle soit *sui juris,*
qu'on se conforme encore à la volonté du
père. Si elle est privée du secours de
son père, qu'on prenne au sujet du mariage le secours de la mère, des proches et de la fille à marier elle-même.
Mais si privée de son père et de sa mère,
elle a été mise sous la protection d'un
curateur, et qu'elle ait été demandée en
mariage par plusieurs honnêtes personnes,
au point qu'on ne sait auquel des prétendans la marier, il est permis au juge,
en présence des proches, si la jeune fille
à cause de la pudeur de son sexe refuse
de manifester une volonté positive, de
décider à qui elle doit être accordée en
mariage.

21. *Les emper. Théodose et Valentinien
à Bassus, préfet du prétoire.*

Nous accordons la libre faculté aux
soldats, depuis celui qui n'a aucun grade
jusqu'à celui qui est élevé au grade de
protecteur, de contracter mariage avec

19. *Impp. Arcadius et Honorius* AA.
Eutychiano præfecto prætorio.

Celebrandis inter consobrinos matrimoniis licentia legis hujus salubritate indulta
est : ut, revocata prisci juris auctoritate,
restrinctisque calumniarum fomentis, matrimonium inter consobrinos habeatur legitimum, sive ex duobus fratribus, sive
ex duabus sororibus, sive ex fratre et sorore nati sunt : et ex eo matrimonio editi,
legitimi, et suis patribus successores habeantur.

Datum Stilicone II. et Anthemio Coss.
405.

20. *Impp. Honorius et Theodosus* AA.
ad Theodorum præfectum prætorio.

In conjunctione filiarum in sacris posi-
tarum, patris expectetur arbitrium. Sed
si sui juris puella sit, intra quintum et vicesimum annum constituta : ipsius quoque
adsensus exploretur. Si patris auxilio des-
tituta : matris et propinquorum, et ipsius quoque requiratur adultæ judicium.
Si vero utroque orbata parente sub curatoris defensione constituta sit, et inter
honestos competitores matrimonii oriatur
forte certamen, ut quæratur cui potissi-
mum puella jungenda sit : si puella cultu
verecundiæ propriam noluerit voluntatem
depromere coram positis propinquis, judici deliberare permissum est, cui melius
adulta societur.

21. *Impp. Theodosus et Valentinianus
AA. Basso præfecto prætorio.*

A caligato milite usque ad protectoris
personam sine aliqua solemnitate matri-
moniorum liberam cum ingenuis duntaxat
mulieribus contrahendi conjugii permitti-

mus facultatem.

22. Iidem AA. Ilierio præfecto prætorio.

Si donationum ante nuptias, vel dotis instrumenta defuerint, pompa etiam, aliaque nuptiarum celebritas omittatur : nullus existimet ob id deesse, rectè aliàs inito matrimonio firmitatem, vel ex eo natis liberis jura posse legitimorum auferri, inter pares honestate personas nulla lege impediente consortium, quod ipsorum consensu, atque amicorum fide firmatur.

Datum 10 calend. martii Constantinopoli, Felice et Tauro Coss. 428.

23. Imp. Justinianus A. Demostheni præfecto prætorio.

Imperialis benevolentiæ proprium hoc esse judicantes, ut omni tempore subjectorum commoda tam investigare, quàm eis mederi procuremus : lapsus quoque mulierum, per quos indignam honore conversationem imbecillitate sexus elegerint, competenti moderatione sublevandos esse censemus, minimeque eis spem melioris conditionis adimere : ut ad eam respicientes, improvidam, et minùs honestam electionem faciliùs derelinquant. Nam ita credimus Dei benevolentiam, et circa genus humanum nimiam clementiam (quantum nostræ naturæ possibile est) imitari, qui quotidianis hominum peccatis semper ignoscere dignatur, et pænitentiam suscipere nostram, et ad meliorem eam statum deducere. Quòd si circa nostros subjectos imperio nos etiam facere differamus : nulla venia digni esse videbimur.

§. 1. Itaque cùm injustum sit, servos quidem libertate donatos posse per divinam

22. Les mêmes emper. à Hidrius, préfet du prétoire.

Quoiqu'il n'ait point été rédigé à l'occasion du mariage d'actes au sujet de la donation *ante nuptias* ou de la dot, et que la pompe et les autres solemnités aient été omises ; que cependant personne ne croye par ce motif seul que le mariage contracté d'ailleurs légitimement soit nul, et qu'on puisse priver les enfans qui en sont nés des droits qui appartiennent aux enfans légitimes ; parce qu'il suffit, pour que le mariage qui a eu lieu entre des personnes d'une égale condition soit valable, si toutefois il n'est point prohibé par les lois, qu'il soit intervenu le consentement des conjoints et le témoignage des amis.

Fait à Constantinople, le 10 des cal. de mars, sous le consul. de Félix et de Taurus. 428.

23. L'empereur Justinien à Démosthène, préfet du prétoire.

Jugeant que le principal soin de la bienveillance impériale doit être de rechercher dans tous les tems les avantages des sujets, et de remédier à leurs maux, nous avons cru devoir pardonner avec la modération convenable aux égaremens des femmes, qui par la faiblesse de leur sexe ont choisi un genre de vie indigne de l'honneur, et ne point leur ôter toute espérance d'une meilleure condition; afin que ne désespérant point de pouvoir en sortir, elles se désistent du choix irréfléchi et déshonnête qu'elles ont fait. Nous avons cru de cette manière imiter, autant qu'il est possible à la nature de l'homme, la bienveillance de Dieu et sa trop grande clémence envers le genre humain, qui daigne toujours pardonner aux péchés journaliers des hommes, recevoir leur repentir et les ramener à un meilleur état. Nous serions indigne de tout pardon de sa part, si nous omettions de faire, autant qu'il est possible à nous à l'égard de nos sujets, ce que Dieu fait à l'égard du genre humain.

§. 1. C'est pourquoi, comme il serait injuste que des esclaves affranchis pouvant

vant être par l'effet de l'indolgence impériale, rétablis dans la condition des hommes libres, et par l'effet de ce bienfait impérial, être censés ingénus comme s'ils n'avaient jamais servi; des femmes qui s'étant adonnées aux jeux scéniques, ont abandonné cette condition infâme, pour en embrasser un meilleure, n'eussent aucune espérance d'obtenir un bienfait du prince qui les plaçât dans une condition égale à celle qu'elles auraient si elles ne se fussent jamais adonné aux jeux scéniques : nous leur accordons par cette constitution, dictée par la clémence, ce bienfait impérial, sous la condition que renonçant à cette infâme condition, elles embrasseront un genre de vie plus convenable et plus honnête. Qu'il leur soit donc permis de supplier notre majesté de leur accorder des lettres impériales qui leur permettent de contracter un mariage légitime. Que ceux qui dans ce cas les épouseraient, ne craignent point qu'en vertu des anciennes lois, un tel mariage soit considéré comme illégitime ; mais au contraire qu'il soit entièrement valable et considéré comme si la femme qui en est l'objet n'avait jamais mené une conduite déréglée, soit que le mari soit revêtu de quelque dignité, soit qu'il ne puisse pour toute autre cause, épouser une comédienne ; pourvu cependant que le mariage soit constaté par des conventions dotales rédigées par écrit. Ces femmes étant purifiées de toutes taches de de cette sorte, et rétablies pour ainsi dire au niveau des autres femmes, nous ordonnons qu'on ne leur attache aucun nom injurieux et déshonnête, qu'on ne mette aucune différence entre elles et celles qui n'ont jamais tombé dans un pareil vice.

§. 2. Nous ordonnons que les enfans qui naîtront d'un mariage de cette sorte soient légitimes et héritiers siens de leur père, quand même ce dernier aurait des enfans d'un premier mariage : de sorte qu'ils puissent, tant *ab intestat* que par testament, recueillir sans obstacle les biens de leur père.

§. 3. Si de telles femmes, après avoir obtenu un rescrit impérial, en conséquence de leur requête, ne veulent point se marier, nous ordonnons néanmoins

nam indulgentiam natalibus suis restitui, postque hujusmodi principale beneficium ita degere, quasi nunquam servissent, sed ingenui nati essent : mulieres autem, quæ scenicis quidem ludis sese antè immiscuerunt, posteà verò spreta mala conditione ad meliorem migravere sententiam, et inhonestam professionem effugerunt, nullam spem principalis habere beneficii, quod eas ad illum statum reducere! in quo si nihil inhonesti peccatum esset, commorari potuerunt. Præsenti sanctione clementissima principale beneficium eis sub ea lege condonamus, ut si derelicta mala et inhonesta conversatione commodiorem vitam amplexæ fuerint, honestatique sese dederint : liceat eis nostro supplicare numini, ut divinos afflatus sine dubio mereantur, ad matrimonium eas venire permittentes legitimum : his qui eis conjungendi sunt, nullo timore tenendis, ne scitis præteritarum legum infirmum esse videatur tale conjugium, sed ita validum hujusmodi permanere matrimonium confidentibus, quasi nulla præcedente inhonesta vita uxores eas duxerint; sive dignitate præditi sint, sive alio modo scenicas in matrimonium ducere prohibeantur : dum tamen dotalibus omnimodò instrumentis non sine scriptis tale probetur conjugium. Nam omni macula penitus direpta, et quasi suis natalibus hujusmodi mulieribus redditis, neque vocabulum inhonestum eis inhærere de cætero volumus, neque differentiam aliquam eas habere cum his, quæ nihil simile peccaverunt.

§. 2. Sed et liberos ex tali matrimonio procreandos, suos et legitimos patri esse, licèt alios ex priore matrimonio legitimos habeat : ut bona ejus tam ab intestato, quàm ex testamento, isti quoque sine ullo impedimento percipere possint.

§. 3. Sed et si tales mulieres post divinum rescriptum ad preces earum datum, ad matrimonium venire distulerint : salvam eis nihilominùs existimationem servari præcipimus, tam in aliis omnibus, quàm ad transmittendam quibus voluerint, suam substantiam, et suscipiendam competentem sibi legibus ab aliis relictam, vel ab intestato delatam hereditatem.

In authent. Nov. 51.

Quod eis permittitur etiam si juraverint in tali professione se perseveraturas: quia legibus expressum est illicitæ rei jusjurandum servari non oportere; et pœna perjurii, si qua est, in eum convertenda est, qui exigit.

Finis authenticæ.

Sequitur textus Codicis.

§. 4. Similes verò tale merentibus ab imperatore beneficium mulieribus, illas etiam esse volumus, quæ dignitatem aliquam habent, etsi non serenissimo principi supplicaverint, ultroneam tamen donationem ante matrimonium meruerint: ex qua dignitate, et aliam etiam omnem maculam, per quam certis hominibus legitimè conjungi mulieres prohibentur, aboleri penitus oportet.

§. 5. His illud adjungimus, ut et filiæ hujusmodi mulierum, si quidem post expurgationem prioris vitæ matris suæ natæ sint: non videantur scenicarum esse filiæ, nec subjacere legibus, quæ prohibuerunt filias scenicarum certos homines in matrimonium ducere. Sin verò antè procreatæ sint, liceat eis preces offerentibus invictissimo principi, sacrum sine obstaculo ullo mereri rescriptum: per quod eis ita nubere permittatur, quasi non sint scenicæ matris filiæ; nec jam prohibeantur illis copulari, quibus scenicæ filias, vel dignitatis, vel alterius causæ gratia uxores ducere interdicitur: ut tamen omnimodò dotalia inter eos etiam instrumenta conficiantur.

que leur réputation soit considérée comme intacte, et qu'elles jouissent tant des autres droits qui compètent aux femmes que de la faculté de transmettre à leur volonté leurs biens, ainsi que de recevoir les biens laissés à elles légalement par testament, ou de recueillir une succession *ab intestat*. *Authentique extraite de la Novelle* 51.

Elles ne jouissent pas moins de ces droits, quoiqu'elles aient juré qu'elles persévéreraient dans l'exercice de cette infâme profession, parce que les lois défendent expressément qu'on garde la foi du serment fait pour soutenir une chose illicite; et s'il est quelque peine contre le parjure, elle doit être tournée contre celui qui a exigé un serment de cette sorte.

Fin de l'authentique.

Suit le texte du Code.

§. 4. Nous ordonnons en outre que celles de ces femmes qui ont obtenu une dignité honoraire avant leur mariage, quoique ce ne soit pas de l'empereur, soient de la même condition que celles qui ont obtenu leur réhabilitation de l'empereur: car la dignité produit l'effet d'effacer entièrement même toute autre tache qui empêche qu'il existe un mariage légitime entre les femmes et certains hommes.

§. 5. Aux dispositions précédentes, nous ajoutons encore que les filles des femmes de cette sorte, nées après la réhabilitation de leur mère, ne soient point censées comédiennes, ni comprises dans les lois qui prohibent le mariage des comédiennes avec certains hommes; et si elles sont nées avant la réhabilitation de leur mère, qu'il leur soit permis d'adresser à l'empereur invincible une requête aux fins d'obtenir un rescrit qui doit leur être accordé sans obstacle, par lequel il leur soit permis de se marier comme non filles de comédiennes, et qui permette de même de les épouser à ceux qui à cause de leur dignité ou de toute autre cause, ne peuvent se marier avec la fille d'une comédienne; pourvu cependant qu'il intervienne entre eux à l'occasion d'un tel mariage, des conventions dotales rédigées par écrit.

§. 6. Mais si la fille étant née d'une mère qui a exercé la profession de comédienne pendant toute sa vie, a imploré la clémence impériale après la mort de sa mère, et obtenu l'objet de sa demande, et en conséquence a été purifiée de l'infamie qui a résulté de la profession de sa mère et obtenu la permission de se marier, nous ordonnons que nonobstant les anciennes lois, elle puisse être épousée par ceux qui autrefois ne pouvaient se marier avec la fille d'une comédienne.

§. 7. Bien plus, nous croyons devoir abolir les dispositions par lesquelles les anciennes lois exigeaient, quoique d'une manière obscure, qu'un mariage contracté entre des personnes inégales par leur rang fût suivi de conventions dotales écrites, sans quoi le mariage était nul. C'est pourquoi anéantissant cette prohibition, nous ordonnons que ces mariages soient absolument valables, et que la distinction des personnes n'y mette aucun obstacle ; pourvu cependant que les femmes soient libres et ingénues, et que le mariage ne soit pas incestueux : car nous prohibons de toute manière les unions incestueuses, ainsi que toutes celles qui sont prohibées spécialement par les lois antérieures, excepté celles que nous permettons par la présente loi et que nous déclarons légitimes.

Authentique extraite de la Novelle 117, chapitre 4.

Ceux qui sont décorés des grandes dignités, jusqu'à celles qu'on appelle *illustres*, ne peuvent contracter légitimement mariage, sans qu'il intervienne des conventions dotales écrites ; les dignitaires qui appartiennent à des peuples barbares sont exempts de cette formalité. Toutes les autres personnes peuvent légitimement contracter mariage en ne consultant que leur seule affection, et sans qu'il soit besoin de l'intervention des conventions dotales.

uit le texte du Code.

§. 8. Ces choses étant ainsi établies par cette loi générale et devant être réglées de même à l'avenir, nous ordonnons, quant aux mariages de cette sorte, contractés depuis l'époque fixée ci-dessous,

§. 6. Sed et si à scenica matre procreata, quæ usque ad mortem suam in eadem professione duraverit, post ejus obitum preces imperatoriæ clementiæ obtulerit, et divinam indulgentiam meruerit, liberationem maternæ injuriæ, et nubendi licentiam sibi condonantem : istam quoque posse sine metu priorum legum in matrimonio illis copulari, qui dudum scenicæ filiam uxorem ducere prohibebantur.

§. 7. Imò etiam illud removendum esse censemus, quod in priscis legibus (licèt obscurius) constitutum est, ut matrimonia inter impares honestate personas contrahenda, non aliter quidem valeant, nisi dotalia instrumenta confecta fuerint. His verò etiam non intercedentibus, omnimodo firma sint, sine aliqua distinctione personarum ; si modò liberæ sint, et ingenuæ mulieres, nullaque nefariarum vel incestarum conjunctionum suberit suspicio : nam nefarios et incestos coitus omnibus modis amputamus, sicut et illos qui præteritarum legum sanctione specialiter vetiti sunt : exceptis videlicet iis quos præsenti legem permittimus, legitimique matrimonii jure muniri præcipimus.

In authent. Nov. 117, cap. 4.

Maximis decorati dignitatibus usque ad illustres non nisi dotalibus instrumentis conscriptis, ritè contrahunt nuptias : licet antè contractas retineant, exceptis Barbaris : reliqui omnes affectu solo rectè contrahunt matrimonium.

Sequitur textus Codicis.

§. 8. His itaque per hanc gener lem legem ita constitutis, et de cetero conservandis, præteritas etiam hujusmodi conjunctiones ex subjecto tempore factas secundùm prædictam dispositionem judicari præcipimus : ut si quis talem uxorem ab initio nostri imperii (prout dictum est) jam duxerit, et liberos ab ea procreaverit : justos eos et legitimos, et tam ab intestato quàm ex testamento patris successores habeat, et legitima in posterum nihilominùs ea uxore permanente, procreandi quoque liberi legitimi sint.

24. *Idem* A. *ad Senatum.*

Sancimus, si quis nuptiarum fecerit mentionem in qualicunque pacto, quod ad dandum, vel ad faciendum, vel non dandum, vel non faciendum concipitur, et sive nuptiarum tempus dixerit, sive nuptias nominaverit : non aliter intelligi conditionem esse adimplendam, vel non extenuandam, nisi ipsa nuptiarum accedat festivitas : et non esse tempus inspiciendum, in quo nuptiarum ætas vel fœminis post duodecimum annum accesserit, vel maribus post quartumdecimum annum completum : sed ex quo vota nuptiarum re ipsa processerint. Sic etenim et antiqui juris contentio dirimetur, et immensa librorum volumina ad mediocrem modum tandem pervenient.

25. *Idem* A. *Juliano præfecto prætorio.*

Si furiosi parentis liberi, in cujus potestate constituti sunt, nuptias possint contrahere, apud veteres agitabatur. Et quidem filiam furiosi marito posse copulari, omnes penè juris antiqui conditores admiserunt. Sufficere enim putaverunt, si pater non contradicat. In filio autem familias dubitabatur. Et Ulpianus quidem retulit constitutionem imperatoris Marci, quæ de furioso non loquitur, sed generaliter de filiis mente captis : sive masculi, sive fœminæ sint, qui nuptias contrahunt : ut hoc facere possint etiam non adito principe. Et aliam dubitationem ex hoc emergentem, si hoc quod de mente capto constitutio induxit, etiam in furiosis obtinendum sit, quasi exemplo mente capti et furiosi filios adjuvante. His itaque dubitatis, tales ambiguitates decidentes, sancimus hic repleri, quod divi Marci constitutioni deesse videtur : ut non solùm de-

qu'ils soient régis d'après les dispositions de cette loi : en sorte que si quelqu'un a contracté un tel mariage dans le tems qui a suivi notre avènement à l'empire et en a eu des enfans, les enfans soient légitimes et succèdent à leur père tant *ab intestat* que par testament, et que l'épouse étant pour l'avenir légitime, les enfans qui pourront encore naître de ce mariage soient aussi légitimes.

24. *Le même empereur au Sénat.*

Nous ordonnons que si quelqu'un a fait mention dans un pacte quelconque, soit qu'il ait pour objet de donner ou de faire quelque chose, ou de ne pas donner ou de ne pas faire, du tems du mariage ou du mariage lui-même, cette condition ne soit censée être accomplie qu'à l'époque où le mariage a été contracté, et qu'on ne considère l'âge auquel il est permis de se marier, qui est fixé pour les femmes à douze ans et pour les hommes à quatorze, mais seulement l'époque à laquelle le mariage a eu lieu ; que de cette manière les doutes nés de l'ancien droit soient détruits, et que le nombre infini de volumes faits à ce sujet, soit enfin réduit à un nombre médiocre.

25. *Le même empereur à Julien, préfet du prétoire.*

On agitait chez les anciens la question, si les enfans constitués sous la puissance d'un père ou autre ascendant furieux, pouvaient se marier. Presque tous les anciens jurisconsultes sont convenus que la fille d'un furieux pouvait se marier ; mais on doutait à l'égard du fils. Ulpien rapporte une constitution de l'empereur Marc qui ne parle pas du furieux, mais généralement des fils de celui qui a perdu la raison. Elle porte que, soit qu'il s'agisse des fils ou des filles, ils peuvent contracter mariage sans l'autorisation du prince. Il est né de cette constitution un autre doute, à savoir si ce qu'elle dit de ceux qui ont perdu la raison peut être appliqué aux furieux, et si à l'exemple de ceux des premiers, il doit être permis aux fils des furieux de se marier sans l'autorisation du prince. Voulant détruire ces doutes, nous ordonnons que ce qui parait manquer à la constitution de l'empereur Marc, soit suppléé par les dispositions suivantes, c'est-à-dire, que les enfans, quel que soit leur sexe, non-seulement de celui qui a perdu la raison, mais encore du furieux, puissent contracter un mariage légitime, et que la dot ou la donation *ante nuptias* puisse être fournie par leur curateur. La dot ou la donation *ante nuptias* doit être cependant fixée, dans cette royale ville, d'après l'estimation de l'excellentissime préfet de la ville, et dans les provinces, d'après celle des nobles présidens qui les administrent, ou des évêques des lieux. A l'égard de la fixation de la dot ou de la donation *ante nuptias*, on doit avoir égard tant à la qualité de la personne qu'à ce qu'exige la nature de la dot ou de la donation. A cette opération, doivent être présens les curateurs du furieux ou de celui qui a perdu la raison, ainsi que les principaux de leur famille. On doit faire en sorte cependant qu'il ne naisse de cette cause aucun dommage aux biens des furieux ou de celui qui a perdu la raison, et que cette opération se fasse gratuitement, afin que ces personnes déjà assez malheureuses, ne soient pas encore obligées de supporter des dépenses à ce sujet.

26. Le même empereur à Julien, préfet du prétoire.

Chez les anciens, on doutait si quelqu'un donnant la liberté à une fille qu'il a élevée et l'épousant, contractait avec elle un mariage légitime ou non. Quant à nous, décidant le doute, nous ordonnons qu'un tel mariage ne soit pas prohibé : car si un mariage de cette sorte a lieu par suite d'une affection mutuelle, et ne contient rien d'impie ni de contraire aux lois, pourquoi le prohiberions-nous ? Il n'est personne qui soit si impie pour épouser celle qu'il a élevée dès le commencement comme sa fille ; on doit croire qu'il ne l'a point dès l'origine élevée comme sa fille, et qu'il lui a donné la liberté et l'a jugée ensuite digne d'être sa femme. Nous prohibons absolument le mariage entre le parrain et la filleule, quand même cette dernière au-

mentis, sed etiam furiosi liberi cujuscunque sexus possint legitimas contrahere nuptias, tam dote, quàm ante nuptias donatione à curatore eorum præstanda : æstimatione tamen in hac regia urbe excellentissimi præfecti urbis, in provinciis autem virorum clarissimorum earum præsidum, vel locorum antistitum, tam opinione personæ, quàm moderatione dotis, et ante nuptias donationis constituenda : præsentibus tam curatoribus dementis vel furiosi, quàm iis qui ex genere eorum nobiliores sunt : ita tamen, ut nulla ex hac causa oriatur, vel in hac regia urbe, vel in provinciis jactura substantiæ furiosi, vel mente capti : sed gratis omnia procedant : ne tale hominum infortunium, etiam expensarum detrimento prægravetur.

26. Idem A. Juliano præfecto prætorio.

Si quis alumnam suam libertate donaverit, et in matrimonio suo collocaverit : dubitabatur apud antiquos, utrumne hujusmodi nuptiæ legitimæ esse videantur, an non. Nos itaque vetustam ambiguitatem decidentes, non esse vetitum matrimonium censemus. Si enim ex affectu omnes introducuntur nuptiæ, et nihil impium, nec legibus contrarium in tali copula expectamus : quare prædictas nuptias inhibendas existimemus ? Nec enim homo sic impius invenitur, ut quam ab initio loco filiæ habuit, eam posteà in suo collocet matrimonio : sed ei credendum est, quia eam et ab initio non ut filiam educavit, et libertate donavit, et dignam esse posteà suo putavit matrimonio. Ea videlicet persona omnimodò ad nuptias venire prohibenda, quam aliquis, sive

alumna sit, sive non, à sacrosancto suscepit baptismate : cùm nihil aliud sic inducere potest paternam affectionem, et
justam nuptiarum prohibitionem, quàm
hujusmodi nexus, per quem Deo mediante
animæ eorum copulatæ sunt.

27. *Idem* A. *Joanni præfecto
prætorio.*

Sancimus nuptias, quæ inter masculos
et fœminas majores vel minores sexage-
nariis vel quinquagenariis lege Julia vel
Papia prohibitæ sunt, homines volentes
contrahere, et ex nullo modo, nec ex ulla
parte tales nuptias impediri.

28. *Idem* A. *Joanni præfecto
prætorio.*

Si libertam quis uxorem habeat, deinde
inter senatores scribatur dignitate illustra-
tus, an solvatur matrimonium, apud Ulpianum quærebatur : quia lex Papia inter
senatores et libertas stare connubia non patitur. Nos igitur Dei sequentes judicium,
non patimur in uno eodemque connubio
mariti felicitatem uxori fieri infortunium :
ut quantum vir in altum tollatur, tantum
et conjux ejus decrescat, imò magis penitus depereat. Absit itaque à nostro tempore hujusmodi asperitas, et firmum maneat matrimonium, et uxor marito con-
crescat, et sentiat ejus fulgorem, stabile-
que maneat matrimonium ex hujusmodi
superventu minimè deminutum. Simili
modo si privati hominis filia ad liberti
veniat connubium, et posteà pater mulieris ad senatoris dignitatem fuerit elatus :
taceat Papiæ legis crudelissima sanctio,
et neque per hunc modum dissolvatur matrimonium inter facti senatoris filiam et
libertum, ne soceri prosperitas sine genero inveniatur. Melius enim est legis
Papiæ severitatem in utroque casu com-
pescere, quàm eam sequendo, hominum
matrimonia dispergere, non ex vitio mulieris et mariti, sed ex prospera alterutrius
partis fortuna. Cùm enim ex una radice
vitium nascitur, consequens est ut una
lege tollatur.

rait été élevée par son parrain; parce que
rien autre n'exige tant l'affection paternelle et n'empêche tant le mariage qu'un
lien de cette sorte, qui attache par l'intermédiaire de Dieu ces deux ames entre
elles.

27. *Le même empereur à Jean, préfet
du prétoire.*

Nous ordonnons que les mariages entre des hommes et des femmes, majeurs
ou mineurs de soixante ou de cinquante
ans, prohibés par la loi *Julia* ou *Papia*,
ne puissent, si les hommes y consentent,
être empêchés en aucune manière ni d'aucun côté.

28. *Le même empereur à Jean, préfet
du prétoire.*

On trouve ce doute dans Ulpien, à
savoir si quelqu'un ayant une affranchie
pour femme, le mariage est dissout par
son élévation à la dignité sénatoriale ;
parce que par la loi *Papia*, les mariages
entre les sénateurs et les affranchies sont
interdits. Quant à nous, nous conformant
au jugement de Dieu, nous ne souffrons
point que dans un seul et même mariage,
le bonheur du mari fasse l'infortune de
son épouse, en tolérant que la condition
de la femme s'abaisse proportionnellement
à l'élévation du mari et qu'il la perde
même entièrement. Qu'une telle dureté
ne souille point notre siècle, et qu'en
conséquence un tel mariage soit valable ;
que l'épouse s'élève avec son mari, qu'elle
se ressente de l'éclat qui environne ce
dernier, et que le mariage reste valable
et n'éprouve aucune altération d'un événement de cette sorte. Pareillement si la
fille d'un homme privé se marie avec un
affranchi, et qu'ensuite le père de la femme
soit élevé à la dignité sénatoriale, que
dans ce cas encore la dure loi Papia se
taise, et que le mariage entre un affranchi et une femme dont le père a été nommé sénateur depuis le mariage ne soit
point dissout, afin que le père dans sa
prospérité ne se trouve point dépourvu
de postérité : car il vaut mieux modérer
la sévérité de la loi Papia, dans l'un
et l'autre cas, que de la suivre, en cassant
les mariages des hommes, non à cause
des vices de la femme ou du mari, mais

à cause du bonheur de l'un ou de l'autre. Comme ce vice provient d'une loi, il a été nécessaire de l'extirper par une autre loi.

TITRE V.

Des mariages nuls ou incestueux.

1. *L'empe. Alexandre à Amphigonus.*

Si votre affranchie, qui est aussi votre épouse, vous a quitté malgré vous, qu'elle ne puisse point se marier avec un autre, si toutefois vous la désirez encore pour femme.

2. *Les emper. Dioclétien et Maximien à Sébastiana.*

Il est connu de tout le monde, qu'aucun de ceux qui vivent sous l'empire Romain, ne peut avoir deux femmes en même tems; puisque par l'édit du préteur des hommes de cette sorte sont notés d'infamie; nonobstant cela, le préteur ne souffrira pas qu'un tel crime reste impuni.

3. *L'empereur Constantin à Patrocle.*

Il ne peut exister de mariage avec une femme esclave: car il ne pourrait naître de tels mariages que des esclaves. C'est pourquoi nous ordonnons, afin d'éviter que les décurions, attirés par des motifs de libertinage au sujet des femmes esclaves, ne s'introduisent dans les maisons des grands, que si un décurion est découvert vivre secrétement et à l'insu des agens et des procureurs avec une femme esclave d'autrui, cette dernière soit condamnée par la sentence du juge aux travaux des mines, et le décurion déporté dans une ile; et s'il est *sui juris*, et n'a ni descendans ni ascendans ni autres proches qui puissent d'après les lois venir à sa succession, que ses biens soient confisqués au profit de la ville dans laquelle il était décurion. Mais si les agens ou les procureurs de la maison dans laquelle il a commis le crime en étaient instruits, ou l'ont dissimulé, il convient qu'ils soient condamnés aussi aux travaux des mines. Si ce crime a été commis avec la permission du maître, ou si l'ayant découvert par la suite, il a dissimulé, nous

TITULUS V.

De incestis et inutilibus nuptiis.

1. *Imp. Alexander A. Amphigono.*

LIBERTA, eademque uxor tua, si à te invito discessit: connubium cum alio non habeat, si modò uxorem eam habere velis.

2. *Impp. Diocletianus et Maximianus AA. Sebastianæ.*

Neminem, qui sub ditione sit Romani nominis, binas uxores habere posse, vulgo patet: cùm etiam in edicto prætoris hujusmodi viri infamia notati sint: quam rem competens judex inultam esse non patietur.

3. *Imp. Constantinus A. Patroclo.*

Cum ancillis non potest esse connubium. Nam ex hujusmodi contubernio servi nascuntur. Ideòque præcipimus, ne decuriones in gremia potentissimarum domorum libidine servarum ducente confugiant. Si enim decurio clam actoribus, et procuratoribus nescientibus, alienæ fuerit servæ conjunctus: et mulierem in metallum detrudi per sententiam judicis jubemus, et ipsum decurionem in insulam deportari: omnibus bonis ejus civitati, cujus curialis fuerat, mancipandis, si patria potestate fuerit liberatus, nullosque habeat liberos vel parentes, vel etiam propinquos, qui secundùm legum ordinem ad ejus successionem vocentur. Quòd si actores vel procuratores loci, in quo flagitium admissum est, fuerint conscii, vel compertum facinus promere noluerint: metallo eos convenit implicari. Si verò dominus loci hoc fieri permisit, vel posteà cognitum celavit: si quidem in agro id factum est, fundus cum mancipiis et pecoribus; cæterisque rebus, quæ cultui rustico sustinentur, fisci juribus vindicetur. Si verò in civitate id factum est: dimidiam bonorum omnium partem præcipimus confiscari, pœnam augentes; quoniam intra domesticos parietes scelus admissum est, quod noluit mox cognitum publicare.

4. *Imppp. Valentinus, Theodosus et Arcadius* AAA. *ad Andromachum comitem rerum privatarum.*

Qui contra legum præcepta, vel contra mandata constitutionesque principum nuptias forté contraxerit : nihil ex eodem matrimonio, sive ante nuptias donatum, sive deinceps quoquo modo datum fuerit, consequatur : idque totum, quod ab alterius liberalitate in alterum processerit, ut indigno indignæve sublatum, fisco vindicari sancimus : exceptis tam fœminis, quàm viris, qui aut errore acerrimo non affectato, insimulatove, neque ex vili causa decepti sunt, aut ætatis lubrico lapsi : quos tamen ita demùm legis nostræ laqueis eximi placuit, si aut errore comperto, aut ubi ad legitimos pervenerint annos, conjunctionem hujusmodi sine ulla procrastinatione diremerint.

5. *Iidem* AAA. *Cynegio.*

Fratris uxorem ducendi, vel duabus sororibus conjungendi, penitus licentiam summovemus, nec dissoluto quocunque modo conjugio.

6. *Impp. Arcadius et Honorius* AA. *Eutychiano præfecto prætorio.*

Si quis incesti vetitique conjugii sese nuptiis funestaverit : proprias, quandiù vixerit, teneat facultates : sed neque uxorem, neque filios ex ea editos habere credatur. Nihil prorsùs prædictis, neque per interpositam quidem personam, vel donet superstes, vel moriturus derelinquat. Des
si

ordonnons que le fonds et les esclaves, les troupeaux et les autres choses nécessaires à l'agriculture qui en dépendent, soient adjugés à notre fisc. Si ce crime a eu lieu dans une ville au su du maître, nous commandons que la moitié de tous ses biens soit confisquée, augmentant dans ce cas la peine ; parce que le crime ayant été commis dans sa propre maison d'habitation ordinaire, il ne l'a pas dénoncé aussitôt qu'il l'a eu connu.

4. *Les empereurs Valentinien, Théodose et Arcadius à Andromachus, comte des affaires privées.*

Si quelqu'un a contracté un mariage prohibé par les lois ou par les mandats ou les constitutions des princes, qu'il ne résulte rien de ce mariage, soit au sujet de ce qui a été donné avant le mariage ou depuis à quelque titre que ce soit. Nous ordonnons que la totalité des libéralités qui auraient été faites à l'occasion de ce mariage par l'un des prétendus époux en faveur de l'autre, soit enlevée à celui ou celle qui l'a reçue, par le motif d'indignité, et revendiquée par le fisc. Nous exceptons cependant de ces dispositions tant les femmes que les hommes qui, par une erreur grossière, non affectée ni simulée, ou par toute autre juste cause ou leur jeunesse, auraient contracté un pareil mariage. Ils ne jouiront cependant de l'exemption des peines portées par cette loi qu'en tant qu'ayant découvert leur erreur, ou étant parvenus à leur majorité, ils rompront sans délai une union de cette sorte.

5. *Les mêmes empereurs à Cynégius.*

Nous défendons absolument le mariage avec la femme de son frère ou avec deux sœurs, quand même le mariage précédent aurait été dissout de quelque manière que ce soit.

6. *Les empereurs Arcadius et Honorius, à Eutychien, préfet du prétoire.*

Si quelqu'un s'est souillé par un mariage incestueux ou prohibé, qu'il conserve la propriété de ses biens tant qu'il vivra ; mais qu'il ne croye pas avoir à cause de ce mariage une épouse ou des enfans ; il lui est défendu de donner quelque chose à l'une ou aux autres, ni
par

par personne interposée, soit de son vivant, soit par testament. S'il a été solennellement donné ou promis une dot, qu'elle soit, d'après le droit ancien, adjugée à notre fisc. Mais s'il laisse des héritiers *ab intestat* ou testamentaires approuvés par les lois, savoir, parmi les descendans, un fils ou une fille, un petit-fils ou une petite-fille, ou une arrière-petit-fils ou une arrière-petite-fille ; ou parmi les ascendans, un père ou une mère, un aïeul ou une aïeule ; en ligne collatérale, un frère ou une sœur, un oncle ou une tante maternels ; qu'il ait la faculté de faire un testament par lequel il ne pourra laisser qu'à ces sortes de personnes, auxquelles nous avons permis de lui succéder par la présente loi, et en telle quantité ou quotité qu'il jugera à propos, en se conformant néanmoins à cet égard aux dispositions des lois. Si quelqu'un cependant de ceux dont nous venons de parler est convaincu d'avoir conseillé au défunt de contracter le mariage incestueux dont il s'agit, qu'il soit absolument éloigné de sa succession, et qu'on substitue à sa place le parent le plus près en degré après lui. Que les dispositions précédentes que nous avons appliquées aux hommes, soient de même étendues aux femmes qui se sont souillées par de tels mariages. Et s'il n'existe pas de parens dans les degrés que nous venons d'indiquer, que la succession soit adjugée au fisc.

Fait à Constantinople, le 6 des ides de décemb., sous le quatrième consul. de l'emper. Arcadius, et le troisième de l'emper. Honorius. 596.

Auth. extraite de la Nov. 12, chap. 1.

La peine qui doit être infligée à ceux qui contractent un mariage incestueux, est la confiscation de la dot, ainsi que des autres biens du mari, l'exil et la perte de la dignité dont il peut être revêtu ; et le fouet si c'est une personne de basse condition. La femme qui contracte sciemment un tel mariage doit être soumise à la même peine. Si le coupable a des enfans légitimes qui, par le fait du crime de leur père, sont devenus *sui juris*, que les biens leur soient ad-

si qua forte solemniter aut data aut promissa fuerit : juxta jus antiquum fisci nostri commodis cedat. Testamento suo extraneis nihil derelinquat : sed, sive testato sive intestato, legibus ei jure succedant, si qui forte ex justo et legitimo matrimonio editi fuerint : hoc est, de descendentibus filius, filia, nepos, neptis, pronepos, proneptis ; de ascendentibus autem pater, mater, avus, avia ; de latere frater, soror, patruus, amita. Testandi sane ita demum habeat facultatem, ut iis tantummodo personis, pro juris ac legum, quod voluerit, arbitrio relinquat, quas succedere imperialis præcepti tenore mandavimus : ita tamen, ut ab hereditate defuncti penitus arceatur, si quis ex iis quos memoravimus, in contrahendis incestis nuptiis consilium iniisse monstrabitur, successuro in locum illius, qui post eum gradu proximus invenitur. Ea sane quæ de viris cavimus, etiam de fœminis, quæ prædictorum sese consortiis maculaverint, custodiantur. Memoratis vero personis non extantibus, nostro fisco pateat.

Datum 6 id. decembris Constantinop. Arcadio IV. et Honorio III. AA. Coss. 596.

In authent. Nov. 12, cap. 1.

Incestas nuptias contrahentis pœna est confiscatio bonorum tam cæterorum, quàm dotis, exilium etiam, et cinguli (si quo potitur) spoliatio, verberatio quoque, si vilis est : fœmina quoque talia scienter peccante, simili pœna subjuganda. Substantia sit amissa liberis hoc ipso sui juris effectis, si quos habet legitimos, applicetur : ut tamen pater ab eis alatur : quibus non extantibus fisco defertur.

In authent. Nov. 89, cap. ultim.

Ex complexu nefario aut incesto seu damnato liberi nec naturales sunt nominandi, omnis paternæ substantiæ indigni beneficio, ut nec alantur à patre.

7. *Impp. Valentinus et Martianus* AA. *Palladio præfecto prætorio.*

Humilem vel abjectam fœminam minimé eam judicamus intelligi, quæ licèt pauper, ab ingenuis tamen parentibus nata sit. Unde licere statuimus senatoribus, et quibuscunque amplissimis dignitatibus præditis, ex ingenuis parentibus natas, quamvis pauperes, in matrimonium sibi accipere, nullamque inter ingenuas et opulentiores ex divitiis et opulentiore fortuna esse distantiam. Humiles verò abjectasque personas eas tantummodo mulieres esse censemus : ancillam, ancillæ filiam : libertam, libertæ filiam : scenicam, scenicæ filiam : tabernariam, tabernarii vel lenonis aut arenarii filiam ; aut eam quæ mercimoniis publicè præfuit. Ideòque hujusmodi inhibuisse nuptias senatoribus harum fœminarum, quas modò enumeravimus, æquum est.

Datum pridiè non. aprilis Constantinop. Ætio et Asterio Coss. 454.

8. *Imp. Zeno* A. *Epinico præfecto prætorio.*

Licèt quidam Ægyptiorum idcircò mortuorum fratrum sibi conjuges matrimonio copulaverint, quòd post illorum mortem mansisse virgines dicebantur, arbitrati scilicet (quod certis legum conditoribus placuit) cum corpore non convenerint, nuptias non videri re esse contractas, et hujusmodi connubia tunc temporis celebrata, firmata sunt : tamen præsenti lege sancimus, si quæ hujusmodi nuptiæ con-

Auth. extraite de la Nov. 89, chap. dernier.

On ne doit pas donner le nom de naturels aux enfans nés d'une union criminelle, ou incestueuse, ou prohibée ; ils doivent être regardés comme indignes de succéder à leur père ou d'être nourris par lui.

7. *Les empereurs Valentinien et Martien, à Palladius, préfet du prétoire.*

Nous n'entendons pas par femmes basses et abjectes, celles qui, quoique nées de parens ingénus, sont pauvres. D'où il suit qu'il est permis aux sénateurs et à ceux qui sont revêtus de grandes dignités d'épouser des femmes nées de parens ingénus, quoique pauvres, et qu'il n'y a aucune différence entre les femmes ingénues et celles qui paraissent être plus élevées, soit par les richesses, soit par leur bonheur. Nous comprenons au nombre des femmes basses et abjectes, seulement les femmes esclaves ou leurs filles, les affranchies ou leurs filles, les comédiennes ou leurs filles, les cabaretières ou la fille d'un cabaretier, de celui qui tient un lieu de prostitution ou d'un gladiateur, ou celles qui ont exercé publiquement un commerce de marchandises. C'est pourquoi il convient que le mariage entre les sénateurs et les sortes de personnes dont nous venons de parler soit prohibé.

Fait la veille des nones d'avril, à Constantinople, Ætius et Astérius, consuls. 454.

8. *L'emp. Zénon à Epinicus, préfet du prétoire.*

Quoique quelques Egyptiens aient épousé les femmes de leurs frères décédés, sous le prétexte qu'elles étaient encore vierges lorsque leurs maris sont morts, croyant (ce que quelques législateurs ont admis) qu'il n'avait existé entre ces femmes et leurs maris aucun commerce corporel, et que par conséquent il n'y avait pas eu réellement de mariage contracté ; quoique, dis-je, ces sortes de mariages célébrés dans cette circonstance soient valables, cependant nous ordonnons par cette présente loi, que s'il a été contracté un mariage de cette sorte, que la femme, ainsi que le mari et les enfans qui en sont nés, soient soumis aux dispositions des lois anciennes ; et qu'il soit regardé comme nul et non susceptible d'être validé, malgré l'exemple des Égyptiens dont nous venons de parler.

9. *L'empereur Anastase à Sévérien, préfet du prétoire.*

Que tous ceux qui vivent sous notre empire sachent qu'il leur est défendu de se livrer à des unions incestueuses : car nous déclarons nuls et abrogeons tous les rescrits, pragmatiques sanctions et constitutions impies qui, dans un tems de tyrannie, ont permis à certaines personnes d'appeler du nom de mariage une union criminelle, comme celles entre l'oncle et la nièce, le beau-frère et la belle-sœur et autres de cette sorte ; de peur que, par une dissimulation coupable, de tels crimes ne se multiplient.

TITRE VI.

De la prohibition du mariage entre la pupille et son tuteur ou son curateur, ou leurs fils.

1. *Les empereurs Sévère et Antonin à Marinus.*

IL ne faut pas que l'autorité du sénatus-consulte, qui interdit avec juste raison le mariage entre la pupille et son tuteur, soit éludée sous le prétexte de la rusticité et de l'ignorance.

2. *L'empereur Alexandre à Byrrhus.*

Il n'est point défendu à la mère de la pupille de contracter mariage avec le tuteur de sa fille ou avec le fils de ce dernier.

3. *Le même empereur à Rogatien.*

Exposant que votre père, dans un tems où, d'après ce que vous dites, vous n'étiez point sous sa puissance, a été désigné pour être le curateur de la femme que

---

9. *Imp. Anastasius A. Severiano præfecto prætorio.*

Ab incestis nuptiis universi qui nostro reguntur imperio, noverint temperandum. Nam rescripta quoque omnia, vel pragmaticas formas, aut constitutiones impias, quæ quibusdam personis tyrannidis tempore permiserunt scelesto contubernio nomen matrimonii imponere, ut fratris filiam, vel sororis, vel eam quæ cum fratre quondam nuptiali jure habitaverat, uxorem legitimam turpissimo consortio liceret amplecti, aut ut alia hujusmodi committerentur, viribus carere decernimus : ne dissimulatione culpabili nefanda licentia corroboretur.

TITULUS VI.

De interdicto matrimonio inter pupillam et tutorem seu curatorem, filiosque eorum.

1. *Impp. Severus et Antoninus AA. Marino.*

SENATUSCONSULTI auctoritatem, quo inter pupillam et tutoris filium connubium saluberrime sublatum est, circumveniri rusticitatis et imperitiæ velamentis non oportet.

2. *Imp. Alexander A. Byrrho.*

Mater pupillæ cum tutore filiæ suæ, vel filio tutoris nuptias contrahere non prohibetur.

3. *Idem A. Rogatiano.*

Cùm proponas ei, quam matrimonio tuo junctam suggeris, post liberos susceptos curatorem patrem tuum datum, quèm contendis nec te in potestate habuisse : cùm

27.

rité contractum matrimonium ex postfacto vitiari non potuerit : justam interpretationem metuere non debes, ne liberi quos habetis, non ex justo matrimonio suscepti videantur. Ut autem omnis scrupulus auferatur, insistere pater tuus debet, necnon et uxor tua, ut alius loco ejus detur. Habebit enim facultatem repetendæ rationis negotiorum gestorum ab eo qui fuerit substitutus.

vous avez épousée et dont vous aviez déjà reçu des enfans avant que votre père fût désigné pour être son curateur, le mariage ayant été contracté légalement, il n'a pu être vicié par un fait postérieur. Vous ne devez donc point craindre que, si on interprète justement la loi, vos enfans ne soient censés nés d'un légitime mariage. Pour ôter toute difficulté à cet égard, votre père, ainsi que votre femme, doivent insister à ce qu'on nomme un autre curateur : car votre femme aura de même la faculté d'exiger les comptes d'administration de celui qui sera substitué à la place de votre père.

4. *Imp. Philippus A. Higinæ.*

Libertinum, qui filio suo naturali, quem in servitute susceperat, posteà manumisso pupillam suam, eandemque patroni sui filiam, in matrimonio collocavit : ad sententiam amplissimi ordinis, qui hujusmodi nuptiis interdicendum putavit, pertinere, dubitari non oportet.

4. *L'empereur Philippe à Higina.*

Il ne faut point douter que l'affranchi qui a marié sa pupille, qui est en même tems la fille de son patron, à son fils né dans la servitude, mais qui a depuis été affranchi, ne soit soumis aux dispositions du sénatus-consulte qui a prohibé de tels mariages.

5. *Imp. Philippus A. et Philippus Cæs. Apuleio.*

Curatorem adulto suo filiam suam nuptui collocare non posse, falsò tibi persuasum est.

5. *L'empereur Philippe et le César Philippe à Apulée.*

On vous a faussement persuadé qu'un curateur ne pouvait marier sa fille avec son pupille.

6. *Impp. Valerianus et Gallienus AA. Lucio.*

Si patris tui pupillam, nondum reddita tutelæ ratione, vel post redditam, nondum exacto quinto et vicesimo anno, necnon utili anno, uxorem duxisti : nec matrimonium cum ea habuisse, nec filium ex hujusmodi conjunctione procreasse videri potes. Sanè si hoc pater puellæ, cùm decederet, postulavit : et nuptiæ rité contractæ, et filius videtur jure susceptus.

6. *Les empereurs Valérien et Gallien à Lucius.*

Si vous avez épousé la pupille de votre père avant que le compte de tutelle eût été rendu, ou s'il a été rendu avant que la pupille ait eu ses vingt-cinq ans accomplis, ou avant l'expiration de l'année utile, vous ne pouvez être censé avoir contracté mariage avec elle, ni avoir reçu d'un tel mariage des enfans. Mais si le père de la jeune fille a demandé ce mariage à l'époque de sa mort, et s'il a été contracté légalement, vous serez censé avoir reçu un fils légitime de ce mariage.

7. *Impp. Diocletianus et Maximianus AA. et CC. Paragonio.*

Si tutor vel curator pupillam vel adultam quondam suam sibi vel filio suo nullo divino impetrato beneficio in matrimonio collocaverit : manet infamia contra eum, veluti confessum de tutela ; quia hujusmodi conjunctione fraudem administrationis tegere laboravit, et dos data per condictio-

7. *Les empereurs Dioclétien et Maximien, et les Césars, à Paragonius.*

Si un tuteur ou un curateur s'est, sans avoir obtenu un rescrit qui le lui permit, marié avec celle qui a été sa pupille, qu'il l'a mariée à son fils, qu'il soit couvert d'infamie, comme redevable par suite de l'administration de la tutelle ; parce que, par une union de cette sorte, il a cherché à couvrir la fraude de son administration ; c'est pourquoi la dot qui a été donnée peut être répétée par l'action condictionnelle.

8. *Les empereurs Léon et Anthémius à Erythrius, préfet du prétoire.*

Si quelqu'un se donnant faussement pour tuteur ou curateur, a administré les affaires de la pupille en cette qualité, et l'a prise elle-même pour sa femme ou l'a mariée à son fils, nous ordonnons que de tels mariages soient valables et qu'ils ne soient point annullés à l'exemple de ceux des tuteurs ; afin que les mariages de cette sorte ou les enfans qui en sont nés, ou la dot qui a été donnée ou promise à cette occasion, ne souffrent quelque dommage ou ne deviennent l'objet de quelque calomnie.

nem repeti potest.

8. *Impp. Leo et Anthemius AA. Erythrio præfecto prætorio.*

Si quis tutoris vel curatoris nomine usurpato, id est pro tutore seu curatore negotiorumve gestore res pupillæ administraverit, eamque sibi filiove copulaverit : tales nuptias stare, et non ad exemplum tutorum infirmari sancimus : ne ex hujusmodi subtili vel maligno tractatu matrimonia, seu proles ex his progenita, vel dos super his data vel promissa, aliquam læsionem vel calumniam patiantur.

TITRE VII.

De celui qui étant revêtu de quelque dignité, et de ses officiers qui ont tenté de se marier avec une personne soumise à leur juridiction.

1. *Les empereurs Gratien, Valentinien et Théodose à Théodore, préfet du prétoire.*

Si quelqu'un, revêtu d'un pouvoir ordinaire ou de tout autre, est surpris employant ou est convaincu d'avoir employé l'autorité que lui fournissait sa dignité et de fortes menaces pour parvenir à épouser, malgré elle ou ses parens, une pupille ou une fille dépendante de la puissance paternelle, ou une veuve *sui juris* ou non, ou enfin une femme quel que soit son état ; nous arrêtons, quoique le mariage dont il s'agit ne soit pas prohibé par les lois, cependant à cause d'un tel attentat, qu'il soit tenu d'une amende de dix livres d'or ; et comme, par une conduite de cette sorte, il s'est éloigné des voies de l'honneur, nous le dépouillons de la dignité dont il est revêtu ; et si, refusant de se soumettre à ces dispositions, il prétend, nonobstant ces dé-

TITULUS VII.

Si quacunque præditus potestate, vel ad eum pertinentes, ad suppositarum jurisdictioni suæ adspirare tentaverit nuptias.

1. *Impppp. Gratianus, Valentinus et Theodosus AAA. Theodoro præfecto prætorio.*

Si quis ordinaria vel qualibet præditus potestate, circa nuptias invitis ipsis vel parentibus earum contrahendas (sive pupillæ, sive apud patrem virgines, sive viduæ erunt, sive sui juris viduæ, denique cujuscunque sortis) occasione potestatis utatur, et minacem fervorem suum invitis iis quorum utilitas agitur, exhibere aut exhibuisse detegatur : hunc, licèt prohibitas nuptias non peregerit, attamen pro tali conamine multæ librarum auri decem obnoxium statuimus ; et cùm honorem ambierit, peractam dignitatem usurpare prohibemus, tali scilicet pœna, ut si circa honorem eum quo malè usus est, vindicandum, nostris statutis parere noluerit : eam provinciam in qua sibi usurpaverit, habitare per juge biennium non sinatur. Illo videlicet adjiciendo, ut et in potestate adhuc constituto, liceat personæ quam hujusmodi ambitu circumvenire tentaverit , confestim contestatione proposita, cum sua suorumque domo jurisdictionem ejus evitare : curaturis hoc uniuscujusque civitatis defensoribus , et ejusdem judicis apparitoribus. Et quidem si hæc privatas ordinarii judicis erit, universa domus ejus ratio, atque omnia vel civilia vel criminalia negotia , quamdiù idem in administratione fuerit, vicario competant. Sin autem vicarius, vel similis potestatis, vim in hujusmodi matrimonio contrahendo molietur : vicissim ordinarius judex intercessor existat. Sin autem erunt utrique suspecti : ad illustrem præfecturam specialiter talium domorum , quamdiù ibidem administraverint , tuitio pertineat.

Datum 15 calend. maii , Thessalonicæ, Gratiano A. II. et Theodoso A. I. Coss. 380.

fenses , exercer la dignité dont il a abusé, et dont pour ce motif nous l'avons privé, qu'il lui soit interdit pendant deux ans continus d'habiter la province dans laquelle il était employé ; ajoutant de plus qu'il est permis à la femme qui est l'objet d'une telle violence , de porter plainte aussitôt et de décliner, elle et ses parens, la juridiction du magistrat qui abuse de son autorité à son égard. L'exécution de la présente est confiée aux soins des défenseurs de chaque ville, ainsi qu'à ceux de leurs appariteurs. En conséquence, lorsque le juge ordinaire sera accusé d'une telle violence, que toutes les affaires civiles ou criminelles concernant celle qui est l'objet de la violence ou sa famille, soient, tant que le même juge exercera les mêmes fonctions, portées devant son suppléant. Mais si c'est le suppléant ou tout autre d'un égal pouvoir qui a entrepris d'employer la violence pour parvenir à contracter un pareil mariage, que la plainte contre cette violence soit portée devant le juge ordinaire. S'ils sont l'un et l'autre suspects, que la défense de telles familles, tant que les mêmes magistrats administreront la province, appartienne à l'illustre préfecture.

Fait le 15 des cal. de mai, à Thessalonique , sous le deuxième cons. de l'emp. Gratien et le premier de l'emp. Théodose. 380.

TITULUS VIII.

De nuptiœ ex rescripto petantur.

1. *Impp. Honorius et Theodosus AA. Theodoro præfecto prætorio.*

QUIDAM vetusti juris ordine prætermisso , obreptione precum nuptias, quas se intelligunt non mereri, à nobis existimant postulandas, sæpe habere puellæ consensum confingentes. Quapropter tale sponsalium genus præsentis legis definitione prohibemus. Si quis igitur contra hanc definitionem nuptias precum subreptione meruerit : amissionem bonorum , et

TITRE VIII.

Du mariage contracté en vertu d'un rescrit.

1. *Les empereurs Honorius et Théodose à Théodore, préfet du prétoire.*

QUELQUES personnes , au mépris des dispositions de l'ancien droit, se permettent, par une requête mensongère , de nous demander l'autorisation de contracter un mariage qu'ils n'ignorent pas leur être interdit, feignant souvent d'avoir le consentement de la femme avec laquelle ils désirent s'unir. C'est pourquoi nous prohibons par la présente loi les mariages de cette sorte. Si quelqu'un donc obtient contre les dispositions de cette loi par l'effet d'une requête mensongère, la permission de contracter un tel mariage, qu'il soit condamné à la perte de ses biens et à la déportation ; et que le mariage qu'il aurait obtenu la permission de contracter, en employant des moyens prohibés, étant dissout, il soit censé n'avoir reçu aucun enfant légitime de cette union, ni aucune dispense, le rescrit ou l'annotation ne produisant aucun effet. Sont exceptés de ces dispositions les rescrits obtenus au sujet d'un mariage promis par les parens de la femme, ou qui ont pour objet la restitution, conformément aux lois, de ce qui a été donné à titre d'arrhes à cause des fiançailles, ainsi que la peine convenue.

Fait pendant les cal. de février, sous le huitième cons. de l'emp. Honorius et le troisième de l'emp. Théodose. 409.

2. *L'emp. Zénon à Basilius, préfet du prétoire.*

Nous prohibons de nouveau absolument le mariage criminel entre l'oncle et la nièce, défendu déjà par les constitutions impériales sous des peines très-sévères. Nous défendons en outre qu'à l'avenir on nous supplie au sujet d'un mariage de cette sorte, ou plutôt d'un tel fléau, afin que chacun sache que quand même depuis la publication de cette loi il l'obtiendrait, par une exposition mensongère, l'autorisation de contracter un tel mariage, dont la seule demande même est prohibée, cette autorisation ne doit avoir nul effet.

TITRE IX.

Des secondes noces.

1. *Les empereurs Gratien, Valentinien et Théodose à Eutrope, préfet du prétoire.*

QUE la femme qui, passant trop précipitamment à de secondes noces, n'a pas observé le deuil dû à son premier mari, encourre, en vertu du droit très-connu qui existe à cet égard, l'infamie ; qu'en outre

pœnam deportationis subiturum se esse non ambigat : et amisso jure matrimonii, quod prohibita usurpatione meruerit, filios se ex hac conjunctione susceptos justos non habiturum, nec unquam postulatæ indulgentiæ adnotationisve indulto efficacem se veniæ effectum meruisse : exceptis iis, qui parentum sponsionem de nuptiis filiarum implere desiderant, vel sponsalia, hoc est arrharum data nomine, reddi sibi præcepto legum cum statuta pœna deposcunt.

Datum calend. februariis, Honorio VIII. et Theodosio III. AA. Coss. 409.

2. *Imp. Zeno A. Basilio præfecto prætorio.*

Nefandissimum scelus fratris sororisve filiæ nuptiarum, quod sacratissimis constitutionibus sub gravissimæ pœnæ interminatione damnatum est, iterato præsentis divinæ sanctionis tenore modis omnibus prohibemus. Precandi quoque in posterum super tali conjugio (imò potiùs contagio) cunctis licentiam denegamus, ut unusquisque cognoscat impetrationem quoque rei cujus est denegata petitio, nec si per subreptionem post hanc diem obtinuerit, sibimet profuturam.

TITULUS IX.

De secundis nuptiis.

1. *Imppp. Gratianus, Valentinus et Theodosus AAA. Eutropio præfecto prætorio.*

SI qua mulier nequaquam luctus religionem priori viro nuptiarum festinatione præstiterit, ex jure quidem notissimo sit infamis : præterea secundo viro ultra tertiam partem bonorum in dotem non det :

neque ei ex testamento plus quàm tertiam partem relinquat. Omnium præterea hereditatum, legatorum, fideicommissorum, suprema voluntate relictorum, mortis causa donationum sit expers. Hæc namque omnia ab heredibus, vel coheredibus, aut ab intestato succedentibus vindicari jubemus : ne in his, in quibus correctionem morum induximus, fisci videamur habere rationem. His etiam amittendis, quæ prior maritus ei suprema voluntate reliquerit : quanquam hæc quæ mulieri à priore viro relinquuntur, et per immaturum matrimonium vacuata esse cœperunt : primò à decem personis edicto prætoris enumeratis, id est ascendentibus et descendentibus, ex latere autem usque ad secundum gradum (scilicet gradibus servatis) deinde præsumi à fisco jubemus. Eandem quoque mulierem infamem redditam, hereditates ab intestato, vel legitimas, vel honorarias, non ultra tertium gradum sinimus vindicare.

Proposit. 15 calend. januarii, Gratiano V. et Theodoso A. Coss. 380.

In authent. Nov. 22, cap. 40, et Nov. 54, cap. 2.

Eisdem pœnis subjicitur etiam ea quæ parit intra luctus tempus, si modò indubitatum sit sobolem hanc ex defuncto non existere : nam et usufructu antenuptialis donationis privatur. Item et ea, quæ suscepta liberorum tutela, contra sacramentum, secundò nubit, non priùs tutorem petens, et rationem reddens, et exolvens omne quicquid debet. Sed hodie ulteriore jure sacramentum ab ea non exigitur, sed contractis nuptiis à tutela repellitur.

elle ne puisse donner à son second mari en dot au-delà de la troisième partie de ses biens, non plus que par testament ; qu'elle n'ait au surplus aucun droit sur les hérédités, les legs ou les fidéicommis à elle laissés par dernière volonté ou par donation à cause de mort : car nous ordonnons que ces droits soient revendiqués par les cohéritiers ou les héritiers testamentaires ou *ab intestat* du testateur ; afin qu'il ne paraisse pas que dans ce que nous faisons pour l'avantage des mœurs publiques, nous ayons en vue l'enrichissement du fisc. Elle doit être encore privée de ce que son premier mari lui a laissé par dernière volonté. Quoique les choses qui lui ont été laissées par son premier mari soient constituées biens vacans par l'effet de son mariage prématuré, nous les attribuons cependant d'abord aux dix parens désignés dans l'édit du préteur, c'est-à-dire aux ascendans, descendans et collatéraux jusqu'au deuxième degré, en observant que le degré le plus proche doit exclure l'autre ; et faute de parens à ces degrés, nous ordonnons que ces biens appartiennent au fisc. Nous privons la même femme qui a encouru l'infamie par une telle conduite, de tous droits qui pourraient lui échoir par suite d'un degré au-delà du troisième degré de parenté, sur des successions *ab intestat*, légitimes ou honoraires.

Fait le 15 des cal. de janvier, sous le cinquième cons. de l'emp. Gratien et le premier de l'emper. Théodose. 380.

Authentique extraite de la Novelle 22, chap. 40, et de la Novelle 34, chap. 2.

La même peine doit être appliquée à celle qui enfante dans le tems du deuil, s'il est constant que cet accouchement ne provienne point des œuvres du défunt : car elle doit être privée de l'usufruit de la donation *ante nuptias*. Il en est de même de celle qui ayant accepté la tutelle de ses enfans, a passé, au mépris de son serment, à de secondes noces, et n'a point préalablement demandé un tuteur qui la remplace, rendu ses comptes de l'administration tutélaire et payé tout ce qu'elle doit par suite de ces comptes. Mais aujourd'hui par un droit postérieur, on n'exige point de

de la femme qui accepte la tutelle de ses
enfans, le serment qu'elle ne passera point
à de secondes noces pendant la durée de
la tutelle; mais elle perd la tutelle en passant à de secondes noces.

2. *Les mêmes emper. à Eutrope, préfet
du prétoire.*

Que la femme qui ayant perdu son
mari, a passé à de secondes noces dans
l'année qui a suivi l'époque de la mort
de son premier mari, soit couverte d'op-
probres, et privée de droit des honneurs
dus aux personnes respectables et de distinction, et qu'elle perde tout ce qui lui
est parvenu des biens de son premier mari,
ou par droit de fiançailles, ou par la volonté du défunt. Nous n'avons ajouté que
le bref délai de deux mois à celui de dix
fixés par les anciens, pendant lequel une
femme ne pouvait passer à des secondes
noces, quoique ce tems, avec l'addition
que nous lui avons faite, nous paraisse encore très-court.

Fait à Constantinople, le 3 des cal. de
juin, sous le consul. d'Euchérius et de
Syagrius. 381.

3. *Les mêmes empereurs à Théodore,
préfet du prétoire.*

Que les femmes qui ayant reçu des enfans d'un premier mariage, passent après
le tems du deuil à de secondes noces,
transmettent à ces enfans, intact et tel
qu'elles l'ont reçu, tout ce qui leur est
parvenu des biens de leur premier mari
lors des fiançailles ou de la célébration
du mariage, ou par donation à cause de
mort, ou directement par testament, ou
à titre de fidéicommis, de legs ou de toute
autre libéralité provenant toutefois des
biens de leurs premiers maris ; elles peuvent cependant transmettre tous ces biens
à l'un seulement, quel qu'il soit, de ces
enfans (pourvu néanmoins qu'il soit un
de ceux que nous déclarons seuls capables
de venir à une telle succession), à celui
que la mère, en considération de ses
mérites, jugera digne d'une telle libéralité. Que ces mêmes femmes ne se permettent nullement d'aliéner quelque chose
qui provienne des biens de leurs premiers
maris, en faveur d'une personne étrangère, ou des enfans nés du second ma-

Tome II.

2. *Iidem AAA. Eutropio præfecto
prætorio.*

Si qua ex fœminis perdito marito, intra
anni spatium alteri festinaverit nubere
(parvum enim tempus post decem menses
servandum adjicimus, tametsi idipsum
exiguum putemus) probrosis inusta notis,
honestioris nobilisque personæ decore et
jure privetur, atque omnia quæ de prioris mariti bonis, vel jure sponsalium, vel
judicio defuncti conjugis consecuta fuerat,
amittat.

Datam 3 calend. jun., Constantinopoli,
Eucherio et Syagrio Coss. 381.

3. *Iidem AAA. Theodoro præfecto
prætorio.*

Fœminæ, quæ susceptis ex priore matrimonio filiis, ad secundas post tempus
luctui statutum transierint nuptias : quicquid ex facultatibus priorum maritorum
sponsalium jure, quicquid etiam nuptiarum solemnitate perceperint, aut quicquid
mortis causa donationibus factis, aut testamento jure directo, aut fideicommissi
vel legati titulo, vel cujuslibet munificæ
liberalitatis præmio, ex bonis (ut dictum
est) priorum maritorum fuerint assecutæ :
id totum ita ut perceperint, integrum ad
filios, quos ex præcedente conjugio habuerint, transmittant ; vel ad quemlibet
ex filiis (dummodo ex his tantùm sit, quos
tali successione dignissimos judicamus) in
quem contemplatione meritorum liberalitatis suæ judicium mater crediderit diri-
gendum. Nec quicquam eædem fœminæ
ex iisdem facultatibus alienandum in quamlibet extraneam personam, vel successionem ex alterius matrimonii conjunctione
susceptam præsumant : atque habeant potestatem possidendi tantùm atque fruendi

28

in diem vitæ, non etiam alienandi facultate concessa. Nam si quid ex iisdem rebus in alium quemlibet fuerit ab ea translatum, ex maternis redintegrabitur facultatibus : quò illibata ad eos quos statuimus liberos bona et incorrupta perveniant.

§. 1. Illud etiam addimus huic legi, ut si aliquis ex eisdem filiis quos ex priore matrimonio susceptos esse constabit, fortè decesserit, matre jam secundis nuptiis funestata, aliis etiam ex eodem matrimonio progenitis liberis superstitibus : id quod per eandem successionem ab intestato vel ex testamento suæ posteritatis mater videbitur consecuta, in diem vitæ suæ pro sibi debita portione sola tantùm possessione delata, omne iis qui supersunt ex priore susceptis matrimonio filiis relinquat : nec super istiusmodi facultatibus testandi in quamlibet extraneam personam, vel quicquam alienandi habeat potestatem. Quòd si nullam ex priore matrimonio habuerit successionem, vel natus nativè decesserint : omne quod quoquo modo perceperit, pleno proprietatis jure obtineat, atque in iis nanciscendi dominii, et testandi circa quem voluerit, liberam habeat facultatem.

Datum 6 calend. jun., Constantinopoli, Antonio et Syagrio Coss. 382.

In authent. Nov. 22, cap. 23.

In donatione propter nuptias, etiam si alius pro viro dederit, deserit eam proprietas.

In authent. Nov. cap. 25.

Lucrem hoc æqualiter inter liberos lege distribuitur, non arbitrio parentis permittitur.

In authent. Nov. 22, cap. 46, et Nov. 2, cap. ..

Ex testamento quidem succedit mater liberis suis quæ convolavit ad secundas nuptias, sicut institutus quilibet. Ab in-

riage; qu'elles aient seulement le droit de posséder ou de jouir de ces choses pendant toute leur vie, mais non celui de les aliéner : car si quelque chose de ces biens est transféré par la mère à qui que ce soit, il sera remplacé avec ses propres biens, afin que tous ces biens parviennent intacts aux enfans auxquels nous les avons accordés.

§. 1. Nous ajoutons encore à cette loi, que si quelqu'un des enfans qu'il conste être né du premier mariage, est décédé après que la mère s'est souillée par de secondes noces, et qu'il en reste d'autres vivans provenus du même mariage, la mère doit laisser à ces derniers tout ce qui peut lui être revenu *ab intestat* ou par testament de la succession de son enfant, n'ayant pour elle-même à titre de la portion qui lui est due que la possession de ces biens durant toute sa vie, et ne peut nullement en disposer pour le tout ou pour une partie, par testament, en faveur d'une personne étrangère. Mais s'il n'est provenu aucun enfant du premier mariage, ou si tous ceux qui en étaient nés sont morts, que la femme, quoique convolée à de secondes noces, ait la pleine propriété de tous les biens dont il a été fait mention ci-dessus, et la libre faculté de les aliéner et d'en disposer par testament en faveur de qui bon lui semblera.

Fait à Constantinople, le 6 des cal. de juin, sous le cons. d'Antonius et de Syagrius. 382.

Authentique extraite de la Nov. 22, chap. 23.

La femme n'a point la propriété de la donation *propter nuptias*, quand même la donation aurait été faite pour le mari par une autre personne.

Auth. extraite de la même Nov., chap. 25.

Ce gain doit être distribué par portions égales entre tous les enfans, et il ne doit pas être permis à la mère d'en faire entr'eux la distribution à sa volonté.

Authentique extraite de la Nov. 22, chap. 46, et de la Nov. 2, chap. 3.

La mère qui a convolé à de secondes noces succède à ses enfans en vertu de leurs testamens, comme tout autre héritier institué. Elle succède de même *ab intestat*, soit qu'elle ait passé à de secondes noces avant ou après la mort de celui de ses enfans à qui elle succède. Mais dans la succession *ab intestat*, elle n'a que l'usufruit des biens que l'enfant décédé tenait de son père. Quant à ce qui concerne la donation *ante nuptias*, il en est des biens qu'elle comprend comme des autres dont il a été fait mention dans la loi précédente ; mais on doit toujours prendre en considération l'ingratitude de la mère comme celle des frères.

Authentique extraite de la Nov. 2, chap. 2, et de la Nov. 22, chap. 26.

Mais si quelqu'un d'entr'eux prédécède sans postérité, la mère a la propriété de la partie des biens qu'il laisse, fixée par le pacte convenu pour le cas de la non naissance ou la mort des enfans. La partie restante appartient aux héritiers, quels qu'ils soient, du défunt. Si la mère a aliéné quelque chose de ces biens, cette aliénation ne sera valable que jusqu'à concurrence de la portion qui revient à la mère, et dont nous venons de parler. Si la mère est unique héritière de son fils, elle a la propriété du tout ; et si elle fait quelque aliénation de ces biens, elle est valable pour la totalité.

4. *Les empereurs Honorius et Théodose, à Marinus, préfet du prétoire.*

Nous avons déjà disposé par des lois précédentes, que les biens de la mère doivent appartenir en entier à ses enfans ; cependant quant à ce qui concerne les biens que la mère a acquis par les libéralités d'un premier mari, que les enfans seulement nés de ce dernier sachent qu'ils peuvent les revendiquer spécialement comme faisant partie du patrimoine de leur père. C'est pourquoi si une femme ayant déjà des enfans d'un premier mariage, a convolé à de secondes noces, que les enfans nés du second mariage aient pour le tout les libéralités que leur mère a reçues de son second mari à titre de fiançailles ; peu importe pour les enfans du premier mariage, que leur mère ne soit point passée à de troisièmes noces. S'il n'est provenu aucun enfant du second mariage, que la femme sache que

testato quoque vocatur, sive ante mortem filii, sive postea secundas ineat nuptias. Sed ab intestato eorum solum usumfructum percipit, quæ ex paterna substantia ad filium pervenerunt. Quantum verò ad ante nuptialem donationem pertinet, erit similiter ut in residuis, omninò ingratitudine, et hìc contra matrem fratresque inspecta.

In authent. Nov. 2, cap. 2, et Nov. 22, cap. 26.

Sed et si quis ex his præmoriatur absque progenie : redit ad matrem dominium quantum acquiritur ex pacto non exis'entium liberorum : residuum autem conceditur quibuslibet defuncti heredibus. Si quid ergo ex his alienaverit : pro suprascripta portione confirmatur alienatio. Quare si sola heres extiterit : in solidum ad ipsa redit, vel alienationem sequitur.

4. *Impp. Honorius et Theodosus AA. Marino præfecto prætorio.*

Cum aliis sanctionibus jusserimus materna bona integra ad liberos pervenire : quod tamen mulier mariti largitate percepit, id ex eo tantùm liberi conjugio procreati, sibi speciale tanquam paternum noverint patrimonium vindicandum. Itaque si habens filios ad secundas nuptias fortasse transierit : sponsalitiam largitatem, quam vir secundus contulit in uxorem, tantummodò filii, qui ex secundo matrimonio suscepti sunt, pro soliditate possideant ; nec prosit liberis ex priore suscepti matrimonio, quòd mulier ad tertia minimè vota migraverit. Quòd si posterior vir sine liberis ex eodem matrimonio susceptis decesserit : quicquid ab eo ex sponsalium largitate uxor fuerit consecuta, id sibi jurique suo sciat esse collatum, etiamsi ex priore matrimonio donator filios reliquisse doceatur. Ad ma-

28*

ternas sanè veniens vel ex hoc vel ex quolibet alio titulo facultates omnis posteritas,
ex quocumque suscepta viro, pro debita
sibi portione ut à matre, vel spontanea
largitate, vel per testamentum ejus fuerit
collata, possideat. Nos enim hac lege id
præcipuè custodiendum esse decernimus,
ut ex quocumque conjugio suscepti filii,
patrum suorum sponsalitias retineant facultates.

Datum 5 non. novembris, Ravennæ,
Honorio XIII. et Theodoso X. AA. Coss.
422.

5. *Impp. Theodosus et Valentinianus* AA.
Florentio præfecto prætorio.

Generaliter censemus, quocumque casu
constitutiones ante hanc legem mulierem
liberis communibus, morte mariti matrimonio dissoluto, quæ de bonis mariti ad
eam devoluta sunt, servare sanxerunt :
iisdem casibus maritum quoque, quæ de
bonis mulieris ad eum devoluta sunt, morte
mulieris matrimonio dissoluto, communibus liberis servare. Nec interest, si alter
pro marito donationem ante nuptias, vel
pro muliere dotem crediderit offerendam.
Hoc observari præcepimus, licèt res ante
nuptias donatæ (ut adsolet fieri) in dotem
à muliere redigantur. Dominium autem
rerum, quæ liberis per hujus legis vel
præteritarum constitutionum auctoritatem
servantur, ad liberos pertinere decernimus.
Itaque, defuncto eo, qui eas liberis ser-
vabat, extantes ab omni posse sore liberi
vindicabunt, consumptas vero ab heredibus ejus exigent, qui eas servare debuerat. Alienandi sanè vel obligandi suo nomine eas res quæ liberis servari præceptæ
sunt eis qui reservaturi sunt, adempta
licentia est. Negotia verò liberorum patri
utiliter administrare concedimus. Divi-
dendi quoque res inter eos liberos ipsis
parentibus pro suo arbitrio, vel eligendi
quem voluerint, licentiam non denegamus.

tous les biens compris dans les libéralités
à cause de fiançailles qui lui ont été faites
par son second mari, lui appartiennent
en toute propriété, quand même il serait
prouvé que ce dernier les a laissés aux
enfans nés du premier mariage. Quant
à ce qui regarde les biens maternels, que
les enfans, de quelque mariage qu'ils soient
provenus, aient des biens de leur mère,
à quelque titre qu'elle les ait acquis, pour
la portion qui leur est due, ce qu'elle leur
a donné à titre de donation, ou ce qu'elle
leur a laissé par son testament. Car l'objet
principal de cette loi se rapporte à ce
que les enfans provenus de différens mariages, aient exclusivement les libéralités
à cause de fiançailles faites par leurs pères.

Fait à Ravennes, le 5 des nones de
novembre, sous le treizième consul. de
l'emp. Honorius et le dixième de l'emp
Théodose. 422.

5. *Les emper. Théodose et Valentinien
à Florentius, préfet du prétoire.*

Nous ordonnons généralement que dans
tous les cas où les constitutions antérieures à cette loi, disposent que la femme
sera tenue de conserver aux enfans communs, lorsque le mariage a été dissout
par la mort du mari, les biens qui lui sont
parvenus de la part de ce dernier, ces
dispositions soient applicables au mari à
l'égard des enfans communs, lorsque le
mariage se trouve dissout par le prédécès
de la femme. Peu importe que quelqu'un
autre ait fait pour le mari la donation
ante nuptias, ou la dot pour la femme.
Ces dispositions ne doivent pas avoir moins
lieu, quoique les biens compris dans la
donation *ante nuptias* aient été apportés,
ce qui se fait ordinairement, à titre de dot
au mari par la femme. Nous ordonnons
que la propriété des choses qui, d'après
cette loi et les constitutions antérieures,
doivent être réservées aux enfans, leur
appartienne. C'est pourquoi celui qui leur
avait conservé ces choses étant mort, ils
peuvent révendiquer de tout possesseur
celles de ces choses qui existent encore, et
exiger des héritiers de celui qui devait les
leur conserver, la valeur de celles qui ont
été consommées. Il est défendu à celui qui
est tenu de réserver ces choses de les alié-

ner ou de les obliger en son nom. Nous accordons néanmoins au père le droit d'administrer utilement les affaires de ses enfans. Les père et mère peuvent encore diviser à leur gré ces biens entre leurs enfans, préférer même celui d'entre eux qu'ils voudront.

§. 1. Dans le cas où le père ou la mère, lorsque le mariage ayant été dissout par la mort de l'un ou de l'autre, le survivant passe à de secondes noces, sont obligés de conserver aux enfans communs les biens du défunt, nous ordonnons que si les enfans n'acceptent point l'hérédité de leur père ou de leur mère décédés, il leur soit permis de revendiquer les gains que le dernier décédé d'entre ces derniers a reçu en mariage de son époux, pourvu cependant qu'ils acceptent sa succession ; afin que ce qui a été introduit en faveur des enfans, ne tourne pas dans certains cas à leur désavantage.

*Authentique extraite de la Novelle 22,
chap. 23, 16.*

Les gains nuptiaux doivent appartenir aux enfans, quoiqu'ils ne soient pas héritiers de leur père ou de leur mère ou d'aucun d'eux, à moins cependant qu'ils ne fussent ingrats, et que l'ingratitude ne fût prouvée.

Fin de l'authentique.

Suit le texte du Code.

§. 2. Nous avons cru devoir encore ajouter à cette loi, en considération de l'humanité, que dans le cas où le mariage étant dissout par la mort de l'un des époux, le survivant ne convole point à de secondes noces, il soit permis aux enfans communs de recevoir à la mort de ce dernier, les choses qu'il avait reçues en gains nuptiaux de son époux prédécédé, dans le seul cas, cependant où elles n'auraient pas été consommées ou aliénées : car il est certain que le veuf ou la veuve qui ne convolent point à de secondes noces, jouissent de leurs gains nuptiaux en pleine propriété.

§. 1. In his autem casibus, in quibus res, ut paternas, mater liberis communibus servare præcepta est : hoc est, ubi morte mariti matrimonio dissoluto, mulier ad alias nuptias pervenerit ; vel ubi res ut maternas patrem liberis communibus servare censuimus : hoc est, ubi morte mulieris matrimonio dissoluto, vir ad alias nuptias venerit : si hereditatem ejus parentis qui prior mortuus est, non adierint liberi : licebit eis, tanquam ejus tantùm res fuerint, qui posterior moritur, eas sibimet vindicare ; scilicèt si ejus qui posterior moritur, hereditatem crediderint adeundam : ne quod favore liberorum inductum est, quibusdam casibus ad læsionem eorum videatur inventum.

In authent. Nov. 22, cap. 23, 16.

Hæ res lucro cedunt liberis, licèt heredes non sint patris, aut matris, aut utriusque, nisi fuerint ingrati, et probetur ingratitudo.

Finis authenticæ.

Sequitur textus Codicis.

§. 2. Illud etiam humanis sensibus huic legi credidimus inserendum, ut eo quoque casu quo lucratur, vel mulier res quæ ad eam à marito perveniunt, vel maritus eas quæ ex bonis mulieris ad eum transeunt : hoc est, ubi primum matrimonium alterius morte dissolvitur, nec superstes ad secundas nuptias pervenit : si res vel maritus, vel uxor, hoc est qui superstes est, non consumpserit, vel alienaverit (quod eis ad secundas nuptias non venientibus, quasi rerum dominis concessum esse non dubium est) liberis liceat res à patre profectas, ut paternas : à matre, ut maternas accipere.

In authent. Nov. 98, cap. 1.

Uxore mortua, quod vir ex dote lucratur, filiis communibus omnimodò reservatur quantum ad proprietatem, usufructu patri concesso. Idem est ex parte mulieris, si lucretur ex sponsalitia largitate. Item si aliter matrimonium solvatur, super iisdem lucris loquitur hæc eadem constitutio.

In authent. Nov. 127, cap. 3.

Si tamen abstineat mater à secundis nuptiis, habebit et ipsa proprietatis portionem pro numero liberorum. Idem in patre obtinet, et in omnibus ascendentibus à secundis nuptiis abstinentibus.

6. *Impp. Leo et Anthemius* AA. *Erythrio præfecto prætorio.*

Hac edictali lege in perpetuum valitura sancimus, si ex priore matrimonio procreatis liberis, pater materve ad secunda vel tertia, aut alterius repetiti matrimonii vota migraverit : non sit ei licitum novercæ vel vitrico, testamento, vel sine scriptura, seu codicillis, hereditatis jure, sive legati, sive fideicommissi titulo plus relinquere: nec dotis, aut ante nuptias donationis nomine, seu mortis causa habita donatione conferre, nec inter vivos conscribendis donationibus (quæ etsi constante matrimonio civili jure interdictæ sint, morte tamen donatoris ex certis causis confirmari solent, quàm filio vel filiæ, si unus vel una extiterit. Quòd si plures liberi fuerint : singulis æquas partes habentibus, minimè plus quàm ad unumquemque eorum pervenerit, ad eorum liceat vitricum novercamve transferri. Sin autem non æquis portionibus ad eosdem liberos commemoratæ transierint facultates : tunc quoque non liceat plus eorum novercæ vel vitrico testamento relinquere, vel donare, seu dotis, vel ante nuptias donationis titulo conferre, quàm filius vel filia habet, cui minor portio ultima voluntate derelicta vel data fuerit, aut do-

Authentique extraite de la Novelle 98, chapitre 1.

Que le mari, la femme étant prédécédée, ne jouisse absolument que de l'usufruit des biens qui lui sont parvenus de sa femme à titre de dot, et qu'il en réserve la propriété aux enfans communs. Il en est de même à l'égard de la femme, dans le cas de prédécès du mari, si elle a reçu quelque chose de son mari à titre de donation *ante nuptias :* il est parlé de ces gains dans la loi neuf de ce titre.

Authentique extraite de la Novelle 127, chapitre 3.

Si cependant la mère ne convole point à de secondes noces, elle partagera concurremment avec les enfans communs, et aura la propriété d'une portion virile. Ceci est applicable au père et à tous les ascendans qui ne convolent point à de secondes noces.

6. *Les empereurs Léon et Anthémius à Erythrius, préfet du prétoire.*

Nous ordonnons par cette loi générale, qui doit conserver son autorité à perpétuité, que si, existant des enfans d'un premier mariage, le père ou la mère convolent à de secondes ou troisièmes, etc. noces, il ne leur soit pas permis de laisser à la marâtre ou au beau-père, soit par droit héréditaire, en faisant en leur faveur un testament écrit ou non écrit, ou un codicille, soit à titre de legs ou de fidéicommis, soit à titre de dot ou de donation *ante nuptias*, ou à cause de mort ou entre vifs (quoique ces dernières donations soient interdites entre les époux durant le mariage, cependant il arrive qu'ordinairement par de certains motifs, on les confirme après la mort du donateur); nous ordonnons, disons-nous, qu'il ne leur soit pas permis de laisser plus à la marâtre ou au beau-père qu'à l'enfant unique né du premier mariage, quel que soit son sexe. Si existant plusieurs enfans, ils ont tous une part égale, qu'il ne leur soit pas permis de transférer à la marâtre ou au beau-père une portion plus considérable que celle qui est parvenue à chacun des enfans ; mais si ces enfans n'ont pas obtenu

ces biens par portions égales, qu'il ne leur soit pas permis de laisser par testament, de donner ou de conférer à titre de dot ou de donation *ante nuptias*, à la marâtre ou au beau-père, une portion de ces biens plus grande que celle qu'a reçue par testament ou donation, le fils ou la fille qui a eu la plus petite portion (laquelle cependant ne peut être moindre que la légitime due aux enfans en vertu des lois, et qu'on ne peut diminuer en aucune manière, excepté pour les causes qui excluent la querelle de l'inofficiosité). Nous ordonnons que ces dispositions soient également appliquées à l'aïeul et à l'aïeule, au bisaïeul et à la bisaïeule, au petit-fils et à la petite-fille, à l'arrière-petit-fils et l'arrière-petite-fille, soit qu'ils soient sous la puissance paternelle ou émancipés; la distinction des lignes paternelle ou maternelle n'est ici d'aucune considération. Or, s'il a été laissé ou donné à la marâtre ou au beau-père plus que ce que par les dispositions précédentes nous leur permettons de recevoir, nous ordonnons que la partie excédant la quantité permise, soit censée non écrite, et par conséquent non laissée ni donnée, et qu'elle appartienne aux enfans pour être divisée entre eux. Nous interdisons toute manœuvre pour éluder cette loi, comme l'interposition de personnes ou tout autre moyen qui tendrait à de vues contraires à la présente loi.

§. 1. Aux dispositions précédentes, nous ajoutons encore que la femme dans les cas où elle tenue, d'après les dispositions des lois, de conserver aux enfans communs, comme biens paternels, les donations *ante nuptias* et les autres choses qu'elle tient de son mari, c'est-à-dire, lorsque le mariage etant dissout par la mort du mari, elle a convolé à de seconde noces, ne doit jouir que de l'usufruit pendant toute sa vie des choses immobiliaires, des esclaves, ainsi que des *annones* publiques, qu'elle a acquises au titre désigné ci-dessus, et qu'elle ne peut en aucune manière les aliéner; quant aux choses mobiliaires, nous ordonnons qu'après qu'il en aura été fait une juste estimation : ita tamen, ut quarta pars quæ iisdem liberis debetur ex legibus, nullo modo minuatur ; nisi ex iis causis quæ de inofficioso excludunt querelam. Quam observationem in personis etiam avi vel aviæ, proavi et proaviæ, nepotum vel neptium, item pronepotum et proneptium, sive in potestate, sive emancipati emancipatæve sint, ex paterna vel materna linea venientibus, custodiri censemus. Sin verò plus quàm statutum est, aliquid novercæ vel vitrico relictum, vel donatum aut datum fuerit : id quod plus relictum, vel donatum aut datum fuerit : tanquam non scriptum neque derelictum, vel donatum aut datum sit, ad personas deferri liberorum, et inter eas dividi jubemus : omni circumscriptione, si qua per interpositam personam, vel alio quocumque modo fuerit excogitata, cessante.

§. 1. His illud adjungimus, ut mulier in his casibus, in quibus ante nuptias donationes, cæteras etiam res à marito ad se devolutas, secundùm priorum legum statuta liberis communibus, ut paternas, servare compellitur : hoc est, ubi morte mariti matrimonio dissoluto, ad alias nuptias venerit : immobilium rerum et mancipiorum, annonarum quoque civilium usufructu duntaxat vitæ suæ temporibus potiatur, alienatione earum penitus interdicta. Mobilium verò rerum, justis pretiis æstimatione habita per eos quos utraque pars elegerit arbitros judicaturos, interposito sacramento, simili modo usumfructum habeat, si idoneam fidejussionem præbuerit, quòd easdem res mobiles, vel earum pretium filiis et filiabus ex eodem matrimonio procreatis, vel post mortem eorum nepotibus et neptibus omnibus, sive ex iisdem liberis procreatis, sive uno unáve superstite mori contigerit : secundùm legum modum restituat, vel certè si fidejussiones idoneas præstare distulerit, aut nequiverit : prædictæ res mobiles nondum matri á liberis traditæ, apud eosdem manebunt. Solutæ verò eidem matri, vel ab eadem detentæ, restituentur liberis; si tamen ab his fidejussio idonea matri fuerit oblata, qua caveri debet, quòd eidem superstiti pro usufructu earumdem rerum mobilium, vel pretio quo taxatæ sunt, usurarum nomine centesimæ partem tertiam annuis quibuscunque temporibus præstare non differant : ita tamen, ut in eadem fidejussione hoc quoque caveatur, quòd à filiis filiabusve, vel ex his progenitis liberis (si ante eandem matrem omnes eos obire contigerit) omnes res prædictæ mobiles secundùm legum moderationem matri, ut ad eumdem luctuosum lucrum redeat, restituantur. Erit itaque licitum utrilibet parti, quæ fidejussionem præbuerit, si sibi commodum esse perspexerit, his rebus mobilibus uti frui, easdemque dare mutuo, vel obligare, vel vendere, ut ex his maximè liberi acquirentes possint materno affectui sine suo incommodo deservire. Sin autem utraque pars prædictam fidejussionem dissimulaverit, aut fortè offerre nequiverit : eædem res apud mulierem usque in diem vitæ suæ manebunt.

mation par des arbitres, qui doivent être élus avec le consentement de l'une et de l'autre des parties, et dont la nomination doit être suivie de la formalité du serment, la femme en ait également l'usufruit, pourvu toutefois qu'elle fournisse une caution convenable qu'elle les restituera ou le prix auquel elles ont été évaluées d'après les dispositions des lois, aux fils et aux filles issus du mariage avec celui de qui proviennent ces biens, ou soit qu'ils soient tous morts, ou seulement quelques-uns, aux enfans qu'ils ont laissés, qui représentent leur père. Mais si elle refuse ou ne peut fournir une caution convenable, que ces choses mobiliaires, si les enfans ne les ont pas encore livrées à leur mère, restent chez eux; si elles ont été livrées, ou si autrement elles se trouvent en la possession de la mère, qu'elles soient restituées aux enfans. Si cependant les enfans offrent à leur mère une caution convenable de lui payer annuellement, pour lui tenir lieu de l'usufruit de ces choses mobiliaires, les intérêts à trois pour cent du prix auquel elles ont été évaluées, qu'ils ne cessent en aucun tems de les lui fournir. Il faut que cette même caution fournie par les enfans ait aussi pour objet de garantir, que, dans le cas où la mère survivrait à tous ses enfans provenus du premier mariage et à leur postérité, les choses mobiliaires dont nous venons de parler lui soient, d'après les dispositions des lois, restituées; en sorte que cette succession, qui est le fruit du malheur, lui retourne. Il sera également permis à l'une ou à l'autre des parties qui aura fourni la caution, si elle croit y trouver son avantage, de jouir de ces choses mobiliaires, de les donner en prêt, de les obliger ou de les vendre, afin que les enfans sur-tout puissent par ce moyen satisfaire à la pension qu'ils sont tenus de desservir à leur mère, sans qu'ils en éprouvent du désavantage; mais si l'une et l'autre des parties ont refusé ou n'ont pu fournir la caution dont il est question ci-dessus, ces choses mobiliaires resteront chez la mère tant qu'elle vivra.

In   *Authentique*

Authentique extraite de la Novelle 22, Chapitres 4 et 45.

Si l'objet de la donation *ante nuptias* est une certaine somme en or, la mère ne peut exiger cet or, mais demander qu'il soit fourni une caution qui garantisse que les intérêts en seront payés : à moins qu'on ne trouve cet or dans la succession du père, ainsi que les autres choses comprises dans la donation *ante nuptias*.

Fin de l'authentique.

In authent. Nov. 22, cap. 4 et 45.

Sed si aurum fuerit in donatione propter nuptias scriptum : cautio usurarum exponitur, non autem aurum exigitur : nisi forté viri substantia habeat aurum, et caetera quae scripta fuere.

Finis authenticæ.

Suit le texte du Code.

§. 2. Tous les biens que la femme a reçus de son mari, ainsi que tous ceux qui lui sont propres, présens ou à venir, sont obligés à ses enfans issus de son premier mariage comme par droit de gage ou d'hypothèque, en garantie de la donation *ante nuptias* et autres biens qui lui sont parvenus de la part de son mari défunt, à compter du jour où elle les a reçus. C'est pourquoi, si quelqu'un a passé un contrat, quel qu'il soit, avec une femme qui a convolé à de secondes noces, après qu'elle a eu reçu de ses enfans, par la tradition, les biens qui, comme nous venons de le dire, lui sont parvenus de la fortune de son premier mari, ou si le cas arrive depuis qu'elle en est la détentrice, qu'il ne puisse user de son droit d'hypothèque que postérieurement aux enfans issus de son premier mariage, ainsi qu'à ses petits-fils ou petites-filles provenus de ces derniers, qui doivent être préférés à tous autres créanciers.

§. 3. Si conservant l'affection qu'ils doivent à leurs enfans, le père ou la mère ne veulent point passer à de secondes noces, ils ne seront point empêchés, soit le mari, soit c'est la femme qui est prédécédée, à l'égard des biens qui lui sont parvenus de la fortune de cette dernière ; soit la femme, dans le cas où elle survit à son mari, à l'égard des biens qu'elle a reçus de ce dernier, d'en user à leur volonté, de les vendre, de les aliéner à quelque titre que ce soit, ou enfin de les obliger par droit de gage ou d'hypothèque, si c'est leur volonté ; parce qu'ils en ont la pleine propriété. Cependant si ces mêmes biens existent encore

Tome II.

Sequitur textus Codicis.

§. 2. Omnibus videlicet iisdem maritalibus facultatibus, his etiam quas habet habiturave est, tanquam si jure pignoris vel hypothecæ suppositæ sint, super eadem ante nuptias donatione, vel rebus aliis ad eam ex mariti substantia devolutis, ex eo die, quo eædem res ad eam pervenerint, liberis obligatis : ut si quis post traditas matri, vel detentas ab ea res (si ita contigerit) contractum aliquem cum eadem muliere inierit, quae se repetitis nuptiis copulaverit : in vindicandis iisdem suppositis rebus posteriores habeantur : liberis qui ex eodem matrimonio procreati sunt, et nepotibus neptibusque, qui ex iisdem liberis geniti sunt, sine dubio praeponendis.

§. 3. Sin veró liberorum suorum affectione servata, pater materve ad alias nuptias migrare noluerit : neque vir iis, quae de bonis uxoris ad se transeunt ; neque mulier rebus, quae ex substantia mariti ad se pervenerunt, pro suo arbitrio uti, vel eas vendere, aut quocunque jure vel modo alienare, vel pignoris jure seu hypothecæ (si voluerint) obligare, utpote domini earum, prohibebuntur. Extantes autem prædictas res, si non fuerint alienatæ, vel consumptæ, vel suppositæ : licebit liberis vindicare, etiam non adeuntibus hereditatem parentum.

Datum 2 calend. martias, Martiano et Zenone Coss. 469.

29

7. *Imp. Zen o* A. *Sebastiano præfecto*
prætorio.

In quibus casibus pater dotem, mater
ante nuptias donationem, vel alias res ad
se ex altera parte devolutas, filiis utriusque sexus servare præcepti sunt : si quem
ex filiis vel filiabus ante patris, vel matris
obitum mori contigerit (sive ante secundas nuptias, sive posteâ) filio vel filia,
nepote aut nepte, vel pluribus, patre suo
adhuc vivo, vel matre superstite, derelictis : portionem, quæ defuncto filio vel
filiæ debebatur, vel lucrum ex ea, non ad
fratres vel sorores mortui, sed ad filios
ejus, vel filias, vel nepotes utriusque sexus,
aut pronepotes, avis vel proavis superstitibus, pervenire decernimus : eligendi videlicet, quos voluerint ex liberis superstitibus, non adempta licentia.

Datum calend. mart., Ello V. C. Coss.
478.

---

8. *Imp. Justinianus* A. *Mennæ præfecto*
prætorio.

Si quis prioris matrimonii filiorum ante
secundas nuptias patris vel matris mortuus
fuerit, filiis à se, vel nepotibus vel pronepotibus relictis : partem ejus non ad fratres, vel si nullus alius frater, vel soror
sit, ad patrem vel matrem ejus pervenire,
sed ad filios, vel nepotes, vel pronepotes
ejusdem mortuæ personæ, sancimus : ut
sive unus, sive plures sint, eam tantummodo partem vindicare possint, quæ mortuo competiit.

---

après leur mort et n'ont été aliénés, ni
consommés, ni engagés, il sera permis
aux enfans de les revendiquer, quand
même ils n'accepteraient point leur succession.

Fait le 2 des cal. de mars, sous le
consul. de Martien et de Zénon. 469.

7. *L'empereur Zénon à Sébastien, préfet*
du prétoire.

Dans certains cas, le père est obligé
de conserver la dot, la mère de conserver la donation *ante nuptias* et autres
choses que les époux ont reçu l'un de
l'autre, aux enfans communs quel que soit
leur sexe. S'il arrive que quelqu'un de
ces fils ou de ces filles meure avant le
père ou la mère, avant ou après que les secondes noces ont eu lieu, en laissant un fils
ou une fille, un petit-fils ou une petite-
fille, ou une postérité plus nombreuse, lequel qu'il soit de leur père ou de leur mère
qui soit mort, nous ordonnons que la portion qui était due au fils ou à la fille défunts,
appartienne non aux frères ou aux sœurs
du défunt, mais à ses fils et filles, ou
à ses petits-enfans ou à ses arrière-petits-
enfans, ou enfin à ses aïeux ou bisaïeux
qui lui survivent. Le père ou la mère
dont nous venons de parler, qui à cause
de leur convol à de secondes noces, sont
obligés de laisser à leurs enfans du premier mariage les gains nuptiaux, peuvent choisir celui de ces enfans qui bon
leur semblera pour lui conférer ces gains
nuptiaux.

Fait pendant les cal. de mars, sous le
consul. d'Ellus. 478.

8. *L'empereur Justinien à Menna, préfet*
du prétoire.

Si quelqu'un des enfans du premier
mariage meurt avant que le père ou la
mère aient convolé à de secondes noces,
en laissant lui-même des enfans, ou de
petits-enfans ou d'arrière-petits-enfans,
nous ordonnons que la portion du défunt
ne parvienne point à ses frères ou sœurs,
ou à leur défaut à ses père ou mère,
mais bien à ses enfans, ou petits-enfans
ou arrière-petits-enfans; en sorte cependant que, quel que soit leur nombre, ils
ne puissent revendiquer que la portion
qui compétait au défunt.

§. 1. Nous avons cru encore devoir disposer par une loi manifeste, que si celui ou celle qui ont eu des enfans d'un premier mariage ne convolent point à de secondes noces, ils aient la faculté d'aliéner et d'administrer comme bon leur semblera les biens compris dans leurs gains nuptiaux ; en sorte cependant que si quelque chose de ces biens n'a point été aliéné, les enfans puissent le revendiquer, quand même ils n'accepteraient pas la succession paternelle ou maternelle.

§. 2. Nous ordonnons que l'aliénation de ces mêmes biens, faite par le testament du père ou de la mère, soit en les laissant spécialement, soit par une institution générale d'héritier, soit considérée comme légitime.

Authentique extraite de la Novelle 22, chapitre 20.

Maintenant, à moins qu'ils n'aient été transférés expressément à d'autres, le père ou la mère sont présumés avoir conservés de tels gains à leurs enfans.

Fin de l'authentique.

Suit le texte du Code.

§. 3. Les enfans ont la faculté de revendiquer les gains nuptiaux acquis à leur père ou à leur mère, qui, après la dissolution du mariage par la mort de l'un d'eux, n'ont pas convolé à de secondes noces, dans le cas où ils n'auraient pas été aliénés, sans être obligés d'accepter la succession paternelle ou maternelle ; mais si l'un ou plusieurs d'entre les enfans acceptent l'hérédité, nous n'accordons en aucune manière la faculté de revendiquer les gains nuptiaux à ceux qui l'auront répudiée.

§. 4. Voulant perfectionner une loi déjà publiée, nous ordonnons qu'à l'exemple de la mère dont les biens, lorsqu'ayant des enfans d'un premier mariage, elle convole à de secondes noces, sont engagés par droit d'hypothèque aux gains nuptiaux qui lui sont parvenus de son premier mariage, lesquels elle est obligée de restituer aux enfans nés de ce premier mariage, les biens du père tant présens qu'à venir, qui ayant reçu des enfans d'un premier mariage, a convolé à de

§. 1. Illud etiam certa sanctione definire censemus, ut si quis, vel si qua ex alio matrimonio filiis procreatis, minimè ad secundas nuptias venerit : eodem modo liceat quidem genitori vel genitrici res ex priore conjugio sibi acquisitas, quomodò voluerit, alienare vel administrare. Si quæ verò earum minimè sint alienatæ, possint liberi, etiam non adeuntes paternam vel maternam hereditatem eas vindicare.

§. 2. Certum esse sancimus, quòd etiam illa de cetero videbitur earundem fuisse rerum alienatio, quæ in testamento genitoris vel genitricis, vel specialiter relinquendo, vel generaliter heredem instituendo, facta sit.

In authent. Nov. 22, cap. 20.

Nunc autem nisi expressim transponat in alios, præsumitur ipsis conservare talia lucra.

Finis authenticæ.

Sequitur textus Codicis.

§. 3. Talem verò licentiam datam filiis, ut etiam non adeuntes paternam vel maternam hereditatem, lucra vindicarent, quæ parens eorum ex matrimonio, quod secundo toro minimè mutavit, sibi acquisita non alienavit : nullo modo eis concedimus, si paternam vel maternam hereditatem ab intestato ex parte (si forté alii etiam ex anteriore matrimonio morienti parenti filii sunt) sibi acquisierint.

§. 4. In illo etiam veterem sanctionem adimplentes, præcipimus exemplo matris, cujus res post secundas nuptias filiis ex priore matrimonio in hypotheca suppositæ sunt, ad conservanda eis lucra quæ ex priore matrimonio ad eam pervenerunt : patris quoque bona, quæ habet habiturusque est, filiis ex priore matrimonio natis post secundas ejus nuptias ad ea conservanda, quæ ex eorum matre lucratus est, supposita esse. Illius etiam patris, qui in sua potestate talem liberum

29 *

vel liberos habens, maternam eis substantiam, vel ex materna linea ad eos devolu-
tam servare compellitur : bona iisdem liberis supposita esse, ad conservandas easdem maternas res, decernimus : ita tamen,
ut occasione talium hypothecarum, neque
patris neque matris administrationem filii
valeant perscrutari, vel aliquam eis movere super hoc quæstionem : cùm perspicui
sit juris, etiam si alienata fuerint eorum
bona, quæ extra memorata lucra, vel maternas res sunt, jus hypothecæ integrum
iisdem manere filiis.

Datum 5 id. decemb., DN. Justiniano
A. II. Coss. 528.

9. *Idem* A. *Mennæ præfecto
prætorio.*

Quoniam præteritæ leges omnia quæ
liberis ex priore matrimonio procreatis,
mulier quidem secundo marito, vir autem
secundæ uxori dotis vel ante nuptias donationis nomine, vel alio quocunque modo
dederit vel reliquerit, his ampliora, quæ
uni filio, vel filiæ ex anteriore matrimonio
progenitis danda sint relinquenda sunt, revocata ad solos filios vel filias ex anteriore
matrimonio natos pervenire constituerunt,
nullaque in hac parte filiorum ex secundo
matrimonio natorum mentio facta est :
hoc quoque corrigentes, omnia quæ me-
morato modo revocantur, non solùm ad
filios prioris matrimonii, sed etiam ad
eos qui ex secundis nuptiis nati fuerint,
pertinere, et in capita inter omnes divi-
denda sancimus.

§. 1. Ad hæc, lucra, quæ marito vel
uxori ex dote, vel ante nuptias donatione,

secundes noces, soient de même engagés
par droit d'hypothèque aux gains nuptiaux qu'il a reçus de sa première épouse,
et qu'il doit conserver aux enfans qui lui
sont communs avec cette dernière. Nous
ordonnons encore que les biens du père
qui a un ou plusieurs enfans sous sa puissance nés d'un premier mariage, soient
engagés aux biens maternels ou provenant de la ligne maternelle qui appartiennent à ces enfans et qu'il administre. On
ne doit pas cependant sous le prétexte
de telles hypothèques trop scruter l'administration du père ou de la mère, ni
leur chercher querelle à ce sujet ; puisqu'il est d'un droit non douteux, que
quand même ils auraient aliéné tous leurs
biens propres, les enfans conservent in-
tégralement sur ces biens le droit d'hypothèque, qui leur est acquis au sujet
des gains nuptiaux ou des biens maternels qui doivent leur être conservés.

Fait le 3 des ides de décembre, sous le
deuxième consul. de l'emp. Justinien. 528.

9. *Le même empereur à Menna, préfet
du prétoire.*

Des lois déjà promulguées établissant
que dans le cas où il existerait des enfans d'un premier mariage, la femme ou
le mari qui passent à de secondes noces
ne peuvent donner ou laisser, la mère à
son second mari, le père à sa seconde
femme, à titre de dot ou de donation
ante nuptias, ou à tout autre titre, une
portion de biens plus considérable que
celle qu'ils sont dans le dessein de donner ou de laisser à chacun de leurs enfans issus du premier mariage, et que
dans le cas où cette portion serait plus
forte, l'excédant appartiendrait à ces derniers ; ces lois ne parlant que des seuls
enfans nés du premier mariage et ne faisant nullement mention de ceux nés du second, nous ordonnons, dans le dessein de
suppléer à cette imperfection, que les dispositions dont nous venons de parler aient
lieu, non-seulement à l'égard des enfans
du premier mariage, mais encore à l'é-
gard de ceux qui sont nés du second, et que
la division soit faite entre tous par tête.

§. 1. Nous ordonnons que les dispositions décrétées au sujet des gains nup-

tiaux, lorsque le mariage étant dissout par la mort de l'un des époux, le survivant convole à de secondes noces, soient applicables au cas où le mariage étant dissout par le divorce, l'un des ci-devant époux ou tous les deux contractent un second mariage, et que par conséquent les gains que le mari ou la femme ont reçus dans ce dernier cas de la dot ou de la donation *ante nuptias*, soient conservés aux enfans du premier mariage, comme si le mariage eût été dissout par la mort de l'un des époux, et sans qu'on puisse objecter qu'il l'a été par le divorce, ou faire quelqu'autre difficulté.

Fait à Constantinople, pendant les ides d'avril, sous le consul. de Décius. 486.

Authentique extraite de la Novelle 22, chapitres 1, 19 et 27.

Maintenant cet excédant appartient aux seuls enfans nés du premier mariage ; et si quelqu'un d'entre ces derniers meurt en laissant des enfans, ils succèdent par représentation à la portion qui lui était due.

10. *Le même empereur à Démosthène, préfet du prétoire.*

D'après les dispositions manifestes des lois, les enfans ingrats doivent être, avec juste raison, exclus de la succession de leurs parens, si ces derniers se sont plaints de leur ingratitude dans leur testament, ou s'il est prouvé d'une autre manière que l'accusation d'ingratitude est conforme à la vérité. La constitution de l'empereur Léon, d'illustre mémoire, qui a pour objet les enfans nés d'un premier mariage, semble être opposée à ces dispositions : car comme cette constitution oblige le père ou la mère qui convolent à de secondes noces, de ne transférer, si c'est le père à sa seconde femme, et si c'est la mère à son second mari, que la quantité de biens qu'ils ont laissés au fils ou à la fille nés du premier mariage, qui doit avoir la plus petite portion. Cette loi était très-injuste à l'égard des pères : car les enfans sachant que dans tous les cas leurs parens ne pourraient, quand même ce ne serait pas leur volonté, s'empêcher de leur laisser autant qu'ils laisseront à leur second époux, se livraient

occasione repudii accedunt, indistincté post secundas eorum nuptias liberis ex priore conjugio procreatis, ad similitudinem matrimonii morte dissoluti, servari, nec de cætero repudii causam requiri, vel aliam in ea re exquisitionem fieri.

Datum idib. april., Constantinopoli, Decio V. C. Coss. 486.

In authent. Nov. 22, cap. 1, 19 et 27.

Ad eos solos etiam nunc pertinet : et si quis ex eis præmoritur relicta sobole, portio ejus ad eam defertur.

10. *Idem A. Demostheni præfecto prætorio.*

Cum apertissimè legibus caveatur, ingratos liberos à majorum svorum hereditate meritò esse repellendos, si hoc idem in suis elogiis conscripserint, et reverà hoc fuerit revelatum : reclamare videtur hujusmodi sanctioni divalis constitutio Leonis inclytæ recordationis, quam super filiis ex priore matrimonio procreatis conscripsit. Nam cùm necessitas est patri vel matri, qui ad secunda vota migraverit, tantum præstare per quamcumque causam secundo marito vel novercæ, quantum filio vel filiæ ex anterioribus nuptiis progenitis, qui partem minimam habiturus est, reliquerit : maxima iniquitas ex hac sanctione contra genitores efficiebatur : liberi etenim scientes, quòd omnimodò aliquid sibi à genitoribus suis etiam nolentibus relinquendum est, et tantum, quantum secundus maritus, vel noverca acceperit : omni licentia et lascivia suos genitores injuriis alliciebant. Quapropter sancimus, ingratos reverà liberos, neque hoc beneficium, quod divalis constitutio Leonis augustæ memoriæ eis præstitit, in posterum posse sibi vindicare, sed quasi ingratos ab omni hujusmodi lucro repelli. Quam observationem in personis etiam avi et aviæ, proavi et proaviæ, nepotum vel neptium, item pronepotum vel proneptium, sive in potestate, sive emancipati emancipatæve sint, ex paterna vel materna linea venientibus, custodiri censemus. Sed quemadmodum genitoribus providemus, ita et innocuam posteritatem nullis affici injuriis patimur : ut non genitores, qui sese secundis nuptiis denoverint, irrationabile odium ad priores liberos forsitan habentes, sine justa ratione eos ingratos vocare concedantur. Eos etenim liberos hujusmodi beneficio defraudari volumus, qui re ipsa ingrati circa suam antiquitatem ab heredibus genitorum liquidis et indubitatis probationibus convicti fuerint, ex hujusmodi casibus, qui anteà priscis legibus enumerati sunt.

Dat. 15 calend. octob. Chalcedone, Decio V. C. Coss. 486.

à toutes sortes d'excès injurieux à leur égard. C'est pourquoi nous ordonnons que les enfans vraiment ingrats ne puissent à l'avenir profiter des avantages qui résultaient pour eux de la constitution de l'empereur Léon[*], d'auguste mémoire; mais que, comme ingrats, ils soient privés de tous bienfaits. Nous ordonnons que ces dispositions soient également applicables à l'aïeul ou à l'aïeule, au bisaïeul ou à la bisaïeule, ainsi qu'au petit-fils ou à la petite-fille, à l'arrière-petit-fils ou à l'arrière-petite-fille, émancipés ou non, et soit qu'ils appartiennent à la ligne paternelle ou maternelle. Mais si nous protégeons les pères, nous ne souffrirons pas non plus qu'une postérité innocente soit traitée injustement. C'est pourquoi nous ne tolérerons point que des parens qui ont passé à de secondes noces, et portant peut-être une haine injuste aux enfans qu'ils ont reçus de leur premier mariage, les déclarent ingrats sans justes raisons. Notre dessein est de priver des avantages dont nous avons parlé ci-dessus, les enfans vraiment ingrats envers leurs parens et qui seront convaincus d'être tels par les héritiers de ces derniers avec le secours de preuves évidentes et indubitables, en démontrant qu'ils se trouvent dans les cas qui font déclarer l'ingratitude, qu'on trouve énumérés dans les anciennes lois.

Fait à Calcédoine, le 15 des calendes d'octobre, sous le cinquième consul. de Décius. 486.

TITULUS X.

Si secundo nupserit mulier, cui maritus usumfructum reliquit.

1. *Imppp. Valentinus, Theodosus et Arcadius AAA. ad Tatianum præfectum prætorio.*

Si usumfructum maritus rerum suarum decedens uxori reliquerit, eaque in secundas nuptias consortiumque convenerit : usumfructum, quem ex priore marito consecuta fuerit, amittat : atque eum liliis

TITRE X.

De la femme qui, ayant reçu de son premier mari un usufruit, a convolé à de secondes noces.

1. *Les empereurs Valentinien, Théodose et Arcadius à Tatien, préfet du prét.*

Si un mari ayant laissé en mourant l'usufruit de ses biens à sa femme, celle-ci a passé à de secondes noces, qu'elle perde cet usufruit, qu'elle le restitue dès le jour de son second mariage, aux enfans qu'elle a eus de son premier mari ; mais si les enfans issus du premier mariage étant encore dans la faiblesse de l'enfance, elle ne leur a pas fait donner un tuteur, et de cette manière a usurpé ce qui leur a été laissé, que tous les biens dont elle s'est emparée soient légitimement répétés, et qu'elle restitue leurs fruits respectifs, sauf les justes dépenses qu'elle peut avoir faites. Ces dispositions concernent l'usufruit que le mari, par sa dernière volonté, a constitué sur ses propres biens en faveur de sa femme. Quant à l'usufruit des choses données avant les noces, nous ordonnons qu'on observe les dispositions portées dans les constitutions antérieures sur cette matière.

Fait pendant les ides de mars, sous le deuxième consul. d'Arcadius et le premier de Rufinus. 392.

Authentique extraite de la Novelle 22, chapitre 32.

Cette loi est applicable au cas où l'usufruit a été donné ou laissé sous la condition qu'il finirait par le convol à de secondes noces, il conserve sa force, pourvu qu'il ait été donné ou laissé dans les cas permis. L'usufruit donné à titre de dot ou de donation *ante nuptias*, conformément à la loi, ne peut être révoqué par le testateur.

TITRE XI.

De la promesse et de la simple pollicitation de la dot.

1. *L'empereur Alexandre à Claudius.*

C'EST mal-à-propos que vous croyez avoir une action en demande de la dot qui vous a été promise ; parce qu'il n'a été promis aucun objet certain ni aucune quantité, sinon il conserve sa force, pourvu une dot dans le contrat de mariage.

Fait pendant les cal. d'août, sous le consul. de Pompéien et de Pélignus. 232.

2. *L'emper. Gordien à Hérodote, préfet du prétoire.*

Si votre beau-père s'est engagé de payer les intérêts de la dot qu'il vous a promise,

ex eo die, quo nupserit, mature restituat. Quòd si liberos ex priore matrimonio adhuc imbecillitas habebit infantiæ, nec muniat eos tutoris auxilium, ac per hujusmodi occasionem mater, quæ relicta fuerant, usurpaverit : omnia legitimè repetantur, et cum competentibus fructibus, ad liquidum deducta ratione restituat. Hæc de ususfructu quem vir extremam constituens voluntatem de rebus propriis uxori reliquerit. De ususfructu verò rerum ante nuptias donatarum, ea observari, quæ anteriores constitutiones decreverunt, sancimus.

Dat. id. mart. Arcadio A. II. et Rufino Coss. 392.

In authent. Nov. 22, cap. 32.

Hoc locum habet, si datus vel relictus fuerit ea lege, ut ex secundis nuptiis interiret : alioquin perseverat, sive relictus esset, sive donatus quibus casibus licuit. Sed ususfructus in dote, sive ante nuptias donatione lege permissus, non potest à testatore derogari.

TITULUS XI.

De dotis promissione, et nuda pollicitatione.

1. *Imp. Alexander A. Claudio.*

FRUSTRA existimas actionem tibi competere, quasi promissa dos tibi, nec præstita sit : cùm neque species ulla, neque quantitas promissa sit, sed hactenus nuptiali instrumento adscriptum, quòd ea, quæ nubebat, dotem dare promiserit.

PP. calend. aug. Pompeiano et Peligno Coss. 232.

2. *Imp. Gordianus A. Herodoto præfecto prætorio.*

Si pro dote promissa usuras dare socer tuus spopondit : id quod deberi ostenderis, competens judex solvi tibi præcipiet.

PP. 12 calend. septemb. Pio et Pontiano Coss. 239.

3. Idem A. Claudio.

Si quum ea, quæ tibi matrimonio copulata est, nuberet, is cujus meministi, dotem tibi non addita quantitate, sed quodcunque arbitratus fuisset, pro ea daturum se rite promisit, et interpositæ stipulationis fidem non exhibet : competentibus actionibus usus, ad repromissi emolumentum jure judiciorum pervenies. Videtur enim boni viri arbitrium stipulationi insertum esse.

PP. calend. januar. Sabino et Venusto Coss. 241.

4. Impp. Diocletianus et Maximianus AA. et CC. Rufo.

Si voluntate dotantis in dotali instrumento plura tibi tradita scripsisti, quàm suscepisti : intelligis de his quæ desunt, petendis, pactum esse consecutum.

S. non. april. AA. Coss.

5. Iidem AA. et CC. Dasumianæ.

Si pater marito tuo stipulanti promiserit dotem : non tibi, sed marito contra successores soceri competit actio.

Dat. 8 calend. decemb. AA. Coss.

6. Impp. Theodosus et Valentinus AA. Hierio præfecto prætorio.

Ad exactionem dotis, quam semel præstari placuit, qualiacunque sufficere verba censemus : sive scripta fuerint, sive non, etiam si stipulatio in pollicitatione rerum dotalium minimè fuerit subsecuta.

Dat. calend. mart. Felice et Tauro Coss. 428.

le juge compétent auquel vous prouverez ce qui vous est dû, ordonnera que vous soyez payé.

Fait le 12 des cal. de septembre, sous le consul. de Pius et de Pontien. 239.

3. Le même empereur à Claudius.

Si, lorsque vous vous mariâtes, celui dont vous faites mention dans votre requête vous promit légalement de vous donner pour votre femme une dot, sans spécifier la quantité, mais telle qu'il l'évaluerait lui-même, et n'a point depuis rempli sa promesse, vous obtiendrez en usant des actions compétentes ce qui vous a été promis : car il paraît que dans la stipulation on a voulu entendre l'arbitrage d'un homme de bien.

Fait pendant les cal. de janvier, Sabinus et Vénustus, consuls. 241.

4. Les empereurs Dioclétien et Maximien, et les Césars, à Rufus.

Si par la volonté de celui qui a fourni la dot, il a été écrit dans le contrat dotal qu'il vous a été livré une plus grande quantité que celle que vous avez réellement reçue, sachez que quant à la partie que vous n'avez pas reçue, quoiqu'il soit fait mention dans l'acte qu'elle vous a été livrée, vous pouvez la demander en vertu du pacte tacite qui résulte de l'acte même.

Fait pendant les nones d'avril, sous le consul. des empereurs nommés ci-dessus.

5. Les mêmes empereurs et Césars à Dasumiana.

Si votre père a promis une dot à votre mari stipulant, l'action en demande de cette dot ne vous compète pas, mais votre mari peut l'exercer contre les successeurs de son beau-père.

Fait le 8 des cal. de décembre, sous les mêmes consulats.

6. Les emp. Théodose et Valentinien, à Hiérius, préfet du prétoire.

Pourvu qu'il ait été convenu que la dot serait fournie, nous ordonnons que cette convention soit exécutée, quels que soient les termes dans lesquels elle est conçue : soit qu'elle soit écrite ou non, quand même cette promesse de dot n'aurait pas été suivie de la stipulation.

Fait pendant les calend. de mars, Félix et Taurus, consuls. 428.

7.

7. *L'empereur Justinien à Jean, préfet du prétoire.*

Un père donne une dot pour sa fille, ou fait une donation *ante nuptias* pour son fils, sans désigner les biens avec lesquels il forme cette dot ou cette donation. Il compose la donation qu'il fait à son fils, constitué sous la puissance paternelle ou émancipé, des biens maternels ou de biens d'une nature différente, mais dont cependant le fils ne peut acquérir la propriété, puisqu'il l'a déjà, et dont le seul usufruit appartient au père, ou enfin d'autres biens au sujet desquels le fils pouvait avoir des actions contre son père. On doutait chez les anciens, si dans ce cas, le père devait être censé avoir promis ou donné une dot ou fait une donation *ante nuptias* qui le libérassent de cette obligation paternelle, quoique cette dot ou cette donation aient été faites avec les biens qu'il devait lui-même à sa fille ou à son fils, ou si ces sortes de biens devaient être censés conserver leur première nature, et s'il résultait de la libéralité paternelle une promesse de dot ou de donation *ante nuptias*. Au sujet de cette question, les jurisconsultes se divisèrent, ils la compliquèrent même en supposant le cas où le père aurait déclaré dans le contrat dotal qu'il composait la dot ou la donation *ante nuptias*, moitié avec ses propres biens et moitié avec les biens maternels. Il résultait ensuite de ce cas, la question ou le paiement de la dot était censée faite jusqu'à concurrence de la quantité des biens paternels qui entrent dans sa composition ou pour la totalité. C'est pourquoi, décidant l'une et l'autre questions, nous ordonnons que si le père n'a rien spécifié, mais a donné ou promis simplement une dot ou une donation *ante nuptias*, cette libéralité soit censée avoir été faite de ses biens; les biens appartenans déjà à la fille ou au fils conservant leur première nature. En effet, ce ne sont pas des lois ignorées que celles qui déclarent que c'est le devoir d'un père de donner à ses enfans une dot ou une donation *ante nuptias*. C'est pourquoi qu'une telle libéralité reste ferme et valable, et que ne confondant point les mots, la libéralité et la dette du père obtiennent res-

Tome II.

7. *Imp. Justinianus A. Joanni præfecto pratorio.*

Si pater dotem pro filia simpliciter dederit, vel pro filio ante nuptias donationem fecerit, habeat autem filius, vel in potestate constitutus, vel forte emancipatus, res maternas, vel ex alio modo tales, quæ acquisitionem effugiunt, quarum ususfructus solus apud patrem remanet, vel quocunque modo poterat quasdam actiones contra patrem habere : dubitabatur apud veteres, utrumne videretur pater ex ipso debito, dotis vel ante nuptias donationis fecisse promissionem vel dationem, ut sese ab hujusmodi nexu liberaret : an debitum quidem remaneret in sua natura, liberalitas autem paterna dotem vel ante nuptias donationem dare suggessisset. Et in tali dubitatione multa pars legumlatorum sese divisit, alio etiam incremento hujusmodi quæstioni addito, si forte dixerit in instrumento dotali, ex rebus paternis et maternis dotem, vel ante nuptias donationem dare : utrùm pro dimidia parte videatur datio vel promissio facta esse, an pro rata portione utriusque substantiæ. Utranque igitur dubitationem certo fini tradentes, sancimus, si quidem nihil addendum existimaverit, sed simpliciter dotem vel ante nuptias donationem dederit, vel promiserit, ex sua liberalitate hoc fecisse intelligi, debito in sua figura remanente. Neque enim leges incognitæ sunt, quibus cautum est, omninò paternum esse officium, dotem vel ante nuptias donationem pro sua dare progenie. Liberalitas itaque talis maneat vera et irrevocabilis, ut puro nomine et liberalitas, et debitum suam sequantur fortunam. Ubi autem ex rebus tam suis, quàm maternis, vel aliis, quæ non acquiruntur, vel ex suis debitis dixerit se fecisse hujusmodi liberalitates : tunc si quidem inopia penitus tentus est, ex illis videri rebus dotem vel ante nuptias donationem esse datam, quæ ad filios vel filias pertinent. Si verò et ipse substantiam idoneam possidet : in hoc casu, quasi de suo patrimonio dotem vel ante nuptias donationem dedisse intelligatur. Poterat enim secundùm suas vires, dotem pro filia vel ante nuptias donationem pro filio dare, et consentire filiis suis, quando voluerint, par-

30

tem, vel fortè totam suam substantiam, quam habent, paternæ liberalitati pro dote, vel ante nuptias donatione aggregare : ut reverà appareat quid ipse velit dare ; et quid de substantia filiorum proficiscatur : ne dum effuso sermone sese jactet, in promptum incidat sui periculum.

Dat. calend. novemb. Lampadio et Oreste Coss. 530.

pectivement leurs effets naturels. Dans le cas où le père déclare faire ces libéralités, tant avec ses propres biens qu'avec les biens maternels ou autres qui ne peuvent être acquis, ou avec ceux dont il est redevable à ses enfans, nous ordonnons, s'il est dans une indigence absolue, que la dot ou la donation composée de ces sortes de biens, qui en partie appartiennent déjà à ses fils ou à ses filles, soient valables ; mais s'il jouit d'une fortune convenable, dans ce cas, qu'il soit censé avoir donné la dot ou la donation *ante nuptias* avec son propre patrimoine : car il aurait pu, proportionnellement à ses moyens, donner une dot pour sa fille ou une donation *ante nuptias* pour son fils, et accéder à la demande de ses enfans, en ajoutant à la libéralité paternelle faite à titre de dot ou de donation *ante nuptias*, une partie ou même tous les biens qui appartenaient déjà à ses enfans s'ils le lui demandaient ; mais en faisant en sorte qu'on connût clairement ce qu'il veut donner de ses propres biens, et ce qu'il donne des biens de ses enfans ; et ne se reposant point sur l'obscurité des expressions qui le précipitent dans un prompt péril.

Fait pendant les calend. de nov., sous le consul. de Lampadius et d'Oreste. 530.

TITULUS XII.

De jure dotium.

1. *Impp. Severus et Antoninus* AA. *Nicephoro.*

Evicta re quæ fuerat in dotem data, si pollicitatio vel promissio fuerit interposita : gener contra socerum, vel mulierem, seu heredes eorum, condictione, vel ex stipulatione agere potest. Sin autem nulla pollicitatio vel promissio intercesserit : post evictionem ejus, si quidem res æstimata fuerit, ex empto competit actio. (Sin verò hoc non est factum : si quidem bona fide eadem res in dotem data est, nulla marito competit actio.) Dolo autem dantis interposito, de dolo actio adversus eum locum habebit ; nisi à muliere dolus interpositus sit : tunc enim, ne famosa ac-

TITRE XII.

Du droit concernant les dots.

1. *Les empereurs Sévère et Antonin à Nicéphore.*

La chose qui a été donnée en dot étant évincée, le gendre, s'il est intervenu une pollicitation ou une promesse, peut actionner son beau-père ou sa femme ou leurs héritiers, par l'action condictionnelle ou celle qui résulte de la stipulation ; mais s'il n'est intervenu ni pollicitation ni promesse, il a, après l'éviction, si la chose a été estimée, l'action *ex empto*. Si aucune de ces formalités n'ayant été remplies, l'action a été donnée tout bonnement en dot, le mari n'a aucune action à exercer. S'il y a eu du dol de la part du donateur, le mari aura contre lui l'action qui résulte du dol, pourvu cependant qu'il n'y ait aucun dol du côté de la femme ; car dans ce cas, de peur qu'il ne soit donné contre elle une action déshonorante, il a l'action *in factum*.

Fait pendant les calend. d'août, sous le consul. de Mulien et de Fabien. 202.

2. *L'empereur Antonin à Alluvias.*

Si ayant été stipulé qu'une partie de la dot serait restituée, la condition à laquelle cette restitution était soumise s'est accomplie, il en résulte une action pour celui en faveur de qui la restitution doit avoir lieu. D'après ce principe, si Polla, votre sœur, a une action en demande de restitution de la moitié de la dot, résultant de ce que votre mère, dans le dessein de donner, a souffert que sa fille stipulât qu'après sa mort la moitié de la dot lui serait restituée ; elle ne doit pas craindre l'exception de dol, fondée sur ce qu'elle n'est héritière de sa mère que pour une partie moindre que la moitié ; à moins qu'il ne fût évidemment prouvé que la mère a changé depuis de volonté, qu'elle a voulu que sa fille se contentât des prélegs pour sa portion héréditaire, et exempter son second mari de cette restitution.

Fait le 3 des calendes d'août, sous le quatrième consul. de l'empereur Antonin et le premier de Balbinus. 214.

3. *L'empereur Alexandre à Euphémius.*

Quoique le père puisse exiger la restitution de la dot qu'il a donnée à sa fille, lorsque celle-ci meurt durant le mariage, cependant le mari ayant donné légalement par son testament la liberté directe et fidéicommissaire aux esclaves dotaux, le beau-père ne peut la révoquer; puisque le mari, durant le mariage, a la libre faculté d'affranchir entre vifs les esclaves dotaux.

Fait le 6 des ides de décembre, sous le consul. d'Antonin et d'Alexandre. 223.

4. *Le même empereur à Valens.*

Aucune loi n'empêche la femme de donner tous ses biens en dot à son mari.

Fait le 4 des ides de juillet, sous le deuxième consulat de Maxime et le premier d'Élien. 224.

5. *Le même empereur à Statia.*

Toutes les fois que les choses comprises

tio adversus eam detur, in factum actio competit.

PP. dat. calend. aug. Mutiano et Fabiano Coss. 202.

2. *Imp. Antoninus A. Alluviadi.*

Si stipulatio de restituenda portione dotis datæ subjecta est, conditioque ejus extitit : habet ex ea actionem is, in cujus personam utiliter concepta commissaque est. Secundùm quod si Polla soror tua de restituenda sibi parte dotis habet actionem, eò quòd mater vestra donandi animo passa est partem dimidiam dotis post obitum matris filiam stipulari : metuere non debet doli exceptionem, quòd matri suæ, quæ pactum interposuit, heres ex minore, quàm dimidia portione extitit : nisi liquidò probatum fuerit, matrem ejus mutasse dotis pacti voluntatem, contentamque esse voluisse filiam suam pro portione hereditatis prælegationibus, maritumque suum exactione liberari voluisse.

PP. dat. 3 calend. august. Antonino A. IV. et Balbino Coss. 214.

3. *Imp. Alexander A. Euphemio.*

Etsi dotis exactio, defuncta in matrimonio filia, potuisset ad patrem pervenire : dotalibus tamen servis maritus testamento directam et fideicommissam libertatem jure dedit, et præstitam revocare non debuit : cùm et inter vivos manumittendi mancipia dotalia, constante matrimonio, liberam habeat maritus facultatem.

PP. 6 id. decembr. Antonino et Alexandro Coss. 223.

4. *Idem A. Valenti.*

Nulla lege prohibitum est universa bona in dotem marito fœminam dare.

PP. 4 id. jul. Maximo II. et Æliano Coss. 224.

5. *Idem A. Statiæ.*

Quotiens res æstimatæ in dotem dan-

tur : maritus dominium consecutus, summæ velut pretii debitor efficitur. Si itaque
non convenit, ut soluto matrimonio resti-
tuerentur, et jure æstimatæ sunt, retine-
bit eas, si pecuniam tibi offerat.

Dat. 5 id. april. Alexandro A. II. et
Marcello Coss. 227.

6. *Imp. Maximinus* A. *Sulpitio.*

Avia tua, eorum quæ pro filia tua in
dotem dedit, etsi verborum obligatio non
intercessit, actionem ex fide conventionis
ad te, si heres extitisti, transmittere potuit. Nec enim eadem causa est patris et
matris paciscentium : quippe matris pactum actionem præscriptis verbis constituit, patris dotis actionem profectitiæ nomine competentem conventione simplici
minimè creditur innovare.

Dat. 5 id. februar. Maximino A. et
Africano Coss. 237.

7. *Imp. Gordianus* A. *Marco.*

Cùm à socero tuo pro uxore dos tibi
daretur, si ea in stipulationem deducta
non est sub tempore dationis, sed postea :
socer tuus tecum paciscendo, si id non ex
voluntate filiæ suæ fecit, conditionem ejus
lædere non potuit. Quandoque enim sola
de dote experiens, id pactum non debere
ad sui dispendium operari, de jure defenditur.

PP. dat. calend. octobr. Pio et Pontiano Coss. 239.

8. *Idem* A. *Agrippinæ.*

Etiam si non dotem reddi sibi mater,
sed ea quæ in dotem data sunt, ut eam
sequerentur, vel ad se pertinerent in matrimonio defuncta filia, stipulata sit : durante matrimonio filia decedente, actionem ex stipulatu videri quæsitam, æquissimum esse judicamus. Cui consequens est,
ut etiam id quod additamenti causa in dotem datum est, eadem actione repetatur.

Proposit. calend. febr. Sabino et Venusto Coss. 241.

dans la dot sont estimées, le mari en acquiert la propriété ; mais il est constitué
débiteur du prix. C'est pourquoi, s'il n'a
pas été convenu que dans le cas de dissolution du mariage elles seraient restituées,
il aura le droit, si elles ont été légalement
estimées, de les retenir, en vous offr. ut
le prix auquel elles ont été évaluées.

Fait le 3 des ides d'avril, sous le
deuxième consul. de l'emp. Alexandre
et le premier de Marcellus. 227.

6. *L'empereur Maximinus à Sulpicius.*

Votre aïeule a pu vous transmettre, si
vous avez été son héritier, l'action qui
résulte de la convention, pour les choses
qu'elle a données en dot pour votre fille,
quoique l'obligation des paroles ne soit
pas intervenue. Car il y a de la différence
entre le pacte du père et celui de la mère
au sujet de la dot. En effet, il résulte du
pacte de la mère l'action *præscriptis verbis ;*
mais celui du père ne peut changer par
une simple convention l'action de la dot
profectice.

Fait le 3 des ides de février, sous le
consul. de l'empereur Maxime, et le premier d'Africanus. 237.

7. *L'empereur Gordien à Marcus.*

Si la dot qui vous a été fournie pour
votre femme par votre beau-père, n'a pas
été accompagnée de la stipulation dès le
moment qu'elle a été donnée, mais ensuite, votre beau-père en pactisant avec
vous contre la volonté de sa fille, n'a pu
nuire à sa condition : car le droit défend
que lorsqu'elle agit au sujet de la dot elle-
même et en son propre nom, qu'il ne lui
soit porté préjudice par le pacte.

Fait pendant les calendes d'octobre,
sous le cons. de Pius et de Pontien. 239.

8. *Le même empereur à Agryppina.*

Si la mère a stipulé que dans le cas que
sa fille mourût durant le mariage, les
choses qu'elle a données en dot pour elle
lui retourneraient ou lui appartiendraient,
nous jugeons, quoique la stipulation ne
porte point en propres termes que la dot
sera rendue, que si la fille décède durant
le mariage, qu'il est très-équitable que
l'action *ex stipulatu* en demande de cette
dot soit acquise à la mère ; par conséquent
tout ce qui a été donné pour supplément à la
dot, peut être répété par la même action.

Fait pendant les cal. de fév. , sous le cons. de Sabinus et de Vénustus. 241.

9. L'emp. Décius et le César à Urbicana.

La cause de votre dot est préférable à celle du fisc, duquel par la suite votre mari est devenu le débiteur.

Fait le 6 des ides de juin, sous le cons. de l'empereur Décius et de Gratus. 251.

10. Les emper. Dioclétien et Maximien à Ingénuus.

Avouant que la dot que vous avez reçue a été estimée, il apparaît, d'après le droit commun, qu'à cause du pacte qui a accompagné la dot, il naît du contrat l'action *ex empto*. Car qui pourrait douter que vous ne deviez à votre femme l'estimation de la dot, et que les choses qui la composent ne se détériorent à vos risques et périls, et que vous ne profitiez de leurs accroissemens ?

Fait le 12 des cal. de mai, sous le second consulat de Maxime et le premier d'Aquilinus. 286.

11. Les mêmes emp. et les Césars à Séréra.

Il n'est aucun doute qu'à l'égard des choses qui, d'après ce que vous dites, ayant été données en dot, ont été ensuite enlevées, que votre mari n'ait une action.

Fait à Héraclée, le 10 des cal. de mai, sous le cons. des mêmes empereurs.

12. Les mêmes emp. et Césars à Rufina.

Le fonds acheté par votre mari ne vous est point acquis, quoiqu'il en ait payé le prix avec l'argent dotal : car le mari ne pouvant acquérir à sa femme l'action de l'achat, il en résulte que la seule action de la dot vous compète. C'est pourquoi étant allé trouver le président de la province, s'il juge que vous n'ayez pas transigé, mais que vous avez déjà reçu la plus grande partie de la dot, il pourvoira à ce que le restant vous soit restitué.

Fait le 8 des cal. de mai, à Héraclée, sous le consul. des mêmes empereurs.

13. Les mêmes emp. et Césars à Catula et à Statia.

Si votre mère a donné en dot quelque chose des biens vous appartenans à votre beau-père, qui n'ignorait point la nature de ces biens, sachez que cette donation n'est nullement valable s'il n'est intervenu ni pollicitation ni stipulation.

9. Imp. Decius A. et Cæs. Urbicanæ.

Dotis tuæ potiorem causam magis esse convenit, quàm reipublicæ, cui posteà idem maritus obnoxius factus est.

Proposit. 6 id. jun. Decio A. et Grato Coss. 251.

10. Impp. Diocletianus et Maximianus AA. Ingenuo.

Cùm dotem te æstimatam accepisse profitearis : apparet jure communi per pactum, quod doti insertum est, formato contractu, ex empto actionem esse. Quis enim dubitet æstimationem à te mulieri deberi, cùm periculo tuo res deteriores fiant, vel augmenta lucro tuo recipiantur?

Proposit. 12 calend. maii, Maximo II. et Aquilino Coss. 286.

11. Iidem AA. et CC. Severæ.

De his quæ in dotem data ac direpta commemoras, mariti tui esse actionem, nulla est dubitatio.

Dat. 10 calend. maii, Heracliæ, AA. Coss.

12. Iidem AA. et CC. Rufinæ.

Ex pecunia dotali fundus à marito tuo comparatus, non tibi quæritur : cùm neque maritus uxori actionem empti possit acquirere, et dotis tantùm actio tibi competat. Unde aditus præses provinciæ, si non te transegisse repererit, sed ex majore parte dotem consecutam, residuum restitui providebit.

Dat. 8 calend. maii, Heracliæ, AA. Coss.

13. Iidem AA. et CC. Catulæ et Statiæ.

Si à matre vestra superstite aliquid ad vos pertinens, in dotem scienti vitrico vestro datum est : intelligitis nullam firmitatem juris dationem habere, si neque pollicitatio, neque stipulatio intercessit.

Dat. prid. cal. maii, Heracliæ, AA. Coss.

14. *Iidem AA. et CC. Basilissæ.*

Neque mater pro filia dotem dare cogitur, nisi ex magna et probabili causa, vel lege specialiter expressa : neque pater de bonis uxoris suæ invitæ ullam dandi habet facultatem.

Dat. non. novemb. Philippopoli, AA. Coss.

15. *Iidem AA. et CC. Ulpiano.*

Cùm citra fidem etiam instrumentorum datam dotem aliunde probanti, post divortium quondam uxoris tuæ secundùm bonam fidem restitui debere constet : amissis etiam instrumentis, sine dubio cætera probationum indicia jure prodita, non habentur irrita.

Datum 8 calend. augusti, AA. Coss.

16. *Iidem AA. et CC. Æmilio.*

Ante divisionem soror tua intestato patri etiam ipsa succedens, pro indiviso portionem fundi communis in dotem dare non prohibetur.

Datum non. julii, CC. Coss.

17. *Iidem AA. et CC. Sabino.*

Res quas usufructu sibi deducto socrus in dotem dedit, venundando auferre tibi non potest.

Datum non. julii, CC. Coss.

18. *Iidem AA. Menestrato.*

Si socrus tua fundum deducto usufructu uxori tuæ donavit, tibique in dotem uxor quidem proprietatem, socrus autem usumfructum dedit : uxore tua rebus humanis in matrimonio exempta, fundum apud te remansisse secundùm placiti inter vos fidem, non ambigitur. Nam si acceptura certum quid annuum, filiæ suæ usumfructum locavit : mortua conductrice, ususfructus extingui minimè potuit.

Fait à Héraclée, la veille des cal. de mai, sous le consul. des mêmes empereurs.

14. *Les mêmes empereurs et Césars à Basilissa.*

Une mère ne peut être forcée de donner une dot pour sa fille, à moins qu'un grand et juste motif ne le demande, ou qu'il ne soit ordonné spécialement dans la loi. Le père non plus n'a pas la faculté de donner la dot des biens de sa femme malgré elle.

Fait à Philippeville, pendant les nones de nov. sous le consul. des mêmes emp.

15. *Les mêmes emp. et Césars à Ulpien.*

A défaut de titres écrits, démontrant par d'autres preuves que la dot a été donnée, il est constant qu'après le divorce prononcé entre vous et votre femme, la dot doit être, selon la bonne foi, restituée : car les titres étant perdus, il est certain que les autres preuves fournies légalement ne doivent pas être rejetées.

Fait le 8 des cal. d'août, sous le consul. des mêmes empereurs.

16. *Les mêmes empereurs et Césars à Emilius.*

Votre sœur succédant elle-même *ab intestat* à votre père, n'est pas empêché de donner avant le partage, en dot à son mari, la portion indivise d'un fonds commun.

Fait pendant les nones de juillet, sous le cons. des Césars.

17. *Les mêmes empereurs et Césars à Sabinus.*

Votre belle-mère, en vendant l'usufruit qu'elle s'était réservé sur les biens qu'elle vous a donnés en dot pour sa fille, ne vous porte aucun tort.

Fait pendant les nones de juillet, sous le cons. des Césars.

18. *Les mêmes empereurs et Césars à Ménestratus.*

Si votre belle-mère ayant donné à sa fille, votre femme, la nue propriété d'un fonds, se réservant l'usufruit, cette dernière ensuite vous a apporté en dot cette nue propriété, et votre belle-mère vous en a donné l'usufruit ; il est certain que votre femme étant depuis morte durant le mariage, d'après les arrangemens convenus entre vous, le fonds doit vous rester. Mais si cet usufruit a été affermé par votre belle-mère à sa fille au moyen d'une certaine redevance annuelle, l'usufruit n'a pu être éteint par la mort de la fermière.

Fait le 14 des cal. de janvier, sous le cons. des Césars.

19. *Les mêmes emp. et Césars à Achille.*

Exposant que votre beau-père, en vous donnant une dot pour sa fille, qui est votre femme, a fait le pacte que si après qu'il serait lui-même mort, sa fille mourait pendant le mariage, la moitié de la dot qu'il donne pour elle serait rendue à Amnia; que votre beau-père ayant fait par la suite son testament, Amnia avec d'autres a été instituée héritière, et qu'il lui a été ordonné par le testateur de rien exiger *ex stipulatu*, elle ne pourra exiger cette moitié de la dot, s'il n'est pas démontré qu'elle a, selon la foi du pacte, stipulé qu'elle lui serait rendue; parce qu'il ne résulte pour elle absolument aucune action du pacte d'autrui. Mais si Amnia ayant acquis l'obligation par l'effet de la stipulation, il est prouvé que le testateur vous a été favorable, vous pouvez si, après l'événement de la condition, elle demande que la stipulation obtienne son effet, lui excepter que, la falcidie déduite, elle a reçu autant de la volonté du défunt que ce qu'elle avait stipulé.

Fait le 13 des cal. de fév., sous le cons. des Césars.

20. *Les mêmes empereurs et Césars à Tibérius.*

Il est certain que le mari, en considération des charges du mariage, doit avoir la jouissance des fruits de toute la dot qu'il a perçus lui-même; et que s'il a permis à sa femme pour cause de donation de les percevoir, il peut l'actionner pour autant qu'elle en a été faite plus riche.

Fait le 5 des cal. de mai, sous le cons. des Césars.

21. *Les mêmes empereurs et Césars à Géminius.*

S'il a été interposé un pacte entre l'homme et la femme, par lequel il a été convenu que dans le cas où le mariage serait dissout, n'importe par quelle cause, dans l'espace de cinq années, les choses estimées qui ont été données en dot seraient restituées dans l'état et la même valeur

Datum 14 calend. januarii, CC. Coss.

19. *Iidem AA. et CC. Achilli.*

Cùm patrem pro filia dotem tibi dantem, si post mortem suam in matrimonio constituta rebus humanis eadem eximatur, partem dimidiam dotis Amniae reddi, pactum proponas : post verò testamento facto, cum aliis etiam Amniam heredem scripsisse, nec Amniam quicquam ex stipulatu petere vel sanxisse : si quidem hanc sibi reddi secundùm fidem pacti stipulatam Amniam non probetur, ex alieno pacto non prorsus ei ulla competit actio. Si verò ex verborum conceptione sibi Amnia quaesivit obligationem, ac tibi testatorem prospexisse probetur : contra eam ex stipulatu post eventum conditionis petentem, quatenus accepit ex defuncti voluntate, quae fuit stipulata exceptione (salva Falcidia) uti potes.

Datum 13 calend. Februarii, CC. Coss.

20. *Iidem AA. et CC. Tiberio.*

Pro oneribus matrimonii mariti lucro fructus totius dotis esse, quos ipse cepit : vel si uxori capere donationis causa permisit, eum, in quantum locupletior facta est, posse agere, manifestissimi juris est.

Datum 5 calend. maii, CC. Coss.

21. *Iidem AA. et CC. ad Geminium.*

Si inter virum et uxorem pactum sit interpositum, ut si matrimonium intra quinquennii fortè tempora quoquo modo esset dissolutum, species aestimatae doti datae, pretiis quibus aestimatae sunt, redderentur : manifestum est non pretia specierum dari, sed ipsas species debere res-

titui : cùm in placitis specierum redden-
darum idcircò pretiorum nomen videatur
adnexum, ne si species aliqua deminuta
fuisset, aut perdita, alio pretio quàm quo
taxata fuerat, reposceretur.

Datum non. augusti, Agrippinæ, CC.
Coss.

22. *Iidem* AA. *et* CC. *Libyanæ.*

Rem quam pater in dotem genero pro
filia dedit, nec recepit, alienare non potest.

Datum 5 calend. decembris, iisdem
CC. Coss.

23. *Iidem* AA. *et* CC. *Diogeni.*

Si prædium uxor tua dotale venundedit:
sponte necne contractum ratum habuerit,
nihil interest : cùm rei tibi quæsitæ dominium auferre nolenti minimè potueris.

Datum 5 calend. octobris, CC. Coss.

24. *Iidem* AA. *et* CC. *Aurelio et Lysi-
macho.*

Si dotem marito libertæ vestræ dedistis, nec eam reddi soluto matrimonio vobis incontinenti pacto vel stipulatione pros-
pexistis : hanc culpa uxoris dissoluto matrimonio, penes maritum remansisse constitit, licèt eam ingratam circa vos fuisse
ostenderitis.

Datum 6 calend. novemb., Antiochiæ,
CC. Coss.

25. *Iidem* AA. *et* CC. *Eutychiano.*

Si mulier dotem à viro dari stipuletur,
ut de ea testari possit : cùm ordinationis
testamenti cogitatio mortis antecedens tempus significet, nec conditionem, sed causam contineat : intestata quoque muliere
defuncta, stipulationem committi profi-
ciet.

Datum 5 id. novembris, Antiochiæ,
CC. Coss.

auxquels elles ont été estimées ; il est
certain que d'après ce pacte le prix ne
doit pas être donné, mais que les choses elles-mêmes doivent être restituées ;
puisqu'à cette convention, qui a pour
objet la restitution des choses, il paraît
qu'on n'a ajouté les prix qu'afin que dans
le cas où les choses souffriraient quelque
diminution ou périraient, elles ne fussent
pas demandées sous un autre prix que celui auquel elles ont été évaluées.

Fait à Agrippina, pendant les nones
d'août, sous le cons. des Césars.

22. *Les mêmes empereurs et Césars à
Libyana.*

Le gendre ne peut aliéner, durant l'existence du mariage, la chose qui lui a été
donnée par le père de sa femme en dot.

Fait le 5 des cal. de décembre, sous le
cons. des Césars.

23. *Les mêmes emp. et Césars à Diogène.*

Votre femme en vendant le fonds dotal,
n'a pu malgré vous l'aliéner, puisque la
propriété vous en est acquise ; peu importe
qu'elle ait consenti ou non au contrat d'a-
liénation.

Fait le 5 des cal. d'octobre, sous le
cons. des Césars.

24. *Les mêmes empereurs et Césars à
Aurélius et Lysimaque.*

Si ayant donné une dot au mari de votre
affranchie, vous n'êtes pas convenus aussitôt par un pacte ou par une stipulation
qu'elle vous serait restituée en cas de dissolution du mariage, il est certain que si
la dissolution du mariage arrive par la
faute de la femme, la dot doit rester chez le
mari, quand même vous prouveriez que
votre affranchie a été ingrate envers vous.

Fait à Antioche, le 6 des cal. de nov.,
sous le cons. des Césars.

25. *Les mêmes empereurs et Césars à
Eutychien.*

Si la femme a stipulé que la dot lui serait rendue par son mari, pour qu'elle
puisse en disposer par testament, comme
la pensée de la mort précède ici le tems
de l'ordination du testament, il s'ensuit
que la faculté que s'est réservée la femme
par cette stipulation, n'est pas une condition, mais seulement une cause ; c'est
pourquoi, quoiqu'elle meure *ab intestat*,
la

26.

la stipulation aura son effet, et profitera à
ses héritiers.

Fait à Antioche, le 3 des ides de nov.,
sous le cons. des Césars.

26. *Les mêmes empereurs et Césars à*
Démosthène.

Si votre père, en donnant une dot
pour sa fille, qui est votre sœur, a stipulé
qu'elle vous serait rendue à vous qui êtes
émancipé ; il a pu, s'il n'a pas depuis
changé de volonté, et si d'après les lois
vous êtes capable de recevoir une telle
libéralité, vous acquérir une action.

Fait le 6 des calend. de janv., sous
le cons. des Césars.

27. *Les mêmes empereurs et Césars à*
Pompéien.

Quoique le mari, après la mort de
sa femme, conserve la propriété de la
dot, cependant les héritiers de la femme,
et non son mari, sont tenus d'acquitter
les contributions publiques imposées sur
les choses qui composent l'hérédité.

Fait le 6 des calend. de janvier, sous
le cons. des Césars.

28. *L'empereur Zénon à Elien, préfet*
du prétoire.

Une femme mineure peut, avec l'assistance de son curateur général ou spécial,
valablement donner une dot à son mari
ou l'exiger, quand même le mari aurait
fourni, au tems de la création de la dot,
un fidéjusseur pour une somme moindre
que celle qui compose la dot. Les mêmes
dispositions sont applicables au mineur
qui fait une donation *ante nuptias*, sous
l'assistance, comme il a été dit, de son
curateur.

Fait pendant les calend. de janvier, sous
le deuxième cons. de Basilius et le premier d'Armatius. 476.

29. *L'empereur Justinien à Menna,*
préfet du prétoire.

Lorsque pendant le mariage, le mari
se trouvant réduit à l'indigence, sa femme
veut prendre des mesures pour éviter
d'y tomber elle-même, et en conséquence
avoir en sa possession les choses de son
mari qui lui sont engagées à cause de
la dot, de la donation *ante nuptias* et
autres biens qui ne font pas partie de
la dot, nous lui fournissons, non-seule-

Tome II.

26. *Iidem AA. et CC. Demostheni.*

Si genero dotem dando pro filia, pater
communis eam reddi tibi extraneo constituto stipulatus est : nec sibi cessante voluntate, nec tibi prohibente jure, quærere
potuit actionem.

Datum 6 calend. januarii, ipsis CC. et
Coss.

27. *Iidem AA. et CC. Pompeiano.*

Licèt dos jure penes maritum remanse-
rit : pro rebus tamen hereditariis successores, non maritus quondam, solemnibus
pensitationibus parere debent.

Sancit. 6 calend. januarii, CC. Coss.

28. *Imp. Zeno A. Æliano præfecto*
prætorio.

Mulier in minori ætate constituta, dotem marito, consentiente generali vel speciali curatore, rectè dare et exigere potest :
licèt ipse tempore creationis fidejussorem
in minorem quàm dos est quantitatem dicitur præstitisse. Hoc idem observatur et
si minor ante nuptias donationem consentiente (ut dictum est) curatore, fecerit.

Datum calend. januarii, Basilio II. et
Armatio Coss. 476.

29. *Imp. Justinianus A. Mennæ præfecto*
prætorio.

Ubi adhuc matrimonio constituto maritus ad inopiam sit deductus, et mulier
sibi prospicere velit, resque sibi suppositas pro dote, et ante nuptias donatione
rebusque extra dotem constitutis tenere :
non tantùm mariti res ei tenenti, et super
his et judicium vocatæ, exceptionis præ-
sidium ad expellendum ab hypotheca secundum creditorem præstamus : sed etiam

31

si ipsa contra detentatores rerum ad maritum suum pertinentium, super iisdem hypothecis aliquam actionem secundùm legum distinctionem moveat, non obesse ei matrimonium adhuc constitutum sancimus : sed ita eam posse easdem res vindicare vel à creditoribus posterioribus, vel ab aliis qui non potiora jura legibus habere noscuntur, ut potuisset si matrimonium eo modo dissolutum esset, quo dotis et ante nuptias donationis exactio ei competere poterat : ita tamen, ut eadem mulier nullam habeat licentiam eas res alienandi vivente marito, et matrimonio inter eos constituto : sed fructibus earum ad sustentationem tam sui, quàm mariti, filiorumque, si quos habet, utatur : creditoribus scilicèt mariti contra eum ejusque res, si quas posteà forte acquisierit, integra sua jura habentibus : ipsis etiam marito et uxore post matrimonii dissolutionem super dote et ante nuptias donatione, pro dotalium instrumentorum tenore, integro suo jure potituris.

Datum 5 id. decembris, DN. Justiniano A. II. Coss. 528.

In authent. Nov. 97, *cap.* 6.
Donationem quoque propter nuptias in hoc casu constante matrimonio vindicare potest.

50. *Idem* A. *Demostheni præfecto prætorio.*

In rebus dotalibus, sive mobilibus, sive immobilibus, seu se moventibus (si tamen extant) sive æstimatæ, sive inæstimatæ sint, mulierem in his vindicandis omnem habere post dissolutum matrimonium prærogativam jubemus : et neminem creditorum mariti, qui anteriores sunt, posse sibi potiorem causam in his per hypothecam vindicare, cùm eædem res et ab initio uxoris fuerint, et naturaliter in ejus permanserint dominio. Non enim quòd

ment, si elle détient ces biens de son mari et étant à ce sujet poursuivie par les créanciers, une exception propre à . . pulser en droit hypothécaire le second créancier ; mais encore si elle - même exerce au sujet de ces biens qui lui sont hypothéqués quelqu'action , conformément aux lois, nous ordonnons qu'on ne puisse pas lui opposer l'existence du mariage, et qu'elle puisse revendiquer ces mêmes biens des créanciers postérieurs ou des autres, dont, d'après les lois, la cause ne sera pas préférable à la sienne, tout comme si le mariage eût été dissout, auquel cas on peut exiger la dot et la donation *ante nuptias.* Nous imposons cependant dans ce cas l'obligation à la femme de ne rien aliéner de ces choses du vivant de son mari et tant que le mariage existe entr'eux. Mais qu'elle emploie les fruits qu'elle en retirera tant à son propre entretien qu'à celui de son mari, ou de leurs enfans s'ils en ont. Nous conservons aux créanciers leurs droits dans leur intégrité, contre le mari ou ses biens, si par la suite il en acquiert, ainsi qu'au mari et à la femme en cas de dissolution du mariage, au sujet de la dot et de la donation *ante nuptias,* conformément à leurs conventions matrimoniales.

Fait le 5 des ides de décemb., sous le deuxième cons. de l'emper. Justinien. 528.

Authent. extraite de la Nov. 97, *chap.* 6.
La femme peut aussi dans ce cas, durant le mariage, revendiquer la donation *propter nuptias.*

50. *Le même empereur à Démosthène, préfet du prétoire.*

Nous ordonnons qu'à l'égard des biens dotaux, meubles ou immeubles, ou se mouvant d'elles-mêmes, si cependant elles existent, estimés ou non estimés, la femme en les revendiquant après la dissolution du mariage, ait les priviléges les plus étendus, et qu'aucun des créanciers du mari, quoique antérieur, ne puisse revendiquer la préférence à l'égard de ces biens; parce qu'ils ont appartenu dans l'origine à la femme, et qu'elle en a conservé naturellement la propriété. Car la vérité n'est point détruite ni obscurcie par la subtilité des lois qui supposent qu'elles passent dans le patrimoine du mari. C'est pourquoi nous voulons qu'elle ait l'action *in rem* sur ces choses, comme lui étant propres, et une action hypothécaire préférable à toutes celles des autres créanciers ; afin que, soit que la femme soit censée avoir ces biens par le droit naturel, soit que d'après la subtilité des lois on les considère comme étant entrés dans le patrimoine du mari, elle jouisse pleinement, pour obtenir ses droits, des deux actions *in rem* et hypothécaire. Que toutes exceptions de tems, comme l'usucapion, la prescription de dix ou de vingt ans, de trente ou de quarante ans, ou toute autre prescription plus longue ou plus courte, puissent être opposées aux femmes dès le tems où elles commencent à pouvoir exercer leurs actions. Ces prescriptions peuvent courir contre les femmes unies à des maris opulens, dès l'époque de la dissolution du mariage ; quant aux autres unies à des maris pauvres, à qui il arrivera d'éprouver le malheur de voir leurs biens prescrits, il a été déjà réglé, en considération de l'humanité, par une autre loi, qu'elles peuvent exercer leurs droits hypothécaires sur les biens de leurs maris. Nous prohibons toutes feintes de divorce dans les cas dont il est parlé dans cette loi.

Récitée sept fois dans le nouveau consistoire du palais de Justinien, le 3 des cal. de novemb., sous le cons. de Darius. 539.

31. *Le même empereur à Julien, préfet du prétoire.*

Certaines personnes donnaient des dots à des femmes lors de leur mariage, comme les mères ou autres parens maternels ou même des étrangers. Les maris en les recevant, n'étaient pas obligés de les faire insinuer. Or, comme il arrivait que la femme en stipulait le retour dans un certain cas, si ce cas fortuit qu'on avait prévu avait lieu, la femme elle-même était obligée, la donation étant censée nulle à cause de la non insinuation, de rendre dans ce cas ses actions à celui ou celle

legum subtilitate transitus earum in patrimonium mariti videatur fieri, ideò rei veritas deleta vel confusa est. Volumus itaque eam in rem actionem, in hujusmodi rebus quasi propriis habere, et hypothecariam omnibus anteriorem possidere : ut sive ex naturali jure ejusdem mulieris res esse intelligantur, sive secundùm legum subtilitatem ad mariti substantiam pervenisse videantur : per utramque viam, sive in rem, sive hypothecariam, ei plenissimâ consulatur. Omnis autem temporalis exceptio, sive per usucapionem inducta, sive per decem, sive per viginti annorum curricula, sive per triginta vel quadraginta annorum metas, sive ex alio quocumque tempore majore vel minore sit introducta : ea mulieribus ex eo tempore opponatur, ex quo possint actiones movere, id est opulentis quidem maritis constituti post dissolutum matrimonium : minùs autem idoneis, ex quo hoc infortunium eis illatum esse claruerit : cùm constante etiam matrimonio posse mulieres contra maritorum parum idoneorum bona hypothecas suas exercere, jam nostra lege humanitatis intuitu definitum sit : ficti divortii falsa dissimulatione in hujusmodi causa, quam nostra lex amplexa est, stirpitus eruenda.

Recitata septies in novo consistorio palatii Justiniani. Datum 3 calend. novembris, Decio V. C. Coss. 539.

31. *Idem* A. *Juliano præfecto prætorio.*

Cùm quidam dotes pro mulieribus dabant, sive matres, sive alii cognati, sive extranei : rectè quidem eas mariti sine monumentorum observatione suscipiebant. Cùm autem mulier redhibitionem casus stipulabatur, et hujusmodi fortuitus casus evenisset : ipsa mulier, utpote à se non facta donatione, propter hoc quòd monumenta deerant, necessitatem habebat actiones in hujusmodi casu ad eum qui dotem dedit, per cessionem transferre, vel ipsas res reddere : et ita inveniebatur for-

31 *

sitan post prolixa matrimonii annorum curricula, et liberos forté editos, infelix mulier indotata. Sancimus itaque in omnibus hujusmodi casibus, nullis monumentis rem indigere, sed in omni persona ratas esse hujusmodi donationes, et mulierem ipsam dotem suam habere (cùm fortuitus casus hoc lucrum ei addiderit) et firmiter hoc apud eam permanere : nisi ipse qui ab initio dotem dedit, sibi dari in hujusmodi casum stipulatus sit. Tunc etenim, cùm neque ab initio suspicio aliqua liberorum concurrit, sed sibi omnem rem ille qui dotem dedit, pepigerit : hujusmodi tractatus habere locum non potest. Atqui in aliis omnibus casibus, in quibus ipse non est stipulatus, tristitiae suae mulier hoc proprium habeat solatium per actionem dotis.

§. 1. Similique modo, si quis extraneorum (id est, qui eum pro quo dat, non in potestate habeat), pro alio ante nuptias donationem nupturae mulieri dederit, et necessaria monumenta adhibuerit ; cùm excedat summam legitimam donatio, vel non minor materfamilias nuptura sit : non solùm ad eam cui ante nuptias donatio datur, monumenta suam adhibeant firmitatem, sed etiam ad illum pro quo dedit : ut si lucrum ei ex dotalibus pactis accesserit, hoc non cedat donatori, sed in suum lucrum hoc maritus convertat, firmumque et irrevocabile habeat : nisi donator et hoc sibi reddi hujusmodi casu fuerit stipulatus, ne et in praefato casu simile anteriori vitium oriatur. Sin autem minor quantitas sit, vel ita res gesta sit, ut monumentorum ex omni parte nulla sit utilitas : tunc et donatio ad utramque personam valeat, et maritus causam lucretur : nisi et hic donator eam sibi stipulatus sit.

qui lui avait donné la dot, ou de les transférer par cession, ou de rendre les choses mêmes ; il arrivait par-là qu'après long-tems de mariage, et même après avoir reçu des enfans, la femme infortunée se trouvait sans dot. C'est pourquoi nous ordonnons que dans tous les cas de cette sorte, la donation destinée à former la dot ne soit sujette à aucune insinuation, mais qu'elle soit valable à l'égard de toutes sortes de personnes ; que la femme puisse elle-même exiger sa dot, lorsqu'elle en a fait dépendre le retour d'un cas fortuit qui est arrivé, et qu'elle la possède en toute propriété, à moins que celui ou celle qui l'a fournie pour elle n'ait stipulé que dans ce cas elle lui retournerait : car cette stipulation de retour fait supposer que le donateur n'a pas pensé qu'il pourrait naitre des enfans, puisqu'il a stipulé pour lui-même le retour de la dot : c'est pourquoi il ne peut avoir lieu en faveur de la femme. Mais dans tous les autres cas où le donateur n'a pas stipulé le retour pour lui, nous ordonnons que la femme ait une action pour demander la dot, afin qu'elle lui serve de soulagement dans le malheur qui lui est arrivé.

§. 1. Pareillement, si un étranger (on entend par ce mot celui qui donne à une personne qui n'est pas constituée sous sa puissance) a fait à un homme sur le point de se marier, une donation ante nuptias, et l'a faite insinuer, soit parce qu'elle excède la somme pour laquelle l'insinuation n'est pas nécessaire, soit parce que la future épouse était mère de famille majeure, que cette insinuation suffise non-seulement à l'égard de celle à qui la donation ante nuptias a été faite, mais encore à l'égard de celui pour qui elle a été faite : en sorte que si par les conventions matrimoniales il doit résulter de la donation quelque gain à ce dernier, ce gain ne parvienne pas au donateur, mais au mari, qui doit le posséder fermement et irrévocablement ; à moins que le donateur n'ait stipulé le retour à soi. Cette disposition a pour objet d'éviter que le mari ne se trouve, comme dans le cas dont nous avons parlé plus haut, sans donation *ante nuptias*. Si la donation est de peu de valeur, ou si elle a été faite de telle manière que l'insinuation soit inutile sous tous les rapports, alors la donation est valable à l'égard du donateur et du donataire ; le mari dans les cas prévus peut la gagner, à moins que le donateur n'ait stipulé le gain pour lui-même.

§. 2. Nous ordonnons en outre que si quelqu'un ayant promis en dot ou des fonds ou une certaine rente, des maisons ou les pains civils, il s'est écoulé deux années depuis la célébration du mariage, il dédommage aussitôt celui à qui ces rentes ou ces pensions, ainsi que ce pain civil ont été promis, des pertes qu'il a éprouvées depuis le retard où il est de voir exécuter la promesse. Si la dot consiste en or, qu'il soit tenu d'en fournir, s'il est en retard depuis deux années de la payer, les intérêts jusqu'à concurrence de trois pour cent ; mais si des choses non immobiliaires et non consistant en or ont été données en dot, comme de l'argent, des ornemens de femmes, des vêtemens ou autre chose quelconque, nous ordonnons que le prometteur, si elles ont été estimées et si l'on est en retard de les livrer depuis deux ans, en paye les intérêts sur le taux fixé ci-dessus au sujet de la dot consistant en or. Cette estimation, puisqu'il faut l'expliquer clairement, doit se faire en évaluant en bloc toutes les choses de la même espèce, comme tout ce qui consiste en argent, en ornemens, en vêtemens et autres espèces ; et non en estimant chaque chose séparément, pour ensuite composer un tout de toutes ces parties : ce qui est assez mauvais et peut devenir pernicieux par trop de subtilité. Si les choses mobiliaires n'ont point été estimées, nous ordonnons qu'on observe dans ce cas ce que les lois disposent à l'égard de toutes les choses de cette sorte après la contestation en cause ; mais si la dot est composée de plusieurs sortes de choses, comme si une partie est en or, une autre en choses mobiliaires, et une troisième en immeubles, qu'on en fasse l'estimation de la manière indiquée ci-dessus. Le mari a la faculté de de-

§. 2. Præterea sancimus, si quis in dotem vel prædia, vel certum reditum, vel ædes, vel panes civiles spoponderit vel promiserit : si ex tempore matrimonii biennium transactum sit : illicò redituum, vel pensionum, necnon panis civilis quæstum eum præstare, etiam si non fuerint adhuc res principales traditæ. Et si tota dos in auro sit, itidem post biennium usuras usque ad tertiam partem centesimæ præstari. Sin autem aliæ res præter immobiles vel aurum fuerint in dotem datæ, sive in argento, sive in muliebribus ornamentis, sive in veste, sive in aliis quibuscunque : si quidem æstimatæ fuerint, simili modo post biennium et earum usuras ex tertia parte centesimæ currere : æstimatione earum (quia et hoc apertiùs declarari oportet) ea intelligenda, quæ pro singulis speciebus facta est, vel pro unoquoque genere dotaiium specierum, id est pro argento, vel ornamentis, vel veste, vel aliis speciebus ; et non esse expectandam post singulas æstimationes unam coadunationem totius calculi : quod satis scrupulosum et per nimiam subtilitatem perniciosum est. Sin autem minimè res mobiles fuerint æstimatæ : ea post biennium observari, quæ leges post litem contestatam pro omnibus hujusmodi rebus definiunt. Sin verò res permistæ fuerint, et partim in auro, partim in aliis rebus mobilibus vel immobilibus : pro jam facta divisione omnia procedere : licentia minimè deneganda marito, quando voluerit, dotem petere. Nec is qui debet, putet sibi licentiam esse reditus, vel pensiones, vel usuras, vel alias accessiones solventi, dotis solutionem protelare ; sed sive ante biennium, sive posteà, voluerit dotem pars mariti petere, queat, et secundùm leges eam exigere.

Datum 12 calend. aprilis, Lampadio et

Oreste VV. CC. Coss. 530.

mander la dot quand il le désire; que le débiteur de la dot ne croie pas, en payant les rentes, les pensions, les intérêts ou autres accessoires, éloigner le paiement de la dot; mais soit avant, soit après deux ans, que le mari puisse demander, lorsqu'il le jugera à propos, la dot et l'exiger selon les lois.

Fait le 12 des cal. d'avril, sous le cons. de Lampadius et d'Oreste. 530.

TITULUS XIII.

De rei uxoriæ actione in ex stipulatu actionem transfusa, et de natura dotibus praestita.

1. *Imp. Justinianus A. ad populum urbis Constantinopolitanæ, et ad universos provinciales.*

REM in praesenti non minimam aggredimur, sed in omni pené corpore juris effusam, tam super rei uxoriæ actione, quàm ex stipulatu: earum communiones et differentias resecantes, et in unum tramitem ex stipulatu actionis totum rei uxoriæ jus, quod dignum esse valere censemus, concludentes. Rei uxoriæ itaque actione sublata, sancimus omnes dotes per ex stipulatu actionem exigi, sive scripta fuerit stipulatio, sive non: ut intelligatur re ipsa stipulatio esse subsecuta. Eodemque modo et si inutiliter facta est stipulatio: adjuvari enim eam magis quàm evanescere oportet. Si enim cùm una instrumento stipulatio valida inveniatur, aliis etiam inutilibus suam noscitur praestare fortitudinem: quare non ex nostra lege hujusmodi stipulationibus robur accedat legitimum? Est enim consentaneum nobis, qui censemus, ubi supposita stipulatio non est, intelligi eam fuisse adhibitam: et multò magis etiam, si inutilis est, validam eam effici.

§. 1. Et ut plenius dotibus subveniatur: quemadmodum in administratione

TITRE XIII.

De la réduction des deux actions rei uxoriæ *et* ex stipulatu *en une seule.*

1. *L'empereur Justinien au peuple de la ville de Constantinople, et à tous les habitans des provinces.*

NOUS n'entreprenons pas maintenant une chose de peu d'importance, la réforme que nous faisons roule presque sur toutes les matières du corps de droit; elle a pour objet les actions *rei uxoriæ* et *ex stipulatu*. Détruisant donc les ressemblances et les différences qui existent entre ces deux actions, et réunissant (ce que nous avons pensé devoir être fait) tout ce qui concerne l'action *rei uxoriæ* à l'action *ex stipulatu*; nous ordonnons que la première étant anéantie, toutes les dots soient exigées par l'action *ex stipulatu*, soit que la stipulation ait été rédigée par écrit ou non, afin que par la chose même on sache que la stipulation a eu lieu. Il en est de même quoique la stipulation ait été faite inutilement: car il faut plutôt l'aider que la détruire. En conséquence s'il se rencontre dans un même acte écrit plusieurs stipulations dont l'une soit valable, cette dernière rend également valables les autres qui auraient été inutiles. Pourquoi notre loi ne donnerait-elle pas une force légitime à ces sortes de stipulations? Car s'il appartient à nous qui commandons, de supposer une stipulation où il n'y en a pas, à plus forte raison de donner de la force à celle qui a été faite inutilement.

§. 1. Et afin de donner une pleine solidité aux dots, nous concédons de la même manière que dans l'administration des choses pupillaires et dans beaucoup d'autres points de droit, nous avons admis l'inhérence d'hypothèques tacites; nous concédons, disons-nous, à l'égard des dots, une hypothèque de l'un et de l'autre côté; du côté du mari, pour garantir la restitution de la dot; du côté de la femme, pour garantir à son mari le rapport de sa dot, ou de l'éviction des choses dotales; soit que les époux eux-mêmes aient donné la dot, l'aient promise ou l'aient reçue, soit que ce soit d'autres pour eux; soit que, selon la dénomination admise dans l'ancien droit, la dot soit adventice ou profectice. Par ce moyen les ignorans et les paysans ne pourront souffrir à cette occasion aucun préjudice : car nous avons, même à leur insu, pourvu à tout sous ce rapport. En effet les stipulations et hypothèques étant censées inhérentes aux dots, et les stipulations qui avaient été faites inutilement étant validées, il arrivera qu'à l'avenir les conventions dotales seront toujours valables et parfaites, tout comme si les titres en avaient été rédigés par les jurisconsultes les plus éclairés. Qu'on se garde bien de penser que les dispositions précédentes ne sont applicables qu'aux dots, au sujet desquelles il a été rédigé des titres écrits : car rien n'empêche que pareillement que la dot qui a été donnée ou promise ou reçue sans écrit, ne soit censée avoir été accompagnée d'une stipulation et jouir des deux côtés d'une hypothèque tacite, tout comme cela a lieu à l'égard de celle au sujet de laquelle il a été rédigé des titres écrits. Que les effets dont nous venons de parler constituent la nature de l'action *ex stipulatu*, l'action *rei uxoriæ* étant anéantie pour l'avenir.

§. 2. Mais, quoique nous n'ignorions pas que l'action *ex stipulatu* prend ses fondemens dans le droit strict et non dans la bonne foi; cependant, puisque la stipulation donne une nouvelle forme à la dot, que cette action soit assimilée à celle *rei uxoriæ*, et qu'elle soit comptée parmi les actions de bonne foi. Que l'action *ex stipulatu* continue de produire à l'égard de la dot, tous les effets qui conviennent à sa nature; et de plus nous avons ajouté spéciale-

pupillarium rerum, et in aliis multis juris articulis tacitas hypothecas inesse accipimus : ita et in hujusmodi actione damus ex utroque latere hypothecam, sive ex parte mariti pro restitutione dotis, sive ex parte mulieris pro ipsa dote praestanda, vel rebus dotalibus evictis : sive ipse principales personæ dotes dederint, vel promiserint, vel susceperint, sive aliæ pro his personæ : et dos sive adventitia, sive profectitia sit, secundùm veteris juris nominationem. Ita enim et imperitia hominum et rusticitas nihil eis poterit adferre praejudicii : cùm nos illis ignorantibus et nescientibus in hoc casu nostram induxerimus providentiam. Sicut enim et stipulationes et hypothecæ inesse dotibus intelliguntur, et inutiles stipulationes emendantur : sic et in posterum causa invenietur valida et perfecta, quasi omnibus dotalibus instrumentis à prudentissimis viris confectis. Et nemo putet nos hoc sancire in his tantummodo dotibus, quæ instrumentis receptæ sunt. Nihil enim prohibet et si sine scriptis vel detur, vel promittatur, vel suscipiatur, simili modo intelligi factam stipulationem et hypothecam ex utraque parte, quasi fuerit scripta. Et natura quidem ex stipulatu actionis hæc intelligatur, re uxoria in posterum cessante.

§. 2. Sed etsi non ignoramus ex stipulatu actionem stricto jure esse vallatam, et non ex bona fide descendere : tamen quia novam naturam de dote stipulatio sibi invenit : accommodetur ei natura rei uxoriæ, et bonæ fidei beneficium. Et omnes quidem eventus, quos dos ex stipulatu habet, maneat pro sua natura exercens. Si quid autem optimum ex rei uxoriæ actione invenimus, hoc in praesenti specialiter ei addimus : ut sit et nova ista ex stipulatu,

quam composuimus, et non propria tantùm, sed etiam veteris actionis pulchritu-
dine decorata.

§. 3. Primùm itaque quid naturale sit
ex stipulatu actionis, exponatur : et ita si
quid ex actione rei uxoriæ supervenerit,
addatur. Sciendum itaque est edictum prætoris quod de alterutro introductum est, in
ex stipulatu actione cessare : ita ut uxor et
à marito relicta recipiat, et dotem consequatur : nisi specialiter pro dote ei maritus ea dereliquit : cùm manifestissimum sit
testatorem, qui hoc non addiderit, ve-
luisse eam utrumque consequi.

§. 4. Maneat ex stipulatu actionis jus
ad successores et sine mora transmissionis
incorruptum.

§. 5. Taceat in ea retentionum verbosi-
tas. Quid enim opus est inducere ob mores retentionem, alio auxilio ex constitutionibus introducto? vel ex qua causa ob
res donatas retentio introducatur, cùm sit
donatori facultas per actionem in rem directam, vel per utilem, vel per condictionem suo juri mederi? Sed nec retentio ob
res amotas necessaria est, cùm pateat omnibus maritis rerum amotarum judicium.
Sileat ob liberos retentio, cùm ipse naturalis stimulus parentes ad liberorum suorum educationem hortetur. Ne varium
genus culpæ mariti contra uxores excogi-
tent, ut possint eadem retentione contra
eas uti : cùm et jam imperialibus constitutionibus statutum sit, si culpa mulieris
dissolutum matrimonium fuerit, quid fieri
oporteat. Sed nec ob impensas in res dotis
factas retentio nobis satis videtur esse idonea. Cùm enim necessariæ quidem expensæ dotis minuant quantitatem, utiles autem
non aliter in rei uxoriæ actione detineban-
tur, nisi ex voluntate mulieris : non abs re
est, si quidem mulieris voluntas intercedat,

ment par la présente loi, à cette action, ce
que nous avons trouvé de meilleur dans
celle rei uxoriæ : en sorte que cette action
ex stipulatu dont nous sommes l'auteur, est
nouvelle, quoique cependant enrichie de
tout ce qui se trouvait de meilleur dans
l'ancienne action.

§. 3. Nous devons d'abord exposer
quelle est la nature de l'action ex stipulatu, et si par fois nous rencontrons quelque chose dans l'action rei uxoriæ qui lui
convienne le lui ajouter. On doit savoir
donc que l'édit du préteur, qui a pour
objet l'une et l'autre de ces deux actions,
est abrogé à l'égard de l'action ex stipulatu : en sorte que la femme reçoive ce
qui lui a été laissé par son mari et obtienne
sa dot, à moins que son mari ne lui eût
laissé spécialement d'autres choses pour lui
en tenir lieu : car il est très-manifeste
que si le testateur n'a pas mis cette condition à ce qu'il a laissé à sa femme, son
intention était qu'elle eût à la fois les unes
ainsi que l'autre.

§. 4. Que le droit résultant de l'action
ex stipulatu passe intact et sans délai de
transmission aux héritiers.

§. 5. Qu'on n'exerce plus aucune rétention sur la dot. Pourquoi serait-il nécessaire de retenir une partie de la dot de
la femme, sous le prétexte de ses mœurs,
tandis que les lois fournissent d'autres
moyens pour remédier à cet inconvénient?
Pourquoi introduirait-on encore une rétention de la dot à cause des donations
faites par le mari à sa femme, tandis que
le donateur a la faculté par l'action directe in rem ou par l'action utile ou condictionnelle, de révoquer sa donation? Il
n'est pas plus nécessaire qu'il existe de
rétention à cause de soustraction, parce
qu'il dépend de tous les maris d'exercer
l'action des choses soustraites. Qu'on n'entende plus parler de rétention à faire sous
le prétexte des enfans, parce que les parens sont assez poussés par un penchant
naturel à élever leurs enfans. Notre dessein, en décrétant ces dispositions, est
d'éviter que les maris n'imaginent divers
griefs contre leurs femmes, afin de pouvoir faire quelque rétention sur leurs dots;
d'ailleurs les constitutions impériales ayant
déjà

déjà réglé ce qui devait être fait, dans le cas de la dissolution du mariage pour la faute de la femme. Il en est de même de la rétention qui avait lieu sous le prétexte des dépenses faites pour les choses qui composent la dot, elle ne nous paraît pas non plus convenable : car les dépenses nécessaires sont de droit retenues sur la dot ; les dépenses utiles n'ont pas lieu autrement, en ce qui concerne l'action *rei uxoriæ*, que par la volonté de la femme. Dans ce dernier cas où la volonté de la femme serait intervenue, nous accordons par la présente l'action du mandat au mari, afin qu'il puisse par ce moyen retenir ce qu'il a dépensé. Si la volonté de la femme n'est pas intervenue, et que cependant ces dépenses aient été faites utilement, l'action *negotiorum gestorum* suffira au mari pour les récupérer contre sa femme. Mais si ces dépenses n'ont pour objet que l'agrément ; qu'il ne soit laissé au mari, quand même elles auraient été faites du consentement de la femme, que la faculté d'enlever l'ouvrage qu'il a fait, sans toutefois nuire à la chose sur laquelle il a été appliqué : en sorte que, par ce que nous avons ordonné précédemment, toutes ces espèces de rétentions soient anéanties, et qu'avec raison la nature de l'action *ex stipulatu* n'en comporte aucune.

§. 6. Dans ce qui concerne l'action *ex stipulatu*, on doit sans doute observer que si la femme décédait durant le mariage, la dot ne serait point acquise au mari, à moins que ce ne fût en vertu de quelque pacte ; mais, d'après la nature de l'action *ex stipulatu*, elle serait transmise aux héritiers de la femme, soit que cela ait été prévu dans les conventions, soit que non ; parce qu'en vertu de cette loi, c'est un effet de droit qui découle de cette action.

§. 7. Comme à l'égard de l'exaction de la dot, l'action *ex stipulatu* exigeait par sa nature que la restitution de la dot se fît à la femme par son mari sur le champ et en totalité, et celle *rei uxoriæ*, à l'égard des choses qui consistent par le poids, le nombre ou la mesure, ordonnait qu'elle se ferait en trois paiemens annuels, ce qui fournissait au mari le terme de trois

dat, mandati actionem à nostra auctoritate marito contra uxorem indulgeri, quatenùs possit per hanc, quod utiliter impensum est, adservari. Vel si non intercedat mulieris voluntas, utiliter tamen res gesta est : negotiorum gestorum adversus eam sufficere actionem. Quòd si voluptariæ sint, licèt ex voluntate ejus expensæ : deductio operis quod fecit (sine læsione tamen prioris speciei) marito relinquatur : ut sit omnium retentionum expeditus tractatus, et ex stipulatu actio meritò secundùm suam naturam nullam accipiat retentionem.

§. 6. Illo proculdubio in ex stipulatu actione servando, ut si decesserit mulier constante matrimonio : dos non in lucrum mariti cedat, nisi ex quibusdam pactionibus, sed ad mulieris heredes ex stipulatu actio secundùm suam naturam transmittatur : sive expressa fuerit, sive ex hac lege inesse intelligatur.

§. 7. Cùm autem in exactione dotis, ex stipulatu quidem actio naturaliter restitutionem dotis à parte mariti uxori illico et in solidum fieri jubebat, rei uxoriæ autem annua bima trima die in iis quæ pondere, numero, mensura consistunt, exactionem pollicebatur, et non in solidum, sed in quantum maritus facere potest, si non dolo malo suam deminuerit substantiam : in hac parte rudem figuram ex stipulatu damus actioni, ut si matrimonium fuerit dissolutum, nullo pacto adhibito ; in tantum quidem maritus condemnetur, in quantum facere potest : quia hoc æquissimum est, et reverentiæ debitum maritali, si non dolo malo versatus est : cautione videlicet ab eo exponenda, quòd si ad meliorem fortunam pervenerit, etiam quod minus persolvit, hoc restituere procuret. Exactio autem dotis celebretur non annua bima trina die, sed omnimodo intra annum in rebus mobilibus, vel se moventibus, vel incorporalibus : cæteris videlicet rebus quæ solo continentur, illico restituendis : quod commune utriusque fuerat actionis. Sin autem supersederit res mobiles, vel se moventes, vel incorporales post annale tempus restituere, vel cæteras res statim post dissolutum matrimonium : etiam usuras æstimationis omnino rerumque extra immobiles sint, usque ad tertiam partem centesimæ ex bona fide introducendas, maritus præstet : fructibus videlicet immobilium rerum parti mulieris ex tempore dissoluti matrimonii præstandis ; similique modo pensionibus, vel vecturis navium, sive jumentorum, vel operis servorum, vel quæstu civilium annonarum, et aliis quæ sunt eis similia, parti mulieris restituendis.

§. 8. Igitur et in sequenti capitulo sua ex stipulatu actio utatur natura, ut si mulier à marito fuerit heres instituta, et legis Falcidiæ ratio emerserit : etiam dotis debitum liceat ei, sicuti alia debita, ex substantia mariti subtrahere, et sic quartam partem deducere.

ans pour la restitution de la totalité de la dot, encore cette action mettait-elle une condition : car le mari n'était tenu que jusqu'à concurrence de ce que ses facultés lui permettaient de faire, dans le cas où il n'aurait pas dissipé son bien par l'effet d'un dol accompagné de méchanceté. A cet égard, nous ordonnons qu'en vertu de l'action *ex stipulatu*, dans le cas de la dissolution du mariage et de la non existence de conventions au sujet de la dot, le mari soit condamné à la restitution jusqu'à concurrence de ce que ses facultés lui permettent ; parce que cela est très-équitable et exigé par le respect dû au mari, si toutefois il n'a pas dissipé ses biens par l'effet d'un dol avec mauvaise foi : il doit cependant fournir caution d'achever la restitution, dans le cas où sa fortune deviendrait suffisante pour l'acquitter entièrement. Nous ordonnons donc que la restitution de la dot se fasse en trois paiemens, chacun distant de l'autre d'une année ; mais à l'égard des choses mobiliaires ou se mouvant d'elles-mêmes, ou incorporelles, dans l'espace d'une année ; et à l'égard des autres qui tiennent au sol, qu'elle se fasse sur le champ. Si le mari est en retard de restituer dans l'année les choses mobiliaires se mouvant d'elles-mêmes et incorporelles, ou quant aux autres choses, de suite après la dissolution du mariage ; qu'il supporte les intérêts, jusqu'à concurrence du taux de trois pour cent, du prix auquel toutes ces choses, excepté les immobiliaires, auront été estimées ; et quant aux choses immobiliaires, qu'il en restitue les fruits perçus depuis l'époque de la dissolution du mariage : il doit de même restituer les rentes, les avantages qui résultent des navires ou du travail des bestiaux et des esclaves, le profit provenant des annones civiles et autres choses semblables.

§. 8. Qu'à l'égard de l'article suivant l'action *ex stipulatu* conserve sa nature, en sorte que si une femme ayant été instituée héritière par son mari, la falcidie a lieu, qu'il lui soit permis de prélever sur les biens de son mari la dot, ainsi que les autres dettes, et ensuite prendre la quarte falcidie.

§. 9. Comme dans les cas que nous venons d'énumérer l'action *ex stipulatu* conserve sa propre nature, il est nécessaire d'exposer dans les articles suivans ce qui est commun aux deux actions, et ce que l'on ne doit puiser que dans la seule action *ex stipulatu* ou dans celle *rei uxoriæ*, pour ensuite ne composer du tout qu'une action *ex stipulatu*. L'une et l'autre actions prononcent que les enfans des femmes esclaves dotaux qui n'ont pas été estimées, les femmes esclaves qui ont été acquises par le moyen des esclaves dotaux, à quelque titre que ce soit, à moins que ce ne fût avec les biens du mari ou son travail, appartiennent à la femme. Les poulains des bêtes de somme et toutes les choses comprises sous le nom de fruits, estimées ou non estimées, appartiennent durant le mariage au mari. Le partage égal entre le mari et la femme des fruits perçus dans le courant de l'année qui suit la dissolution du mariage sur les choses inestimées, est une règle commune aux deux actions. Quant aux choses estimées, le mari comme acheteur, jouit de leurs avantages, souffre leurs désavantages et répond du péril.

§. 10. Le fils institué héritier avec d'autres par son père, sous la puissance duquel il était constitué, qui prélève sur la succession la dot de sa femme ou de sa belle-fille, que le défunt avait reçue, doit, d'après une règle propre à l'action *ex stipulatu*, fournir caution à ses cohéritiers, qu'ils ne seront point inquiétés pour ce qui concerne cette dot.

§. 11. Voyons maintenant ce qu'il convient de puiser dans l'action *rei uxoriæ* pour former l'action *ex stipulatu*. Il est de droit certain et indubitable que par l'action *rei uxoriæ*, si un ascendant mâle ayant fourni pour sa fille ou sa petite-fille une dot, l'émancipe ensuite ou lui-même meurt, la dot appartient à la fille ou petite-fille qui l'a reçue, quand même le défunt l'aurait exhérédée (ce qui n'avait pas lieu par l'action *ex stipulatu*: car, comme les autres actions, celle-là était divisée entre tous les héritiers). Il nous paraît très-juste à nous-mêmes que par l'action *ex stipulatu*, il ait sa dot en préciput, soit qu'elle ait été émancipée ou

§. 9. Cùmque ex stipulatu actio in his casibus quos enumeravimus, propriam naturam habeat: necessarium est in sequenti tractatu ea exponere, quæ vel communia sunt utriusque actionis, vel quæ in solam ex stipulatu actionem colligi oportet, vel propria quidem rei uxoriæ actionis, exinde autem ex stipulatu actioni accommodanda. Itaque partus dotalium ancillarum, id est quæ æstimatæ non sunt, vel quæ servi dotales ex quacumque causa (nisi ex re mariti vel operis suis) acquisierunt: ad mulierem pertinere utraque actio similiter voluit. Fœtus autem jumentorum, et ómnia quæ fructuum nomine continentur, ad lucrum mariti pertineant pro tempore matrimonii, sive æstimata, sive non æstimata sint. Sed et novissimi anni, in quo matrimonium solvitur, fructus pro rata temporis portione utrique parti debere adsignari, commune utriusque actionis est, in rebus scilicet non æstimatis. Æstimatarum enim rerum maritus quasi emptor, et commodum sentiat, et dispendium subeat, et periculum expectet.

§. 10. Cautione videlicet defensionis in specie, in qua dotem suæ uxoris, vel nurus in familiæ erciscundæ judicio præcipuam filius defuncti detrahit, secundùm propriam naturam ex stipulatu actionis coheredibus suis præstanda.

§. 11. Videamus igitur quali incremento ei de rei uxoriæ actione accedente, formari decet ex stipulatu actionem. Cùmque juris certi atque indubitati sit, si parens per virilem sexum ascendens, dote pro filia vel nepte præstita, emancipaverit eam, vel ipse decesserit, in rei uxoriæ actione dotem omnimodo ad mulierem pertinere, etiamsi fuerit exheredata (quod non erat in ex stipulatu actione: ibi etenim velut aliæ actiones, in omnes heredes actio dividebatur): æquissimum nobis visum est, et in ex stipulatu actione mulierem dotem suam præcipuam accipere, etsi emancipata vel exheredata sit, vel cum aliis heredibus scripta.

32*

§. 12. Quo à nobis recepto, et aliæ multæ species promptum accipient exitum: cùm dos possit et de inofficioso actionem excludere (maximè si sufficit ad quartam) et in collationem ferri, si intestatus paterfamilias decesserit, et testamento facto, quando hoc testator dixerit. Quæ omnia ex stipulatu actio à rei uxoriæ actione accepit.

§. 13. Accedit ei et alia species ab rei uxoriæ actione. Siquandò etenim extraneus dotem dabat, nulla stipulatione vel pacto pro restitutione ejus in suam personam facto : quisquis is fuerat, mulier habebat rei uxoriæ actionem : quod antea in ex stipulatu actione non erat. Stipulatione autem, vel pacto interposito, stipulator, vel is qui paciscebatur, habebat vel ex stipulatu, vel præscriptis verbis civilem actionem. In præsenti autem non sic esse volumus ; sed si non specialiter extraneus dotem dando, in suam personam dotem stipulatus sit, vel pactum fecerit : tunc præsumatur mulierem ipsam stipulationem fecisse, vel ei dos ex hujusmodi casu accedat. Neque enim in hac specie volumus videri extraneum tacitam stipulationem fecisse : ne quod pro mulieribus introduximus, hoc adversus mulieres convertatur. Imò magis in hujusmodi dotibus, quæ ab extraneis dantur vel promittuntur, ipsa mulier fecisse videatur tacitam stipulationem : nisi expressim extraneus sibi dotem reddi pactus fuerit, vel stipulatus : cùm donasse magis mulieri, quàm sibi aliquid jus servasse extraneus non stipulando videatur. Extraneum autem intelligimus omnem citra parentem per virilem sexum ascendentem, et in potestate dotatam personam non habentem : parenti enim tacitam ex stipulatu actionem damus.

§. 14. Et hoc ex rei uxoriæ actione simili modo ex stipulatu actioni accommodandum est. Siquandò etenim post dissolutum matrimonium dos à patre ejus pete-

exhérédée ou instituée avec les autres héritiers.

§. 12. Que la règle dont nous venons de parler, et que nous avons admise, ainsi que beaucoup d'autres dispositions puisées dans la même action, reçoivent une prompte exécution, puisque la dot peut exclure l'action de l'inofficiosité (sur-tout si elle suffit pour la quarte légitime), ou être rapportée à la masse, si le défunt est mort *ab intestat*, ou si, par son testament, il a déclaré qu'il voulait que cela fût fait ainsi. Toutes ces choses qui font partie de l'action *ex stipulatu* ont été puisées dans l'action *rei uxoriæ*.

§. 13. On trouve encore dans cette même action, une autre règle puisée dans l'action *rei uxoriæ*. Lorsqu'un étranger donnait une dot, sans faire aucune stipulation ou pacte, portant que dans certains cas elle lui retournerait, la femme avait l'action *rei uxoriæ*. On ne trouvait point auparavant cette disposition dans l'action *ex stipulatu* ; mais s'il était intervenu une stipulation ou un pacte, le stipulant, ou celui en faveur de qui le pacte avait été fait, avait l'action civile *ex stipulatu*, ou *præscriptis verbis*. Nous ne voulons point qu'il en soit ainsi maintenant. Si l'étranger en donnant la dot n'a pas stipulé spécialement son retour en sa faveur, ou n'a point fait de pacte pour le même objet, que la femme dans ce cas soit présumée avoir fait pour elle-même la stipulation que dans un événement de cette sorte elle gagnerait la dot. Nous ne voulons point que dans cette espèce l'étranger soit présumé avoir fait une stipulation tacite, pour éviter que ce que nous avons fait en faveur des femmes ne tourne à leur préjudice. Bien plus, sur-tout à l'égard des dots données ou promises par des étrangers, que la femme elle-même soit présumée avoir fait une stipulation tacite. Nous entendons par le mot d'étrangers, toutes personnes, excepté les ascendans mâles, qui n'ont point la fille dotée sous leur puissance.

§. 14. La disposition suivante, tirée de l'action *rei uxoriæ*, doit être pareillement ajoutée à l'action *ex stipulatu*. Lorsqu'après la dissolution du mariage, la dot était demandée par le père de la femme, s'il y avait lieu à l'action *rei uxoriæ*, le père ne pouvait pas agir seul et sans le consentement de sa fille ; et s'il décédait avant que l'action fût intentée, ou même après la contestation en cause, la dot retournait à la fille qui la possédait comme son propre patrimoine. Cette disposition n'était pas dans l'action *ex stipulatu* ; car par cette dernière, le père avait seul la dot en retour, sans qu'il fût nécessaire du consentement de sa fille ; s'il mourait, il la transmettait à ses héritiers. Mais il nous a paru qu'il était assez humain, assez pieux et assez utile aux mariages, d'admettre dans l'action *ex stipulatu*, la disposition de l'action *rei uxoriæ*.

Extrait de la Novelle 97, *chap.* 5.

Mais quoique la dot retourne au père, soit par droit de puissance paternelle, soit en vertu de pactes passés à ce sujet, il ne lui est cependant pas permis, en mariant de nouveau sa fille, de lui donner une dot moindre que celle qu'elle avait eue lors de son premier mariage ; à moins que sa fortune n'ait été diminuée par malheur imprévu : car dans ce dernier cas, il n'est pas tenu de fournir au second mari de sa fille une dot plus considérable que ne lui permettent ses moyens.

Fin de l'Authentique.

Suit le texte du Code.

§. 15. Et comme la loi Julia prohibait au mari l'aliénation sans le consentement de la femme, du fonds dotal situé en Italie, et défendait encore au mari de l'engager par droit d'hypothèque, quand même la femme y consentirait ; nous avons été consultés pour savoir s'il ne serait pas nécessaire que cette disposition eût lieu non-seulement à l'égard des fonds situés en Italie, mais encore à l'égard de ceux de toutes les autres contrées. C'est pourquoi il nous plaît non-seulement de conserver cette disposition à l'égard de l'Italie, mais encore de l'étendre à toutes les provinces. Comme nous avons accordé par cette loi une hypothèque tacite à la femme, elle a bien une garantie suffisante, dans le cas où le mari aliénerait le fonds ; mais de peur que la femme ne

batur : si quidem rei uxoriæ fuerat actio, non poterat solus pater sine consensu filiæ suæ agere. Et si necdum actione mota ab hac luce fuerat subtractus, et si lis contestata esset, ad filiam quasi proprium patrimonium dos revertebatur. Quod non erat in ex stipulatu actione : ibi enim et solus exactionem habebat, consensu filiæ non expectato : et si decedebat, ad suos heredes transmittebat. Sed rei uxoriæ jus et in ex stipulatu actionem transponere satis humanum, satis pium, satis utile matrimoniis est.

In authent. Nov. 97, cap. 5.

Sed quamvis dos potestatis sive pactionis jure ad patrem redeat : non tamen licet ei filia denuo nubente deminuere priorem dotis mensuram, nisi forte substantia sua decrescat aliqua fortuita clade. Tunc enim amplius secundo marito in dotem præstare non cogitur, nisi quantum facultates ejus patiuntur.

Finis authenticæ.

Sequitur textus Codicis.

Et cùm lex Julia fundi dotalis Italici alienationem prohibebat fieri à marito non consentiente muliere, hypothecam autem nec si mulier consentiebat : interrogati sumus, si oporteat hujusmodi sanctionem non super Italicis tantummodo fundis, sed pro omnibus locum habere. Placet itaque nobis eandem observationem non tantùm in Italicis fundis, sed etiam in provincialibus extendi. Cùm autem hypothecam ei etiam ex hac lege donavimus : sufficiens habet remedium mulier et si maritus fundum alienare voluerit. Sed ne et consensu mulieris hypothecæ ejus minuantur, necessarium est, et in hac parte mulieribus subvenire : hoc tantummodo addito, ut fundum dotalem non solùm hypothecæ titulo dare, nec consentiente muliere, maritus possit, sed nec alienare : ne fragilitate uaturæ suæ in repentinam deducatur inopiam. Licèt enim Anastasiana lex de consentientibus mulieribus, vel suo juri renuntiantibus loquatur : tamen eam intelligi oportet in rebus mariti, vel dotis quidem æstimatis, in quibus dominium et periculum mariti est. In fundo autem non æstimato, qui et dotalis propriè nuncupatur, maneat jus intactum, ex lege quidem Julia imperfectum, ex nostra au'em auctoritate plenum, atque in omnibus terris effasum, non tantùm Italicis, et sola hypotheca conclusum.

§. 16. Illud etiam generaliter præsenti addere sanctioni necessarium esse duximus, ut si qua pacta intercesserint vel pro restitutione dotis, vel pro tempore, vel pro usuris, vel pro alia quacunque causa, quæ nec contra leges, nec contra constitutiones sunt, ea observentur. Sin autem repudio matrimonium fuerit dissolutum : omnia jura quæ ex Theodosiana vel nostra lege descendunt, immutilata custodiantur. Similique modo ea quæ Anastasiana lege pro his quæ bona gratia separantur, enumerata sunt, firma illibataque permaneant. Et generaliter quicquid sacratissimis constitutionibus, vel libris prudentium cautum est, quod non contrarium huic legi inveniatur : et hoc in sua maneat firmitate, et ex stipulatu actioni aggregetur, licèt in re uxoria tractatum est. Quæ omnia in his tantummodo dotibus locum habere censemus, quæ post hanc legem datæ fuerint, vel promissæ, vel etiam sine scriptis habitæ. Instrumenta enim jam confecta viribus carere non patimur, sed suum expectare eventum.

Dat. calend. novembr. Lampadio et Oreste Coss. 530.

diminuât elle - même par son consentement ses hypothèques, il est nécessaire sous ce rapport de venir au secours des femmes ; c'est pourquoi nous ajoutons que le mari ne puisse non-seulement engager à titre d'hypothèque le fonds dotal, même avec le consentement de la femme, mais encore l'aliéner ; de peur que par l'effet de sa légéreté il ne tombe tout-à-coup dans l'indigence : car, quoique la loi Anastasienne traite du consentement des femmes et de celles qui renoncent à leurs droits, il faut l'entendre cependant des choses estimées du mari ou de la dot, sur lesquelles le mari a le domaine, et dont il répond par conséquent des périls. A l'égard du fonds non estimé, lequel est proprement appelé dotal, que le droit qui est contenu en partie dans la loi Julia, et pour le tout dans la présente, soit observé non-seulement pour l'Italie, mais encore pour toutes les provinces de l'empire romain.

§. 16. Nous avons cru encore nécessaire d'ajouter à cette loi générale, que s'il est intervenu des pactes concernant la restitution, les usures et autres choses, non contraires aux lois ni aux constitutions, qu'ils soient observés. Si le mariage a été dissout par la répudiation, que toutes les dispositions contenues dans la constitution Théodose et dans la présente soient conservées intactes. Pareillement qu'on observe à la rigueur la constitution de l'empereur Anastase, et enfin tout ce qui n'étant pas contraire à cette loi, est contenu dans les constitutions impériales et les livres des jurisconsultes, qu'il conserve toute sa force et soit ajouté à l'action *ex stipulatu*, quoiqu'on le trouve traité dans celle *rei uxoriæ*. Nous ordonnons que cette loi soit seulement applicable aux dots qui ont été données ou promises même sans écrit après la publication de la présente. Quant aux conventions faites antérieurement à cette loi, nous ne souffrirons point que leur exécution soit négligée, au contraire nous ordonnons qu'elles aient leur plein effet.

Fait pendant les cal. de novembre, sous le consul. de Lampadius et d'Oreste, 530.

TITRE XIV.

Des pactes faits tant au sujet de la dot qu'à celui de la donation ante nuptias, et des biens paraphernaux.

1. *Les emper. Sévère et Antonin à Nica.*

Il faut que la condition que vous avez apposée à la dot que vous avez donnée à la fille que vous avez élevée chez vous soit observée. On ne peut vous opposer ce qu'on dit ordinairement, qu'il ne naît aucune action du pacte ; car cela n'a lieu que lorsqu'il s'agit d'un nu pacte. Il en est autrement lorsqu'il a été donné de l'argent et convenu qu'il serait rendu : dans ce cas on a l'action utile condictionnelle.

Fait le 7 des cal. de février, sous le consul. d'Albinus et d'Emilien. 207.

2. *L'empereur Antonin à Théodota.*

Vous ne devez pas douter que les fruits des fonds donnés en dot, si, selon le pacte, ils ont été employés à vos dépenses et à celles de votre famille, ne peuvent être répétés.

Fait le 11 des cal. d'avril, sous le quatrième consul. de l'empereur Antonin et le premier de Balbinus. 214.

3. *L'empereur Gordien à Torquata.*

Quoique votre père lorsqu'il vous maria, ait fait le pacte que si votre mari décédait pendant le mariage et laissait des enfans communs, une partie de la dot serait retenue au nom des enfans ; cependant une convention de cette sorte ne peut vous servir qu'en tant que vous aurez action pour la totalité de la dot.

Fait le 6 des ides de janvier, sous le consul. de l'emper. Gordien et d'Aviola. 214.

4. *Le même empereur à Agathus.*

Votre mère, d'après le pacte dont vous dites qu'elle a convenu avec votre père, portant qu'en cas qu'elle mourût pendant le mariage, votre père restituerait la dot à vous et à vos enfans, n'a même pu, l'événement prévu dans le pacte étant arrivé, vous acquérir une action, si vous et vos

TITULUS XIV.

De pactis conventis tam super dote, quàm super donatione ante nuptias, et paraphernis.

1. *Impp. Severus et Antoninus AA. Nicæ.*

Legem quam dixisti, cùm dotem pro alumna dares, servari oportet : nec obesse tibi debet, quod dici solet, ex pacto actionem non nasci. Tunc enim hoc dicimus, cùm pactum nudum est. Alioquin cùm pecunia datur, et aliquid de reddenda ea convenit : utilis est condictio.

Proposit. 7 calend. februarii, Albino et Æmiliano Coss. 207.

2. *Imp. Antoninus A. Theodotæ.*

Fructus prædiorum in dotem datorum, si secundùm pactum sumptibus tuis tuorumque servierunt : repeti non posse, ambigere non debes.

Datum 11 calend. aprilis, Antonino A. IV. et Balbino Coss. 214.

3. *Imp. Gordianus A. Torquatæ.*

Quamvis pater tuus, cùm te nuptui collocaret, pactus sit, ut si maritus tuus superstitibus filiis communibus in matrimonio decessisset, pars dotis liberorum nomine retineatur : ejusmodi tamen conventio, quominùs actionem integræ dotis habeas, proficere non potest.

Datum 6 id. januarii, Gordiano A. et Aviola Coss. 214.

4. *Idem A. Agatho.*

Pactum dotale, quo matrem convenisse cum patre tuo proponis, ut si in matrimonio decessisset, tibi et fratribus tuis dos restitueretur : si stipulatio ex persona vestra, cùm in potestate patris constituti non essetis, minùs legitima intercessit : defuncta ea in matrimonio, actionem vohis quærere non potuit. Sed si obligatione verborum rite intercedente, dotis petitionem habere potuisti, maximè si adhuc vinculis potestatis patriæ non attingeris, petitionem exequi non proberis.

Proposit. 5 id. junii, Sabino et Venusto Coss. 241.

frères n'étant point constitués sous la puissance de votre père, il n'est point intervenu de stipulation légitime de votre part. Mais s'il est intervenu une stipulation légale de votre part, vous avez pu acquérir le droit de demander la dot, et dont vous ne serez point empêchés de faire la demande, surtout si vous n'êtes plus sous la puissance paternelle.

Fait le 5 des ides de juin, sous le consul. de Sabinus et Vénustus. 241.

5. Impp. Diocletianus et Maximianus AA. Claudio.

Hereditas extraneis testamento datur. Cùm igitur adfirmes dotali instrumento pactum interpositum esse vice testamenti, ut post mortem mulieris bona ejus ad te pertinerent, quæ dotis titulo tibi non sunt obligata : intelligis nulla te actione posse convenire heredes seu successores ejus, ut tibi restituantur, quæ nullo modo debentur.

Proposit. non. februarii, ipsis AA. et Coss.

5. Les emper. Dioclétien et Maximien à Claudius.

L'hérédité passe par un testament aux étrangers. C'est pourquoi affirmant que dans le titre rédigé au sujet de la dot, il se trouve un pacte pour tenir lieu de testament, portant qu'après la mort de la femme, ses biens (lesquels ne vous sont point obligés à titre de dot) vous appartiendront, vous concevez que vous n'avez aucune action pour contraindre ses héritiers ou ses successeurs de vous restituer ces biens qui ne vous sont dus en aucune manière.

Fait pendant les non. de février, sous le consul. des mêmes empereurs.

6. Iidem AA. et CC. Rufo.

Si convenit ut in matrimonio uxore defuncta, dos penes maritum remaneret : profectitiæ dotis repetitionem hujusmodi pactum inhibuisse, explorati juris est : cùm deteriorem causam dotis, in quem casum soli patri repetitio competit, pacto posse fieri, auctoritate juris sæpissimè sit responsum.

Datum 5 nonas maii, ipsis AA. Coss.

6. Les mêmes empereurs et les Césars à Rufus.

S'il a été convenu que dans le cas que la femme mourût pendant le mariage la dot resterait au mari, il est de droit certain que le père, à qui seul dans ce cas la dot pouvait appartenir, s'en est interdit la répétition, et il a été souvent répondu qu'il peut dans une cause de dot rendre sa condition inférieure.

Fait pendant les non. de mai, sous le consul. des mêmes empereurs.

7. Iidem AA. et CC. Phileto.

Pater pro filia dotem datam genero, ea prius in matrimonio defuncta, nepotibus pactus restitui : licèt his actionem quærere non potuit, tamen utilis eis ex æquitate accommodabitur actio.

Datum 14 calend. januar. Nicomediæ CC. Coss.

7. Les mêmes emp. et Césars à Philétus.

Le père ayant donné pour sa fille une dot à son gendre, sous la condition que dans le cas que la femme mourût pendant le mariage, elle serait restituée à ses petits-enfans ; quoiqu'il n'ait pu par ce moyen leur acquérir une action, on leur donnera cependant une action utile fondée sur l'équité.

Fait à Nicomédie, le 14 des cal. de janvier, sous le consul. des Césars.

8. Impp. Theodosus et Valentinus AA. Hormisdæ præfecto prætorio.

Hac lege decernimus, ut vir in his rebus
bus

8. Les emper. Théodose et Valentinien à Hormisdas, préfet du prétoire.

Nous ordonnons par cette loi que le
mari

mari ne puisse se mêler en aucune manière des biens que sa femme possède outre sa dot, auxquels les Grecs donnent le nom de paraphernaux, si la femme le lui défend, ni la forcer d'agir à l'égard de ces mêmes biens autrement qu'elle ne le veut. Quoiqu'il fût bien que la femme qui s'est confiée à un mari, lui confiât aussi l'administration de ses biens; mais cependant, comme il convient que les législateurs se conforment à l'équité, nous ne voulons qu'en aucune manière, comme il a été déjà dit, le mari, malgré la femme, s'immisce dans les biens paraphernaux. Fait pendant les ides **.

9. *Les empereurs Léon et Anthémius à Nicostrate, préfet du prétoire.*

Nous ordonnons qu'à la mort de l'un des époux, quel qu'il soit, ils aient en gain la même partie et non la même quantité, le mari de la dot et la femme de la donation *ante nuptias;* en sorte que si le mari a fait une donation *ante nuptias* de la valeur de mille sous, il sera permis à la femme d'apporter une dot à son mari d'une valeur moindre ou plus considérable : cela doit être également permis au mari à l'égard de la donation *ante nuptias.* On doit cependant observer que le mari doit stipuler pour soi, pour le cas où sa femme mourrait la première pendant le mariage, la même partie de la dot (et non la même quantité) que sa femme s'est stipulée pour le même cas à l'égard de la donation *ante nuptias.* Et dans le cas où il aurait été fait un pacte contraire à ces dispositions, nous ordonnons qu'il soit nul et sans force, et qu'il ne puisse en résulter aucune action. Nous voulons que ces dispositions soient observées, soit que le père pour son fils, ou la mère ou le futur époux lui-même s'il est *sui juris,* ou enfin tout autre, aient donné ou promis la donation *ante nuptias;* soit pareillement que le père ou la mère pour leur fille ou la future épouse si elle est *sui juris,* ou tout autre pour elle, aient donné ou promis une dot à son futur époux, puisqu'elle est censée offrir elle-même sa dot, lorsqu'un autre l'offre pour elle. Cela est si vrai qu'elle peut répéter en son gain la dot qu'un autre a donnée pour elle; à

Tome II.

bus quas extra dotem mulier habet, quas Græci parapherna dicunt, nullam uxore prohibente habeat communionem, nec aliquam ei necessitatem imponat. Quamvis enim bonum erat mulierem, quæ seipsam marito committit, res etiam ejusdem pati arbitrio gubernari : attamen quoniam conditores legum æquitatis convenit esse fautores, nullo modo (ut dictum est) muliere prohibente virum in paraphernis se volumus immiscere.

Datum idibus....

9. *Impp. Leo et Anthemius AA. Nicostrato præfecto prætorio.*

Ex morte cujuscunque personæ, sive mariti, sive mulieris, eandem partem, non pecuniæ quantitatem, tam virum ex dote, quàm mulierem ex ante nuptias donatione lucrari decernimus : veluti si maritus mille solidorum ante nuptias donationem confecerit, licebit mulieri et minoris et amplioris quantitatis dotem offerre, et marito similiter ante nuptias donationem. Hoc tamen observandum est, ut quantam partem mulier stipuletur sibi lucro cedere ex ante nuptias donatione, si priorem maritum mori contigerit : tantam et maritus ex dote partem, non pecuniæ quantitatem stipuletur sibi, si constante matrimonio prior mulier in fata collapsa fuerit. Et si pactum contra vetitum fuerit subsecutum : infirmum atque invalidum hoc esse, ut nulla ex eo procedere possit exactio, præcipimus. Eadem custodiri censemus, sive pater pro filio, sive mater, sive ipse ducturus uxorem sui juris constitutus, sive quilibet alius pro eo ante nuptias donationem nupturæ dederit, seu promiserit. Similique modo sive pater pro filia, sive mater, sive ipsa pro se, sui juris videlicet constituta, sive quilibet alius pro ea uxorem ducturo dotem dederit, seu promiserit : quoniam et alio pro ea offerente dotem, ipsa eam pro se videtur offerre. Quod adeo verum est, ut et ipsa ab alio pro se oblatam dotem in lucrum suum reposcat : nisi forté is qui eam obtulerit, statim (id est tempore oblationis, seu promissionis) stipulatus

33

vel pactus sit , ut sibi dos prædicta reddatur.

Datum 15 calend. septembr. Anthemio A. II. Cos. 468.

In authent. Nov. 97 , cap. 1.

Æqualitas omnimodò servanda est in dote et in donatione antenuptiali , non tantùm in lucris exinde proventuris, sed etiam in præstatione et constitutione utriusque augmentum quoque vel prorsùs non fiat , vel ab utraque parte celebretur pari scilicet quantitate : ne vel eo modo subvertatur æqualitas.

In authent. Nov. 2 , cap. ultim.

Sed quæ nihil ex dote conscripta præstitit, nihil omninò viro mortuo percipiet ex donatione. Item quæ minus quàm professa est , dedit : pro quantitate præstita et lucrum sentiat.

10. Imp. Justinianus A. Mennæ præfecto prætorio.

Lege Leonis divæ memoriæ, pacta lucrorum dotis et ante nuptias donationis paria esse sanciente, nec adjiciente quid fieri oporteat , si hoc minimè observatum sit : nos omnia clara esse cupientes, præcipimus disparibus eis factis, majorem lucri partem ad minorem deduci, ut eo modo uterque minorem partem lucretur.

Datum 8 id. april. Constantinop. Decio V. C. Coss. 529.

11. Idem A. Joanni præfecto prætorio.

Si mulier marito suo nomina (id est fœneratitias cautiones) quæ extra dotem sunt , dederit , ut loco paraphernorum

---

moins que celui qui l'a offerte n'ait aussitôt, c'est-à-dire dans le tems de l'offre ou de la promesse, fait un pacte ou stipulé que la dot qu'il donnait lui retournerait.

Fait le 15 des cal. de septembre , sous le deuxième consul. de l'emp. Anthémius. 468.

Authentique extraite de la Novelle 97 , chapitre 1.

On doit observer une égalité absolue à l'égard de la dot et de la donation *ante nuptias*, non-seulement au sujet des gains qui peuvent en résulter pour l'un ou pour l'autre, mais encore à celui de la prestation et de la constitution de l'une et de l'autre ; qu'on ne fasse point de supplément ou qu'il soit fait de part et d'autre, et que dans ce dernier cas le supplément soit de la même quantité , afin que par ce moyen l'égalité ne soit point détruite.

Authentique extraite de la Novelle 2 , chapitre dernier.

Si la femme n'a rien donné à son mari de la dot qu'elle ou que pour elle on avait promise, qu'elle ne reçoive rien non plus de la donation *ante nuptias* dans le cas de prédécès de son mari. Pareillement si elle a donné moins que ce qu'elle avait promis , qu'elle n'ait de gain sur la donation de son mari que proportionnellement à la quantité qu'elle a donnée.

10. L'empereur Justinien à Menna , préfet du prétoire.

La loi de l'empereur Léon de divine mémoire , ayant bien ordonné que les gains de dot et de donation *ante nuptias* fussent égaux sous le rapport de la partie, mais ne disant rien sur ce qui doit être fait dans le cas où cette égalité n'aurait pas été observée ; nous , désirant que les lois ne donnent lieu à aucun doute, nous ordonnons que le plus grand gain soit réduit jusqu'à concurrence du plus petit, afin que par ce moyen l'un et l'autre ne profitent que de ce dernier.

Fait à Constantinople , le 8 des ides d'avril, sous le consul. de Décius. 529.

11. Le même empereur à Jean , préfet du prétoire.

Si la femme a remis ses créances , (c'est-à-dire ses contrats , qui constent qu'il lui est dû une somme de laquelle

les débiteurs supportent les intérêts) à son
mari, afin qu'il les ait comme biens paraphernaux, et si cela a été mis dans
le contrat dotal, on demandait lesquelles
des actions directes et utiles le mari
peut exercer, ou si toutes ces actions restent à la femme; et dans ce cas, dans
quelles circonstances elles doivent être
données au mari. C'est pourquoi nous ordonnons, s'il arrive qu'un tel cas se présente, que les actions restent absolument
à la femme, et que le mari ait cependant
la faculté de les exercer pardevant les
juges compétens, sans qu'on exige de lui
une caution qui garantisse que ce qu'il fait
sera approuvé par sa femme, et d'employer
les intérêts de ces créances à son entretien et à celui de sa femme. Nous ordonnons qu'il conserve à sa femme le montant des capitaux qu'il a exigés ou qu'il
en fasse l'usage qu'elle lui indiquera; que
si le contrat dotal porte que ces créances
seront hypothéquées sur des biens du
mari désignés nominativement, la femme
se contente de cette hypothèque parti-
culière. Mais si le titre dotal ne crée aucune hypothèque, qu'elle ait, d'après la
présente loi, une hypothèque générale sur
tous les biens du mari, à compter de
l'époque à laquelle il a reçu les paiemens;
mais si ces dettes n'ont pas été exigées
par le mari, que la femme ait la faculté
d'exercer ces actions et de recevoir les
paiemens par elle-même, si elle le veut,
ou par son mari ou par autres personnes,
d'exiger de son mari ces créances, en lui
en donnant en même tems une décharge.
Le mari, pendant qu'il en est en possession, doit répondre de son dol, et mettre
dans ce qui concerne ces affaires les mêmes
soins qu'il met aux siennes propres; de
peur que par sa méchanceté ou sa négligence, la femme n'éprouve quelque
perte; et dans le cas qu'il lui en survienne
par les causes dont nous venons de parler,
qu'il soit obligé d'indemniser sa femme
avec son propre patrimoine.

Fait pendant les cal. de novembre, sous
le consul. de Lampadius et d'Oreste. 530.

apud maritum maneant, et hoc dotali instrumento fuerit adscriptum : utrumne habeat aliquas ex his actiones maritus, sive
directas, sive utiles, an penes uxorem
omnes remaneant, et in quem eventum
dandæ sint marito actiones, quærebatur.
Sancimus itaque, si quid tale evenerit,
actiones quidem omnimodò apud uxorem
manere, licentiam autem marito dari easdem actiones movere apud competentes
judices, nulla ratihabitione ab eo exi-
genda, et usuras quidem eorum circa se
et uxorem expendere : pecunias autem sortis, quas exegerit, servare mulieri, vel
in causas ad quas ipsa voluerit, distri-
buere. Et si quidem in dotali instrumento
hypothecæ pro his nominatim à marito
scriptæ sint, his esse mulierem ad cautelam suam contentam. Sin autem minimè
hoc scriptum inveniatur : ex præsenti nostra lege habeat hypothecam contra res
mariti, ex quo pecunias ille exegit. Ante
etenim habeat mulier ipsa facultatem (si
voluerit) sive per maritum, sive per alias
personas easdem movere actiones, et suas
pecunias percipere, et ipsas cautiones à
marito recipere, securitate ei competente
facienda. Dum autem apud maritum re-
manent eædem cautiones : et dolum et diligentiam maritus circa eas præstare debet,
qualem et circa suas res habere invenitur :
ne ex ejus malignitate vel desidia aliqua
mulieri accedat jactura. Quod si evenerit :
ipse eam de proprio resarcire compelletur.

Datum calend. novembr. Lampadio et
Oreste V. CC. Coss. 530.

TITULUS XV.

De dote cauta non numerata.

1. *Impp. Severus et Antoninus* AA. *et* CC. *Dionysiæ.*

DOTEM numeratio, non scriptura dotalis instrumenti facit. Et ideò non ignoras ita demùm te ad petitionem dotis admitti posse, si dotem à te re ipsa datam probatura es.

Datum 13 calend. augusti, Chilone et Libone Coss. 205.

2. *Imp. Alexander* A. *Papinianæ.*

Quod de suo maritus constante matrimonio donandi animo in dotem adscripsit; si eandem donationem legitimè confectam non revocavit qui incrementum doti dedit, et durante matrimonio mortem obiit: ab heredibus mariti, quatenùs liberalitas interposita munita est, peti potest.

Proposit. non. decembr. Alexandro A. III. et Dione Coss. 230.

3. *Imp. Justinianus* A. *Mennæ præfecto prætorio.*

In dotibus, quas datas esse, dotalibus instrumentis conscribi moris est, cùm adhuc nulla datio, sed pollicitatio tantùm subsecuta sit : liceat non numeratæ pecuniæ exceptionem opponere, non solùm marito contra uxorem, vel ejus heredes, morte mulieris vel repudio dissoluto matrimonio ; sed etiam heredibus mariti, cujus morte dissolutum est matrimonium : socero etiam, vel ejus heredibus, si cum filio suo dotem suscepisse dotalibus instrumentis scriptum sit : omnique personæ, quam dotem suscepisse unà cum marito conscribitur, et ejus similiter heredibus : ita tamen, ut intra annum tantùm continuum à morte mariti, vel mulieris, vel missione repudii computandum, ea licentia detur.

Datum calend. junii, DN. Justiniano A. II. Coss. 528.

TITRE XV.

De la dot promise et non payée.

1. *Les empereurs Sévère et Antonin, et les Césars, à Dionysia.*

LE paiement, et non l'acte dotal, constitue la dot. C'est pourquoi vous n'ignorez pas que vous ne pouvez être admise à demander votre dot qu'en tant que vous prouverez d'une manière évidente qu'elle a été comptée à votre mari.

Fait le 13 des cal. d'août, sous le consul. de Chilon et de Libon. 205.

2. *L'emper. Alexandre à Papiniana.*

Ce que le mari a ajouté de ses propres biens à la dot durant le mariage, dans l'esprit de donner, peut, si cette donation ayant été faite légitimement il ne l'a pas depuis révoquée et est mort ensuite, être répété de ses héritiers.

Fait pendant les nones de décembre, sous le troisième consul. de l'empereur Alexandre et le premier de Dion. 230.

3. *L'empereur Justinien à Menna, préfet du prétoire.*

A l'égard des dots dont l'acte dotal fait ordinairement mention qu'elles ont été payées, tandis qu'elles ne l'ont point été, et qu'il n'en a été fait qu'une promesse; qu'il soit permis d'opposer l'exception de l'argent non compté, non-seulement au mari contre sa femme ou ses héritiers, lorsque le mariage a été dissout par la mort de la femme ou par la répudiation, mais encore à ses héritiers, si le mariage a été dissout par sa mort ; à son père ou à ses héritiers si l'acte dotal porte qu'il a reçu la dot avec son fils, et enfin à toute autre personne ou ses héritiers dont l'acte fera mention avoir reçu la dot avec le mari ; en sorte cependant qu'on n'ait pour opposer cette exception qu'une année continue, à compter de la mort du mari ou de la femme ou de l'envoi du libelle de répudiation.

Fait pendant les cal. de juin, sous le deuxième consul. de l'empereur Justinien. 528.

Authentique extraite de la Nov. 100, chap. 2.

Ce qui a lieu lorsque le mariage est dissout dans les deux années qui ont suivi sa célébration. Mais si la dissolution du mariage arrive après l'écoulement de deux années, mais non après l'espace de dix ans, il est permis au mari lui-même, ainsi qu'à ses héritiers, d'élever une contestation au sujet de la non numération de la dot, dans les trois mois seulement qui suivent la dissolution du mariage. Si le mariage n'est dissout qu'après l'écoulement de dix ans, il est défendu d'élever aucune contestation au sujet de la dot non payée, sauf la demande en restitution en entier, sur-tout si le réclamant est mineur.

In authent. Nov. 100, cap. 2.

Quod locum habet, si intra biennium solvatur matrimonium. Si autem ultra biennium usque ad decimum annum extendatur: et ipsi marito, et heredi ejus intra tres menses querela permittitur. Sed si decennium transcurrerit: omnino querela denegatur, permissa restitutione in integrum præfinita, et specialiter si minor ætas interveniat.

TITRE XVI.

Des donations entre le mari et la femme, de celles faites par les parens en faveur de leurs enfans, et de la ratification.

1. *L'empereur Antonin à Triphéna.*

QUOIQUE le fisc se soit emparé des biens de votre mari, qui n'a laissé aucun héritier, comme vacans, les donations qu'il a faites, s'il ne les a pas révoquées lui-même en changeant de volonté, ne peuvent l'être après sa mort.

Fait le 3 des ides de janvier, sous le consul. des deux Asper. 213.

2. *Le même empereur au soldat Marcus.*

Si vous prouvez devant le président de la province que la femme esclave dont vous parlez a été achetée avec votre argent, ce magistrat ordonnera qu'elle vous soit restituée, quoique le titre de l'achat porte que l'esclave dont il s'agit a été livrée pour cause de donation à votre concubine: car, quoique cette donation eût pu être valable à cause qu'elle n'a pas été faite par un époux en faveur de l'autre, je ne veux pas cependant que mes soldats puissent être dépouillés par les ruses et les séductions de leurs concubines.

Fait le 12 des cal. de mars, sous le quatrième consul. de l'empereur Antonin et le premier de Balbinus. 214.

TITULUS XVI.

De donationibus inter virum et uxorem, et à parentibus in liberos factis, et de ratihabitione.

1. *Imp. Antoninus A. Triphenæ.*

BONA quondam mariti tui fiscus, si nemine ei successore existente ut vacantia occupaverit: donationes ab eo factæ, si usque ad finem vitæ in eadem voluntate permansit, revocari non possunt.

Proposit. 3 id. januar. Duobus et Aspris Coss. 213.

2. *Idem A. Marco militi.*

Si ancillam nummis tuis comparatam esse præsidi provinciæ probaveris, donationisque causa focariæ tuæ nomine instrumentum emptionis esse conscriptum: eam tibi restitui jubebit. Nam licèt cessante jure matrimonii donatio perfici potuerit, milites tamen meos à focariis suis hac ratione, fictisque adulationibus spoliari nolo.

Propos. 12 calend. martii, Antonino A. IV. et Balbino Coss. 214.

3. *Idem A. Epicteto.*

Donatio mancipiorum aliarumque rerum, quas tibi ab uxore tua donatas dicis: si modò suæ potestatis, cùm donaret, fuit, vel patris sui voluntate id fecit, et in eadem voluntate donationis usque ad ultimum diem vitæ perseveraverit : et ex mea et divi Severi patris mei constitutione confirmata est. Sin autem post mortem filiæ facta est donatio à quondam socero tuo : etiam inter vivos ea perfici potuit.

Proposit. 4 nonas martii, Antonino A. IV. et Balbino Coss. 214.

3. *Le même empereur à Epictète.*

La donation d'esclaves et d'autres choses que vous dites que votre femme a faite en votre faveur est valable, et a été confirmée par ma constitution et celle de mon père, l'empereur Sévère, si toutefois la donatrice, était lorsqu'elle fit la donation, *sui juris*, ou si étant soumise à la puissance paternelle, elle a fait la donation avec le consentement de son père et ne l'a point révoquée depuis. Mais si la donation vous a été faite par le père de votre femme après la mort de cette dernière, elle a pu également avoir lieu entre vifs.

Fait le 4 des nones de mars, sous le quatrième consul. de l'empereur Antonin et le premier de Balbinus. 214.

4. *Idem A. Claudiano.*

Nec inter eas quidem personas, quarum juri subjecti sunt vir et uxor, qui quæve in eorum potestate sunt, donationes jure civili fieri possunt.

Proposit. 3 id. augusti, Duobus et Aspris Coss. 213.

4. *Le même empereur à Claudien.*

Par le droit civil, il ne peut exister de donations entre les personnes de la puissance desquelles les époux dépendent, ni entre celles qui sont sous leur puissance.

Fait le 3 des ides d'août, sous le consul. des deux Aspor. 213.

5. *Imp. Alexander A. Quintillæ.*

Si (ut proponis) pater tuus in cujus potestate fuisti, marito tuo genero suo instrumentum debitoris donationis causa dedit, isque matrimonio durante vita functus est, ac posteà à marito divertisti : quod gestum est, non valet.

Proposit. idib. februar. Albino et Maximo Coss. 228.

5. *L'empereur Alexandre à Quintilla.*

Si, comme vous l'exposez, votre père sous la puissance de qui vous étiez, ayant donné pour cause de donation à votre mari, son gendre, le titre d'une créance qui lui était due, et étant mort durant votre mariage, vous vous êtes séparée ensuite de votre mari, cette donation est nulle.

Fait pendant les ides de février, sous le consul. d'Albinus et de Maxime. 228.

6. *Idem A. Nepotiano.*

Etiam si uxoris tuæ nomine res quæ tui juris fuerant, depositæ sunt : causa proprietatis ea ratione mutari non potuit, etsi donasse te uxori res tuas ex hoc quis intelligat : cùm donatio in matrimonio facta, prius mortua ea quæ liberalitatem excepit, irrita sit. Nec est ignotum, quòd cùm probari non possit unde uxor matrimonii tempore honestè quæsierit, de mariti bonis eam habuisse, veteres juris auctores meritò crediderint.

Proposit. non. decembr. Alexandro A. III. et Dione Coss. 230.

6. *Le même empereur à Népotien.*

Quoique des choses qui vous appartenaient aient été déposées comme appartenantes à votre femme, la propriété n'a pu être changée par cela seul, quand même on voudrait conclure de là que vous les lui avez données ; parce que la donation faite entre les époux pendant le mariage est nulle, lorsque celui d'entre eux qui a reçu la libéralité prédécède l'autre. Ce n'est pas une chose ignorée, que les auteurs de l'ancien droit ont décidé avec justice, que lorsqu'on ne peut pas prouver d'où la femme a pu acquérir honnêtement certains biens, ces biens sont présumés faire partie de ceux de son mari.

Fait pendant les nones de décembre, sous le troisième consul. de l'empereur Alexandre et le premier de Dion. 230.

7. Le même empereur à Théodota.

Si, d'après le testament de votre père, vous vous êtes mariée avec le fils de votre tuteur, la donation que vous avez faite en faveur de votre mari est nulle de droit. Mais si le mariage n'est pas valable, quoiqu'alors dans ce cas la donation pût l'être; cependant, comme celui qui est indigne d'être mari, l'est aussi de recevoir une donation, vous avez les actions utiles pour révoquer la donation.

Fait pendant les cal. d'octobre, sous le consul. de Lupus et de Maxime. 253.

8. Le même empereur à Léon.

Si vous avez souffert que votre femme perçût pendant le tems du mariage les fruits des fonds qu'elle vous a apportés en dot et les a consommés, c'est sans raison que vous demandez que maintenant après le divorce ils vous soient restitués; si cependant votre femme en a été faite plus riche, vous pouvez la poursuivre pour autant.

Fait le 5 des cal. d'octobre, sous le consul. de Maxime et de Paternus. 234.

9. L'empereur Gordien à Origène.

Quoique votre femme ait acheté des esclaves avec votre argent, cependant s'ils lui ont été livrés par la tradition, elle en a la propriété et non vous; vous pouvez seulement répéter votre argent, soit que, administrant ses affaires, vous en ayez vous-même compté le prix, soit que vous lui ayez donné l'argent de ce prix par une donation que vous avez faite en sa faveur. C'est pourquoi vous pourrez la poursuivre par l'action compétente en restitution de la totalité du prix ou d'autant qu'elle en a été faite plus riche.

Fait le 8 des cal. d'octobre, sous le consul. de Pius et de Pontien. 239.

10. Le même empereur à Valérien.

Si le premier mari de votre femme lui a, étant *sui juris*, donné des fonds ou autres choses, et a persisté dans cette volonté jusqu'à sa mort; d'après le discours de l'empereur Sévère, la donation est confirmée. C'est pourquoi, si le père du défunt a injustement enlevé ces biens à la donataire,

7. Idem A. Theodotæ.

Si ex voluntate patris tui filio tutoris nupta es: collata in maritum donatio, ipso jure irrita est. Sed si matrimonium jure non valuit: licèt ipso jure donatio tenuerit; quia tamen indigna persona ejus fuit, qui nec maritus potest dici: utiles actiones super revocandis his tibi competunt.

Proposit. calend. octobr. Lupo et Maximo Coss. 253.

8. Idem A. Leoni.

Si fructus eorum prædiorum quæ in dotem accepisti, matrimonii tempore uxorem tuam percipere passus es, eosque uxor tua consumpsit: restitui tibi post divortium oportere, nulla ratione contendis. Sin autem ex his locupletior facta est: in tantum potest conveniri.

Proposit. 5 calend. octobr. Maximo et Paterno Coss. 254.

9. Imp. Gordianus A. Origeni.

Etsi de tua pecunia mancipia uxori tuæ comparata sunt: tamen si ei tradita sunt, eorum dominium non ad te, sed ad eam pertinet: pecuniæ autem tantummodò repetitionem habes, sive negotium ejus gerens numerationem fecisti, sive in eam donationem conferens quantitatem pretii largitus es. Etenim vel in solidum, vel quatenùs locupletior facta est, actione cum ea competenti experiri poteris.

Proposit. 7 calend. octobr. Pio et Pontiano Coss. 239.

10. Idem A. Valeriano.

Si maritus quondam uxoris tuæ, cùm sui juris esset, in eam prædia vel cætera donationis titulo contulit, et in ea voluntate usque ad mortem suam duravit: ex oratione divi Severi confirmata est donatio. At si eas res pater defuncti injuriosè abstulit: per præsidem provinciæ eas restituere cogetur. Nec enim quasi maleficiis ejus sit maritus extinctus, crimen intendens, sub prætextu accusationis, quæ donata sunt, auferre debuit : cùm causa liberalitatis à criminatione separata sit.

Proposit. 7 calend. februar. Ariano et Pappo Coss. 244.

11. *Idem* A. *Maximo.*

Sicut cessat petitio quantitatis, quam de suo maritus uxori in menses singulos vel annos singulos, proprii usus ejus gratia promittit : ita et ex ea causa nummi soluti erogatique, non dari repetitionem manifestum est.

Proposit. 5 calend. julii, Gordiano A. II. et Pompeiano Coss. 242.

12. *Idem* A. *Secundinæ.*

Si maritus tuus creditores sortitus, post factam in te donationem fundum, quem ex donatione juri tuo vindicas, iisdem specialiter obligavit : eandem obligationem defensionis tuæ firmitatem interrumpere, intelligere debes : cùm sit manifestum, non solùm hujusmodi obligatione, sed etiam donation vel venditione, vel alio quolibet modo rebus alienatis, revocatam esse à viro in mulierem factam donationem.

Proposit 3 calend. februar. Ariano et Pappo Coss. 244.

13. *Impp. Diocletianus et Maximianus* AA. *Rufinæ.*

Si quidem antè donationem possessionis in te jure (ut dicis) à marito collatam, prædium ab eodem creditori obligatum fuerit : alienationem ejus salvo jure debiti (si tamen juris ratio actionem ejus creditoris non excludit) factam esse, dubium non est. Quòd si donatione jure celebrata, eo quòd vel ante nuptias facta est, vel in iisdem casibus, in quibus etiam constante matrimonio donatio procedere potest, obligatio insecuta est : factum mariti, quem diem suum obiisse memorasti, juri tuo officere non posse, certum est.

Proposit.

---

qu'il soit forcé par le président de la province de les restituer : car il n'a pu lui enlever les biens donnés, même sous le prétexte de l'accusation qu'il fait, par laquelle la femme serait l'auteur de la mort de son mari ; parce que la cause de la libéralité est distincte de celle de l'accusation criminelle.

Fait le 7 des cal. de février, sous le consul. d'Arien et de Pappon. 244.

11. *Le même empereur à Maxime.*

De même que le mari ne peut répéter la somme qu'il a promis de donner de son bien propre à sa femme, chaque mois ou chaque année pour servir à son usage particulier, il est de même manifeste que l'argent que la femme a reçu et dépensé par suite de cette cause ne peut être répété.

Fait le 5 des cal. de juillet, sous le deuxième consul. de l'empereur Gordien et le premier de Pompéien. 242.

12. *Le même empereur à Sécundina.*

Si votre mari ayant depuis contracté des dettes, a obligé spécialement à ses créanciers le fonds dont il vous avait fait une donation, et que vous revendiquez à ce titre, vous devez savoir que par-là il a révoqué la donation dont vous vous prévalez : car il est certain que le mari est censé avoir révoqué la donation faite à sa femme, lorsqu'il a aliéné les choses qu'elle contenait, non-seulement par une obligation de cette sorte, mais encore par une donation, une vente ou à tout autre titre.

Fait le 3 des cal. de février, sous le consul. d'Arien et de Pappon. 244.

13. *Les emper. Dioclétien et Maximien à Rufina.*

Si, comme vous le dites, votre mari avait obligé le fonds à un créancier avant de vous en faire la donation, il n'est aucun doute que la donation ne soit valable, sauf ce qui est dû légitimement au créancier, si toutefois les lois n'excluent pas son action. Mais si la donation ayant été faite légitimement, soit parce qu'elle a précédé le mariage, soit parce qu'elle se trouve dans les cas où il est permis d'en faire durant le mariage, il s'en est ensuivi une obligation, il est certain que le fait de votre mari, que vous dites être mort, n'a pu nuire à votre droit.

Fait le 12 des cal. de juillet , sous le deuxième consul. de Maxime et le premier d'Aquilinus. 286.

14. *Les mêmes empereurs à Octaviana.*

Il ne résulte point des expressions insérées dans les actes de dernière volonté, quoiqu'elles puissent être utiles aux fidéicommis et aux legs, le droit absolu de demander le legs ou le fidéicommis : cela n'a lieu que dans le cas où le testateur a placé évidemment ces expressions dans sa dernière volonté dans le dessein de les laisser. C'est pourquoi votre requête ne présente point à décider une question de droit, mais une question de volonté. Comme donc nous nous sommes apperçus après avoir lu le testament, que votre mari par une donation précédente vous a réservé la propriété, qu'il a ensuite confirmé pour votre plus grande sûreté par son testament, il résulte des expressions du testament non qu'il vous ait été laissé un fidéicommis, mais une libéralité de votre mari, conforme aux dispositions du sénatus-consulte , laquelle en mourant il a voulu confirmer et rendre valable autant qu'il était en lui.

Fait le 3 des nones d'octobre , sous le consul. des mêmes empereurs.

15. *Les mêmes empereurs à Justus et autres.*

Si, voulant aliéner le fonds dont il s'agit, votre père n'a pas fait un vrai contrat, mais a transféré le fonds à votre mère par une donation couverte de l'image d'une vente, et que les biens qui lui sont restés ne suffisent point pour acquitter ce qu'il doit au fisc par suite de son administration primipilaire, on peut prendre sur le fonds donné, quoiqu'il n'ait pas révoqué la donation, de quoi compléter la somme nécessaire pour payer le fisc; mais il n'est aucun doute que le domaine du fonds en question ne soit resté parmi les biens de la succession , si votre père ayant changé de volonté , a révoqué la donation.

Fait le 4 des cal. de février , sous le consul. de Tybérien et de Dion. 291.

16. *Le même empereur à Théodore.*

Si vos fils émancipés ont acquis l'hérédité de leur mère, prouvez devant le

Tome II.

---

14. *Iidem* AA. *Octavianæ.*

Ex verbis quæ in postremis judiciis inseruntur, licèt ad fideicommissum vel legatum utilia sint, non tamen omninò legati vel fideicommissi persecutio datur : sed ita demùm si relinquendi studio hujusmodi verba fuerint adscripta. Unde te voluntatis, non juris quæstionem in preces tuas contulisse palàm est. Cùm igitur testamento lecto animadvertimus , maritum tuum ex præcedente donatione dominium tibi reservasse, securitatique tuæ ad obtinendam proprietatem cavisse : inditorum verborum conceptio non fideicommissum relictum ostendit, sed ex senatusconsulti auctoritate liberalitatem mariti tui, cui custodiendæ etiam moriens prospexerit , quatenùs firmare potuit dominium, mortis tempore tibi esse additam.

Proposit. 3 nonas octobris, ipsis et AA. Coss.

15. *Iidem* AA. *Justi et aliis.*

Si non verum contractum pater vester gessit, sed sub specie venditionis donationem possessionis in matrem vestram contulit, nec ex bonis quæ in persona patris vestri permansisse videbantur, aut primipilum indemnitati fiscali satisfieri potuit : licèt in eadem donandi voluntate perseveraverit : ex eadem tamen possessione ad supplendam pecuniam, quæ ex bonis ab eo relictis colligi nequiverit, conferendum est. Quòd si liberalitatis tenorem mutata voluntate pater tuus interrumpit : in hereditate ejus dominium resedisse, nulli dubium est.

Proposit. 4 calend. februarii , Tyberiano et Dione Coss. 291.

16. *Iidem* AA. *Theodoro.*

Si filii tui emancipati matris hereditatem sibi acquisierunt : proba apud præsi-

34

dem provinciæ, non donandi animo te nomine uxoris tuæ prædia comparasse, sed
nominis duntaxat ejus titulo usum, per
possessionem rerum à venditoribus tibi
traditarum dominium esse effectam, ut
comprehensa filiorum tuorum injuria,
proprietatis jus incolume perseveret. Nam
si largiendi proposito id te fecisse constiterit : pecuniæ tibi persecutio competit.

Proposit. 6 id. martii, Tyberiano et
Dione Coss. 291.

président de la province que vous n'avez
point acheté les fonds dont vous parlez
au nom de votre femme dans le dessein de
les lui donner, mais que vous n'avez seulement qu'employé son nom; ce que vous
pourrez faire en prouvant que vous avez
été constitué le propriétaire de ces fonds
par la tradition qui vous en a été faite
par les vendeurs, afin que l'injustice de
vos fils étant découverte, vous conserviez
dans son intégrité le droit de propriété.
Mais s'il est constant que vous avez employé le nom de votre femme dans le dessein de lui faire une largesse, vous n'avez
que le droit de demander le prix que vous
en avez donné.

Fait le 6 des ides de mars, sous le
consul. de Tybérien et de Dion. 291.

17. Iidem AA. et CC. Capitolinæ.

De his quæ extra dotem in domum illata, à marito erogata commemoras : si
quidem te donante consumpta sunt, intelligis adversus heredes non nisi in quantum locupletior fuit, habere te actionem.
Si verò contra voluntatem tuam : omnia
tibi restitui oportere.

Proposit. 8 calend. martii, Heracliæ
AA. Coss. 291.

17. Les mêmes empereurs et Césars à Capitolina.

Au sujet des choses qui, quoique ne faisant pas partie de la dot, ont été, à ce que
vous dites, consommées par votre mari, si
elles l'ont été par suite d'une donation que
vous lui en avez faite, vous savez que
vous n'avez contre ses héritiers qu'une
action pour obtenir la somme de laquelle
il a été fait plus riche pour cette cause;
mais s'il a consommé ces choses contre
votre volonté, il faut qu'elles vous soient
toutes restituées.

Fait à Héraclée, le 8 des cal. de mars,
sous le consul. des mêmes empereurs. 291.

18. Iidem AA. et CC. Maternæ.

A marito in uxorem donatione collata
matrimonii tempore, nec initio dominium
transferri potest : nec post, si divortium
intercesserit, vel prior persona quæ liberalitatem accepit, rebus humanis fuerit
exempta, vel ab eo qui donavit, fuerit revocata, potest convalescere.

Datum 4 calend. septembris AA. Coss.

18. Les mêmes empereurs et Césars à Materna.

La donation faite par le mari en faveur
de sa femme durant le mariage, ne peut
transférer le domaine dès le commencement; elle ne peut non plus par la suite
devenir valable, soit que le divorce intervienne depuis, ou que la donataire soit
prédécédée, soit enfin que le donateur ait
révoqué la donation.

Fait le 4 des cal. de septembre, sous
le consul. des mêmes empereurs.

19. Iidem AA. et CC. Dionysiæ

Si constante matrimonio tibi mater domum tradidit : hanc in tuis bonis fecit.

Datum id. jul. Philippopoli CC. Coss.

19. Les mêmes empereurs et Césars à Dionysia.

Si pendant le mariage votre mère vous
a transmis une maison, elle fait partie de
vos biens.

Fait à Philippeville, sous le consul. des
Césars.

20. *Les mêmes empereurs et Césars à*
Claudia.

Le créancier étant payé du montant de sa créance, n'a pu transférer à la femme de son ci-devant débiteur tout ou partie du fonds qui était obligé à sa créance ; il n'a pu non plus parvenir au même but qu'avec le consentement de son ancien débiteur, passant en faveur de la femme de ce dernier une vente imaginaire ; parce que ce qui a été fait par simulation, ainsi que les donations faites durant le mariage par le mari à sa femme, sont prohibés par le droit civil et considérés comme n'ayant jamais été fait : il ne peut naître aucun doute au sujet de la donation, puisque vous exposez que le mari a survécu à sa femme.

Fait le 5 des ides d'août, sous le consul. des Césars.

21. *Les mêmes empereurs et Césars à*
Maucalia.

Si par des contrats passés en votre propre nom, vous avez emprunté de l'argent que vous avez dépensé pour votre mari dans l'intention de ne lui en jamais demander compte ; comme ces dépenses n'ont point été faites pour des causes spéciales et utiles, et que le mari n'en a pas été fait plus riche, vous concevez que vous n'avez aucune action contre lui.

Fait le 3 des ides d'août, sous le consul. des Césars.

22. *Les mêmes empereurs et Césars à*
Archinoa.

Le mari, dans le dessein d'affranchir, peut donner durant le mariage un esclave à sa femme.

Fait pendant les cal. d'août, sous le consul. des Césars.

23. *Les mêmes empereurs et Césars à*
Céciliana.

Si votre belle-mère vous a envoyé en possession d'un fonds qu'elle vous a cédé à titre de donation avant ou après le mariage, le repentir ne suffit pas pour rescinder la donation.

Fait pendant les cal. de novembre, sous le consul. des Césars.

24. *L'empereur Constantin à Pétronius-*
Probinus.

J'ordonne que lorsque le mari a été

---

20. *Iidem AA. et CC. Claudiæ.*

Creditor debito soluto, de pignore liberato nihil ad uxorem debitoris quondam transferre potuit. Sed nec consensus ejusdem debitoris accedens per eum qui creditor fuit, imaginariæ factæ venditioni ad dominium transferendum prodesse quicquam potuit : cùm tam ea quæ simulatè aguntur, quàm quæ in uxorem à marito donationis causa tempore matrimonii procedunt, propter juris civilis interdictum (cùm proponas uxorem superstite marito rebus humanis exemptam) pro infectis habeantur.

Datum 5 id. augusti, CC. Coss.

21. *Iidem AA. et CC. Maucaliæ.*

Si propriis habitis contractibus, quam acceperas mutuam pecuniam, pro marito donationis causa erogasti : cùm hæc ad dignitatem profuerit, nec locupletior sit factus : intelligis, nullam tibi contra eum competere actionem.

Datum 3 id. augusti, CC. Coss.

22. *Iidem AA. et CC. Archinoæ.*

Maritus manumissionis causa servum mulieri constante matrimonio donare potest.

Sancit. calend. aug. CC. Coss.

23. *Iidem AA. et CC. Cæcilianæ.*

Si te in vacuam possessionem prædii socrus tua titulo donationis ante matrimonium vel post induxit : ad rescindendam donationem pœnitentia nihil proficit.

Sancit. calend. novembr. CC. Coss.

24. *Imp. Constantinus A. Petronio*
Probino.

Res uxoris, quæ vel successione quali-

34.

bet, vel emptione, vel etiam largitione viri in eam ante reatum jure pervenerant, damnato ac mortuo ex pœna marito, vel in servilem conditionem ex pœnæ qualitate deducto, illibatas esse præcipio, nec alieni criminis infortunio adstringi uxorem : cùm paternis maternisve ac propriis bonis frui eam integro legum statuto religiosum sit : et donatio maritalis ante tempus criminis ac reatus collata in uxorem, quia pudicitiæ præmio cessit, observanda sit, tanquam si maritum ejus natura, non pœna subduxerit. Sin autem aqua et igni ei interdictum erit, vel deportatio illata, non tamen mors ex pœna subsecuta : donationes à viro in uxorem collatæ, adhuc in pendenti maneant ; quia nec matrimonium in hujusmodi casibus dissolvitur : ita ut si usque ad vitæ suæ tempus maritus eas non revocaverit, ex morte ejus confirmentur ; fisco nostro ad easdem res nullam in posterum communionem habituro.

Datum 2 calend. martii, Sardiniæ, Crispo II. et Constantio II. CC. Coss. 321.

condamné à mort et a subi son supplice, ou lorsque par suite d'un jugement criminel il a été plongé dans la servitude, les biens que la femme a acquis par une succession quelconque, par achat ou même par largesses de son mari, faites légalement avant que son mari fût accusé, restent intacts et que la femme ne souffre point du crime de son mari, qui lui est étranger ; d'abord parce qu'il est de toute justice qu'elle jouisse, conformément aux lois, de ses biens paternels et maternels, ainsi que de ceux qui lui sont propres. Quant à la donation qui lui a été faite par son mari avant le tems du crime et celui de l'accusation, comme elle est la récompense de la pudeur, on doit se conduire à cet égard comme si le mari était mort naturellement et non par l'effet d'une peine. Mais si l'eau et le feu lui ayant été interdit ou si ayant été condamné à la déportation, la mort ne s'en est pas ensuivie, que les donations qu'il a faites en faveur de sa femme demeurent encore en suspens, parce que dans ces cas-là le mariage n'est pas dissout ; en sorte que s'il meurt sans les avoir révoquées, elles soient confirmées par le fait de sa mort, et que notre fisc à l'avenir n'ait aucun droit sur les choses qui en font l'objet.

Fait en Sardaigne, le 2 des cal. de mars, sous le deuxième consul. des Césars Crispus et Constance. 321.

Authentique extraite de la Novelle 22, chapitre 8.

Mais aujourd'hui aucun ingénu ne peut être fait esclave par suite d'une condamnation criminelle. C'est pourquoi ceci n'est point une cause de dissolution du mariage.

In authent. Nov. 22, cap. 8.

Sed hodie nemo bene natus à principio, ex supplicio fit servus : et ideo matrimonium non dissolvitur.

25. *Imp. Justinianus A. Mennæ præfecto prætorio.*

Donationes quas parentes in liberos cujuscumque sexus in potestate sua constitutos conferunt, vel uxor in suum maritum, vel maritus in suam uxorem, vel alteruter eorum in aliam personam, cui constante matrimonio donare non licet, vel aliæ personæ in eam cui donare non poterant : ita firmas esse per silentium donatoris vel donatricis sancimus, si usque ad quantitatem legitimam, vel eam exce-

25. *L'emp. Justinien à Menna, préfet du prétoire.*

Nous ordonnons que les donations faites par les parens en faveur de leurs enfans, quel que soit leur sexe, constitués sous leur puissance ; celles faites par la femme en faveur de son mari ou par le mari en faveur de sa femme, ou par l'un et l'autre d'entre eux en faveur d'une personne à laquelle il n'est pas permis de donner durant le mariage, et celles faites par d'autres personnes en faveur de quelqu'un à qui il n'est pas permis de donner, soient valables si, avant sa mort, le donateur ou la donatrice ne les a pas révoquées, si toutefois ayant pour objet une somme qui exige qu'elles soient insinuées, elles l'ont été : car nous ne permettons point que les donations qui, par la grandeur de leur objet, sont soumises par les lois à l'insinuation et n'ont pas été insinuées, soient confirmées par le silence du donateur. Mais si le donateur ou la donatrice les a confirmées spécialement dans son acte de dernière volonté, nous ordonnons qu'elles soient valables, soit qu'elles aient été insinuées ou non ; en sorte que cependant si étant soumises par les lois à l'insinuation, elles n'ont pas été insinuées, elles ne soient censées confirmées qu'à compter de l'époque de la confirmation spéciale ; tandis qu'à l'égard de la donation qui n'est point soumise à l'insinuation, ainsi que de celle qui y étant soumise a été insinuée, le silence du donateur ou de la donatrice et la confirmation spéciale, sont censés se rapporter à la date de la donation même, comme cela a de même lieu à l'égard des autres affaires. Nous ordonnons qu'on ne fasse plus usage de la subtile division du fait et du droit.

Fait pendant les ides de décembre, sous le deuxième consul. de l'empereur Justinien. 528.

26. *Le même empereur à Menna, préfet du prétoire.*

Nous ordonnons que les donations que l'auguste empereur a faites en faveur de sa très-pieuse épouse reine, et celles que celle-ci a faites en faveur de son très-sérénissime époux, soient sur-le-champ valables et obtiennent une pleine autorité ; parce que les contrats des princes tiennent lieu de loi et n'ont besoin d'aucune formalité externe.

Fait le 8 des ides d'avril, sous le consul. de Décius. 529.

27. *Le même empereur à Jean, préfet du prétoire.*

Lorsqu'une personne mariée, après avoir fait une donation en faveur de son époux, était prise par les ennemis, réduite en servitude, et mourait dans cet état dans le lieu de sa captivité, on demandait si une libé-

dentes, actis fuerint intimatæ. Nam amplioris quantitatis donationem minimè intimatam, nec per silentium ejus qui donavit, confirmari concedimus. Sin verò specialiter eas in suprema voluntate donator vel donatrix confirmaverit, sine ulla distinctione ratæ habebuntur : ita tamen, ut si quidem ultra lege finitam quantitatem expositæ, minimè in actis insinuatæ fuerint: specialis earum confirmatio ex eo tempore vim habeat, ex quo eædem donationes confirmatæ sunt. Si verò vel non amplior sit donatio, vel cùm amplior esset, in actis insinuata sit : tunc et silentium donatoris vel donatricis, et specialis confirmatio ad illud tempus refertur, quo donatio conscripta sit : sicut et alias ratihabitiones negotiorum gestorum ad illa reduci tempora oportet, in quibus contracta sunt. Nec in cæterum subtilem divisionem facti vel juris introduci posse.

Datum idib. decembr. DN. Justiniano A. II. Coss. 528.

26. *Idem A. Mennæ præfecto prætorio.*

Donationes quas divus imperator in piissimam reginam suam conjugem, vel illa in serenissimum maritum contulerit, illicò valere sancimus, et plenissimam habere firmitatem : utpote imperialibus contractibus legis vicem obtinentibus, minimeque opitulatione quadam extrinsecus egentibus.

Datum 8 id. aprilis, Decio V. C. Coss. 529.

27. *Idem A. Joanni præfecto prætorio.*

Si unus ex his qui matrimonio fuerant copulati, in alium donatione facta, ab hostibus captus esset, et in servitutem deductus, et posteà ibi morte peremptus : quærebatur an hujusmodi liberalitas, quam ante fecit, ex hoc roborari videretur, an vacillare? Et iterum si donator quidem in civitate Romana constitutus decessisset, mortis autem ejus tempore is qui donationem accepisset, in captivitate degeret, et post reversus esset : an videretur tunc donatio rata haberi? Cùm itaque in utroque casu oporteat augusto remedio causam dirimi : cùm nihil tam peculiare sit imperialis majestatis, quàm humanitas, per quam solam Dei servatur imitatio : in ambobus casibus firmam esse donationem censemus.

Datum calend. decembr. Lampadio et Oreste vv. cc. Coss. 53o.

ralité de cette sorte faite avant la captivité, par cet événement renforçait ou perdait son autorité? On demandait encore si le donateur étant mort sur le territoire romain, à l'époque de sa mort le donataire était en captivité et retournait ensuite, la donation se trouvait validée par le retour du donataire? L'un et l'autre cas ont besoin d'être décidés par une loi. Comme il n'est rien de plus propre à la majesté impériale que l'humanité par laquelle seule elle est l'image de Dieu, nous ordonnons que dans les deux cas la donation soit valable.

Fait pendant les cal. de décembre, sous le consul. de Lampadius et d'Oreste. 53o.

TITULUS XVII.

De repudiis, et judicio de moribus sublato.

1. *Imp. Alexander A. Abutinianæ.*

MATRIMONIUM quidem deportatione, vel aquæ et ignis interdictione non solvitur, si casus in quem maritus incidit, non mutet uxoris affectionem. Ideoque dotis exactio ipso jure non competit : sed indotatam eam esse, cujus laudandum propositum est, nec ratio æquitatis, nec exempla permittunt.

Proposit. non. novembr. Alexandro A. III. et Dione Coss. 23o.

TITRE XVII.

De la répudiation et de l'abolition de l'action de moribus.

1. *L'empereur Alexandre à Abutiniana.*

LE mariage n'est point dissout par la déportation ou par l'interdiction du feu et de l'eau, si toutefois le cas où se trouve le mari ne change point l'affection de la femme. C'est pourquoi l'exaction de la dot ne compète pas de droit ; mais ni l'équité ni l'exemple ne permettent pas que la femme dans ce cas reste sans dot, par cela seul qu'elle persiste dans sa louable affection pour son mari.

Fait pendant les nones de novembre, sous le troisième cons. de l'emp. Alexandre et le premier de Dion. 23o.

2. *Impp. Valerianus et Gallianus AA. et Valerianus Cæs. Paulinæ.*

Liberum est filiæ tuæ, si sponsum suum post tres peregrinationis annos expectandum sibi ultra non putet : omissa spe hujus conjunctionis, matrimonium facere, ne opportunum nubendi tempus amittat : cùm posset nuntium remittere, etiamsi, præsente illo, consilium mutare voluisset.

Proposit. 7 calend. aprilis Æmiliano et Basso Coss. 26o.

2. *Les empereurs Valérien et Gallien, et le César Valérien, à Paulina.*

Il est libre à votre fille si, après avoir attendu son fiancé pendant trois ans, et après avoir perdu toute espérance de s'unir à lui, de se marier avec un autre ; de peur qu'elle ne perde ensuite l'occasion favorable ; sur-tout pouvant, même s'il était présent, changer de volonté et envoyer le libelle de répudiation.

Fait le 7 des calend. d'avril, sous le cons. d'Émilien et de Bassus. 26o.

3. *Impp. Diocletianus et Maximianus AA. Tullio.*

Dubium non est, omnia omnino, quæ

3. *Les empereurs Dioclétien et Maximien à Tullius.*

Sans doute tout ce qui est fait légalement et avec réflexion, est, avec juste raison et conformément aux lois, ferme et valable. C'est pourquoi si, ayant donné une dot pour une femme et stipulé qu'à sa mort vous pourriez la répéter, on a feint, dans le dessein de vous tromper, une répudiation, et par ce moyen le mariage a été dissout en bien peu de tems, le président de la province n'hésitera pas de vous faire restituer les choses dotales que vous avez offertes avant le mariage : car il est certain que le président de la province doit faire en sorte que ce qui a été fait au mépris des lois n'obtienne aucun effet qui puisse profiter à ceux qui emploient la ruse pour éluder les lois, parce que de telles manœuvres nous déplaisent. La répudiation imaginaire est nulle, soit qu'elle ait pour objet de feindre la dissolution du mariage ou des fiançailles. Ces dispositions sont conformes aux opinions des auteurs de l'ancien droit.

Fait le 2 des calend. de septemb., sous le consul. des mêmes empereurs et des Césars.

4. *Les mêmes empereurs et les Césars à Pison.*

Le divorce de la fille n'est point en la puissance de la mère.

Fait le 3 des calend. de janvier, sous le cons. des Césars.

5. *Les mêmes empereurs et Césars à Schyron.*

L'empereur Marc notre père, très-religieux empereur, a décidé que lorsqu'une fille de famille voulait rester unie à son mari, et que cette union était approuvée par la mère, on ne devait pas s'arrêter à la volonté du père, qui, après avoir donné son consentement au mariage lors de sa célébration, le désapprouvait ensuite; à moins cependant que le père ne fût déterminé à agir ainsi par une grande et juste cause. En cas de dissolution du mariage, aucune disposition de droit ne force la femme de retourner malgré elle auprès de son mari. Le père ne peut à sa volonté faire prononcer le divorce à sa fille émancipée.

Fait à Nicomédie, le 5 des calend. de septemb., sous le cons. des Césars.

consilio rectè geruntur, jure meritoque effectu et firmitate niti. Quare si tu dotem pro muliere dedisti, et ex morte ejus repetitionem stipulatus es, circumscribendi autem tui causa ficto repudio, matrimonium brevi tempore rescissum est : res dotales quas ante nuptias obtulisti, præses provinciæ recipere te non dubitabit. Certum est enim daturum operam moderatorem provinciæ, ut quæ contra fas gesta sunt, fructum calliditatis obtinere non possint : cùm nobis hujusmodi commenta displiceant. Imaginarios enim nuntios, id est repudia, nullius esse momenti, sive nuptiis fingant se renuntiasse, sive sponsalibus : etiam veteribus juris auctoribus placuit.

Datum 2 calend. septembris, ipsis AA. et CC. Coss.

4. *Iidem* AA. *et* CC. *Pisoni.*

Filiæ divortium in potestate matris non est.

Datum 5 calend. januarii, CC. Coss.

5. *Iidem* AA. *et* CC. *Schyroni.*

Dissentientis patris, qui initio consensit matrimonio, cum marito concordante uxore filiafamilias, ratam non haberi voluntatem, divus Marcus pater noster religiossimus imperator constituit : nisi magna et justa causa interveniente hoc pater fecerit. Invitam autem ad maritum redire, nulla juris præcipit constitutio. Emancipatæ verò filiæ pater divortium in arbitrio suo non habet.

Datum 5 calend. septembris, Nicomediæ, CC. Coss.

In Authent. Nov. 22, cap. 19.

Econtra si filiifamilias distrahunt parente nolente, quid juris sit, exprimit nova constitutio de nuptiis, scilicet ne matrimonia distrahantur in læsionem parentum qui dotem vel ante nuptias donationem obtulerint aut susceperint soli, aut cum filiis : quia sicuti in contrahendo matrimonio consensus parentum exigitur, ita et in dissolvendo.

6. *Iidem* AA. *et* CC. *Phœbo.*

Licèt repudii libellus non fuerit traditus, vel cognitus marito, dissolvitur matrimonium.

Datum 18 calend. januarii, Nicomediæ, CC. Coss.

7. *Imp. Constantinus* A. *Dalmatio.*

Uxor, quæ in militiam profecto marito post interventum annorum quatuor, nullum sospitatis ejus potuit habere indicium; atque ideò de nuptiis aliis cogitavit, nec tamen antè nupsit, quàm libello ducem super hoc suo voto convenit : non videtur nuptias iniisse furtivas, nec dotis amissionem sustinere, nec capitali pœnæ esse obnoxia, quæ post tam magni temporis jugitatem non temerè, nec clanculò, sed publicè contestatione deposita nupsisse firmatur. Ideòque observandum est, ut si adulterii suspicio nulla sit, nec conjunctio furtiva delegatur : nullum periculum ab his, quorum conjugio erant copulatæ, vereatur : cùm si conscientia maritalis tori furtim esset violata, disciplinæ ratio pœnam congruam flagitaret.

Datum Feliciano et Titiano Coss. 337.

Authentique extraite de la Nov. 22, chap. 19.

Une nouvelle constitution sur le mariage expose ce qui doit avoir lieu dans le cas où les fils de famille demandent le divorce malgré la volonté de leurs parens. Cette constitution pourvoit à ce que les mariages ne soient pas dissous au préjudice des parens qui ont offert ou reçu seuls ou avec leurs enfans, la dot ou la donation *ante nuptias*. Car de même que l'on exige le consentement des parens pour la célébration du mariage, de même on doit l'exiger pour sa dissolution.

6. *Les mêmes empereurs et Césars à Phébus.*

Quoique le libelle de répudiation n'ait point été signifié au mari, ni connu de lui, le mariage est dissout.

Fait à Nicomédie, le 18 des calend. de janvier, sous le cons. des Césars.

7. *L'empereur Constantin à Dalmatius.*

La femme qui, pendant l'espace de quatre années, n'a pu avoir aucun indice sur l'existence de son mari parti pour l'armée, et qui, à cause du désespoir où cette longue absence la mettait de le revoir, a pensé à se marier de nouveau, si avant de contracter ce nouveau mariage elle a fait signifier ses intentions au général sous lequel servait son mari, n'est point considérée comme ayant contracté un mariage secret, et par conséquent ne doit point perdre sa dot, ni être condamné à la peine de mort; elle qui, après un si long espace de tems, n'a point passé par un second mariage témérairement ni secrétement, mais a manifesté ses intentions publiquement. C'est pourquoi on doit faire en sorte que, s'il n'existe aucun soupçon d'adultère, ni que l'union qu'elle a contractée soit secrète, ceux à qui de telles femmes se sont unies ne soient point recherchés et inquiétés à cet égard; comme pour le maintien des mœurs, ils seraient soumis à la peine prescrite par les lois, si sciemment ils avaient violé secrétement le lit conjugal.

Fait sous le cons. de Félicien et de Titien. 337.

Authentique extraite de la Nov. 117, *chap.* 11.

In authent. Nov. 117, *cap.* 11.

Aujourd'hui, quel que soit le nombre d'années que le mari reste à l'armée, la femme doit supporter son absence, quand même elle ne recevrait de lui ni lettres ni réponses à celles qu'elle lui a écrites. Mais si elle a appris que son mari est mort, qu'avant de se remarier elle interroge par elle-même ou par autre le chef sous lequel son mari servait, pour s'assurer s'il est réellement mort ; lequel chef doit certifier par le serment prêté en présence du juge, que la personne au sujet de laquelle on demande des renseignemens est véritablement décédée. Cela fait, la femme pourra se remarier après l'expiration d'une année. Mais si elle contracte mariage sans observer ces formalités, qu'elle-même, ainsi que son nouvel époux, soient punis comme adultères. Si le chef qui, dans cette circonstance, a été soumis au serment, est convaincu de l'avoir prêté faussement, qu'il soit dégradé et condamné à payer à celui qu'il a juré faussement être mort, la somme de dix livres d'or. Il aura encore la liberté, s'il le désire, de reprendre son ancienne femme.

Hodie quantiscunque annis maritus in expeditione manserit, mulier sustinere debet, licèt neque litteras neque responsum ab eo acceperit. Sed si mortuum audierit : non priùs nubat, quàm per se vel per alium, eum sub quo militabat, adiens, interrogaverit si pro veritate mortuus est : ut apud gesta deponatur cum jurejurando, si mortuus sit : quo subsecuto, post annum nubat. Si verò præter hæc nupserit : tam ipsa, quàm qui eam duxerit, velut adulteri puniantur. Sed qui juraverit, si falsò jurasse convincatur : militia nudatur, decem libras auri solvet illi quem mortuum fuisse mentitus est : eo licentiam habente, si voluerit, suam uxorem recipere.

8. *Les empereurs Théodose et Valentinien à Hormisdas, préfet du prétoire.*

8. *Impp. Theodosus et Valentinus* AA. *Hormisdæ præfecto prætorio.*

Nous ordonnons qu'on puisse contracter légitimement mariage par le seul consentement, et que celui qui a une fois été contracté ne puisse être dissout que par l'envoi du libelle de répudiation : car la faveur due aux enfans exige que le mariage une fois contracté ne puisse être facilement dissout.

Consensu licita matrimonia posse contrahi : contracta, non nisi misso repudio, dissolvi præcipimus. Solutionem etenim matrimonii difficiliorem debere esse, favor imperat liberorum.

§. 1. Nous désignons clairement par cette loi très-utile les causes qui peuvent permettre la répudiation : car, de même que nous défendons que sans juste cause le mariage puisse être dissout, de même lorsqu'il y a nécessité nous délivrons par un funeste secours, il est vrai, mais nécessaire, celui des époux qui est opprimé.

§. 1. Causas autem repudii hac saluberrima lege apertiùs designamus. Sicut enim sine justa causa dissolvi matrimonia justo limite prohibemus : ita adversa necessitate pressum, vel pressam quamvis infausto, attamen necessario auxilio cupimus liberari.

§. 2. Donc si une femme a découvert que son mari est adultère, homicide, empoisonneur, ou qu'il a conspiré contre nous ou a été condamné pour crime de faux, ou si elle prouve qu'il a violé les tom-

§. 2. Si qua igitur maritum suum adulterum, aut homicidam, aut veneficium, vel certè contra nostrum imperium aliquid molientem, vel falsitatis crimine condemnatum invenerit, si sepulchrorum dis-

solutorem, si sacris ædibus aliquid subtrahentem, si latronem, vel latronum suscep-
torem, vel abactorem, aut plagiarium,
vel ad contemptum sui domus vel suæ
ipsa inspiciente cum impudicis mulieribus
(quod maximè etiam castas exasperat)
cœtum ineuntem, si suæ vitæ veneno, aut
gladio, aut alio simili modo insidiantem,
si se verberibus (quæ ingenuis aliena sunt)
adficientem probaverit : tunc repudii auxilio uti necessario ei permittimus libertatem, et causas dissidii legibus comprobare.

In authent. Nov. 117, cap. 9.

Sed novo jure vir qui sine causa hoc
fecerit, ex alia substantia sua etiam constante matrimonium tantum dabit uxori,
quantum tertia pars fecit ante nuptialis lar-
gitates, sed matrimonium ob id non solvitur.

Finis authenticæ.

Sequitur textus Codicis.

§. 3. Vir quoque pari fine claudetur,
nec licebit ei sine causis apertiùs designatis propriam repudiare jugalem : nec ullo
modo expellatur, nisi adulter, n, vel vene-
ficam, aut homicidam, aut plagiariam,
aut sepulchrorum dissolutricem, aut ex sacris ædibus aliquid subtrahentem, aut latronum fautricem, aut extraneorum virorum se ignorante vel nolente convivia ap-
petentem, aut ipso invito sine justa et probabili causa foris scilicet pernoctantem :
vel circensibus, vel theatralibus ludis, vel
arenarum spectaculis in ipsis locis, in quibus hæc adsolent celebrari, se prohibento
gaudentem : vel sibi veneno, vel gladio,
aut alio simili modo insidiatricem, vel
contra nostrum imperium aliquid machi-
nantibus consciam, seu falcitatis se crimini
immiscentem invenerit, aut manus auda-
ces sibi probaverit ingerentem. Tunc enim
necessariò ei discedendi permittimus facultatem, et causas dissidii legibus comprobare.

beaux, volé quelque chose appartenant
aux églises, qu'il est voleur ou recéleur
des voleurs, ou voleur de bétail, pla-
giaire, ou qu'au mépris de sa maison et
d'elle-même, il a amené en sa présence
des femmes impudiques dans la maison
conjugale (ce qui sur-tout irrite justement
la chasteté), ou qu'il a attenté à sa vie
par le venin, le glaive ou de toute autre
manière, ou enfin qu'il l'a frappée (ce
qui est défendu à l'égard des femmes ingénues); nous lui donnons, si elle prouve,
comme nous l'avons déjà dit, l'existence
de l'une de ces causes, la liberté d'user
du secours nécessaire de la répudiation.
Authentique extraite de la Nov. 117,
chap. 9.

Mais, d'après le nouveau droit, le mari
qui sans cause aura battu sa femme, sera
condamné à lui donner, même durant le
mariage, une somme égale au tiers de la
donation *ante nuptias;* le mariage ne sera
pas néanmoins dissout à cause de cela.

Fin de l'authentique.

Suit le texte du Code.

§. 3. Que la faculté du mari de répudier sa femme, soit renfermée dans de
pareilles bornes, et qu'il ne lui soit permis de la répudier que dans les cas expressément désignés par cette loi. C'est
pourquoi qu'il ne puisse en venir à la
répudiation qu'en tant qu'il prouvera que
sa femme est coupable d'adultère, d'em-
poisonnement, d'homicide, de plagiat,
de violation de tombeau, de vol portant
sur quelque chose appartenant aux saintes
églises, de complicité avec des voleurs,
de s'être, à l'insu ou malgré les oppositions de son mari, efforcée d'assister à
des banquets composés d'hommes qui lui
étaient étrangers, d'avoir malgré son mari
découché sans juste cause, d'avoir assisté,
malgré encore les oppositions de son mari,
aux jeux du cirque et du théâtre, et aux
spectacles des arènes, d'avoir attenté à la
vie de son mari par le poison, le glaive
ou de toute autre manière, d'être complice de quelque conspiration contre notre
empire, ou qu'elle est coupable de crime
de faux, ou enfin d'avoir levé contre son
mari des mains audacieuses. Car dans ces

cas nous accordons, comme la nécessité l'exige, au mari la faculté de se séparer de sa femme, et de prouver, conformément aux lois, les faits qu'il rapporte à l'appui de la répudiation qu'il demande.

§. 4. Que le mari ou la femme qui ne se conformeront point à ces dispositions soient punis de la peine portée par cette loi prévoyante et vengeresse. C'est pourquoi si la femme, ne prouvant aucune des causes expressément désignées dans cette loi, a envoyé le libelle de répudiation, qu'elle perde sa dot et la donation *ante nuptias*, et qu'elle ne puisse en aucune manière se remarier avant l'expiration de l'espace de cinq ans, à dater de l'époque de l'envoi du libelle de répudiation. Il est en effet équitable qu'elle ne jouisse point du mariage dont elle s'est rendue indigne en faisant dissoudre sans justes motifs celui qu'elle avait déjà contracté. Dans le cas où, malgré la présente prohibition, elle se marierait dans les cinq années qui suivront l'envoi du libelle de répudiation, nous la déclarons infame et nous ne voulons point que son prétendu mariage porte le nom de mariage. Nous accordons en outre la faculté à quiconque le voudra, d'attaquer ce prétendu mariage. Mais si elle prouve l'assertion qu'elle a avancée à l'appui de sa demande en répudiation, nous ordonnons qu'elle récupère sa dot et qu'elle ait en gain la donation *ante nuptias*, ce qu'elle pourra revendiquer conformément aux lois; nous lui défendons néanmoins de se marier avant l'expiration d'une année à compter de l'époque de la répudiation, afin qu'il ne s'élève aucun doute sur la paternité des enfans.

§. 5. Nous ordonnons par cette loi, que le mari qui prouve que sa femme est coupable des crimes qui permettent la demande en répudiation, ait non-seulement la dot, mais la donation *ante nuptias*, ou qu'il puisse la revendiquer, et qu'il lui soit permis d'épouser même aussitôt, s'il le désire, une autre femme.

§. 6. A l'égard du crime d'adultère, ou de lèse majesté, dont le libelle de répudiation envoyé par le mari ou la femme contient l'accusation, on doit, si l'on ne

§. 4. Hæc nisi vir et mulier observaverint, ultrice providentissimæ legis pœna plectentur. Nam mulier si contempta lege repudium mittendum esse tentaverit : suam dotem et ante nuptias donationem amittat, nec intra quinquennium nubendi habeat denuò potestatem. Æquum est enim eam interim carere connubio, quo se monstravit indignam. Quòd si præter hoc nupserit, erit ipsa quidem infamis, connubium verò illud nolumus nuncupari : insuper etiam arguendi hoc ipsum volenti concedimus libertatem. Si verò causam probaverit intentatam, tunc eam et dotem recuperare, et ante nuptias donationem lucro habere, aut legibus vindicare censemus ; et nubendi post annum ei (ne quis de prole dubitet) permittimus facultatem.

§. 5. Virum etiam, si mulierem interdicta arguerit attentantem : tam dotem, quàm ante nuptias donationem sibi habere seu vindicare, uxoremque (si velit) statim ducere, hac justa definitione sancimus. Sin autem aliter uxori suæ renuntiare voluerit : dotem redhibeat, et ante nuptias donationem amittat.

§. 6. Servis etiam seu ancillis puberibus, si crimen adulterii vel majestatis ingeritur, tam viri, quàm mulieris, ad examinandam causam repudii, quò veritas aut faciliùs eruatur, aut liquidiùs delegatur, si tamen alia documenta defecerint, quæstionibus subdendis. Super plagis etiam (ut dictum est) illatis, ab alterutro commovendis, easdem probationes (quoniam non facilè, quæ domi geruntur, per alienos poterunt confiteri) volumus observari.

§. 7. Si verò filio vel filiis, filia vel filiabus extantibus, repudium missum est: omne quicquid ex nuptiis lucratum est, filio seu filiis, filiæ seu filiabus post mortem accipientis servari : id est, si pater temerè repudium miserit, donationem ante nuptias à matre servari ; si mater, dotem ipsam eidem vel eisdem filio seu filiæ patre moriente dimitti censemus : patri videlicet vel matri in scribendis filiis heredibus si unum seu unam vel omnes scribere, vel uni ex his donare velit, electione servata. Nec ullam alienandi seu supponendi memoratas res permittimus facultatem. Sed si aliquid ex iisdem rebus defuerit : ab heredibus, seu earum detentatoribus (si tamen non ipsos heredes scripserit, aut scripti filii non adierint) resarciri præcipimus : ut etiam hoc modo inconsulti animi à repudio mittendo detrimento retrahantur.

§. 8. Pactiones sanè si quæ adversus præsentia scita nostræ majestatis fuerint attentatæ, tanquam legibus contrarias, nullam habere volumus firmitatem.

Datum 5 id. januarii, Protogene et Astorio Coss. 449.

9. *Imp. Anastasius* A. *Theodoro præfecto prætorio.*

Si constante matrimonio communi consensu tam viri, quàm mulieris repudium sit missum, quo nulla causa continetur, quæ consultissimæ constitutioni divæ me

peut se procurer d'autres preuves, soumettre les esclaves pubères mâles ou femelles à la question, et prendre leur témoignage, afin de parvenir plus facilement à la découverte de la vérité. Nous voulons qu'on admette les mêmes preuves pour prouver la cruauté du mari ou de la femme, parce qu'il est difficile d'avoir d'autres témoignages sur ce qui concerne ce qui se passe dans l'intérieur de la maison.

§. 7. Si, lors de la répudiation, il existe des enfans, garçons ou filles, nous ordonnons que celui des ci-devant époux qui jouira des gains nuptiaux soit tenu de les leur restituer à sa mort ; c'est-à-dire que si c'est le père qui a envoyé sans juste cause le libelle de répudiation, la mère conserve pour les enfans la donation *ante nuptias ;* si c'est la mère, que le père restitue à sa mort la dot aux enfans, quel que soit leur sexe. Néanmoins le père et la mère ont la faculté d'instituer héritier, pour ce qui concerne ces gains nuptiaux, un ou tous ces enfans, ou de les donner à l'un d'entr'eux en excluant tous les autres à leur choix. Ils ne peuvent en aucune manière aliéner ou engager ces sortes de biens. C'est pourquoi, s'il s'en trouve d'aliénés, nous ordonnons que les héritiers, ou s'il n'y a pas d'héritiers écrits, ou si les enfans ayant été institués, ils n'ont pas accepté l'hérédité, que les détenteurs de ces biens soient tenus de les restituer ou d'en donner la valeur aux enfans ; afin que par ce moyen les enfans ne souffrent point de la dissolution du mariage arrivée par l'effet de la légéreté de l'un des époux.

§. 8. Nous voulons que, s'il a été fait des pactes contraires à la présente loi, ils n'aient, comme non conformes aux lois, aucune force.

Fait le 5 des ides de janvier, sous le cons. de Protogène et d'Astorius. 449.

9. *L'empereur Anastase à Théodore, préfet du prétoire.*

Si le mariage a été dissout par le consentement mutuel, et non en vertu des causes désignées dans la constitution des empereurs Théodose et Valentinien, de

.divine mémoire, la femme peut convoler à de secondes noces après l'expiration de l'année qui suit la dissolution du mariage, et n'est point tenue d'attendre l'expiration de cinq années.

Fait le 15 des calend. de mars, sous le deuxième cons. de l'empereur Anastase. 497.

Authentique extraite de la Nov. 117, *chap.* 10.

Aujourd'hui le divorce par consentement mutuel n'a lieu que dans le cas où le dessein des époux serait de vivre dans la continence et la chasteté; et dans ce cas la dot et la donation *ante nuptias* doivent être conservées aux enfans. Mais si le mariage ayant été dissout par le consentement mutuel, les époux ont convolé à de secondes noces ou vivent dans l'incontinence, ils perdent la propriété de la dot et de la donation *ante nuptias*, qui doit être transmise aux enfans. S'il n'existe point d'enfans, ces biens doivent être adjugés au fisc. Les époux délinquans doivent être en outre soumis aux autres peines portées par les lois.

10. *L'empereur Justinien à Menna, préfet du prétoire.*

Nous ajoutons aux causes légitimes de divorce déjà expressément désignées, le cas où le mari n'aurait pu, pendant deux ans continus, à compter de l'époque du mariage, remplir, à cause de son impuissance naturelle, les devoirs nuptiaux envers sa femme. Nous ordonnons que la femme ou ses parens puissent, sans danger de perdre la dot, envoyer au mari le libelle de répudiation : en sorte cependant que la donation *ante nuptias* soit conservée au mari.

Fait le 3 des ides de décemb. , sous le deuxième cons. de l'empereur Justinien. 528.

Authentique extraite de la Nov. 22, *chap.* 6.

Mais aujourd'hui au lieu de deux années, on doit en attendre trois à compter de l'époque de la cohabitation des époux.

11. *Le même empereur à Hermogène, maître des offices.*

Nous ordonnons que quiconque a vécu,

---

moriæ Theodosii et Valentiniani inserta est : licebit mulieri non quinquennium expectare, sed post annum ad secundas nuptias convolare.

Datum 15 calend. martii, Anastasio A. II. Coss. 497.

In authent. Nov. 117, *cap.* 10.

Quod hodie non licet, nisi castitatis concupiscentia hoc fiat : tam dote, quàm ante nuptias donatione filiis conservatis. Quæ si alias postea nuptias contrahere, vel luxuriosè vivere inveniantur : liberis tradendæ sunt earum facultates : delinquentibus earum proprietatem amittentibus. Filiis autem non extantibus, fisco applicantur. Et qui talia deliquerint, legitimis subjiciantur pœnis.

10. *Imp. Justinianus A. Mennæ præfecto prætorio.*

In causis jamdudum specialiter definitis, ex quibus rectè mittuntur repudia, illam addimus, ut si maritus uxori ab initio matrimonii usque ad duos annos continuos computandos coire minimè propter naturalem imbecillitatem valeat : possit mulier, vel ejus parentes, sine periculo dotis amittendæ repudium marito mittere : ita tamen, ut ante nuptias donatio eidem marito servetur.

Datum 3 id. decembris, DN. Justiniano A. II. Coss. 528.

In authent. Nov. 22, *cap.* 6.

Sed hodie non biennium solum, sed triennium enumerari volumus ex ipso tempore copulationis computandum.

11. *Idem A. Hermogeni magistro officiorum.*

Jubemus, ut quicunque mulierem cum

voluntate parentum, aut si parentes non habuerit, sua voluntate maritali affectu in matrimonium acceperit : etiam si dotalia instrumenta non intercesserint, nec dos data fuerit : tanquam si cum instrumentis dotalibus tale matrimonium processisset, firmum conjugium eorum habeatur. Non enim dotibus, sed affectu matrimonia contrahuntur.

§. r. Si quis autem eam, quam sine dote uxorem acceperat, à conjugio suo repellere voluerit : non aliter ei hoc facere liceat, nisi talis culpa intercesserit, quæ nostris legibus condemnatur. Si verò sine culpa eam rejecerit, vel ipse talem culpam contra innocentem mulierem commiserit : compellatur ei quartam partem propriæ substantiæ pro rata portione persolvere : ut si quidem quadringentarum librarum auri, vel amplius, vir substantiam habeat : centum libras auri mulieri præstet, et nihil amplius, et si quantamcunque substantiam possideat. Sin verò minus quadringentis libris auri pura substantia ejus fuerit, tunc quarta pars computatione facta puræ substantiæ ejus usque ad minimam quantitatem mulieri detur. Eodem modo servando et in mulieribus quæ indotatæ constitutæ, si sine culpa mariti constitutionibus cognita eos repudiaverint, vel ipsæ culpam innocenti marito præbuerint : ut ex utraque parte æqua lance et æquitas et pœna servetur. Hoc lucro quartæ partis, filiis quidem non extantibus, ipsi viro et mulieri competente, et ab his quomodo voluerint, disponendo. Filiis autem, et deinceps personis ex eodem matrimonio intervenientibus, eis servando ad similitudinem dotis, et propter nuptias donationis per omnia quæ super his statuta sunt,

en lui portant toute l'affection qui convient à un mari, avec une femme par suite de la volonté de ses parens, ou si elle n'en a pas, par suite de sa propre volonté, soit, quoiqu'il ne soit intervenu aucun acte dotal, et qu'il n'ait point été donné de dot, censé uni avec cette femme en légitime mariage et tout comme s'il avait été fait des conventions matrimoniales : car les dots ne constituent point les mariages, mais la seule affection.

§. 1. C'est pourquoi si quelqu'un désire se séparer de la femme qu'il a reçue en mariage sans dot, qu'il ne lui soit permis de le faire qu'en tant qu'il apportera à l'appui de sa demande une des causes de divorce énumérées dans nos lois. S'il a divorcé sans juste cause, ou si sa femme innocente peut lui reprocher à lui-même une des causes de divorce désignées par les lois, qu'il soit forcé de lui donner le quart de la valeur de ses propres biens, si leur totalité ne se porte pas au delà de quatre cents livres d'or ; dans la supposition où le patrimoine du mari se porterait à cette somme, il devrait fournir à sa femme cent livres d'or. Mais quoique les biens du mari se montent à une plus forte somme, la femme ne doit avoir que la même somme de cent livres d'or. Si le patrimoine net du mari s'élève à une somme moindre que quatre cents livres d'or, la femme, comme nous l'avons déjà dit, doit en avoir la quatrième partie. Les mêmes dispositions doivent être observées à l'égard des femmes indotées qui ont répudié leurs maris sans causes légitimes, ou qui ont fourni elles-mêmes des causes de divorce à leurs maris innocens ; afin que de part et d'autre l'égalité des avantages et de la peine soit conservée. Ce quart de biens qui échoit au mari ou à la femme dans le cas dont il est parlé ci-dessus leur appartient en propre lorsqu'il n'existe pas d'enfans du mariage qui a été dissout, et ils peuvent en disposer de la manière qu'ils jugeront à propos. Mais s'il existe des enfans ou des petits-enfans de ce mariage, on doit observer en toutes choses, à l'égard de ce quart des biens, ce qui a été statué au sujet de la dot et de la donation *propter nuptias.*

§. 2. Nous ajoutons aux causes de divorce énumérées dans les lois, le cas où la femme se fait d'elle-même et volontairement avorter ; celui où elle est tellement impudique qu'elle ose pour cause de libertinage, se baigner dans un même bain avec d'autres hommes que son mari, et celui enfin où pendant l'existence du mariage, elle s'est efforcée de s'unir à un autre mari. Nous ordonnons que les constitutions qui traitent des causes de divorce provenantes du mari ou de la femme, soient applicables aux trois cas rapportés ci-dessus, et que de la même manière que dans les autres cas la dot et la donation *propter nuptias* périssent ; de même dans ces trois cas le quart des biens que, par la présente loi, nous avons accordé au mari ainsi qu'à la femme, soit enlevé aux femmes indotées. L'action des mœurs créée par les lois anciennes, et qui était tombée en désuétude, est entièrement abolie. Toutes les clauses de divorces qu'on trouve dans les lois anciennes sont abolies, excepté celles qui ont été confirmées par la présente constitution, et celles qui l'ont précédées.

Fait le 12 des calend. de décemb., sous le deuxième cons. de l'empereur Justinien. 528.

§. 2. Inter culpas autem viri et uxoris constitutionibus enumeratas et has adjicimus, si fortè uxor sua ope vel industria abortum fecerit ; vel ita luxuriosa est, ut commune lavacrum cum viris libidinis causa habere audeat ; vel dum est in matrimonio, alium maritum fieri sibi conata fuerit. Et in his enim casibus locum habere constitutiones sancimus, quæ de culpa tam mariti quàm uxoris loquuntur, ut quemadmodùm dos vel donatio propter nuptias perit, ita et mulieres indotatæ in quartam partem, quam et viris et mulieribus ex hac lege destinavimus, amissionis periculum sustineant. Judicio de moribus, quod anteà quidem in antiquis legibus positum erat, non autem frequentabatur, penitus abolito. Omnibus etenim causis requisitis et perlectis, quas antiquitas introducebat, nihil validum præter eas quas anteriores constitutiones et præsens dispositio introduxit, invenimus.

Datum 12 calend. decembris, DN. Justiniano A. II. Coss. 528.

TITRE XVIII.

De la demande de la dot dans le cas de la dissolution du mariage.

1. Les empereurs Sévère et Antonin à Gémilla.

IL est certain que lorsque la dot a été estimée, et qu'il est intervenu à ce sujet un pacte ou une stipulation, les choses qui la composent, si elles existent encore, doivent être rendues à la femme dans le cas de la dissolution du mariage. Si parmi les biens qui composent la dot on trouve des femmes esclaves, il est encore certain qu'elles doivent être restituées en vertu de l'action *ex stipulatu*.

Fait le 3 des ides d'avril, sous le cons. de Latéran et de Rufinus. 198.

TITULUS XVIII.

Soluto matrimonio, quemadmodum dos petatur.

1. Impp. Severus et Antoninus AA. Gemillæ.

DUBIUM non est, post æstimationem dotis pactione vel stipulatione interposita, ut si ipsæ res dissoluto matrimonio extarent, uxori reddantur : et ancillas cum partu ex stipulatu judicio restitui oportere.

Proposit. 3 id. aprilis, Laterano et Rufino Coss. 198.

2. *Iidem* AA. *Aquiliæ.*

Secundùm rationem juris existimas restitui tibi debere dotem à fisco, qui bona
damnati patris tui suscepit. Licèt enim
viro quondam tuo pater tuus extiterit , attamen juri tuo hoc derogare non
potest : cùm et ipse pater sine voluntate
tua nec exigere nec accipere dotem poterat.

Datum pridiè non. aprilis , Apro et
Maximo Coss. 208.

3. *Imp. Antoninus* A. *Hostiliæ.*

Si ignorans statum Erotis, ut liberum
duxisti, et dotem dedisti, isque posteà servus est judicatus : dotem ex peculio recipies, et si quid præterea eum tibi debuisse
apparuerit. Filii autem tui, ut ex libera
nati , incerto tamen patre, spurii ingenui
intelliguntur.

Proposit. 3 calend. septembris, Læto et
Cereali Coss. 216.

4. *Imp. Alexander* A. *Apollonio.*

Dos à patre profecta, si in matrimonio
decesserit mulier filiafamilias, ad patrem
redire debet.

Proposit. 18 calend. septembris, Fusco
et Dextro Coss. 226.

5. *Impp. Valerianus et Gallienus* AA.
et Valerianus Cæs. Tauro.

Si quidem vivit apud hostes uxor tua,
nondum frater ejus quasi heres dotem repetere potest. Si verò diem functa est, et
hereditatem ejus possit vindicare : dotis
quoque repetitio ei jure competit, cùm in
stipulatum deducta sit.

Proposit. 2 non. maii , Æmiliano et
Basso Coss. 260.

6. *Impp. Diocletianus et Maximianus*
AA. *Alexandræ et Neroni.*

Si circumscripta matre vestra, viliore
pretio dotales res æstimatæ sunt : quid super hujusmodi contractuum vitio statutum
sit, vulgo patet. Proinde si dolosis artibus
mariti circumventam matrem vestram,
inque ea æstimatione circumscriptam ,
apud præsidem provinciæ evidentibus probationibus ostenderitis : quando vobis possidentibus ,

2. *Les mêmes empereurs à Aquilia.*

C'est avec justice que vous demandez
que le fisc vous restitue votre dot, qui
lui est parvenue avec les biens de votre
père condamné. Car , quoique votre père
ait été l'héritier de votre mari, cependant cela n'a pu porter atteinte à votre
droit, et votre père n'a pu sans votre consentement, ni exiger ni recevoir votre
dot.

Fait la veille des nones d'avril, sous le
cons. d'Aper et de Maximus. 208.

3. *L'empereur Antonin à Hostilia.*

Si, ignorant l'état d'Eros, vous l'avez
épousé parce que vous le croyiez libre, et
lui avez donné une dot , vous recevrez,
s'il a été ensuite jugé esclave, votre dot
des biens qui composent son pécule , et
en outre tout ce qui sera prouvé vous
être dû; vos enfans, comme nés d'une
mère libre quoique d'un père incertain,
seront censés enfans naturels ingénus.

Fait le 3 calend. de septemb., sous
le cons. de Létus et de Céréal. 216.

4. *L'empereur Alexandre à Apollonius.*

La dot fournie par le père à sa fille
doit lui retourner dans le cas de décès
pendant le mariage de cette dernière encore fille de famille.

Fait le 18 des calend. de septembre ,
sous le cons. de Fuscus et de Dexter. 226.

5. *Les empereurs Valérien et Gallien, et
le César Valérien, à Taurus.*

Si votre femme vit chez les ennemis,
son frère ne peut encore, comme son héritier, répéter la dot ; mais si elle est
morte il peut revendiquer sa succession.
Il a droit à la répétition de la dot, parce
qu'elle a été revêtue de la stipulation.

Fait le 2 des nones de mai, sous le
cons. d'Emilien et de Bassus. 260.

6. *Les empereurs Dioclétien et Maximien à Alexandre et à Néron.*

Si votre mère ayant été trompée, les
choses dotales ont été estimées à un prix
bien au-dessous de leur valeur, tout le
monde connaît ce qui est observé à l'é-
gard d'un tel vice dans les contrats. Il
faut donc que vous prouviez d'une manière indubitable pardevant le président
de la province, que votre mère, dans ce
qui

qui concerne l'estimation des choses dotales a été trompée par les manœuvres
frauduleuses de son mari. Que ce magistrat vous accorde l'exception *dolo malo*
à l'effet d'obtenir les fonds dont vous êtes
déjà possesseurs, et remplisse dans cette
affaire les devoirs que la nature de ses
fonctions lui impose. Si c'est le mari au
contraire qui réclame contre l'estimation ;
qu'il ne soit forcé, après connaissance de
cause, de restituer que le juste et véritable prix. Ces dispositions ont lieu lorsque les choses existent en nature ; mais si
les choses n'existent plus, on s'en tiendra
au prix exprimé dans l'acte dotal.

Fait le 7 des calend. de novemb., sous
le cons. des empereurs nommés ci-dessus.

7. *Les mêmes empereurs et Césars à
Erotius.*

Rien ne vous empêche de reprendre
les biens de votre fille constituée sous
votre puissance ; mais si vous lui avez
donné ces biens à titre de dot, vous ne
pouvez les répéter pendant le mariage,
quand même elle y consentirait, ni après
la dissolution du mariage si elle n'y con-
sentait pas.

Fait le 5 des ides de février, sous le
cons. des Césars.

8. *Les mêmes empereurs et Césars à
Sallustia.*

Le mari, quoiqu'après le divorce il
doive être condamné pour autant que ses
facultés lui permettent de faire, doit, si
par la suite il devient solvable, être tenu
de payer le restant de la dot s'il ne l'a
déjà payée en entier. Il est certain que
si le mari meurt avant l'entier paiement,
ses héritiers doivent être tenus solidairement d'acquitter le restant de la dette.
C'est pourquoi c'est par une inquiétude
mal fondée que vous craignez ne pouvoir
les poursuivre quoiqu'ils soient solvables.

Fait le 13 des calend. d'avril, sous le
cons. des Césars.

9. *Les mêmes empereurs et Césars à
Martia.*

Vous devez poursuivre par l'action de
la dot les successeurs de votre mari, au
sujet de ce qui lui a été donné à titre
de dot ; mais vous n'avez aucun droit
d'entrer en possession des choses dotales

sidentibus, ad obtinenda prædia, etiam
doli mali exceptionis potestas opituletur :
sciet quatenus religionem judicationis suæ
temperare debeat. Sin autem etiam maritus in æstimatione gravatum se alleget :
veritate examinata, non amplius quàm
pretium justum restituere compelletur.
Hæc tum locum habent, cùm res in natura sunt. Si tamen extinctæ sint, pretium
quod dotali instrumento inditum est, con-
siderabitur.

Proposit. 7 calend. novembris, ipsis
AA. Coss.

7. *Iidem* AA. *et* CC. *Erotio.*

Filiæ pecuniam adimere, quam habes
in potestate, minimè prohiberis. Nam si
pro ea dotem dedisti : hanc constante matrimonio, ne consentiente quidem ipsa :
matrimonio autem dissoluto, eadem invita repetere non potes.

Sancit. 5 id. februarii, CC. Coss.

8. *Iidem* AA. *et* CC. *Sallustiæ.*

Nec maritus (licèt post divortium, in
quantum facere possit, condemnandus est)
posteà idoneus factus, qui non reddiderat
integrum, residui probabiliter solutionem
recusat. At cùm ejus heredes insolidùm
conveniendos non ambigatur : ne cum his
solvendo factis experiri non possis, superstitiosam geris sollicitudinem.

Datum 13 calend. april., CC. Coss.

9. *Iidem* AA. *et* CC. *Martiæ.*

Dotis actione successores mariti super
eo quod ei dotis nomine fuerat datum,
convenire debes. Ingrediendi enim in possessionem rerum dotalium, heredibus mariti non consentientibus, sine auctoritate

Tome II. 36

competentis judicis, nullam habes facultatem.

Sancit. datum 8 calend. novembris,
CC. Coss.

10. Iidem AA. et CC. Epigono.

Si socero filiæ tuæ dotem dedisti : licèt
in ejus positus potestate, gener tuus rebus
humanis exemptus sit : tamen non de peculio, sed in solidum à te, consentiente
filia, conventum cum satisfacere oportet.

Sancit. 7 id. novembris, Heracliæ,
CC. Coss.

11. Impp. Honorius et Theodosus AA. Mariniano præfecto prætorio.

Si constante matrimonio maritus fatali
fuerit sorte consumptus : dos quæ data
dicitur, vel promissa ex ejus uxoris facultatibus, ad eandem revertatur : nihilque
sibi ex hoc defuncti heres audeat vindicare, quod ad mulierem recurrere fecit
obitus maritalis.

Datum non. decembr. Ravennæ, Honorio VIII. et Theodosio III. AA. Coss.
409.

TITULUS XIX.

Si dos constante matrimonio soluta fuerit.

1. Impp. Honorius et Theodosus AA. Mariniano præfecto prætorio.

Si constante matrimonio à marito uxori
dos sine causa legitima refusa est (quod
legibus stare non potest : quia donationis
instar perspicitur obtinere), eadem uxore
defuncta, ab ejus heredibus cum fructibus
ex die refusæ dotis marito restituatur : ita
ut proprietas ejusdem liberis ex eadem
susceptis competens, alienari contra leges
à marito non possit.

Datum 5 non. novembris, Honorio

sans le consentement des héritiers de votre
mari, à moins que vous n'y ayiez été
autorisée par le juge compétent.

Fait le 8 des calend. de novembre,
sous le cons. des Césars.

10. Les mêmes empereurs et Césars à Epigonus.

Si vous avez donné la dot au beau-père
de votre fille, quoique votre gendre soit
mort sous la puissance de son père, ce
dernier est tenu de la restitution de la
dot non jusqu'à concurrence du pécule
seulement, mais pour la totalité, si vous
le poursuivez avec le consentement de
votre fille.

Fait à Héraclée, le 7 des ides de nov.,
sous le cons. des Césars.

11. Les empereurs Honorius et Théo-dose à Marinianus, préfet du pré-toire.

Si le mari est décédé pendant le mariage,
que la dot qui a été donnée des biens de
la femme, ou qui a été promise, lui retourne ; que l'héritier du défunt ne se
permette de revendiquer aucune des choses
qui composent la dot, qui doivent retourner de nouveau à la femme par la mort
du mari.

Fait à Ravennes, pendant les nones de
décemb., sous le huitième cons. de l'emp.
Honorius, et le troisième de l'emp. Théodose. 409.

TITRE XIX.

De la dot qui a été payée pendant le mariage.

1. Les empereurs Honorius et Théodose à Marinianus, préfet du prétoire.

Si pendant le mariage la dot a été réellement rendue à la femme par le mari (ce qui
est contraire aux lois ; parce que dans ce cas,
cette restitution est censée une donation),
les héritiers de la femme, en cas qu'elle
prédécède son mari, sont tenus de la restituer à ce dernier avec ses fruits à compter de l'époque où le mari l'a rendue à
sa femme. Cependant la propriété de la
dot appartient aux enfans, et le mari ne

pourrait l'aliéner qu'au mépris des lois.

Fait le 5 des nones de novemb., sous le huitième cons. de l'emp. Honorius et le troisième de l'emp. Théodose. 409.

TITRE XX.

Défenses qu'il soit fourni des fidé-jusseurs ou des mandans pour les dots.

1. *Les empereurs Gratien, Valentinien et Théodose à Cynégius, préfet du prétoire.*

SOIT que la loi qui porte que le mari doit fournir un fidéjusseur qui garantisse que la dot sera conservée à la femme, tire son origine du droit ou seulement de la coutume, nous ordonnons qu'elle soit abrogée.

Fait le 8 des nones de septemb., sous le cons. d'Euchérius et de Syagrius. 381.

2. *L'empereur Justinien à Julien, préfet du prétoire.*

Par cette constitution générale, dont l'objet est de confirmer et de donner de l'extension à celle des empereurs Gratien, Valentinien et Théodose, nous ordonnons qu'il ne soit exigé aucune caution ni aucun mandat du mari ni de son père, ni de tous autres qui peuvent avoir reçu la dot, qui garantisse qu'elle sera conservée à la femme : car si la femme a jugé à propos de se confier avec sa dot au père de son mari, pourquoi exigerait-elle un fidéjusseur ou tout autre répondant, ce qui ne pourrait introduire que de la méfiance entre les époux ?

Fait le 10 des calend. d'août, sous le consul. de Lampadius et d'Oreste. 530.

TITRE XXI.

Des choses soustraites.

1. *L'empereur Alexandre à Polydeuca.*

C'EST avec justice que vous demandez la compensation : car il est juste que vous

VIII. et Theodosio III. AA. Coss. 409.

TITULUS XX.

Ne fidejussores vel mandatores dotium dentur.

1. *Imppp. Gratianus, Valentinus et Theodosus AAA. Cynegio præfecto prætorio.*

SIVE ex jure, sive ex consuetudine lex proficiscitur, ut vir uxori fidejussorem servandæ dotis exhibeat : tamen eam jubemus aboleri.

Datum 8 non. septembris, Eucherio et Syagrio Coss. 381.

2. *Imp. Justinianus A. Juliano præfecto prætorio.*

Generali definitione constitutionem pristinam ampliantes, sancimus nullam esse satisdationem, vel mandatum pro dote exigendum vel à marito, vel à patre ejus, vel ab omnibus qui dotem suscipiunt. Si enim credendam mulier sese, suamque dotem patri mariti existimavit : quare fidejussor vel aiius intercessor exigitur, ut causa perfidiæ in connubio eorum generetur?

Datum 10 calend. augusti, Lampadio et Oreste, VV. CC. Coss. 530.

TITULUS XXI.

Rerum amotarum.

1. *Imp. Alexander A. Polydeucæ.*

COMPENSATIONIS æquitatem jure postulas. Non enim priùs exolvi quod debere

36 *

te constiterit, æquum est, quàm petitioni mutuæ responsum fuerit; eò magis, quòd ea te persequi dicis, quæ divortii causa amota quereris. Cùm igitur apud competentem judicem ex stipulatu conveniaris : apud eundem dote tui juris res ablatas esse.

Proposit. datum 5 calend. decembris, Alexandro A. III. et Dione Coss. 250.

2. *Impp. Diocletianus et Maximianus AA. et CC. Sereno.*

Divortii causa rebus uxoris à marito amotis, vel ab uxore mariti : rerum amotarum edicto perpetuo permittitur actio. Constante etenim matrimonio neutri eorum neque pænalis, neque famosa actio competit, sed de damno in factum datur actio.

Datum 5 calend. octobris, ipsis AA. Coss.

5. *Iidem AA. et CC. Quartino.*

De rebus, quas divortii causa quondam uxorem tuam abstulisse proponis, rerum amotarum actione contra successores ejus, non in solidum, sed in quantum ad eos pervenit : quòd si res extent, dominii vindicatione uti non prohiberis.

Datum 5 nonas decembris, ipsis AA. Coss.

TITULUS XXII.

Ne pro dote mulieri bona mariti addicantur.

1. *Impp. Diocletianus et Maximianus AA. Apollinariæ.*

UT uxori pro dote addicantur bona quondam mariti, jure prohibitum est.

---

ne soyiez pas tenue de payer ce que vous devez avant que votre créancier ait répondu à la demande que vous lui faites, et selon laquelle il est votre débiteur, sur-tout la dette que vous réclamez tirant son origine, d'après ce que vous dites, de soustraction de choses faites à l'occasion du divorce. Prouvez en conséquence au même juge pardevant lequel vous êtes poursuivie par l'action *ex stipulatu*, que votre adversaire a soustrait des choses qui vous appartenaient.

Fait le 5 des calend. de décemb., sous le troisième cons. de l'emp. Alexandre et le premier de Dion. 250.

2. *Les empereurs Dioclétien et Maximien, et les Césars, à Sérénus.*

L'édit perpétuel a donné une action contre celui du mari ou de la femme qui, à l'occasion du divorce, a soustrait des choses appartenantes à son époux. Mais, pendant le mariage, ni l'un ni l'autre n'ont d'action pénale ni infamante ; mais seulement une action *in factum* en demande d'indemnités.

Fait le 5 des calend. d'octob., sous le cons. des empereurs nommés ci-dessus.

3. *Les mêmes empereurs et Césars à Quartinus.*

Vous pouvez, à l'égard des choses vous appartenantes, que vous exposez que votre ancienne épouse a soustraites à l'occasion du divorce, user contre ses successeurs de l'action des choses soustraites non solidairement, mais chacun au prorata de la portion qu'il a eue dans l'hérédité. Si les choses existent encore, vous pouvez user de la revendication.

Fait le 5 des nones de décemb., sous le cons. des mêmes empereurs.

TITRE XXII.

Défenses d'adjuger à la femme pour lui tenir lieu de sa dot tous les biens du mari prédécédé.

1. *Les empereurs Dioclétien et Maximien à Apollinaria.*

LE droit défend d'adjuger à la femme pour lui tenir lieu de sa dot, les biens de son mari décédé. Mais si, ne laissant aucun héritier, il est mort insolvable, vous serez, d'après les dispositions du droit, dédommagée jusqu'à concurrence de ce que comporte la succession.

Fait le 5 des nones de décemb., sous le cons. des mêmes empereurs.

Sané si nullo relicto successore non idoneus decessit : secundùm juris formam, quatenùs suspensionis modus patitur, indemnitati tuæ consulere non prohiberis.

Datum 5 nonas decembris, AA. Coss.

TITRE XXIII.

Du fonds dotal.

1. *Les empereurs Sévère et Antonin à Didia.*

Si la femme ayant donné en dot à son mari des fonds estimés, il a été convenu qu'en cas de dissolution du mariage, elle conserverait le choix de demander les fonds mêmes ou le prix auquel ils ont été estimés, la loi Julia est applicable dans ce cas. L'aliénation est tout acte par lequel on transfère le domaine.

Fait le 12 des calend. de mars, sous le quatrième cons. de l'emp. Antonin et le premier de Balbinus. 214.

2. *L'empereur Gordien à Domitia.*

Les maris qui ont reçu de leurs femmes en dot un fonds inestimé et commun avec une autre personne, ne peuvent pas provoquer le partage ; quoiqu'eux-mêmes puissent être forcés par leurs associés à l'accepter.

Fait le 5 des nones d'octob., sous le deuxième cons. de l'emp. Gordien, et le premier de Pompéien. 242.

TITULUS XXIII.

De fundo dotali.

1. *Impp. Severus et Antoninus AA. Didiæ.*

Si æstimata prædia in dotem data sunt, et convenit ut electio mulieri servetur : nihilominùs lex Julia locum habet. Est autem alienatio, omnis actus per quem dominium transfertur.

Proposit. datum 12 calend. martii, Antonino A. IV. et Balbino Coss. 214.

2. *Imp. Gordianus A. Domitiæ.*

Mariti, qui fundum communem cum alio in dotem inæstimatum acceperunt, ad communi dividundo judicium provocare non possunt : licèt ipsi possint provocari.

Proposit. 5 nonas octobris, Gordiano A. II. et Pompeiano Coss. 242.

TITRE XXIV.

Dans le cas de divorce, chez qui du père ou de la mère les enfans doivent rester et être élevés.

1. *Les empereurs Dioclétien et Maximien, et les Césars, à Célestina.*

Aucune des constitutions publiées par nous ou par les empereurs nos pères, n'ayant décidé que dans le cas de divorce les enfans seraient divisés entre le père et la mère d'après leur sexe ; c'est-à-dire que les garçons resteraient chez le père,

TITULUS XXIV.

Divortio facto, apud quem liberi morari, vel educari debeant.

1. *Impp. Diocletianus et Maximianus AA. et CC. Calestinæ.*

Licet neque nostra, neque divorum parentum nostrorum ulla constitutione caveatur, ut per sexum liberorum inter parentes divisio celebretur : competens tamen judex æstimabit, utrùm apud patrem, an apud matrem, matrimonio separato, filii morari, ac nutriri debeant.

Sancit. 7 calend. julii, Veronæ, CC. Coss.

In authent. Nov. 117, *cap.* 7.

Si pater causam divortii præstiterit, apud matrem ad secundas nuptias non venientem liberi nutriantur patris expensis. Si verò contrà, tunc apud patrem, matris locupletis expensis : nisi pater minùs idoneus sit. Tunc enim apud matrem locupletem nutriantur. Nam quemadmodum locupletes filii matrem alere coguntur egentem : ita justum decernimus et à matre filios pasci. Quod de matre et filiis indigentibus dictum est, hoc quoque in omnibus ascendentibus et descendentibus personis utriusque naturæ decernimus observari.

TITULUS XXV.

De alendis liberis, ac parentibus.

1. *Imp. Antoninus Pius* A. *Basso.*

PARENTUM necessitatibus liberos succurrere justum est. Sine die et consule.

2. *Divi fratres et* AA. *Celeri.*

Competens judex à filio te ali jubebit, si in ea facultate est, ut tibi alimenta præstare possit.

Datum idib. aprilis, ipsis et Coss.

3. *Iidem* AA. *Titianæ.*

Si competenti judici cum, quem te ex Claudio enixam esse dicis, filium ejus esse probaveris : alimenta ei pro modo faculta-

et les filles chez la mère, le juge compétent décidera, comme il jugera à propos, chez qui du père ou de la mère les enfans, sans considération du sexe, doivent rester et être nourris.

Fait à Vérone, le 7 des calend. de juillet, sous le cons. des Césars.

Authentique extraite de la Nov. 117, *chap.* 7.

Si le père a fourni la cause du divorce, que les enfans soient nourris aux dépens du père chez la mère tant qu'elle n'a point convolé à de secondes noces. Si c'est la femme au contraire qui a fourni la cause du divorce, qu'ils soient nourris chez le père aux dépens de la mère si elle est riche. Mais si le père n'est pas assez riche pour subvenir aux frais d'alimens et d'éducation des enfans, dans le cas où la loi l'y oblige, qu'ils soient élevés chez la mère. Car, comme les enfans riches sont tenus de nourrir leur mère pauvre, il est juste que nous ordonnions que la mère riche nourrisse ses enfans. Nous ordonnons que ces dispositions, que nous venons de décréter à l'égard de la mère et des enfans indigens, soient observées et soient applicables pareillement à tous les ascendans et descendans de l'un et de l'autre sexe.

TITRE XXV.

Des alimens qui doivent être fournis aux enfans et aux ascendans.

1. *L'empereur Antonin Pie à Bassus.*

IL est juste que les enfans viennent au secours de leur père et ascendans qui se trouvent dans le besoin.

Sans date ni désignation de consulat.

2. *Les empereurs frères à Céler.*

Le juge compétent ordonnera à votre fils de vous nourrir, si ses facultés lui permettent de vous fournir des alimens.

Fait pendant les ides d'avril, sous le cons. des mêmes empereurs.

3. *Les mêmes empereurs à Titien.*

Si vous prouvez devant le juge compétent que l'enfant que vous dites être né de vous et de Claude, est vraiment fils de ce dernier, il ordonnera que Claude lui fournisse une pension alimentaire proportionnée à ses facultés. Le même juge décidera s'il doit être élevé chez le même.

Fait à Rome, le 13 des cal. de mars, sous le cons. de Rusticus et d'Aquilinus.

4. Les empereurs Sévère et Antonin à Sabinus.

Si vous avez rempli tous vos devoirs à l'égard de votre père, il ne vous refusera pas les égards que la piété paternelle exige qu'il ait pour vous. S'il ne vient pas de lui-même à votre secours, le juge compétent ordonnera qu'il vous fournisse des alimens d'une manière proportionnelle à ses facultés. S'il s'y refuse encore, le même juge prendra connaissance de la cause.

Fait pendant les nones de février, sous le cons. de Latéran et de Rufinus. 198.

TITRE XXVI.

Des concubines.

1. L'empereur Constantin au peuple.

Qu'il ne soit permis à personne d'avoir pendant le mariage une concubine chez soi.

Fait le 18 des calend. de juill., sous le cons. de Constantin père et fils. 321.

TITRE XXVII.

Des enfans naturels, des causes qui peuvent les rendre légitimes et de leurs mères.

1. L'empereur Constantin à Grégoire.

Nous ordonnons que les sénateurs, les préfets, et dans les villes les duumvirs et ceux qui ont été revêtus des ornemens du sacerdoce, c'est-à-dire du phéniarquat ou du siriarquat, encourent l'infamie et soient dépouillés de la qualité de citoyens romains, si ayant reçu des enfans d'une femme esclave ou de la fille d'une femme esclave, d'une affranchie ou de la fille d'une affranchie, d'une co-

tum præberi jubebit. Idem an apud eum educari debeat, æstimabit.

Proposit. 13 calend. martii, Romæ, Rustico et Aquilino Coss.

4. Impp. Severus et Antoninus AA. Sabino.

Si patrem tuum officio debito promerueris: paternam pietatem tibi non denegabit. Quod si sponte non fecerit: aditus competens judex alimenta pro modo facultatum præstari tibi jubebit. Quod si patrem se negabit: quæstionem istam in primis idem judex examinabit.

Proposit. non. februar. Laterano et Rufino Coss. 198.

TITULUS XXVI.

De concubinis.

1. Imp. Constantinus A. ad populum.

Nemini licentia concedatur, constante matrimonio, concubinam penes se habere.

Datum 18 calend. julii, Constantinis patre et filio Coss. 321.

TITULUS XXVII.

De naturalibus liberis, et matribus eorum, et ex quibus causis justi efficiantur.

1. Imp. Constantinus A. ad Gregorium.

Senatores, seu præfectos, vel quos in civitatibus duumvirilitas, vel sacerdotii, id est Phœniciarchiæ vel Syriarchiæ ornamenta condecorant: placet maculam subire infamiæ, et alienos à Romanis legibus fieri, si ex ancilla, vel ancillæ filia; vel liberta, vel libertæ filia; vel scenica, vel scenicæ filia; vel tabernaria, vel tabernariæ filia; vel humili vel abjecta persona, vel lenonis aut arenarii filia, vel quæ mer-

cimoniis publicè præfuit , susceptos filios
in numero legitimorum habere voluerint,
aut proprio judicio, aut nostri prærogativa rescripti : ita ut quicquid talibus liberis pater donaverit (seu illos legitimos,
seu naturales dixerit) totum retractum
legitimæ soboli reddatur , aut fratri , aut
sorori , aut patri, aut matri. Sed et si
uxori tali quodcunque datum quolibet genere fuerit, vel emptione collatum : etiam
hoc retractum reddi præcipimus. Ipsas
etiam , quarum venenis inficiuntur animi
perditorum (si quid quæritur , vel com-
mendatum dicitur , quod his reddendum
est , quibus jussimus, aut fisco nostro)
tormentis subjici jubemus. Sive itaque per
ipsum donatum est, qui pater dicitur, vel
per alium , sive per interpositam personam, sive ab eo emptum , vel ab alio, sive
ipsorum nomine comparatum : statim retractum reddatur, quibus jussimus ; aut
si non existant , fisci juribus vindicetur.
Quòd si existant , et in præsentia rerum
constituti agere noluerint , pacto vel jurejurando exclusi : totum sine mora fiscus
invadat. Quibus tacentibus et dissimulantibus ad defensionem fiscalem duorum mensium tempora limitentur : intra quæ si non
retraxerint, vel propter retrahendum rectorem provinciæ non interpellaverint ,
quicquid talibus filiis vel uxoribus liberalitas impura contulerit, fiscus noster invadat , donatas vel commendatas res sub
pœna quadrupli severa quæstione perqui-
rens.

Datum 12 calend. augusti, Carthagine,
Nepotiano et Facundo Coss. 336.

médienne ou de la fille d'une comédienne,
d'une cabaretière ou de la fille d'une cabaretière, ou d'une personne d'une basse
et abjecte condition, ou de la fille d'un
ministre de débauches ou d'un gladiateur, ou enfin d'une femme qui a exercé
publiquement la profession de marchand,
reconnaissent de leur propre autorité ou en
vertu d'un rescrit de nous , ces enfans
comme légitimes. Nous ordonnons en outre
que tout ce que le père a donné à de
tels enfans, soit qu'il les ait nommés légitimes ou seulement enfans naturels, soit
restitué aux enfans réellement légitimes
et à leur défaut au frère ou à la sœur,
au père ou à la mère du donateur. Il
en est de même de ce qu'il a donné à
une telle femme, il doit être restitué,
quelle que soit la nature de l'objet de
la donation et à quelque titre qu'elle ait
été faite, quand même elle l'aurait été
sous la forme d'une vente. Nous ordonnons que ces femmes qui perdent les ames
par leur commerce empoisonné , soient
mises à la torture, s'il manque quelque
chose de ce qui doit être restitué aux
personnes dont nous venons de parler, ou
à notre fisc à leur défaut ; soit que le
prétendu père ait fait la donation par lui-
même ou par autre, ou par personne interposée, soit que les biens qui en font
l'objet aient été par un faux contrat achetés
de lui ou d'un autre, ou qu'ils aient été
acquis au nom des enfans naturels même ;
que ces biens soient aussitôt restitués aux
personnes que nous avons désignées, ou
à leur défaut à notre fisc. S'il existe de
ces personnes à qui nous avons accordé
ces biens, mais ne veulent point les réclamer, que notre fisc s'empare sans retard de la totalité de ces biens, après
avoir exigé des personnes qui y avaient
droit une renonciation confirmée par un
pacte ou par le serment. Le tems pendant lequel elles peuvent faire leurs réclamations est fixé à deux mois, à l'expiration duquel délai, s'il n'y a pas eu de
réclamations, ou si l'affaire n'a pas été
portée pardevant le président de la province, toutes espèces de libéralités illicites
faites à de tels enfans ou à de telles femmes
appartiendront à notre fisc, qui se fera re-

In   présenter

présenter sous peine du quadruple, toutes les choses données, quelle que soit la forme sous laquelle la donation ait été masquée.

Fait à Carthage, le 12 des cal. d'août, sous le cons. de Népotien et de Facundus. 356.

Authentique extraite de la Novelle 127, chapitre 4.

Mais, par le nouveau droit, les femmes de cette sorte peuvent contracter mariage avec des hommes de toutes conditions, même avec les grands dignitaires dont il est parlé dans la loi précédente; pourvu cependant que dans ce dernier cas il soit rédigé des actes au sujet de la dot. Toutes les autres personnes peuvent contracter mariage par la seule affection, et sans qu'il soit nécessaire de l'intervention d'actes dotaux, sous la condition toutefois que les femmes avec qui ils se proposent de se marier seront de condition libre.

2. *Les empereurs Arcadius et Honorius à Antémonius, préfet du prétoire.*

Que celui qui a encore sa mère ou des enfans légitimes, des petits-enfans ou arrière-petits-enfans, quel que soit leur sexe ou leur nombre, ne puisse donner ou laisser à ses enfans naturels ou à leur mère plus d'un douzième de sa succession; s'il n'existe pas d'enfans naturels, qu'il ne puisse donner ou laisser à sa concubine plus d'un vingtième; que ce qui aurait été donné ou laissé au-delà à de telles personnes soit restitué aux enfans légitimes, ou à leur mère ou aux autres héritiers.

Fait pendant les ides de novembre, sous le deuxième consul. de Stilichon et le premier d'Anthémius. 405.

Authentique extraite de la Novelle 89, chapitre 12.

Maintenant les seuls enfans naturels et légitimes bornent les libéralités que le père peut faire à ses enfans naturels; la mère légitime n'est ici d'aucune considération.

3. *Les emper. Théodose et Valentinien à Appollonius, préfet du prétoire.*

Nous accordons la libre faculté à celui qui n'a que des enfans naturels, soit qu'il soit de condition libre ou qu'il soit eu-

Tome II.

In authent. Nov. 127, cap. 4.

Sed novo jure hujusmodi mulieres cum omnibus hominibus contrahere nuptias possunt, etiam cum prœditis magnis dignitatibus, dum tamen dotalia instrumenta super hoc conficiantur ab illustribus. Reliqui verò citra eos, qui majoribus decorati sunt dignitatibus, solo adfectu nuptias contrahere possunt, dum tamen liberœ sint, cum quibus licet nuptias celebrare.

2. *Impp. Arcadius et Honorius AA. Antemonio prœfecto prœtorio.*

Matre, vel legitimis filiis, vel nepotibus, aut pronepotibus, cujuscunque sexus, uno pluribusve existentibus, bonorum suorum unam tantùm unciam pater naturalibus filiis, seu filiabus, eorumque genitrici : vel si sola sit concubina, semunciam largiendi vel relinquendi habeat potestatem. Quicquid verò ultra modum concessum relictum sit, legitimis filiis, vel matri, vel cœteris successoribus detur.

Datum idib. novembr. Stilichone II. et Anthemio Coss. 405.

In authent. Nov. 89, cap. 12.

Nunc soli liberi naturales et legitimi ad hunc modum coarctant. Non etiam mater.

3. *Impp. Theodosus et Valentinus AA. ad Apollonium prœfectum prœtorio.*

Si quis naturalem duntaxat fœcunditatem sortiatur, seu liber ipse, seu curiæ sit nexibus obligatus : et tradendi filios

37

naturales, vel omnes, vel quos quemve
maluerit, ejus civitatis curiæ unde ipse
oritur, et in solidum heredes scribendi liberam ei concedimus facultatem. Quòd si
cui non ex urbe, sed ex vico, vel possessione qualibet oriundo, naturales liberi
contigerint, eosque velit sub definitione
prædicta curiæ splendore honestate, et
hereditatis opibus adjuvare : ejus civitatis
adscribendi sunt ordini, sub qua vicus ille
vel possessio censetur. Quòd si alterutram
regalium civitatum patriam sortiatur : sit
ei liberum, susceptam ex inæquali conjugio sobolem, cujuscunque civitatis decu-
rionibus immiscere : dummodò civitas quæ
eligitur, totius provinciæ teneat principa-
tum. Indignum enim est, ut qui sacratis-
sime urbis ubere gloriatur, naturales suos
non illustris ordine civitatis illuminet : et
hoc, sive postrema definiat voluntate,
sive donatione cujuslibet quantitatis in liberos naturales pater conferat. Et quod
de subeunda sorte curiali, seu testamento,
seu actorum fide constituit, ita ratum esse
stabiliterque volumus observari : ut sive
abstinendo ab hereditatibus, sive abdi-
cando donationes, naturales liberi curialem voluerint evitare fortunam, posteaque paternarum opum, vel in solidum,
vel ex parte reperti fuerint possessores :
licèt eas alienaverint, omnimodò ad conditionem, in qua pater eos amplificatis
opibus esse voluit, etiam inviti cogantur
accedere. Sed et si filiam naturalem vel
filias habuit, et eam vel eas curiali vel curialibus civitatis, ex qua oriundus est, vel
sub qua vicus vel possessio unde oritur,
consistit, vel ejus civitatis quæ principa-
tum totius provinciæ tenet, matrimonio
collocavit : hæc eadem in persona ejus vel
earum ad exemplum maritum obtinebunt.
Quid enim interest, utrùm per filios, an
per generos commoditatibus civitatum
consulatur? et utrùm novos lex faciat curiales, an foveat quos invenit?

Datum 12 calend. januarii, Eudoxio et
Dioscoro Coss. 442.

gagé aux charges de la curie, s'il veut engager à la curie de la ville d'où il tire son
origine ses enfans naturels, tous ou quelques-uns d'entre eux ou un seul, de les instituer héritiers pour la totalité de sa succession. Si le père qui n'a que des enfans
naturels, et qui veut, en vertu de la disposition précédente, effacer le vice de leur
naissance en les attachant à une curie, et
par ce moyen pouvoir leur transmettre sa
succession, est né dans un bourg ou même
dans une ferme, ils doivent être attachés
à la curie de la ville dont dépend le
bourg ou la ferme où est né le père. Si le
père est né dans une des deux villes impériales, Rome ou Constantinople, qu'il lui
soit libre de placer ses enfans naturels
parmi les décurions de la ville qu'il choi-
sira, pourvu cependant qu'elle soit le
chef-lieu de la province où elle est si-
tuée : car il est indigne que celui qui peut
se glorifier d'habiter une ville impériale
ait ses enfans naturels dans la curie d'une
petite ville : il doit désigner la ville à la
curie de laquelle il offre ses enfans naturels, soit par son testament, soit en
leur conférant une donation d'une valeur
quelconque. Nous voulons que ce que le
père a réglé au sujet de la condition de
décurion de ses enfans naturels, par son
testament ou tout autre acte, soit observé
comme bon et valable; en sorte que si
les enfans en répudiant l'hérédité paternelle ou en abdiquant les donations qui
leur avaient été conférées, ont voulu
éviter la condition de décurion, ils soient,
si dans la suite ils sont découverts posséder ces biens paternels en tout ou en
partie, forcés d'exercer le décurionat,
quand même ils les auraient aliénés. Les
dispositions précédentes sont également
applicables aux filles naturelles que leur
père a destinées en mariage aux décurions
de la ville où il est né, ou à ceux de la
ville qui a sous sa dépendance le bourg ou
la ferme où il a pris naissance, ou à ceux
d'un chef-lieu de province : car il n'y a pas
de différence entre être utile aux villes par
le moyen de ses fils et l'être par ses gen-
dres, ainsi qu'entre la loi qui crée de
nouveaux décurions et celle qui encou-
rage ceux qui existent déjà.

Fait le 12 des cal. de janvier, sous le consul. d'Eudoxe et de Dioscore. 442.

4. *Les empereurs Léon et Anthémius à Armasius, préfet du prétoire.*

Considérant avec juste raison les volontés des mourans comme celles des vivans, si quelqu'un, ayant un fils naturel, a voulu volontairement le faire décurion pour pouvoir le légitimer, et l'a par une déclaration manifeste qui exclut tous doutes, choisi, animé de l'affection filiale, pour son héritier universel, l'enfant naturel ne peut, en vertu des constitutions impériales, ni renoncer aux biens qu'il a reçus de son père, ni les aliéner, ni répudier l'hérédité ou les donations paternelles; mais il est obligé et de recevoir les avantages qui lui ont été accordés, et de remplir les devoirs de la condition de décurion. C'est pourquoi nous ne souffrirons en aucune manière qu'on admette des réclamations contraires aux présentes dispositions, et nous ordonnons que Philocalus, héritier *ab intestat* de la totalité des biens de son père et attaché à la curie de notre ville, remplisse les devoirs qui lui sont ou qui lui seront imposés, et que les fils qu'il a déjà ou qu'il pourra avoir à l'avenir, suivent également sa même condition. Nous ordonnons que désormais on applique les présentes dispositions à toutes les causes semblables, quelle que soit la ville ou la curie dans laquelle de pareilles questions pourraient s'élever.

Fait à Constantinople, pendant les cal. de janvier, sous le consul. de Jordan et de Sévère. 470.

5. *L'empereur Zénon à Sébastien, préfet du prétoire.*

Renouvellant la très-sacrée constitution de l'empereur Constantin, qui le premier a fortifié l'empire romain par la foi respectable des chrétiens, laquelle constitution concernait les concubines i génues, qui étaient ensuite épousées, et déclarait les enfans nés pendant le concubinage et après le mariage, légitimes; nous ordonnons que si ceux, qui avant cette loi, ont formé un concubinage avec des femmes ingénues et ont eu d'une telle union des enfans d'un sexe quelconque, lesquels nécessairement sont illégitimes, parce qu'il

4. *Impp. Leo et Anthemius AA. Armasio praefecto praetorio.*

Quoniam desideria morientium ex arbitrio viventium non sine justa ratione colligimus: et is qui naturalem filium habens, hortantibus legibus ultrô ad instar legitimi filii municipalibus eum voluit aggregare muneribus, et donare patriae principalem manifestavit, notumque fecit sine dubio professione certissima facultatum suarum omnium elegisse se affectione debita successorem: cùm certè hujusmodi personis adeô sacratissima constitutione subventum sit, ut nec renuntiandi eis, aut alienandi, vel repudiandi paternas hereditates aut donationes in fraudem curiae concedatur facultas, sed muneribus patriae susceptis patrimonia subire cogantur: nullam è diverso calumniantium vocem penitus patimur admitti, sed ipsum Philocalum, et paternorum bonorum omnium ab intestato heredem, et nostrae civitatis curiae principalem injuncta vel injungenda sibi munera subire, ex eoque genitos vel nascituros filios similiter paternae conditioni subjacere praecipimus. Et hujusmodi formam in omnibus causis, quae similiter in quocumque civitatis ordine curiaque contigerint, in posterum decernimus observari.

Dat. calend. januar. Constantinop. Jordane et Severo Coss. 470.

5. *Imp. Zeno A. Sebastiano praefecto praetorio.*

Divi Constantini, qui veneranda christianorum fide romanum munivit imperium, super ingenuis concubinis ducendis uxoribus, filiis quinetiam ex eisdem vel ante matrimonium vel postea progenitis, suis ac legitimis habendis, sacratissimam constitutionem renovantes: jubemus eos qui ante hanc legem, ingenuarum mulierum, nuptiis minimè intercedentibus, electo contubernio, cujuslibet sexus filios procreaverint: quibus nulla videlicet uxor est, nulla ex justo matrimonio legitima proles suscepta: si voluerint eas uxores

37 *

ducere, quæ antea fuerant concubinæ :
tam conjugium legitimum cum hujusmodi
mulieribus ingenuis, ut dictum est, posse
contrahere, quàm filios utriusque sexus
ex earundem mulierum priore contubernio
procreatos, mox postquàm nuptiæ cum
matribus eorum fuerint celebratæ, suos
patri et in potestate fieri, et cum his qui
postea ex eodem matrimonio suscepti fuerint, vel solos (si nullus alius deinde nascatur) tam ex testamento volentibus patribus etiam ex integro succedere, quàm ab
intestato petere hereditatem paternam ;
pretis quæ matrimonii tempore super dotibus vel ante nuptias donationis rebus subsecuta fuerint, etiam ad ipsorum personas
pertinentibus : ut unà cum fratribus suis
postea ex eisdem parentibus fortè progenitis, aut soli (si nullus alius sit procreatus)
dotis et ante nuptias donationis, pro tenore legum, nec minùs pactorum emolumenta recipiant. Hi verò qui tempore hujus
sacratissimæ jussionis necdum prolem aliquam ex ingenuarum concubinarum consortio meruerint, minimè hujus legis beneficio perfruantur : cùm liceat easdem
mulieres sibi prius jure matrimonii copu-
lare non extantibus legitimis liberis aut
uxoribus, et legitimos filios (utpote nuptiis præcedentibus) procreare : nec audeant, quos ex ingenua concubina dilato
post hanc legem matrimonio nasci voluerint, ut justi ac legitimi postea videantur,
magnopere postulare.

Dat. 10 calend. martii, Basilio II. et
Armatio Coss. 476.

6. Imp. *Anastasius* A. *Sergio præfecto pratorio.*

Jubemus eos, quibus nullis legitimis
existentibus liberis, in præsenti aliquæ
mulieres uxoris loco habentur, ex his sibi
progenitos seu procreandos, suos et in potestate, legitimosque habere : propriasque
substantias ad eos vel per ultimas voluntates, vel per donationes, seu alios legi co-
gnitos titulos, si voluerint, transferre. Ab
intestato quoque ad eorum hereditatem
vocandos, nec aliquas quæstiones seu altercationes exercendi sub qualibet astutia
subtilique legum vel constitutionum occa-

n'est point intervenu de mariage entre leur
père et leur mère, veulent épouser leurs
concubines, non − seulement un tel mariage soit légitime, mais encore que les
enfans de l'un et de l'autre sexe nés pendant le concubinage, deviennent légitimes
aussitôt après la célébration du mariage,
et soient constitués sous la puissance paternelle, et succèdent pour la totalité a, ce
ceux qui naîtront après le mariage, ou
seuls, s'il n'en naît pas d'autres, tant par
testament qu'*ab intestat*. Quant aux pactes qui ont été faits lors d'un tel mariage
au sujet de la dot et de la donation *ante
nuptias*, les enfans nés avant le mariage
doivent jouir pareillement avec ceux qui
sont nés après sa célébration, ou seuls
s'il n'en est pas né d'autres depuis, des
avantages qui, d'après les dispositions
des lois, en résultent pour les enfans
légitimes. Que ceux qui jusqu'à présent
n'ont encore reçu aucun enfant de leurs
concubines, ne jouissent point du bienfait
de cette loi : car comme il leur est permis
d'épouser leurs concubines, ils peuvent
par ce mariage avoir par la suite des
enfans légitimes. Que ceux-là donc qui
recevront des enfans de leurs concubines
après la publication de cette loi, n'aient
point la témérité de demander qu'ils soient
considérés comme légitimes, puisqu'il a
dépendu d'eux, d'après les précédentes
dispositions, d'avoir des enfans légitimes,
en contractant avec leurs concubines ingénues un légitime mariage.

Fait le 10 des cal. de mars, sous le
deuxième consul. de Basilius et le premier d'Armatius. 476.

6. *L'emper. Anastase à Sergius, préfet du prétoire.*

Nous ordonnons que ceux qui, n'ayant
aucun enfant légitime, ont à l'époque de
la publication de la présente loi une concubine qui leur tient lieu d'épouse, les
enfans nés ou qui naîtront de cette dernière soient légitimes et sous la puissance
de leurs pères ; que ces derniers puissent
leur transmettre leurs biens par testament,
donation ou à tout autre titre approuvé
par les lois ; qu'en outre ces enfans puissent succéder *ab intestat* à leur père,
sans que les agnats ou les cognats de leurs

pères puissent à l'avenir, pour les éloigner de la succession, leur faire des difficultés et leur chercher querelle, en se prévalant de quelques subtilités des lois ou des constitutions. Nous ordonnons qu'on observe les mêmes dispositions à l'égard des enfans de ceux qui ont fait des convention dotales à l'occasion de leur union avec la concubine qui leur tient lieu d'épouse, afin que par-là ils ne perdent pas la faculté d'acquérir de nouveau par le moyen de leurs enfans leur propre patrimoine. Nous ordonnons en outre, à l'égard des enfans des deux sexes qui ont été déjà adrogés par leurs pères, en vertu de lettres impériales, qu'ils jouissent du secours et du bienfait de cette très-prévoyante loi.

Fait pendant les cal. d'avril, sous le quatrième consul. de l'empereur Anastase et le premier d'Agapitus. 508.

7. L'empereur Justin à Marinus, préfet du prétoire.

Nous abrogeons pour l'avenir la loi que l'empereur Anastase de divine mémoire, a publiée au sujet des enfans naturels; elle doit cependant être exécutée pour tous les cas antérieurs à la présente : en sorte néanmoins qu'elle ne soit jamais appliquée aux enfans nés d'unions infames ou incestueuses. Ce n'est pas non plus sans raison que nous venons au secours des enfans naturels, des deux sexes non issus d'une union infame ou incestueuse qui ont été adrogés ou adoptés en vertu de lettres impériales, soit avant l'époque de la publication de la loi précitée, soit après jusqu'à ce jour ; en sorte que l'arrogation ou l'adoption soit ferme et valable, et qu'on ne puisse opposer à ces enfans que ce qu'ils ont obtenu est contraire aux lois : car la compassion exige qu'on abandonne de pareilles contestations; puisque ceux-là ne sont pas coupables qui souffrent seulement du vice des autres. Que par suite de cette arrogation ou de cette adoption, ces sortes d'enfans entrent sous la puissance paternelle et soient capables de succéder tant *ab intestat* que par testament, comme il a déjà été réglé à l'égard des arrogés et des adoptés. Mais dorénavant que tous sachent qu'ils ne doivent chercher une postérité

sione super his, vel agnatis seu cognatis genitoris eorum, vel quibusdam aliis superesse facultatem in posterum. Nihilominus quisquis hujusmodi mulierem uxoris loco dotalibus instrumentis confectis habuerit, pro ejus sobole similem eandemque formam custodiri : ne adimatur ei licentia sibi quodammodo per liberos proprium suum patrimonium acquirendi. Filios insuper et filias jam per divinos affatus à patribus suis in adrogationem susceptos vel susceptas, hujus providentissimæ nostræ legis beneficio et juvamine potiri censemus.

Dat. calend. april. Anastasio A. IV. et Agapito Coss. 508.

7. Imp. Justinus A. Marino præfecto prætorio.

Legem Anastasii divinæ recordationis, quæ super naturalibus filiis emissa est, in his valere tantùm casibus concedimus, qui nunc usque subsecuti sunt pro ejusdem legis tenore, in matrimoniis tunc constantibus, vel postea contractis : ita tamen, ut non aliunde progenitis subvenisse credatur, quàm non ex nefario nec incesto conjugio. Naturalibus insuper filiis vel filiabus, ex cujuslibet mulieris cupidine, non incesta, non nefaria procreatis, et in paterna per arrogationem seu per adoptionem sacra susceptis, ex divinis jussionibus, sive antequam eadem lex irrepserit, sive post eandem legem usque ad præsentem diem, non sine ratione duximus suffragandum : ut adoptio seu arrogatio firma permaneat, nullis prorsus improbanda quæstionibus, quasi quod impetrarunt, lege quadam interdictum sit : quoniam et si qua priùs talis emergebat dubitatio, remittenda fuit, movente misericordia, qua indigni non sunt qui alieno laborant vitio. Sint itaque post eandem arrogationem seu adoptionem sui, et in potestate patrum, successionesque tam ab intestato, quàm ex testamento capiant, prout in arrogatis seu adoptatis constitutum est. In posterum verò sciant omnes legitimis matrimoniis legitimam sibi posteritatem quærendam, ac si prædicta

constitutio lata non esset. Injusta namque
libidinum desideria nulla de cætero venia
defendet; nullum sublevabit novum adminiculum præter anteriorum dispositionum
ordinem : non antè lata sanctio, quam ex
hoc die resecandam pia suggerit ratio : non
arrogationum vel adoptionum prætextus,
quæ ulteriùs minimè ferendæ sunt : non
astutiæ, sive divinis affectandæ litteris,
sive quibusdam illicitis ambiendæ machi-
nationibus : càm nimis sit indignum, nimis
item impium flagitiis præsidia quærere, ut
et petulantiæ servire liceat, et jus nomen-
que patris, quod eis denegatum est, id
altero legis colore præsumant.

Dat. 5 id. novemb. Justino A. et Eu-
therico Coss. 519.

légitime que dans des mariages légitimes,
et qu'il n'est plus permis de se prévaloir
de la constitution précitée. Désormais le
libertinage ne pourra se défendre par
aucune excuse. A l'égard des enfans naturels, on suivra l'ordre ordinaire de l'ancien droit; qu'on ne compte plus sur la
constitution précitée, que, animés par des
principes de justice, nous abrogeons à
compter de ce jour ; ni sur l'arrogation
ou l'adoption qui sont prohibées pour l'a-
venir, ni sur les lettres impériales ob-
tenues par l'effet de l'imposture, ni enfin
sur toute autre manœuvre illicite : car
il est trop indigne, trop impie d'accorder
un pardon à de tels vices qui engageraient
chacun à se livrer entièrement à ses pas-
sions désordonnées et le ferait censer père,
tandis qu'il ne doit en avoir ni les droits
ni le nom.

Fait le 5 des ides de novembre, sous
le consul. de l'empereur Justin et d'Eu-
théricus. 519.

8. Imp. Justinianus A. Mennæ, præfecto prætorio.

Humanitatis intuitu naturalibus patribus
hoc indulgemus, ut liceat eis nulla legitima
sobole vel matre subsistente, naturalem
vel naturales filios, matremque eorum non
tantùm ex tribus unciis (quod præteritæ
leges permittebant) sed etiam ex duplici
portione, id est, ex unciis heredes scribere : ut licèt ab intestato nullam communionem ad patris naturalis successionem
habent, ex suprema tamen ejus voluntate
permittatur eis usque ad prædictas sex uncias (si hoc scilicet naturalis pater voluerit) hereditatem ejus capere : ita tamen,
ut memoratam sex unciarum quantitatem
in omnibus naturalibus filiis et matre eorum minimè testator excedat : quam et in
legatis et in fideicommissis eis relinquen-
dis, et dotibus, et donationibus tam aliis
quàm ante nuptias, usque ad sex unciarum æstimationem liberam similiter naturalibus eorum patribus damus potestatem.
Hæc autem in futuris tantummodo testamentis, vel ultimis voluntatibus, vel dotibus, vel donationibus locum habebunt.

Dat. calend. januar. Constantinop. DN.
Justiniano A. II. Coss. 528.

8. L'empereur Justinien à Menna, préfet du prétoire.

En considération de l'humanité, nous
permettons aux pères qui n'ont que des
enfans naturels, de les instituer héritiers, ainsi que leur mère, non-seulement
pour un quart comme les lois anciennes
le permettaient, mais encore pour la moitié de leur succession : en sorte que, quoique *ab intestat* ils n'aient rien à pré-
tendre sur la succession de leur père naturel, ils puissent cependant être institués
par son testament pour la moitié, comme
il vient d'être dit. Le testateur néanmoins
ne peut, dans tout ce qu'il donnera à tous
ses enfans naturels et à leur mère, excéder
cette quotité. Nous donnons encore au
père naturel la libre faculté de laisser à
ses enfans naturels, la même quantité à
titre de legs ou de fidéicommis, de dot
ou de donation *ante nuptias* ou autres
sortes de donations. Ces dispositions ne
sont applicables qu'aux testamens et autres
actes de dernière volonté, aux dots et
aux donations qui auront lieu à l'avenir.

Fait pendant les cal. de janvier, sous
le deuxième consul. de l'empereur Justinien. 528.

*Authentique extraite de la Novelle 89,
chapitres 12 et 15.*

Il est permis au père qui décède sans postérité légitime et sans ascendans qu'il soit tenu d'instituer héritiers, de transférer tout son bien à ses enfans naturels, soit par actes entre vifs, soit par testament. S'il ne laisse que des ascendans, il lui est permis, après avoir préalablement donné la légitime qui appartient à ces derniers, de distribuer le restant à ses enfans naturels. Quant à la succession *ab intestat*, si le défunt n'a laissé ni enfans ni épouse légitimes, mais des enfans naturels nés d'une concubine qui seule lui a été unie par une affection non équivoque, qu'ils succèdent au défunt pour un sixième ; si leur mère existe, qu'elle ait dans ce sixième une portion virile. Dans le cas où il existerait des enfans légitimes qui succéderaient, ou dans le cas où l'épouse légitime étant vivante, le défunt aurait institué tous autres héritiers, il convient qu'il soit fourni des alimens aux enfans naturels à l'arbitrage d'un homme de bien. Les enfans naturels sont de même tenus, dans le besoin, de rendre le même service à leurs pères ; mais que ceux qui sont nés d'une union prohibée soient privés de tout secours.

9. *Le même empereur à Menna, préfet du prétoire.*

Pensant qu'il est de l'utilité commune que nos sujets soient régis par des lois claires et exemptes d'ambiguités, nous publions la présente ; au moyen de laquelle effaçant tous les doutes qui jusqu'à présent s'étaient élevés, nous ordonnons d'une manière claire et précise, que toutes les fois que des fils naturels sont assignés à la curie du domicile de leur père du vivant de ce dernier, ou après sa mort en vertu de son testament, ils aient des droits légitimes sur la succession paternelle ; mais, ce qui est indubitablement juste, qu'il ne leur soit pas permis, quand même ils auraient acquis l'honneur d'une dignité illustre, laquelle ne peut effacer la condition de décurion, de revendiquer des droits sur la succession des descendans de leur père naturel, sur celle de ses descendans et sur

In authent. Nov. 89, cap. 12 et 15.

Licet patri sine legitima prole seu parente, cui relinqui necesse est, decedenti, naturalibus totam substantiam suam vel inter vivos largiri, vel in testamento transmittere. Quòd si parentes duntaxat ei supersint : legitima parte parentibus relicta, reliquum inter naturales distribui permittitur. Ab intestato verò cùm desit soboles civilis, nec supersit conjunx legitima : si naturales ex concubina extant, quæ sola fuerit ei indubitato affectu conjuncta : in duas paternæ substantiæ uncias succedant, ut matri inter eos virilis portio, si superest, detur. Hujusmodi enim naturales filios pasci boni viri arbitrio est necesse : sive legitimi extant, et succedunt : sive conjuge viva quilibet alii sunt heredes. Hi ergo et parentibus parem præstent, si opus sit, pietatem. Sed qui ex damnato sunt coitu, omni prorsus beneficio secludantur.

9. *Idem A. Mennæ præfecto prætorio.*

Communium rerum esse utilitatem rectè judicantes, lucidis et omni ambiguitate segregatis legibus uti nostro subjectos imperio, ad præsentem sanctionem venimus : per quam omni dubitatione amputata, quæ usque adhuc obtinebat, certissimum facimus, ut quotiens naturales filii curiali fortunæ patriæ sui genitoris adsignantur, vel adhuc vivente patre, vel post ejus obitum, pro dispositione testamenti ab eo conditi : et eo modo legitima jura in paterna successione adipiscantur, ut (quod rectè fieri minimè dubium est) licèt illustrem dignitatem, ex qua curialis fortunæ liberatio competere non potest, naturales filii antea meruerint : ne permittatur eis contra substantiam ab eodem naturali patre descendentium, vel ascendentium, vel ex latere adgnationis vel cognationis, jure eidem patri conjunctorum (licèt ipsi legitimi successores eidem naturali patri per memoratam fortunam efficiantur) aliquod jus sibi vindicare. Quod et in his locum habebit, qui jam à naturali patre curiali conditioni traditi, et adhuc superstites sunt : eodem scilicet modo nec illis contra substantiam ejusdem naturalis filii, vel ex eo descendentium vel ascendentium, vel à latere conjunctorum, aliquod sibi jus vindicare valentibus. Sed si quidem iste naturalis filius, sive postquàm legitimus successor patri effectus sit, sive in antecedente tempore filios ex legitimo matrimonio, vel alios descendentes liberos habeat : eos modis omnibus ad ejus successionem sine testamento morientis vocari, nec curiæ locum esse : præterquam si quarta portio bonorum ejus eidem curiæ debeatur, eo quòd nullus fortè ex mortui liberis curialia munera peragere cogitur : illo videlicet observando, ut hi quos iste naturalis filius posteaquàm fortunæ curiali datus est, procreaverit, et decuriones sine dùbio sint, et curialia peragere munia compellantur.

§. 1. Si verò sine liberis cujuscunque gradus intestatus decesserit : si quidem matre superstite, tertiam quidem partem bonorum ejus matrem habere, duas verò alias partes curiam, cui à patre datus est. Sin autem mater quidem defuncti non superest, alii verò cognati ex materna linea descendentes, vel ascendentes, vel ex latere venientes, ad ejus vocentur successionem : tunc ea quidem quæ à patre naturali ad eum pervenerunt, eidem curiæ competere. Si quid verò filio postea legitimo successori effecto, vel à matre sua, vel aliunde quocunque legitimo modo acquisitum sit : hoc ad proximos maternos ejus cognatos pervenire. Illo videlicet observando, ut sive matre ejus superstite, sive ea ante filium mortua, aliquis ex ejus genere ejusdem curiæ fortunam subire paratus sit : liceat ei offerenti se eidem curiæ, bona mortui quæ de substantia patris ad eum pervenerunt, capere, muniaque peragere curialia : quo accidente, mater defuncti, si adhuc supersit, non solùm tertiam partem

celle de ses autres proches par agnation et cognation ; quoique cependant les enfans naturels deviennent, par leur affectation à la curie, successeurs légitimes de leur père naturel. Ces dispositions seront appliquées aux enfans naturels, qui ayant été affectés à la curie par le père naturel, sont encore vivans. Pareillement les descendans légitimes, les ascendans et les collatéraux du père naturel, n'auront aucun droit sur la succession des fils naturels. Mais si le fils naturel qui a été attaché à la curie a reçu d'un légitime mariage des fils ou autres descendans, soit après son affectation à la curie, soit dans le tems précédent, nous ordonnons qu'ils lui succèdent à quelque titre que ce soit, en excluant les droits de la curie ; mais si par hasard aucun de ses enfans ne pouvait être forcé de remplir les charges de la curie comme décurion, alors le quart de la succession doit être adjugé à la curie. A l'égard des enfans des décurions, on doit observer que ceux qui sont nés après l'engagement de leur père à la curie, sont décurions nés ; mais que ceux qui sont nés avant ne sont nullement engagés à la curie.

§. 1. Si le décurion décède *ab intestat* en ne laissant aucune sorte de descendans, mais seulement sa mère, nous ordonnons qu'un tiers de la succession appartienne à la mère, et les deux autres tiers à la curie à laquelle le père du défunt l'avait engagé comme décurion. Si le défunt n'a laissé ni descendans, ni sa mère, que les cognats descendans ou ascendans, ou les collatéraux du côté maternel soient appelés à sa succession ; mais que dans ce cas tout ce que le décurion défunt a reçu des biens de son père naturel appartienne à la curie. Si à la vérité depuis que le fils naturel a été légitimé par le décurionat, il a acquis quelque chose par des moyens quelconques légitimes, soit du côté de sa mère ou d'ailleurs, que ces biens acquis de cette manière appartiennent aux cognats proches maternels du défunt. On doit observer que, soit que la mère survive ou soit qu'elle ait prédécédé son fils, si quelqu'un de sa famille se décide à s'engager à la même curie,

il

il lui est permis de succéder au défunt pour tous les biens qu'il a reçus de son père naturel ; et dans le cas où cela aurait lieu, la mère du défunt, si elle vit encore, aurait non-seulement le tiers des biens que son fils naturel avait acquis d'ailleurs que du côté de son père, mais elle en aurait encore les deux autres tiers ; elle aurait le tout si elle était la seule héritière, et si elle avait des cohéritiers, elle partagerait avec eux.

§. 2. Les dispositions que nous venons de décréter au sujet de la succession des fils naturels qui sont morts décurions, doivent être applicables non-seulement à ceux qui désormais seront engagés par leur père naturel à la curie ; mais encore à ceux qui y sont déjà engagés, pourvu cependant qu'ils soient encore vivans. Nous ne les étendons point à la succession de ceux qui sont décédés avant la publication de la présente loi.

§. 3. Et pour favoriser par toutes sortes de moyens les curies des villes, nous ordonnons qu'il soit ajouté encore aux dispositions précédentes, qu'il soit permis aux pères d'engager à la curie de la ville qu'ils habitent leurs fils naturels, non-seulement lorsqu'ils n'ont aucun descendant légitime, mais encore dans le cas où ils auraient des fils ou autres descendans provenus de légitimes mariages, et de rendre de cette manière leurs fils naturels capables de leur succéder ; en sorte cependant qu'il ne leur soit pas permis de donner à aucun de leurs enfans naturels par donation, ou de leur laisser par dernière volonté, une plus grande portion que celle qu'ils ont donnée ou laissée à celui de leurs fils légitimes qui a eu la moindre portion.

Fait pendant les cal. de juin, sous le deuxième consul. de l'empereur Justinien. 528.

10. *Le même empereur à Démosthène, préfet du prétoire.*

Quelqu'un vit depuis quelque tems avec une femme libre, et avec laquelle les lois ne lui interdisent point de se marier ; il n'a passé avec elle aucune convention matrimoniale ; il est né de cette union des enfans ; ensuite poussé par la même affection qui l'avait d'abord uni à cette femme,

Tome II.

tem eorum, quæ extra paternam substantiam filius ejus aliunde acquisierit, sed etiam omnia ea, vel ipsa sola, vel cum coheredibus suis capiet.

§. 2. Ea verò, quæ de successione naturalis filii post curialem conditionem morientis constituimus, non tantùm in iis locum habere debent, qui postea à patre suo naturali curiæ dati fuerint : sed etiam in illis qui jam dati sunt, si tamen adhuc supersunt. Quòd si ante præsentem sanctionem mortui sunt, minimè ad eorum successionem eandem nostram sanctionem extendimus.

§. 3. Et quoniam omnimodo favendum est curiis civitatum : illud etiam in hanc partem addendum esse censemus, ut liceat patribus naturales filios curiæ patriæ suæ tradere, non solùm nulla eis legitima sobole existente, sed etiam si filios vel alios liberos ex legitimis matrimoniis procreatos habeant, et eo modo naturales quoque filios sibi legitimos successores efficere : ita tamen, ut minimè eisdem patribus liceat per donationem vel ultimam voluntatem amplius eidem filio naturali dare vel relinquere, quàm uni filio ex legitimo matrimonio procreato dederit vel reliquerit, cui minima portio data vel relicta sit.

Dat. calend. jun. DN. Justiniano. A. II. Coss. 528.

10. *Idem A. Demostheni præfecto prætorio.*

Cùm quis à muliere libera, et cujus matrimonium non est legibus interdictum, cujusque consuetudine gaudebat, aliquos liberos habuerit, minimè dotalibus instrumentis compositis, postea autem ex eadem affectione etiam ad nuptialia pervenerit instrumenta, et alios iterum ex eodem ma-

38

trimonio liberos procreaverit : ne posteriores liberi, qui post dotem editi sunt,
sibi omne paternum patrimonium vindicare audeant, quasi justi et in potestate effecti, fratres suos, qui ante dotem fuerant
nati, ab hereditate paterna repellentes :
hujusmodi iniquitatem non esse ferendam
censemus. Cùm enim affectio prioris sobolis et ad dotalia instrumenta efficienda, et
ad posteriorem filiorum edendam proge-
niem præstiterit occasionem : quomodo
non est iniquissimum, ipsam stirpem secundæ posteritatis priorem quasi injustam
excludere : cùm gratias agere fratribus suis
posteriores debeant, quorum beneficio
ipsi sunt justi filii, et nomen et ordinem
consecuti? Neque enim verisimile est, cum
qui postea vel donationem vel dotem conscripserit, ab initio talem affectionem circa
mulierem non habuisse, quæ eam dignam
esse uxoris nomine faciebat. Quapropter
sancimus in hujusmodi casibus omnes liberos, sive ante dotalia instrumenta editi
sint, sive postea : una eademque lance tru-
tinari, et omnes filios suos in potestate
suis existere genitoribus, ut nec prior nec
junior ullo habeatur discrimine : sed qui ex
iisdem matrimoniis procreati sunt, simili
perfruantur fortuna.

Dat. 15 calend. octobr. Chalcedone,
Decio V. C. Coss. 529.

11. *Idem* A. *Juliano præfecto prætorio.*

Nuper legem conscripsimus, qua jussimus, si quis mulierem in suo contubernio
collocaverit, non ab initio affectione maritali (cum tamen, cum qua poterat habere
connubium) et ex ea liberos sustulerit,
postea verò affectione procedente, etiam
nuptialia instrumenta cum ea fecerit, filiosque vel filias habuerit : non solùm secun-
dos liberos, qui post dotem editi sunt,
justos, et in potestate esse patribus ; sed
etiam anteriores, qui et iis qui postea nati
sunt, occasionem legitimi nominis præsti-
terunt. Quam legem quidam putaverunt

il se marie avec elle et a de nouveau des
enfans après le mariage. Nous ordonnons
que dans une pareille espèce on ne tolère
point l'iniquité par laquelle les enfans nés
depuis le mariage oseraient, comme seuls
enfans légitimes, revendiquer tout le patrimoine paternel et exclure de cette manière leurs frères ou sœurs nés avant la
célébration du mariage. Comme l'affection que le père a portée à ses premiers
enfans, a été l'occasion et du mariage qui
a eu lieu ensuite et de la naissance des
enfans qui en sont nés, pourquoi ne trou-
verait-on pas très-inique que les enfans
nés depuis le mariage voulussent exclure
ceux qui sont nés avant comme illégitimes,
eux à qui ils devraient rendre grâces de ce
qu'ils sont enfans légitimes et même de
leur naissance ? Car il n'est pas vraisemblable que celui qui par la suite a fait
une donation ou une dot en faveur de la
femme avec laquelle il vivait déjà, n'ait
pas eu pour elle dès l'origine, l'affection qu'il convient d'avoir pour une
épouse. C'est pourquoi nous ordonnons
que dans les cas de cette sorte, tous les
enfans, tant ceux nés avant que ceux nés
après le mariage, soient considérés comme
parfaitement égaux vis-à-vis de leur père;
qu'ils soient tous également sous sa puissance et qu'il n'y ait aucune différence
entre les premiers et les seconds, et que
ceux, comme dans l'espèce présente, qui
sont issus du même mariage, soient de
la même condition.

Fait à Calcédoine, le 15 des calend.
d'octobre, sous le consul. de Décius. 529.

11. *Le même empereur à Julien, préfet*
du prétoire.

Naguères nous avons publié une loi
par laquelle nous avons ordonné que si
quelqu'un s'étant uni, sans cependant se
marier avec elle, avec une femme entre
laquelle et lui il pouvait exister un mariage légitime, en a reçu des enfans,
et que l'ayant ensuite épousée, il ait reçu
de nouveau d'autres enfans, non-seulement les derniers enfans nés après le mariage soient légitimes et sous la puissance
paternelle ; mais encore ceux qui sont nés
les premiers et avant le mariage, qui ont
été eux-mêmes la cause de la légitimité

des autres. Quelques personnes ont inter-
prété cette loi d'une telle manière que,
selon eux, s'il n'est point né d'enfans après
le mariage ou si en étant nés, ils sont
tous décédés, ceux nés antérieurement au
mariage sont illégitimes, et qu'il est nécessaire par conséquent pour que la légitimation par mariage subséquent ait lieu,
qu'il existe des enfans nés depuis le mariage. Nous ordonnons qu'on n'ait absolument aucun égard pour cette subtilité :
car qu'il suffise qu'il y ait eu une affection
telle qu'après la naissance des enfans elle
ait fait faire des conventions matrimoniales, dans le dessein d'avoir de nou-
vaux enfans. Et quoique ce qu'on atten-
dait ne soit point arrivé, un cas fortuit ne
doit nuire en rien à la condition des enfans
antérieurs au mariage. A plus forte raison,
si quelqu'un vivant avec une femme l'a
rendue enceinte, et s'étant marié avec elle
pendant sa grossesse l'enfant est né ensuite
après le mariage, que cet enfant soit légitime, sous la puissance de son père,
son héritier *ab intestat*, et puisse l'être
par testament : car il serait assez absurde
que les enfans nés après le mariage pussent servir à la légitimation de ceux nés
avant, sans être légitimes eux-mêmes. Et
généralement nous réglons et nous renfer-
mons dans une claire définition les points
sur lesquels il y avait divers sentimens
au sujet des espèces dont nous parlons,
en ordonnant que dans les questions qui
concernent l'état des enfans, on considère
le tems de l'enfantement et non celui de
la conception. Nous voulons qu'en faveur
des enfans on attende toujours le tems de
la naissance, excepté dans les cas où l'utilité des enfans exige qu'on considère plutôt le tems de leur conception que celui de
leur naissance.

Fait le 15 des cal. d'avril, sous le
consul. de Lampadius et d'Oreste. 530.

Auth. extraite de la Nov. 12 , chapitre 14·

Ces mêmes dispositions sont encore applicables au cas où le père aurait des enfans légitimes d'un mariage précédent, mais
dissous légitimement en vertu de la loi,
ou par la mort de l'épouse.

Auth. extraite de la Nov. 18 , chap. dern.

Mais d'après une nouvelle constitution,

sic interpretari, sive non progeniti fuerint
post dotem conscriptam liberi, sive etiam
ab hac luce subtracti : non anteriores filios
justos haberi, nisi in utroque tempore
viventes et superstites liberi inveniantur.
Quorum supervacuam subtilitatem penitus
inhibendam censemus. Sufficiat enim talem
affectionem habuisse, ut post liberorum
editionem, et dotalia efficiant instrumenta,
et spem tollendæ sobolis habeant. Licèt
enim hoc quod speratum est, ad effectum
non pervenerit : nihil anterioribus liberis
fortuitus casus derogare concedatur. Et
multò magis si quis mulierem quam in
contubernio suo habuerat, prægnantem
fecerit, postea autem adhuc gravida muliere constituta dotalia fecerit instrumenta,
et puer vel puella editus vel edita sit : justa
patri soboles nascatur, et in potestate efficiatur, et heres existat morienti, sive ab
intestato, sive ex testamento. Satis enim
absurdum est, si filii post dotem progeniti
anterioribus liberis adjutorium adferant,
et ipsum puerum vel puellam sibi opitulari
non posse. Et generaliter definimus, et
quod super hujusmodi casibus variabatur,
definitione certa concludimus : ut semper
in hujusmodi quæstionibus, in quibus de
statu liberorum est dubitatio, non con-
ceptionis, sed partus tempus inspiciatur.
Et hoc favore facimus liberorum, ut edi-
tionis tempus statuamus esse inspectan-
dum : exceptis iis tantummodo casibus, in
quibus conceptionem magis approbari,
infantium conditionis utilitas expostulat.

Dat. 15 calend. april. Lampadio et
Oreste , VV. CC. Coss. 530.

In authent. Nov. 12 , cap. 14·

Quod jus locum habet et si ante hoc
consortium legitimorum pater sit ex alia
conjuge , à qua separatus sit legitimè, vel
ea mortua.

In authent. Nov. 18 , cap. ultimum.

Sed nova constitutio non permittit hoc
38 *

in ancilla, nisi ei qui sine legitimis aliis reperitur.

In authent. Nov. 78, cap. 3.

Nova alia constitutio hoc generaliter inducere videtur et in his qui ex ancilla sunt, ut ex ipsa dotis inscriptione simul et libertas tribuatur, et jus suorum.

In authent. Nov. 74.

Præterea qui legitimam non habet prolem, sed ex hujusmodi consuetudine duntaxat naturalem : potest, ab eo precibus principi datis, legitimos sibi constituere, et sine matrimonio, si mulier jam defuncta sit, vel deliquerit, vel occultetur, vel aliàs venire prohibeatur, vel quoquo modo matrimonium impediatur, ut sacerdotio.

In authent. Nov. 74, cap. 2.

Item sine legitimis decedens, in testamento scribens velle se naturales filios fore legitimos successores, licentiam habeat, ut post mortem ejus filii principi supplicent, testamentum ostendentes, et principis et legis dono fiant heredes, si tamen filii voluntatem patris amplectantur. Quod generaliter observatur. Sed alii quidem volunt legitimi fieri, alii non : volentes fiant, cæteri in jure naturali remaneant.

In authent. Nov. 13, cap. 2.

Si quis liberos habens naturales ex muliere libera, quæ uxor ei poterat esse, dicat in instrumento sive publicè sive propria manu conscripto, habente subscriptionem trium testium fide dignorum, sive in testamento, sive in gestis monumento-

cela ne peut avoir lieu à l'égard d'une femme esclave, à moins que le mari n'eût aucun enfant légitime.

Authentique extraite de la Novelle 78, chapitre 3.

Une autre nouvelle constitution paraît induire généralement que les dispositions de la loi précédente sont applicables aux enfans nés d'une femme esclave; parce que, par le seul fait de la dot qui lui a été fournie, elle est devenue libre ainsi que ses enfans.

Authentique extraite de la Novelle 74.

En outre celui qui n'a point d'enfans légitimes, mais qui n'a que des enfans naturels issus d'une femme entre laquelle et lui il n'existait pas de mariage, peut, en présentant requête à l'empereur, les faire légitimer sans qu'il soit nécessaire qu'il contracte mariage avec la mère : ce qui dans certains cas peut se trouver impossible, comme lorsqu'elle est décédée, ou qu'elle l'a abandonné, ou qu'elle est cachée et ne peut se présenter par quelque cause que ce soit, ou enfin lorsqu'il y a quelqu'empêchement au mariage, comme le sacerdoce.

Authentique extraite de la Novelle 74, chapitre 2.

De même si un père mourant sans laisser aucune postérité légitime, a écrit dans son testament qu'il voulait que ses enfans naturels fussent ses légitimes héritiers; que ces enfans, après la mort de leur père, présentent une supplique à l'empereur, lui produisent le testament et soient, par un bienfait du prince et de la loi, admis à succéder à leur père, si toutefois ils approuvent sa dernière volonté : ce qui doit être observé généralement. Mais si quelques-uns d'entre eux veulent devenir légitimes et les autres non, que les premiers soient légitimés et que les autres restent enfans naturels.

Authentique extraite de la Novelle 13, chapitre 2.

Si quelqu'un ayant des enfans naturels d'une femme libre, entre laquelle et lui il aurait pu exister un mariage, fait écrire dans un acte public ou fait seulement un écrit de sa propre main, mais revêtu de la signature de trois témoins dignes de foi, ou dit dans son testament, que tels enfans sont à lui, sans ajouter *naturels* ; ces enfans seront ses légitimes successeurs : et il suffira pour que tous ces enfans soient légitimés, que l'un d'entre eux apporte une des preuves dont nous venons de parler.

12. *Le même empereur à Jean, préfet du prétoire.*

Une personne ayant un fils légitime, avait de ce fils un petit-fils naturel ; on demandait si, d'après les lois, on pouvait donner le nom de petit-fils à un enfant naturel : car le grand-père voulait laisser à un tel fils naturel né de son défunt fils légitime, tout son bien ; disant que les constitutions impériales qui défendent au père naturel de laisser à ses enfans naturels tout son bien ou telle quotité qu'il aurait désiré leur laisser, et qui en même tems fixent la quantité pour laquelle les enfans naturels peuvent venir à la succession de leur père, n'entendaient parler que des enfans naturels et non des petits-enfans naturels. Ce doute a fait naître un autre doute : car qu'arrivera-t-il si un aïeul ayant un fils naturel, a de ce dernier un petit-fils légitime ou naturel? Comme dans tous ces cas il n'existe rien de particulier qui améliore la condition de ces sortes de personnes, et que la prolongation d'une postérité naturelle ne met point, d'après les lois, dans la nécessité de laisser quelque chose aux descendans naturels quel que soit leur degré ; qu'il soit permis au père, dans le cas où il n'aurait pas d'enfans légitimes, de laisser à ses petits-enfans naturels telle quantité de son bien qu'il jugera à propos. Quant aux enfans naturels, les constitutions ont mis des bornes à cet égard à la volonté des pères, dans le dessein de diminuer par ce moyen le libertinage. Pour ce qui concerne les petits-enfans, on ne doit pas, dans les espèces dont nous venons de parler, exercer la même rigueur, lorsqu'il n'existe pas d'enfans légitimes. Mais dans le cas où il en existerait, nous confirmons la teneur des anciennes constitutions au sujet des enfans naturels, et nous les étendons sur les petits-enfans. Nous ordonnons en outre que dans tous les cas les petits-enfans naturels ne puissent venir à la succes-

rum hos suos esse, nec adjecerit naturales : hujusmodi filii ei legitimi successores erunt. Et si uni ex multis filiis testimonium quodlibet ex praedictis modis praebuerit : caeteris ex eadem muliere natis ad legitima jura sufficiet.

12. *Idem A. Joanni praefecto praetorio.*

Cuidam, qui justum filium habebat, nepos accessit naturalis : si nepotis nomen hujusmodi soboli legibus accommodandum esset, quaerebatur. Volebat enim tali naturali nepoti ex suo legitimo filio jam defuncto progenito, totam suam substantiam relinquere, quasi sacris constitutionibus tantummodò in filiis naturalibus prohibentibus totum patrimonium, sive quantam partem voluerit eis relinquere, et certo fine partes eorum concludentibus. Hujusmodi autem dubitatio et in alia dubitationis specie ventilata est. Quid enim si ex naturali filio nepotem habeat avus legitimum patri suo vel naturalem? In omnibus itaque talibus dubitationibus, cum nulla legitima consequentia in hujusmodi personis custoditur, sed interventu sobolis naturalis nullum jus legitimum subesse potest, ut necessitas relinquendi aliquid eis ex legibus immineat : liceat eis quantum voluerint suae substantiae in eos conferre, scilicet nulla legitima sobole subsistente. Filiis enim naturalibus relinqui constitutiones quantum voluerint, ideo prohibuerunt : quia vitium paternum refrenandum esse existimaverunt. In nepotibus autem non eadem observatio in praefatis speciebus custodienda est, ubi legitima soboles minimè facit impedimentum. Ea enim subsistente, veterum constitutionum tenorem in naturalibus filiis statutum, et in nepotes extendimus. Sed hoc in his tantummodo sancimus, in quibus voluntate aliquid consecuti sunt. Jura etenim ab intestato in avi successionem nemini eorum penitus aperimus. Et haec non solùm eis accedere censemus à substantia avi paterni naturalis, sed etiam proavi, vel ejus cognationis : si quis saltem hujusmodi vocabulum in tam degeneres homines extendere maluerit.

Dat. calend. novemb. Lampadio et Oreste VV. CC. Coss. 53o.

sion de leur aïeul que par suite de sa volonté. Nous ne permettons absolument à aucun d'eux de venir *ab intestat* à la succession de leur aïeul. Les petits-enfans naturels peuvent, de la manière que nous avons indiquée, non-seulement participer aux biens de leur aïeul, mais encore de leur bisaïeul et autres ascendans, si toutefois on peut étendre ce mot jusqu'à des hommes si dégénérés.

Fait pendant les calend. de nov., sous le cons. de Lampadius et d'Oreste. 53o.

TITULUS XXVIII.

De testamentaria tutela.

1. *Impp. Severus et Antoninus* AA. *Speratæ.*

QUEM dicis tibi tutorem in testamento patronæ datum, si administrationi se non immiscuit, nulla actione tibi teneris; neque enim jure datus tutor fuit. Quòd si administraverit sponte res tuas: experiri adversus eum actione negotiorum gestorum potes.

Proposit. calend. augusti, Apro et Maximo Coss. 208.

2. *Imp. Antoninus* A. *Sabiniano.*

Etsi à patre tuo testamento jure tibi tutor datus, eo tempore quo heres extitisti, in rebus humanis fuit: tamen codicillis alius tutor rectè datus est, et uterque propter voluntatem testatoris tutor erit: nisi testamento datum pater alium codicillis dando reprobaverit: tunc enim posterior solus tutor erit.

Dat. idib. april. Duobus et Aspris Coss. 213.

3. *Imp. Alexander* A. *Gordio et aliis.*

Si tutores testamento vobis dati sunt: quanquam unus vestrûm suæ ætatis factus sit, id est pupillarem ætatem excesserit: tutela tamen vestra ad eum non pertinet.

TITRE XXVIII.

De la tutelle testamentaire.

1. *Les empereurs Sévère et Antonin à Spérata.*

VOUS n'avez aucune action contre celui que vous dites que votre patron, par son testament, vous a donné pour tuteur, s'il ne s'est point immiscé dans l'administration de la tutelle; il n'a pas été non plus nommé légalement à la tutelle. S'il a administré volontairement vos affaires, vous pourrez le poursuivre par l'action des affaires gerées.

Fait pendant les calend. d'août, sous le cons. d'Aper et de Maxime. 208.

2. *L'empereur Antonin à Sabinien.*

Quoique le tuteur que votre père vous a donné légalement par son testament fût encore vivant lors de la mort du testateur, cependant vous ayant donné encore légalement un autre tuteur par son codicille, ils seront, en vertu de la volonté du testateur, l'un et l'autre vos tuteurs; à moins qu'en nommant le second tuteur, il n'ait rejeté par son codicille le premier tuteur qu'il avait nommé par son testament : car dans ce cas le dernier sera seul tuteur.

Fait pendant les ides d'avril, sous le cons. des deux Asper. 213.

3. *L'empereur Alexandre à Gordius et autres.*

S'il vous a été donné des tuteurs testamentaires, quoique l'un de vous excède l'âge de pupillarité, votre tutelle cependant ne lui appartient pas.

Fait le 5 des calend. de janvier, sous le deuxième cons. de Maxime et le premier d'Élien. 224.

4. *Le même empereur à Féliciana.*

La mère ne peut donner des tuteurs à ses enfans, à moins qu'elle ne les ait institués héritiers. Lorsqu'elle ne les a pas institués héritiers, il est nécessaire que le tuteur qu'elle leur a donné par son testament soit confirmé par le président de la province. Si aucune de ces conditions n'ayant eu lieu, les tuteurs nommés dans le testament de la mère ont administré, ils sont tenus de l'action de la tutelle.

Fait le 7 des calend. de juin, sous le deuxième cons. de Julien et le premier de Crispinus. 225.

5. *Les empereurs Valérien et Gallien à Daphna.*

Si le père des pupilles a voulu que l'esclave d'autrui, au sujet duquel vous plaidez, fût le tuteur de ses enfans et libre, il faut, quoiqu'il ait été déjà donné un autre tuteur aux pupilles, qu'il soit acheté et affranchi auprès du président de la province, et adjoint à l'administration de la tutelle comme curateur.

Fait le 3 des calend. de mars, sous le cons. de Séculer et de Donat. 261.

6. *Les empereurs Dioclétien et Maximien, et les Césars, à Domna.*

Si votre père vous a donné légalement par son testament votre oncle pour tuteur, lequel ne s'est point excusé, poursuivez-le par l'action de la tutelle, tant au sujet des affaires qu'il a administrées, que de celles qu'il a négligées (parce qu'il aurait dû y donner ses soins) pardevant le juge compétent, qui lui ordonnera de vous satisfaire comme la bonne foi l'exige.

Fait pendant les nones d'avril, sous le cons. des Césars.

7. *Les mêmes empereurs et Césars à Triphéna.*

Ayant intenté l'action de la tutelle contre celui que vous dites vous avoir été donné pour tuteur par le testament de votre père, sous la puissance duquel vous avez été, le juge compétent ordonnera, s'il vous est dû quelque chose, que vous soyez payé. Mais il est certain qu'on ne peut pas donner de curateur par testament.

Dat. 5 calend. januar. Maximo II. et Æliano Coss. 224.

4. *Idem A. Felicianæ.*

Mater testamento filiis tutores dare non potest, nisi eos heredes instituerit. Quando autem eos heredes non instituerit : solet ex voluntate defunctæ datus tutor à præsidibus confirmari. Nullo verò ex his interveniente, si res pupillares, qui dati sunt, administraverint : pro tutelæ actione tenentur.

Proposit. 7 calend. jun. Juliano II. et Crispino Coss. 225.

5. *Impp. Valerianus et Gallienus AA. Daphnæ.*

Si pupillorum pater alienum servum, de quo postulas, et tutorem esse voluerit, et liberum, manente tamen alio tutore pupillis antè dato : et redimi, et manumitti hunc apud præsidem provinciæ, et curatorem adjungi oportet.

Proposit. 5 calend. mart. Seculari et Donato Coss. 261.

6. *Impp. Dioclet. et Maximian. AA. et CC. Domnæ.*

Si tibi pater avunculum testamento rectè tutorem dedit, nec is excusatus est : eum tutelæ judicio, tam de administratis, quàm de neglectis (cùm administrari deberent) apud competentem judicem conveni, secundùm bonam fidem tibi satisfacere jussurum.

Subscr. nonis april. CC. Coss.

7. *Iidem AA. et CC. Triphenæ.*

Tutelæ actione contra tutorem mota, quem in testamento patris, in cujus fuisti potestate, datum proponis : reddi tibi, si quid debetur, competens judex aditus jubebit. Curatorem enim inutiliter in testamento dari non ambigitur.

Dat. 17 calend. maii, CC. Coss.

8. *Impp. Theodosus et Valentinianus AA. Florentio præfecto prætorio.*

Tutores etiam Græcis verbis licet in testamentis relinquere : ut ita tutores dati videantur, ac si legitimis verbis eos testator dedisset.

Datum pridiè id. septembr. Theodosio A. XIV. et Maximo Coss. 439.

8. *Les empereurs Théodose et Valentinien à Florentius préfet du prétoire.*

Les testateurs en laissant par leurs testamens des tuteurs à leurs enfans, peuvent se servir de la langue grecque ; et ces tuteurs doivent être réputés avoir été donnés dans des termes légitimes.

Fait la veille des ides de septemb, sous le quatorzième consul. de l'emp. Théodose et le premier de Maxime. 439.

TITULUS XXIX.

De confirmando tutore.

1. *Imp. Alexander A. Prisco.*

Testamento matris tutores dati excusare se necesse non habent : nisi decreto secundùm voluntatem defunctæ, et quidem inquisitione habita, dati fuerint.

Proposit. 3 nonas martii, Juliano II. et Crispino Coss. 225.

TITRE XXIX.

De la confirmation du tuteur.

1. *L'empereur Alexandre à Priscus.*

Les tuteurs nommés par le testament de la mère n'ont pas besoin de s'excuser ; à moins que par suite de la volonté de la défunte, ils n'aient été nommés par décret et sur informations.

Fait le 3 des nones de mars, sous le deuxième cons. de Julien et le premier de Crispinus. 225.

2. *Idem A. Valerio.*

Neque per epistolam, neque ex imperfecto testamento tutorem rectè dari, indubitati juris est : sed voluntas patris in constituendis tutoribus vel curatoribus in hujusmodi casibus à judice, ad cujus officium hæc res pertinet, servari solet. Secundùm quæ vereri non debes ne tempus antequàm confirmareris tibi cesserit.

Proposit. 8 id. augusti, Alexandro A. II. et Marcello Coss. 217.

2. *Le même empereur à Valérius.*

Il est certain en droit qu'un tuteur ne peut être légitimement nommé par une lettre familière ou par un testament imparfait ; mais la volonté du père sur la nomination des tuteurs ou curateurs dans les cas de cette sorte, a besoin d'être confirmée, s'il y a lieu, par le juge que cette affaire compète. C'est pourquoi vous ne devez point craindre que le délai fixé pour s'excuser soit expiré avant que vous ayez été confirmé.

Fait le 8 des ides d'août, sous le deuxième cons. de l'empereur Alexandre et le premier de Marcellus. 217.

3. *Idem A. Sossiano præfecto prætorio.*

Si (ut proponis) pupillo cujus meministi, pater inutiliter testamento tutores dedit, et priusquam hi confirmarentur, alii ab eo cujus interest, dati sunt : id quidem quod jure gestum est, revocari non potest. An autem qui judicium patris habent, curatores eidem pupillo constitui debeant, aditus competens judex, perspectis

3. *Le même empereur à Sossien, préfet du prétoire.*

Si, comme vous l'exposez, la nomination que le père a faite par son testament de tuteurs pour son fils pupille est nulle, et qu'avant qu'ils aient été confirmés, d'autres tuteurs ont été nommés par qui de droit ; à la vérité ce qui a été fait légalement ne peut être révoqué ; mais le juge compétent, considérant l'u-

pectis   *tilité*

tilité du pupille, jugera si les tuteurs nommés par le père doivent être adjoints au même pupille comme curateurs.

Fait le 3 des ides d'avril, sous le cons. de Modestus et de Probus. 229.

4. *L'empereur Justinien à Julien, préfet du prétoire.*

Pour l'utilité des enfans naturels, nous accordons à leurs pères la faculté de leur laisser, à l'égard des biens qu'ils leur ont donnés ou laissés à quelque titre que ce soit, pour lesquels cependant on ne peut excéder les bornes fixées par nos lois, un tuteur qui doit être confirmé par le juge compétent, et gerer les affaires pupillaires.

Fait à Constantinople, le 15 des calend. d'avril, sous le cons. de Lampadius et d'Oreste. 530.

TITRE XXX.

De la tutelle légitime.

1. *Les empereurs Dioclétien et Maximien à Firmina.*

LA tutelle des garçons, d'après la loi des douze tables, n'appartient point aux oncles maternels ; ce droit est accordé seulement aux oncles paternels, s'ils ne s'en excusent pas.

Fait le 8 des calend. de juin, sous le quatrième cons. de l'empereur Dioclétien et le troisième de l'emp. Maximien. 290.

Authentique extraite de la Nov. 118, *chap.* 5.

De même que l'hérédité est déférée aux proches sans nulle considération pour l'agnation, que la tutelle soit déférée aux proches mâles majeurs et non empêchés de la recevoir par les lois. Si l'on trouve plusieurs proches au même degré tous appelés à la tutelle, nous ordonnons qu'ils s'assemblent tous auprès du juge, et que là ils nomment l'un ou plusieurs d'entr'eux, qui doit ou doivent, s'ils sont plusieurs, administrer les affaires de la tutelle. Dans cette assemblée on doit confier la tutelle à celui ou ceux d'entr'eux qui sont les plus propres à l'administrer dignement. Quoique seulement l'un ou

Tome II.

pectis utilitatibus ejus, æstimabit.

Prop. 3 id. aprilis, Modesto et Probo Coss. 229.

4. *Imp. Justinianus A. Juliano præfecto prætorio.*

Naturalibus liberis providentes, damus licentiam patribus eorum in his rebus quas quocunque modo eis dederint vel reliquerint (scilicèt intra præfinitum nostris legibus modum) et tutorem eis relinquere : qui debet apud competentem judicem confirmari, et ita res gerere pupillares.

Datum 15 calend. aprilis, Constantinop. Lampadio et Oreste Coss. 530.

TITULUS XXX.

De legitima tutela.

1. *Impp. Diocletianus et Maximianus AA. Firminæ.*

AD avunculos nec masculorum tutelæ ex lege duodecim tabularum deferuntur : cùm solummodò patruis, si non se excusaverint, id jus tributum sit.

Proposit. 8 calend. junii, ipsis AA. IV. et III. Coss. 290.

In authent. Nov. 118, *cap.* 5.

Sicut hereditas agnatione non inspecta proximis defertur, sic et tutelæ onus comitatur emolumentum, si masculi et perfectæ sint ætatis, et nulla lege prohibeantur suscipere. Quòd si plures sint ejusdem gradus, et ad tutelam vocantur : jubemus communiter apud judicem convenientibus, unum vel plures eligi. Et cum vel eos administrare : ut magis idoneo vel idoneis committatur tutela, periculo tutelæ omnibus imminente, qui ad tutelam vocantur : et substantiis eorum minoribus tacitè subjacentibus pro hujusmodi gubernatione.

39

quelques-uns d'entre ceux que la loi appelle à la tutelle soient chargés spécialement de l'administrer, cependant cette administration est aux risques et périls de tous, et leurs biens sont tacitement engagés aux mineurs.

2. *Iidem AA. et CC. Asclepiodoto.*

Ad agnatos pupilli jure legitimo sollicitudinem tutelæ pertinere, nisi capitis deminutionem sustinaerint, manifestissimum est.

Sancit. 3 nonas aprilis, AA. Coss.

3. *Imp. Leo A. Erythrio præfecto prætorio.*

Constitutione divæ memoriæ Constantini, lege Claudia sublata, pro antiqui juris auctoritate, salvo manente adgnationis jure, tam consanguineus, id est, frater, quàm patruus, cæterique legitimi ad pupillarem fœminarum tutelam vocantur.

Datum calend. jul. Martiano et Zenone Coss. 469.

4. *Imp. Anastasius A. Polycarpo præfecto prætorio.*

Frater emancipatus, qui in germani sui vel sororis successione omnes inferiores seu prolixiores gradus non tantùm cognatorum, sed etiam adgnatorum antecedere à nobis pro nostra dispositione jussus est : etiam ad legitimam fratrum et sororum, necnon liberorum fratrum tutelam, quasi minimè patris potestate per jus emancipationis relaxatus, si non alia juri cognita excusatione munitus sit, vocari : nec sub prætextu capitis deminutionis alienum ab hujusmodi onere semetipsum esse contendere sancimus.

Datum calend. april. Joanne et Paulino Coss. 496.

5. *Imp. Justinianus A. Demostheni præfecto prætorio.*

Nemo neque frater, neque alius legitimus in tutelam sive ingenui sive liberti vocetur, antequàm quintum et vicesimum suæ ætatis annum impleat. Immineat enim

2. *Les mêmes empereurs et les Césars à Asclépiodote.*

Il est certain que par le droit la tutelle légitime appartient aux agnats du pupille, à moins qu'ils n'aient éprouvé le changement d'état.

Fait le 3 des nones d'avril, sous le cons. des mêmes empereurs.

3. *L'empereur Léon à Erythrius, préfet du prétoire.*

La loi Claudia ayant été abrogée par la constitution de l'empereur Constantin de divine mémoire, et par respect pour l'ancienne jurisprudence le droit d'agnation étant conservé, le frère consanguin comme l'oncle paternel, ainsi que les autres agnats à qui la tutelle des garçons appartient légitimement, sont appelés à la tutelle des filles.

Fait pendant les calend. de juillet, sous le cons. de Martien et de Zénon. 469.

4. *L'empereur Anastase à Polycarpe, préfet du prétoire.*

Nous ordonnons par la présente loi que le frère émancipé exclue, à l'égard de la succession de son frère ou de sa sœur germains, non-seulement les cognats des degrés plus éloignés, mais encore les agnats. Nous ordonnons en outre qu'il soit appelé à la tutelle légitime de ses frères et sœurs, ainsi que de leurs enfans, quoiqu'il ait été mis hors de la puissance paternelle par l'émancipation, à moins qu'il n'eût d'autres excuses légitimes à faire valoir ; nous voulons qu'il ne puisse opposer que le changement d'état produit par l'émancipation, le dispense de l'administration de la tutelle.

Fait pendant les calend. d'avril, sous le cons. de Jean et de Paulinus. 496.

5. *L'empereur Justinien à Démosthène, préfet du prétoire.*

Que personne, frère ou proche parent, ne soit appelé à la tutelle légitime d'un ingénu ou d'un affranchi, avant d'avoir atteint et accompli sa vingt-cinquième année; que chacun ne réponde que de sa propre administration, afin que personne ne soit grevé des charges d'un autre. De cette manière il sera fourni aux pupilles et aux adultes une défense convenable, et l'ordre naturel sera conservé en toutes choses. Car pourrait-on tolérer que le même fût tuteur et pupille, ou curateur et sous la curatelle? La réunion de ces deux choses sur la même tête formerait certainement une absurde confusion des noms et des choses. C'est pourquoi toutes ces choses étant distinctes, que les tuteurs datifs ou légitimes soient d'un âge tel qu'ils puissent administrer leurs propres biens et les engager entièrement par droit d'hypothèque. Toutes les dispositions portées par les lois précédentes au sujet des successions des ingénus et des affranchis conservent toute leur autorité et ne reçoivent aucune atteinte de la présente loi, sur-tout à l'égard des successions des affranchis, afin qu'il ne paraisse pas delà que parce qu'ils sont exclus de la tutelle ils le soient aussi de la succession.

Récitée sept fois dans le nouveau consistoire du palais de Justinien.

Fait le 3 des calend. de novemb., sous le cons. de Décius. 539.

TITRE XXXI.

De ceux qui demandent des tuteurs ou des curateurs.

1. *L'empereur Antonin à Chrysantha.*

SOMMEZ le jeune homme contre qui vous devez plaider, de demander qu'il lui soit donné des curateurs avec lesquels vous puissiez, selon les dispositions des lois, discuter vos intérêts. S'il néglige d'en demander, vous pouvez prier le juge compétent qu'il lui en donne d'office.

Fait le 2 des non. de février, sous le cons. de Messala et de Sabinus. 215.

2. *Le même empereur à Epaphrodite.*

Si les enfans de votre patron sont d'un âge tel que leurs affaires aient besoin d'être administrées par des tuteurs, ayez soin d'aller trouver le préteur, et de lui donner les noms de ceux parmi lesquels

---

cuique pro sua tantummodò administratione periculum, ne alieno onere alius praegravetur. Sic etenim et pupillis et adultis competens gubernatio inducetur, et naturalis ordo per omnia conservabitur. Cui enim ferendum est, eundem esse tutorem, et sub tutela constitui? et iterum eundem esse curatorem et sub cura agere? Haec certè et nominum et rerum foeda confusio est. Discretis itaque omnibus, vel dativi vel legitimi fiant tutores vel curatores, hi qui talis aetatis sunt, cui suarum rerum administratio committitur, quorumque res possunt plenissimo jure hypothecarum teneri. Omnibus, quae de successionibus tam ingenuorum, quàm libertorum prioribus legibus disposita sunt, in suo robore duraturis, nec aliquam imminutionem ex praesentis legis sanctione accepturis: maximè in libertorum successionibus, ne videatur ex eo, quòd ad tutelae gravamen non veniunt, successionis emolumentum amittere.

Recitata septies in novo consistorio palatii Justiniani. Datum 3 calend. novemb. Decio V. C. Coss. 539.

TITULUS XXXI.

Qui petant tutores vel curatores.

1. *Imp. Antoninus A. Chrysanthae.*

ADMONE adolescentem adversus quem consistere vis, ut curatores sibi dari postulet, cum quibus secundùm juris formam consistas. Qui si in petendis his cessabit, potes tu competentem judicem adire, ut in dandis curatoribus officio suo fungatur.

Proposit. 2 nonas februarii, Messala et Sabino Coss. 215.

2. *Idem A. Epaphrodito.*

Patroni tui filii, si ejus aetatis sunt, ut res eorum per tutores administrari debeant: cura adire praetorem, et nomina edere, ex quibus tutores constituantur: ne si cessaveris, obsequii deserti pericu-

39 *

lum subeas.

Proposit. 3 nonas julii, Messala et Sabino Coss. 215.

3. Idem A. Atalantæ.

In locum tutoris defuncti, vel in perpetuum relegati, alium dari tutorem filiis tuis idoneum ex eadem provincia, à judice competente postula : qui secundùm officium suum utilitatibus eorum providebit.

Proposit. 4 id. julii, Læto II. et Cereale Coss. 216.

4. Idem A. Domnino.

Si filiis debitoris tui non sunt necessarii, qui tutores petant : potes et ipse curare, ut accipiant, per quos legitimè defendantur.

Proposit. 3 id. julii, Læto II. et Cereale Coss. 216.

5. Imp. Alexander A. Fuscianæ.

Amita tutores petere filiis fratris sui non prohibetur.

Proposit. 5 calend. julii, Maximo II. et Æliano Coss. 224.

6. Idem A. Otaciliæ.

Matris pietas instruere te potest, quos tutores filio tuo petere debes : sed et observare, ne quid secus quàm oportet, in re filii tui pupilli agatur. Petendi autem filiis curatores necessitas matribus imposita non est : cùm puberes minores annis vigintiquinque ipsi sibi curatores, si res eorum exigit, petere debeant.

Proposit. 10 calend. octobris, Juliano II. et Crispino Coss. 225.

7. Imp. Gordianus A. Dionysio.

Admone eam, quæ quondam pupilla tua fuit, cùm eam non tantùm viripotentem esse, sed etiam nupsisse proponas, ut sibi petat curatorem. Quòd si eam petere neglexerit : quo maturiùs possis rationem

on peut leur choisir des tuteurs ; sinon vous seriez puni comme ingrat envers votre patron.

Fait le 3 des non. de juillet, sous le cons. de Messala et de Sabinus. 215.

3. Le même empereur à Atalanta.

Demandez qu'il soit donné à vos enfans, par le juge compétent, un tuteur capable, habitant la même province, en place de celui qui est mort ou qui a été relégué à perpétuité, qui, comme l'exige ses fonctions, veille à leurs intérêts.

Fait le 4 des ides de juillet, sous le deuxième cons. de Lætus, et le premier de Céréal. 216.

4. Le même empereur à Domninus.

Si les enfans de votre débiteur n'ont pas des proches qui puissent leur faire donner des tuteurs, vous pouvez veiller vous-même à ce qu'il leur en soit donné qui les défendent légitimement.

Fait le 3 des ides de juillet, sous le deuxième consul. de Lætus, et le premier de Céréal. 216.

5. L'empereur Alexandre à Fusciana.

Il est permis à la tante maternelle de demander des tuteurs pour les enfans de ses frères.

Fait le 5 des calend. de juillet, sous le deuxième cons. de Maxime et le premier d'Elien. 224.

6. Le même empereur à Otacilia.

La piété maternelle peut vous suggérer quels tuteurs il convient que vous demandiez pour votre fils ; elle doit vous exciter encore à veiller à ce que les affaires du pupille votre fils soient bien administrées. Mais les mères ne sont point obligées de demander des curateurs pour leurs enfans, parce que les pubères mineurs de vingt-cinq ans doivent eux-mêmes demander des curateurs, lorsque leurs affaires l'exigent.

Fait le 16 des calend. d'octob., sous le deuxième cons. de Julien, et le premier de Crispinus. 225.

7. L'empereur Gordien à Dionysius.

Celle qui a été autrefois votre pupille étant non-seulement pubère, mais encore mariée, sommez-la de demander un curateur. Si elle néglige de le demander, il vous est permis, afin que vous puissiez

rendre vos comptes de tutelle à tems ,
de demander pour elle un curateur au juge
qui doit connaître de votre reddition de
compte.

Fait le 6 des ides de janvier, sous le
cons. de l'emp. Gordien et d'Aviola. 240.

8. *Les empereurs Dioclétien et Maximien à Musicus.*

En vertu de ce que les mères sont
obligées de donner des tuteurs à leurs
enfans, vous exposez que la mère du pupille ayant envoyé un procureur à l'effet
de lui faire nommer un tuteur, ce procureur a été tué par des voleurs, et que
par suite de cet accident la demande du
tuteur a été retardée : la mère n'étant
pas tenue des cas fortuits , il serait injuste qu'elle fût exclue de la succession
de son fils , l'accident qui est survenu
n'étant nullement arrivé par sa faute.

Fait le 5 des ides de mars, sous le cons.
de Tibérien et de Dion. 291.

9. *Les mêmes empereurs à Asclépiodote.*

On ne peut donner un nouveau tuteur à
celui qui en a déjà un légalement. Vous
concevez donc que la mère n'a pas négligé les devoirs de la piété maternelle
en ne demandant point de tuteur pour
son fils, puisqu'il lui en avait déjà été
donné un légitimement.

Fait à Bisance, le 3 des nones d'avril ,
sous le cons. des mêmes empereurs.

10. *Les mêmes empereurs et les Césars à
Priscus.*

Vous pouvez demander solennellement
des tuteurs pour les petits-enfans de votre
frère, si leur mère négligeant ses devoirs
n'en fait pas elle-même la demande.

Fait la veille des calend. de mai, sous
le cons. des Césars.

11. *L'empereur Zénon à Dioscore, préfet du prétoire.*

Que les mères soient obligées de demander des tuteurs pour leurs enfans naturels, comme pour ceux qui sont nés
d'un légitime mariage; et qu'elles n'espè-
rent point sous le prétexte de l'ignorance
du droit, se dispenser de ce devoir, et
éviter, si elles négligent de s'en acquitter,
les peines portées par les lois et les constitutions impériales.

Fait à Constantinople, pendant les cal.

reddere administrationis, adito eo , cujus
super ea re notio est , petere curatorem
non vetaberis.

Proposit. 6 id. januarii , Gordiano A.
et Aviola Coss. 240.

8. *Impp. Diocletianus et Maximianus
AA. Musico.*

Cùm à matribus sedulùm petendi tutoris officium exigatur, nec fortuiti casus
impedimentis adscribantur, proponasque
procuratorem , qui ad petendum pupillo
tutorem à matre fuerat constitutus, à la-
tronibus interfectum, petitionem ex necessitate demoratam esse : ab hereditatis
successione matrem repelli, cujus nullum
vitium intercessisse adseris, perquàm durum est.

Proposit. 5 id. martii , Tiberiano et
Dione Coss. 291.

9. *Iidem AA. Asclepiodoto.*

Cum jure habenti tutorem tutor dari
non possit : intelligis matrem, non officium
pietatis in petendo tutorem neglexisse, sed
jure munitam meritò filio suo tutorem non
postulare.

Sancit. 3 nonas aprilis, Byzantii, AA.
Coss.

10. *Iidem AA. et CC. Prisco.*

Nepotibus fratris tui, si eorum mater
in petendis tutoribus debito non fungatur
officio, petere tutores solenniter potes.

Sancit. pridiè calend. maii , CC. Coss.

11. *Imp. Zeno A. Dioscoro præfecto
prætorio.*

Matres naturalibus etiam filiis ad similitudinem eorum, qui ex justis ac legitimis
nuptiis sunt procreati, petendorum tutorum necessitati subjaceant : nulla eis ignorantia juris ad evitanda legibus vel sacris
constitutionibus definita, si petitionem tutorum minùs curaverint, profutura.

Datum calend. septembr. Constantinop.
Zenone A. II. Coss. 479.

de septemb., sous le deuxième consul. de l'empereur Zénon. 470.

TITULUS XXXII.

Ubi petantur tutores vel curatores.

1. Imp. Antoninus A. Aristobulæ.

Magistratus ejus civitatis, unde filii tui originem per conditionem patris ducunt, vel ubi eorum sunt facultates, tutores vel curatores his quamprimùm secundùm formam perpetuam dare curabunt. Quòd si filii tui neque possident quicquam in provincia ubi morantur, neque inde originem ducunt : restituti apud patriam suam, et ubi patrimonium habent, morabuntur, et ibi defensores legitimos sortientur.

Proposit. calend. octobr. Læto II. et Cereali Coss. 216.

TITULUS XXXIII.

De tutoribus vel curatoribus illustrium vel clarissimarum personarum.

1. Imppp. Valentinus, Theodosus et Arcadius AAA. Proculo præfecto urbi.

Illustribus præfectus urbi, adhibitis decem viris è numero senatus amplissimi, et prætore clarissimo viro, qui tutelaribus cognitionibus præsidet, tutores curatoresve ex quolibet ordine idoneos faciat retentari ; et sanè id libero judicio expertesque damni constituent judicantes. Et si in regendis pupillaribus substantiis singuli creandorum pares esse non possunt, plures ad hoc secundùm veteres leges conveniet advocari, ut quæ cœtus ille administrandis negotiis pupillorum dignissimum judicavit, sola sententia obtineat præfecturæ : super cujus nomine solemnitate servata, posteà per prætorem interponatur decretum. Itaque hoc modo re-

TITRE XXXII.

Du lieu où l'on doit demander les tuteurs ou curateurs.

1. L'empereur Antonin à Aristobula.

Les magistrats de la ville d'où vos enfans par leur père tirent leur origine, ou ceux de la ville où sont situés leurs biens, veilleront à ce qu'il leur soit donné aussitôt, conformément aux lois, des tuteurs ou des curateurs. Mais si vos enfans ne possèdent rien dans la ville qu'ils habitent, ni ne tirent point delà leur origine, ils iront habiter leur patrie ou le lieu où sont situés leurs biens, et là il leur sera donné des défenseurs légitimes.

Fait pendant les calend. d'octob., sous le deuxième cons. de Lætus et le premier de Céréal. 216.

TITRE XXXIII.

Des tuteurs et des curateurs des personnes illustres ou nobles.

1. Les empereurs Valentinien, Théodose et Arcadius à Proculus, préfet de la ville.

Que le préfet de la ville, en s'adjoignant dix personnes prises parmi les sénateurs, ainsi que le préteur qui connaît spécialement des causes de tutelle, fasse donner des tuteurs ou des curateurs capables aux personnes illustres, quel que soit leur rang, et qu'il décharge les membres de l'assemblée qui ont fait la nomination, de tous risques et périls pour ce qui concerne l'administration du tuteur qui a été nommé. Et si aucun de ceux qui peuvent être nommés tuteurs ne parait suffisamment capable de l'administration des affaires pupillaires, il convient que, d'après les dispositions des anciennes lois, on nomme plusieurs candidats, parmi lesquels l'assemblée désignera celui qui est le plus capable de bien administrer les affaires des pupilles, qui sera seul confirmé par le préfet ; et après que toutes les formalités de la nomination auront été remplies, que le préteur rende son décret. De cette manière ceux qui auront assisté au conseil de nomination à la tutelle, seront délivrés de toutes craintes pour ce qui concerne les suites de l'administration; et les pupilles et adultes nobles seront pourvus, par la délibération de ce conseil d'hommes prudens, d'une juste défense. Il est cependant manifeste que nous n'avons décrété ces dispositions que pour les pupilles ou adultes nobles qui n'ont ni défenseurs testamentaires ni légitimes qui protègent leur vie, leur âge et leurs biens ; car il n'est pas nécessaire que nous en donnions de nouveau à ceux qui sont déjà pourvus de tuteurs ou curateurs capables, puisque nous les constituons répondans de leur mauvaise administration, s'il arrivait qu'ils ne veillassent pas comme il convient aux intérêts de leurs pupilles. Nous ordonnons au reste que toutes les dispositions portées par les lois anciennes au sujet des mineurs, demeurent entièrement fermes et valables. Quo dans les provinces les décurions, au sujet de la nomination des tuteurs ou curateurs des pupilles nobles, fournissent la caution due, et qu'ils se rappellent et sachent que dans le cas où les pupilles souffriraient quelques dommages, ils seront obligés de les indemniser avec leurs propres biens.

Fait à Milan, le 3 des calend. de janv., sous le cons. de Timasius et de Promotus. 589.

2. *Les empereurs Valentinien, Théodose et Arcadius à Aurélien, préfet de la ville.*

Il est défendu par cette loi générale d'appeler à la tutelle des sénateurs, des décurions occupés des besoins publics.

Fait le 8 des calend. d'août, sous le troisième cons. de l'emp. Théodose et le premier d'Abundantius. 593.

moti à metu, qui consilio adfuerint, permanebunt : et parvulis adultisque clarissimis justa defensio sub hac prudentium deliberatione perveniet. Quod tamen circa eorum personas censuisse nos palàm est, quibus sanè neque testamentarii defensores, neque legitimi, vita, aetate, facultatibus suppetunt. Nam ubi fortè hujusmodi homines offeruntur : si nihil ad defensionem suis privilegiis comparabunt : ut teneri possint, jure praescribimus. Caeterùm alia quae in causis minorum antiquis legibus cauta sunt, manere intemerata decernimus. In provinciis autem curiales in nominandis tutoribus et curatoribus clarissimarum personarum exhibeant debitam cautionem, et discriminis sui memores, cognoscant indemnitati minorum obnoxias etiam suas deinceps esse facultates.

Datum 5 calend. januarii, Mediolani, Timasio et Promoto Coss. 589.

2. *Imppp. Valentinianus, Theodosus et Arcadius AAA. Aureliano praefecto urbi.*

Generali lege prospectum est, ne qui ad illustrium senatorum tutelam curialibus occupati necessitatibus vocentur.

Datum 8 calend. augusti, Theodosio A. III. et Abundantio Coss. 593.

TITULUS XXXIV.

Qui dare tutores vel curatores possunt, et qui dari non possunt.

1. *Imp. Alexander A. Amphibulo.*

CUM tibi in ea ætate constituto , ut si de statu tuo constaret , per tutores sive curatores negotia tua administrari deberent , libertatis controversiam fieri alleges : non ideò oportuit impediri quò magis liberali causa ordinata (quia interim pro libero habebaris) curator tibi daretur , per quem defendi causa tua potest.

Proposit. calend. novembr. Alexandro A. Coss. 223.

2. *Idem A. Arthemisiæ.*

Maritus etsi rebus uxoris suæ debet affectionem , tamen curator ei creari non potest.

Proposit. calend. jul. Fusco II. et Dextro Coss. 226.

3. *Imp. Philippus A. Dolenti.*

Luminibus captum curatorem haberi debere , falsò tibi persuasum est.

Proposit. 13 calend. augusti, Peregrino et Æmiliano Coss. 245.

4. *Idem A. Emerito.*

Militiæ armatæ muneribus occupatus , neque si legitimus sit , neque si ex testamento datus fuerit , nec alio modo (etsi voluerit) tutor vel curator fieri potest. Sed si errore ductus, res administraverit : negotiorum gestorum actione convenitur.

Proposit. 10 calend. augusti, Peregrino et Æmiliano Coss. 245.

5. *Impp. Diocletianus et Maximianus AA. et CC. Æmilianæ.*

Neque à præside alterius provinciæ , neque à magistratibus municipalibus tutorem ortum ex alia civitate , nec domicilium , ubi nominatur , habentem , jure dari posse ab eo cujus jurisdictioni subjectus

TITRE XXXIV.

De ceux qui ne peuvent nommer des tuteurs ou des curateurs , et de ceux qui ne peuvent être nommés à ces fonctions.

1. *L'empereur Alexandre à Amphibulus.*

EXPOSANT que vous êtes dans un âge tel que s'il constait de votre état vos affaires devraient être administrées par des tuteurs ou des curateurs , il ne faut pas, par cela seul qu'il s'est élevé une contestation sur votre liberté , qu'on refuse de vous donner un curateur qui puisse défendre votre cause , pendant la discussion de laquelle vous êtes censé libre.

Fait pendant les calend. de novembre, sous le cons. de l'emp. Alexandre. 223.

2. *Le même empereur à Arthémisia.*

Quoique le mari doive veiller aux affaires de son épouse, il ne peut ce‚ ʼant lui nommer un curateur.

Fait pendant les calend de juillet, sous le deuxième cons. de Fuscus et le premier de Dexter. 226.

3. *L'empereur Philippe à Dolens.*

On vous a persuadé faussement qu'il fallait donner un curateur à celui qui est aveugle.

Fait le 14 des calend. d'août, sous le cons. de Périgrinus et d'Emilien. 245.

4. *Le même empereur à Eméritus.*

Le militaire en activité de service ne peut exercer, quand même il le voudrait, les fonctions de tuteur ou de curateur, soit qu'il ait été élevé à ces fonctions par testament , par la loi ou par toute autre cause ; mais si , ignorant son incapacité, il a administré par erreur, il est tenu par l'action des affaires gérées.

Fait le 10 des calend. d'août, sous le même cons. que ci-dessus. 245.

5. *Les empereurs Dioclétien et Maximien, et les Césars, à Emiliana.*

Il est de droit certain qu'un président de province ou des magistrats municipaux, ne peuvent nommer légalement pour tuteur une personne qui n'habite point la province dans laquelle il doit exercer ses fonctions ,

fonctions, qui a son domicile ailleurs, et enfin qui n'est pas justiciable du magistrat qui l'a nommé. C'est pourquoi la cessation des fonctions dont on l'a mal-à-propros chargé n'a pas lieu à ses risques et périls, puisque sa nomination est nulle de droit.

Fait le 12 des calend. de mai, sous le consul. des mêmes empereurs.

6. *Les mêmes empereurs et Césars à Léontius.*

Au sujet de ce que vous dites que la mère ne veut pas demander des tuteurs pour ses enfans, prévenez le président de la province; et si ce magistrat trouve en effet que sur ce point la mère ait négligé ses devoirs maternels, il lui sera permis de nommer les tuteurs lui-même ou d'ordonner qu'on lui envoie les noms des personnes qui peuvent être nommées, pour qu'il choisisse parmi elles, et confirme par un décret celles qu'il convient de nommer.

Fait le 2 des calendes de mai, sous le consul. des mêmes empereurs.

7. *Les mêmes empereurs et Césars à Rufus.*

Il est certain en droit que le président de la province ne peut nommer pour tuteur ou curateur un homme d'une condition servile.

Fait à Philippeville, le 2 des nones de juillet, sous le consul. des mêmes emper.

8. *Les mêmes empereurs et Césars à Evelpistus.*

Il est certain que lorsqu'un créancier est donné pour tuteur à ses débiteurs, non seulement il ne perd pas son action, mais encore il peut se payer lui-même de ce qui lui est dû.

Fait le 5 des nones. de juin, sous le consul. des Césars.

Authentique extraite de la Novelle 72, chap. 2.

Que le débiteur ou le créancier du mineur ou le détenteur de ses biens, ne puissent lui être donnés pour curateur. C'est pourquoi si un curateur est devenu créancier de son adulte depuis qu'il administre, il ne pourra désormais administrer qu'avec l'assistance d'un autre curateur ; dans ces cas, celui qui est nommé curateur doit dès le commencement prouver ou jurer que le mineur est son débiteur ou qu'il est

jectus non est, certissimi juris est. Neque cessatio injuncti perperam officii ad periculum ejus pertinet.

Sancitum 12 calend. maii, AA. Coss.

6. *Iidem* AA. *et* CC. *Leontio.*

Quod dicis matrem filiis tutores nolle petere, super hac re adi præsidem provinciæ : qui si eam neglexisse perspexerit, etiam ipse magistratus dare tutores, vel nomina mittere, ut ab ipso decreto tribui possint, jubere non prohibetur.

Proposit. 2 calend. maii, AA. Coss.

7. *Iidem* AA. *et* CC. *Rufo.*

In servili conditione constitutum tutorem vel curatorem à præside dari non posse, nullam habet juris dubitationem.

Sancit. 2 nonas julii, Philippopoli, AA. Coss.

8. *Idem* AA. *et* CC. *Evelpisto.*

Creditorem debitoribus tutorem datum, non tantùm petitionem non amittere, sed etiam ipsum sibi posse solvere, non ambigitur.

Proposit. 5 nonas junii, CC. Coss.

In authent. Nov. 72, cap. 2.

Minoris debitor, vel is cui minor tenetur, aut qui minoris res tenet, à curatione prohibetur. Nam et antè curator, si minoris creditor efficiatur, non sine adjuncto curatore administrabit. Hoc autem ab initio vel probet, vel juret se credere minorem obligatum, vel res ejus habere. Nam si taceat, actionis sustinebit jacturam. Item si debitor taceat : nec redhibitione, nec alia tempore curationis

solutione juvabitur. Sed si actionis ces-
sionem adversus minorem suscipiat, nec
post curam quidem depositam ea permit-
titur uti : nec is cui cesserit, agere debet,
cùm in legem commiserit, licèt cessio pro
justis causis facta sit : sed minor lucrabi-
tur. His valentibus in omni cura, pro-
digorum fortè, aut furiosorum, au de-
mentium, et omnium quas introducunt
leges.

lui-même le débiteur du mineur. S'il garde
le silence dans la première supposition,
il sera déchu de son action ; dans la
deuxième, il ne lui sera pas permis de
faire le paiement de sa dette pendant le tems
que dureront ses fonctions de curateur.
Si le curateur accepte la cession d'une ac-
tion contre le mineur, il ne pourra user de
ter cette action, même après l'expiration d
ses fonctions de curateur; le cédant, ne
plus que le cessionnaire, ne pourront inten-
cette action, parce qu'il a contrevenu à
la loi, quoique la cession ait été faite pour
de justes causes : une telle action est abolie
en faveur du mineur. Ces dispositions doi-
vent être applicables aux curateurs des
prodigues, des furieux, de ceux qui sont
en démence, et à tous les autres créés
par les lois.

9. *Iidem* AA. *et* CC. *Maximiano.*

Si sororis tuæ filiis tutore legitimo pa-
truo constituto, nec ullo accusato privile-
gio, tutor datus es, cùm habenti tutorem,
alium dari jura prohibeant : necessitatem
administrationis ad eum pertinere, nec te
datione teneri, non ambigitur.

Sancit. 3 calend. februarii, CC. Coss.

9. *Les mêmes empereurs et Césars à*
Maximien.

Si vous avez été donné tuteur aux en-
fans de votre sœur, lesquels ont déjà pour
tuteur leur oncle paternel qui ne s'est point
excusé, il est certain que l'administration
de la tutelle lui appartient nécessairement,
et qu'elle ne vous concerne en aucune ma-
nière : parce que les lois défendent qu'on
donne un autre tuteur lorsqu'il en existe
déjà un.

Fait le 3 des calendes de février, sous
le consul. des Césars.

10. *Iidem* AA. *et* CC. *Florentino militi.*

Curatorem habenti, neque adjungi, nisi
causa cognita, neque in locum ejus alium
substitui, nisi antè priore remoto, ambi-
gui juris non est. Te quoque abfuturum
damni, quod medio tempore negotiis pu-
pillaribus contigit, esse succedaneum : cùm
actorem periculo tuo constituere debueras :
nec jure magistratum in absentia tua alium
creasse, certum est.

Proposit. 3 calend. aprilis, CC. Coss.

10. *Les mêmes empereurs et Césars au*
soldat Florentinus.

Il est certain en droit qu'on ne peut ad-
joindre un nouveau curateur à celui qui
en a déjà un, à moins que ce ne soit après
connaissance de cause ; et qu'on ne peut en
substituer un autre à la place de celui qui
existe, avant que le premier n'ait été
éloigné. C'est pourquoi vous devez tenir
compte aux adultes confiés à vos soins des
dommages que leurs affaires ont éprouvés
pendant votre absence. Vous auriez dû à
vos risques et périls constituer un procu-
reur pour vous remplacer provisoirement.
Car il est certain que, d'après les lois, le
magistrat ne peut créer un autre curateur
pour administrer pendant votre absence.

Fait le 3 des calendes d'avril, sous le
consul. des Césars.

11. *L'empereur Constant et le César Constantin à Bassus, préfet de la ville.*

Nous ordonnons que dans toutes espèces de procès, le mineur pubère ne puisse ester en justice que par un curateur au procès; à moins qu'il ne pût se prévaloir d'un décret qui lui permit d'ester en personne, ou qu'il n'eût obtenu l'autorisation d'administrer son patrimoine : pour que les questions qui s'élèvent sur l'introduction en instance soient terminées promptement et légitimement.

Fait à Aquilée, le 3 des ides d'octob. sous le consul. de l'empereur Constant et de Licinius. 312.

12. *Les empereurs Valentinien, Gratien et Théodose à Eutrope, préfet du prétoire.*

Le curateur d'un adulte ne peut, sous le prétexte qu'après la contestation en cause il a nommé un curateur au procès, ni négliger le procès, ni abandonner l'administration.

Fait à Constantinople, le 4 des calend. d'octobre, sous le consul. d'Euchérius et de Syagrius. 381.

13. *Les empereurs Honorius et Théodose à Monaxius, préfet de la ville.*

Nous déclarons, afin que les magistrats n'excèdent pas les limites de leur pouvoir, qu'un colon du prince, ou tout autre qui par privilège peut se défendre d'une telle dénomination, ne puisse être contraint d'administrer une tutelle.

Fait sous le huitième consul. de l'emp. Honorius et le troisième de l'empereur Théodose. 409.

TITRE XXXV.

Du cas où une femme peut administrer une tutelle.

1. *L'empereur Alexandre à Otacilia.*

L'ADMINISTRATION d'une tutelle est une charge virile qui ne peut être exercée par les femmes, à cause de la faiblesse de leur sexe.

Fait le 10 des calend. d'octobre, sous le deuxième consul. de Julien et le premier de Crispinus. 409.

---

11. *Impp. Constantius A. et Constantinus Cæs. ad Bassum præfectum urbi.*

In universis litibus placet non priùs puberem justam habere personam, nisi interposito decreto, aut administrandi patrimonii gratia, aut in litem fuerit curator datus : ut juxta præcedentia nostræ pietatis statuta legitimè initiatæ litis agitata in judiciis controversia finiatur.

Datum 3 id. octobris, Aquileiæ, Constantio A. et Licinio Coss. 312.

12. *Impppp. Valentinus, Gratianus et Theodosus AAA. Eutropio præfecto prætorio.*

Curator adolescenti ordinatus, post inchoatam litem non potest sub prætextu specialis curatoris a se nominati, aut litem contestatam deserere, aut ab administratione se subtrahere.

Datum 4 calend. octobris, Constantinop. Eucherio et Syagrio Coss. 381.

13. *Impp. Honorius et Theodosus AA. Monaxio præfecto urbi.*

Ne magistratuum ulteriùs procedat licentia, pleniùs designamus: ne patrimonialem colonum, sive alium, qui privilegio ab hac nuncupatione defenditur, tutelæ muneris adstringat officium.

Datum Honorio VIII. et Theodosio III. AA. Coss. 409.

TITULUS XXXV.

Quando mulier tutelæ officio fungatur.

1. *Imp. Alexander A. Otaciliæ.*

TUTELAM administrare, virile munus est, et ultra sexum fœmineæ infirmitatis tale officium est.

Proposit. 10 calend. octobris, Juliano II. et Crispino Coss. 409.

2. *Imppp. Valentinus, Theodosus et Arcadius* AAA. *Tatiano præfecto prætorio.*

Matres , quæ amissis viris tutelam administrandorum negotiorum in liberos postulant : priusquàm confirmatio officii talis in eas jure eveniat , fateantur actis sacramento præstito , ad alias se nuptias non venire. Sanè in optione hujuscemodi nulla cogatur , sed libera in conditiones quas præstituimus voluntate descendat. Nam si malunt alia optare matrimonia , tutelam administrare non debent. Sed ne sit facilis in eas post tutelam jure susceptam irruptio : bona ejus primitus , qui tutelam gerentis affectaverit nuptias , in obligationem venire , et teneri obnoxia rationibus parvulorum præcipimus : ne quid incuria , ne quid fraude depereat. His illud adjungimus, ut mulier, si ætate major est , tunc demùm petendæ tutelæ jus habeat , cùm tutor vel testamentarius vel legitimus defuerit , vel privilegio à tutela excusetur , vel suspecti genere summoveatur , vel ne suis quidem pro animi aut corporis valetudine administrandis facultatibus idoneus inveniatur. Quòd si fœminæ tutelas refugerint , et præoptaverint nuptias : tunc demùm vir illustris præfectus urbi, accito prætore , qui impertiendis tutoribus præsidet, sive judices, qui in provinciis jura restituunt , de alio ordine per inquisitionem dari defensores minoribus jubebunt.

Datum 12 calend. februarii, Mediolani, Valentiniano A. IV. et Neoterio Coss. 373.

In authent. Nov. 8 , *cap.* 5.

Matri et aviæ secundum ordinem tutelam etiam ante agnatos subire permittimus , si inter gesta nuptiis aliis et senatusconsulti Velleiani auxilio renunciaverit : solis testamentariis tutoribus eas præ-

2. Les empereurs *Valentinien , Théodose et Arcadius à Tatien , préfet du prétoire.*

Que les mères qui , après être devenues veuves , demandent la tutelle de leurs enfans et l'administration de leurs affaires , soient tenues, avant que leur demande leur soit accordée, de déclarer avec serment par un écrit solennel, qu'elles ne convoleront point à de secondes noces. Mais que cependant aucune mère ne soit contrainte d'accepter la tutelle de ses enfans; qu'elle soit libre de le faire (toutefois sous la condition que nous y mettons) ou de la refuser : car si elles préfèrent de se remarier , elles ne doivent pas administrer la tutelle. Nous ordonnons, pour qu'il ne soit pas facile aux mères qui ont reçu légitimement la tutelle de leurs enfans, de manquer à la condition sous laquelle elle leur a été donnée, que si une mère convole à de secondes noces, les biens de son second mari soient obligés aux pupilles et répondent de son administration ; afin que la tutelle soit administrée sans négligence et sans fraude. Nous ajoutons aux dispositions précédentes., que la mère, si elle est majeure, ait le droit de demander la tutelle lorsqu'il n'existe point de tuteur ni testamentaire ni légitime, ou que celui qui existait s'est excusé ou a été éloigné comme suspect , ou a été trouvé incapable à cause des infirmités de son esprit ou de son corps. Si la mère refuse la tutelle et préfère de passer à de secondes noces , alors l'illustre préfet de la ville, avec l'assistance du préteur qui préside à la nomination des tuteurs , et dans les provinces , les juges qui sont chargés de l'administration de la justice, choisiront sur des informations prises un tuteur d'un autre genre aux mineurs.

Fait à Milan, le 12 des calend. de fév., sous le quatrième consul. de l'empereur Valentinien et le premier de Néotérius. 573.

Authentique extraite de la Nov. 8 , *ch.* 5.

Nous ordonnons que la mère et après elle l'aïeule soient préférées , pour ce qui concerne la tutelle, à tous autres, même aux agnats , si toutefois elles ont déclaré dans un écrit solennel qu'elles renonçaient à passer à de secondes noces, et au secours du sénatus-consulte Velléien. Les tuteurs testamentaires seront cependant préférés à la mère et à l'aïeule ; mais elles passeront avant les tuteurs légitimes et les tuteurs datifs : car nous voulons que la volonté du défunt soit observée. La mère et l'aïeule sont les seules de toutes les femmes qui puissent administrer une tutelle ; une telle administration est interdite à toutes les autres.

Authentique extraite de la Novelle 91, chapitre 2.

On n'exige plus maintenant le serment ; mais en cas de secondes noces, la mère est éloignée de la tutelle, et répond toujours de l'administration qu'elle a exercée.

Authentique extraite de la Novelle 94.

La mère peut être admise à la tutelle de ses enfans, quoiqu'il conste qu'elle soit d'une manière quelconque leur débitrice ; la dette conserve toujours sa nature. La mère peut encore administrer la tutelle de ses enfans naturels, en observant toutes les formalités que les lois exigent pour les enfans légitimes.

3. *L'empereur Justinien à Julien, préfet du prétoire.*

Si le père n'ayant point laissé par son testament de tuteur à ses enfans naturels, pour l'administration des biens qu'il lui a été permis par notre constitution de leur donner, la mère veut en être la tutrice, qu'il lui soit permis, quelque soit le sexe des enfans, d'en accepter la tutelle, à l'exemple de la mère tutrice de ses enfans légitimes ; pourvu qu'elle déclare sous le serment devant le juge compétent, qu'elle ne se mariera pas et qu'elle vivra dans la plus sévère chasteté ; qu'elle renonce au secours du sénatus-consulte Velléien, et à tout autre secours légitime, et oblige ses propres biens à son administration. Nous permettons qu'à ces conditions une femme puisse être tutrice de ses enfans naturels des deux sexes ; et ordonnons qu'à l'égard de cette tutelle, les mêmes dispositions contenues dans les constitutions impériales qui ont été décrétées au sujet de la tutelle de la mère sur ses enfans légitimes, soient observées : car s'il est permis aux mères d'administrer la tutelle de leurs enfans légitimes qui peuvent avoir des tuteurs tes-

cedentibus, legitimis et dativis postpositis. Defuncti namque voluntatem præponi volumus. Præter has autem aliis mulieribus interdicimus officium tutelæ subire.

In authent. Nov. 91, cap. 2.

Sacramentum quidem non exigitur, sed contractis secundis nuptiis expelli eam à tutela convenit, salva minoribus omni alia (prout juris est) cautela.

In authent. Nov. 94.

Ad hæc, et si debitum inter ipsam et filios quoquo modo vertitur : tutela materna non ideo minus admittitur, debito in sua natura durante. Potest etiam mater naturalium filiorum tutelam agere, omnia agens quæcunque in legitimis definita sunt filiis.

3. *Imp. Justinianus A. Juliano præfecto prætorio.*

Si pater secundùm nostram constitutionem naturalibus liberis in his rebus quæ ab eo in eos profectæ sunt, tutorem non reliquerit, mater autem voluerit eorum (sive masculi sint, sive fœminæ) subire tutelam : ad exemplum legitimæ sobolis liceat ei hoc facere, quatenus actis sub competente judice intervenientibus, juramentum anteà præstet, quòd ad nuptias non perveniat, sed pudicitiam suam intactam conservet : et renuntiet senatusconsulti Velleiani præsidio, omnique alio legitimo auxilio, suamque substantiam supponat : et ita filiorum suorum vel fi. iarum naturalium tutricem eam existere sancimus ; omnibus quæ pro matribus et liberis earum ex legitimo matrimonio progenitis, divalibus constitutionibus cauta sunt, in hujusmodi matribus observandis. Si enim in filiis justis, in quibus et testamentariæ et legitimæ sunt tutelæ, et tamen matribus, his deficientibus, ad providentiam filiorum suorum venire conceditur : multò magis in his casibus, ubi legitima tutela evanescit, saltem alias eis dare, humanissimum est.

Datum 13 calend. aprilis, Constantinopoli, Lampadio et Oreste VV. CC. Coss.
530.

tamentaires et légitimes ; s'il leur est permis, dis-je, d'être elles-mêmes leurs tu-
trices au défaut des tuteurs dont nous venons de parler, à plus forte raison il doit
être permis aux enfans naturels qui ne
peuvent point espérer de tuteurs légitimes d'avoir leur mère pour tutrice.

Fait à Constantinople, le 13 des calendes
d'avril, sous le consul. de Lampadius et
d'Oreste. 530.

TITULUS XXXVI.

*In quibus casibus tutorem vel cu-
ratorem habenti, tutor vel curator
dari potest.*

TITRE XXXVI.

*Des cas où l'on peut donner un nou-
veau tuteur ou un nouveau curateur à celui qui en a déjà un.*

1. *Imp. Antoninus A. Tyberiano et
Rufo.*

Si in locum ejus tutoris ad tempus dati
estis, qui reipublicæ causa aberat, isque
jam finito munere quod ei injunctum est,
abesse desiit : quin ad ejus officium curam-
que pertineant negotia pupillæ, ambigere
non debetis : sed consultiùs feceritis, si
præsidem provinciæ virum clarissimum
adieritis, ut is ad administrationem tutelæ
compellatur.

Proposit. 8 calend. augusti, Antonino
A. IV. et Balbino Coss. 214.

1. *L'empereur Antonin à Tybérien et à
Rufus.*

Si le tuteur en la place duquel vous avez
été nommés pour administrer pendant son
absence pour cause de la république, ayant
fini la mission qui lui avait été confiée, est
arrivé, vous devez être certains que le
soin de la tutelle et des affaires de la pupille le concerne de nouveau ; vous ferez
bien cependant de demander au président
de la province qu'il le contraigne de reprendre de rechef l'administration de la
tutelle.

Fait le 8 des cal. d'août, sous le troisième consul. de l'emp. Antonin et le premier de Balbinus. 214.

2. *Imp. Alexander A. Valentiniano.*

Potuit quidem et debuit competens judex
in locum excusati tutoris, licèt pupillus
alios quoscunque haberet tutores, curatorem dare. Quamvis autem curator cum
aliis in locum excusati tutoris substitutus
sis : tamen periculo administrationis ultra
pubertatis tempora non adstringeris.

Proposit. 5 id. junii, Modesto et Probo
Coss. 229.

1. *L'emp. Alexandre à Valentinien.*

Le juge compétent a pu et dû donner
au pupille un nouveau curateur pour remplacer celui qui s'est excusé, quoiqu'il eût
déjà d'autres tuteurs. Quoique vous ayez
été substitué avec d'autres comme curateurs au tuteur qui s'est excusé, vous
n'êtes pas tenu cependant des périls de
l'administration du tems qui suit la puberté.

Fait le 5 des ides de juin, sous le consul.
de Modestus et de Probus. 229.

3. *Idem A. Hylæ.*

Propter latè diffusum, id est, in diversis locis constitutum patrimonium, vel
quòd solus administrationi non sufficias,
an tibi tutelam administranti adjungi ali-

3. *Le même emp. à Hylas.*

Le président de la province décidera si,
à cause que les biens de vos pupilles sont
dispersés en divers lieux, vous ne pouvez
suffire seul à l'administration de la tutelle,

et s'il est nécessaire qu'on vous adjoigne des curateurs.

Fait le 8 des ides de décembre, sous le consul. de Pompéien et de Pélignus. 232.

4. Les emper. Valérien et Gallien, à Euploïus.

Quoiqu'on ne puisse donner un tuteur à celui qui en a déjà un, cependant le juge compétent peut, par sa sentence, en substituer un autre capable à la place du suspect qui a été convaincu et éloigné, ainsi qu'à la place de celui qui s'est excusé, de celui qui est mort et de celui qui a été condamné à la relégation.

Fait pendant les ides de mars, sous le deuxième consul. de Sécular et le premier de Donat. 261.

5. Les emper. Dioclétien et Maximien, et les Césars, à Zénon.

Quoiqu'à cause de l'augmentation de la fortune des pupilles, on ajoute de nouveaux curateurs aux tuteurs qui existent déjà, ces derniers ne sont pas dispensés de donner leurs soins à l'administration de la tutelle. Certainement si celui qui a cessé d'administrer était solvable lors de la fin de la tutelle, le péril du tems postérieur ne peut vous concerner nullement.

Fait le 3 des calend. d'avril, sous le consul. des Césars.

TITRE XXXVII.

De l'administration des tuteurs et curateurs, et de l'argent des pupilles qui a été prêté à intérêt ou déposé.

Authent. extraite de la Nov. 72, ch. 6.

Il a été ordonné tout nouvellement, que l'argent des pupilles ne pouvait être prêté à intérêt par le curateur; que si cela avait lieu le prêt serait aux risques et périls du curateur; mais dans le cas où toute la fortune du pupille serait mobiliaire, le curateur ne pourrait prêter qu'une somme d'argent égale à celle qui est nécessaire pour l'entretien du pupille et de ses biens. Quant au reste, qu'il soit conservé soigneusement. Il peut cependant donner l'argent

quos curatores oportet: præses provinciæ, si te non sufficientem deprehenderit, æstimabit.

Proposit. 8 id. decembris, Pompeiano et Peligno Coss. 232.

4. Impp. Valerianus et Gallienus AA. Euploio.

Licèt tutorem habenti tutor dari non potest: tamen certis ex causis alius idoneus substitui sententia competentis judicis solet in locum suspecti, qui convictus ac remotus est, et in locum excusati, vel defuncti, vel relegati tutoris.

Proposit. idib. mart. Seculari II. et Donato Coss. 261.

5. Impp. Diocletianus et Maximianus AA. et CC. Zenoni.

Cùm ob augmentum facultatum curatores adjungi soleant, non priùs dati tutores ab administratione eorum liberantur. Sanè si is qui administravit, tempore finitæ tutelæ fuit solvendo: secuti temporis periculum ad te pertinere non potuisse, manifestum est.

Datum 3 calend. april. CC. Coss.

TITULUS XXXVII.

De administratione tutorum vel curatorum, et pecunia pupillari fœneranda vel deponenda.

In authent. Nov. 72, cap. 6.

Novissimè cautum est, à curatore pecuniam pupillarem non esse fœnerandam. Quod si fecerit, mutui subjacebit periculo: nisi mobilis sit ejus substantia, cujus cura administratur. Tunc enim curator illud solum mutuare cogatur, quod ad dispensationem sufficiet adolescentis, ejusque rebus. Quòd verò plus est, cautè recordatur: vel nisi ex necessitate hoc fecerit, veluti propter expensas in pupillum faciendas.

1. *Impp. Severus et Antoninus* AA. *Modesto.*

Frustrà times administrare res adolescentis, cujus curator es, ne ex hoc aliquis existimet commune periculum prioris temporis te recepisse : sed ea quæ agenda putas, age : et (quod magis interest omnium partium) insta, ut judex inter te et tutores datus, quamprimùm partibus suis fungatur.

Proposit. 12 calend. octobris , Albino · et Æmiliano Coss. 207.

2. *Iidem* AA. *Timoni et Elpidophoro.*

Adversus curatorem adolescentis, cui collegæ dati estis, quandiù administratio communis durat, exerceri judicium non potest.

Proposit. 2 calend. maii, Apro et Maximo Coss. 208.

3. *Imp. Antoninus* A. *Eunoso.*

Sumptus in pupillum tuum necessariò, et ex justis honestisque causis, judici, qui super ea re cogniturus est, si probabuntur facti : accepto ferentur, etiam si prætoris decretum de dandis eis non sit interpositum. Id namque quod à tutoribus sive curatoribus bona fide erogatur, potiùs justitia , quàm aliena auctoritate firmatur.

Proposit. 14 calend. septembris, Duobus et Aspris Coss. 213.

4. *Idem* A. *Proculæ.*

Nisi eam pecuniam , quam constiterit libertum paternum tutorem filiæ tuæ rationi ejus debere, vel deposuerit, vel in prædiorum comparationem converterit : remittitur ad præfectum urbi, secundùm ea quæ constituta sunt, arbitrio ejus puniendus.

Proposit. 12 calend. octobris, Antonino A. IV. et Balbino Coss. 214.

du pupille en prêt , lorsqu'il y est forcé par la nécessité , comme lorsqu'il a le dessein d'en employer le produit aux besoins du pupille.

1. *Les emper. Sévère et Antonin à Modestus.*

C'est mal-à-propos que vous craignez d'administrer les affaires de l'adulte dont vous êtes curateur , de peur qu'on ne vous recherche sur l'administration du tems qui a précédé votre nomination aux fonctions de curateur. Agissez comme vous croirez devoir agir; et , ce qui intéresse le plus toutes les parties, veillez à ce que le juge qui connaît entre les tuteurs et vous, s'acquitte au plutôt de ses devoirs.

Fait le 12 des calend. d'octobre, sous le consul. d'Albinus et d'Emilien. 207.

2. *Les mêmes emper. à Timon et à Elpidophore.*

Vous ne pouvez exercer, tant que l'administration commune dure , aucune action contre votre collègue dans la curatelle de l'adulte confié à vos soins communs.

Fait le 2 des calend. de mai, sous le consul. d'Aper et de Maxime. 208.

3. *L'empereur Antonin à Eumosus.*

Si vous prouvez au juge compétent.que vous avez fait des dépenses nécessaires, et par des motifs honnêtes , pour les besoins de votre pupille, il ordonnera qu'il vous en soit tenu compte, quoique vous n'ayez pas été autorisé par un décret du préteur à faire ces dépenses ; ce que qui a été dépensé de bonne foi par les tuteurs et les curateurs, est confirmé plutôt par la justice que par une autorité étrangère.

Fait le 14 des cal. de septembre, sous le consul. des deux Asper. 213.

4. *Le même empereur à Procula.*

A moins qu'il ne conste que l'affranchi paternel , tuteur de votre fille , ait déposé ou converti en biens fonds la somme d'argent qu'il reste devoir d'après ses comptes de la tutelle, il doit être remis entre les mains du préfet de la ville , qui , conformément aux lois , lui infligera la peine qu'il jugera à propos.

Fait le 12 des calend. d'octobre , sous le quatrième consul. de l'empereur Antonin et le premier de Balbinus. 214.

5.

5. *Le même empereur à Rufinus.*

C'est mal-à-propos que les ci-devant tuteurs des adultes dont vous êtes curateur, refusent de payer ce à quoi ils ont été condamnés, puisque le président peut ordonner que cette somme soit déposée.

Fait pendant les calend. de juin, sous le deuxième consul. de Létus et le premier de Céréal. 216.

6. *L'empereur Alexandre à Paconius.*

Ce n'est pas une chose ignorée que les tuteurs ou les curateurs, si, au nom de leurs pupilles ou de leurs adultes, ils ont intenté sciemment des actions calomnieuses, doivent être punis ; de peur qu'ils ne croient, par leur dissimulation, pouvoir exercer, sous le nom de leurs pupilles ou adultes, leurs propres actions avec sécurité.

Fait le 6 des ides de mai, sous le deuxième consul. de Maxime et le premier d'Elien. 224.

7. *Le même empereur à Valérius.*

Vous devez administrer la tutelle de vos pupilles de manière que l'édifice qui leur a été laissé ne soit pas vendu, parce qu'une telle aliénation a été interdite par le testament du père.

Fait le 6 des ides de juillet, sous le même consul. que ci-dessus. 224.

8. *Le même empereur à Aprilus.*

Si vous n'avez pas administré, quoique vous sussiez que vous avez été nommé curateur, on ne peut donner d'actions contre vous pour les comptes d'administration, qu'en tant que les autres curateurs qui ont administré ne seraient pas solvables à l'époque du terme de leurs fonctions ; mais si vous n'avez pas connu votre nomination, vous n'êtes tenu de rien de ce qui concerne l'administration faite par les autres curateurs, quand même ils seraient insolvables.

Fait le 6 des calend. de décembre, sous le troisième consul. de l'emper. Alexandre et le premier de Dion. 230.

9. *Le même empereur à Inclyta.*

Si vos curateurs ne veulent pas vous fournir avec vos biens une dot, le président de la province les contraindra de vous donner une dot convenable à votre fortune.

5. *Idem A. Rufino.*

Frustrà tutores quondam adolescentium, quorum curam administras, judicatum facere detrectant, cùm exacta pecunia possit auctoritate præsidis in depositi causam haberi.

Proposit. calend. junii Læto II. et Cereali Coss. 216.

6. *Imp. Alexander A. Paconio.*

Non est ignotum, tutores vel curatores adolescentium, si nomine pupillorum vel adultorum scienter calumniosas instituant actiones, eo nomine condemnari oportere : ne sub prætextu nominis eorum propter suas simultates securè lites suas exercere posse existiment.

Poposit. 6 id. maii, Maximo II. et Æliano Coss. 224.

7. *Idem A. Valerio.*

Tutelam pupillorum tuorum sic administrare debes, ne ædificium, quod his relictum est, contra formam alienandi testamento datum vendas.

Proposit. 6 id. julii, Maximo II. et Æliano Coss. 224.

8. *Idem A. Aprili.*

Et si scisses te curatorem datum, nec administrasses : cæteris curatoribus, et administrationem peragentibus, et sufficientibus damno præstando, contra te actio dari non potest. Sin autem nescisses te curatorem datum : etiam si solvendo cæteri non sint, damni periculum ad te non redundat.

Proposit. 7 calend. decembris, Alexandro A. III. et Dione Coss. 230.

9. *Idem A. Inclytæ.*

Si curatores habes, hique dotare te bonis tuis cessant : adito præside provinciæ impetrabis, ut quod moderatum est honestæ personæ, præstare cogantur.

Proposit. 17 calend. maii, Agricola et

Clementino Coss. 251.

10. *Idem* A. *Rufinæ.*

Si liberti ejus-demque curatoris culpa
vel fraude ratio vestra læsa sit : sarciri
damnum ab eo qui dedit, præses provinciæ curabit : non dubitaturas etiam gra-
viorem executionem adhibere, si quid tam
aperta fraude commissum est, ut punien-
dum in liberto crimen deprehendatur.

Proposit. 11 calend. augusti, Agricola
et Clementino Coss. 251.

11. *Imp. Gordianus* A. *Cæcilio.*

Si bonam causam, ea, cujus tutor es,
habuit, et adversus latam sententiam non
appellasti, seu post appellationem provocationis solemnia implere cessaveris : tutelæ judicio indemnitatem pupillæ præstare debes.

Proposit. idib. august. Gordiano A. et
Aviola Coss. 240.

12. *Idem* A. *Octavianæ.*

De his, quæ in fraudem administrationis à tutore gesta, vel negligenter acta à
curatoribus eorum, quibus successisti, allegas, agere debes : si modò annos legitimæ ætatis implesti. Neque enim ignoras,
non multum patrocinari fœcunditatem liberorum fœminis ad rerum suarum administrationem, si intra ætatem legitimam
sint constitutæ.

Proposit. 3 nonas octobris, Gordiano
A. II. et Pompeiano Coss. 242.

13. *Idem* A. *Longino.*

Tutores debita pupillaria, seu deposita
reposcentes, ad satisdationem compelli
non posse, manifestum est.

Proposit. 8 calend. maii, Ariano et
Pappo Coss. 244.

14. *Imp. Philippus* A. *et Philippus Cæs.*
Clementi.

Rationes curæ administratæ ante impletum quintum et vicesimum annum, durante officio posci jure non posse, manifestum est.

Proposit. pridiè non. aug. Philippo A.

Fait le 17 des calend. de mai, sous le
consul. d'Agricola et de Clémentin. 231.

10. *Le même empereur à Rufina.*

Si vous avez été lesée par la faute ou
la fraude de l'affranchi qui est votre curateur, le président de la province veillera
à ce que celui qui a porté le dommage le
répare ; ce magistrat n'hésitera pas à punir
sévèrement cet affranchi, s'il le trouve
coupable d'une telle fraude qu'elle soit pu-
nissable.

Fait le 11 des calend. d'août, sous le
même consul. que ci-dessus. 231.

11. *L'empereur Gordien à Cécilius.*

Si celle dont vous êtes le tuteur ayant
une bonne cause, vous n'avez pas appelé
de la sentence qui a été portée contre elle,
ou si après l'appel vous n'avez pas rempli
les formalités nécessaires des appels, vous
devez, par l'action de la tutelle, indemniser votre pupille.

Fait pendant les ides d'août, sous le
consul. de l'emper. Gordien et de Viola.
240.

12. *Le même empereur à Octaviana.*

Vous devez agir en justice au sujet de
ce que vous alléguez que le tuteur ou
les curateurs de ceux à qui vous avez
succédé, ont fait frauduleusement ou né-
gligemment, pourvu cependant que vous
soyez majeure : car vous n'ignorez pas
que le nombre des enfans contribue peu
à rendre les femmes qui ne sont point
majeures, capables d'administrer leurs
affaires.

Fait le 3 des nones d'octobre, sous le
deuxième cons. de l'emp. Gordien et le
premier de Pompéien. 242.

13. *Le même empereur à Longin.*

Il est certain que les tuteurs peuvent
exiger ce qui est dû à leurs pupilles à
titre de dépôt ou autres, sans qu'ils soient
tenus de fournir caution.

Fait le 8 des calend. de mai, sous le
consul. d'Arien et de Pappon. 244.

14. *L'empereur Philippe et le César Phi-*
lippe à Clément.

Il est certain qu'on ne peut demander
les comptes du curateur pendant la durée
de son administration, c'est-à-dire avant
que le mineur ait atteint ses vingt-cinq
ans accomplis.

Fait la veille des nones d'août, sous le deuxième cons. de l'empereur Philippe et le premier de Titien. 246.

15. Les empereurs Dioclétien et Maximien à Licinius.

Si vous n'avez pas signé comme fidéjusseur, c'est mal-à-propos que vous craignez d'être poursuivi par suite de cette intercession à laquelle vous n'avez donné votre signature que comme curateur ; puisque, comme vous l'affirmez, vous avez été renvoyé absous par la sentence du président, du procès qu'on vous avait intenté autrefois au sujet de cette même signature comme curateur.

Fait la veille des nones de mars, sous le troisième cons. de l'emp. Dioclétien et le premier de l'emp. Maximien. 287.

16. Les mêmes empereurs et Césars à Proculus.

Les tuteurs n'ont pas le pouvoir d'aliéner les biens de leurs pupilles à toute espèce de titre ; mais en vendant pour l'avantage seulement des pupilles les biens qu'il leur est permis de vendre, ils fournissent aux acheteurs une juste cause de possession. Mais comme les tuteurs n'ont en aucune manière la liberté de donner les biens des pupilles dont ils administrent les affaires, vous ne serez point empêché de revendiquer des possesseurs le domaine des choses aliénées de cette manière.

Fait à Héraclée, le 10 des calend. de mai, sous le cons. des empereurs nommés ci-dessus.

17. Les mêmes empereurs et Césars à Martial.

C'est mal-à-propos que les tuteurs craignent au sujet de leur succession ; puisque la faculté de disposer de leurs biens propres par testament ou donation n'est point refusée à ceux qui ont administré une tutelle.

Fait le 16 des calend. de novembre, sous le cons. des mêmes empereurs.

18. Les mêmes empereurs et Césars à Sotéricus.

Assurant que vous avez été nommé tuteur, sommez les débiteurs de votre pupille de faire leurs paiemens, parce que les devoirs de votre charge exigent que

---

II. et Titiano Coss. 246.

15. Impp. Diocletianus et Maximianus AA. Licinio.

Si non subscripsisti, quasi fidejussor : frustra vereris, ne ex ea intercessione, qua signasti ut curator, olim liberatus (ut affirmas) sententia præsidis, ex officio curatoris conveniri possis.

Proposit. pridie non. mart. Diocletiano III. et Maximiano AA. Coss. 287.

16. Iidem AA. et CC. Proculo.

Non omni titulo res pupilli potestatem alienandi tutores habent : sed administrationis tantùm causa distrahentes, quæ eis venundare licet, justam causam possidendi comparantibus præstant. Cùm itaque donandi nulla ratione res eorum, quorum administrant negotia, potestatem habeant : vindicare dominium à possidentibus non prohiberis.

Datum 10 calend. maii, Heracliæ AA. Coss.

17. Iidem AA. et CC. Martiali.

De successione sua tutores frustra timent : cùm his, qui tutelam administraverunt, testamenti factio non denegetur, nec de bonis suis donare aliquid prohibeantur.

Sancit. 16 calend. novembr. AA. Coss.

18. Iidem AA. et CC. Soterico.

Debitoribus pupillæ pro officii ratione tutorem te constitutum adseverans, ad te nominum periculo pertinente, parere solutioni denuntia. Qui si satis non fecerint :

41 *

in venditione pignorum uti communi jure potes.

Sancit. pridiè calend. januar. A. Coss.

19. Iidem AA. et CC. Vindiciano.

Tutor, licèt absens, decreto datus, si sciens solemniter se non excusaverit : administrationi constituitur obnoxius.

Sancit. 3 id. febr. CC. Coss.

20. Imp. Constantinus A. Euphemianæ.

Pro officio administrationis tutoris vel curatoris bona, si debitores existant, tanquam pignoris titulo obligata, minores sibimet vindicare minimè prohibentur. Idem est et si tutor vel curator quis constitutus, res minorum non administraverit.

Datum 7 calend. aprilis, Volusiano et Anniano Coss. 314.

21. Idem A. Maximo præfecto prætorio.

Pupillorum seu minorum defensores, si per eos donationum conditio neglecta est, rei amissæ periculum præstent.

Datum 3 calend. februarii, Romæ, Sabino et Rufino Coss. 316.

22. Idem A. ad populum.

Lex quæ tutores curatoresque necessitate adstrinxit, ut aurum, argentum, gemmas, vestes, cæteraque mobilia preciosa, urbana etiam prædia et mancipia, domos, balnea, horrea, atque omnia quæ intra civitatem sunt, venderent, omniaque ad nummos redigerent, præter prædia et mancipia rustica, multum minorum utilitati adversa est. Præcipimus itaque, ut hæc omnia nulli tutorum curatorumve liceat vendere : nisi hac fortè necessitate et lege, qua rusticum prædium atque man-

vous procuriez les rentrées à vos risques et périls. Si les débiteurs, après cette sommation, ne s'exécutent pas, vous pouvez user du droit commun en vendant les gages.

Fait la veille des calend. de janv., sous le cons. des empereurs nommés ci-dessus.

19. Les mêmes empereurs et Césars à Vindicien.

Si un tuteur nommé par décret, quoique pendant son absence, a connu sa nomination et ne s'est point excusé légitimement, l'administration est à ses périls et risques.

Fait le 3 des ides de février, sous le cons. des Césars.

20. L'empereur Constantin à Euphémiana.

Les mineurs ne sont point empêchés de revendiquer les biens de leurs tuteurs ou curateurs, comme s'ils leur étaient obligés à titre de gages, s'ils leur sont redevables par suite de leur administration. Il en est de même de ceux qui, étant nommés tuteurs ou curateurs, n'ont pas administré les affaires des mineurs.

Fait le 7 des calend. d'avril, sous le cons. de Volusien et d'Annien. 314.

21. Le même empereur à Maxime, préfet du prétoire.

Les tuteurs ou curateurs, s'ils ont négligé de remplir la condition sous laquelle des donations avaient été faites en faveur de ceux qui sont confiés à leurs soins, sont tenus envers eux des pertes qu'ils leur ont fait éprouver par leur faute.

Fait à Rome, le 3 des calend. de fév., sous le cons. de Sabinus et de Rufinus. 316.

22. Le même empereur au peuple.

La loi qui oblige les tuteurs et curateurs de vendre et de réduire en argent comptant l'or, l'argent, les pierres précieuses, les vêtemens et les autres meubles précieux, les propriétés foncières situées dans la ville, les esclaves, les maisons, les bains, les magasins et les autres choses renfermées dans la ville, excepté les héritages et esclaves rustiques, est très-souvent contraire aux intérêts des mineurs. C'est pourquoi nous ordonnons qu'il ne soit permis en aucune manière aux tuteurs ni aux curateurs de vendre ces choses, à moins que ce ne soit dans le cas où les anciennes lois, à cause de la nécessité, permettent de vendre, engager, donner en donation *propter nuptias*, ou en dot, les héritages et les esclaves rustiques; ce qui encore ne pourra être fait, pour éviter toute fraude, qu'après dues informations prises par le juge et la preuve de la justice de la cause qui exige l'aliénation et l'interposition d'un décret. Mais avant toutes choses qu'on conserve toujours dans l'hérédité et qu'on retienne dans la maison, les esclaves de la ville, qui seuls ont la connaissance du mobilier. Il sera pourvu à ce qu'il ne soit fait aucun mauvais traitement aux esclaves fidèles. Quant aux autres, soumis, si le cas l'exige, à la torture, ils pourront faire connaître la vérité. Il sera pourvu encore à ce que le tuteur ne diminue l'inventaire, n'y fasse des changemens ou ne l'enlève. Il est nécessaire que ces dispositions soient observées à l'égard des vêtemens, des perles, des pierres précieuses, des vases et d'autres choses mobiliaires. Dans de pareils cas, il est bien plus préférable que les esclaves meurent chez leurs anciens maîtres, que s'ils en servaient d'autres. Leur fuite doit être reprochée au tuteur qui peut l'avoir causée en relâchant la discipline par sa négligence, en les traitant avec dureté, en les faisant pâtir, ou enfin en les battant mal-à-propos : car ces esclaves chérissent plus qu'ils ne haïssent leurs maîtres. Cette loi est aussi sous ce rapport préférable à l'ancienne. Sous l'empire de cette dernière, les esclaves n'étant pas surveillés soigneusement, il arrivait souvent que la vie des mineurs était en danger. Qu'il ne soit pas permis de vendre la maison dans laquelle le père est mort et où le mineur a été élevé : car il serait assez triste de ne pas voir dans ce lieu le portrait de ses ancêtres, ou de les en arracher pour les placer ailleurs. Donc que la maison, ainsi que le mobilier, demeurent dans le patrimoine des mineurs; qu'aucun des édifices qui se trouvaient en bon état lors de l'ouverture de la succession ne tombe en ruine et ne dépérisse par la fraude du tuteur. Bien plus, que

cipium vendere, vel pignorare, vel in donationem propter nuptias, vel in dotem dare in præteritum licebat : scilicet per inquisitionem judicis, et probationem causæ, interpositionemque decreti, ut fraudi locus non sit. Ante omnia igitur urbana mancipia, quæ totius supellectilis notitiam gerunt, semper in hæreditate et in domo retineantur. Nam boni servi fraudem fieri prohibebunt : mali, si res exegerit, sub quæstione positi, poterunt prodere veritatem : atque ita omnia observabunt, ut nec inventarium minuere, nec mutare, vel subtrahere aliquid tutor valeat. Quod et in veste, margaritis, gemmis, et vasculis, cæteraque supellectili necessarium est. Et tolerabilius est (si ita contigerit) servos mori suis dominis, quàm servire extraneis. Quorum fuga potiùs tutori adscribitur, sive negligentia dissolutam esse patiatur disciplinam, sive duritia vel inedia, atque verberibus eos adficiat. Nec enim dominos execrantur, sed magis diligunt : ita ut hæc lex per hoc quoque melior antiqua sit. Tunc enim remota servorum custodia, etiam vita minorum sæpiùs prodebatur. Nec verò domum vendere liceat, in qua defecit pater, minor crevit : in qua majorum imagines aut non videre fixas, aut revulsas videre, satis est lugubre. Ergo et domus, et cætera omnia immobilia in patrimonio minorum permaneant : nullumque ædificii genus, quod integrum hæreditas dabat, collapsum tutoris fraude depereat. Sed et si parens, vel ille cujuscumque hæres est minor, reliquerit deformatum ædificium : tutor testificatione operis ipsius, et multorum fide, id reficere cogatur. Ita enim annui reditus plus minoribus conferent, quàm per fraudes pretia deminuta. Servi etiam, qui aliqua sunt arte præditi, operas suas commodo minoris inferant : et reliqui qui in usu minoris domini esse non poterunt, quibusque ars nulla est, partim labore suo, partim alimoniarum taxatione pascantur. Lex enim non solùm contra tutores, sed etiam contra fœminas immoderatas atque intemperantes prospexit minoribus, quæ plerumque novis maritis non solùm res filiorum, sed etiam vitam addicunt. Huic accedit, quòd ipsius pecu-

niæ (in qua robur omne patrimonium veteres posuerunt) fœnerandi usus vix diu-
turnus, vix continuus et stabilis est : quo
subsecuto intercidente sæpè pecunia, ad
nihilum minorum patrimonia deducuntur.
Jam ergo venditio tutoris nulla sit sine
interpositione decreti : exceptis iis duntaxat vestibus, quæ detritæ usu, seu cor-
ruptæ servando servari non potuerint.
Animalia quoque supervacua, quamvis
minorum, quin veneant non vetamus.

Datum id. mart. Constantino A. VII. et
Constantino Cæs. Coss. 526.

l'édifice qui aurait été laissé dégradé et
en mauvais état par le père du mineur
ou celui dont le mineur est héritier, soit,
après avoir pris le témoignage de plusieurs personnes sur le mauvais état de
l'édifice, réparé par l'ordre du tuteur;
en sorte que les revenus annuels des mineurs soient augmentés, bien loin d'être
diminués par la fraude; qu'en outre les
esclaves qui sont instruits dans quelqu'art
rapportent le produit de leur travail aux
mineurs. Quant aux autres esclaves qui
sont sans talens, et qui ne peuvent être
d'aucune utilité aux mineurs leurs maîtres, qu'ils soient entretenus en partie avec
le produit de leur travail, et en partie
avec une certaine portion d'aliment. Cette
loi n'a pas seulement pour objet de protéger les mineurs contre leurs tuteurs,
mais encore contre leurs mères, qui peuvent se rencontrer des femmes dissolues
et intempérantes, et qui, pour la plupart,
abandonnent non-seulement à leurs nouveaux maris les biens de leurs enfans,
mais encore leur vie. Il arrivait, sous
l'empire de l'ancienne loi, qui avait fondé
l'usage de prêter à intérêt l'argent des
mineurs, et sur quoi les anciens faisaient
reposer la force du patrimoine, qu'on
ne rencontrait pas toujours des personnes
à qui on pût prêter; que par conséquent
il n'y avait là rien de bien continu, rien
de bien stable; et que même dans le cas
où l'on trouvait à prêter, le débiteur
pouvait faillir et le patrimoine des mineurs être réduit de cette manière à rien.
La vente faite par le tuteur est donc nulle,
s'il n'y a pas eu interposition de décret;
à moins qu'elle n'eût pour objet que des
vêtemens usés ou d'autres choses qu'on
n'aurait pu conserver sans s'exposer de
les voir périr sans en retirer aucun fruit.
Nous n'empêchons pas d'ailleurs de vendre
les animaux superflus, quoiqu'ils appartiennent aux mineurs.

Fait à Constantinople, sous le septième
cons. de l'emp. Constantin et le premier
du César Constantin. 526.

23. *Idem A. Felici.*
Si tutoris vel curatoris culpa vel dolo,
eo quòd vectigal prædio emphyteutico
impositum minimè dependere voluissent,

23. *Le même empereur à Félix.*
Si, par la faute ou le dol du tuteur ou
du curateur, le fonds du mineur a été
perdu pour n'avoir pas voulu payer les

redevances imposées sur ce fonds par droit emphytéotique, ils doivent indemniser avec leurs propres biens le mineur des pertes qu'il a éprouvées à cette occasion.

Fait à Constantinople, le 13 des calend. de mai, sous le cons. de Dalmatius et de Xénophile. 533.

24. *Les empereurs Arcadius et Honorius à Eutychien, préfet du prétoire.*

Les tuteurs ou curateurs, aussitôt qu'ils connaîtront leur nomination, doivent veiller à ce qu'il soit fait solennellement et en présence de personnes publiques, un inventaire de toutes les choses et créances des mineurs ; qu'ils placent dans un lieu sûr l'or, l'argent et tout ce qui ne craint pas les atteintes du tems, s'il arrive qu'on trouve de ces choses parmi les biens du pupille : en sorte cependant qu'on puisse, avec le produit des choses mobiliaires, acheter des fonds convenables ; ou que si l'on ne trouve pas ce qui est ordinaire, des fonds convenables à acheter, on puisse, selon les dispositions du droit ancien, prêter cet argent à intérêt, dont l'exaction en capital et intérêts est aux risques et périls des tuteurs ou curateurs.

Fait à Constantinople, le sept des calend. de mars, sous le quatrième cons. de l'empereur Arcadius et le troisième de l'empereur Honorius. 596.

25. *L'empereur Justinien à Jean, préfet du prétoire.*

Nous ordonnons qu'il soit permis aux débiteurs des mineurs et des adultes, de s'acquitter entre les mains des tuteurs ou des curateurs de leurs créanciers, qui ont fourni les cautions nécessaires. Il faut cependant que ces paiemens soient autorisés préalablement par une sentence judiciaire, qui doit être délivrée *gratis*. Que le débiteur qui, d'après cette sentence et autorisation du juge, s'est acquitté de sa dette, jouisse d'une parfaite sécurité et ne puisse à l'avenir être inquiété par personne au sujet de cette même dette qu'il a payée : car il ne doit pas être élevé des doutes par la suite sur ce qui a été fait dans l'origine légitimement et avec toutes les conditions exigées par les lois. Nous n'étendons point les dispositions de cette

minoris prædium fuerit amissum : damnum quod ei contigit, ex substantia corum resarciri necesse est.

Datum 13 calend. maii, Constantinop. Dalmatio et Xenophilo Coss. 533.

24. *Impp. Arcadius et Honorius AA. Eutychiano præfecto prætorio.*

Tutores vel curatores mox quàm fuerint ordinati, sub præsentia publicarum personarum inventarium rerum omnium et instrumentorum solemniter facere curabunt. Aurum, argentumque, et quicquid vetustate temporis non mutatur, si in pupilli substantia reperiatur, in tutissima custodia collocent : ita tamen, ut ex mobilibus aut prædia idonea comparentur; aut si forté (ut adsolet) idonea non potuerint inveniri, juxta antiqui juris formam usurarum crescat accessio : quarum exactio ad periculum tutorum pertinet.

Datum 7 calend. martii, Constantinop. Arcadio IV. et Honorio III. AA. Coss. 396.

25. *Imp. Justinianus A. Joanni præfecto prætorio.*

Sancimus, creatione tutorum et curatorum cum omni procedente cautela, licere debitoribus pupillorum vel adultorum ad eos solutionem facere : ita tamen, ut priùs sententia judicialis sine omni damno celebrata hoc permiserit. Quo subsecuto, si et judex hoc pronuntiaverit, et debitor persolverit : sequitur hujusmodi causam plenissima securitas, ut nemo in posterum inquietetur. Non enim debet, quod rité et secundùm leges ab initio actum est, ex alio eventu resuscitari. Non autem hanc legem extendimus etiam in his solutionibus, quæ vel ex reditibus, vel ex pensionibus, vel aliis hujusmodi causis pupillo vel adulto accedunt : sed si extraneus debitor ex fœneratitia forsitan cautione, vel aliis similibus causis solutionem facere, et se liberare desiderat. Tunc enim eam subtilitatem observari censemus.

Datum 10 calend. martii, Constantinop. post consulatum Lampadii et Orestis VV. CC. 531.

26. *Idem A. Joanni præfecto prætorio.*

Cùm quædam mulier testamento condito filium suum præterisset, idem autem filius, qui præteritus erat, vel fratris, vel extranei esset tutor vel curator, qui scriptus à matre tutoris fuerat hæres : in præsenti specie manifestissimum erat, stare tutorem vel curatorem in præcipiti loco. Sive enim auctoritatem suam, vel consensum de adeunda hæreditate præstare pupillo aut adulto minimè voluerit, ne ex hac causa sua jura aliquod patiantur præjudicium (satis enim imminet periculum tutelæ vel utilis negotiorum gestorum actionis, ne pupillus vel adultus, utpote ex illius tarditate læsus, litem ei ingerat); sive hujusmodi timore perterritus, auctor fuerit pupillo vel adulto, periculum emergebat. Dùm enim alii consentit, ipse sua jura perdit. Videbatur etenim confirmare matris suæ judicium, quod oppugnandum esse existimabat. Et multæ aliæ insuper species oriuntur, ex quibus verendum est tutori vel curatori circa suas res præjudicium parari, putà in hypothecis et aliis variis causis. Invenimus autem generaliter definitum, post officium depositum omnes actiones quas tutor vel curator ex necessitate officii subierit, in quondam pupillum vel adultum transferri. Quare tam optimo exemplo argumentati, necnon et aliis omnibus casibus, in quibus veretur tutor vel curator, ne præjudicium ei aliquod fiat, timorem ejus removemus. Damus igitur eis cum summa fiducia res pupillorum vel adultorum gubernare ; scituris, quòd lex nostra sua eis jura immutilata reservat, nihil ex hujusmodi auctoritate vel consensu præjudicii subituris.

Datum

loi sur les paiemens provenans des rentes, des pensions ou d'autres causes dûs au pupille ou à l'adulte; mais seulement au cas où un débiteur étranger désirerait payer et se libérer d'une obligation provenante d'un contrat de prêt à intérêt ou d'autres semblables : car dans ces derniers cas nous ordonnons qu'on observe les formalités indiquées ci-dessus.

Fait à Constantinople, le 10 des calend. de mars, après le cons. de Lampadius et d'Oreste. 531.

26. *Le même empereur à Jean, préfet du prétoire.*

Une certaine femme par son testament a prétérit son fils ; ce fils prétérit se trouve le tuteur ou le curateur de son frère ou d'un étranger, héritier écrit de la mère du tuteur ou du curateur. Il est manifeste que dans cette espèce la situation du tuteur ou du curateur est bien critique : car, soit qu'il refuse son autorisation ou son consentement au pupille ou à l'adulte pour accepter l'hérédité, de peur de se porter, par ce moyen, quelque préjudice (il court, en prenant ce parti, le péril éminent de se voir intenter un procès par le pupille ou l'adulte, en vertu de l'action de la tutelle ou de celle des affaires gérées, en demande en indemnité des pertes qu'ils ont éprouvées par l'effet de ses retards) ; soit qu'épouvanté par une crainte de cette sorte, il donne son consentement, il court, quelque parti qu'il prenne, des dangers : car en donnant son consentement il perd ses droits; il parait qu'il a confirmé la volonté de sa mère, que cependant il se proposait d'attaquer. Il se rencontre dans cette espèce beaucoup de cas qui font justement craindre au tuteur ou au curateur de porter préjudice à ses propres biens, comme les hypothèques et quantité d'autres. Nous trouvons qu'il a déjà été ordonné généralement, que les actions que le tuteur ou curateur, par suite de la nécessité de ses fonctions, s'était attirées, devaient être dirigées après l'expiration des fonctions du tuteur ou du curateur contre le pupille ou l'adulte. C'est pourquoi, excité par un si bel exemple, nous voulons délivrer le tuteur ou le curateur de toute crainte, dans

dans tous les cas où, en exerçant ses fonctions, ils auraient à craindre de se porter préjudice à eux-mêmes. Nous les prévenons donc qu'ils peuvent administrer avec la plus grande sécurité les affaires des pupilles ou des adultes; que cette loi est une garantie que leurs droits ne souffriront aucun préjudice, et qu'il ne résultera pour eux aucune perte de l'autorisation ou du consentement qu'ils donneront à ceux qui sont confiés à leurs soins, à l'acceptation de l'hérédité dans l'espèce ci-dessus.

Fait à Constantinople, le 10 des calend. de septemb., après le cons. de Lampadius et d'Oreste. 531.

27. *Le même empereur à Jean, préfet du prétoire.*

Nous étendons aux intérêts la constitution que nous avons naguères publiée au sujet des paiemens à faire aux mineurs dont la cause est des rentes, des pensions ou autres semblables. Cependant la susdite constitution n'est applicable qu'aux intérêts non accumulés et qui ne sont point dus depuis plusieurs années, et non excédant en totalité la somme de cent sous.

Fait à Constantinople, le 10 des calend. de novemb., après le cons. de Lampadius et d'Oreste. 531.

28. *Le même empereur à Jean, préfet du prétoire.*

Nous ordonnons qu'aucun tuteur ou curateur de pupilles, d'adultes, de furieux ou d'autres personnes, nommé en vertu de nos lois et constitutions, ne puisse dans leurs procès, refuser de défendre ceux qui ont été mis sous sa protection; mais qu'il les défende depuis le commencement du procès, et qu'il étaye leurs droits de tous les moyens fournis par les lois. C'est un devoir dont ne peuvent se dispenser ni le tuteur ni le curateur. Mais s'ils refusent de s'en acquitter, qu'ils soient non-seulement renvoyés comme suspects et avec infamie, mais encore qu'ils soient forcés de réparer avec leurs propres biens les pertes que les personnes confiées à leurs soins ont éprouvées à cette occasion.

§. 1. Si quelqu'un, après avoir fourni par suite d'une attaque dirigée contre lui, la caution ordinaire dont le défendeur est tenu, ou après la contestation en cause

27. *Idem A. Joanni præfecto prætorio.*

Constitutionem, quam nuper fecimus disponentes, quemadmodum debent solutiones in contractibus minorum fieri, sive ex reditibus, sive ex pensionibus, sive ex aliis similibus causis, etiam in usuras extendimus : quæ tamen non summatim, neque ex multis annis collectæ jam debentur, biennales metas et centum solidorum quantitatem minimé excedentes.

Datum 10 calend. novembris, Constantinop. post consulatum Lampadii et Orestis VV. CC. 531.

28. *Idem A. Joanni præfecto prætorio.*

Sancimus neminem tutorum vel curatorum pupilli, vel adulti, vel furiosi, aliarumque personarum, quibus tam ex veteribus, quàm ex nostris legibus vel constitutionibus creantur curatores, defensionem quam pro lite susceperint, recusare : sed ab initio litis modis omnibus memoratas personas defendere, et litem præparatam secundùm leges instruere : scientes, quòd hoc munus necessarium est, tam tutelæ, quàm curationi. Et si hoc recusaverint, vel subire distulerint : non solùm utpote suspecti amoveantur, amissa eorum existimatione : sed etiam ex substantia sua omne detrimentum, quod antelatæ personæ ex recusatione defensionis sustinent, resarcire cogantur.

§. 1. Sed et si quis ex quadam interpellatione admonitus, pro litis instructione consuetam cautelam exposuerit : vel post litem contestatam, quam per se, non

43

per procuratorem susceperit, vel demens
vel furiosus factus fuerit : sancimus, continuò curatorem ei in competenti judicio
ordinari, cura et provisione tam judicis,
sub quo lis vertitur, quàm cognatorum et
propinquorum, et actoris, si voluerit : ut
non ab eo instituta lis diutiùs protraha-
tur : necessitatem habente creato curatore
defensionem subire, et cætera litis adimplere.

§. 2. Personis etiam, quæ periculo proprio, vel suæ substantiæ tutores vel curatores petierunt (sive matres fortè fuerint, sive quidam alii) compellendis eos,
quos ordinaverint tutores vel curatores,
præparare talem subire defensionem. Vel
si illi noluerint hoc facere, et propter hujusmodi defensionis recusationem à tutela
vel curatione removeantur : necessitatem
imponimus memoratis personis, alios tutores vel curatores ordinare, in ipsis gestis, in quibus tutores vel curatores creantur, ex sua confessione declarantes talem
subire defensionem. Ne autem tales personæ sine provisione debita relinquantur,
vel contra eos agentium jura diutiùs pro-
telentur : sancimus continuò, id est, post
recusationem defensionis, in casibus videlicet, in quibus (sicut dictum est) hoc
fieri possit, creationem aliorum tutorum
vel curatorum celebrari : cognatis, aliisque propinquis, adfinibus, vel creditoribus, vel aliis quorum interest, adeuntibus vel admonentibus eos, qui secundùm
leges jus habent, tutores vel curatores
constituere.

§. 3. Defensionem autem et nomen ejus
in hoc capu apertiùs declarantes, ne fortè
potaverint tutores vel curatores gravamen
sibimet imponi : illam decernimus defensionem eos subire, quæ non satisdatione
pro eventu litis constituitur, sed ut tan-
t ummodò litem secundùm legum ordinem

du procès qu'il défendait par lui-même et
non par procureur, devient fou ou furieux, nous ordonnons qu'il lui soit donné
aussitôt un curateur par le juge ordinaire
compétent, tant sur la demande du juge
auprès duquel le procès est pendant, que
sur celle des cognats et des proches du
fou ou furieux, et même sur celle du demandeur s'il le veut; afin que le procès
commencé ne traîne pas en longueur. Le
curateur nommé à cet effet doit être obligé
de continuer la défense, et de faire tout
ce qu'exigeront dans le cours de l'instruction et du jugement de ce procès,
les intérêts de la personne confiée à ses
soins.

§. 2. Quant aux personnes qui ont demandé les tuteurs ou curateurs à leurs
propres risques et périls, et à ceux de
leur fortune (soit que ce soit les mères
ou d'autres personnes), elles doivent contraindre ceux qu'elles ont désignés pour
tuteurs ou curateurs, de fournir aux pupilles ou adultes la défense dont ils ont
besoin pour le procès actuellement pendant. Mais si, refusant de fournir une
telle défense, ils sont éloignés pour cette
cause de la tutelle ou de la curatelle, nous
obligeons les personnes qui les avaient désignés, d'en désigner d'autres à leur place, qui
déclarent qu'ils se chargeront de défendre
les pupilles ou les adultes. Afin que de
telles personnes ne soient point abandon-
nées et que les droits des demandeurs ne
restent pas long-tems indécis, nous ordonnons qu'aussitôt après le refus de défense, il soit procédé, dans les cas où cela
est, comme nous l'avons dit, possible, à
la nomination de nouveaux tuteurs ou
curateurs; les cognats, les autres proches,
les alliés, les créanciers et toutes autres
personnes intéressées, doivent faire cette
demande aux personnes qui, d'après les
lois, ont le pouvoir de nommer les tuteurs
ou les curateurs.

§. 3. Voulant dans ce cas expliquer
clairement de quelle espèce de défense
ces tuteurs ou curateurs sont tenus, et
quelle est la nature de leurs fonctions,
de peur qu'ils ne crussent être grevés
d'une charge plus pesante qu'elle ne l'est
réellement, nous ordonnons qu'ils ne soient

tenus que de la défense qui n'exige point que l'on cautionne pour l'événement du procès, mais seulement que l'on cautionne de suivre conformément aux lois l'instruction de l'affaire pour le pupille, l'adulte ou autres personnes. Ils ont en outre, en vertu de l'autorité de cette loi, la faculté de donner, sans qu'il soit nécessaire d'un décret, pour caution du procès, les biens dont ils ont l'administration comme tuteurs ou curateurs.

§. 4. Voulant assurer, autant que possible, une protection aux pupilles, adultes et autres personnes, nous ordonnons que tous les tuteurs ou curateurs ne soient nommés que sous la condition qu'ils feront la déclaration spéciale qu'ils s'occuperont par toutes sortes de moyens et sans aucun délai, de la défense des pupilles, adultes ou autres personnes confiées à leurs soins. Cette déclaration ne dispense pas les tuteurs ou curateurs des autres déclarations qu'ils sont tenus de faire tant dans les actes publics que par leurs promesses particulières.

§. 5. Nous ajoutons encore, ne voulant laisser aucune ambiguité sur cette matière, qu'il soit permis aux tuteurs et à tous les curateurs de vendre à un juste prix, c'est-à-dire au prix courant auquel les objets dont il s'agit se sont vendus dans le lieu et le tems où les tuteurs ou curateurs font la vente, les fruits, soit qu'ils proviennent des biens fonciers, soit qu'ils soient de la nature de ceux qui servent à la nourriture des personnes confiées à leurs soins, comme le vin, l'huile, le froment ou autre chose; et que l'argent qui résultera de la vente de ces fruits soit administré avec les autres biens qui appartiennent aux pupilles, adultes, etc.

Fait à Constantinop., le 12 des calend. de novemb., après le cons. de Lampadius et d'Oreste. 531.

§. 4. Omnem autem dubitationem pro defensione pupillorum et adultorum, aliarumque personarum penitus amputantes: sancimus, omnes tutores vel curatores non alias creari, nisi prius cum aliis solemnibus verbis, quæ pro gubernatione rerum tam in gestis, quàm in cautionibus ab his conscribuntur : et hoc specialiter expresserint, quòd omnimodò sine ulla dilatione defensionem pro pupillis et adultis, aliisque suprà memoratis personis subire eos necesse est.

§. 5. Hisque adjicimus, nullam neque in hoc capitulo ambiguitatem relinquentes, tutoribus et omnibus curatoribus licere fructus, sive qui ex reditibus prædiorum colliguntur, sive qui ex substantia personarum, quarum gubernationem habent, inventi fuerint, id est vinum et oleum et frumentum, vel cujuscumque speciei sunt, sine decreto distrahere justo pretio, quod in his locis, in quibus venditio celebratur, tunc temporis noscitur obtinere : et quæ ex venditione eorumdem fructuum colliguntur pecuniæ, cum alia pupillorum vel adultorum aliarumque personarum substantia administrentur.

Datum 12 calend. novembris, Constantinop. post consulatum Lampadii et Orestis VV. CC. 531.

TITULUS XXXVIII.

De periculo tutorum et curatorum.

1. *Imp. Alexander A. Quanto.*

ET qui notitiae causa liberti tutores dantur, quamvis soli administrandorum negotiorum pupillorum, sive adultorum facultatem, interdum non accipiant, propter tenuitatem sui patrimonii, periculo tamen omnes sunt obligati : sive ea quae scire debent, ex utilitate eorum tutores sive curatores dissimulaverint, sive fraudem aliquam adhibuerint, vel cum aliis participaverint, aut cum suspectos facere debuerint, vel in officio muneris, vel debito obsequio cessaverint.

Proposit. 9 calend. februarii, Alexandro A. II. et Marcello Coss. 227.

2. Idem A. Saturo.

Ad eos qui in alia provincia tutelam administrant, periculum administrationis ex persona tutorum, qui in alia provincia res pupilli gerunt, non porrigitur.

Proposit. non. jul. Alexandro A. II. et Marcello Coss. 227.

3. Imp. Philippus A. Philippus Caes. Gratiano.

Si res pupillares, quas in horreo conditas habere, aut etiam venundare debuisti, in hospitio tuo (ut adseveras) vi ignis absumptae sunt : culpam seu segnitiem tuam non ad tuum damnum, sed ad pupilli tui spectare dispendium, minus probabili ratione deposcis.

Proposit. 3 calend. aprilis, Philippo A. et Titiano Coss. 246.

4. Iidem A. et C. Floro.

Tutoribus vel curatoribus fortuitos ca-

TITRE XXXVIII.

Des risques et périls des tuteurs et des curateurs.

1. *L'empereur Alexandre à Quantus.*

LES affranchis qui ont été adjoints aux tuteurs ou aux curateurs pour les instruire et les mettre au courant des affaires des pupilles ou adultes, sont tenus des périls de la tutelle ou de la curatelle, quoiqu'ils n'aient, à cause de leur pauvreté, aucune part à l'administration des affaires : ce qui doit avoir lieu dans les cas où ils n'auraient point donné à leurs cotuteurs ou cocurateurs les renseignemens nécessaires aux intérêts des pupilles ou des adultes, où ils seraient coupables de fraude seuls ou avec leurs collègues, où ils auraient mérité d'être renvoyés comme suspects ; et enfin, dans celui où ils suspendraient l'exercice des fonctions de leurs charges.

Fait le 9 des calend. de février, sous le deuxième cons. de l'empereur Alexandre et le premier de Marcellus. 227.

2. Le même empereur à Saturus.

Les cotuteurs qui n'administrent point dans la même province les affaires des pupilles, mais chacun dans une province séparée, ne répondent que de leur propre administration, et non de celle de leurs collègues.

Fait pendant les nones de juillet, sous le même cons. que ci-dessus. 227.

3. L'empereur Philippe et le César Philippe à Gratien.

Si les choses de votre pupille qui étaient placées dans un grenier, et que vous auriez dû vendre, ont été consumées, comme vous l'assurez, par le feu, vous êtes mal fondé à demander que vous ne supportiez point les suites de votre faute ou négligence, mais qu'elles soient supportées par votre pupille.

Fait le 3 des calend. d'avril, sous le cons. de l'empereur Philippe et de Tatien. 246.

4. Les mêmes empereurs et Césars à Florus.

Il a été souvent rescrit qu'on ne doit

point reprocher aux tuteurs ou curateurs les cas fortuits auxquels il a été impossible de parer.

Fait le 12 des calend. de septembre, sous le même cons. que ci-dessus. 246.

5. *Les empereurs Dioclétien et Maximien à Sévérus.*

Si, ayant été nommé tuteur sur demande ou par testament, vous avez ignoré votre nomination, non par l'effet d'une grande négligence, mais par celui d'une juste ignorance, et que vous prouviez cette assertion par des preuves évidentes, vous ne répondrez point de l'administration de la tutelle pour le tems que vous avez ignoré votre nomination.

Fait le 3 des ides de septemb., sous le quatrième cons. de l'emp. Dioclétien et le troisième de l'emp. Maximien. 290.

6. *Les mêmes empereurs et les Césars à Épictète.*

Les tuteurs ne répondent plus de l'administration des affaires de leurs ci-devant pupilles dès l'instant que la tutelle a été finie.

Fait le 5 des calend. de décemb., sous le cons. des Césars.

TITRE XXXIX.

Des cas où les mineurs peuvent actionner ou être actionnés par suite du fait de leur tuteur ou curateur.

1. *L'empereur Antonin à Septimius.*

Si Julienne, dont les curateurs ont été condamnés envers vous, est majeure de vingt-cinq ans, vous avez contre elle-même et ses biens l'action de la chose jugée : car il a été souvent décrété que les tuteurs ni les curateurs ne devaient point, après l'expiration de leurs charges, être poursuivis pour ce qui concerne l'administration des pupilles et des adultes.

Fait à Rome, le 8 des calendes de juillet, sous le quatrième cons. de l'emp. Antonin et le premier de Balbinus. 214.

2. *L'empereur Alexandre à Sorarque.*

Quoique vos tuteurs, en donnant votre argent en prêt, aient fait la stipulation

sus, adversus quos caveri non potuit, imputari non oportere, sæpè rescriptum est.

Proposit. 12 calendas septembris, Philippo A. et Titiano Coss. 246.

5. *Impp. Diocletianus et Maximianus AA. Severo.*

Si tutor petitus, vel testamento datus, tutorem te constitutum esse, non ex remissioris negligentiæ vitio, sed justæ ignorationis ratione non didicisti, idque liquidis probationibus ostenderis : periculo ejus temporis, quod ignorante te transmissum est, non teneberis.

Proposit. 3 id. septembris, ipsis IV. et III. AA. Coss. 290.

6. *Iidem AA. et CC. Epicteto.*

Temporis, quod insequitur post tutelæ translationem, administrationis officio finito, ad eos qui fuerunt tutores, gerendæ rei non pertinere periculum, rationis est.

Sancit. 5 calend. decembris, Cæsaribus Coss.

TITULUS XXXIX.

Quando ex facto tutoris vel curatoris minores agere, vel conveniri possunt.

1. *Imp. Antoninus A. Septimio.*

Juliana, cujus tibi curatores condemnati sunt, si vicesimumquintum annum ætatis egressa est : actio judicati utilis adversus ipsam bonaque ejus tibi exercenda est. Nam tutores curatoresque finito officio non esse conveniendos ex administratione pupillorum vel adolescentium, sæpè decretum est.

Proposit. 8 calend. julii, Romæ, Antonino A. IV. et Balbino Coss. 214.

2. *Imp. Alexander A. Sorarcho.*

Etsi tutores tui, cùm pecuniam pupillarem crederent, ipsi stipulati sunt : utilis actio tibi dabitur.

3. *Imp. Gordianus* A. *Prudentiano.*

Si in rem minoris pecunia profecta sit, quæ curatori vel tutori ejus nomine minoris mutuo data est : meritò personalis in eumdem minorem actio danda est.

Proposit. non. septembris , Gordiano A. et Aviola Coss. 240.

4. *Impp. Diocletianus et Maximianus* AA. *et* CC. *Maximianæ.*

Si hi , qui te in pupillari ætate constituta tutores fuerint , posteà in administratione perseverantes, vel curatores constituti , tua prædia locaverunt : eos competenter conveni. Sed et ex eorum contractu utilis tibi quæri potuit contra successores conductoris actio.

Sancit. 3 nonas martii , AA. Coss.

5. *Iidem* AA. *et* CC. *Onesimæ.*

Per tutorem pupillo actio , nisi certis ex causis dari non potest.

Datum idib. decembr. Cæsaribus Coss.

TITULUS XL.

Si ex pluribus tutoribus , vel curatoribus omnes , vel unus agere pro minore, vel conveniri possint.

1. *Imp. Antoninus* A. *Cassio militi.*

AB uno ex tutoribus vel curatoribus causam posse minorum defendi : cùm alii tutores vel curatores eam defendere noluerint : ignorare non debes.

Proposit. non. novembr. Messala et Sabino Coss. 215.

2. *Imp. Constantinus* A. *et Licinius Cæs. ad Symmachum.*

Si divisum administrationis periculum

en leur nom , il vous sera cependant donné l'action utile.

3. *L'empereur Gordien à Prudentien.*

Si la somme d'argent qui a été donnée en prêt au nom du mineur au curateur ou au tuteur, a été employée aux biens du mineur, c'est avec juste raison qu'on doit donner l'action personnelle contre le même mineur.

Fait pendant les nones de septembre , sous le cons. de l'empereur Gordien et d'Aviola. 240.

4. *Les empereurs Dioclétien et Maximien, et les Césars, à Maximiana.*

Si ceux qui ont été vos tuteurs ou vos curateurs , ayant continué l'administration de vos affaires après l'expiration du tems de la tutelle ou de la curatelle, ont affermé vos fonds , attaquez-les conformément aux lois. Par le bail qu'ils ont passé, ils ont pu vous acquérir une action utile contre les héritiers du fermier auquel ils ont baillé vos fonds à ferme.

Fait le 3 des nones de mars , sous le cons. des empereurs nommés ci-dessus.

5. *Les mêmes empereurs et Césars à Onésima.*

Un pupille ne peut que dans certains cas acquérir une action par le moyen de son tuteur.

Fait pendant les ides de décemb., sous le cons. des Césars.

TITRE XL.

Si, existant plusieurs tuteurs ou curateurs, tous ou l'un d'entre eux seulement peuvent actionner ou être actionnés au nom du mineur.

1. *L'emp. Antonin au soldat Cassius.*

VOUS ne devez pas ignorer que la cause des mineurs peut être défendue par l'un des tuteurs ou des curateurs , ses collègues refusant de la défendre.

Fait pendant les nones de nov. , sous le cons. de Messala et de Sabinus. 215.

2. *L'empereur Constantin et le César Licinius à Symmaque.*

Si l'administration de la tutelle a été

divisée entre les tuteurs par provinces, chaque tuteur n'est responsable que de l'administration de la province qui lui est échue, et il ne peut être assigné et poursuivi que pour ce qui concerne l'administration de la tutelle dans cette province. C'est pourquoi si l'un d'entr'eux s'est mis dans le cas d'être poursuivi, ses collègues qui administrent dans d'autres provinces ne peuvent l'être pour lui.

Fait la veille des nones de févr., sous le cons. de l'empereur Constantin et de Licinius. 319.

per provincias sit : his tantum omnibus insinuari convenit, et ab ipsis inferri litem, qui in ea provincia tutelæ vel curæ officium sustinent : ne de aliis provinciis defensores minorum ad judicia perducantur.

Datum pridiè non. februar. Constantino A. et Licinio Coss. 319.

TITRE XLI.

Qu'un tuteur ou un curateur ne puisse être fermier de douanes.

1. *L'empereur Antonin à Sextus.*

LE juge compétent n'ignore pas que les tuteurs ou les curateurs, ou ceux qui, ayant exercé les fonctions de cette charge, n'ont pas encore rendu leurs comptes, sont incapables de recevoir la ferme des douanes. Quoique, contre la défense des lois, vous ayiez pris la ferme des douanes, cependant, puisque vous avouez de vous-même vos torts, vous ne serez point réputé coupable de faux, si vous avez satisfait tant au fisc qu'à vos pupilles. Mais si, étant déjà fermier des douanes, vous avez été nommé à une tutelle, vous pourrez vous excuser de la tutelle.

Fait à Rome, le 8 des calend. d'août, sous le quatrième consul. de l'empereur Antonin et le premier de Balbinus. 214.

TITULUS XLI.

Ne tutor vel curator vectigalia conducat.

1. *Imp. Antoninus A. Sexto.*

COMPETENS judex non ignorat non esse admittendos ad vectigalia conducenda eos, qui pupillorum vel ad adolescentium tutelam seu curam administrant, vel qui ejus administrationis rationem nondum reddiderunt. Sed quamvis contra interdictum ad vectigal conducendum accesseris : tamen quoniam ultro me adisti, si tam vectigali, quàm pupillis satisfeceris, falsi crimine carebis. Cùm autem fisco te jam obstrictum, posteà tutorem esse factum dicas : periculo te excusare poteris.

Proposit. 8 calend. augusti, Romæ, Antonino A. IV. et Balbino Coss. 214.

TITRE XLII.

Du tuteur et du curateur qui n'ont point fourni caution.

1. *Les empereurs Valérien et Gallien à Titus et à Flavianus.*

SI vous n'avez pas encore atteint votre majorité, exigez une caution de ceux que vous dites vous avoir été donnés comme curateurs par votre adversaire pendant

TITULUS XLII.

De tutore vel curatore, qui satis non dedit.

1. *Impp. Valerianus et Gallienus AA. Tito et Flaviano.*

SI nondum vobis ætas legitima completa est : satisdationem ab his quos minus idoneos curatores vobis ab adversario, cùm magistratu fungeretur, datos dicitis, postulate. Prohibentur enim ab administratione , nisi securitati vestræ satisdatione prospexerint.

Proposit. non. jul. Æmiliano et Basso Coss. 260.

2. *Iidem* AA. *et Valerianus Cæs. Euploio.*

Eum tutorem , qui superest, si secundùm præsidis præceptum et juris formam satis non dat : removeri à tutela, si inopia hoc faciat, sine infamia ; si fraude, etiam cum nota, aditus rector provinciæ jubebit, et in locum defunctorum alios idoneos substitui præcipiet ; præsertim cùm patrimonium pupilli nova hereditate auctum esse proponas. Tutores autem dati ab heredibus eorum , quos decessisse dicis, rationem tutelæ deposcent.

Proposit. idib. maii, Seculare et Donato Coss. 261.

3. *Impp. Diocletianus et Maximianus* AA. *Stratonicæ.*

In dubium non venit tutores , qui testamento dati non sunt, administrandi potestatem , nisi satisdatione emissa salvam tutelam fore , non habere. Si igitur tutor, qui pro tutelari officio non caverat, judicio expertus est : adversus eum lata sententia juri tuo officere non potuit : nec ea, quæ ab eo gesta sunt , ullam firmitatem obtinent. Frustrà igitur in integrum restitutionis auxilium desideras, quando ea quæ ab eo gesta sunt, ipso jure irrita sunt.

Proposit. 18 calend. januarii, Nicomediæ , Diocletiano III. et Maximiano. AA. Coss. 287.

4. *Iidem* AA. *et* CC. *Tertullo.*

Non omnium tutorum par similisque causa

qu'il exerçait les fonctions d'une magistrature, et que vous ne trouvez pas assez riches pour répondre de leur administration. L'administration doit leur être interdite jusqu'à ce qu'ils aient pourvu à votre sûreté par une caution.

Fait pendant les nones de juillet, sous le cons. d'Émilien et de Bassus. 260.

2. *Les mêmes empereurs et le César Valérien à Euploius.*

Si, selon l'ordre du président et les dispositions des lois, le tuteur qui reste n'a point fourni caution, le gouverneur de la province ordonnera qu'il soit éloigné de la tutelle, sans note d'infamie , si son indigence a été la seule cause de ce qu'il n'a point donné caution; si c'est par fraude qu'il a refusé de donner caution, il sera éloigné avec infamie. Il ordonnera de même qu'il soit substitué des tuteurs capables à la place de ceux qui sont morts, sur-tout d'après ce que vous dites le patrimoine du pupille ayant été augmenté d'une nouvelle succession. Les nouveaux tuteurs doivent exiger des héritiers des tuteurs décédés les comptes de tutelle.

Fait pendant les ides de mai, sous le cons. de Sécular et de Donat. 261.

3. *Les empereurs Dioclétien et Maximien à Stratonice.*

Il est certain que les tuteurs non testamentaires ne peuvent administrer qu'en fournissant préalablement une caution qui garantisse qu'ils administreront d'une manière convenable. Si donc votre tuteur qui n'a point fourni caution de son administration, a été attaqué en justice, la sentence portée contre lui n'a pu vous nuire en aucune manière ; et tout ce qu'il a fait comme votre tuteur est sans force. C'est donc mal-à-propos que vous demandez le secours de la restitution en entier, puisque tout ce qu'a fait votre tuteur est nul de droit.

Fait à Nicomédie, le 18 des calend. de janvier , sous le troisième consulat de l'empereur Dioclétien et le premier de Maximien. 287.

4. *Les mêmes empereurs et les Césars à Tertullus.*

La condition de tous les tuteurs n'est pas

pas semblable : car il est certain qu'à l'exemple des tuteurs testamentaires, celui qui a été confirmé par le président ou donné après informations prises , n'est point tenu de donner caution pour garantir qu'il administrera d'une manière convenable. Cependant il est en usage depuis long-tems, que lorsque de plusieurs tuteurs qui ont été nommés sur des renseignemens , un seul donne la caution demandée par la loi, il doit être préféré à tous les autres.

Fait à Nicomédie, pendant les ides de décembre , sous le cons. des Césars.

5. *Les empereurs Constantin et Maximien aux Césars Sévérus et Maximus.*

Le tuteur qui , devant donner caution ne l'a point fait, ne peut en aucune manière rien aliéner des biens du pupille ; mais il est manifeste qu'aussitôt après son élection à l'administration de la tutelle, il aurait pu demander au nom du pupille la pesossion des biens, et qu'il aurait dû faire de même les autres choses pressantes.

Fait le 11 des calend. de janvier , sous le cons. des empereurs Constance et Maximien. 305.

causa est. Quapropter cum exemplo testamentarii confirmatum à præside , vel datum ex inquisitione , non onera.i satisdatione rem salvam fore pupillorum, manifestum sit : pluribus tamen da██ █ inquisitione tutoribus, illum , q█████secundùm formam edicti rem ███ salvam fore dedit, in administra██ ████ferri , jam dudum obtinuit.

Sancit. idib. decemb. Nicomediæ, CC. Coss.

5. *Impp. Constantinus et Maximianus AA. Severo et Maximo CC.*

Tutor qui satisdationem, cùm satisdare debuit, minimé interposuit : nihil omninò ex bonis pupilli alienare potest. Posteaquàm autem ad tutelæ administrationem electus est : et bonorum possessionem pupilli nomine agnoscere cum potuisse, et cætera ejus quæ tempore arctarentur , persequi debuisse, apertè claret.

Datum 11 calend. januarii , Constantie et Maximiano AA. Coss. 305.

TITRE XLIII.

Des tuteurs et des curateurs suspects.

1. *L'empereur Antonin à Domitia.*

Vous pouvez faire déclarer suspect votre affranchi, tuteur de votre fils , si vous croyez qu'il administre frauduleusement les affaires de son pupille, pourvu que la tutelle ne soit point finie par la puberté du pupille : car s'il a cessé de droit d'être tuteur, il doit être poursuivi par l'action de la tutelle.

Fait à Rome, pendant les ides d'août, sous le cons. des deux Asper. 213.

2. *Le même empereur à Longin.*

Les retards que les curateurs mettent à l'administration des affaires des adultes confiés à leurs soins , sont à leurs risques et périls. Si vous croyez que ces retards tiennent de la fraude, demandez qu'ils

TITULUS XLIII.

De suspectis tutoribus vel curatoribus.

1. *Imp. Antoninus A. Domitiæ.*

Libertum tuum et tutorem filii tui , si fraudulenter res ejus administrare existimas, suspectum facere potes : modò si officium ejus pubertate pupilli finitum non est. Nam si eo jure tutor esse desiit, is judicio tutelæ conveniendus est.

Proposit. idib. augusti , Romæ, Duobus et Aspris Coss. 213.

2. *Idem A. Longino.*

Curatores quidem suo periculo, quando tardiùs ad vos tutela transfertur, cessant. Quòd si in fraudem id esse factum existimas , suspectos eos postula. Qui si summoveri meruerint, in locum eorum alios accipies.

Proposit. idib. januar. Lœto II. et Cereali Coss. 216.

3. Imp. Alexander A. Fortunatœ.

Præses provinciæ tutores filiorum tuorum, strictioribus remediis adhibitis, omnimodò administrationis officium compellet agnoscere. Quòd si in eadem contumacia perseveraverint : suspectos postulare, ut alii in locum eorum petantur, non prohiberis.

Proposit. idib. januar. Alexandro A. III. et Dione Coss. 230.

4. Idem A. Thalidæ.

Etiam testamento patris tutorem datum suspectum postulare potes, si fraudem tutoris argueris.

Proposit. 8 calend. januarii, Maximo 31. et Paterno Coss. 234.

5. Idem A. Asclepiadi.

In postulandis suspectis tutoribus seu curatoribus non vires patrimoniorum principaliter, sed an nihil segniter, nihil fraudulenter geratur, perpendi oportet.

Proposit. 6 calend. januarii, Maximo II. et Paterno Coss. 234.

6. Imp. Gordianus A. Felici.

Pietatis fungeris munere, qui fratris tui filios, ut necessitudo sanguinis suadet, protegere conaris. Si igitur tutores vel curatores eorum non rectè administrant : suspectis eis postulatis atque ostensis, ut alii in locum eorum constituantur, facilè impetrabis. Quòd si nihil in fraudem egerunt, verùm ita egeni sunt, ut in eorum administratione fratris tui filiorum substantia periclitetur : an eis adjungendus sit curator, qui idoneus facultatibus sit, rector provinciæ æstimabit. Removendi autem licentia non solùm parentibus utriusque sexus, sed etiam cognatis, et extraneis, et adfinibus, et ipsi cujus res administratur.

---

soient déclarés suspects ; et s'ils méritent d'être éloignés, il en sera nommé d'autres à leur place.

Fait pendant les ides de janvier, sous le deuxième cons. de Lætus et le premier de Céréal. 216.

3. L'empereur Alexandre à Fortunata.

Le président de la province forcera les tuteurs de vos fils par les mesures les plus sévères, d'exercer l'administration des affaires des pupilles qui ont été mis sous leur tutelle. Mais s'ils persistent dans leur désobéissance, vous pouvez demander qu'ils soient déclarés suspects et qu'il en soit nommé d'autres à leur place.

Fait pendant les ides de janvier, sous le troisième cons. de l'empereur Alexandre et le premier de Dion. 230.

4. Le même empereur à Thalida.

Vous pouvez demander que le tuteur qui vous a été donné par le testament de votre père soit déclaré suspect, si vous le croyez coupable d'avoir administré frauduleusement.

Fait le 8 des calend. de janvier, sous le deuxième cons. de Maxime et le premier de Paternus. 234.

5. Le même empereur à Asclépias.

Dans ce qui concerne les tuteurs et les curateurs qu'il s'agit d'éloigner comme suspects, on ne doit pas seulement considérer la modicité de leur fortune, mais encore leur négligence et leur administration frauduleuse.

Fait le 6 des calend. de janvier, sous le même cons. que ci-dessus. 234.

6. L'empereur Gordien à Félix.

Vous pratiquez les devoirs de la piété vous qui vous efforcez de protéger les enfans de votre frère, comme l'inspire la proximité du sang. Si donc les tuteurs ou leurs curateurs n'administrent point d'une manière convenable, vous obtiendrez facilement, si vous prouvez qu'ils méritent d'être déclarés suspects, qu'il en soit nommé d'autres à leur place. Mais si, sans être coupables de fraude, ils sont tellement peu à leur aise, que par leur administration la fortune des enfans de votre frère périclite, le gouverneur de la province jugera s'il est à propos de leur adjoindre un curateur qui par rapport à sa fortune soit capable. Nous accordons la faculté de demander l'éloignement des tuteurs et curateurs, non-seulement aux ascendans de l'un et de l'autre sexe, mais encore aux cognats, aux étrangers, aux alliés et même à celui de l'administration des affaires duquel il s'agit, appuyé toutefois du conseil de ses cognats de bonne renommée.

Fait le 5 des ides de novembre, sous le cons. de Pius et de Pontien. 239.

7. Le même empereur à Gorgonia.

Le président de la province veillera à ce que celui que vous accusez de tuteur ou de curateur suspect s'abstienne, tant que le procès est pendant, et jusqu'à ce qu'il soit terminé, de l'administration de vos affaires. On doit provisoirement en nommer un autre pour administrer les affaires jusqu'à cette époque.

Fait le 8 des calend. de mars, sous le deuxième cons. de Sabinus et le premier de Vénustus. 241.

8. L'empereur Philippe et le César Philippe à Proculus.

Si vous n'avez pas encore demandé que votre cotuteur soit déclaré suspect et éloigné en conséquence de l'administration des biens du pupille, la demande que vous faites au nom du pupille, qu'il vous restitue la tutelle, ne peut être admise.

Fait le 14 des calend. de novembre, sous le cons. de Pérégrinus et d'Emilien. 245.

9. Les empereurs Dioclétien et Maximien à Hammien.

Il est manifeste que les seuls tuteurs déclarés suspects par suite de leur dol sont infames, et non ceux qui n'ont été éloignés qu'à cause de leur négligence.

Fait le 8 des calend. de mai, sous le cons. des Césars.

TITRE XLIV.

Du tuteur et du curateur au procès.

1. L'empereur Antonin à Miltiade.

SI vous avez des actions à intenter à

nistrantur, si non impubes sit, arbitrio cognatorum bonæ opinionis constitutorum conceditur.

Proposit. 5 id. novembris, Pio et Pontiano Coss. 239.

7. Idem A. Gorgoniæ.

Eum, quem ut suspectum tutorem vel curatorem accusas, pendente causa cognitionis abstinere ab administratione rerum tuarum, donec causa finiatur, præses provinciæ jubebit. Alius tamen intereà in locum ejus in administratione rerum ordinandus est.

Proposit. 7 calend. martii, Sabino II et Venusto Coss. 241.

8. Imp. Philippus A. et Philippus Cæs. Proculo.

Si non suspectum contutorem tuum postulare, ac removere ab administratione bonorum pupilli curaveris: admitti nequaquam potest ratio desiderii tui, jam nunc postulantis, tutelam tibi nomine ejusdem pupilli restitui.

Proposit. 14 calend. novembris, Peregrino et Æmiliano Coss. 245.

9. Impp. Diocletianus et Maximianus AA. Hammiano.

Suspectos tutores ex dolo, non etiam eos qui ob negligentiam remoti sunt, infames fieri manifestum est.

Sancit. 8 calend. maii, CC. Coss.

TITULUS XLIV.

De in litem dando tutore vel curatore.

1. Imp. Antoninus A. Miltiadi.

SI quas petitiones adversus pupillos tuos

43*

habes: dirigere eas potes adsistentibus cau-
samque defendentibus contutoribus tuis :
cùm etsi alios tutores non haberent, ad
hoc genus litis defendendæ curatores accipere deberent.

Proposit. 15 calend. augusti, Antonino
A. IV. et Balbino Coss. 214.

vos pupilles, vous pouvez les exercer,
pourvu que vos cotuteurs assistent et défendent le pupille dans sa cause. Si vous
n'avez pas de cotuteurs, on devra nommer
aux pupilles des curateurs chargés de défendre ces sortes de procès.

Fait le 15 des calend. d'août, sous le
quatrième cons. de l'empereur Antonin et
le premier de Balbinus. 214.

2. Imp. Alexander A. Evaresto.

An tibi partis fundi paterni vindicatio
competat, is cujus de ea re notio est,
æstimabit. Respicere autem debes officium, in quo te esse tutorem dicis : ne ob
ejusmodi petitionem evictione secuta, ultra pretii quantitatem, auctoris heredem
pupillum tuum oneres, qui laudatus per
te defendi debeat : cùm aut compensationis
rationem habere, aut contrario tutelæ judicio experiri possis. Sed ne tuum jus, si
quod habes, impediatur : ad eam rem de-
fendendam, quæ adversus te vindicantem
agenda erit, curatores pupillo petantur.

Proposit. 12 calend. maii, Juliano II.
et Crispino Coss. 225.

2. L'empereur Alexandre à Evarestus.

Le juge compétent jugera si l'action en
revendication du fonds paternel vous compète. Vous devez mettre en considération
la charge de tuteur dont vous êtes revêtu :
car l'éviction suivant une demande de
cette sorte, vous mettriez, en la formant,
votre pupille, héritier de votre frère, dans
le cas de payer à l'acheteur évincé un
prix plus fort que celui qui a été donné
de la partie évincée du fonds ; et vous
concevez que comme tuteur vous devez
ménager les intérêts de votre pupille. Il
est d'autres moyens par lesquels vous pouvez récupérer la partie du fonds paternel qui vous appartient ; vous pouvez en
compenser le prix avec vos comptes de
tutelle, ou l'exiger par l'action contraire
de la tutelle. Mais dans ce dernier cas,
afin que vous puissiez pleinement exercer
vos droits, si vous en avez, qu'il soit
nommé des curateurs au pupille pour le
défendre contre vous dans cette cause.

Fait le 12 des calend. de mai, sous le
deuxième cons. de Julien et le premier de
Crispinus. 225.

3. Imp. Gallienus A. Valerio.

Ad protegendam causam tutor sive curator datus, conveniri non potest administrationis periculo, cùm sola suscepti negotii tutela mandata est. Si nihil igitur
(ut allegas) præter negotium gessisti :
frustrà conveniris.

Proposit. calend. april. Valeriano et
Luciano Coss. 260.

3. L'empereur Gallien à Valérius.

Le tuteur ou curateur donné spécialement au pupille pour le défendre dans un
procès, ne peut être poursuivi pour ce
qui concerne l'administration des autres
affaires ; puisqu'il n'a reçu la tutelle que
par rapport à une affaire spéciale. C'est
pourquoi si, comme vous le dites, vous
ne vous êtes mêlé que de la seule affaire
qui vous avait été mandée, c'est mal-à-
propos qu'on vous poursuit pour ce qui
concerne les autres.

Fait pendant les calend. d'avril, sous le
cons. de Valérien et de Lucien. 260.

4. Idem A. Irenæo.

Ad litem datus tutor, si quid bona fide
erogasti, à contutoribus more solito exi-

4. Le même empereur à Irénéus.

Si, comme tuteur donné au procès,
vous avez dépensé quelque chose de bonne

foi, vous pouvez, conformément à l'usage, en exiger le remboursement de vos cotuteurs.

Fait pendant les calend. de novembre, sous le cons. de Paternus et d'Arcésilas. 265.

5. *Les empereurs Dioclétien et Maximien, et les Césars, à Tigran.*

Soit que vous ayiez été nommé tuteur des enfans de votre frère en vertu d'un testament ou de l'agnation, vous ne devez rien craindre au sujet des contestations que vous dites avoir existées autrefois entre vous et votre frère défunt; puisque, s'il s'élève encore des discussions à ce sujet, en vous nommant un procureur et en faisant nommer aux pupilles un curateur au procès, qui doit être nommé avec les solennités ordinaires du droit, on peut pourvoir à vos intérêts ainsi qu'à ceux de vos pupilles.

Fait le 4 des calend. de mai, sous le cons. des Césars.

TITRE XLV.

De celui qui a administré en place du tuteur.

1. *Les empereurs Valérien et Gallien à Marcellus.*

LES femmes qui ont administré en place du tuteur les affaires des pupilles, sont tenues de rendre leurs comptes.

Fait sous le cons. d'Emilien et de Bassus. 260.

2. *Les empereurs Dioclétien et Maximien, et les Césars, à Marcus.*

Que celui qui, n'ayant pas été nommé légalement tuteur, administre au nom des pupilles, soit éloigné de la tutelle par l'exception de la non légitimité de sa nomination, quand même son administration serait sans reproches.

Fait pendant les non. de décemb., sous le cons. des Césars.

Proposit. calend. novembr. Paterno et Arcesilao Coss. 265.

5. *Impp. Diocletianus et Maximianus AA. et CC. Tigrani.*

Sive ex testamento sive ex jure legitimo, fratris tui filiorum tutelæ onus ad te pertineat, vereri non debes de his quæstionibus, quas adversus fratrem tuum quondam tibi fuisse dicis : cùm si qua emerserit lis, procuratore dato, et illis curatore ad litem constituto, et solemnitati juris ubi tutor exigitur et indemnitati utriusque prospici possit.

Scrip. 4 calend. maii, CC. Coss.

TITULUS XLV.

De eo qui pro tutore negotia gessit.

1. *Impp. Valerianus et Gallienus AA. Marcello.*

ETIAM mulieres, si res pupillares pro tutore administraverint, ad præstandam rationem tenentur.

Proposit. Æmiliano et Basso Coss. 260.

2. *Impp. Diocletianus et Maximianus AA. et CC. Marco.*

Non utiliter nominatus tutor, pupillorum nomine agendo, licèt ex eorum persona injunctas impleat intentiones, exceptione (si tutor non est) summovetur.

Datum non. decembr. CC. Coss.

<table>
<tr><td>

TITULUS XLVI.

Si mater indemnitatem promisit.

1. *Imp. Alexander A. Brutiæ.*

SUO potius periculo magistratus tutores, quos petisti, dederunt : quàm tu contra sexus conditionem alicui ex ea obligatione obstricta es, quòd tuo periculo tutores filiis tuis dari postulasti.

Proposit. 5 id. martii, Maximo III. et Urbano Coss. 225.

2. *Imp. Philippus A. et Philippus Cæs. Asclepiadi et Menandro.*

Quædam pupillorum vestrorum à matre, itemque avo paterno administrata, eorumque nomine indemnitatem vobis promissam adseveratis. Quæ si ita sunt, et iidem pupilli legitimæ ætatis effecti, non adversus matrem suam, neque avum, sed contra vos congredi maluut : non immeritò indemnitatem ab his præstari desiderabitis, quos et administrationem suo periculo pridem suscepisse proponitis.

Proposit. 4 id. Julii, Præsente et Albino Coss. 247.

3. *Impp. Diocletianus et Maximianus AA. Caiano.*

Ob tutorem non idoneum à matre petitum, frustrà vobis eam teneri contenditis : cùm non nisi specialiter ejus periculo dari decreto fuerit comprehensum, ex ea obligatione obstricta sit.

Sancit. calend. decembr. AA. Coss.

</td><td>

TITRE XLVI.

De la mère qui a promis, en cas de mauvaise administration de la tutelle, d'indemniser les tuteurs ou les pupilles.

1. *L'empereur Alexandre à Brutia.*

LES tuteurs qui ont été nommés sur votre demande l'ont été plutôt aux risques des magistrats qui ont fait la nomination, qu'aux vôtres ; c'est pourquoi vous ne pouvez, contre la condition de votre sexe, être obligée à personne par suite de ce que vous avez demandé à vos risques et périls des tuteurs pour vos enfans.

Fait le 3 des ides de mars, sous le troisième cons. de Maxime et le premier d'Urbanus. 225.

2. *L'empereur Philippe et le César Philippe à Asclépias et à Ménandre.*

Vous exposez que la mère et l'aïeul paternel de vos pupilles voulant administrer certaines affaires, vous ont promis de vous indemniser dans le cas où ils administreraient mal ; dans ce cas, si les pupilles devenus majeurs vous attaquent vous-mêmes pour cause de cette mauvaise administration, et non leur mère ou leur aïeul, c'est avec raison que vous désirez que la mère et l'aïeul qui ont administré à leurs risques et périls, vous indemnisent de ce dont vous êtes tenus envers les pupilles par suite de leur administration.

Fait le 4 des ides de juillet, sous le cons. de Présens et d'Albinus. 247.

3. *Les empereurs Dioclétien et Maximien à Caianus.*

C'est mal-à-propos que vous soutenez que la mère est tenue des suites de l'administration d'un tuteur non capable nommé sur sa demande ; puisque cela ne pourrait avoir lieu que dans le cas où, dans le décret de nomination, il serait dit spécialement que le tuteur a été nommé aux risques et périls de la mère.

Fait pendant les calend. de décembre, sous le cons. des empereurs nommés ci-dessus.

</td></tr>
</table>

TITRE XLVII.

Du tuteur qui a été donné contre la volonté de la mère.

1. *Les empereurs Sévère et Antonin à Tertius.*

SI vous prouvez que Fuscinius ait été nommé tuteur de votre fils contre la volonté de la mère prédécédée, le préteur ordonnera qu'il soit éloigné de la tutelle sans qu'il encourre l'infamie. Il sera néanmoins, s'il est convaincu d'avoir administré frauduleusement, noté d'infamie.

Fait le 13 des calend. de mars, sous le cons. de Latéranus et de Rufinus. 198.

TITRE XLVIII.

Que les tuteurs sont tenus d'assister, dans leurs procès, leurs pupilles devenus pubères.

1. *L'empereur Philippe à Dexter.*

IL a été souvent rescrit que les tuteurs qui n'ont pas encore transmis l'administration aux curateurs, sont tenus de défendre les procès de leurs pupilles. C'est pourquoi si ceux dont vous faites mention ont entre leurs mains les pièces qui peuvent justifier l'appel de la sentence rendue contre les pupilles, le président de la province, auprès de qui vous porterez vos réclamations, les sommera de les produire; faute de quoi ils seront tenus des suites de la non production de ces pièces.

Fait le 12 des calend. de novemb., sous le cons. de l'empereur Philippe et de Titien. 246.

TITRE XLIX.

Chez qui les pupilles doivent être élevés.

1. *L'empereur Alexandre à Dionysodore.*

L'ÉDUCATION de vos pupilles doit être confiée de préférence à tout autre, à leur

TITULUS XLVII.

Si contra matris voluntatem tutor datus sit.

1. *Impp. Severus et Antoninus A.A. Tertio.*

SI contra matris ultimam voluntatem Fuscinium filio communi tutorem datum probaveris : eum sine damno existimationis à tutela removendum prætor decernet. Quæ rescriptio si in fraude convictus fuerit, non suffragabitur.

Proposit. 13 calend. martii, Laterano et Rufino Coss. 198.

TITULUS XLVIII.

Ut causae post pubertatem adsit tutor.

1. *Imp. Philippus A. Dextro.*

TUTORES, qui necdum administrationem ad curatores transtulerunt, defensioni causarum pupillarium adsistere oportere, sæpè rescriptum est. Et ideò si (ut proponis) instrumenta, quibus adseri possunt causæ provocationis, etiamnum hi quorum meministi, apud se detinent : aditus præses provinciæ periculi sui eos admoneri præcipiet.

Proposit. 12 calend. novembris, Philippo A. et Titiano Coss. 246.

TITULUS XLIX.

Ubi pupilli educari debeant.

1. *Imp. Alexander A. Dionysodoro.*

EDUCATIO pupillorum tuorum nulli magis, quàm matri eorum, si non vitricum eis induxerit, committenda est. Quando autem inter eam et cognatos et tutores super hoc orta fuerit dubitatio : aditus præses provinciæ, inspecta personarum qualitate et conjunctione, perpendet ubi puer educari debeat. Sin autem æstima-verit apud quem educari debeat : is necessitatem habebit hoc facere, quod præses jusserit.

Proposit. 7 id. februarii, Maximo II. et Æliano Coss. 224.

2. Impp. Diocletianus et Maximianus AA. et CC. Gratæ.

Utrùm nepos tuus ex filia apud te, an apud patruum suum morari debeat : ex singulorum affectione, et qui magis ad suspicionem ex spe successionis propior sit, æstimabitur.

Sancit. 18 calend. novembris, Nicomediæ, CC. Coss.

TITULUS L.

De alimentis pupillo praestandis.

1. Imp. Antoninus A. Faustino.

Pupillus, si ei alimenta à tutore suo non præstantur, præsidem provinciæ adeat : qui ne in alimentorum præstatione mora fiat, partibus suis fungetur. Idem est, et si de statu pupilli seu adulti, et de bonis ejus controversia pendeat.

Proposit. 6 id. julii, Romæ, Læto II. et Cereali Coss. 216.

2. Imp. Alexander A. Euphido.

Quod plerumque postulatur, ut arbitrio prætoris alimenta pro modo facultatum pupillis vel juvenilibus constituantur : pro officio suo, qui aliena negotia gerunt, ne apud judicem controversiam habeant, faciunt. Cæterùm si bonus vir et innocens tutor arbitrio suo aluit pupillos : quod interdum etiam necesse est fieri, ne secreta patrimonii et suspectum æs alienum pandatur, quod melius est interim taceri, quàm

---

mère, si elle n'a pas un second mari. S'il s'élève des discussions à ce sujet entre la mère, les cognats et les tuteurs, le président de la province, pardevant qui l'affaire doit être portée, décidera, après avoir pris en considération la qualité des personnes et leur proximité par le sang avec les pupilles, chez qui ils doivent être élevés ; et celui qu'il a chargé de cette éducation ne peut la refuser.

Fait le 7 des ides de février, sous le deuxième cons. de Maxime et le premier d'Élien. 224.

2. Les empereurs Dioclétien et Maximien, et les Césars, à Grata.

Le président de la province décidera chez qui de vous ou de votre beau-frère, votre petit-fils, issu de votre fille, doit être élevé, après avoir considéré l'affection de chacun de vous pour le pupille et la possibilité présumable de devenir son héritier.

Fait à Nicomédie, le 8 des calend. de novemb., sous le cons. des Césars.

TITRE L.

Des alimens à fournir aux pupilles.

1. L'empereur Antonin à Faustinus.

Que le pupille, si son tuteur ne lui fournit pas des alimens, porte ses réclamations devant le président de la province, qui veillera à ce qu'il lui en soit fourni sans délai ; peu importe qu'il existe un procès pendant au sujet de l'état du pupille ou adulte, ou de ses biens.

Fait à Rome, le 8 des ides de juillet, sous le deuxième cons. de Lætus et le premier de Céréal. 216.

2. L'empereur Alexandre à Euphidus.

Quelquefois on demande que le préteur fixe, comme il le jugera à propos, les alimens qui doivent être fournis aux pupilles ou adultes, en prenant leur fortune pour base de sa décision ; mais aussi quelquefois les tuteurs et les curateurs, pour éviter d'avoir affaire avec le juge, fournissent les alimens de leur propre mouvement. C'est pourquoi, si le tuteur, homme de bien et innocent, a nourri ses pupilles

pupilles comme il a jugé à propos (ce que quelquefois il est nécessaire de faire ainsi, pour ne pas divulguer les secrets de la fortune et les dettes des pupilles en chargeant le juge de fixer les alimens, et en lui donnant contre leurs intérêts les renseignemens sur leurs affaires); certainement ce qu'il a dépensé pour leurs alimens, leur éducation et leurs études, doit lui être remboursé. On ne doit pas supporter qu'un jeune homme instruit et bien élevé, refuse, s'il ne prouve pas qu'un autre a pourvu aux frais de son éducation, de tenir compte à son tuteur des avances qu'il a faites pour ce motif, comme s'il eût vécu de l'air et si les connaissances fussent innées dans lui.

Fait pendant les nones de décembre, sous le deuxième cons. de Maxime et le premier d'Elien. 224.

quàm cùm de modo bonorum quæritur, ultrò proferri, et apud acta jus dicentis contra utilitatem pupillorum designari : non dubiè accepto ferre debebunt ea quæ vir bonus arbitratur, meritò ad exhibitionem educationis, ministeria, studiaque erogata esse. Nec ferendus est juvenis, qui cùm præsens esset, studiisque eruditus, atque alitus esset : si ea per alium se consecutum non probet : sumptus recuset, quasi vento vixerit, aut nullo liberi hominis studio imbui meruerit.

Proposit. nonas decembr. Maximo II. et Æliano Coss. 224.

TITRE LI.

De l'action arbitraire de la tutelle.

1. L'empereur Antonin à Léon.

Vos ci-devant pupilles, en vous demandant compte de l'administration de la tutelle, ne peuvent vous demander compte des biens que le testateur dit dans son testament leur avoir laissé, tandis que ce n'est pas vrai ; c'est pourquoi les expressions par lesquelles le testateur aurait feint d'augmenter ou de diminuer la fortune des pupilles, ne peuvent nuire à la vérité ni faire rejeter de justes preuves.

Fait le 5 des calend. d'octobre, sous le cons. des deux Asper. 213.

2. Le même empereur à Présentinus.

Le juge compétent examinera si les débiteurs du père qui étaient solvables lorsque le tuteur a commencé ses fonctions, sont devenus insolvables depuis la tutelle par la faute du tuteur ; et s'il découvre que le tuteur ait mis dans le recouvrement de ces dettes un dol ou une négligence manifestes, il veillera à ce que le le tuteur, poursuivi par l'action de la tutelle, indemnise le pupille des dommages qu'il éprouve à cette occasion.

Fait pendant les nones de juillet, sous le
Tome II.

TITULUS LI.

Arbitrium tutelæ.

1. Imp. Antoninus A. Leoni.

Cum tutelæ administratæ ratio à te peti cœperit : neque veritati, neque justis probationibus officit, quòd (ut dicis) testator modum patrimonii sui verbis testamenti ampliavit, vel minuit.

Proposit. 5 calend. octobris, Duobus et Aspris Coss. 213.

2. Idem A. Præsentino.

Nomina paternorum debitorum si idonea fuerint initio susceptæ tutelæ, et per latam culpam tutoris minus idonea tempore tutelæ esse cœperunt : judex, qui super ea ..e datus fuerit., dispiciet : et si palàm dolo tutoris, vel manifesta negligentia cessatum est, tutelæ judicio damni, quod ex cessatione accidisset, pupillo præstandum esse, statuere curabit.

Proposit. non. julii, Antonino A. IV. et Balbino Coss. 214.

quatrième cons. de l'empereur Antonin et le premier de Balbinus. 214.

3. Idem A. Vitalio.

Si curator post decretum præsidis sublata pecunia, quæ ad comparationem possessionis fuerat deposita, sibi prædium comparavit : elige utrùm malis in emptione negotium tibi cum gessisse, an quia in usus suos pecuniæ conversæ sunt, legitimas usuras ab eo accipere. Secundùm quæ judex tutelæ judicio datus, partem religionis implebit.

Proposit. 5 calend. julii, Læto II. et Cereali Coss. 216.

3. Le même empereur à Vitalius.

Si votre curateur ayant enlevé une somme d'argent vous appartenante, et qui avait été déposée et destinée par un décret du président à servir à l'achat d'un fonds de terre, a fait l'achat en son nom et pour lui, vous avez le choix ou de revendiquer le fonds pour vous comme ayant été acheté avec votre argent, ou d'exiger de votre curateur la somme avec ses intérêts légitimes. Le juge pardevant lequel vous poursuivrez votre adversaire par l'action de la tutelle, conformera sa sentence à ces dispositions.

Fait le 5 des calend. de juillet, sous le deuxième cons. de Lætus et le premier de Céréal. 216.

4. Imp. Alexander A. Aglao.

Eum, qui bonis paternis secundùm edicti formam abstentus est, hereditariis actionibus conveniri nulla ratio suadet. Nec ad rem facit, quòd adversus curatores vel tutores, si non consultè abstentus sit, actio ei competat. Nihil quippe in ea actione, quæ ex officio gesta sunt, vel geri debebunt, veniet : sed culpa solummodò, quantique interfuit ejus non fuisse abstentum, æstimabitur. Cui consequens est, ut si propter eam causam transegisti cum tutoribus vel curatoribus : nulla adversus te creditoribus patris tui petitio competat.

Proposit. 5 calend. maii, Alexandro A. Coss. 223.

4. L'empereur Alexandre à Aglaus.

Il n'est aucun motif qui puisse exiger que celui qui s'abstient, selon la règle de l'édit, de la succession paternelle, soit poursuivi par les actions héréditaires; peu importe qu'il ait une action, contre ses tuteurs ou curateurs en vertu de ce qu'ils l'ont fait renoncer mal-à-propos à la succession. Il ne s'agit dans cette action, qui concerne ce que les tuteurs ont fait ou auraient dû faire, d'aucun des biens de la succession, mais seulement de la faute des tuteurs ou curateurs, en vertu de laquelle ils sont redevables au pupille ou à l'adulte du dommage qu'il a éprouvé en n'acceptant pas l'hérédité. Il suit de ces principes que si, pour cette cause, vous avez transigé avec vos tuteurs ou curateurs, les créanciers de votre père n'ont aucune demande à vous faire.

Fait le 3 des calend. de mai, sous le cons. de l'empereur Alexandre. 223.

5. Imp. Gordianus A. Victorino.

Omnes tutores, seu heredes eorum qui administraverunt tutelam, ad eundem judicem ire debere, jampridem constitutum est. Cùm igitur patrem tuum cum alio tutelam administrasse alleges : præses provinciæ eundem judicem adversus te atque heredes contutoris patris tui dare debebit, quatenùs quisque condemnari debeat, examinaturum.

Proposit. 10 calend. augusti, Pio et Pontiano Coss. 239.

5. L'empereur Gordien à Victorinus.

Il a été depuis long-tems décidé que tous les tuteurs qui ont administré une même tutelle, ou leurs héritiers, doivent paraître devant le même juge. Comme donc vous exposez que votre père a administré la tutelle avec un autre, le président de la province déléguera un même juge pour examiner à quoi vous devez être condamné, ainsi que les héritiers du cotuteur de votre père.

Fait le 10 des calend. d'août, sous le cons. de Pius et de Pontien. 239.

6. *Les empereurs Dioclétien et Maximien, et les Césars, à Conon et autres.*

Exposant que votre tuteur est coupable non-seulement d'avoir fait une vente qui lui était interdite, mais encore de fraude pour ce qui concerne le prix, le président de la province ordonnera, si vous voulez confirmer la vente, que votre tuteur vous restitue dans le plus bref délai le supplément du prix de la chose vendue. Quant à la demande que vous nous faites de vous autoriser à poursuivre les héritiers de votre tuteur qui a fait la vente en question, afin qu'ils vous restituent le prix de la chose vendue, elle est inutile, puisque vous y êtes déjà autorisé par les lois. Le président de la province n'ignore pas que les tuteurs ou leurs héritiers doivent être poursuivis principalement pour les affaires qu'ils ont administrées par eux-mêmes, et que les autres tuteurs ne doivent, pour les affaires qu'ils n'ont pas administrées par eux-mêmes, être poursuivis que subsidiairement. Mais s'il est prouvé qu'ils aient pris une égale part à l'administration, vous êtes libres d'exercer l'action de la tutelle contre celui d'entr'eux qu'il vous plaira de choisir ; en sorte que les actions que vous avez contre les autres se réunissent toutes contre celui que vous avez choisi, et que vous ne puissiez en faire usage que dans le cas où ce dernier serait insolvable.

Fait le 4 des calend. de septemb., sous le quatrième cons. de l'empereur Dioclétien et le troisième de l'empereur Maximien. 290.

6. *Impp. Diocletianus et Maximianus AA. et CC. Cononi et aliis.*

Cùm interdictæ venditionis vitium, etiam pretii fraude tutor vester cumulasse proponatur : non dubitabit præses provinciæ, quando venditionem confirmare voluistis, residuum pretium cum usuris venditæ à tutore possessionis celeriter vobis restitui jubere. Quod autem petitis ab heredibus ejus qui vendidit, pretium vobis exolvi, superfluo à nobis desideratis : quia nec præsidis experientiam possit hoc latere, tutores qui gesserunt, sive eorum heredes, ob ea negotia quæ per eos administrata sunt, principali loco conveniri debere : cæteris ob culpæ rationem non servari detrimenti periculo substitutis. Vel si pariter administrasse doceantur : etiam adversus unum liberum experiundi arbitrium competere : ita ut actiones quas adversus alios habetis, ad electum transferantur.

Proposit. 4 calend. septembris, ipsis IV. et III. AA. Coss. 290.

7. *Les mêmes empereurs et les Césars à Alexandre.*

Il est de droit certain que les mineurs peuvent réclamer par l'action de la tutelle ou l'action utile des affaires gerées, tout ce qu'ils ont perdu ou tout ce qu'ils n'ont pas acquis pouvant l'acquérir, par l'effet du dol ou de la faute même légère de leurs tuteurs ou curateurs.

Fait la veille des ides d'avril, sous le cons. des empereurs nommés ci-dessus.

7. *Iidem AA. et CC. Alexandro.*

Quicquid tutoris dolo, vel lata culpa, aut levi, seu curatoris, minores amiserint, vel cùm possent, non acquisierint : hoc in tutelæ, seu negotiorum gestorum utile judicium venire, non est incerti juris.

Sancit. pridiè id. april. AA. Coss.

8. *Les mêmes empereurs et Césars à Dalmatius.*

La prescription de long tems n'empêche point de poursuivre les tuteurs relative-

8. *Iidem AA. et CC. Dalmatio.*

Tutores tutelæ conveniri longi temporis præscriptio non prohibet. Unde si his

44*

transactione vel > ovatione aut acceptila-
tione liberationem non præstitisti : apud
rectorem provinciæ quæcumque tibi debentur, repetere non prohiberis.

Sancit. 14 calend. maii, AA. Coss.

9. Iidem AA. et CC. Juliano.

Tutorem quondam, ut tam rationem,
quàm si quid reliquorum nomine debet,
reddat, apud prætorem convenire potes.
Quamvis enim matrem tuam susceptis bonis vestris indemnitatem pro hac administratione tutori se præstituram promisisse
proponatur : tamen adversus tutorem tibi
tutelæ, non adversus matris successores
ex stipulatu competit actio.

Sancit. pridiè calend. januar. AA. Coss.

10. Iidem AA. et CC. Pomponio.

Si defunctus tutelam vestram administravit, non rerum ejus dominium vindicare vel tenere potes, sed tutelæ contra
ejus successores tibi competit actio. Debitum autem aliis indiciis comprobari oportet. Nam quòd neque ipse, neque uxor
ejus quicquam ante administrationem habuerunt : non idoneum hujus continet indicium. Nec enim pauperibus industria
vel augmentum patrimonii, quod laboribus et multis casibus, quæritur, interdicendum est.

Sancit. 10 calend. februarii, Cæsaribus
Coss. 293.

11. Iidem AA. et CC. Chrusiano.

Tutor post puberem ætatem puellæ, si
in administratione connexa perseveraverit : tutelæ actione totius temporis rationem præstare cogitur. Sin autem post fini-

---

ment à leurs comptes. C'est pourquoi,
si vous n'avez pas libéré vos tuteurs par
transaction, novation ou acceptilation,
vous pouvez demander auprès du gouverneur de la province tout ce qui vous
est dû par eux.

Fait le 14 des calend. de mai, sous le
cons. des mêmes empereurs.

9. Les mêmes empereurs et les Césars à Julien.

Vous pouvez actionner votre ci-devant
tuteur pardevant le préteur, pour le forcer de rendre ses comptes ou de vous restituer ce qu'il a encore à vous, s'il est vrai
qu'il vous doive encore quelque chose.
Car, quoiqu'on oppose que votre mère
ayant reçu du tuteur l'administration de
vos biens, a promis de l'indemniser de
ce dont il pourrait devenir redevable envers vous par suite d'une mauvaise administration, cependant vous avez l'action
de la tutelle contre le tuteur, et non l'action ex stipulatu contre les héritiers de
votre mère.

Fait la veille des calend. de janvier,
sous le cons. des empereurs nommés ci-
dessus.

10. Les mêmes empereurs et les Césars à Pomponius.

Si le défunt a administré votre tutelle,
vous n'avez pas droit de tenir ou de revendiquer ses biens, mais vous avez contre
ses héritiers l'action de la tutelle. Il faut
cependant que la dette soit démontrée
par d'autres preuves ; car celle que vous
concluez de ce que ni lui ni sa femme ne
possédaient ces biens avant l'administration de la tutelle, n'est pas admissible.
En effet, l'industrie ne doit point être interdite aux pauvres, et on ne doit point
leur contester les accroissemens de leur
fortune qu'ils peuvent avoir acquis légitimement par leurs travaux et une infinité
d'autres causes.

Fait le 10 des calend. de février, sous
le cons. des Césars. 293.

11. Les mêmes empereurs et les Césars à Chrusien.

Si le tuteur a continué l'administration
des affaires de la pupille au delà du tems
de la puberté, il est tenu, par l'action
de la tutelle, de rendre compte non-seu-

lement de son administration légitime, mais encore de celle qui a suivi la puberté de la pupille. Mais s'il a cessé l'administration lorsque la tutelle a été finie, il ne doit aucun compte de l'administration postérieure dont il ne s'est point mêlé.

Fait pendant les calend. de décembre, sous le cons. des Césars. 293.

12. *Les mêmes empereurs et les Césars à Quintilla.*

Les héritiers des pupilles peuvent exercer l'action de la tutelle contre les héritiers des tuteurs.

Fait le 10 des calend. de décemb., sous le cons. des Césars. 293.

13. *L'empereur Justinien à Julien, préfet du prétoire.*

Pour fixer les incertitudes de l'ancien droit, nous ordonnons que si le tuteur ou le curateur a affirmé quelque part que la fortune du pupille ou de l'adulte est plus considérable qu'elle ne l'est réellement, soit qu'il ait agi ainsi pour l'utilité du pupille ou de l'adulte, soit que ce soit par erreur ou toute autre cause, il ne puisse résulter delà aucune atteinte à la vérité, et que la fortune du pupille ou de l'adulte ne soit pas évaluée d'après d'autres bases que celle qu'elle a réellement. Mais si, par un inventaire fait publiquement où se trouvent désignés les biens du pupille ou de l'adulte, leur tuteur ou curateur a, par cet inventaire, augmenté contre la vérité leur fortune, on ne doit pas évaluer la fortune du pupille ou de l'adulte d'après un autre mode que cet inventaire, et le tuteur ou curateur doit en rendre compte d'après cette base ; car il n'est pas d'homme si simple, même si fou, pour souffrir que dans un inventaire public il soit fait de telle chose contre la vérité et contre lui.

§. 1. On doit observer à la rigueur, que le tuteur ou curateur ne se mêle des affaires du pupille ou de l'adulte avant que préalablement il soit fait un inventaire de ses biens ; cela fait que l'administration lui soit, selon l'usage, confiée ; à moins que les testateurs d'où proviennent les biens n'aient spécialement défendu qu'il en soit fait un inventaire. Que les tuteurs ou curateurs qui auront négligé de faire faire

tam administrationem in iisdem rebus minimè se immiscuerit : temporis quod insequitur, periculum ad eum non pertinet.

Sancit. calendis decembr. Cæsaribus Coss. 293.

12. *Iidem AA. et CC. Quintillæ.*

Tutelæ actio tam heredibus, quàm etiam contra successores competit.

Datum 10 calend. decembris, Cæsaribus Coss. 293.

13. *Imp. Justinianus A. Juliano præfecto prætorio.*

Veteris juris dubitationem decidentes, sancimus, si quidem tutor vel curator pro substantia pupilli vel adulti, aliquid ubicunque dixerit ad majorem quantitatem eam reducens, sive pro utilitate pupilli vel adulti, sive per suam simplicitatem, sive per aliam quamcunque causam : nihil veritati præjudicare, sed hoc obtinere, quod ipsius rei inducit natura, et mensura pupillaris vel adulti ostendit substantiæ. Sin autem inventario publicè facto res pupillares vel adulti inscripserit, et ipse per hujusmodi scripturam confessus fuerit ampliorem quantitatem substantiæ : non esse aliud inspiciendum, nisi hoc quod inscripserit, et secundùm vires ejusdem scripturæ patrimonium pupilli vel adulti exigi. Neque enim sic homo simplex (imò magis stultus) invenitur, ut in publico inventario scribi contra se aliquid patiatur.

§. 1. Illo procul dubio observando, ut non audeat tutor vel curator res pupillares vel adulti aliter attingere, vel ullam sibi communionem ad eas vindicare, nisi prius inventario publicè facto, secundùm morem solitum res ei tradantur : nisi testatores, qui substantiam transmittunt, specialiter inventarium conscribi vetuerint. Scituris tutoribus et curatoribus, quòd si inventarium facere neglexerint : et quasi suspecti ab officio removebuntur, et pœnis legitimis, quæ contra eos interminatæ sunt, subjacebunt : et posteà perpetua macula infamiæ notabuntur, neque ab imperiali beneficio absolutione hujus notæ fruituri.

Datum idib. augusti, Constantinopoli, Lampadio et Oreste ...... 550.

cet inventaire sachent qu'ils seront éloignés de la tutelle ou curatelle comme suspects, et qu'ils seront soumis aux peines prononcées par les lois, et qu'en outre ils seront notés d'une tache perpétuelle d'infamie dont ils ne pourront jamais être lavé par un bienfait impérial.

Fait à Constantinople, pendant les ides d'août, sous le cons. de Lampadius et d'Oreste..... 550.

TITULUS LII.

De dividenda tutela, et pro qua parte quisque tutorum conveniatur.

1. *Imp. Gordianus* A. *Optato.*

Si post finitum administrationis officium collegæ tui indemnitati præstandæ idonei fuerint, posteàque dum non conveniuntur, minus idonei effecti sunt : vitium alienæ cessationis ad dispendium tuum pertinere juris ratio non patitur.

Proposit. 6 idus martii Gordiano A. II. et Pompeiano Coss. 242.

TITRE LII.

De la division de la tutelle, et de la partie dont chacun des tuteurs est tenu de rendre compte.

1. *L'empereur Gordien à Optatus.*

Si, après que l'administration de la tutelle a été terminée, vos collègues étaient solvables pour ce dont ils étaient tenus par suite de leur compte, et qu'ensuite, n'ayant point été forcé de se libérer, ils soient devenus insolvables, les lois ne souffriront pas que vous soyez poursuivi à l'effet de payer pour eux, tandis que c'est la faute de votre adversaire s'ils ne se sont pas libérés.

Fait le 6 des ides de mars, sous le deuxième cons. de l'empereur Gordien et le premier de Pompéien. 242.

2. *Impp. Carinus et Numerianus* AA. *Primigenio.*

Si divisió administrationis inter tutores sive curatores, in eodem loco seu provincia constitutos facta necdum fuerit : licentiam habet adolescens et unum eorum eligere, et totum debitum exigere : cessione videlicet ab eo adversus cæteros tutores seu curatores actionum ei competentium facienda. In divisionem autem administratione deducta, sive à præside, sive testatoris voluntate : unumquemque pro sua administratione convenire potest, periculum invicem tutoribus seu curatoribus non sustinentibus : nisi per dolum aut culpam suspectum non removerunt, vel tardè suspicionis rationem moverunt, cùm alter eorum non solvendo effectus sit, vel suspicionis causam agendo sua sponte jura pupilli prodiderunt. Nec

2. *Les empereurs Carinus et Numérianus à Primigénius.*

Si le partage de l'administration entre les tuteurs ou curateurs exerçant dans le même lieu ou dans la même province, n'a pas encore été fait, le jeune homme est autorisé de choisir celui d'entr'eux qu'il voudra, et d'exiger de lui la totalité de la dette ; mais par là il renonce aux actions qu'il a contre les autres tuteurs ou curateurs. Mais si le partage de l'administration a été fait soit par le président de la province, soit par le testament du testateur, le jeune homme peut poursuivre chacun du tuteur ou du curateur pour la partie de l'administration qui lui a été confiée. Les tuteurs ou curateurs, lorsqu'il existe un tel partage, ne répondent que de la partie de l'administration qui leur a été confiée, et non de la partie qui a été confiée à d'au'res; à moins que par leur dol ou leur faute ils n'aient négligé d'éloigner de la tutelle ou de la curatelle quelqu'un d'entr'eux qui se trouvait suspect, ou qu'ils n'aient averti trop tard la suspicion dont nous venons de parler, ce qui a rendu le coupable redevable et insolvable; ou enfin, à moins qu'en poursuivant le tuteur soupçonné, il n'ait sciemment trahi les intérêts du pupille. Ils ne peuvent opposer que leur cotuteur, éloigné comme suspect, n'a point administré les affaires du pupille, car cette exception leur serait inutile. Mais si les tuteurs ou curateurs eux-mêmes se sont partagés l'administration, le jeune homme ne sera point empêché de poursuivre pour la totalité de la dette celui d'entr'eux qu'il voudra; mais en agissant de cette manière il transfère à celui qu'il a choisi les actions qu'il a contre les autres tuteurs ou curateurs.

Fait le 12 des calend. d'avril, sous le deuxième cons. de l'empereur Carinus et le premier de l'empereur Numérien. 284.

3. *Les empereurs Dioclétien et Maximien, et les Césars, à Zoticus.*

Quoique les tuteurs ne puissent point se dispenser de rendre compte par les faits d'une convention faite entr'eux, cependant il est certain que le tuteur qui a administré doit être, s'il est solvable, poursuivi en premier lieu, ainsi que ses héritiers; mais dans le cas où il serait insolvable, on peut poursuivre son cotuteur quoiqu'il n'ait point administré.

Fait le 4 des calend. d'octobre, sous le cons. des Césars.

TITRE LIII.

Du serment au procès.

1. *Les empereurs Sévère et Antonin à Asclépius.*

VOUS veillerez, en recevant un juge pour faire le transport de la tutelle, à ce que les héritiers du tuteur vous restituent à l'époque de la discussion du procès les papiers concernant les pupilles. Si, par l'effet du dol, ils ne les rendent pas, vous

prodest eis dicentibus, cum contutorem suum non administrasse res pupillares. Sin verò ipsi inter se res administrationis diviserunt : non prohibetur adolescens unum ex his in solidum convenire : ita ut actiones, quas adversus alios habet, ad electum transferat.

Proposit. emissa 12 calend. aprilis, Carino II. et Numeriano AA. Coss. 284.

3. *Impp. Diocletianus et Maximianus AA. et CC. Zotico.*

Licèt tutorum conventione mutuum periculum minimè finiatur : tamen eum qui administravit, si solvendo sit, primo loco, ejusque successores conveniendos esse, non ambigitur.

Sancit. 4 calend. octobris, CC. Coss.

TITULUS LIII.

De in litem jurando.

1. *Impp. Severus et Antoninus AA. Asclepio.*

ADVERSUS heredes tutoris ad transferendam tutelam judicem accipiens, tempore litis instrumenta ad puberem pertinentia restitui desiderabis. Quòd si dolo non exhibeantur : in litem jurandi tibi facultas erit, modò si quondam pupillo debitam affectionem ad vincula quoque religionis extendere volueris.

Proposit. calend. aug. Antonino II. et Geta II. Coss. 206.

2. *Imp. Antoninus A. Severo.*

Is qui rationem tutelæ seu curæ reposcit, invitus in litem jurare compelli non potest : sed volens ita demùm audiendus est, si heres per longam successionem tutoris instrumenta pupillaria dolo vel circumveniendi pupilli gratia exhibere non vult. Sin verò neque dolus, neque lata culpa, neque fraus heredis convincitur : omissa jurisjurandi facultate, judex de veritate cognoscet, quæ etiam argumentis liquidis investigari potest.

Proposit. 11 calend. octobris, Duobus et Aspris Coss. 213.

3. *Idem A. Prisciano.*

Summa sententia comprehensa, quam cessantibus curatoribus quondam tuis, judex secutus jurisjurandi à te prolati religionem, in condemnationem deduxit : minui pacto non potuit.

Proposit. calend. jul. Læto II. et Cereali Coss. 216.

4. *Imp. Gordianus A. Mutiano.*

Alio jure est tutor, alio heres ejus : tutor enim inventarium cæteraque instrumenta si non proferat, in litem jusjurandum adversus se potest admittere : etenim heres ejus ita demùm, si reperta in hereditate dolo malo non exhibeat. Sed cùm adversus ipsum tutorem litem contestatam esse dicatis : transferentibus vobis in heredes ejus actiónem, præses provinciæ partes suas exhibebit : non ignorans, nisi exhibeantur instrumenta, quatenus juxta formam constitutionum partes suas debeat moderari.

Proposit. 7 calend. octobris, Pio et Pontiano Coss. 239.

aurez la faculté de jurer au procès, surtout si vous voulez étendre l'affection due à votre ci-devant pupille jusqu'à continuer l'administration comme curateur.

Fait pendant les calend. d'août, sous le deuxième cons. de l'empereur Antonin et le deuxième de Géta. 206.

2. *L'empereur Antonin à Sévère.*

Celui qui demande compte de l'administration de la tutelle ou de la curatelle, ne peut être contraint de jurer malgré lui au procès. Mais si l'héritier du tuteur, par dol ou dans le dessein de tromper le pupille, ne voulant point rendre les papiers qui le concernent, il désire jurer, son serment doit être reçu. Si l'héritier n'est convaincu ni de dol, ni de faute, ni de fraude, dans ce cas le serment n'ayant pas lieu, le juge s'informera de la vérité, qui peut être démontrée par des preuves évidentes.

Fait le 11 des calend. d'octobre, sous le cons. des deux Asper. 213.

3. *Le même empereur à Priscien.*

La somme à laquelle le juge, après vous avoir déféré le serment, a condamné ceux de vos ci-devant curateurs qui n'ont pas administré, n'a pu être diminuée par un pacte.

Fait pendant les calend. de juillet, sous le cons. de Lætus et de Céréal. 216.

4. *L'empereur Gordien à Mutien.*

Le tuteur et son héritier ne sont pas régis par le même droit : car si le tuteur ne restitue pas l'inventaire et les autres papiers concernant son ci-devant pupille, le serment au procès peut être admis contre lui. Il en est de même à l'égard de son héritier, lorsqu'ayant trouvé les papiers dans la succession, il ne les rend pas par l'effet de son dol ; mais comme vous dites que la cause a été commencée contre le tuteur lui-même, vous devez maintenant transférer votre action contre ses héritiers, et les poursuivre pardevant le président de la province. Ce magistrat n'ignore pas quelle est la conduite qui lui est prescrite par les constitutions dans le cas où les papiers ne seraient pas représentés.

Fait le 7 des calend. d'octobre, sous le cons. de Pius et de Pontien. 239.

5. *Les empereurs Dioclétien et Maxi-*
mien, et les Césars, à Artémidore.

Quoiqu'il ait été ordonné que dans
l'action de la tutelle le serment ne doit
pas être déféré contre les héritiers du tuteur à cause qu'il n'a point été fait d'inventaire, il convient cependant que le
juge, convaincu par d'autres preuves du
dol du tuteur, porte contre eux une sentence.

Fait à Nicomédie, le 8 des calendes de
janvier, sous le cons. des Césars. 294.

5. *Impp. Diocletianus et Maximianus*
AA. *et* CC. *Artemidoro.*

Licèt adversus heredes ob non factum
inventarium jusjurandum in actione tutelae praetermitti placuerit : judicem tamen
datum vel ex dolo tutoris aliis indiciis ins-
tructum, adversus eos ferre sententiam
convenit.

Sancit. 8 calend. januarii, Nicomediae,
CC. Coss. 294.

TITRE LIV.

Des héritiers des tuteurs et de ceux des curateurs.

1. *Les empereurs Sévère et Antonin à Fuscien.*

Il ne faut pas que les héritiers du tuteur
soient tenus de sa négligence qu'on ne
peut comparer à la faute, si le procès
n'ayant point été commencé contre le
tuteur, ils ne possèdent aucun des biens
du pupille.

Fait le 6 des ides de mars, sous le cons.
de Latéran et et de Rufinus. 198.

2. *L'empereur Antonin à Valentin et à Maternus.*

Si votre père ayant été nommé tuteur
ou curateur, ne s'est point excusé, vous
n'en pouvez pas moins être poursuivis en
qualité de ses héritiers par l'action de la
tutelle ou l'action utile, quoique vous
disiez qu'il n'a point administré la tutelle
ou la curatelle : car on est tenu de la non
administration. Il a été souvent cependant
rescrit qu'on doit poursuivre d'abord ceux
qui ont administré.

Fait le 11 des calend. de mars, sous le
quatrième cons. de l'empereur Antonin et
le premier de Balbinus. 214.

3. *Le même empereur à Vita.*

Attaquez par l'action de la tutelle les
héritiers de votre ci-devant tuteur ; ce
dont il vous est redevable pour cause de
fidéjussion viendra aussi en jugement.

Fait le 3 des nones de juillet, sous le
quatrième cons. de l'empereur Antonin
et le premier de Balbinus. 214.

TITULUS LIV.

De heredibus tutorum vel cura-torum.

1. *Impp. Severus et Antoninus* AA. *Fusciano.*

Heredes tutoris ob negligentiam, quae
non latae culpae comparari possit, condemnari non oportet : si non contra tutorem
lis inchoata est, neque ex damno pupilli
lucrum captatum, aut gratiae praestitum
sit.

Proposit. 6 id. martii, Lutorano et
Rufino Coss. 198.

2. *Imp. Antoninus* A. *Valentino et Materno.*

Pater vester tutor vel curator datus, si
se non excusavit, non ideò vos minus heredes ejus tutelae vel utili judicio conveniri
potestis, quòd eum tutelam seu curam non
administrasse dicitis. Nam et cessationis
ratio reddenda est. Prius tamen propter
actum suum eos conveniendos esse, qui
administraverunt, saepè rescriptum est.

Proposit. 11 calend. martii, Antonino
A. IV. et Balbino Coss. 214.

3. *Idem* A. *Vitae.*

Adversus heredes quondam tutoris tui
tutelae actione consiste. In judicium autem
veniet etiam id quod tibi tutor ex causa
fidejussionis debuit.

Proposit. 4 nonas julii, Antonino A. IV.
et Balbino Coss. 214.

. 4. *Imp. Alexander* A. *Frontino.*

Heredes eorum qui tutelam vel curam administraverunt, si quid ad eos ex re pupilli vel adulti pervenerit, restituere coguntur. In eo etiam quod tutor vel curator administrare debuit, nec administravit, rationem reddere eos debere, non est ambigendum.

Proposit. 8 calend. novembris, Alexandro A. III. et Dione Coss. 230.

TITULUS LV.

Si tutor vel curator non gesserit.

1. *Imp. Alexander* A. *Zotico.*

Certum est, non solùm eos qui gesserunt, sed etiam qui gerere debuerunt, tutelæ teneri etiam in ea quæ à contutoribus servari non potuerunt : si modò cùm eos suspectos facere deberent, id officium omiserunt. Tu autem, etsi contra patronum tuum famosam actionem instituere non potuisti : providere tamen, ne quid tutelæ deesset, necessariis postulationibus apud eum cujus de ea re jurisdictio fuit, potuisti.

Proposit. 2 id. decembris, Maximo II. et Æliano Coss. 224.

2. *Idem* A. *Justo.*

Qui se non immiscuerunt tutelæ vel curæ, ex persona eorum qui gesserunt, et idonei sunt, non onerantur. Si qua verò sunt, quæ cùm geri debuerint, omissa sunt : latæ culpæ ratio omnes æqualiter tenet.

Poposit. 8 calend. maii, Juliano II. et Crispino Coss. 225.

4. *L'empereur Alexandre à Frontin.*

Les héritiers de ceux qui ont administré une tutelle ou une curatelle, doivent être contraints de restituer ce qui peut leur être parvenu des biens du pupille ou de l'adulte; et il est vrai qu'ils sont tenus de ce que le tuteur ou le curateur n'a point administré, tandis qu'il le devait.

Fait le 8 des calend. de novemb., sous le troisième cons. de l'empereur Alexandre et le premier de Dion. 230.

TITRE LV.

Du tuteur et du curateur qui n'ont point administré.

1. *L'empereur Alexandre à Zoticus.*

Il est certain que non-seulement les tuteurs qui ont administré, mais encore ceux qui n'ont pas administré, sont tenus par l'action de la tutelle des dommages qui surviennent aux pupilles par suite de la non solvabilité des tuteurs; parce que, pouvant les faire éloigner comme suspects, ils auraient dû le faire. Vous donc, quoique vous n'ayez pu diriger une action infamante contre votre patron, vous avez pu cependant pourvoir à ce que vous n'éprouviez aucun dommage par suite de l'administration de la tutelle, en portant vos réclamations devant le juge compétent.

Fait le 2 des ides de décemb., sous le deuxième cons. de Maxime et le premier d'Élien. 224.

2. *Les mêmes empereurs à Justus.*

Les tuteurs ou curateurs qui ne se sont point immiscés dans l'administration de la tutelle ou de la curatelle, ne sont point tenus pour ceux qui ont administré et qui se trouvent solvables. Mais s'il est de certaines affaires qui n'aient été administrées par aucun des tuteurs ou des curateurs, ils sont tous tenus par égale part de leur faute.

Fait le 8 des calend. de mai, sous le deuxième cons. de Julien et le premier de Crispinus. 225.

TITRE LVI.

Des intérêts de l'argent des pupilles.

1. *L'empereur Antonin à Crescentinus.*

Il a été depuis long-tems ordonné que le tuteur ou curateur qui a employé à son propre usage l'argent de ses pupilles ou adultes, doit leur en porter les intérêts légitimes.

Fait pendant les nones de juin, sous le quatrième cons. de l'empereur Antonin et le premier de Balbinus. 214.

2. *L'empereur Alexandre à Ampliatus.*

Il est certain qu'on doit porter les intérêts de ce qui est dû pour cause de tutelle, quoique les tuteurs puissent être forcés de faire le paiement même pour leur cotuteur insolvable; car cela ne serait pas arrivé s'ils l'eussent éloigné de la tutelle en le faisant déclarer suspect.

Fait le 13 des calend. de juillet, sous le deuxième cons. de Julien et le premier de Crispinus. 225.

3. *Le même empereur à Vitalius.*

Si vous n'avez pu prêter l'argent de vos pupilles à des hommes solvables, ni l'employer en achat de fonds, le juge n'ignorera pas qu'on ne peut exiger de vous l'intérêt de cet argent.

Fait pendant les ides d'avril, sous le cons. de Modestus et de Probus. 229.

4. *Les empereurs Dioclétien et Maximien, et les Césars, à Ditatius et Aurélius.*

Le pupille ne peut être contraint d'agir avec vous par l'action de la tutelle; mais si vous lui devez quelque chose, faites lui fréquemment des sommations et citez-le en jugement, afin d'éviter qu'il ne vous accuse ensuite de n'avoir pas voulu le payer, et afin d'arrêter le cours des intérêts; et s'il garde toujours le silence, faites votre déclaration pardevant le président de la province dont vous ferez constater par écrit. Par ce moyen vous pourvoirez à votre sûreté ainsi qu'à celle de vos enfans. Ces dispositions sont applicables aux curateurs.

Fait le 3 des calend. de septembre, sous le cons. des Césars. 293.

TITULUS LVI.

De usuris pupillaribus.

1. *Imp. Antoninus A. Crescentino.*

Tutorem vel curatorem pecuniæ, quam in usus suos convertit, legitimas usuras præstare debere, olim placuit.

Proposit. nonis jun. Antonino A. IV. et Balbino Coss. 214.

2. *Imp. Alexander A. Ampliato.*

Ejus, quod ex causa tutelæ debetur, usuras præstari oportere, dubium non est; quamvis aliis pro participe muneris necessitas solutionis irrogetur : quia non id aliàs contingit, quàm si cessatio contutoris in suspecto faciendo computari possit.

Proposit. 13 calendas julii, juliano II. et Crispino Coss. 225.

3. *Idem A. Vitalio.*

Si pecuniam pupillarem neque idoneis hominibus credere, neque in emptionem possessionum convertere potuisti : non ignorabit judex usuras ejus à te exigi non oportere.

Proposit. id. april. Modesto et Probo Coss. 229.

4. *Impp. Diocletianus et Maximianus AA. et CC. Ditatio et Aurelio.*

Pupillus agere vobiscum actione tutelæ compelli non potest. Verùm adversus futuram calumniam, ut et si quid ei debetis, cursus inhibeatur usurarum, denuntiationibus frequenter interpositis, ad judicium eum provocate : ac si rem dissimulatione proferat, actis apud præsidem provinciæ factis, voluntatis vestræ rationem declarate. Quo facto tam vobis ipsis, quàm securitati filiorum vestrorum consuletis. Quod et in curatoribus locum habet.

Proposit. 3 calendas septembris, CC. Coss. 293.

45 *

TITULUS LVII.

De fidejussoribus tutorum vel curatorum.

1. *Imp. Alexander A. Felici.*

ELIGERE debes, utrum cum ipsis tutoribus vel curatoribus, seu heredibus eorum, an cum his qui pro ipsis se obligaverunt, agere debeas, vel (si ita malis) dividere actionem. Nam in solidum et cum reo et cum fidejussoribus agi jure non potest.

Proposit. 10 calend. februarii, Juliano II. et Crispino Coss. 225.

2. *Idem A. Prisco.*

Non est ambigui juris, electo reo et solvente, fidejussorem liberari : et ideò si simpliciter acceptus est fidejussor in id quod tutor seu curator debiturus esset, càm proponas tutorem seu curatorem condemnatum solvisse : quid dubium est fidejussorem liberatum esse ? Planè si stipulatio rem salvam pupillo fore interposita est, vel cautum est in id quod à tutore vel curatore servari non potest : manet fidejussor obligatus ad supplendam tibi indemnitatem.

Proposit. 7 calend. augusti, Fusco II. et Dextro Coss. 226.

TITULUS LVIII.

De contrario judicio tutelae.

1. *Impp. Severus et Antoninus AA. Stratoni.*

SI pro contutore judicato pecuniam solvisti : nullum judicium tibi contra pupillum competit, ut delegetur tibi adversus liberatum actio. Quòd si nomen emisti : in rem suam procurator datus heredes judicati poteris convenire.

TITRE LVII.

Des fidéjusseurs des tuteurs, et de ceux des curateurs.

1. *L'empereur Alexandre à Félix.*

VOUS devez choisir qui vous voulez poursuivre pour ce qui concerne les comptes de vos tuteurs ou curateurs, ou leurs héritiers, ou leurs fidéjusseurs, à moins que vous ne préfériez diviser votre action : car on ne peut attaquer en même tems pour le tout et le défendeur et ses fidéjusseurs.

Fait le 10 des calend. de juillet, sous le deuxième cons. de Julien et le premier de Crispinus. 225.

2. *Le même empereur à Priscus.*

Il est certain que le fidéjusseur est libéré par la libération de celui pour lequel il avait répondu : c'est pourquoi si le fidéjusseur a seulement répondu de ce que le tuteur ou le curateur pourrait devoir par suite de son administration, et si, comme vous le dites, ce dernier, ayant été condamné, a payé, n'est-il pas certain que le fidéjusseur est libéré ? Mais si le fidéjusseur a garanti par la stipulation que les biens du pupille seraient rendus intacts ou a seulement répondu de ce que le tuteur ou curateur ne pourrait payer, il est obligé de suppléer à ce que celui pour qui il a répondu ne peut pas payer.

Fait le 7 des calend. d'août, sous le deuxième cons. de Fuscus et le premier de Dexter. 225.

TITRE LVIII.

De l'action contraire de la tutelle.

1. *Les empereurs Sévère et Antonin à Straton.*

SI vous avez payé, d'après condamnation, une somme d'argent pour votre co-tuteur, vous n'avez aucune action contre le pupille pour qu'il vous délègue lui-même une action contre celui pour lequel vous avez payé. Mais il n'en est pas de même si vous avez acheté l'action du pupille contre votre cotuteur : car dans ce cas étant procureur de droit dans votre propre cause, vous pouvez poursuivre les héritiers de celui pour qui vous avez payé en vertu du jugement prononcé contre lui.

Fait le 7 des calend. de mars, sous le cons. de Fabien et Mulien. 202.

2. L'empereur Antonin à Primitivus.

Si vous avez été condamné seul envers la pupille, non pour votre propre faute, mais pour celle de vos cotuteurs ; et étant absent et non défendu, vous n'avez point appelé de la sentence qui vous condamne ; comme vous avez exécuté la sentence, vous vous ferez mander par la pupille les actions contre vos cotuteurs, ou vous userez de l'action utile.

Fait le 2 des ides d'octobre, sous le cons. des deux Asper. 213.

3. Les empereurs Dioclétien et Maximien à Thésis.

Si votre père, que-vous dites avoir administré la tutelle de son beau-fils, est décédé après avoir institué héritier son ci-devant pupille avec vous, par son testament fait avec toutes les formalités du droit; comme la confusion de ce que le testateur est resté devoir par suite de l'administration de la tutelle n'a lieu que jusqu'à concurrence de la portion héréditaire, il faut que, comme cohéritier de votre père, vous rendiez compte devant le juge compétent de la partie restante de la dette. On aura égard, comme la bonne foi l'exige, à ce que votre père a dépensé, d'après ce que vous dites, pour la chose de son pupille ; la compensation sera donc admise pour ce qui concerne ces dépenses ; mais si, après cette compensation, il reste encore quelque chose qui soit dû, vous serez condamné à le payer. Si sachant qu'il a été dépensé pour la chose une somme plus considérable que celle qui est due, il ne demande pas la reddition de compte, vous pouvez le poursuivre par l'action contraire de la tutelle.

Fait le 18 des calend. de janvier, sous le cons. des Césars. 294.

Proposit. 7 calend. martii, Fabiano et Mutiano Coss. 202.

2. Imp. Antoninus A. Primitivo.

Si non ex propria culpa solus pupillæ condemnatus es, sed absens et indefensus acquievisti : cùm ex causa judicati satisfacere cœperis, actiones adversus contutores tuos mandari tibi à pupilla desiderabis, vel utili actione uteris.

Proposit. 2 idus octobris, Duobus et Aspris Coss. 213.

3. Impp. Diocletianus et Maximianus AA. Thesidi.

Si pater tuus, quem privigni sui, tutulam administrasse proponis, testamento rectè facto, pupillo etiam quondam suo herede instituto, decessit : quoniam non nisi pro portione hereditaria tutelæ petitionem confusione constet, extingui : pro residua parte succedentem patri, tutelæ to convenit apud competentem judicem reddere rationem : qui secundùm bonam fidem eorum etiam, quæ patrem tuum in rem ejus erogasse dicis, admissa compensatione, reliqui (si quid amplius debetur) faciet condemnationem. Quòd si sciens amplius in rem suam erogatum, agendum proptereà tutelæ non putaverit : cum contrario judicio convenire potes.

Sancit. 18 calend. januarii, CC. Coss. 294.

TITULUS LIX.

De auctoritate praestanda.

TITRE LIX.

De l'assistance que le tuteur ou curateur doit fournir au pupille ou à l'adulte.

1. *Impp. Diocletianus et Maximianus AA. et CC. Antoniano.*

NEQUE tutoris, neque curatoris absentia quicquam stipulationi pro pupillo vel adulto habitæ nocet.
Sine die, AA. Coss.

2. *Iidem AA. et CC. Serenæ.*

Nec actiones sine tutoris auctoritate in ætate pupillari constituta remittendo, quicquam amittere poteris.
Sancit. 17 calend. maii, CC. Coss. 293.

3. *Iidem AA. et CC. Caio.*

Eum qui à pupillo sine tutoris auctoritate distrahente comparavit, longi temporis spatium non defendit.
Sancit. 3 calend. decembris, CC. Coss. 293.

4. *Imp. Justinianus A. Joanni præfecto prætorio.*

Clarum posteritati facientes, sancimus omninò debere et agentibus et pulsatis in criminalibus causis minoribus vigintiquinque annis adesse tutores vel curatores, in quibus casibus adultos et pupillos leges accusari concedunt : cùm cautius et melius sit cum suasione perfectissima et responsa facere minores, litemque inferre, ne ex sua imperitia, vel juvenili calore aliquid vel dicant vel taceant, quod si fuisset prolatum vel non expressum, prodesse eis poterat, et à deteriore calculo eos eripere.
Datum 10 calend. martii, Constantinopoli, post consulatum Lampadii et Orestis VV. CC. 531.

1. *Les empereurs Dioclétien et Maximien, et les Césars, à Antonien.*

LA non assistance du tuteur ou du curateur ne nuit en aucune manière à la stipulation qui a été faite en faveur du pupille ou de l'adulte.
Fait sous le cons. des empereurs nommés ci-dessus.

2. *Les mêmes empereurs et les Césars à Séréna.*

En faisant, pendant votre pupillarité et sans l'assistance de votre tuteur, la remise de vos actions, vous n'avez pu en aucune manière les perdre.
Fait le 17 des calend. de mai, sous le cons. des Césars. 293.

3. *Les mêmes empereurs et les Césars à Caïus.*

La prescription de long tems ne défend pas celui qui, sans l'autorisation du tuteur, a acheté quelque chose du pupille.
Fait le 3 des calend. de septemb., sous le cons. des Césars. 293.

4. *L'empereur Justinien à Jean, préfet du prétoire.*

Pour faire connaître nos intentions d'une manière claire à la postérité, nous ordonnons que les mineurs de vingt-cinq ans, dans leurs causes criminelles, soit qu'ils accusent ou qu'ils se défendent, soient assistés par leurs tuteurs ou curateurs, dans les cas néanmoins où les lois permettent que les pupilles ou adultes soient accusés; car il est beaucoup mieux et beaucoup plus prudent que les mineurs soient assistés par leurs tuteurs ou curateurs dans leurs défenses contre leurs accusateurs, et dans les accusations qu'ils intentent eux-mêmes contre d'autres ; de peur qu'à cause de leur ignorance ou de la vivacité de leur âge, ils ne disent quelque chose qui leur soit nuisible, ou ne taisent quelque chose qui pourrait leur être utile. On pourra éviter de cette manière qu'il

soit prononcé contre eux une sentence dé-
savantageuse.

Fait à Constantinople, le 10 des calend.
de mars, après le cons. de Lampadius et
d'Oreste. 531.

5. *Le même emp. à Jean, préf. du prét.*

Voulant décider l'ancien doute qui s'é-
tait élevé au sujet de ce que le consentement d'un seul tuteur testamentaire ou
nommé sur informations, suffisait aux pupilles, quoiqu'il existât plusieurs tuteurs
de cette sorte, et que l'administration ne
fût pas divisée entr'eux, tandis que les
pupilles avaient besoin pour agir du consentement de tous leurs tuteurs légitimes
ou simplement datifs ; nous ordonnons
que s'il existe plusieurs tuteurs, soit qu'ils
aient été nommés par le testament du père,
ou appelés par la loi, soit qu'ils aient été
donnés simplement ou sur informations
par le juge, le consentement d'un seul
tienne au pupille lieu de celui de tous,
dans le cas seulement où l'administration
n'a pas été divisée entre les tuteurs : car,
dans le cas contraire, le consentement de
chacun des tuteurs est nécessaire pour ce
qui concerne sa partie. Nous ordonnons
que, pour ce qui concerne ce consentement,
la condition des tuteurs légitimes et celles
des datifs ne soit pas différente de celle des
tuteurs testamentaires et des datifs sur
informations. En effet, ils sont tous également tenus de fournir caution, et les pupilles ont contre eux tous pareillement
leur action subsidiaire, dans le cas de
mauvaise administration. Ces dispositions
ne peuvent avoir lieu pour les cas où il
s'agirait de dissoudre la tutelle, comme
celui où le pupille voudrait se donner en
arrogation ; car il serait absurde que la
tutelle fût dissoute sans le consentement
ou même à l'insu de celui qui est tuteur.
Il faut que dans de pareils cas le pupille
prenne le consentement de tous ses tuteurs,
soit testamentaires ou datifs sur informations, soit légitimes ou simplement datifs ;
ils doivent tous connaître une affaire qui
les concerne tous également. Toutes ces
dispositions doivent être pareillement observées à l'égard des curateurs.

Fait à Constantinople, pendant les calend. de septemb., après le cons. de Lampadius et d'Oreste. 531.

5. *Idem* A. *Joanni præfecto prætorio.*

Veterem dubitationem amputantes, per
quam testamentarii quidem, vel per inquisitionem dati tutoris, unius auctoritas
sufficiebat, licèt plures fuerant, non tamen
diversis regionibus destinati, legitimi autem vel simpliciter dati omnes consentire
compellebantur : sancimus, si plures tutores fuerint ordinati, sive in testamento paterno, sive ex lege vocati, sive à judice,
vel ex inquisitione, vel simpliciter dati :
unius tutoris auctoritatem pro omnibus tutoribus sufficere, ubi non divisa est administratio, vel pro regionibus, vel pro substantiæ partibus. Ibi etenim necesse est singulos pro suis partibus vel regionibus auctoritatem pupillo præstare : quia in hoc
casu non absimiles esse testamentariis et
per inquisitionem datis legitimos et simpliciter datos jubemus, eò quòd fidejussionis
onere prægravantur, et subsidiariæ actionis adminiculum speratur. Sed hæc omnia ita accipienda sunt, si non res quæ
agitur, solutionem faciat ipsius tutelæ :
utputà si pupillus in arrogationem se dato
desiderat. Etenim absurdum est solvi tutelam non consentiente, sed forsitan ignorante eo qui tutor fuerat ordinatus Tunc
etenim sive testamentarii, sive per inquisitionem dati, sive legitimi, sive simpliciter creati sunt : necesse est omnes suam
auctoritatem præstare : ut quod omnes similiter tangit, ab omnibus comprobetur.
Quæ omnia simili modo et in curatoribus
observari oportet.

Datum calend. septembr. Constantinopoli, post consulatum Lampadii et Orestis
VV. CC. 531.

TITULUS LX.

Quando tutores vel curatores esse desinant.

1. *Imp. Antoninus A. Hernulæ.*

SI curatores tutoribus adjuncti sunt : pubertate pupilli, tam tutorum quàm curatorum adjunctorum officium finiri, ideòque alios propter ætatis infirmitatem curatores esse dandos, manifestissimum est.

Proposit. 4 calend. augusti, Romæ, Antonino A. IV. et Balbino Coss. 214.

2. *Impp. Diocletianus et Maximianus AA. et CC. Menippo.*

Tutoris officium ex sola voluntate pupilli non finiri, certissimum est.

Sancit. 13 calend. februarii, Cæsaribus Coss. 293.

3. *Imp. Justinianus A. Mennæ præfecto prætorio.*

Indecoram observationem in examinanda marium pubertate resecantes, jubemus, quemadmodùm fœminæ post impletos duodecim annos omnimodò puberes judicantur : ita et mares post excessum quatuordecim annorum puberes existimentur, indagatione corporis inhonesta cessante.

Datum 8 idus april. Constantinopoli, Decio V. C. Coss. 529.

TITULUS LXI.

De actore à tutore seu curatore dando.

1. *Impp. Diocletianus et Maximianus AA. et CC. Alphocrationi.*

SI sui juris constituti filii tui matri successerunt : licèt te tutorem corum esse probetur,

---

TITRE LX.

De l'époque à laquelle les tuteurs ou les curateurs cessent leurs fonctions.

1. *L'empereur Antonin à Hernula.*

IL est clair que si 'des curateurs ont été adjoints aux tuteurs, que les fonc'ions, tant des tuteurs que des curateurs doivent finir à la puberté du pupille, et qu'il doit être nommé de nouveaux curateurs pour assister le mineur qui a besoin de ce secours à cause de la faiblesse de son âge.

Fait à Rome, le 4 des calend. d'août, sous le quatrième cons: de l'emp. Antonin et le premier de Balbinus. 214.

2. *Les empereurs Dioclétien et Maximien, et les Césars, à Ménippus.*

Il est très-certain que les fonctions du tuteur ne finissent point par la volonté du pupille.

Fait le 13 des calend. de fév., sous le cons. des Césars. 293.

3. *L'empereur Justinien à Menna, préfet du prétoire.*

Abolissant le moyen honteux qui était en usage pour s'assurer de la puberté des mâles, nous ordonnons que de la même manière que les filles sont jugées pubères par l'accomplissement de leur douzième année, de même les mâles soient censés pubères par l'accomplissement de leur quatorzième année. L'examen honteux du corps est aboli.

Fait à Constantinople, le 8 des calend. d'avril, sous le cons. de Décius. 529.

TITRE LXI.

Du cas où le tuteur ou le curateur doit se faire nommer un agent pour administrer les affaires des mineurs.

1. *Les emper. Dioclétien et Maximien, et les Césars, à Alphocration.*

SI vos enfans étant *sui juris*, ont succédé à leur mère, il faut, quoiqu'il soit **prouvé**

prouvé que vous êtes leur tuteur, que vous demandiez qu'il soit nommé par décret un agent et non un procureur pour administrer les affaires de vos enfans mineurs pendant votre absence.

Fait pendant les nones de janvier, sous le consul. des Césars. 293.

TITRE LXII.

Des excuses des tuteurs et des curateurs, et des délais pendant lesquels elles doivent être faites.

1. *Les empereurs Sévère et Antonin à Aviola.*

Vous êtes dans une fausse opinion, en croyant qu'à cause que vous êtes eunuque de ceux qu'on nomme *spadones*, vous soyez exempt d'exercer les fonctions de la tutelle.

Fait pendant les cal. de mai , sous le consul. de Chilon et de Libon. 205.

2. *Les mêmes empereurs à Habentien et Cosconius.*

Si vous n'avez pas été nommés curateurs généraux par un décret qui vous ait été signifié, vous n'êtes tenus que de l'administration des biens situés en Italie; c'est pourquoi vous devez aller trouver le juge compétent, afin qu'il vous décharge de l'administration des biens situés en province. Et si cela a lieu, que les mineurs demandent des curateurs pour administrer ceux de leurs biens qui sont situés hors de l'Italie.

Fait le 8 des cal. de septembre, sous le consul. de Chilon et de Libon. 205.

3. *Les mêmes empereurs à Crispinus.*

Il est certain que si étant ingénu vous avez été nommé tuteur d'un affranchi, vous êtes en droit de vous excuser; mais comme le président de la province a jugé à propos de rejeter votre excuse, à cause que vous l'avez proposée trop tard, et que vous n'avez pas appelé de son décret, vous concevez que vous devez vous soumettre à sa sentence.

Fait pendant les ides de mai, sous le consul. d'Albin et d'Elien. 207.

Tome II.

probetur, tamen non per procuratorem, sed actorem decreto constitutum à te, res eorum te absente peti convenit.

Sancit. non. januar. CC. Coss. 293.

TITULUS LXII.

De excusationibus tutorum et curatorum, et de temporibus earum.

1. *Impp. Severus et Antoninus AA. Aviolæ.*

Falsa suasione credis te proptereà quòd spado sis, immunitatem à tutelis habere.

Proposit. calend. maii, Chilone et Libone Coss. 205.

2. *Iidem AA. Habentiano et Cosconio.*

Si curatores dati estis generaliter, nec decreto significatum est, italicarum tantùm rerum vobis munus injunctum : adire debetis competentem judicem, ut vos à provinciali administratione liberet. Quod si factum fuerit : petent sibi in provincia curatores adolescentes.

Proposit. 8 calend. septembris, Chilone et Libone Coss. 205.

3. *Iidem A. Crispino.*

Excusationis quidem tuæ, si ingenuus libertino tutor datus es, certa causa est. Sed cùm te præses provinciæ audiendum non putaverit propter præscriptionem, quasi tardiùs adires, nec à decreto provocaveris : intelligis parendum esse sententiæ.

Propos. idib. martii, Albino et Æliano Coss. 207.

46

4. *Imp. Antoninus* A. *Agatho Dæmoni.*

Amplissimi ordinis consulto, qui pupillam suam uxorem ducit, nuptias contrahere non intelligitur, et tamen infamis constituitur. Sed si tu Demetriæ, cùm eam in matrimonio haberes, absens et ignorans curator constitutus es : potes esse securus, dum tamen alius substituatur. Non enim debet ignorantia maritorum amplissimi ordinis consulto fraus quæri.

Proposit. 11 calend. julii, Sabino et Æmiliano Coss. 207.

5. *Imp. Alexander* A. *Basilio.*

Libertos à tutela vel cura liberorum patroni seu patronæ nullam excusationem impetrare posse, amplissimus ordo auctore divo Marco, censuit. Et ideò nec illud eis prodesse debet, quominùs curatores etiam inviti patroni seu patronæ liberis dentur, quòd eorumdem tutelam administraverunt.

6. *Idem* A. *Maximiano.*

Quinquaginta dies qui præfiniti sunt ad professionem excusationis his qui tutores seu curatores dati sunt, ex eo die cedere, ex quo decretum prætoris aut testamentum parentis notum factum fuerit ei qui ad munus vocatus fuerit, ipsa constitutio, quæ hoc induxit, sanxit. Sed si quis in ejus temporis computatione ab eo cujus de ea re notio fuerit, injuriam passus, non provocavit : adquiescere rebus judicatis debet.

Proposit. 3 non. maii, Juliano II. et Crispino Coss. 225.

7. *Idem* A. *Antonio.*

Neque à tutela, neque à cura ideò quis excusatur, quòd creditor sive debitor ejus est, cui tutor sive curator datus est : sed participem in munere habere debet, ut si res exegerit, is qui alieno auxilio eget, defendatur.

Proposit. 3 idus julii, Juliano II. et Crispino Coss. 225.

4. *L'emp. Antonin* à *Agathe Démon.*

Par un sénatus-consulte, il a été déclaré que celui qui épousait sa pupille ne contractait point un légitime mariage et était noté d'infamie ; mais si vous avez été nommé curateur de Démétria votre femme, pendant votre absence et à votre insu, vous pouvez être tranquille ; pourvu cependant que vous fassiez substituer quelqu'un à votre place : car, d'après le sénatus-consulte, l'ignorance des maris ne doit pas être considérée comme fraude.

Fait le 11 des cal. de juillet, sous le consul. de Sabinus et d'Émilien. 207.

5. *L'empereur Alexandre* à *Basilius.*

Le sénat, sur la proposition de l'empereur Marc, a ordonné que les affranchis ne pourraient s'excuser en aucune manière de la tutelle ou de la curatelle des enfans de leurs patrons ou de leurs patronnes ; ils ne peuvent même opposer pour s'excuser, qu'ils ont été nommés curateurs ou tuteurs malgré leurs patrons ou leurs patronnes.

6. *Le même empereur* à *Maximien.*

La même constitution qui a fixé le délai de cinquante jours pendant lequel on peut s'excuser de la tutelle ou curatelle, déclare aussi que ce délai doit courir à dater de l'époque où le décret du préteur ou le testament du père a été notifié à celui qui a été nommé tuteur ou curateur. Mais si quelqu'un ayant fait ses réclamations pendant ce délai, elles ont été rejetées injustement par le juge, et n'a pas appelé de cette sentence, il doit s'y soumettre.

Fait le 3 des nones de mai, sous le deuxième consul. de Julien et le premier de Crispinus. 225.

7. *Le même empereur* à *Antonius.*

Personne n'est excusé de la tutelle ou de la curatelle, par cela seul qu'il est créancier ou débiteur de celui dont il a été nommé le tuteur ou le curateur ; mais il doit se faire nommer un adjoint lorsque le cas l'exige, pour que le pupille ou l'adulte ne reste pas sans défense.

Fait le 3 des ides de juillet, sous le deuxième consul. de Julien et le premier de Crispinus. 225.

8. *Le même empereur à Maxime.*

Les colons, c'est-à-dire les fermiers des héritages qui appartiennent au fisc , ne sont pas par cela seul excusés des charges civiles ; c'est pourquoi ils doivent administrer les tutelles qui leur sont conférées.

Fait le 4 des cal. de février , sous le consul. de Fuscus et de Dexter. 226.

9. *Le même empereur à Romanus.*

Votre frère ne doit pas être excusé de la tutelle ou de la curatelle, par cela seul qu'il a perdu un œil : c'est pourquoi vous concevez qu'il ne peut se dispenser d'administrer la charge qui lui a été conférée.

Fait pendant les cal. de février , sous le consul. de Modestus et de Probus. 229.

10. *Le même empereur à Crispinus.*

Vous n'avez pas dû douter que les exacteurs des tributs sont, pendant qu'ils exercent leurs fonctions, exempts des tutelles et de toutes autres charges.

Fait pendant les ides d'août , sous le troisième consul. de l'empereur Alexandre et le premier de Dion. 230.

11. *Le même empereur à Hylas.*

Vous avez dû proposer dans les cinquante jours qui ont suivi la notification qui vous a été faite du testament qui vous nomme tuteur, les excuses que vous croyez avoir pour vous dispenser d'administrer les biens de vos pupilles qui sont situés dans une autre province que celle d'où vous êtes et où vous demeurez. Si vous ne les avez point proposées dans ce délai, vous ne pouvez plus vous en prévaloir après son expiration. Mais si le président de la province juge que vous ne puissiez suffire à l'administration, à cause de la situation des biens des pupilles en diverses provinces , il veillera à ce qu'il vous soit adjoint quelques curateurs.

Fait le 8 des ides de décembre, sous le consul. de Pompéien et de Pélignus. 232.

12. *L'empereur Gordien à Valentin.*

Celui qui reçoit volontairement une tutelle dont il pourrait s'excuser, ne déroge pas par ce fait à ses privilèges.

8. *Idem A. Maximo.*

Coloni, id est conductores prædiorum ad fiscum pertinentium, hoc nomine excusationem à muneribus civilibus non habent : ideoque injunctæ tutelæ munere fungi debent.

Proposit. 4 calend. februarii , Fusco et Dextro Coss. 226.

9. *Idem A. Romano.*

Frater tuus non ideò à tutela vel cura excusari debet, quòd oculum amisit. Proinde intelligis munus susceptum cum deserere non posse.

Proposit. calend. februarii , Modesto et Probo Coss. 229.

10. *Idem A. Crispino.*

Exactores tributorum tanto tempore , quanto rationem tributariam tractaverint, non solùm ab oneribus, sed etiam à tutelis vacationem habere, dubitare non debuisti.

Datum idib. august. Alexandro A. III. et Dione Coss. 230.

11. *Idem A. Hylæ.*

Testamento tutor datus, ut à bonis his excusareris, quæ pupilli tui in alia provincia quàm unde es, ubique moraris, possident : intra quinquagesimum diem postulare debuisti. Quod si facere cessasti , excusatio quidem temporis præscriptione summovetur : sed propter latè diffusum patrimonium ad tibi adjungi aliquos curatores oporteat, præses provinciæ (si te insufficientem deprehenderit), æstimabit.

Proposit. 8 id. decembris , Pompeiano et Peligno Coss. 232.

12. *Imp. Gordianus A. Valentino.*

Voluntariæ tutelæ munera privilegiis nihil derogant.

Proposit. 11 calend. novembris, Pio et

46*

Pontiano Coss. 239.

13. *Idem A. Apollinari.*

Ne senatorum quidem liberti, nedum cæterorum, proptereà quia patronorum negotia gerunt, à muneribus civilibus habent immunitatem. Tantummodò etenim unus senatoris libertus, qui patroni negotia gerit, à tutela sive cura vacationem habet.

Proposit. 10 calend. februarii, Gordiano A. et Aviola Coss. 240.

14. *Idem A. Heraclidæ.*

Severiter præses provinciæ exequetur, si animadverterit avunculum tuum proptereà nominari tutorem, ut metu hujusmodi creationis à magistratibus injuriam redimat. Quinetiam si aliqua ei excusatio competit, et non alia causa nominatus est, quàm ut lite fatigetur : quod in eam rem absumptum fuerit, is qui eum nominavit, juxta formam constitutionum ei reddere cogetur.

Proposit. idib. septembr. Gordiano A. et Aviola Coss. 240.

1. *Idem A. Tauro.*

Quanquam in tutela detentus, eo quòd excusatio quam objiciebas, non est admissa, provocationis auxilium flagitaveris, et in medio tempore hi quorum meministi, in adulta ætate agere cœperint : tamen non eò minus causa interpositæ provocationis, propter periculum administrationis ejus temporis judiciorum more examinanda est.

Proposit. 8 calend. novembris, Ariano et Pappo Coss. 244.

16. *Imp. Philippus A. Theodoto.*

Si (ut allegas) tutor his datus es, cum quibus disceptationem hæreditatis tibi esse proponis, et tempora antiquitus excusationibus præstituta etiam nunc opitulantur : adire præsidem provinciæ potes, formæ super ea statutorum principalium

---

13. *Le même empereur à Apollinaire.*

Les affranchis des sénateurs et des autres personnes ne sont point exempts des charges civiles, par cela seul qu'ils administrent les affaires de leurs patrons. Cependant un sénateur peut avoir un affranchi chargé d'administrer ses affaires, qui soit excusé des fonctions de la tutelle ou de la curatelle. Mais il ne peut en avoir qu'un seul qui soit excusé de cette manière.

Fait le 10 des cal. de février, sous le consul. de l'empereur Gordien et le premier d'Aviola. 240.

14. *Le même empereur à Héraclida.*

Que le président de la province, s'il se convainc que votre oncle ait été nommé tuteur dans le dessein qu'il donne de l'argent pour se dispenser d'exercer cette charge, punisse sévèrement les magistrats qui ont fait la nomination. C'est pourquoi s'il peut se prévaloir de quelque excuse, et prouver qu'on ne l'a nommé qu'afin de lui occasionner un procès, que celui qui l'a nommé soit contraint de lui restituer toutes les dépenses qu'il a faites à l'occasion de cette affaire.

Fait pendant les ides de septembre, sous le consul. de l'empereur Gordien et d'Aviola. 240.

15. *Le même empereur à Taurus.*

Quoique l'excuse de la tutelle que vous aviez proposée, n'ayant pas été admise, vous ayez appelé de cette sentence, et qu'avant la décision de l'appel vos pupilles aient atteint leur puberté ; cependant, à cause des comptes de l'administration, on n'en doit pas moins continuer, selon les formalités judiciaires, la continuation de l'examen de la question de l'appel.

Fait le 8 des cal. de novembre, sous le consul. d'Arien et de Pappon. 244.

16. *L'empereur Philippe à Théodotus.*

Si, d'après ce que vous dites, vous avez été nommé tuteur de ceux avec qui vous êtes en contestation au sujet d'une hérédité, et que le délai pendant lequel on peut s'excuser ne soit pas écoulé, vous pouvez aller trouver le président de la

province, qui prononcera à ce sujet une
sentence conforme aux lois.

Fait le 10 des cal. d'août, sous le
consul. de Pérégrinus et d'Emilien. 245.

17. *Les empereurs Gallien et Valérien à
Epagathus.*

Celui qui, après la célébration du mariage, est nommé curateur de sa belle-
fille, doit s'excuser ; quoique l'empereur
Marc, dans le discours qu'il a fait au sujet
de semblables cas, ne parle point expressément de celui-ci : car autrement ce serait fouler aux pieds l'esprit de ce discours et la pudeur.

Fait le 6 des ides de janvier , sous le
deuxième consul. de l'empereur Valérien
et le premier de Lucien. 266.

18. *Les emper. Dioclétien et Maximien ,
et les Césars, à Sabinus et autres.*

Il est de droit certain que les tuteurs
ne sont pas tenus d'appeler du décret ou
du testament qui les nomme. C'est pourquoi si vous croyez, quoique vous n'ayez
interjeté aucun appel , pouvoir proposer quelque excuse , vous ne serez pas
empêchés de le faire devant le président
de la province, et dans le délai fixé par
la constitution de l'empereur Marc. Mais
il est bon de vous observer que vous ne
pouvez être excusés de la tutelle par cela
seul que le père du pupille a laissé l'u-
sufruit de tous ses biens à son épouse sur-
vivante.

Fait pendant les nones d'avril , sous le
consul. des Césars.

19. *Les mêmes empereurs et Césars à
Dionysius.*

Vous désirez une chose inouïe en demandant que vous soyez excusé de la tutelle , par cela seul que vous prétendez
pouvoir poursuivre la mère du pupille
par l'action contraire de la tutelle.

Sans date et sans désignation de consulat.

20. *Les mêmes empereurs et Césars à
Cratinus.*

Si vous avez été nommé curateur des
adultes dont vous avez été le tuteur pendant leur âge de pupillarité , vous ne
pouvez être tenu de recevoir malgré vous
l'administration de la curatelle. C'est pourquoi , si le délai pendant lequel on peut

obtemperari pro sua gravitate jussurum.

Proposit. 10 calend. augusti, Peregrino
et Æmiliano Coss. 245.

17. *Impp. Gallienus et Valerianus* AA.
Epagatho.

Licèt orationis sub divo Marco habitæ
verba deficiant : is tamen qui post contractas nuptias nurui suæ curator datur ,
excusare se debet , ne manifestam sententiam ejus offendat , et labem pudoris con-
trahat.

Datum 6 id. januarii, Valeriano II. et
Luciano Coss. 266.

18. *Impp. Diocletianus et Maximianus*
AA. *et* CC. *Sabino et aliis.*

Tutores nominatos appellationem interponere necesse non habere, certissimi juris
est. Quapropter licèt non appellasti : si
quam te excusationem habere confidis ,
intra tempus quod divi Marci constitutione præscriptum est , hæc apud præsidem provinciæ uti non prohiberis. Nam
quod omnium bonorum patrem pupilli
usumfructum reliquisse quondam uxori
suæ proponis : ad excusandos vos à tutela
non est idoneum.

Datum non. april. CC. Coss.

19. *Iidem* AA. *et* CC. *Dionysio.*

Inusitatam rem desideras, de tutela filii
te demitti postulans, quod te posse contrario tutelæ judicio matrem ejus convenire
contendis.

Sine die et consule.

20. *Iidem* AA. *et* CC. *Cratino.*

Curator adultis nominatus, quorum tutor antea fueras, invitus in administratione
teneri non potes. Proinde si dies excusationibus præfinitus nondum excessit : uti
competenti defensione potes.

Sancit. 10 calend. decembris, Nicomediæ, Cæsaribus Coss.

21. Iidem AA. et CC. Parammoni.

Quòd res cum uterinis fratribus tibi communes esse profitearis, ad excusationem tutelæ non est idoneum : cum harum divisio curatore dato fieri possit. Sancit. 18 calend. januarii, Nicomediæ, CC. Coss.

22. Iidem AA. et CC. Hermodoro.

Si tutor nominatus, decreto præsidis habens excusationem, absolutus es : ad te non pertinere periculum administrationis, manifestum est.
Datum 13 calend. januarii, Nicomediæ, CC. Coss.

23. Iidem AA. et CC. Neophyto.

Humanitatis ac religionis ratio non permittit, ut adversus sororem vel filios sororis actionum necessitates tutelæ occasione suscipias : cùm et ipsius etiam pupilli cui tutor datus es, aliud exigere videatur utilitas : scilicet ut eam tutorem potius habeat, qui ad defensionem ejus non inhibeatur affectu. Juxta formam igitur, quam consulti dedimus, prætorem adiri oportet : ut et justo tuo desiderio, et pupilli illius commodo consulatur.
Sancit. 6 calend. februarii, Tusco et Anulino Coss. 295.

24. Impp. Arcadius et Honorius AA. Flaviano præfecto prætorio.

Excusationem naviculariis tutelæ sive curæ hactenus ipsis tribuimus, ut in hujusmodi officiis minoribus sui tantùm corporis obligentur.
Datum 3 nonas martii, Mediolani, AA. Coss.

proposer les excuses n'est pas encore expiré, vous pouvez user des moyens de défenses qui vous compètent.
Fait à Nicomédie, le 10 des cal. de décembre, sous le consul. des Césars.

21. Les mêmes empereurs et Césars à Parammon.

Vous ne pouvez vous excuser de la tutelle de vos frères utérins, par cela seul que, d'après ce que vous dites, vous avez des biens en commun avec eux : car le partage peut en être fait en donnant aux pupilles l'assistance d'un curateur.
Fait à Nicomédie le 18 des cal. de janvier, sous le consul. des Césars.

22. Les mêmes empereurs et Césars à Hermodore.

Si ayant été nommé tuteur, l'excuse que vous avez proposée a été admise par décret du président de la province, il est certain que les périls de l'administration ne vous concernent point.
Fait à Nicomédie, le 13 des cal. de janvier, sous le consul. des Césars.

23. Les mêmes empereurs et Césars à Néophytus.

L'humanité et la piété qu'on doit avoir envers ses proches, ne permettent pas qu'à l'occasion de la tutelle, vous soyiez forcé d'intenter des actions contre votre sœur ou contre ses enfans, sur-tout l'utilité du pupille se trouvant à ce qu'il soit défendu par un tuteur qui ne soit point gêné dans ses opérations par sa parenté avec l'adversaire du pupille. C'est pourquoi il faut que, d'après ces dispositions, vous alliez trouver le préteur, afin qu'il vous accorde votre demande et veille aux intérêts de votre pupille.
Fait pendant les cal. de février, sous le consul. de Tuscus et d'Anulinus. 295.

24. Les empereurs Arcadius et Honorius à Flavien, préfet du prétoire.

Nous excusons de la tutelle ou de la curatelle des mineurs étrangers à leur corps, les constructeurs de vaisseaux ; mais ils ne sont point excusés de la tutelle ou de la curatelle des mineurs dont le père appartenait à leur corps.
Fait à Milan, le 3 des nones de mars, sous le consul. des empereurs nommés ci-dessus.

25. *L'empereur Anastase à Antiochus, préposé à la chambre impériale.*

Nous ordonnons que les nobles *silentiaires* de notre palais impérial occupés auprès de nous, soient exempts des tutelles et des curatelles.

Fait pendant les cal. de janvier, sous le consul. de Jean et d'Asclépion. 500.

TITRE LXIII.

Du cas où un tuteur ou un curateur a été excusé sur de fausses allégations.

1. *L'empereur Alexandre à Symmachus et Diotimus.*

Si pendant l'absence de vos parens ou des personnes qui s'intéressaient volontairement à vous, les tuteurs ou curateurs qui vous avaient été donnés, se sont fait excuser, sur de fausses allégations, de la charge qui leur avait été imposée; afin qu'ils ne tirent aucun avantage de ce qu'ils ont trompé le juge, portez vos réclamations devant le président de la province, qui les accueillera ; et s'il s'assure qu'ils aient extorqué un décret injuste, il ordonnera qu'ils soient chargés des périls et risques de l'administration à compter du jour de leur nomination.

Fait le 12 des cal. de mai, sous le deuxième consul. de Maxime et le premier d'Elien. 214.

2. *L'emp. Philippe et le César-Philippe à Aulizan.*

Il est certain que les tuteurs qui, d'après ce que vous dites, après s'être immiscés dans l'administration des biens des pupilles, ont obtenu du président de la province qu'ils fussent excusés de la tutelle comme s'ils n'avaient point administré, ne peuvent par là avoir été déchargés des périls et risques de l'administration.

Fait le 14 des cal. de juin, sous le consul. de l'empereur Philippe et de Titien. 246.

3. *Les mêmes empereur et César à Octavius.*

Si, comme vous l'exposez, votre ad-

25. *Imp. Anastasius A. Antiocho praeposito sacri cubiculi.*

Viros clarissimos sacri nostri palatii silentiarios circa latus nostrum militantes, de tutelis et curationibus excusari sancimus.

Datum calend. januar. Joanne et Asclepione Coss. 500.

TITULUS LXIII.

Si tutor vel curator falsis allegationibus excusatus sit.

1. *Imp. Alexander A. Symmacho et Diotimo.*

Si absentibus necessariis personis, vel his qui sua sponte vos defendere volebant, non competentibus allegationibus, qui vobis tutores aut curatores dati erant, liberati esse à munere visi sunt : ne eis circumvenisse judicis religionem, prosit, praeses provinciae audiet vos : et si injustum decretum extorsisse eos apparuerit : exinde ad eos periculum administrationis pertinere pronuntiabit, ex quo dati sunt.

Proposit. 12 calend. maii, Maximo II. et Æliano Coss. 214.

2. *Imp. Philippus A. et Philippus Caes. Aulizano.*

Tutores quos postea quàm bona pupillorum administraverunt, à praeside provinciae quasi re integra excusari se impetrasse adseveras : periculum administrationis evitare minimè posse, manifestum est.

Proposit. 14 calend. junii, Philippo A. et Titiano Coss. 246.

3. *Iidem A. et C. Octavio.*

Si (ut proponis) pars diversa ab administratione tutelæ seu curæ tuæ, itemque fratris tui, ambitione potius quàm juris ratione se excusavit : periculo injuncti muneris minimè liberata est.

Sine die et consule.

versaire a été excusé de la tutelle ou de la curatelle de votre frère et de vous, plutôt par faveur que par des motifs approuvés par le droit, il est encore chargé des risques et périls de l'administration.

Sans date ni désignation de consulat.

TITULUS LXIV.

Si tutor vel curator reipublicae causa aberit.

1. *Imp. Gordianus A. Guttio.*

QUI tutores vel curatores dati, reipublicæ causa abfuturi sunt, ad tempus se excusare debent à tutela, ne etiam medii temporis periculo obstringantur. Quod quidem si tu fecisti : ejus intervalli, quo abfuisti, periculum non debes pertimescere. Quòd si id prætermisisti : ut priore loco is conveniatur, qui administravit, de jure postulabis.

Proposit. idib. mart. Gordiano A. et Aviola Coss. 240.

TITRE LXIV.

Du tuteur ou du curateur qui est absent pour cause de la république.

1. *L'empereur Gordien à Guttius.*

LES tuteurs ou curateurs qui sont obligés de s'absenter pour cause de la république, doivent s'excuser de la tutelle ou de la curatelle pour le tems que durera leur absence, afin qu'ils ne soient point tenus des périls de l'administration pendant cet intervalle. C'est pourquoi si vous vous êtes excusé, vous ne devez point craindre d'être inquiété pour ce qui concerne l'administration qui a eu lieu pendant votre absence. Mais si vous avez négligé de vous excuser, demandez en justice que celui qui a administré pendant votre absence soit poursuivi en premier lieu et avant vous.

Fait pendant les ides de mars, sous le consul. de l'empereur Gordien. 240.

2. *Iidem A. Reginio.*

Certum est, eos qui reipublicæ causa abesse desierunt, ab omni nova tutela anno vacare debere.

Proposit. 5 calend. martii, Gordiano A. II. et Pompeiano Coss. 242.

2. *Le même empereur à Réginius.*

Il est certain que ceux qui ont été absens pour cause de la république, doivent être exempts de toute tutelle pendant l'année qui suit leur retour.

Fait le 5 des cal. de mars, sous le deuxième consul. de l'empereur Gordien et le premier de Pompéien. 242.

TITULUS LXV.

De excusationibus veteranorum.

1. *Imp. Antoninus A. Saturnino.*

QUI causaria missione sacramento post viginti annorum stipendia solvuntur, et integram famam retinent : ad publica privilegia

TITRE LXV.

Des exc. es de tutelle et de curatelle des vétérans.

1. *L'empereur Antonin à Saturninus.*

CEUX qui, après avoir servi pendant vingt années aux armées, ont reçu un congé honorable, jouissent des priviléges accordés aux vétérans. Fait

Fait le 7 des ides d'août, sous le quatrième consul. de l'empereur Antonin et le premier de Balbinus. 214.

2. *L'empereur Gordien à Céler, vétéran.*

Quoiqu'il ait été ordonné que les vétérans ne pourront être forcés de recevoir la tutelle ou la curatelle d'autres personnes que des enfans de vétérans ou de militaires, et qu'ils ne pourront être contraints de recevoir plus d'une tutelle ou d'une curatelle à la fois, ils doivent cependant, s'ils sont nommés tuteurs ou curateurs d'autres personnes, proposer leurs excuses devant le juge compétent dans le délai fixé à ce sujet.

Fait le 3 des cal. de juillet, sous le consul. de l'empereur Gordien et d'Aviola. 240.

vilegia veteranis concessa pertinent.

Proposit. 7 id. augusti, Antonino A. IV. et Balbino Coss. 214.

2. *Imp. Gordianus A. Celeri veterano.*

Quòd placuit veteranos tantummodò conveterani filiorum seu militum, et quidem unam tutelam seu curam eodem tempore administrare compelli: eò pertinet, ut si aliis dati fuerint, intra solemnia tempora causas excusationis ad competentem judicem deferant.

Proposit. 3 calend. julii, Gordiano A. et Aviola Coss. 240.

TITRE LXVI.

De ceux qui s'excusent de la tutelle ou de la curatelle à cause du nombre de leurs enfans.

1. *Les empereurs Sévère et Antonin à Hérodien.*

CEUX qui à Rome ont trois enfans légitimes, en Italie quatre, et en province cinq, sont excusés de la tutelle et de la curatelle.

Fait pendant les nones d'avril, sous le consul. de Géta et de Plautien. 204.

2. *L'empereur Antonin à Marcellus.*

Une fille morte ne peut être comptée dans le nombre des enfans, pour se dispenser de supporter les charges civiles, non plus que les petits-enfans vivans dont le père existe : car ces derniers profitent à leur père et ne peuvent profiter en même tems à leur aïeul.

Fait pendant les ides de juin, sous le quatrième consul. de l'empereur Antonin et le premier de Balbinus. 214.

TITULUS LXVI.

Qui numero liberorum se excusant.

1. *Impp. Severus et Antoninus AA. Herodiano.*

QUI ad tutelam vel curam vocantur, Romæ quidem trium liberorum incolumium numero, de quorum etiam statu non ambigitur : in Italia verò, quatuor : in provinciis autem, quinque, habent excusationem.

Proposit. nonis april. Geta et Plautiano Coss. 204.

2. *Imp. Antoninus A. Marcello.*

Neque filia amissa numero prodest ad declinanda municipalia munera, neque nepotes numerantur, quorum pater superest : cùm suo nomine patri prosint.

Datum id. jun. Antonino A. IV. et Balbino Coss. 214.

TITULUS LXVII.

De morbo se excusant.

1. *Imp. Philippus A. et Philippus Cæs. Sabino.*

LUMINIBUS captus, aut surdus, aut mutus, aut furiosus, aut perpetua valetudine tentus, tutelæ seu curæ excusationem habet.

Proposit. 13 calend. aprilis, Præsente et Albino Coss. 247.

TITULUS LXVIII.

Qui ætate se excusant.

1. *Impp. Severus et Antoninus AA. Severo.*

PATER tuus si major est annis septuaginta, ad tutelam seu curam evocatus, excusare se solemniter potest.

Proposit. 5 id. septembris, Chilone et Libone Coss. 205.

TITULUS LXIX.

Qui numero tutelarum se excusant.

1. *Impp. Severus et Antoninus AA. Pompeiano.*

SI tres tutelas vel curas eodem tempore non defunctoriè susceptas administras : onere quartæ tutelæ seu curationis pupillorum seu adolescentium non gravaberis. Finito autem officio pubertate pupillorum vel ætate adolescentium, aliæ substitui possunt, licèt nondum ratio tutelæ sive curæ administratæ reddita sit. Sed imperfectæ diversæ species vacationis, licèt permixtæ ad excusationem non proficiunt. Scire igitur debes eum qui duos filios ha-

TITRE LXVII.

Des maladies qui excusent de la tutelle et de la curatelle.

1. *L'empereur Philippe et le César-Philippe à Sabinus.*

L'AVEUGLE, le sourd, le muet, le furieux et celui qui est atteint d'une maladie incurable, sont excusés de la tutelle et de la curatelle.

Fait le 13 des cal. d'avril, sous le consul. de Présens et d'Albinus. 247.

TITRE LXVIII.

De l'âge qui excuse de la tutelle et de la curatelle.

1. *Les empereurs Sévère et Antonin à Sévère.*

SI votre père étant plus que septuagénaire, est nommé tuteur ou curateur, il peut s'excuser solennellement.

Fait le 5 des ides de septembre, sous le consul. de Chilon et de Libon. 205.

TITRE LXIX.

Du nombre de tutelles ou curatelles suffisant pour dispenser des autres dont on pourrait être chargé en même tems.

1. *Les empereurs Sévère et Antonin à Pompéien.*

SI vous administrez en même tems trois tutelles ou curatelles, vous êtes exempt d'une quatrième ; mais vous ne pouvez refuser celles qui vous seront imposées, lorsque celles que vous administrez maintenant auront fini par la puberté des pupilles ou la majorité des adultes, quand même vous n'auriez pas rendu encore vos comptes. Plusieurs excuses imparfaites ne peuvent tenir lieu d'une bonne ; c'est pourquoi vous devez savoir que celui qui a deux enfans et administre deux tutelles, n'est point autorisé à refuser la tutelle ou curatelle qui lui est conférée de nouveau.

Fait le 4 des ides d'octobre, sous le deuxième consul. de l'empereur Antonin et le deuxième de Géta. 206.

TITRE LXX.

Du curateur du furieux ou du prodigue.

1. L'empereur Antonin à Mariniana.

On a coutume de donner des curateurs aux prodigues et aux furieux, même après leur majorité.

Fait le 4 des cal. d'août, sous le consul. de Messala et de Sabinus. 215.

2. L'empereur Gordien à Avitius.

Le bienfait résultant du discours de l'empereur Sévère, par lequel il a été défendu que les biens de campagne appartenans aux mineurs pussent être vendus ou obligés sans que cela fût permis par un décret du président, est étendu aux biens de campagne appartenans aux furieux. C'est pourquoi si sans décret du président qui le lui permit, un fonds appartenant à un insensé vous a été engagé par un de ses agnats, l'obligation est nulle; mais si l'argent que vous lui avez prêté a été employé pour les besoins de l'insensé, vous pouvez avoir contre lui l'action utile personnelle.

Fait pendant les cal. de janvier, sous le consul. de Pius et de Pontien. 239.

3. Le même empereur à Aurélia.

Si votre père n'a pas tout son bon sens, demandez qu'il lui soit nommé des curateurs, par le moyen desquels s'il a fait quelque mauvaise affaire qu'il faille révoquer, la restitution sera demandée, et l'affaire, après connaissance de cause, rétablie dans son premier état.

Fait le 7 des ides d'avril, sous le consul. de l'empereur Gordien et d'Aviola. 240.

4. Les emper. Dioclétien et Maximien à Asclépiodote.

Vous exposez que la mère d'une furieuse *sui juris* qui a répudié son mari, qui seul avait droit de la répudier, a fait

bet, et duas tutelas administrat, excusationem non mereri.

Proposit. 4 id. octobris, Antonino A. II. et Geta II. Coss. 206.

TITULUS LXX.

De curatore furiosi vel prodigi.

1. Imp. Antoninus A. Marinianæ.

Curatores impleta legitima ætate prodigis vel furiosis solent tribui.

Proposit. 4 calend. augusti, Messala et Sabino Coss. 215.

2. Imp. Gordianus A. Avitio.

Orationis divi Severi beneficium, quo possessiones rusticas sine decreto præsidis pupillorum seu adolescentium distrahi vel obligari prohibitum est, non injuria etiam ad agnatos furiosi porrigitur. Si igitur citra decretum præsidis fundus mente capti, etiam ab agnato ejus tibi pignori nexus est, vinculum pignoris in eo non consistit : utilem tamen adversus eum personalem actionem, si ob ejus utilitatem pecunia mutua accepta est, poteris habere.

Proposit. calend. januar. Pio et Pontiano Coss. 239.

3. Idem A. Aureliæ.

Si pater tuus mentis compos non est, pete ei curatores, per quos si quid gestum est quod revocari oporteat, causa cognita in pristinum statum restitui possit.

Proposit. 7 id. aprilis, Gordiano A. et Aviola Coss. 240.

4. Impp. Diocletianus et Maximianus AA. Asclepiodoto.

Cùm repudiante furiosa sui juris constituta maritum, qui solus repudiare potuit, quædam matrem furiosæ marito quondam

47*

ejus instrumenta confecisse significes : intelligis, nihil eam contra furiosam disponere potuisse, cùm ejus ad eam jure non pertinuerit defensio.

Sancit. idib. april. Bysantii ᴀᴀ. Coss.

5. *Imp. Anastasius* ᴀ. *ad populum.*

Ne lucrum quidem antea indebitæ successionis emancipato vel emancipatis deputasse, nihil verò de oneribus tutelæ prospexisse videamur : curatores nihilominùs eos pro duodecim tabularum lege furiosis fratribus et sororibus, utpote legitimos existere, hac legis sanctione decernimus.

6. *Imp. Justinianus* ᴀ. *Juliano præfecto prætorio.*

Cum aliis quidem hominibus continuum furoris infortunium accidat, alios autem morbus non sine laxamento aggrediatur, sed in quibusdam temporibus quædam eis intermissio perveniat, et in hoc ipso multa sit differentia, ut quibusdam breves induciæ, aliis majores ab hujusmodi vitio inducantur : antiquitas disputabat, utrumne in mediis furoris intervallis permaneret eis curatoris intercessio, an cum·furore quiescente finita, iterum morbo adveniente redintegraretur. Nos itaque ejusmodi ambiguitatem decidentes, sancimus (cùm incertum est in hujusmodi furiosis hominibus, quando resipuerint, sive ex longo, sive ex propinquo spatio, et impossibile est, et in confinio furoris, et sanitatis cum sæpius constitui, et post longum tempus sub eadem esse varietate, ut in quibusdam videatur etiam penè furor esse remotus) curatoris creationem non esse finiendam, sed manere quidem eum donec talis furiosus vivit : quia non est penè tempus in quo hujusmodi morbus desperatur ; sed per intervalla quæ perfectissima sunt, nihil curatorem agere, sed ipsum posse furiosum, dum sapit, et hereditatem adire, et omnia alia facere quæ sanis hominibus competunt. Sin autem furor stimulis suis iterum eum accenderit, curatorem in contractu suo conjungi : ut nomen quidem curatoris in omne

avec ce dernier des conventions relativement aux affaires de sa fille ; vous concevez qu'elle n'a pu porter aucune atteinte aux droits de la furieuse, parce qu'elle n'a pas légalement l'administration de ses affaires.

Fait à Bisance pendant les ides d'avril, sous le consul. des empereurs nommés ci-dessus.

5. *L'empereur Anastase au peuple.*

Afin qu'on ne nous accuse pas d'avoir accordé aux frères émancipés le droit de succéder à leurs autres frères sans les obliger de supporter la charge de la tutelle, nous ordonnons par cette constitution, qu'ils soient, nonobstant la loi des douze tables, curateurs légitimes de leurs frères ou de leurs sœurs furieux.

6. *L'empereur Justinien à Julien, préfet du prétoire.*

Il arrive que parmi les furieux, les uns ne sont pas abandonnés un seul instant par la maladie, et qu'elle laisse à d'autres quelque relâche et des intervalles lucides à certaines époques, et que parmi ces derniers il existe même une grande différence, provenant de ce que les uns ont de courts intervalles et que d'autres en ont de plus longs. Les anciens doutaient à ce sujet si le curateur cessait d'être tel par l'effet de l'un de ces intervalles, ou si au retour de la fureur il était de nouveau réintégré de droit dans ses fonctions. C'est pourquoi voulant éclaircir ce doute, nous ordonnons que, comme il est incertain et impossible même de connaître à l'égard des furieux, s'ils auront un long ou un court intervalle lucide, puisqu'il y en a qui restent long-tems dans cet état douteux, et que même chez quelques-uns la fureur paraît presque guérie ; nous ordonnons, disons-nous, que le curateur ne cesse point d'être tel par l'effet de ces intervalles, mais qu'il demeure curateur pendant toute la vie du furieux, parce que cette maladie est presque toujours incurable; mais que pendant les intervalles parfaitement lucides que le furieux aura le curateur suspende ses fonctions, et que le furieux puisse accepter pendant de tels intervalles une hérédité et faire toutes les autres affaires qu'un homme de bon sens peut faire. Si pendant qu'il est prêt à conclure une affaire tout-à-coup la fureur le reprend, le curateur doit intervenir dans le contrat et dans toutes les affaires du furieux qui auront lieu pendant le tems qu'il sera dominé par la maladie. Nous avons décrété ces dispositions afin que le curateur ne cesse pas si fréquemment d'être tel, pour être peu de tems après nommé de nouveau : ce qui serait ridicule.

Fait pendant les cal. de septembre, sous le consul. de Lampadius et d'Oreste. 530.

7. *Le même empereur à Julien, préfet du prétoire.*

Certainement le furieux devant rester perpétuellement sous la puissance de son père, ne peut avoir de curateur ; parce que les soins paternels suffisent pour l'administration des biens qui composent son pécule castrense ou qui lui sont parvenus autrement, ou ceux qui lui sont parvenus avant la fureur ou depuis, ou enfin ceux dont il n'a que la nue propriété : car quelle personne étrangère pourrait - on trouver qui portât plus d'intérêt au furieux que son propre père? A qui pourra-t-on confier l'administration des biens des enfans, si l'on en exclut les pères? Quoique le jurisconsulte Tertullien, interprète de l'ancien droit, dans le traité particulier qu'il a fait du pécule castrense, ne paraisse, lorsqu'il arrive à cette question, qu'embrasser d'une manière obscure ce sentiment, cependant nous nous l'embrassons ouvertement, et nous ordonnons que désormais il soit observé.

§. 1. Nous ordonnons que dans le cas du décès du père du furieux, la constitution que nous avons promulguée au sujet de ce qui doit être laissé par testament au furieux et de la substitution qui peut être faite à son égard, conserve toute sa force.

§. 2. Si celui qui est perpétuellement furieux est *sui juris*, il est certain, d'après l'ancien droit, qu'il participe à la succession paternelle, qui est comme due à tous les enfans ; parce que, quoique furieux, il est héritier sien de son père.

§. 3. Mais il n'en est pas de même du

tempus habeat , effectum autem quotiens morbus redierit : ne crebra vel quasi ludibriosa fiat curatoris creatio, et frequenter tam nascatur, quàm desinere videatur.

Data calend. septembr. Lampadio et Oreste VV. CC. Coss. 530.

7. *Idem A. Juliano præfecto prætorio.*

Cùm furiosus, quem morbus detinet, perpetuus in sacris parentis sui constitutus est , indubitatè curatorem habere non potest : quia sufficit ei ad gubernationem rerum, quæ ex castrensi peculio vel aliter ad eum pervenerunt, et vel ante furorem ei acquisitæ sunt, vel in furore obveniunt, vel in iis quorum proprietas ei tantummodò competit, paterna verecundia. Quis enim talis affectus extraneus inveniatur, ut vincat paternum? Vel cui alii credendum est res liberorum gubernandas, parentibus derelictis? Licèt Tertullianus juris antiqui interpres, libro singulari quem de castrensi peculio condidit, tali tractatu proposito videatur obscurè eandem attingere sententiam : nos tamen hoc apertissimè introduximus.

§. 1. Sin autem parentes ab hac luce decedere contigerit : nostra constitutio , quam promulgavimus de his quæ in testamento furioso relinquenda sunt, vel substitutione eorum, in suo robore permaneat.

§. 2. Sin verò perpetuò furiosus sui juris sit : tunc in paterna quidem hereditate, quæ quasi debita ad posteritatem suam devolvitur, nulla est juri veterum dubitatio : cum illicò appareat, et suus heres existat suis parentibus.

§. 3. Sin autem ex alia quacunque causa

hereditas ad cum vel successio perveniat :
tunc magna et inextricabilis vetustissimo
juri dubitatio exorta est : sive adire hereditatem, vel bonorum possessionem petere
furiosus possit, sive non : et si curator ejus
ad bonorum possessionem petendam admitti debeat. Et juris auctores ex utroque
latere magnum habuere certamen. Nos
itaque utramque auctorum aciem certo
fœdere compescentes : sancimus, furiosum quidem nullo modo posse vel hereditatem adire, vel bonorum possessionem
agnoscere : curatori autem ejus licentiam
damus, imò magis necessitatem imponimus, sive utilem ei esse successionem existimaverit, eam bonorum possessionem
agnoscere, quæ antea ex decreto dabatur,
et ad similitudinem bonorum possessionis
habere : cùm petitio bonorum possessionis
Constantiniana lege sublata sit, et ab ea
introducta observatio, quæ pro antiqua
sufficit petitione.

§. 4. Sed cùm antiquitas in curatore
furiosi multas ambages constituit, quemadmodùm ab eo cautio vel satisdatio detur,
vel pro quibus rebus, et quibus personis,
et si omnis curator talem præstet cautelam : necessarium nobis visum est, ut humano generi consulentes, omnem quidem
obscuritatem et inextricabilem circuitum
tollamus, compendioso autem et dilucido
remedio totum complectamur. Et priùs
de creatione curatoris, qui furiosis utriusque sexus datur, sancientes : tunc et aliis
certum finem imponemus.

§. 5. Et si quidem parens curatorem
furioso vel furiosæ in ultimo elogio heredibus institutis vel exheredatis dederit,
ubi et fidejussionem cessare necesse est,
paterno testimonio pro ejus satisdatione
sufficiente, ipse qui datus est, ad curatio-
nem perveniat : ita tamen, ut in hac florentissima civitate apud urbicariam præ-

cas où le furieux était appelé à une succession autre que celle de son père; les
anciens, comme dans le cas précédent,
n'étaient pas d'accord sur ce point. Il
s'était élevé en effet chez eux un grand
et inextricable doute, à savoir s'il pouvait accepter l'hérédité ou seulement demander la possession des biens, ou si son
curateur devait être admis à demander la
possession des biens. Il s'éleva une grande
discussion entre les jurisconsultes de l'un
et de l'autre sentiment. Quant à nous
réunissant les anciens jurisconsultes en
modifiant l'une et l'autre opinion, nous
ordonnons que le furieux ne puisse en
aucune manière ni accepter l'hérédité
ni la possession des biens; mais nous
permettons au curateur, et, qui plus
est, nous lui imposons la nécessité, s'il
croit que la succession ne soit pas onéreuse, d'accepter la possession des biens,
qu'on ne pouvait obtenir auparavant qu'en
vertu d'un décret : car la demande de la
possession des biens a été abolie par une
loi de l'empereur Constantin, qui a introduit une nouvelle formalité qui supplée
à l'ancienne demande.

§. 4. Les anciens avaient environné la
nomination du curateur du furieux de beaucoup d'entraves, comme sur la manière
dont il doit fournir caution, qui variait
selon les choses et les personnes; il existait en outre des doutes sur la question
de savoir si tout curateur était tenu de
fournir la même caution. Il nous a paru
nécessaire pour l'utilité du genre humain
de détruire ces subtilités et d'éclaircir ces
doutes : c'est ce que nous avons fait en
leur substituant des formalités simples et
lumineuses. Nous parlerons d'abord de la
nomination du curateur des furieux de l'un
et de l'autre sexe. Nous passerons ensuite
aux autres difficultés, que nous résoudrons
d'une manière invariable.

§. 5. Si le père a, dans l'acte de sa
dernière volonté, donné un curateur à son
fils furieux ou à sa fille furieuse, nous
ordonnons, soit qu'il ait institué héritier
ou exhérédé le furieux ou la furieuse,
que le curateur soit chargé, sans autres
formalités, de l'administration; parce que
ce choix du père dispense de la caution.

Il est nécessaire cependant, avant qu'il s'immisce dans l'administration, qu'il se présente, s'il réside dans cette capitale, devant le préfet de la ville, et s'il réside dans les provinces, devant le président, où il déclarera, en présence de l'évêque du lieu et des trois primats, les mains sur les saints évangiles, qu'il administrera les affaires conformément aux intérêts du furieux confié à ses soins, qu'il n'omettra rien de ce qu'il croira utile au furieux, et qu'il ne fera non plus rien de ce qu'il croira lui être inutile. Il doit conster de ce serment par des actes rédigés à cet effet.

Authentique extraite de la Nov. 72, chapitre dernier.

Maintenant ce serment est exigé généralement de tous les curateurs ; ils ne sont pas exempts cependant de rendre comptes. Il en est de même des tuteurs.

Fin de l'authentique.
Suit le texte du Code.

Qu'il soit fait, avant qu'il s'immisce dans l'administration, un inventaire des biens du furieux avec toute l'exactitude possible, et qu'ensuite il administre comme il jugera à propos ; mais à l'exemple des tuteurs et des curateurs des mineurs, ses propres biens sont hypothéqués à ceux du furieux.

§. 6. Mais si le père n'ayant pas fait de testament, un agnat se trouve appelé par la loi pour servir de curateur au furieux ; ou si, n'existant point d'agnats ou du moins aucun de capable, il a été nommé un curateur par le juge, que dans ce cas la nomination se fasse dans cette capitale, avec les formalités dont nous avons parlé ci dessus (§. 5.) devant le préfet de la ville ; si le furieux est noble, que le sénat étant convoqué à ce sujet, il soit nommé sur informations un curateur d'une réputation et d'une probité reconnues. Si le furieux n'est pas noble, que la nomination se fasse sous la seule présidence du préfet de la ville. Si le curateur a assez de fortune pour répondre de son administration, que cela soit suffisant pour qu'il lui soit permis d'administrer, et qu'on n'exige de lui aucune caution. Mais s'il n'a pas une fortune suffisante pour ré-

fecturam deducatur : in provincia autem apud præsidem ejus, præsente etiam tam viro religiosissimo locorum antistite, quàm tribus primatibus, et actis intervenientibus, tactis sacrosanctis evangeliis, edicat omnia se rectè et cum utilitate furiosi agere, et neque prætermittere ea quæ utilia furioso esse putaverit, neque admittere quæ inutilia existimaverit.

In authent. Nov. 72, cap. ultim.

Quod nunc generale est circa omnes curatores, ut jurent quidem, non tamen à ratiociniis sint exempti. Idem est in tutore.

Finis authenticæ.
Sequitur textus Codicis.

Et inventario cum omni subtilitate publicè scripto, res suscipiat, et eas secundùm sui opinionem disponat sub hypotheca rerum ad eum pertinentium, ad similitudinem tutorum et curatorum adulti.

§. 6. Sin autem testamentum quidem parens ejus non confecerit, lex autem curatorem utpote agnatum vocaverit, vel eo cessante, aut non idoneo forsitan existente, ex judiciali electione curatorem ad dare necesse fuerit : tunc secundùm præfatam divisionem in hac quidem florentissima civitate apud gloriosissimam urbicariam præfecturam creatio procedat. Sed si quidem nobilis sit furiosi persona, etiam florentissimo senatu convocando , ut ex inquisitione curator optimæ atque integræ opinionis nominetur. Sin verò non talis persona sit : etiam solo viro gloriosissimo præfecto urbi præsidente hoc procedat. Et si quidem curator substantiam idoneam possideat : eo sufficiente ad fidem gubernationis, et sine aliqua satisdatione nominationem ejus procedere. Sin autem non talis ejus census inveniatur : et tunc fidejussio, in quantum possibile est, ab eo exploretur, creatione omni modo sacris scripturis propositis in omni causa celebranda. Ipso autem curatore, cujuscunque vel substantiæ, vel dignitatis est, præfatum sacramentum pro utiliter rebus gerendis præstante, et inventarium publicè conscribente, quatenùs possint undique res furiosi utiliter gubernari. In provinciis etiam his omnibus observandis, ut apud præsidem cujuscunque provinciæ, et virum religiosissimum episcopum civitatis, necnon tres primates memorata creatio procedat : eadem observatione et pro jurejurando, et pro inventario, et satisdatione, et hypotheca rerum curatoris, modis omnibus adhibenda.

pondre de son administration, qu'il soit tenu de fournir, autant qu'il lui sera possible, une caution convenable. Dans tous les cas exposés ci-dessus, on doit exiger le serment sur les saints évangiles. Le curateur, quelle que soit sa fortune ou sa dignité, doit prêter le serment dont nous avons parlé ci-dessus de bien administrer les affaires du furieux confié à ses soins, il doit encore être fait un inventaire de biens, afin que toute sa fortune soit administrée le mieux qu'il sera possible. Dans les provinces, la nomination doit se faire, comme nous l'avons déjà dit, pardevant le président de la province, en présence de l'évêque de la ville et de trois primats. On remplira, à l'égard de cette nomination, les formalités du serment, de l'inventaire et de la caution ; les biens du curateur seront hypothéqués à ceux du furieux. Toutes ces formalités sont de rigueur.

§. 7. Tali itaque ordinatione in curatore furiosi disposita, si quid posteà ad furiosum pervenerit, sive ex hereditate, vel successione, vel legato, vel fideicommisso, vel alio quocunque modo : hoc furioso accedat, et cùm alia ejus substantia manibus curatoris tradatur, inventario etiam super his omnibus rebus scilicet faciendo : et sub ejus cura custodiatur, quatenus si quidem resipuerit furiosus, et adquisitionem admiserit, ipsi restituatur.

§. 7. Un curateur étant ainsi donné au furieux, s'il arrive que par la suite il lui parvienne quelque chose, soit par succession, legs, fidéicommis ou de toute autre manière, que ces nouveaux biens soient ajoutés à ceux que possède déjà le furieux, et soient livrés comme les autres entre les mains du curateur, qui en fera faire l'inventaire ; qu'ils soient remis sous sa garde, et si dans la suite le furieux ayant un intervalle lucide, approuve l'acquisition de ces biens, qu'ils lui soient restitués à lui-même.

§. 8. Sin autem in furore diem suum finierit, vel ad suam sanitatem perveniens eam repudiaverit : si quidem successio est, ad eos referatur (volentes tamen) id est vel ad substitutum, vel ab intestato heredes, vel ad nostrum ærarium : eo scilicet observando, ut hi veniant ad successionem, qui mortis tempore furiosi propinquiores existant ei, ad cujus bona vocabuntur, si non in medio esset furiosus : omni satisdatione vel cautione, quam per inextricabilem circuitum veteris juris auctores induxerunt, radicitus excisa : legatis autem proculdubio et fideicommissis, cæterisque adquisitionibus furioso adquirendis, et substantiæ ejus aggregandis.

§. 8. Si le furieux décède avant sa guérison, ou si sa santé s'étant rétablie il a répudié l'acquisition des biens dont nous venons de parler ; qu'ils soient, s'ils consistent en une succession, déférés (s'ils veulent les accepter toutefois) à celui qui a été substitué, à son défaut, aux héritiers *ab intestat* de celui qui a laissé la succession au défunt ; ou, s'il n'en existe pas, à notre trésor. On doit observer que ceux-là seuls sont appelés à la succession, qui, au tems de la mort du furieux, sont les plus près parens de celui d'où proviennent les biens, si toutefois le furieux a cessé d'être tel depuis qu'il a répudié la succession jusqu'à sa mort. Toutes les cautions que les auteurs de l'ancien droit avaient

§. 9.

avaient introduites en multipliant les embarras et les difficultés, sont abolies. Quant aux biens parvenus au furieux par legs, fidéicommis, ou à d'autres titres, il est certain qu'ils doivent être ajoutés aux autres qu'il possède.

§. 9. Si le furieux lui-même ayant recouvert son bon sens, ou son héritier ne veulent point recevoir les biens dont nous venons de parler à la fin du paragraphe précédent, et les refusent ouvertement, qu'ils soient séparés sur le champ de ses autres biens, et censés comme s'ils ne lui eussent jamais été dévolus; qu'ils passent à qui de droit, et que la fortune du furieux n'en soit ni grevée ni augmentée.

§. 10. S'il arrive que le curateur du furieux, nommé conformément aux dispositions de la présente loi, prédécède, qu'il en soit nommé un autre, en se conformant, à l'égard de cette nomination, aux dispositions contenues dans la présente. S'il est éloigné comme suspect, qu'il en soit encore subrogé un autre. Cela a déjà été ordonné par les anciennes lois.

§. 11. Que cette nouvelle loi concernant la nomination des curateurs du furieux ne soit appliquée qu'aux cas futurs. Que ceux nommés avant la publication de la présente ne soient point éloignés par cela seul qu'ils n'ont pas été nommés conformément aux dispositions qu'elle contient; qu'il ne leur soit rien imposé de nouveau, et qu'ils soient, quant à ce qui concerne seulement leur nomination, régis par le droit ancien. Quant à ce qui concerne la caution que les anciens avaient établies au sujet des successions qui parviennent aux furieux, elle est abolie.

Fait à Constantinople, pendant les cal. de septembre, sous le cons. de Lampadius et d'Oreste. 530.

§. 9. Sin autem ipse resipuerit, et ea admittere noluerit, et apertè hæc respuerit, vel heres ejus hoc fecerit : à substantia ejus illicò separandis, quasi nec fuerint ab initio ad eum devoluta : et per legitimum tramitem ambulantibus, substantiam furiosi neque prægravantibus, neque adjuvantibus.

§. 10. Sin autem curator furiosi secundùm nostram legem nominatus decesserit : sub eodem modo eademque observatione alius creabitur : quemadmodùm et si suspectus reperiatur, alter subrogetur. Quod et veteribus legibus placuit.

§. 11. Hæc autem omnia quæ de creationibus curatorum per novam definitionem introducta sunt, futuris casibus imponantur : et neque anteà facti curatores removeantur, neque aliquid eis novum accedat, sed antiquo ordine statuti in antiquos (quantum ad creationem) permaneant terminos : cautione videlicet vel satisdatione quæ antiquitus fuerat introducta super posteà venientibus ad furiosos successionibus, minimè præstanda.

Datum calend. septembr. Constantinopoli, Lampadio et Oreste VV. CC. Coss. 530.

TITULUS LXXI.	**TITRE LXXI.**

De prædiis, et aliis rebus minorum sine decreto non alienandis vel obligandis.

Des défenses d'aliéner ou d'engager les biens fonciers et autres biens des mineurs sans l'intervention d'un décret.

1. *Imp. Antoninus* A. *Minutiano.*

1. *L'empereur Antonin à Minutien.*

VENDITIO quidem prædii, quod jure pignoris vel in causa judicati captum et distractum est, ad senatusconsultum, quod de non alienandis prædiis pupillorum vel adolescentium, nisi auctore prætore vel præside provinciæ factum est, non pertinet. Sed si etiamnum in ea ætate es, cui subveniri solet : aditus competens judex, an te in integrum restituere debeat, præsente diversa parte causa cognita dispiciet.

Proposit. 13 calend. decembris, Duobus et Aspris Coss. 213.

LA vente d'un bien fonds appartenant à un mineur, faite par suite du droit de gage ou de la chose jugée, n'est point comprise dans le sénatus-consulte qui défend d'aliéner les biens fonds des mineurs sans l'autorisation du préteur ou du président de la province. Mais si vous êtes dans l'âge qu'on a coutume de secourir, le juge compétent devant lequel vous porterez vos réclamations, examinera la cause en présence de votre adversaire, et décidera si vous devez être restitué en entier.

Fait le 13 des calend. de décemb., sous le cons. des deux Asper. 213.

2. *Imp. Gordianus* A. *Clearcho et aliis.*

2. *L'empereur Gordien à Cléarchus et autres.*

Non est vobis necessaria in integrum restitutio, si tutores vel curatores vestri possessionem, licèt pignori nexam, vendiderunt sine decreto. Quòd si creditores id fecerunt : ita demùm juxta formam edicti beneficium tibi impertietur, si fraudulenta venditione, participante consilio emptoris, damnum tibi inflictum esse doceatur.

Proposit. 3 calend. februarii, Gordiano A. et Aviola Coss. 240.

Vous n'avez pas besoin de demander la restitution en entier au sujet de la vente du bien fonds vous appartenant, que vos tuteurs ou curateurs ont faite sans y être autorisés par un décret, quoique ce fonds fût déjà grevé d'hypothèques. Mais si ce sont vos créanciers qui ont fait la vente, on vous accordera le bénéfice de l'édit, s'il est prouvé que vous ayiez été lésé par une vente frauduleuse entachée du dol des vendeurs et de l'acheteur.

Fait le 3 des calend. de février, sous le cons. de l'empereur Gordien et d'Aviola. 240.

3. *Impp. Valerianus et Gallienus* AA. *Theodosiano et aliis.*

3. *Les empereurs Valérien et Gallien à Théodosien et autres.*

Cum emancipatis vobis prædium adquisitum foret, alienari à patre eodemque curatore sine præsidis auctoritate non potuit : maximè si tanquam suum esset, non tanquam pupillare, vendiderit : itaque illibata vobis persecutio ejus manet.

Proposit. 3 nonas januarii, Tusco et Basso Coss. 259.

Le bien fonds qui vous est échu après votre émancipation n'a pu être aliéné, sans l'autorisation du président de la province, par votre père, votre curateur; sur-tout si la vente a été faite comme le fonds lui appartenant en propre, et non comme vous appartenant à vous-mêmes. C'est pourquoi vous pouvez le revendiquer de plein droit.

Fait le 3 des nones de janvier, sous le cons. de Tuscus et de Bassus. 259.

4. *Les mêmes empereurs à Mithridate.*

Non-seulement les biens de campagne et ceux situés dans les faubourgs de la ville, appartenans à des mineurs, ne peuvent être aliénés à titre de vente, mais encore à titre de transaction, d'échange ; à plus forte raison de donation, et enfin à tout autre titre, à moins que l'aliénation ne fût autorisée par un décret. C'est pourquoi, si par suite de transaction, vous avez donné le fonds en question à vos frères, vous pouvez le revendiquer ; mais si, en vertu de la même convention, vous avez reçu quelque chose d'eux, vous devez leur en faire la restitution.

Fait le 15 des calend. de mai, sous le deuxième cons. de Sécular et le premier de Donat. 261.

5. *Les mêmes empereurs à Sérénus.*

Quoique le président de la province ait autorisé l'aliénation ou l'engagement du bien de campagne ou de faubourg du pupille, cependant le sénat a réservé au pupille une action contre cette aliénation, dans le cas où il pourra prouver que la religion du juge a été trompée par de fausses allégations. C'est pourquoi vous pouvez exercer cette action.

Fait le 3 des calend. de mai, sous le cons. désigné ci-dessus. 261.

6. *Les empereurs Carus, Carinus et Numérien à Varus.*

La vente des biens fonds des mineurs n'a pu être faite légalement en vertu seulement d'un libelle envoyé par un procureur au préteur ou au président de la province ; car une telle vente ne peut être légitime qu'en tant que la cause qui la nécessite ayant été prouvée pardevant le président de la province ou le préteur, il est intervenu un décret solennel qui l'autorise.

Fait pendant les nones de mai, sous le cons. de Carus et de Carinus. 283.

7. *Les mêmes empereurs à Isidore.*

Si, pendant votre minorité, vous avez promis à votre père de lui restituer les objets compris dans la donation qu'il vous a faite après votre émancipation, vous n'avez pu, par cette promesse, porter atteinte à vos droits ; parce qu'un écrit de cette sorte a été fait au mépris du sénatus-consulte.

4. *Iidem* AA. *Mithridati.*

Non solùm per venditionem rustica prædia, vel suburbana pupilli vel adolescentes alienare prohibentur : sed neque transactione, neque permutatione, et multo magis donatione, vel alio quoquo modo ea transferre sine decreto a dominio suo possunt. Igitur et tu si fratribus tuis per transactionem fundum dedisti, vindicare eum potes : sed et si quid invicem ab eis ex eodem pacto consecutus es, id mutuò restituere debes.

Proposit. 15 calend. maii, Seculari II. et Donato Coss. 261.

5. *Iidem* AA. *Sereno.*

Etsi præses decreverit alienandum vel obligandum pupilli suburbanum vel rusticum prædium : tamen actionem pupillo, si falsis allegationibus circumventam religionem ejus probare possit, senatus reservavit : quam exercere tu quoque non vetaberis.

Proposit. 3 calend. maii, Seculari II. et Donato Coss. 261.

6. *Imppp. Carus, Carinus et Numerianus* AAA. *Varo.*

Minorum possessionis venditio, per procuratorem delato ad prætorem vel præsidem provinciæ libello fieri non potuit : cùm ea res confici rectè aliter non possit, nisi apud acta causis probatis, quæ venditionis necessitatem inferant, decretum solemniter interponatur.

Sancit. non. maii, Caro et Carino AA. Coss. 283.

7. *Iidem* AAA. *Isidoro.*

Si ad resolvendam donationem, quam in emancipatum te pater contulerat, minor vigintiquinque annis cautionem ei emisisti : cùm hujusmodi scriptura contra senatusconsulti auctoritatem data sit, non oberit juri tuo.

Proposit. 6 idus decembris, Caro et

48 *

Carino AA. Coss. 283.

8. *Impp. Diocletianus et Maximianus*
AA. Theodotæ.

Prædia rustica, quæ contra senatusconsultum data esse ante nuptias sponsaliorum
nomine, precum tuarum confessio ostendit :
cùm proprietas ad te propter juris interdictum transire non potuerit, in dominio
mariti permansisse palàm est.

Proposit. 5 nonas novembris, Diocletiano et Aristobolo Coss. 285.

9. *Idem AA. Mutiano.*

Etsi is, quem prædium rusticum minoris distraxisse affirmas, curatoris officio
functus id fecit : venditio tamen contra
divi Severi orationem facta, præsidis sententia non immeritò rescissa est. Pignora
sanè, quæ ob evictionis periculum idem
curator ex rebus propriis tibi obligavit,
non prohiberis persequi.

Proposit. non. novembr. Diocletiano
et Aristobolo Coss. 285.

10. *Iidem AA. Grato.*

Prædiorum quæ sine decreto alienata
sunt, dominium tibi persequenti, præses
opem feret : apud quem si illuxerit, non
universa pretia, quæ curatori tuo data
sunt, in patrimonium tuum processisse,
pro ea duntaxat pecuniæ parte conveniri
te permittet, quam in facultates tuas ero-
gatam esse constiterit.

Sancit. 6 id. augusti, ipsis AA. et Coss.

11. *Iidem AA. Trophimo.*

Si quidem sine decreto minor annis patronus tuus rusticum prædium venundedit : supervacuum est de vili pretio trac-
tare, cùm senatusconsulti auctoritas retento dominio alienandi viam obstruxerit.
Si verò jure interposito decreto venditionem vili pretio ejus possessionis, cujus vi-

---

Fait le 6 des ides de décembre, sous le
cons. désigné ci-dessus. 283.

8. *Les empereurs Dioclétien et Maxi-*
mien à Théodota.

Il est certain que les biens de campagne qui, selon votre requête, vous ont
été donnés, au mépris du sénatus-consulte, à titre de fiançailles, avant le mariage, sont restés dans le patrimoine de
votre mari, parce que vous n'avez pu en
recevoir la propriété à cause des prohi-
bitions du droit.

Fait le 3 des nones de décembre, sous
le cons. de Dioclétien et d'Aristobolus.
285.

9. *Les mêmes empereurs à Mutien.*

Quoique celui qui, d'après ce que vous
dites, a vendu le bien de campagne du
mineur, fût alors son curateur, cependant
cette vente faite au mépris du discours
de l'empereur Sévère, a été justement rescindée par la sentence du président. C'est
pourquoi vous pouvez revendiquer les
gages que votre curateur avait obligés
et pris parmi vos propres biens, pour
servir à l'acheteur de garantie contre l'é-
viction.

Fait pendant les nones de novembre,
sous le cons. de Dioclétien et d'Aristobolus. 285.

12. *Les mêmes empereurs à Gratus.*

Le président de la province vous aidera
dans la demande que vous faites de vos
biens de campagne qui ont été aliénés sans
l'autorisation d'un décret; et s'il s'apperçoit que la totalité des prix qui ont été
donnés à votre curateur n'ait pas été
employée à votre usage, il ne permettra
pas qu'on vous poursuive pour la restitution d'une autre somme que celle qui
a été employée à votre usage ou dans
vos biens.

Fait le 6 des ides d'août, sous le cons.
des empereurs nommés ci-dessus.

11. *Les mêmes empereurs à Trophimus.*

Si votre patron mineur a vendu votre
bien de campagne sans y être autorisé
par un décret, il est inutile d'alléguer la
vileté du prix, parce que la vente est
d'ailleurs nulle, ayant été faite au mépris
du sénatus-consulte. Mais si, étant autorisé par un décret, il a fait la vente à vil

prix, ignorant la véritable valeur du fonds, après connaissance de cause, il vous sera, conformément à l'édit perpétuel, accordé la restitution en entier.

Fait le 12 des calend. de décemb., sous le même cons.

12. *Les mêmes empereurs et les Césars à Léontius.*

Il n'est permis de vendre les biens de campagne d'un mineur situés en province, que pour cause de dettes; sur quoi il est encore nécessaire de l'autorisation du président de la province, qui prendra connaissance de l'affaire et rendra un décret à ce sujet.

Fait à Héraclée, le 2 des calend. de mai, sous le cons. des Césars.

13. *Les mêmes empereurs et Césars à Zénophila.*

Il est défendu d'aliéner sans y être autorisé par un décret du président, les biens de campagne des mineurs, soit que ces biens soient tributaires, patrimoniaux ou tenus en emphytéose.

Fait le 8 des calend. de septemb., sous le cons. des Césars.

14. *Les mêmes empereurs et Césars à Phrominius.*

Conformez-vous à l'opinion du jurisconsulte Papinien et des autres dont vous faites mention dans votre requête. C'est pourquoi si les pupilles vous demandent leurs fonds avec leurs fruits situés en province, et qui ont été vendus sans l'autorisation du président, et ne vous offrent pas la restitution du prix avec ses intérêts, opposez-leur l'exception du dol, en prouvant que vous payez le prix des fonds au fisc auquel les pupilles étaient redevables d'une égale somme.

Fait le 8 des calend. de décemb., sous le cons. des Césars.

15. *Les mêmes empereurs et Césars à Sabina.*

Si, pendant votre minorité, vous avez donné en paiement et sans décret un bien de campagne, autre que celui que vous deviez; d'après le sénatus-consulte, vous n'avez pu par là vous dépouiller de la propriété de ce fonds.

Fait le 8 des calend. de décemb., sous le cons. des Césars.

res ignorabat, fecit : juxta perpetui edicti auctoritatem in integrum restitutio, causa tamen cognita, praebetur.

Sancit. 12 calend. decembris, ipsis AA. et Coss.

12. *Idem AA. et CC. Leontio.*

Ob æs alienum tantùm causa cognita præsidali decreto prædium rusticum minoris provinciale distrahi permittitur.

Datum 2 calend. maii, Heracliæ, CC. Coss.

13. *Iidem AA. et CC. Zenophilæ.*

Etiam vectigale, vel patrimoniale, sive emphyteuticum prædium sine decreto præsidis distrahi non licet.

Datum 8 calend. septembris, CC. Coss.

14. *Iidem AA. et CC. Phrominio.*

Utere viri prudentissimi Papiniani responso, cæterorumque, quorum precibus fecisti mentionem, sententiis : ac doli mali exceptionem oppone, pretium ob eorum debitum solutum probans, si sortem cum usuris, quæ fisco deberentur, pupilli non offerentes, fundos provinciales citra decretum præsidis venundatos cum fructibus petant.

Datum 9 calend. decembris, ipsis CC. Coss.

15. *Iidem AA. et CC. Sabinæ.*

Si minor vigintiquinque annis prædium rusticum, cùm aliud deberes, sine decreto in solutum dedisti : dominium à te discedere non permittit senatusconsulti auctoritas.

Datum 8 calend. decembris, CC. Coss.

16. *Idem* AA. *et* CC. *Eutychiæ.*

Si prædium rusticum vel suburbanum (quod ab urbanis non loco, sed qualitate secernitur) in pupillari ætate constituta, tutore auctore, vel adulta sine decreto præsidis provinciæ, in qua situm est, vendidisti : secundùm sententiam senatusconsulti dominium ejus, sive jus à te discedere non potuit ; sed vindicationem ejus, et fructuum, vel his non existentibus, condictionem competere constitit Emptor autem si probare potuerit ex cæteris facultatibus obedire te muneribus, sive oneribus non potuisse, et utilitates prætereà tuas cessisse pecuniam, quam pretii nomine sumpseras : doli exceptionis auxilio pretium cum usuris, quas præstitura esses, et sumptus meliorati prædii servare tantummodò potest.

Datum 6 id. aprilis, CC. Coss.

16. *Les mêmes empereurs et Césars à Eutychia.*

Si, pendant votre minorité, votre tuteur ou votre curateur a vendu sans y être autorisé par le président de la province dans le territoire de laquelle le fonds est situé, un fonds rustique, peu importe qu'il soit situé dans les faubourgs de la ville (puisque ce n'est pas la situation du fonds qu'on doit considérer ici, mais sa nature); d'après le sénatus-consulte vous, n'avez pu par cette vente être dépouillée de la propriété de ce fonds; vous pouvez en conséquence le revendiquer avec ses fruits, lesquels, s'ils n'existaient pas, vous auriez pour les recouvrer l'action personnelle. Mais si l'acheteur prouve que vous n'auriez pu sans cette vente fournir à vos dépenses nécessaires et remplir vos obligations, et qu'en outre la somme que vous avez reçue à titre de prix a été employée utilement à votre usage, il peut, par l'exception de dol, repousser votre demande jusqu'à ce que vous lui restituiez le prix avec ses intérêts que vous avez reçu de lui, ainsi que le prix des améliorations qu'il a apportées au fonds.

Fait le 6 des ides d'avril, sous le cons. des Césars.

17. *Idem* AA. *et* CC. *Philippo.*

Inter omnes minores nec commune prædium sine decreto præsidis sententia senatusconsulti distrahi patitur. Nam ad divisionis causam provocante tantummodò majore socio : ejus alienationem et sine decreto fieri, jampridem obtinuit.

Datum 7 id. decembris, CC. Coss.

17. *Les mêmes empereurs et Césars à Philippe.*

Les dispositions du sénatus-consulte ne souffrent point qu'un fonds commun à des mineurs soit aliéné sans l'autorisation du président : car il est depuis long-tems en usage que l'aliénation ne peut se faire sans décret, que dans le cas seulement où l'associé pour la plus grande portion demanderait le partage.

Fait le 7 des ides de décembre, sous le cons. des Césars.

18. *Imp. Constantinus* A. *et Constantinus Cæs. ad Severum.*

Si minores, vel ex patris nomine, vel ex suo, debitis duntaxat fiscalibus urgentibus, vel ex privatis contractibus reperiantur obnoxii : decreti interpositio à Constantiniano prætore celebranda est, probatis examinatisque causis : ut patefacta rerum fide, firma venditio perseveret.

Datum 12 calend. januarii, Probiano et Juliano Coss. 322.

18. *L'empereur Constantin et le César Constantin à Sévère.*

Si les mineurs, soit du chef de leur père ou du leur propre, sont trouvés grevés de dettes pressantes, soit fiscales, soit privées, le préteur Constantinien, si après avoir examiné l'affaire, se convainc de la vérité du fait, doit rendre un décret qui confirme la vente.

Fait le 12 des calend. de janvier, sous le cons. de Probien et de Julien. 322.

TITRE LXXII.

Des cas où l'aliénation des biens des mineurs peut se faire sans décret.

1. *Les emper. Sévère et Antonin à Valentinus.*

Si vous pouvez prouver que le père du pupille dont vous poursuivez les tuteurs, a consenti à vous restituer le fonds si vous en rendiez le prix, cette convention doit être observée. Il n'est pas besoin en ce cas de l'autorité du président de la province pour autoriser les tuteurs, si toutefois la volonté du défunt est manifeste.

Fait le 6 des calend de janvier, sous le cons. d'Antonin et de Géta. 206.

2. *L'empereur Aurélien à Pulcher.*

On doit s'informer si noble Saturninus a reçu spécialement de l'empereur le droit de vendre : car l'autorisation du prince supplée au décret du président.

Fait pendant les ides de janvier, **.

3. *Les emper. Dioclétien et Maximien, et les Césars, à Stratonicien.*

Les héritages rustiques ou situés dans les faubourgs, appartenans à des mineurs, ne peuvent en aucune manière être aliénés sans l'intervention d'un décret du président ; à moins qu'il ne soit prouvé que le père ou le testateur de qui les mineurs ont reçu les biens dont il s'agit, en ait permis l'aliénation.

Fait à Nicomédie, le 12 des calend. d'avril, sous le consul. des empereurs nommés ci-dessus.

4. *L'empereur Constantin au peuple.*

Nous permettons aux tuteurs et aux curateurs, quelle que soit la condition des personnes confiées à leurs soins, de vendre, sans qu'il soit nécessaire de l'interposition d'un décret, les vétemens usés et les animaux superflus.

Fait pendant les ides de mars, sous le septième consul. de l'empereur Constantin et le quatrième du César-Constance. 326.

TITULUS LXXII.

Quando decreto opus non est.

1. *Impp. Severus et Antoninus AA. Valentino.*

Si probare potes patrem pupilli, cujus tutores convenisti, consensisse, ut reddito tibi prædio, pretium reciperet : id quod convenit servabitur. Neque enim in ea re auctoritas præsidis necessaria est, ut tutorum sollicitudini consulatur, si voluntati defuncti pareant.

Datum 6 calend. januarii, Antonino et Geta Coss. 206.

2. *Imp. Aurelianus A. Pulchro.*

Illud requirendum est, an adito principe Saturninus vir clarissimus specialiter jus venditionis acceperit. Ad instar enim præsidalis decreti consensio principalis accedit.

Datum id. januarii....

3. *Impp. Diocletianus et Maximianus AA. et CC. Stratoniciano.*

Prædium rusticum vel suburbanum à minore vigintiquinque annis alienari sine decreto præsidis, nisi parentis voluntas, seu testatoris, ex cujus bonis ad minorem pervenit, super alienando eo aliquid mandasse deprehendatur : nulla ratione potest.

Datum 12 calend. aprilis, Nicomediæ, AA. Coss.

4. *Imp. Constantinus A. ad populum.*

Et sine interpositione decreti tutores, et curatores quarumcunque personarum, vestes detritas, et supervacua animalia vendere permittimus.

Datum idibus martii, Constantino A. VII. et Constantio Cæs. IV. Coss. 326.

TITULUS LXXIII.

Si quis ignorans rem minoris esse, sine decreto comparaverit.

1. *Imp. Gordianus* A. *Felici.*

Si ea quæ in jura tutoris hereditario vel honorario titulo successit, possessionem tuam vendiderit : si ut pupillarem distraxit : emptor, qui sciens à tutoris herede mercatus est, cùm officium morte finiatur, alienam rem comparando, de temporis intervallo nullum potuit acquirere defensionem. Si verò ut suam distraxit, ignoransque rem alienam emptor comparavit : neque statim per traditionem possessionis dominus effectus est, sed tantummodò adversus te statuti temporis, cùm te legitimæ ætatis esse non diffitearis, potest uti præscriptione.

Datum 5 id. septembris, Pio et Pontiano Coss. 259.

2. *Idem* A. *Crispinæ.*

Si contra amplissimi ordinis decretum possessiones tuæ distractæ sunt : conveni earum possessorem, ut (si ita probaveris gestum) et possessio retrahatur, et fructus universi revocentur ; si non bona fide emptorem fuisse, qui emit, constiterit.

Datum 16 calend.... Gordiano A. II. et Pompeiano Coss. 242.

3. *Impp. Diocletianus et Maximianus* AA. *Agathæ.*

Possessiones tuæ rusticæ vel suburbanæ, sine cognitione causæ, et interpositione decreti contra senatusconsultum alienatæ, nec à secundo emptore rectè tenentur : nisi statutum temporis spatium intercesserit.

Datum idib. februar. Nicomediæ, CC. Coss.

4.

TITRE LXXIII.

De celui qui, ignorant la nature du bien, a acheté un bien de mineur sans qu'il y eût un décret qui en permît la vente.

1. *L'empereur Gordien à Félix.*

Si celle qui a succédé aux biens du tuteur, soit par droit héréditaire, soit par droit honoraire, a vendu votre fonds, ou l'acheteur peut se prévaloir de la prescription, ou il ne le peut pas : car si le fonds a été vendu comme appartenant au pupille, l'acheteur qui a dans ce cas acheté de l'héritier du tuteur dont les fonctions ont été finies par la mort, a acheté sciemment une chose non appartenante au vendeur, et par conséquent son acquisition ne peut être confirmée par aucun espace de tems. Mais si l'héritier a vendu le fonds comme lui appartenant, l'acheteur l'a acheté ignorant qu'il ne lui appartint pas, il n'est pas aussitôt constitué le maitre du fonds par la tradition ; mais il peut seulement user contre vous qui êtes majeur de la prescription légitime.

Fait pendant les ides de septembre, sous le consul. de Pius et de Pontien. 259.

2. *Le même empereur à Crispina.*

Si, au mépris du sénatus-consulte, vos biens fonds ont été vendus, poursuivez-en le possesseur, pour que, si vous prouvez le fait, il vous les restitue avec tous leurs fruits, si toutefois il est prouvé que l'acheteur n'a pas acheté de bonne foi.

Fait le 16 des cal. * *. sous le deuxième consul. de l'empereur Gordien et le premier de Pompéien. 242.

3. *Les emper. Dioclétien et Maximien à Agatha.*

Vos fonds rustiques ou situés dans les faubourgs, qui, au mépris du sénatus-consulte, ont été aliénés, sans que la cause en ait été approuvée par le juge et sans interposition de décret, ne sont pas possédés légitimement, même par le second acquéreur ; à moins qu'il ne pût se prévaloir de la prescription légitime.

Fait

Fait à Nicomédie, pendant les ides de février, sous le consul. des Césars.

4. *Les mêmes empereurs et les Césars à Alexandro.*

A l'égard de celui qui a acquis par un juste titre la chose dont il s'agit de celui à qui elle a été donnée au mépris du sénatus-consulte, on doit d'abord rechercher si le premier maître de qui il la tient étant présent, il l'a possédée de bonne foi et sans trouble ni contestation pendant dix années ; ou si le premier maître étant absent, il l'a possédée de même pendant vingt ans. Si cela vous est évidemment prouvé, la demande de celui qui réclame la chose doit être rejetée sans délai, parce que le possesseur peut opposer légitimement la prescription de long tems.

Fait pendant les ides de juin, sous le consul. des Césars.

TITRE LXXIV.

Du mineur qui, après sa majorité, a ratifié l'aliénation faite sans décret.

1. *L'empereur Gordien à Licinia.*

VOUS exposez que le curateur de votre père a vendu, sans y être autorisé par un décret du président, à l'héritier du créancier ou au ci-devant tuteur de votre père, un héritage rustique, et que votre père ayant été trompé a ratifié cette vente. S'il conste que la lésion soit d'outre moitié, et que votre père entraîné dans l'erreur ait donné mal-à-propos son consentement à cette vente, ce n'est pas sans raison qu'il doit vous être accordé le supplément du juste prix. Si votre partie adverse n'étant point de bonne foi, refuse de faire ce supplément, il convient que le président de la province lui donne le choix ou de faire ce supplément ou de restituer le fonds avec ses fruits. S'il choisissait ce dernier parti, vous seriez tenue de lui restituer la somme qui lui est due avec ses intérêts.

Fait pendant les nones d'octobre, sous le consul. de Pius et de Pontien. 239.

Tome II.

4. *Iidem AA. et CC. Alexandro.*

Quoniam adversus emptorem, ad quem ex persona ejus, cui contra senatusconsultum donata res est, justo titulo interveniente, ea res, de qua lis est, transitum fecit : requirere oportebit, an praesento priore domino et majore effecto sine controversia bona fide decennio, vel absento viginti annis, qui quaestionem patitur, possessor fuisse monstretur. Quod si apud gravitatem tuam manifesté constiterit : sine ulla cunctatione, habita longi temporis præscriptione, petitorem oportebit excludi.

Datum id. jun. CC. Coss.

TITULUS LXXIV.

Si major factus alienationem factam sine decreto ratam habuerit.

1. *Imp. Gordianus A. Liciniæ.*

CUM proponas curatorem patris tui non interposito præsidis decreto prædium rusticum heredi creditoris seu tutori ejus destinasse venundare, eamque venditionem deceptum patrem tuum ratam habuisse : si minore pretio distractum est prædium, et inconsulto errore lapsum patrem tuum, perperam venditioni consensum dedisse constiterit : non abs re erit, superfluum pretii in compensationem deduci : quod præsidis provisione fieri convenit, cujus solertiæ congruum est, si diversa pars bonam fidem non amplectatur, in arbitrio ejus ponere, an velit possessionem eum fructibus restituere : ita ut fœnebris pecunia cum competentibus usuris restituatur.

Datum non. octobr. Pio et Pontiano Coss. 239.

2. *Idem* A. *Alexandro.*

Si sine decreto præsidis prædia tua à tutore tuo alienata sunt, nec speciali confirmatione, vel (si bona fide possessor fuisset) statuti temporis excursu id quod perperam est actum, fuerat stabilitum : præses provinciæ possessionem in jus tuum retrahet.

Datum 7 calend. januarii, Pio et Pontiano Coss. 239.

3. *Imp. Justinianus* A. *Mennæ præfecto prætorio.*

Si quando sine decreto minorum, vel adhuc sub curatoribus constitutorum, vel per veniam ætatis eorum curam excedentium, res alienantur vel supponuntur, et ad perfectam ætatem iidem minores provecti, longo silentio querelam hujusmodi tradiderint, ut inutilis alienatio vel suppositio diuturno silentio roboretur : certum tempus ad talem confirmationem præfinitum esse censemus. Ideòque præcipimus, si per quinque continuos annos post impletam minorum ætatem, id est, post vigintiquinque annos commemorandos, nihil conquestus est super tali alienatione vel suppositione is, qui eam fecit, vel heres ejus : minimè posse retractari eam occasione prætermissionis decreti, sed sic tenere, quasi ab initio legitimo decreto fuisset res alienata vel supposita. Cùm autem donationes à minoribus nec eum decreto celebrari possint : si minor vel post veniam ætatis rem immobilem donationis titulo in alium (excepta propter nuptias donatione) transcripserit : non aliter hoc firmitatem habebit, nisi post vigintiquinque annos impletos, inter præsentes quidem decennium, inter absentes autem vicennium donatore adquiescente effluxerit : ut tamen in heredis persona illud tantummodò tempus accedat, quod post ejusdem heredis minoris ætatem silentio transactum sit.

Datum idibus april. Decio V. C. Coss. 529.

2. *Le même empereur à Alexandre.*

Si vos biens fonds ayant été aliénés sans décret par votre tuteur, vous n'avez pas confirmé spécialement l'aliénation, et que le possesseur constitué de bonne foi ne possède pas depuis un assez long tems pour que le vice de l'aliénation soit effacé, le président de la province ordonnera que ces fonds vous soient restitués.

Fait le 7 des cal. de janvier, sous le consul. désigné ci-dessus. 259.

3. *L'empereur Justinien à Menna, préfet du prétoire.*

Des biens de mineurs soumis à un tuteur ou curateur, ou ayant obtenu le bénéfice d'âge, ont été sans décret aliénés ou grevés d'hypothèques ; les mineurs, après avoir atteint leur majorité, n'ont élevé aucune contestation au sujet de l'aliénation de leurs fonds. Pendant combien de tems est-il nécessaire que le possesseur possède sans trouble pour qu'une telle aliénation, nulle dans l'origine, soit confirmée et valable ? C'est ce que nous croyons devoir fixer d'une manière certaine. C'est pourquoi nous ordonnons que si pendant cinq ans continus, à compter du jour où les mineurs ont atteint leur majorité, eux ou leurs héritiers n'ont élevé aucune contestation sur cette aliénation ou charge d'hypothèques, elle ne puisse être révoquée sous le prétexte du défaut de décret ; mais qu'elle soit valable, et que les fonds soient censés avoir été dès l'origine aliénés ou grevés d'hypothèques en vertu d'un décret. Quant à ce qui concerne les donations, il a été disposé que les mineurs ne peuvent en faire, même avec l'autorisation d'un décret ; c'est pourquoi si un mineur, quand même il serait pourvu d'un bénéfice d'âge, a aliéné à titre de donation une chose immobiliaire (nous exceptons la donation *propter nuptias*), cette donation ne pourra être confirmée que par une possession sans trouble de dix ans entre présens et vingt ans entre absens, à compter de la majorité du mineur. Si le donateur et le possesseur étant décédés, le premier a laissé un mineur pour héritier, l'héritier du possesseur ne pourra, pour compléter la prescription commencée par son auteur, compter que le tems qui suivra la majorité de l'héritier du donateur.

Fait pendant les ides d'avril, sous le consul. de Décius. 529.

TITRE LXXV.

Des poursuites à diriger, pour cause de tutelle ou de curatelle, contre les magistrats.

1. L'empereur Antonin à Mutien.

Si les magistrats qui vous ont donné des tuteurs ou des curateurs, ont exigé d'eux en faisant la nomination, qu'ils les garantissent des faits de leur administration, et qu'ils leur promettent de leur restituer ce qu'ils pourraient avancer à ce titre, et ont reçu à ce sujet des fidéjusseurs ; l'action que vous avez dirigée contre vos tuteurs ou curateurs ne détruit pas celle que vous avez contre les magistrats qui les ont nommés ; vous pouvez diriger contre eux l'action utile, si vos tuteurs ou curateurs, après avoir poursuivi tous leurs biens et repris ceux des vôtres qu'ils avaient aliénés frauduleusement, vous n'avez pu être satisfait en entier de ce qu'ils vous doivent ; et en conséquence de cette action, ces magistrats vous mandant celles qu'ils ont contre les fidéjusseurs qu'ils ont reçus, vous pourrez les poursuivre, quoique vous ayez l'action utile sans cession.

Fait pendant les nones de janvier, sous le consul. des deux Asper. 213.

2. L'empereur Alexandre à Paternus.

On n'est pas dans l'usage de donner une action contre les héritiers du magistrat qui n'est pas la cause de ce que le tuteur n'a pas donné une caution convenable de son administration.

Fait le 5 des nones de juillet, sous le deuxième consul. de Julien et le premier Crispinus. 225.

3. L'empereur Gordien à Probien.

Si vous et votre collègue, pendant que vous exerciez une magistrature, avez donné un tuteur non capable et n'avez pas exigé de lui une caution convenable, et si étant tous les deux solvables, le pupille ne peut

TITULUS LXXV.

De magistratibus conveniendis.

1. Imp. Antoninus A. Mutiano.

Si magistratus à tutoribus seu curatoribus, quos tibi dederint seu nominaverint, stipulati sunt se eo nomine indemnes futuros, et si quid præstitissent, recepturos, inque eam rem fidejussores acceperunt : extra rem salvam fore satisdationem, actio quam adversus tutores seu curatores tuos instituisti, alienam obligationem non resolvit. Sed adversus magistratus qui curatorem dederunt, actio utilis ita demùm competit, si universis bonis excussis, revocatisque, quæ eum in fraudem alienasse constiterit, indemnitati tuæ in solidum satisfieri non potuit. Quam si exercueris : mandatis tibi ab eis actionibus, adversus fidejussores quos acceperunt, consistere potes, licèt utilem actionem sine cessione habeas.

Accepta non. januar. Duobus et Aspris Coss. 213.

2. Imp. Alexander A. Paterno.

In heredes magistratus, cujus non lata culpa idoneè cautum pupillo non est, non solet actio dari.

Proposit. 3 nonas julii, Juliano II. et Crispino Coss. 225.

3. Imp. Gordianus A. Probiano.

Si tu et collega tuus, cùm magistratu fungeremini, minus idoneum tutorem dedistis, cautionemque idoneam non exigistis, nec aliàs servari pupillo indemnitas potest, et utrique solvendo estis : pro vi-

49 *

rili parte in vos actionem dari, non injuria postulabis.

Datum 8 calend. novembris, Pio et Pontiano Coss. 239.

4. *Idem* A. *Aruntiano.*

Adversus nominatorem tutoris vel curatoris minùs idonei non antè perveniri potest, quàm si bonis nominati, itemque fidejussoris ejus, necnon collegarum, ad quorum periculum consortium administrationis spectat, excussis, non sit indemnitati pupilli vel adulti satisfactum.

Proposit. idibus mart. Attico et Prætextato Coss. 243.

5. *Impp. Diocletianus et Maximianus* AA. *Eugeniæ.*

In magistratus municipales tutorum nominatores, si administrationis finito tempore non fuerint solvendo, nec ex cautione fidejussionis solidum exigi possit : pupillis quondam in subsidium indemnitatis nomine actionem utilem competere ex senatusconsulto, quod auctore divo Trajano parente nostro factum est, constitit.

Datum 7 id. decembris, ipsis et Coss.

6. *Imp. Zeno* A. *Æliano præfecto prætorio.*

Cùm sit adjecta prætoris sententia generalem curatori administrationem mandantis, et quod eam pro more sequitur, decretum pariter sit compositum : manifestum est, non curatoris dationem fuisse invalidam, sed in æstimanda adultæ substantia, scribæ vitium, qui tanquam non amplius ducentis libris auri patrimonium valeret, fidejussionem acceperat, intercessisse. In quo casu non curatoris erit ratio reprehendenda, si qua læsio rebus minoris illata fuisse adversus legum ordinem comprobetur : sed super negligentia vel dolo scribæ, qui veram substantiæ taxationem passus est occultari, legibus erit agendum.

Datum 5 calend. januarii, Basilio V. C. Coss. 476.

être indemnisé que par votre moyen, c'est légitimement que vous demandez que votre collègue soit tenu pour la moitié.

Fait le 8 des cal. de novembre, sous le consul. de Pius et de Pontien. 239.

4. *Le même empereur à Aruntien.*

On ne peut poursuivre celui qui a nommé le tuteur ou le curateur non capable, qu'auparavant on n'ait discuté les biens du tuteur et ceux de ses collègues, qui partagent le péril de l'administration, ainsi que ceux de son fidéjusseur.

Fait pendant les ides de mars, sous le consul. d'Atticus et de Prétextatus. 243.

5. *Les emper. Dioclétien et Maximien à Eugénie.*

Conformément au sénatus-consulte rendu sur la proposition de l'empereur Trajan, notre parent, les pupilles ont une action utile subsidiaire en demande d'indemnité contre les magistrats municipaux qui ont nommé des tuteurs ; lesquels après avoir fini leur administration sont restés redevables et insolvables, et dont les fidéjusseurs n'ont pu non plus payer entièrement la dette.

Fait le 7 des ides de décembre, sous le consul. des empereurs ci-dessus.

6. *L'empereur Zénon à Élien, préfet du prétoire.*

Le préteur ayant par sa sentence, à laquelle était joint, comme c'est l'usage, le décret de nomination, permis au curateur l'administration générale, il est manifeste que la nomination du curateur était valable; mais c'est la faute du notaire, qui par l'inventaire n'a évalué les biens du mineur qu'à deux cent livres d'or et n'a reçu les fidéjusseurs que pour cette somme. C'est pourquoi le curateur ne peut être recherché pour ce qui a été omis dans l'inventaire ; mais on doit agir selon la rigueur des lois contre la négligence ou le dol du notaire qui a estimé à un vil prix le patrimoine des mineurs.

Fait le 5 des cal. de janvier, sous le consul. de Basilius. 476.

CODICIS

DOMINI JUSTINIANI, SACRATISSIMI PRINCIPIS,

EX REPETITA PRAELECTIONE.

CODE

DE L'EMPEREUR JUSTINIEN,

DE LA SECONDE ÉDITION.

LIVRE SIX.

TITRE PREMIER.

Des esclaves fugitifs, des affranchis et des esclaves des villes, et des ouvriers de différens arts au service des particuliers ou de l'état.

1. *Les emper. Dioclétien et Maximien à Emilia.*

Il est manifeste que l'esclave fugitif fait par sa fuite un vol à son maitre, et que par conséquent il ne peut invoquer en faveur de sa liberté ni l'usucapion ni la prescription de long tems. Cette disposition est nécessaire, afin d'éviter que les maitres n'éprouvent des pertes par la fuite de leurs esclaves.

Fait pendant les ides de décembre, sous le deuxième consul. de Maxime et le premier d'Aquilinus. 386.

2. *Les mêmes empereurs et les Césars à Pompéien.*

Il est du devoir du président d'autoriser les maitres à rechercher leurs esclaves fugitifs.

Fait pendant les cal. de mai, sous le consul. des Césars.

3. *L'empereur Constantin à Probus.*

Que les esclaves qu'on surprend fuyant

LIBER SEXTUS.

TITULUS PRIMUS.

De servis fugitivis, et libertis, mancipiisque civitatum, artificibus, et ad diversa opera deputatis, et ad rem privatam vel dominicam pertinentibus.

1. *Impp. Diocletianus et Maximianus AA. Æmiliæ.*

Servum fugitivum sui furtum facere, et ideò non habere locum nec usucapionem, nec longi temporis præscriptionem, manifestum est : ne servorum fuga dominis suis ex quacunque causa fiat damnosa.

Sancit. idibus decembr. Maximo II. et Aquilino Coss. 786.

2. *Iidem AA. et CC. Pompeiano.*

Requirendi fugitivos potestatem fieri dominis, præsidalis officii est.

Datum calend. maiis, Cæsarib. Coss.

3. *Imp. Constantinus A. ad Probum.*

Si fugitivi servi deprehendantur ad barbaros transeuntes : aut pede amputato debilitentur, aut metallo dentur, aut qualibet alia pœna afficiantur.

Sine die et consule.

In authent. Nov. 134, cap. ultimum.

Sed novo jure si criminis qualitas membri abscissionem exigat, una sola manus abscindetur : sed pro furto nec morietur, nec aliquod membrum abscindetur, sed aliter castigabitur. Fures autem vocantur, qui occulté et sine armis hujusmodi delinquunt. Qui autem violenter aggrediuntur, aut cum armis, aut sine armis, aut in domibus, aut in itineribus, aut in mari, pœnis legalibus subjiciantur.

4. *Imp. Constantinus A. ad Valerianum.*

Quicunque fugitivum servum in domum vel in agrum inscio domino ejus suscepit : eum cum alio pari, vel viginti solidis reddat. Si verò secundò vel tertiò eum susceperit : præter ipsum, duos vel tres alios, vel prædictam æstimationem pro unoquoque servo domino repræsentet. In minorum persona tutoribus vel curatoribus pœna simili imminente. Quòd si ad prædictam pœnam solvendam is, qui susceperit, minimè sufficiat : æstimatione competentis judicis castigatio in eum procedat. Quòd si servus ingenuum se esse mentitus, sub mercede apud aliquem fuerit : nihil is, qui eum habuit, poterit incusari. Sanè mancipium torqueri oportet, ut manifestet utrum propter lucrum capiendum callidè à domino ad domum vel ad agrum ejus, qui suscepit immissus sit, an non. Quòd si malignè factum esse, ex servi interrogatione patuerit : servo etiam suo eum, qui hoc fecerit, privari oportet, et ad fiscum pertinere mancipium.

Datum 5 cal. julii, Gallicano et Basso Coss. 317.

chez les barbares, soient punis ou par l'amputation d'un pied, ou par la condamnation aux métaux, ou par toute autre peine.

Sans date ni désignation de consulat.
Authentique extraite de la Novelle 134, chapitre dernier.

Mais, d'après le nouveau droit, si la qualité du crime exige l'amputation d'un membre, qu'on ne coupe qu'une seule main ; l'esclave convaincu de vol ne doit pas être condamné à mort, ni à avoir un membre coupé, mais il doit être châtié d'une autre manière. On appelle voleurs ceux qui dérobent secrètement et sans armes ; que ceux qui volent dans les maisons, sur les routes ou sur la mer, en employant la violence, avec armes ou sans armes, soient soumis aux peines prononcées par les lois.

4. *L'empereur Constantin à Valérien.*

Que qui ce soit qui aura reçu dans sa maison ou dans son champ un esclave fugitif à l'insu de son maitre, soit tenu de le rendre, et en outre un autre esclave de même valeur, ou la somme de vingt sols. Si c'est pour la seconde ou la troisième fois qu'il reçoit chez lui cet esclave fugitif, qu'il soit tenu de rendre non-seulement l'esclave qu'il a recélé chez lui, mais encore deux autres de la même valeur, si c'est pour la deuxième fois ; ou trois autres, si c'est pour la troisième qu'il le recèle ; ou, s'il aime mieux, autant de fois la somme mentionnée ci-dessus qu'il est tenu de donner d'esclaves en outre du fugitif auquel il a donné un asyle. Les tuteurs et les curateurs sont soumis à la même peine, si les mineurs confiés à leurs soins sont convaincus du fait dont nous venons de parler. Mais si la fortune du coupable ne suffit pas pour payer ce à quoi la présente loi le condamne, que le juge compétent le soumette à la peine qu'il jugera à propos. Si le fugitif se disant ingénu a été chez quelqu'un qui lui donne un salaire de son travail, on ne peut accuser ce dernier de l'avoir recélé. L'esclave fugitif doit être mis à la torture, afin de découvrir, s'il est possible, si celui qui l'a reçu dans sa maison ou dans son champ l'a débauché de son vrai maitre, en lui faisant espérer un certain gain, ou s'il n'a contribué en rien à sa fuite; et s'il résulte de l'interrogatoire du fugitif, que celui qui l'a recélé se trouve dans le premier cas, il doit être privé d'un de ses propres esclaves, qui doit être adjugé au fisc.

Fait le 5 des cal. de juillet, sous le consul. de Gallican et de Bassus. 317.

5. *Le même empereur à Januarius.*

Les esclaves appartenans à l'état, qui exercent quelque art, ne doivent point quitter les villes où ils ont été placés. C'est pourquoi, que celui qui est convaincu d'avoir sollicité un de ces esclaves à quitter la ville où il a été placé, ou de s'être permis de l'appeler ailleurs, restitue non-seulement le fugitif, mais encore un autre esclave de la même valeur, et en outre la somme de douze sols, qui doit être versée dans le trésor de la ville à laquelle appartient l'esclave en question. Il en est de même à l'égard des affranchis ouvriers qui ont été sollicités à quitter la ville ou ils étaient fixés ; l'embaucheur doit être traité de la même manière que l'embaucheur des esclaves. Si le défenseur de la ville a négligé de rechercher et de faire ramener l'esclave fugitif, qu'il soit tenu de le remplacer par deux autres, et qu'il n'espère pas être exempté de cette peine par une grâce du prince. La vente qui aurait été faite de l'esclave fugitif est nulle.

Fait le 16 des cal. de mars, sous le cinquième consul. de l'emp. Constantin et le premier du César-Licinius. 319.

6. *Le même empereur à Tibérien, comte des Espagnes.*

Si quelqu'un demandant son esclave fugitif, le recéleur, dans le dessein d'éviter la peine que la loi prononce contre ceux qui sont atteints d'avoir reçu des esclaves fugitifs, prétend en être le propriétaire, ou a engagé l'esclave à se dire libre, que sur le champ cet esclave coupable soit mis à la torture, et que la vérité se découvrant par ce moyen, on mette fin à cette contestation. Une telle mesure sera non-seulement utile aux deux parties, mais encore elle pourra rendre plus réservés les esclaves qui seraient tentés de s'enfuir.

5. *Idem A. ad Januarium.*

Mancipia diversis artibus prædita, quæ ad rempublicam pertinent, in iisdem civitatibus placet permanere : ita ut si quis tale mancipium sollicitaverit, vel avocandum crediderit : cum servo altero sollicitatum restituat, duodecim solidorum summa inferenda reipublicæ illius civitatis, cujus mancipium abduxerit. Libertis quoque artificibus, si sollicitati fuerint, cum eadem forma civitati reddendis · ita ut pro fugitivo servo, si sollicitudine defensoris non fuerit requisitus et revocatus : idem defensor duo vicaria mancipia exigatur, nec beneficio principali, nec venditione in ejus persona, jam de cætero valituris.

Datum 16 calend. martii, Constantino A. V. et Licinio Cæs. Coss. 319.

6. *Idem A. ad Tiberianum comitem Hispaniarum.*

Cùm servum quispiam repetit fugitivum, et alius evitandæ legis gratia, quæ in occultantes mancipia certam pœnam statuit, proprietatem opponit, vel in vocem libertatis eum animaverit : illicò nequissimus verbero, super quo ambigitur, tormentis subjiciatur, ut aperta veritate, disceptationis terminus fiat. Quod non solùm utrisque jurgantibus proderit, sed etiam servorum animos à fuga poterit deterreres.

Datum 15 calend. septembris, Pacatiano et Hilariano Coss. 352.

7. *Imppp. Valens, Valentinus et Gratianus* AAA. *ad Felicem consularem.*

Si quis servum fiscalem putaverit occultandum : non solùm eum restituere, sed etiam duodecim libras argenti pœnæ nomine fisci juribus dependere compellatur.

Datum 11 id. aprilis, Gratiano II. et Probo Coss. 371.

8. *Imppp. Valentinianus, Theodosus et Arcadius* AAA. *Albino præfecto urbi Romæ.*

Si qui publicorum servorum fabricis seu aliis operibus publicis deputati, tanquam propriæ conditionis immemores, domibus se alienis, et privatarum ancillarum consortiis adjunxerint : tam ipsi, quàm uxores eorum et liberi confestim conditioni pristinæ laborique restituantur.

Datum 8 calend. augusti, Timasio et Promoto Coss. 389.

TITULUS II.

De furtis, et servo corrupto.

1. *Impp. Severus et Antoninus* AA. *Theogeni.*

Si pecunia tua mandantibus servis tuis quidam prædia comparaverunt : eligere debes, utrùm furti actionem et condictionem, an mandati potius inferre debeas. Neque enim æquitas patitur, ut et criminis causam persequaris, et bonæ fidei contractum impleri postules.

Datum 11 calend. maii, Severo et Albino Coss. 195.

2. *Iidem* AA. *Negotiatoribus.*

Incivilem rem desideratis, ut agnitas res furtivas non priùs reddatis, quàm pretium fuerit solutum à dominis. Curate igitur

Fait le 15 des cal de septembre, sous le consul. de Pacatien et d'Hilarien. 532.

7. *Les empereurs Valens, Valentinien et Gratien à Félix, homme consulaire.*

Que celui qui aura recélé un esclave appartenant au fisc, soit non-seulement forcé de le restituer, mais en outre contraint de payer au fisc la somme de douze livres d'argent.

Fait le 2 des ides d'août, sous le deuxième consul. de Gratien et le premier de Probus. 371.

8. *Les empereurs Valentinien, Théodose et Arcadius à Albin, préfet de la ville de Rome.*

Si quelqu'un d'entre les esclaves employés aux forges ou autres ouvrages publics, oubliant sa condition, s'est retiré dans une maison privée et s'est uni à une femme esclave appartenante à un particulier, qu'il soit aussitôt ramené à sa première condition et aux travaux qu'il avait abandonnés ; sa femme et ses enfans doivent avoir le même sort et suivre sa même condition.

Fait le 8 des cal. d'août, sous le consul. de Timasius et de Promotus. 389.

TITRE II.

De l'action du vol et de celle de l'esclave débauché.

1. *Les empereurs Sévère et Antonin à Théogène.*

Si des personnes, en vertu du mandat de vos esclaves, ont acheté des fonds avec votre argent, vous avez le choix de les poursuivre ou par l'action personnelle du vol ou par celle du mandat. Car l'équité ne souffre pas que vous leur intentiez en même tems une action criminelle, et que vous les attaquiez pour les forcer de remplir l'obligation résultante d'un contrat de bonne foi.

Fait le 11 des calend. de mai, sous le cons. de Sévère et d'Albinus. 195.

2. *Les mêmes empereurs à des Négocians.*

La demande que vous faites, que les maîtres vous payent le prix des choses que vous prétendez vous avoir été volées, avant que

que vous les rendiez, est contraire au droit. Dorénavant ayez soin d'apporter plus de discernement dans votre commerce ; afin non-seulement de ne plus vous retrouver des choses volées, mais encore afin d'éviter d'être soupçonnés de les avoir volées vous-mêmes ou de complicité dans le vol.

Fait pendant les calend. de décembre, sous le cons. de Chilon et de Libon. 205.

3. *L'empereur Antonin à Secundus.*

Si la chose que votre beau-père a volée n'était pas encore consacrée au service divin, vous avez contre lui l'action du vol.

Fait le 6 des ides de septemb., sous le deuxième cons. de Létus et le premier de Céréal. 216.

4. *L'emp. Alexandre à Aurélius-Hérode.*

Vous pouvez agir par l'action de l'esclave débauché, contre celui que vous dites avoir sollicité votre esclave à vous quitter, et l'avoir rendu plus vicieux qu'il n'était. Si, après l'avoir engagé à vous quitter, il l'a encore caché chez lui, vous pouvez lui intenter l'action du vol. Vous pouvez exercer ces actions par procureur.

Fait pendant les ides de septemb., sous le cons. de l'empereur Alexandre. 223.

5. *Le même empereur à Cornélius.*

Ce que votre adversaire veut exiger de vous, qui consiste en ce que vous déclariez de qui vous avez acheté la chose que vous avouez être en votre possession, est conforme au droit : car il ne convient pas, si vous voulez éviter d'être l'objet d'un soupçon offensant pour un honnête homme, que vous disiez l'avoir acheté d'un passant inconnu.

Fait le 3 des calend. de mai, sous le deuxième cons. de Maxime et le premier d'Elien. 224.

6. *Le même empereur, à Pythidore.*

Celui qui a vendu sciemment et contre la volonté du maître, : esclave d'autrui, ou l'a donné ou aliéné à tout autre titre, n'a pu par là porter aucune atteinte aux droits du maître. Il commet un vol en le cachant ou en le détenant chez lui.

Fait pendant les calend. de mai, sous le deuxième cons. de Julien et le premier de Crispinus. 225.

Tome II.

tur cautius negotiari, ne non tantùm in damna hujusmodi, sed etiam in criminis suspicionem incidatis.

Proposit. calend. decembr. Chilone et Libone Coss. 205.

3. *Imp. Antoninus A. Secundo.*

Si nondùm rem templo divino dedicatam vitricus tuus furto abstulit : habes adversus eum furti actionem.

Proposit. 6 id. septembris, Læto II. et Cereale Coss. 216.

4. *Imp. Alexander A. Aurelio Herodi.*

Adversus eum duntaxat, quem servum tuum sollicitasse dicis, si eum deterioris animi fecit, servi corrupti agere potes. Quod si sollicitatum occultaverit : etiam furti cum eodem agere potes. Quas actiones etiam per procuratorem exercere minimè prohiberis.

Proposit. idibus septembr. Alexandro A. Coss. 223.

5. *Idem A. Cornelio.*

Civile est quod à te adversarius tuus exigit, ut rei, quam apud te fuisse fateris, exhibeas venditorem. Nam à transeunte, et ignoto te emisse, dicere non convenit, volenti evitare alienam bono viro suspicionem.

Proposit. 3 calend. maii, Maximo II. et Æliano Coss. 224.

6. *Idem A. Pythidoro.*

Alienum servum sine voluntate domini, qui sciens vendiderit, seu donaverit, vel alio modo alienaverit : nihil domino deminuere potest. Et si contrectet, vel apud se detinuerit, etiam furtum facit.

Proposit. calend. maii, Juliano II. et Crispino Coss. 225.

7. *Idem* A. *Dato.*

Si is cui te pecuniam ad matrem tuam perferendam dedisse proponis, parva quantitate numerata, reliquam in usus suos convertit, furtum fecit.

Proposit. idibus jun. Modesto et Probo Coss. 229.

8. *Idem* A. *Valentino.*

Etiam furti actione tributorum exactor tenetur, si te non cessante in tributoria exactione, sciens quòd nihil debetur, ancillam tui juris abduxit, aut vendidit. Quæ res facit ut nec emptor usucapiat, vindicatioque tibi ipsius competat.

Proposit. 10 calend. martii, Pompeiano et Peligno Coss. 232.

9. *Impp. Diocletianus et Maximianus* AA. *Ædisio.*

Subtracto furto vel vi abrepto mancipio, quamvis hoc rebus humanis non oblatum fuerit exemptum, tam ad raptorem, quàm ad furem periculum redundabit, et uterque eorum pœna legitima coërcebitur.

Sancit. 7 calend. februarii......

10. *Iidem* AA. *et* CC. *Valerio.*

Si abducta mancipia furto vel plagio renundata præses provinciæ perspexerit: cùm nec ab emptore propter cohærens vitium, antequam ad dominum possessio revertatur, hæc usucapi possint, et te ei, cujus fuerint, successisse repererit: restitui tibi providebit.

Sine die et consule.

11. *Iidem* AA. *et* CC. *Demostheni.*

De his, quæ subtraxisse novercam pupilli tui precibus significas, rectorem adi provinciæ: qui si eam posteaquàm dominus rerum is, pro quo supplicas, factus est, aliquid furatam cognoverit: non ignorat in quadruplum furti manifesti: nec manifesti verò dupli actione furti constituta, condemnationem formari.

Datum 7 calend. septembris, CC. Coss.

---

7. *Le même empereur à Datus.*

Si celui que vous dites avoir chargé de porter une somme d'argent à votre mère, n'en a remis qu'une partie et a converti le restant à son usage, il a commis par là un vol.

Fait pendant les ides de juin, sous le cons. de Modestus et de Probus. 229.

8. *Le même empereur à Valentin.*

Le percepteur des tributs est tenu de l'action du vol, si, ayant payé exactement vos impositions, il vous a enlevé votre esclave et l'a vendue, quoiqu'il n'ignorât pas que vous ne deviez rien. C'est pourquoi l'acheteur ne pourra point prescrire votre esclave, que vous pouvez revendiquer.

Fait le 10 des calend. de mars, sous le cons. de Pompéien et de Pélignus. 232.

9. *Les empereurs Dioclétien et Maximien à Edisius.*

Si votre esclave vous a été volé ou enlevé de force, le voleur ou le ravisseur seront également punis, et soumis l'un et l'autre aux peines prononcées par les lois, quoique l'esclave soit décédé avant que la restitution en ait été offerte.

Fait le 7 des calend. de février **.

10. *Les mêmes empereurs et les Césars à Valérius.*

Si le président de la province s'apperçoit que l'esclave vendue ait été enlevée à son maître par vol ou plagiat, comme l'acheteur, à cause du vice qui est inhérent à cette esclave jusqu'à ce que la possession en soit retournée au maitre, ne peut la prescrire par l'usucapion, il ordonnera qu'elle vous soit restituée, si vous lui prouvez que vous avez succédé au maitre de l'esclave.

Sans date ni désignation de consulat.

11. *Les mêmes empereurs et Césars à Démosthène.*

Portez vos réclamations auprès du président de la province au sujet des choses que, selon ce que vous dites dans votre requête, la belle-mère de votre pupille a soustraites ; et si ce magistrat s'apperçoit qu'elle ait volé quelque chose après que celui pour qui vous suppliez est devenu maitre de la succession, il n'ignorera pas qu'elle doit être condamnée à

restituer le quadruple si elle est coupable
d'un vol manifeste. Si le vol n'est pas
manifeste, elle ne sera tenue qu'à la restitution du double.

Fait le 7 des calend. de septembre, sous
le cons. des Césars.

12. *Les mêmes empereurs et Césars à*
Quinta.

Le voleur d'une femme esclave ne peut
prescrire par l'usucapion les enfans dont
cette esclave a accouché chez lui avant
qu'elle ait été restituée à son maître. C'est
pourquoi il peut être poursuivi par l'action du vol à cause de ces enfans. En conséquence vous ne pouvez être empêché
d'exercer contre lui cette action, ainsi que
l'action personnelle. Il vous est encore
permis d'exercer la revendication contre le
possesseur, parce que l'action criminelle
que vous intentez à l'un n'exclut pas la
revendication que vous pouvez exercer
contre l'autre. Car il est certain en droit
que la revendication peut s'exercer en
même tems que l'action criminelle, ces
deux actions n'ayant rien de conforme
entre elles. Ceux qui ont acheté sciemment des esclaves non appartenans aux
vendeurs, peuvent de même être poursuivis par l'action du vol.

Fait pendant les ides d'octobre, sous le
cons. des Césars.

13. *Les mêmes empereurs et les Césars à*
Domnus.

Il est défendu par les lois de poursuivre
de nouveau un vol sur lequel les parties
ont transigé. Mais si, n'ayant point transigé, vous avez reçu seulement une partie
des choses qui vous ont été volées, vous
pouvez exercer pardevant le président de
la province la revendication du restant
ou le demander par l'action du vol.

Fait pendant les calend. de décembre,
sous le cons. des Césars.

14. *Les mêmes empereurs et Césars à*
Dionysius.

Vous pouvez poursuivre ceux qui ont
reçu sciemment des choses volées par un
esclave, non-seulement comme recéleurs,
mais encore par l'action du vol.

Fait le 8 des calend. de janvier, sous le
cons. des Césars.

12. *Idem* AA. *et* CC. *Quintæ.*

Ancillæ subtractæ partus apud furem
editi, priusquam à domino possideantur,
usucapi nequeunt, matris furem etiam horum causa furti actione teneri convenit.
Quapropter furti actione, et condictione,
vel adversus possidentem rei vindicatione
de mancipiis uti non prohiberis : cùm altera pœnam continens, alterius electione
minimè tolli possit. Nam extra pœnam rei
persecutionem esse, nulla juris quæstio
est : cùm etiam hi qui aliena mancipia com-
paraverint, si hanc causam non ignorent,
furti actione teneantur.

Datum ibibus octobr. CC. Coss.

13. *Iidem* AA. *et* CC. *Domno.*

Post decisionem furti leges agi prohibent. Quòd si non transegisti, sed de su-
blatis partem tantùm accepisti : residuum
vindicare, vel condicere, et actione furti
apud præsidem provinciæ agere potes.

Datum calend. decembr. CC. Coss.

14. *Iidem* AA. *et* CC. *Dionysio.*

Eos qui à servo furtim ablata scientes
susceperint, non tantùm de susceptis convenire, sed etiam pœnali furti actione potes.

Datum 8 calend. januarii, CC. Coss.

15. *Iidem* AA. *et* CC. *Socrata.*

Furti actione minimè teneri successores, ignorare non debueras : de instrumentis autem ablatis, in rem actione tenentes convenire potes.
Datum 3 calend. januarii, CC. Coss.

16. *Iidem* AA. *et* CC. *Artemidoro et aliis.*
Si servum vestrum nutriendum qui susceperat, venundedit : furtum commisit.
Datum calend. octobr. CC. Coss.

17. *Iidem* AA. *et* CC. *Cononi.*

Quamvis etiam expilatæ hereditatis criminis promiscuus usus exemplo actionis furti ream uxorem fieri non patiatur : tamen heredes, itemque filii super his, quæ de patris bonis possidet, adversus eam in rem actione experiri non prohibentur.
Datum idibus decembr. CC. Coss.

18. *Iidem* AA. *et* CC. *Dionysiodoro.*

In eum qui ex naufragio vel incendio cepisse, vel in his rebus damni quid dedisse dicitur, intra annum utilem ei cui res abest, quadrupli : post annum in simplum actionem proditam, præter pœnam olim statutam, edicti forma perpetui declarat.
Datum calend. januar. Nicomediæ, CC. Coss.

Nova constitutio Friderici imperatoris de statutis et consuetudinibus contra ecclesiæ libertatem editis, collendis. Coll. 10.
Navigia quocumque locorum pervenerint, si quo casu contingente rupta fuerint, vel aliàs ad terram pervenerint : tam ipsa

15. *Les mêmes empereurs et Césars à Socrata.*

Vous n'auriez pas dû ignorer que des héritiers ne peuvent être poursuivis par l'action du vol ; mais vous pouvez leur intenter l'action *in rem* au sujet des papiers qu'ils ont enlevés.
Fait le 3 des calend. de janvier, sous le cons. des Césars.

16. *Les mêmes empereurs et les Césars à Artémidore et autres.*
Celui qui, ayant reçu votre esclave pour le nourrir, l'a vendu, a commis un vol.
Fait pendant les calend. d'octob., sous le cons. des Césars.

17. *Les mêmes empereurs et Césars à Conon.*

Quoique l'état de la succession où les biens du mari et de la femme sont encore confondus, ne permette pas qu'on intente contre la femme l'action du vol à cause qu'elle est accusée d'avoir pillé l'hérédité, cependant les héritiers, qui le sont aussi du fils pour les biens qui lui étaient parvenus du côté de son père, ne sont point empêchés de poursuivre la femme par l'action réelle.
Fait pendant les ides de décemb., sous le cons. des Césars.

18. *Les mêmes empereurs et Césars à Dionysiodore.*
L'édit perpétuel porte que celui qui a profité de l'occasion d'un naufrage ou d'un incendie pour enlever quelque chose, ou qui a causé du dommage dans de telles circonstances, doit être condamné, s'il est poursuivi dans l'année utile, à la restitution du quadruple envers le maître ; mais que s'il est poursuivi après l'expiration de l'année utile, il ne doit être tenu que de la simple restitution, outre la peine déjà statuée pour ce genre de crimes.
Fait à Nicomédie, pendant les calend. de janvier, sous le cons. des Césars.
Nouvelle constitution de l'empereur Frédéric, dont l'objet est l'abrogation des usages et des coutumes contraires à la liberté de l'église. Coll. 10.
En quelque lieu que ce soit que des navires échouent ou abordent terre, que les navires eux-mêmes, ainsi que les objets

qu'ils contiennent, soient respectés et laissés à ceux à qui ils appartenaient avant que l'accident qui les a jetés sur la côte fût arrivé ; toute coutume contraire à cette loi est abrogée. Nous exceptons cependant le cas où les navires appartiendraient à des pirates ou à des ennemis du nom chrétien. Les infracteurs de cette loi seront punis par la confiscation de leurs biens ; et, si le cas l'exige, leur témérité sera, d'après notre ordre, réprimée par d'autres moyens.

19. *Les mêmes empereurs et Césars à Nestiéus.*

Un faux procureur, en recevant un dépôt, ou en exigeant le paiement d'une dette sans le consentement du maître, commet un vol, et doit être poursuivi, en outre de la restitution de la chose à laquelle il est obligé, par l'action du double, ensuite du vol non manifeste.

Sans date ni désignation de consulat.

20. *L'empereur Justinien à Julien, préfet du prétoire.*

Quelqu'un voulant engager l'esclave d'autrui à enlever quelque chose appartenante à son maître, et à la lui apporter, l'esclave l'a déclaré à son maître et lui a permis de prendre la chose en question, et de la porter à celui qui a tenté de le suborner ; de manière que la chose a été trouvée en la possession du suborneur. Les anciens doutaient si le corrupteur devait être poursuivi par l'action du vol ou par celle de l'esclave suborné, en ce qu'il a tenté de le corrompre, ou s'il devait l'être en même tems par les deux actions du vol et de l'esclave suborné. Quant à nous, décidant ce doute, nous ordonnons qu'il soit donné contre le corrupteur l'action du vol et celle de l'esclave corrompu. Car, quoique l'esclave n'ait pas été rendu plus vicieux, c'est cependant là où tendait le dessein du corrupteur. Et par la même raison que celui qui a tenté de commettre un vol est censé l'avoir commis, d'après les règles du droit, le corrupteur, dans ce cas-ci, doit être, à cause de son dol, poursuivi par l'action du dol. On doit en outre diriger contre lui l'action criminelle de l'esclave suborné, afin

navigia, quàm navigantium bona illis integra reserventur, ad quos spectabant antequam navigia hujusmodi periculum incurrissent : sublata penitus omnium locorum consuetudine, quae huic adversatur sanctioni : nisi talia sint navigia, quae piraticam exerceant pravitatem, aut sint nobis sive christiano nomini inimica. Transgressores autem hujus nostræ constitutionis, bonorum suorum publicatione multentur : et si res exegerit, eorum audacia juxta mandatum nostrum modis aliis compescatur.

19. *Iidem AA. et CC. Nestiæo.*

Falsus procurator depositum recipiendo, vel rem alienum exigendo citra domini voluntatem, furtum facit, ac præter rei restitutionem actione dupli, nec manifesti furti convenitur.

Sine die et consule.

20. *Imp. Justinianus A. Juliano præfecto prætorio.*

Si quis servo alieno suaserit, ut aliquam rem domini sui surriperet, et ad se deferret, servus autem hoc domino manifestaverit, et domino concedente res ejus ad iniquum hujusmodi suasionis auctorem pertulerit, et ipse inventus fuerit rem detinens : quali teneatur actione is qui rem suscepit, utrumne pro occasione furti, an pro servo corrupto, quia eum corrumpere voluerit ; an non solùm furti, sed etiam corrupti servi is obligetur : veteres dubitaverunt. Nobis itaque eorum altercationes decidentibus, placuit non solùm furti actionem, sed etiam servi corrupti contra eum dari. Licèt enim servus minimè deterior factus est, tamen consilium corruptoris ad perniciem probitatis servi introductum est. Et quemadmodùm secundùm juris regulas, furtum quidem non est commissum, quia is videtur furtum committere, qui contra domini voluntatem res ejus contrectat, ipse autem furti actione propter dolum suum tenetur : ita et servi corrupti contra eum actio propter suum vitium non ab re extendatur, ut sit ei pœnalis actio imposita, tanquam re ipsa fuisset servus corruptus : ne ex hujusmodi impamitate, et in alium servum, qui facilè possit corrumpi, hoc facere pertentet.

Datum calend. aug. Lampadio et Oreste VV. CC. Coss. 530.

21. *Idem A. Juliano præfecto prætorio.*

Apud antiquos quærebatur, si servus, quem aliquis bona fide possideat, furtum commiserit alienarum rerum, vel ipsius, apud quem constitutus est : an ipse, qui eum bona fide detinet, noxalem furti actionem adversus verum dominum habeat; vel ipse ab eo qui furtum passus est, prædicta conveniatur actione. Cumque generalis regula ab antiqua prudentia exposita est, hujus hominis gratia, pro quo noxalem furti actionem suscipere quis compellitur, adversus alium furti actionem habere non concedens : quidam ita eam per conjecturam interpretati sunt, adversus bonæ fidei quidem possessorem nullo modo furti actionem extendi : ipsi autem, si furtum fuerit passus, adversus verum dominium furti actionem noxalem rectè decerni. Tunc autem bonæ fidei possessorem furti nomine, quod passus est, noxalem actionem contra dominum habere posse, quando servus sub domini sui fuerit constitutus possessione. Et pro his rebus posse eum adversus dominum habere actionem, non solùm quas servus subtraxit jam apud eum constitutus, sed et quas furatus est, quando fugit quidem à bonæ fidei possessore, adhuc autem nondum sub manibus domini sui fuerit constitutus. Quam interpretationem prisca quidem jura per conjecturam introducebant. Nos autem altiùs et veriùs ad eam respicientes, generalem regulam sic ab initio esse prolatam accipimus. Cùm igitur bonæ fidei possessor domini cogitatione furem possidet : meritò, donec apud eum constitutus est, et aliis tenetur noxali actione, si extranei furtum à servo fuerint passi, et ipse adversus verum dominum non habet actionem, secundùm regulam dicentem : qui habet adversus alium furti actionem, ipse ea teneri non potest. Sin autem desinat in servi retentione, et ille apud verum dominum fuerit inventus : tunc ipse quidem noxali

qu'il soit puni comme s'il eût réussi à corrompre l'esclave; de peur que s'il restait impuni, il ne tente de corrompre un autre esclave plus facile.

Fait pendant les calend. d'août, sous le cons. de Lampadius et d'Oreste. 530.

21. *Les mêmes empereurs à Julien, préfet du prétoire.*

On demandait chez les anciens si celui qui, possédant un esclave de bonne foi, pouvait intenter l'action noxale du vol contre le vrai maître de l'esclave pour cause de vols faits par ce dernier à autrui ou à son possesseur de bonne foi, ou si celui qui a été volé pouvait intenter la même action contre le vrai maître de l'esclave. Quelques jurisconsultes concluaient, par conjecture de ce qu'il existe dans l'ancien droit une règle générale favorable à celui contre qui on intente l'action du vol, et qui porte qu'on ne peut avoir l'action du vol contre tout autre que celui qui l'a commis, qu'on ne pouvait en aucune manière intenter l'action du vol contre le possesseur de bonne foi, et que ceux qui avaient été volés devaient se pourvoir par l'action noxale du vol contre le vrai maître. Il résultait de là que le possesseur de bonne foi pouvait diriger, pour le vol dont il avait été l'objet, l'action noxale contre le vrai maître pour le vol fait pendant que l'esclave était en la puissance de ce dernier, et qu'il avait encore contre le vrai maître une action non-seulement pour les choses volées pendant que l'esclave était en sa possession, mais encore pour celles volées après s'être enfui de son possesseur de bonne foi, quoique non encore en la possession de son vrai maître. Telle est l'interprétation que les jurisconsultes avaient donnée par conjecture à l'ancien droit. Quant à nous, abordant cette question d'une manière plus profonde, et la décidant d'une manière plus conforme à la vérité, nous interprétons la règle dont nous venons de parler de la manière suivante. Donc le possesseur de bonne foi, possédant l'esclave comme maître, c'est très-justement que tant que l'esclave est en sa possession, il est tenu de l'action noxale pour les vols que l'esclave a faits à des étrangers, et que quant aux vols dont il a été lui-même l'objet, il n'a aucune action contre le vrai maître, en vertu de la règle qui dit : Celui qui a contre quelqu'un l'action du vol, ne peut être tenu lui-même de l'action résultante de ce même vol. Mais si le possesseur de bonne foi cessant de posséder l'esclave, il est retourné en la possession de son vrai maître, alors il n'est point tenu de l'action noxale du vol, mais il a au contraire cette même action contre le vrai maître pour les vols qui ont eu lieu tant depuis que l'esclave est en la possession de son vrai maître, que pour ceux faits après que le possesseur de bonne foi a cessé de posséder l'esclave, quoiqu'avant qu'il fût rentré en la possession de son vrai maître. Par l'effet de cette interprétation, l'espèce dont nous parlons rentre dans cette règle générale : celui qui a l'action du vol contre le maître, ne peut être lui-même tenu envers d'autres de l'action résultante du même vol; qu'ainsi, que par cette distinction dans les tems et par l'effet de notre médiation, les diverses opinions des jurisconsultes sur la présente question soient réunies en une ; que donc, pendant le tems qui a été déterminé, le possesseur de bonne foi ait l'action, et qu'on ne puisse pas la diriger contre lui; qu'également le maître, dans un autre tems qui a été aussi déterminé, ne puisse être actionné et puisse lui-même actionner. A l'égard de celui qui, étant libre, est cependant possédé de bonne foi comme esclave, s'il est coupable de vol, et s'il est prouvé évidemment qu'il soit libre, le possesseur de bonne foi peut le poursuivre par l'action du vol; si le vol a été fait à une personne étrangère, le possesseur de bonne foi ne peut être encore poursuivi pour le prétendu esclave ; parce que, comme libre, il doit répondre de son fait. La règle générale dont nous avons parlé a été établie au sujet de celui qui est esclave, et non de celui qui est libre, contre qui, d'après nos lois, on ne peut intenter l'action noxale.

Fait pendant les calend. d'octobre, sous le cons. de Lampadius et d'Oreste. 530.

furti actione minimé potest teneri, adversus autem verum dominum habet ipse furti noxalem actionem pro rebus quas vel tunc furatus est, cùm est apud verum dominum, vel antea, postquam bonæ fidei possessoris retentionem excessit, necdum apud verum dominum factus est. Sic iterum reguke generali casus evenit consentaneus. Qui enim habet tunc furti actionem adversus dominum, ipse aliis teneri furti actione non potest : et sic ex tempore omnibus discretis, vetustissima dubitatio nostro fœdere conquiescat, et bonæ fidei possessor in parte certa temporis habeat actionem, et non teneatur actione : et ipse dominus in alio tempore non teneatur actione, et in alio sub actione constituatur. De eo autem qui liber constitutus, ab alio bona fide tenetur, si furtum commiserit, rectè et sine aliqua dubitatione dicitur posse eum, qui liber est cognitus, et ab ipso qui bona fide eum detinet, pro furto conveniri : et bonæ fidei possessorem, si extraneo furtum liber commiserit, non posse conveniri, sed ipsum pro suo furto respondere : quia generalis regula de servo prolata est, et pro eo qui non servus, sed liber, et suæ potestatis est, noxalem moveri actionem, impossibile, nostrisque legibus incognitum est.

Datum calend. octobr. Lampadio et Oreste VV. CC. Coss. 530.

22. *Idem A. Joanni præfecto prætorio.*

Manifestissimi quidem juris est, perpetrato furto, ei competere furti actionem, cujus interest ne furtum committatur. Sed quærebatur apud antiquos legum interpretes, si quis commodavit alii rem ad se pertinentem, et ipsa subtracta est : an furti actio adversus furem institui possit ab eo qui rem utendam suscepit, idoneo scilicet constituto : quia et ipse commodati actione a domino pro ea re conveniri possit? Et hoc quidem penè jam fuerat concessum, ut habeat ipse actionem, nisi inopia dignoscatur laborare : tunc enim furti actionem domino competere dicebant. Sed ea satis increbuit dubitatio, si tempore quo furtum committebatur, idoneus erat is qui rem commodatam acceperat, posteà autem ad inopiam pervenit, antequam moveatur actio quæ ei antea competebat : an debeat actio, quæ semel ei adquisita est, firmiter apud eum manere, vel ad dominum reverti ; tum et hoc quærebatur, an in casu furti actio ambulatoria sit, necne. Sed omnem talem tractatum alia sequitur subdivisio, si ex parte solvendo sit is qui rem utendam accepit, ut possit non in totum, sed particularem solutionem ei facere : an habeat furti actionem, vel non.

§. 1. Tales itaque ambiguitates veterum, imò magis (quod melius dicendum est) ambages nobis decidentibus, in tanta rerum difficultate simplicior sententia placuit : ut in domini sit voluntate, sive commodati actionem adversus res accipientem movere desiderat, sive furti adversus eum qui rem surripuit : et alterutra earum electa, dominum non posse ex pœnitentia ad alteram venire actionem : sed si quidem furem elegerit, illum qui rem utendam accepit, penitus liberari. Sin autem quasi commodator veniat adversus eum qui rem commodatam accepit, ipsi quidem nullo modo competere posse adversus furem furti actionem : eum autem qui pro re commodata convenitur, posse adversus furem quidem furti actionem habere : ita tamen,

22. *Le même empereur à Jean, préfet du prétoire.*

Il est de droit manifeste que l'action du vol compète à celui qui en a été l'objet. Les anciens jurisconsultes doutaient si quelqu'un tenant une chose à titre de louage, elle a été volée, il avait contre le voleur l'action du vol, pouvant lui-même être poursuivi par le maître de la chose en vertu de l'action du commodat. Cette action lui était accordée dans le cas où il n'était pas dans une telle indigence qui fît craindre qu'il ne devînt insolvable. Mais lorsque cette crainte était fondée, les anciens jurisconsultes attribuaient au maître l'action du vol. Mais il s'élevait encore dans ce cas un autre doute ; car le commodataire pouvait se trouver solvable lorsque le contrat fût passé, et être tombé depuis, et avant d'avoir exercé l'action qui lui compétait, dans l'indigence. On demandait si, dans une pareille espèce, le commodataire doit conserver invariablement l'action qui lui a été acquise lors du contrat, ou si, à cause de l'indigence où il est tombé depuis, l'action doit retourner au maître ; ou, pour présenter la question en des termes plus simples, si l'action du vol est ambulatoire ou non. Il se présente encore une autre subdivision à faire dans cette question ; savoir, si le commodataire étant solvable pour une partie, mais non pour le tout, on doit lui accorder ou lui refuser l'action du vol.

§. 1. C'est pourquoi nous applanissons ces doutes des anciens, ou plutôt ces subtilités, par un moyen aussi simple que les difficultés étaient plus grandes. Nous ordonnons donc qu'il soit laissé au choix du maître, ou d'exercer l'action du commodat contre le commodataire ou celle du vol contre le voleur ; mais que le choix qu'il aura une fois fait de l'une de ces actions le rende incapable de revenir à l'autre. En sorte que, s'il a choisi l'action du vol, le commodataire soit entièrement libéré, et que si, comme propriétaire, il a dirigé contre le commodataire l'action du commodat, il ne puisse en aucune manière exercer l'action du vol contre le voleur. Le commodataire qui est poursuivi par le propriétaire, peut exercer
l'action

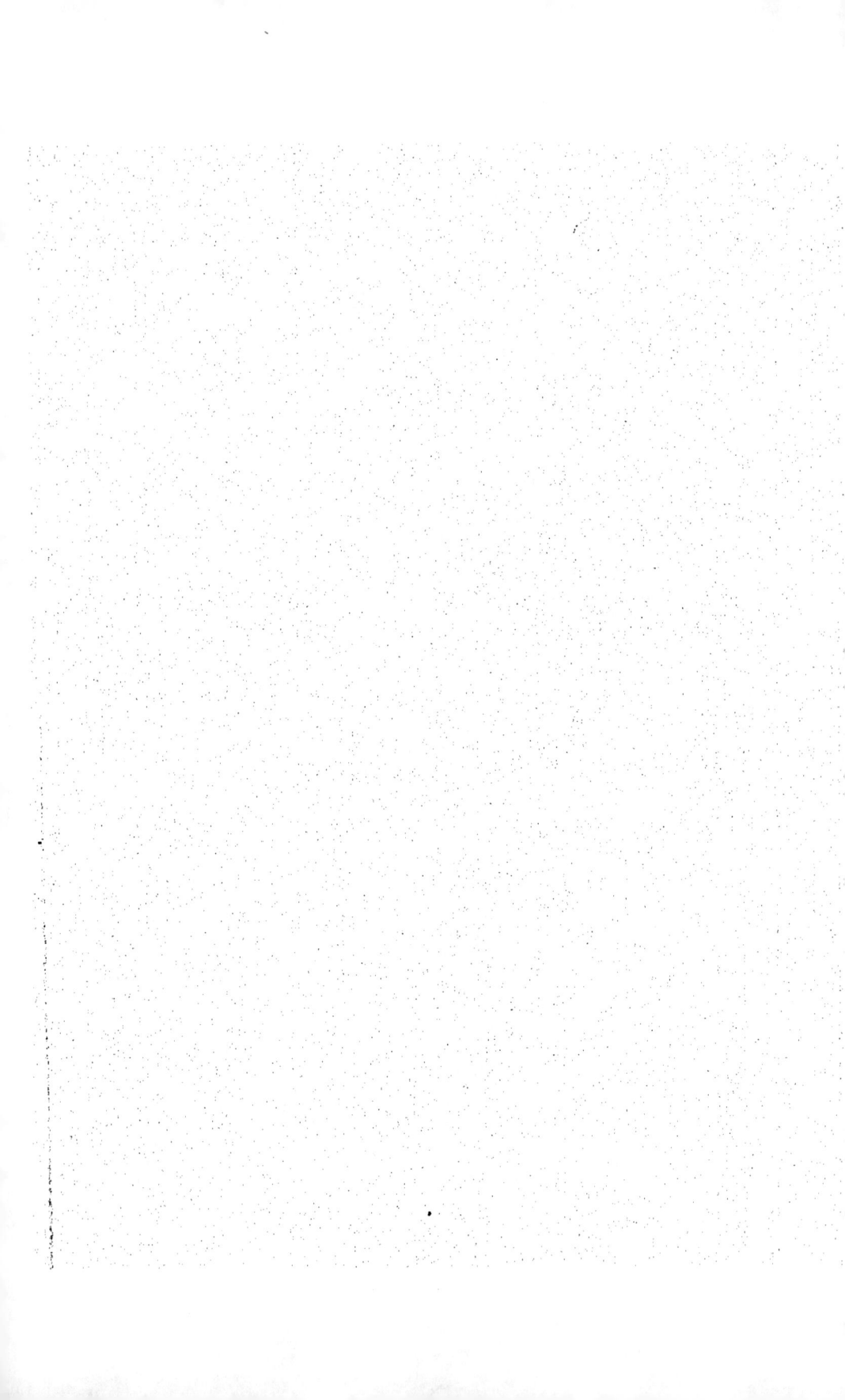

l'action du vol contre le voleur. Ces dispositions n'ont lieu cependant que dans le cas où le maître a su que sa chose a été volée.

§. 2. Mais si le propriétaire, ignorant ou doutant que la chose fût chez le commodataire, a intenté l'action du commodat, et ensuite, après avoir découvert la vérité, se désistant de l'action du commodat, veut intenter l'action du vol contre le voleur, que cela lui soit permis. On ne peut lui opposer dans ce cas qu'il a déjà intenté l'action du commodat contre le commodataire, parce qu'il n'en a agi ainsi que parce qu'il se trouvait incertain où se trouvait la chose; à moins cependant que le commodataire ne l'eût indemnisé de la perte de sa chose. Car, dans ce cas, le voleur est entièrement libéré à l'égard du maître; mais il se trouve obligé au commodataire qui a satisfait le maître pour lui. Il est encore de droit certain que si le maître, ignorant que sa chose eût été volée, a d'abord dirigé l'action du commodat contre le propriétaire, mais ensuite après avoir découvert la vérité, s'est désisté de ses premières poursuites pour diriger l'action du vol contre le voleur, le commodataire est entièrement libéré envers le maître quelle que soit l'issue du procès que ce dernier a intenté contre le voleur. La même disposition doit être observée soit que le commodataire ne soit solvable que pour une partie, soit qu'il le soit pour le tout.

§. 3. Il s'était élevé un second doute au sujet du cas suivant : quelqu'un a reçu une chose à titre de commodat; un voleur la lui enlève; le commodataire poursuit le voleur, qui est condamné non-seulement à restituer la chose volée, mais encore à la peine du vol. Le propriétaire intervient ensuite dans le procès, et demande que ces condamnations n'ayant été faites qu'à l'occasion d'une chose lui appartenante, elles soient tournées en sa faveur et comme rendues sur sa plainte. Les anciens doutaient, au sujet de cette espèce, si on devait accorder au propriétaire seulement sa chose ou sa valeur, ou si on devait encore lui accorder les dommages et intérêts auxquels le voleur a été condam-

tamen , si dominus sciens rem esse surreptam , adversus eum cui res commodata fuit , perveniat.

§. 2. Sin autem nescius et dubitans rem non esse apud eum , commodati actionem instituit, posteà autem, re comperta, voluit remittere quidem commodati actionem , ad furti autem pervenire : tunc licentia ei concedatur et adversus furem venire : nullo obstaculo ei opponendo, quoniam jam incertus constitutus movit adversus eum qui rem utendam accepit, commodati actionem : nisi domino ab eo satisfactum est. Tunc etenim omnimodò furem à domino quidem furti actione liberari, suppositum autem esse ei qui pro re sibi commodata domino satisfecit : cùm manifestissimum sit, etiam si ab initio dominus actionem instituit commodati, ignorans rem esse surreptam , posteà autem hoc ei cognito adversus furem transivit : omnimodò liberari eum , qui rem commodatam susceperit, quemcumque causæ exitum adversus furem dominus habuerit : eadem definitione obtinente sive in partem, sive in solidum solvendo sit is qui rem commodatam accepit.

§. 3. Sed cùm in secundam dubitationem incidebant , quid statuendum sit si quis rem commodatam habuerit , quam aliquis furto subtraxerit , et lite pulsatus condemnationem passus fuerit , non tantùm in rem furtivam, sed etiam in pœnam furti ; et posteà dominus rei venerit omnem condemnationem accipere desiderans, utpote ex suæ rei occasione ortam : alia dubitatio incidit veteribus, utrumne rem tantùm suam, vel ejus æstimationem consequatur, an etiam summam pœnalem. Et licèt ab antiquis variatum est, et ab ipso Papiniano in contrarias declinante sententias : tamen nobis hoc decidentibus , Papinianus licèt variaverit, eligendus est, non in prima, sed in secunda ejus definitione, in qua lucrum statuit minimè ad dominum rei pervenire. Ubi enim periculum , ibi et lucrum collocetur : ne sit damno tantùm deditus, qui rem commodatam accepit , sed liceat ei etiam lucrum sperare.

§. 4. Cùm autem in confinio earum dubitationum tertia exorta est quæstio : quare non et eam decidimus? Cùm enim apertissimi juris sit , non posse maritum constante matrimonio furti actionem contra suam uxorem habere , quia lex ita atrocem actionem dare in personam ita sibi conjunctam erubuit : ejusmodi incidit veterum sensibus quæstio. Quidam etenim re sibi commodata , hujusmodi rei furtum à sua muliere passus est : et dubitabatur , utrumne domino rei furti actio contra mulierem præstaretur, an propter necessitatem causæ et maritus ejus, utpote actioni commodati suppositus, possit habere furti actionem. Et auctores quidem juris satis et in hac specie contra se jurgium exercuerunt. Ex præsenti autem lege , et anterioribus nostris decisionibus , quæ in ista positæ sunt constitutione, potest et hæc species apertiùs dirimi. Si enim domino dedimus electionem , ad quem voluerit pervenire , sive ad eum qui rem commodatam accepit , sive contra eum qui furtum commisit : et in hac specie maritus quidem propter matrimonii pudorem, non furti, sed rerum amotarum actionem habeat , si ipsum dominus elegerit. Dominus autem omnem licentiam possideat, sive adversus maritum commodati, sive adversus mulierem furti actionem extendere : ita tamen, ut si ipso qui rem commodatam accepit, solvendo sit , nullo modo adversus mulierem furti actio extendatur : ne ex hujusmodi occasione inter maritum et uxorem qui non bene secum vivunt, aliqua machinatio oriatur, et forsitan marito volente uxor ejus extrahatur, et furti patiatur pœ-

né. Quoiqu'il y ait eu différentes opinions à ce sujet chez les anciens jurisconsultes, et que Papinien lui-même ait varié dans son sentiment, cependant nous, applanissant ces doutes, nous ordonnons qu'on se rende à la dernière opinion de Papinien, malgré ses variations à cet égard, qui porte que le profit ne doit point appartenir au propriétaire : car celui qui a encouru les risques doit aussi recueillir les avantages; et d'après cette maxime , le commodataire doit non-seulement ne souffrir aucune perte, mais encore il doit recueillir les avantages qui sont la suite de sa diligence.

§. 4. A l'occasion des doutes que nous venons de résoudre , il est encore né une troisième question. Pourquoi ne la resoudrions-nous pas aussi ? Il est certain que le mari ne peut , pendant l'existence du mariage , intenter l'action du vol contre sa femme, parce que la loi , par respect pour l'étroite liaison où se trouvent ces deux personnes , refuse une action si infamante au mari. La question élevée à ce sujet chez les anciens est celle-ci : Si la chose que quelqu'un a reçu à titre de commodat , lui est volée par sa femme, le propriétaire a-t-il l'action du vol contre la femme de son commodataire ? ou ce dernier , à cause qu'il est lui-même tenu de l'action du commodat , peut-il intenter l'action de vol à sa femme ? il s'est élevé au sujet de cette espèce beaucoup de disputes entre les jurisconsultes. Cette question se trouve clairement résolue par la disposition suivante et les précédentes contenues dans cette présente constitution. Car si le propriétaire a le choix de poursuivre celui des deux qu'il juge à propos, du commodataire ou du voleur, le mari, s'il est poursuivi par le propriétaire, peut dans cette espèce intenter contre sa femme non l'action du vol, à cause du respect dû au mariage, mais bien celle des choses soustraites. Que le propriétaire ait la pleine faculté d'intenter ou l'action du commodat contre le mari ou celle du vol contre la femme. Nous mettons cependant cette restriction, que si le mari est solvable, il ne puisse intenter l'action du vol contre la femme ; afin d'éviter qu'à cette occasion il ne naisse entre le mari et la femme, qui déjà ne vivent pas bien ensemble, de nouveaux sujets de division, et que la femme soit, avec le consentement de son mari, traduite en jugement, et condamnée aux dommages et intérêts.

Fait le 15 des calend. de septembre, sous le cons. de Lampadius et d'Oreste. 530.

nalem condemnationem.

Datum 15 calend. septembris, Lampadio et Oreste VV. CC. Coss. 530.

TITRE III.

Du travail des affranchis.

1. *Les empereurs Sévère et Antonin à Romanus.*

Si, pour condition de votre affranchissement, votre patron vous a imposé un certain travail, sachez que vous devez vous acquitter de cette obligation : car il est d'usage que les patrons et les affranchis conviennent que ces derniers feront, pour condition de leur liberté, tel travail; quoique votre patron ne puisse pas vous demander le prix du travail qui vous est imposé, et dont vous vous acquittez, cependant s'il est dans une telle indigence qu'il manque d'alimens, vous êtes tenu de lui en fournir ; et quand même vous ne seriez tenu envers votre patron d'aucun travail, vous êtes tenu, s'il a perdu sa fortune, de lui fournir des alimens.

Fait le 3 des calend. de janvier, sous le cons. de Chilon et de Libon. 205.

2. *Les mêmes empereurs à Eutychès.*

Celui qui a été affranchi ne peut ni être réduit de nouveau en servitude par son patron, ni être forcé de faire le travail qu'il lui a imposé après son affranchissement.

Fait le 6 des calend. de mars, sous le deuxième cons. de l'empereur Antonin et de Géta. 206.

3. *Le même empereur à Quintinien.*

Celui qui ayant reçu de l'argent d'un étranger sous la condition qu'il affranchirait son esclave, en a exigé encore de l'esclave même à titre de travail; il doit, soit qu'il lui ait imposé du travail ou non, être forcé de restituer cette dernière somme comme indue.

Fait pendant les cal. de novembre,

TITULUS III.

De operis libertorum.

1. *Impp. Severus et Antoninus AA. Romano.*

Si tempore manumissionis operæ tibi impositæ sunt : scis te eas præstare debere. Solet autem inter patronos et libertos convenire, ut pro operis aliquid præstetur : licèt pretium peti non possit, nisi quando propter inopiam pro alimentis id extraordinem peti necessitas suaserit : cùm etsi operæ non erant impositæ, defectis tamen facultatibus patroni, eum alere cogebaris.

Proposit. 3 calend. januarii, Chilone et Libone Coss. 205.

2. *Iidem AA. Eutycheti.*

Manumissionis causa traditus, neque in servitutem reduci à manumissore potest, neque impositas operas præstare cogitur.

Proposit. 6 calend. maii, Antonino A. II. et Geta II. Coss. 206.

3. *Iidem AA. Quintiniano.*

Qui nummis acceptis ab extraneo, servum suum manumisit, et pro operis pecuniam ab eo accepit : sive fuerant operæ impositæ, sive non : ut indebitam solutam reddere cogitur.

Propos. cal. novembr. Albino et Æmiliano Coss. 207.

4. *Imp. Antoninus A. Valeriano.*

Si quam tibi pecuniam à liberto tuo ex venditione operarum deberi probaveris : restitui tibi à liberto tuo præses jubebit. Ex hoc enim liberam testamenti factionem libertus habet : modò si non onerandæ libertatis gratia emissam esse cautionem probabitur.

Proposit. 14 calend. maii, Duobus et Aspris Coss. 213.

5. *Idem A. Terentio.*

Mater tua ab eo , quem ex causa fideicommissi manumisit , operas impositas petere non potest : nisi ejus tantùm temporis, quo cum antè manumisit, quàm dies fideicommissæ libertatis existeret. Sed nisi ei honorem patronis debitum exhibuerit : adeat competentem judicem pro modo admissi vindicaturum.

Proposit. 3 id. maii, Duobus et Aspris Coss. 213.

6. *Imp. Alexander A. Cæcilio.*

Liberti libertæque defunctorum operas neque extraneis heredibus patronorum, neque maritis patronarum debent.

Proposit. calend. novembr. Alexandro A. Coss. 225.

7. *Idem A. Minicio.*

Nec patronis pro operis mercedem accipere licet, quamvis si indictæ operæ præstitæ non sint, ad pecuniæ exactionem obsequii non præstiti æstimatio convertatur. Qui autem duos filios in potestate vel diversis temporibus habuit : lege Julia de maritandis ordinibus obligatione operarum liberatur.

Datum 12 calend. junii, Juliano II. et Crispino Coss. 226.

sous le consul. d'Albin et d'Emilien. 207.

4. *L'empereur Antonin à Valérien.*

Si vous prouvez qu'il vous soit dû de l'argent du produit de la vente des ouvrages de votre affranchi . le président de la province contraindra votre affranchi à vous payer , pourvu cependant que la promesse faite par l'affranchi au patron soit prouvé n'avoir pas été exigée par ce dernier dans le dessein de grever la liberté de l'affranchi. L'affranchi a la libre faculté de disposer par testament du produit de ses ouvrages.

Fait le 14 des cal. de mai, sous le consul. des deux Asper. 213.

5. *Le même empereur à Térentius.*

Votre mère ne peut imposer du travail à celui qu'elle a été obligée d'affranchir pour cause de fidéicommis , à moins qu'elle ne l'ait affranchi avant le tems fixé par le fidéicommis ; elle peut dans ce cas lui imposer du travail, mais seulement en considération de ce qu'elle a fait l'affranchissement avant d'y être tenue. Mais si l'affranchi n'a pas tout le respect qu'il doit à son patron , que ce dernier porte ses réclamations devant le juge compétent, pour en obtenir satisfaction.

Fait le 3 des ides de mai, sous le consul. des deux Asper. 213.

6. *L'empereur Alexandre à Cécilius.*

Les affranchis et les affranchies dont les patrons sont morts , ne doivent point de travail aux héritiers étrangers de leurs patrons ni aux maris de leurs patronnes.

Fait pendant les cal. de novembre, sous le consul. de l'empereur Alexandre. 225.

7. *Le même empereur à Minicius.*

Qu'il ne soit pas permis aux patrons de recevoir de l'argent pour le travail de leurs affranchis, quand même ils prétendraient que cette somme n'est due qu'à cause de l'irrévérence de l'affranchi. L'affranchi qui a eu deux enfans à la fois ou en divers tems, est en vertu de la loi Julia concernant les mariages, libéré à l'égard de son patron, du travail qui lui a été imposé par ce dernier.

Fait le 12 des cal. de juin, sous le deuxième consul. de Julien et le premier de Crispinus. 226.

8. *Le même empereur à Augustin.*

Si vous vous êtes acheté de celui qui vous a affranchi avec votre propre argent, vous ne lui devez rien à titre de travail, et ne pouvez pour cette dernière cause être accusé d'ingratitude. Il ne faut pas oublier cependant qu'il est votre patron.

Fait le 3 des ides de septembre, sous le consul. désigné ci-dessus. 226.

9. *Le même empereur à Lictorius.*

En épousant votre affranchie vous avez élevé sa condition : c'est pourquoi vous ne pouvez la forcer de travailler pour vous, devant être content de ce que par un bienfait de la loi, personne autre ne peut malgré vous se marier légitimement avec elle.

Fait le 10 des cal. de mars, sous le consul. de Fuscus et de Dexter. 226.

10. *Le même empereur à Herculien.*

Titius a donné par son testament la liberté à son esclave Caius en ces termes : *Je veux que dans trois années à compter du jour de ma mort, mon esclave Caius soit affranchi ; en sorte cependant qu'il rende à mes héritiers les mêmes offices qu'il me rendait de mon vivant.* Ce même esclave a toujours rendu ses mêmes offices au testateur jusqu'au jour de sa mort, et après sa mort a continué de les rendre à ses héritiers jusqu'au dernier jour des trois années fixées pour son affranchissement. Il est manifeste qu'après qu'il a eu obtenu la liberté, il ne peut être forcé de continuer au-delà les offices dont il était tenu avant son affranchissement.

Fait le 7 des ides d'août, sous le consul. de Fuscus et de Dexter. 226.

11. *L'empereur Gordien à Africain.*

L'enfant né d'une affranchie est ingénu. Celui qui a permis à son affranchie de se marier ne perd pas les droits du patronage, quoiqu'il ne puisse pas exiger du travail d'elle.

Fait le 3 des nones d'août, sous le consul. de Pius et de Pontien. 239.

12. *Les empereurs Dioclétien et Maximien à Veneria.*

Les affranchis ont la liberté de demeurer où ils veulent. Les enfans de leurs patrons, auxquels ils ne doivent que du

8. *Idem A. Augustino.*

Si tuis nummis emptus es ab eo, à quo manumissus es : nec operas ei debes, nec puniri ab eo ut ingratus potes. Patronum tamen tuum esse eum negari non oportet.

Datum 3 id. septembris, Juliano II. et Crispino Coss. 226.

9. *Idem A. Lictorio.*

Libertæ tuæ, ducendo eam uxorem, dignitatem auxisti : et ideò non est cogenda operas tibi præstare, cùm possis legis beneficio contentus esse, quòd invito te alii non possit justé nubere.

Datum 10 cal. martii, Fusco et Dextro Coss. 226.

10. *Idem A. Herculiano.*

Titius si cùm testamentum faceret, servo suo Caio libertatem cum conditione hac dedit, *Caium servum meum à die mortis meæ annis tribus peractis manumitti volo : ita tamen ut præstet heredibus meis sicut me vivo præstabat.* Et cùm idem servus testatori diurnum quiddam præstaret, et post mortem ejus usque ad diem præstandæ libertatis etiam heredibus præstiterit : manifestum est, quòd adeptus libertatem, ad eandem præstationem compelli non possit.

Datum 7 id. augusti, Fusco et Dextro Coss. 226.

11. *Imp. Gordianus A. Africano.*

Quod ex liberta muliere nascitur, ingenuum est. Is autem qui libertæ suæ nubendi commodavit adsensum : quamvis operas ab ea exigere non possit, jura tamen patronatus non amittit.

Proposit. 3 nonas augusti, Pio et Pontiano Coss. 239.

12. *Impp. Diocletianus et Maximianus AA. Veneriæ.*

Qui manumittuntur, liberum, ubi voluerint, commorandi arbitrium habent : nec à patronorum filiis, quibus solam reverentiam debent, ad serviendi necessitatem redigi possunt, nisi ingrati probentur : cùm neque cum patrono habitare libertos jura compellant.

Sancit. 9 calend. junii, ipsis AA. et Coss.

13. *Imppp. Valens, Valentinus et Gratianus* AAA. *ad Probum præfectum prætorio.*

In redhibitione operarum maneat pœna in eum qui libertum alienum recipiendum esse duxerit.

Datum 3 id. julii, Gratiano A. II. et Probo Coss. 371.

respect, ne peuvent les réduire en servitude, à moins qu'ils ne prouvent qu'ils sont ingrats ; les affranchis ne peuvent être contraints d'habiter avec leurs patrons.

Fait le 8 des cal. de janvier, sous le consul. des mêmes empereurs.

13. *Les empereurs Valens, Valentinien et Gratien à Probus, préfet du prétoire.*

Que celui qui est convaincu d'avoir caché l'affranchi d'autrui qui était tenu d'un certain travail envers son patron, soit puni.

Fait le 5 des ides de juillet, sous le deuxième consul. de l'empereur Gratien et le premier de Probus. 371.

TITULUS IV.

De bonis libertorum, et jure patronatus.

1. *Impp. Severus et Antoninus* AA. *Secundæ.*

Mᴜʟᴛᴜᴍ interest, utrùm quis suis nummis emptus, ac manumissus sit ab emptore, an à domino suo data pecunia mereatur libertatem. Priore enim casu ad bona ejus contra tabulas admitti patronum non placet ; posteriore verò omnia jura patronatus retinet. Et ideò cùm Sabiniani patroni filii, qui plenum jus habuit, ut hostis publici bona fisco vindicata sint : secundùm ea quæ divo Pertinaci placuerunt, et nos secuti sumus, in jura libertorum ejus fiscus noster successit.

Proposit. 5 non. julii Faustino et Rufino Coss. 211.

2. *Impp. Valens et Valentinus* AA. *ad Florianum comitem rerum privatarum.*

Si liberti conniventibus patronis consortium cum ancillis colonisve nostris elegerint : sciant illi se deinceps commoda patronatus amissuros.

TITRE IV.

Des biens des affranchis et des droits du patronage.

1. *Les empereurs Sévère et Antonin à Sécunda.*

Iʟ y a une grande différence entre celui qui a été acheté avec son propre argent et ensuite affranchi par l'acheteur, et celui qui a été affranchi par son maître moyennant une somme d'argent qu'il lui a donnée : car, dans le premier cas, le patron n'est pas admis à la succession contre les tables de l'affranchi, et dans le second cas, il conserve tous les droits du patronage. C'est pourquoi, de ce que les biens de Sabinien, fils du patron (qui de son vivant jouissait de tous les droits du patronage), ont été adjugés au fisc par suite de ce qu'il a été déclaré ennemi public, il s'ensuit que notre fisc doit, d'après les dispositions décrétées par l'empereur Pertinax, et que nous confirmons, succéder à ses affranchis.

Fait le 5 des nones de juillet, sous le consul. de Faustinus et de Rufinus. 211.

2. *Les empereurs Valens et Valentinien à Florian, comte des affaires privées.*

Si des affranchis, sans oppositions de la part de leurs patrons, se sont mariés avec des femmes esclaves ou colons appartenantes à l'empereur, que leurs patrons sachent qu'ils sont déchus des droits du patronage.

Fait le 3 des ides d'octobre , sous le consul. de Lupicinius et de Jovinus. 367.

3. *L'empereur Justinien à Démosthène , préfet du prétoire.*

Si à l'avenir un patron en affranchissant son esclave, soit par actes entre vifs, soit par testament ou par codicilles écrits ou non écrits, a voulu qu'après que l'affranchissement aurait eu lieu, l'esclave fût libéré des droits du patronage; abolissant le droit ancien sur cette matière, nous ordonnons que les affranchis soient, par l'effet de ces seules expressions, libérés des droits du patronage. Nous dépouillons de même les patrons de leurs droits sur les successions de leurs affranchis, desquelles successions les anciens les avaient aussi exclus dans l'espèce qui nous occupe. Personne n'ignore qu'il résulte de ces expressions du patron le même effet qui suit la *restitution de la naissance.* Les mêmes dispositions doivent être appliquées au cas où l'affranchissement ayant eu lieu en re vifs, la remise des droits du patronage aurait été faite par acte de dernière volonté. Nous engageons à faire, autant qu'il sera possible , *de restitutions de naissances,* seul moyen d'accorder aux affranchis une ingénuité entière; parce que nous aimons beaucoup plus que notre empire soit peuplé d'ingénus que d'affranchis. Cependant les affranchis, quoique la remise des droits du patronage leur ait été faite de la manière dont nous venons de parler ci-dessus, sont tenus de respecter leurs patrons ; et ces derniers peuvent, en cas d'ingratitude, replonger de nouveau ces sortes d'affranchis dans l'esclavage : car à peine ceux qui ont été l'objet d'une restitution de naissance sont dispensés de ce respect pour leurs patrons. Nous confirmons les dispositions pénales qui prononcent la perte du droit de patronage dans le cas où les patrons s'en sont rendus indignes.

Récitée sept fois dans le nouveau consistoire du palais de Justinien.

Fait le 3 des cal. de novembre, sous le consul. de Décius. 529.

Datum 3 id. octobris , Lupicinio et Jovino VV. CC. Coss. 367.

5. *Imp. Justinianus A. Demostheni præfecto prætorio.*

Si quis patronorum in posterum hujusmodi narrationem conceperit, vel in libertatibus quæ inter vivos actitantur, vel in his quæ ex testamento vel codicillis scriptis vel sine scriptis habitis proficiscuntur, ut liberti eorum à jure patronatus liberentur : antiqua interpretatione semota, non dubitet etiam patronatus jus ex sola tali verborum conceptione libertis esse remittendum : nec eorum successionibus quæ ab intestato descendunt, quas veteres etiam post hujusmodi actus servari in libertorum bonis decreverunt, à nobis patronis integris reservandis. Sed quemadmodum in natalium restitutione omne jus tollitur patronatus : ita et in hujusmodi verbis eandem vim esse observandam, omnes non ignorant. Idemque juris est si inter vivos manumissione imposita, in ultimis voluntatibus concessio data fuerit patronatus: ita tamen, ut in omnibus natalium restitutiones (ex quibus penè solis ingenuitas mera libertis competit) tam obtineant, quàm in nostra republica polleant : cùm nobis cordi est, ingenuis magis hominibus quàm libertis eam frequentari. Reverentia tamen, quæ à libertis patronis debetur, et jure quod adversus ingratos libertos patronis competit, integris reservandis, et si per verborum conceptionem secundùm à nobis inductum modum jus patronatus fuerit amissum : cùm etiam hæc ingenuitatis præmio tollantur, quam penè sola natalium restitutio inducit. His videlicet casibus, per quos pœnalibus modis jus patronatus quasi ab indignis patronis eripitur, in suo robore duraturis.

Recitata septies in novo consistorio palatii Justiniani. Datum 3 calend. novembris, Decio V. C. Coss. 529.

TITULUS V.

Si in fraudem patroni à libertis alienatio facta sit.

1. *Impp. Diocletianus et Maximianus AA. et CC. Claudio.*

SI in fraudem patroni libertus aliquid alienaverit : quatenus legitima pars deminuta est, revocandi tributam convenit esse potestatem.

Datum calend. novembr. Cæsaribus Coss.

2. *Iidem AA. et CC. Juliæ.*

Defuncto quidem liberto patronus intestato succedens, per actionem Calvisianam in ejus fraudem alienata revocare potest. Verùm cùm patronum post liberti sui mortem ab eo fundi collatam donationem habuisse ratam adseveras : manumissoris factum infirmare successores ejus minimè possunt.

Datum 8 calend. januarii, Cæsaribus Coss.

TITULUS VI.

De obsequiis patrono praestandis.

1. *Imp. Alexander A. Zotico.*

CONTRA patronum tuum famosam actionem instituere non potes.

Proposit. 2 id. maii, Maximo II. et Æliano Coss. 224.

2. *Idem A. Leontogono.*

Libertæ, quæ voluntate patroni aut jure nuptæ sunt, non coguntur officium patronis suis præstare.

Datum 14 calend. augusti, Maximo II. et Æliano Coss. 224.

3.

TITRE V.

Du cas où une aliénation a été faite par des affranchis en fraude de leurs patrons.

1. *Les empereurs Dioclétien et Maximien, et les Césars, à Claudius.*

SI un affranchi a aliéné quelque chose en fraude de son patron, l'aliénation doit être révoquée jusqu'à concurrence de la légitime due au patron.

Fait pendant les cal. de mai, sous le consul. des Césars.

2. *Les mêmes empereurs et Césars à Julia.*

Un patron succédant *ab intestat* à son affranchi décédé, peut, par l'action Calvisienne, faire révoquer l'aliénation qui a été faite en fraude de ses droits. Mais comme vous assurez que le patron a confirmé la donation par laquelle l'affranchi a aliéné le fonds dont il est question, les héritiers du patron ne peuvent en aucune manière aller contre la volonté de leur auteur.

Fait le 8 des cal. de janvier, sous le consul. des Césars.

TITRE VI.

Des devoirs des affranchis envers leurs patrons.

1. *L'empereur Alexandre à Zoticus.*

VOUS ne pouvez intenter une action infamante contre votre patron.

Fait le 2 des ides de mai, sous le deuxième consul. de Maxime et le premier. d'Élien. 224.

2. *Le même empereur à Léontogonus.*

Les affranchies qui ont été mariées légitimement avec le consentement de leurs patrons, ne sont tenues d'aucun devoir envers ces derniers.

Fait le 14 des cal. d'août, sous le consul. désigné ci-dessus. 224.

3.

3. *Le même empereur à Xanthus.*

Les esclaves qui ont été affranchis par leurs maîtres au moyen d'une somme d'argent qu'ils leur ont donnée, sont tenus de tous les devoirs qui sont dus ordinairement aux patrons.

4. *Le même empereur à Victorinus.*

Si vous avez usé de violence et d'audace contre votre patron, contre celui qui vous a retiré de la servitude, et qui de cette manière ne recevrait pour toute reconnaissance de son bienfait que votre haine, le président de la province jugera de quelle peine une telle licence doit être punie : car si votre patron vous devait de l'argent, si vous étiez avec lui en contestation au sujet d'autres choses, il ne fallait pas recourir aussitôt aux tribunaux. Si vous avez eu l'audace d'en agir ainsi, il est très-probable, que foulant aux pieds le respect dû à votre patron, vous vous êtes servi d'expressions injurieuses pour recommander au juge l'équité de votre demande.

Fait le 2 des cal. d'octobre, sous le deuxième consul. de Julien et le premier de Crispinus. 225.

5. *L'empereur Gordien à Sulpicia.*

Il est certain que les affranchis doivent le respect accoutumé aux enfans de leurs patrons, quoique condamnés par suite d'un crime ; ceux en conséquence qui refusent ce tribut de respect sont réputés provoquer contre eux des mesures sévères.

Fait pendant les nones de septembre, sous le deuxième consul. de Sabinus et le premier de Vénustus. 241.

6. *Le même empereur à Cornélius.*

Il est certain que les affranchis des deux sexes, sur-tout ceux à qui il n'a pas été imposé du travail, ne sont tenus envers leurs patrons que du respect accoutumé et non d'un travail servile, et qu'ils ne peuvent non plus être tenus à la chaîne.

Fait le 3 des cal. d'avril, sous le consul. d'Atticus et de Prétextatus. 243.

7. *Les empereurs Dioclétien et Maximien à Métrodore.*

Les affranchis ne peuvent en aucune manière porter injure au beau-fils de leurs patronnes. On doit observer la même disposition à l'égard du beau-fils du

Tome II.

3. *Idem A. Xantho.*

Etiam qui pactione data à dominis manumittuntur, mero jure omne eis obsequium debent.

4. *Idem A. Victorino.*

Si manumissori tuo vim et audaciam objecisti, ei qui te beneficio suo ex servitute liberando, ut adversarium te haberet fecit : præses provinciæ quatenus coërcere ejusmodi temerariam licentiam debeat, æstimabit. Nam si qua tibi pecunia debebatur, sive de rebus adversus patronum disceptatio fuerat, non protinus ad litigandum currere debueras. Maximè autem si hoc facere auderes, sine atrocitate certò verborum æquitatem petitionis tuæ commendare judici potuisti, omni honore patrono debito reservato.

Proposit. 2 calend. octobris, Juliano II. et Crispino Coss. 225.

5. *Imp. Gordianus A. Sulpitiæ.*

Etiam liberis damnatorum consuetum obsequium libertos paternos præstare debere, in dubium non venit. Proinde si non agnoscunt reverentiæ debitæ munus, non immeritò videntur ipsi adversus se provocare severitatem.

Proposit. nonas septembr. Sabino II. et Venusto Coss. 241.

6. *Idem A. Cornelio.*

Libertos sive libertas, maximè quibus impositæ operæ non sunt, consuetum potiùs obsequium, quàm servile ministerium manumissoribus exhibere debere, neque vincula perpeti, non est opinionis incertæ.

Datum 3 calend. aprilis, Attico et Prætextato Coss. 243.

7. *Impp. Diocletianus et Maximianus AA. Metrodoro.*

Neque libertis novercæ injuriæ inferendæ privignis ejus libera facultas esse debet. Paternos etiam libertos (sicut dicis) injuriosos tibi fuisse, ferendum non est.

54

Præses igitur provinciæ vindictam tibi personarum conditioni congruentem impertiri non dubitabit.

Datum 5 id. maii, Maximo II. et Aquilino Coss. 286.

8. *Iidem* AA. *Hermiæ.*

Neque patronæ tuæ obsequiis refragari te fas est.

Datum 12 calend. februarii, Diocletiano et Maximiano AA. Coss. 287.

TITULUS VII.

De libertis, et eorum liberis.

1. *Imp. Antoninus* A. *Daphno.*

Non est ignotum, quòd ea quæ ex causa fideicommissi manumisit, ut ingratum libertum accusare non potest : cùm id judicium extra ordinem præbeatur ei qui voluntate servo suo libertatem gratuitam præstitit, non qui debitam restituit.

Proposit. 5 calend. maii, Messala et Sabino Coss. 215.

2. *Imp. Constantius* A. *ad Maximum præfectum urbi.*

Si manumissus ingratus circa patronum suum extiterit, et quadam jactantia vel contumacia cervicem adversus eum croxerit, aut levis offensæ contraxerit culpam : à patrono rursus sub imperium ditionemque mittatur, si in judicio, vel apud pedaneos judices patroni querela exorta ingratum eum ostendat. Filiis etiam, qui posteà nati fuerint, servitutis : quoniam illis delicta parentum non nocent, quos tunc esse ortos constiterit, dum libertate illi potirentur. Sanè si is qui in nostro consilio vindicta liberatus est, post coërcitionem ex pœnitentia dignum se præstiterit ut ei civitas Romana reddatur, non priùs fruetur beneficio libertatis, quàm si hoc patronus ejus oblatis precibus impetraverit.

patron ; c'est pourquoi on ne doit pas tolérer que les affranchis de votre beaupère vous portent injure ; et si cela a eu lieu, comme vous le dites, le président de la province punira les coupables de la manière que l'exige leur condition.

Fait pendant les ides de mai, sous le deuxième consul. de Maxime et le premier d'Élien. 286.

8. *Les mêmes empereurs à Hermia.*

Il ne vous est point permis de refuser à votre patronne, les devoirs dont vous êtes tenu envers elle.

Fait le 12 des cal. de février, sous le consul. des mêmes empereurs. 287.

TITRE VII.

Des affranchis et de leurs enfans.

1. *L'empereur Antonin à Daphnus.*

C'est un point de droit très-connu, que celle qui a affranchi un esclave en vertu d'un fidéicommis, ne peut l'accuser ensuite d'ingratitude : car cette faculté n'est accordée qu'à celui qui volontairement donne la liberté à son esclave, et non à celui qui est forcé de la donner.

Fait le 5 des cal. de mai, sous le consul. de Messala et de Sabinus. 215.

2. *L'empereur Constance à Maxime, préfet de la ville.*

Si un affranchi est accusé d'ingratitude envers son patron, pour l'avoir méprisé et lui avoir désobéi, ou pour s'être rendu coupable envers lui d'une faute, quoique légère ; qu'il soit de nouveau replongé dans l'esclavage, si la cause ayant été portée devant le juge ordinaire ou les juges pédanés, l'affranchi est déclaré coupable d'ingratitude envers son patron. Les enfans qu'il a reçus depuis qu'il a été convaincu d'ingratitude doivent suivre sa condition. Quant à ceux qui sont nés auparavant, leur condition ne reçoit aucune atteinte des délits de leur père ; que ceux de ces sortes d'affranchis, qui pour cause d'ingratitude étant retombés dans l'esclavage, se sont rendus par leur repentir dignes d'être de nouveau faits citoyens romains, et auxquels notre conseil a en conséquence conféré la liberté par *la vindicte*, ne jouissent du bienfait de la liberté qu'après avoir obtenu leur pardon de leurs patrons, à qui ils doivent faire leurs excuses.

Fait à Rome, pendant les ides d'avril, sous le cinquième consul. de l'empereur Constance et le prem. du César-Constant. 319.

3. *Les empereurs Honorius et Théodose au sénat.*

Que les affranchis ne puissent non-seulement attaquer en justice leurs patrons, mais qu'ils aient pour les héritiers de leurs patrons le même respect dont ils sont tenus envers leurs patrons eux-mêmes : car ils peuvent, comme les patrons, les accuser d'ingratitude, si oubliant le bienfait dont ils tiennent la liberté, ils se rendent coupables de vices serviles.

Fait à Ravenne, le 7 des ides d'août, sous le consul. de Marinien et d'Asclépiodote.

4. *Les empereurs Honorius et Théodose à Bassus, préfet du prétoire.*

Que les affranchis ou leurs enfans soient, quoique militaires, replongés dans la servitude, s'ils sont convaincus d'ingratitude envers leurs patrons et autres personnes auxquelles ils doivent du respect.

Fait à Ravenne, pendant les calend. d'avril, sous le onzième consul. de l'empereur Théodose et le premier de l'empereur Valentinien. 425.

TITRE VIII.

Du droit concernant les anneaux d'or, et des restitutions de naissance.

1. *Les empereurs Dioclétien et Maximien à Philadelphe.*

LES décurions ne peuvent restituer la naissance et accorder l'ingénuité ; cette faveur ne peut être demandée qu'à nous.

Fait à Ravennes, le 15 des calendes d'avril, sous le consul. des mêmes empereurs.

Datum idibus april. Romæ, Constantio A. V. et Constante Cæsare Coss. 319.

3. *Impp. Honorius et Theodosus* AA. *ad senatum.*

Liberti non modò adversus patronos non audiantur, verumetiam eandem, quam patronis ipsis debent reverentiam præstent heredibus patronorum : quibus ingrati actio, sicut ipsis manumissoribus deferetur, si illi datæ sibi libertatis immemores, nequitiam receperint servilis ingenii.

Datum 7 id. augusti, Ravennæ, Mariniano et Asclepiodoto Coss.

4. *Impp. Honorius et Theodosus* AA. *Basso præfecto prætorio.*

Libertinæ conditionis homines, vel eorum filii, etiam si militantes docebuntur ingrati : ad servitutis nexum proculdubio reducentur.

Datum calend. april. Ravennæ, Theodosio XI. et Valentino AA. Coss. 425.

TITULUS VIII.

De jure aureorum annulorum, et de natalibus restituendis.

1. *Impp. Diocletianus et Maximianus* AA. *Philadelpho.*

NATALES antiquos et jus ingenuitatis non ordo præstare decurionum, sed à nobis peti potuit.

Datum 15 calend. aprilis, Ravennæ, ipsis AA. et Coss.

2. *Iidem* AA. *et* CC. *Eumeni.*

Aureorum usus annulorum beneficio principali tributus libertinitatis quoad vivunt, imaginem, non statum ingenuitatis præstat. Natalibus autem antiquis restituti liberti, ingenui nostro constituuntur beneficio.

Datum 13 calend. .... CC. Coss.

In authent. Nov. 78, *cap.* 1 *et* 2.

Sed hodie quia manumittentes servos suos, cives denuntiant Romanos (non enim aliter licet) : ex ipsa manumissione, aureorum annulorum, et regenerationis jus habent : ut sint quidem liberi et ingenui, sed jure patronatus illæso.

2. *Les mêmes empereurs et les Césars à Eumènes.*

L'usage des anneaux d'or accordé par un bienfait du prince aux affranchis, leur donne comme une image de l'ingénuité, mais non l'ingénuité elle-même ; mais les affranchis dont la naissance a été restituée jouissent par notre bienfait d'une pleine ingénuité.

Fait le 13 des cal. * *, sous le consul. des Césars.

Authentique extraite de la Novelle 78, *chapitres* 1 *et* 2.

Mais aujourd'hui les maîtres par l'affranchissement qu'ils font de leurs esclaves, les déclarent citoyens romains (car il n'est pas permis de donner autrement la liberté à un esclave) : il suit de cet affranchissement, que ceux qui en sont l'objet ont le droit des anneaux d'or et que leur naissance est restituée ; ils sont en effet libres et ingénus ; cependant le patron conserve dans toute leur intégrité les droits de patronage.

TITULUS IX.

Qui admitti ad bonorum possessionem possunt, et intra quod tempus.

1. *Impp. Severus et Antoninus* AA. *Macrinæ.*

Bonorum possessio filiofamilias delata (cùm ignorante quoque patre possit peti) emolumentum etiam patri allatura, si ratam petitionem pater habuerit, amittitur transacto tempore.

Sine die et consule.

2. *Iidem* AA. *Crispino.*

Si bonorum possessio tibi duntaxat competit proximitatis nomine : habuisti spatium centum dierum utilium, ex quo cum defunctum scisti, ad bonorum possessionem amplectendam.

Datum 3 non. novembris, Geta Coss.

TITRE IX.

De ceux qui peuvent être admis à la possession des biens, et du délai pendant lequel on doit la demander.

1. *Les empereurs Sévère et Antonin à Macrina.*

La possession des biens déférée au fils de famille se perd si elle n'est pas demandée dans le délai voulu par la loi ; parce que le fils de famille peut en faire la demande même à l'insu de son père. L'avantage que le père retire de la possession des biens, s'il approuve la demande qui en a été faite, n'est point un obstacle à l'observation de la disposition précédente.

Sans date ni désignation de consulat.

2. *Les mêmes empereurs à Crispinus.*

Si la possession des biens ne compète qu'à vous seul, à cause de ce que vous êtes le plus proche parent du défunt, vous avez le délai de cent jours, à compter de la mort du défunt, pour en faire l'adition.

Fait le 3 des nones de novembre, sous le consul. de Géta.

3. *Les empereurs Dioclétien et Maxi-*
mien à Crescentius.

Il est certain que la possession des biens
qui a été acceptée au nom d'un enfant
est acquise à ses héritiers, quoiqu'il soit
décédé avant qu'il sût parler.

Fait pendant les cal. de janvier, sous
le deuxième consul. de Maxime et le premier d'Aquilinus. 286.

4. *Les mêmes empereurs et les Césars à*
Marcellus.

Si la fille émancipée n'a pas accepté
dans l'année la possession des biens déférée
aux enfans, elle n'a pu transmettre les biens
qui la composent à ses héritiers.

Fait à Héraclée, le 3 des calend. de
mai, sous le consul. des Césars.

5. *Les mêmes emper. et les Césars à*
Maxime.

Vous êtes mal fondé dans la crainte
que vous avez que le délai fixé pour
accepter la possession des biens, ne s'é-
coule pendant qu'on discute la question
si elle vous est déférée selon les tables ou
ab intestat, et de quel chef.

6. *Les mêmes empereurs et les Césars*
à Frontina.

Il est certain que les femmes, à l'égard
du délai fixé par l'édit perpétuel, et pendant lequel on doit accepter la possession des biens, ne peuvent se prévaloir
de l'ignorance du droit.

Fait le 3 des calend. de mai, sous le
consul. des Césars.

7. *Extrait d'une lettre des empereurs*
Constance et Maximien et des Césars
Sévère et Maximien.

C'est une chose connue, que les lois
permettent au tuteur d'accepter la possession des biens au nom de son pupille;
mais le pupille lui-même ne peut sans
l'autorité du tuteur l'accepter, à moins
qu'il n'y soit autorisé par le juge; dans
ce cas la possession des biens doit lui
être donnée. De cette manière la succession est censée lui être acquise par le droit
prétorien.

Fait le 6 des ides de septembre, sous
le consul. de Constance et de Maximien.
306.

3. *Impp. Diocletianus et Maximianus*
AA. Crescentio.

Infantis nomine agnitam bonorum possessionem, et antequam loqueretur, diem
functi, rectè competere nulla dubitatio
est.

Sancit. calend. januar. Maximo II. et
Aquilino Coss. 286.

4. *Iidem AA. et CC. Marcello.*

Emancipata si non agnovit intra annum
unde liberi bonorum possessionem : nullam ad hæredes vindicationem successionis
transmittere potuit.

Datum 3 calend. maii, Heracliæ, CC.
Coss.

5. *Iidem AA. et CC. Maximo.*

Quandiu per facti quæstionem incertum
est utrumne secundùm tabulas, an ab intestato, et ex quo capite possessio sit delata : ne tibi tempus agnoscendæ bonorum
possessionis præfinitum cedat, superstitiosam geris sollicitudinem.

6. *Iidem AA. et CC. Frontinæ.*

Juris ignorantiam nec mulieribus prodesse in edicti perpetui cursu de agnos-
cenda bonorum possessione, manifestum
est.

Datum 3 calend. maii, Cæsarib. Coss.

7. *Pars epistolæ Constantii et Maxi-*
miani AA. et Severi et Maximiani no-
bilissimorum Cæsarum.

Bonorum quidem possessionem pupilli
nomine agnoscere tutorem potuisse, apertè
declaratur. Ipse autem pupillus bonorum
possessionem sine tutoris auctoritate amplecti non potest : nisi etiam impuberi sine
tutoris auctoritate hoc postulanti, sciens
hoc competens judex, dederit bonorum
possessionem. Tunc enim emolumentum
successionis videtur ei prætorio jure quæ-
situm esse.

Datum 6 id. septembris, Constantio et
Maximiano Coss. 306.

8. *Imp. Constantinus A. ad Dionysium.*

Quicunque res ex parentum vel proximorum successione jure sibi competere confidit : sciat sibi non obesse, si per rusticitatem vel ignorantiam facti, vel absentiam, vel quamcunque aliam rationem intra præfinitum tempus bonorum possessionem minimè petiisse noscatur: quoniam hæc sanctio hujusmodi consuetudinis necessitatem mutavit.

Datum pridiè id. martii, Heliopoli, Constantio A. et Constante Cæs. Coss.

9. *Idem A. ad populum.*

Ut verborum inanium excludimus captiones : ita hoc observari decernimus, ut apud quemlibet judicem, vel etiam apud duumviros, qualiscunque testatio amplectendæ hereditatis ostendatur, statutis prisco jure temporibus coarctanda : eo addito, ut etiam si intra alienam vicem, id est, prioris gradus, properantius exeratur : nihilominùs tamen efficaciam parem quasi suis sit usa curriculis consequatur.

Datum calend. februar. Laodiceæ. .....

TITULUS X.

Quando non petentium partes petentibus adcrescant.

1. *Imp. Gordianus A. Marthanæ.*

QUOTIENS pluribus liberis, cessante legitima successione, bonorum possessio defertur, beneficium edicti perpetui quibusdam omittentibus, his solis qui bonorum possessionem agnoverunt, portionem non pe-

8. *L'empereur Constantin à Dionysius.*

Que celui qui croit qu'il lui revient quelque chose de la succession de ses ascendans ou de ses autres proches, sache que s'il est prouvé qu'il n'a pas demandé dans le délai fixé la possession des biens à cause de son ignorance proprement dite, ou de l'ignorance du fait ou d'une absence, ou enfin de quelqu'autre motif légitime, il est encore à tems à faire cette demande. Nous adoucissons par cette loi la rigueur de l'ancien usage.

Fait à Héliopole, la veille des ides de mars, sous le consul. de l'emper. Constance et du César-Constans.

9. *Le même empereur au peuple.*

Nous avons déjà détruit les vaines subtilités de mots dont la possession des biens était entourée ; pour rendre encore la matière plus simple, nous ordonnons maintenant qu'une déclaration quelconque qu'on accepte la possession des biens, quel que soit le juge pardevant lequel elle ait été faite, quand même elle l'aurait été pardevant les duumvirs, suffise pour acquérir la succession ; pourvu néanmoins que cette déclaration ait eu lieu dans le délai fixé par l'ancien droit. Nous ajoutons à cette disposition, que si les parens d'un degré inférieur à ceux à qui la possession des biens est déférée, l'ont acceptée, sur le refus qu'en ont fait les autres, dans le délai accordé aux premiers, cette acceptation soit valable et censée faite après l'expiration du délai accordé à ceux qui ont répudié.

Fait à Laodicée, pendant les calend. de février. * *

TITRE X.

Du cas où la portion des non demandans accroît à ceux qui ont demandé la possession des biens.

1. *L'empereur Gordien à Marthana.*

TOUTES les fois que la succession légitime n'ayant pas lieu, et la possession des biens étant déférée à plusieurs enfans, quelques-uns d'entre eux répudient la possession qui leur est accordée par un bienfait de l'édit perpétuel, il est certain que leur portion accroît à ceux-là seuls qui l'ont acceptée.

Fait pendant les ides de janvier, sous le cons. de Pérégrinus et d'Émilien. 245.

TITRE XI.

De la possession des biens selon les tables.

1. L'empereur Alexandre à Vital.

LES proches ne peuvent accepter la possession des biens tant que l'appel de la sentence qui a déclaré le testament faux est encore pendant; parce qu'il n'est pas encore certain que le défunt soit décédé *ab intestat.*

Fait le 3 des calend. de mai, sous le deuxième cons. de Maxime et le premier d'Élien. 224.

2. L'empereur Gordien à Cornélius.

Il est clair que, d'après l'édit du préteur, la possession des biens ne peut être demandée qu'en vertu d'un testament signé par sept témoins. Mais s'il peut être prouvé que ce même nombre de témoins a assisté au testament qui a été fait sans écrit, il est encore certain que ce testament doit être censé avoir été fait légitimement, et que la possession des biens doit être déférée conformément à son contenu.

Fait le 12 des calend. de mars, sous le cons. d'Atticus et de Prétextatus. 243.

TITRE XII.

De la possession des biens contre les tables, que le préteur promet aux enfans.

1. L'empereur Alexandre à Rufus.

LES enfans qui ont été admis contre le testament de leurs ascendans à la possession des biens, ne sont tenus, d'après l'édit, que d'acquitter les legs faits par le testateur à ses ascendans ou à ses enfans.

tentium adcrescere, in dubium non venit.

Datum id. januar. Peregrino et Æmiliano Coss. 245.

TITULUS XI.

De bonorum possessione secundùm tabulas.

1. Imp. Alexander A. Vitali.

PENDENTE appellatione à sententia, qua falsum testamentum pronuntiatum est, incerto adhuc, an defunctus intestatus decesserit, proximitatis nomine bonorum possessioni locus non est.

Datum 3 calend. maii, Maximo II. et Æliano Coss. 224.

2. Imp. Gordianus A. Cornelio.

Bonorum quidem possessionem ex edicto praetoris non nisi secundùm eas tabulas quae septem testium signis signatae sint, peti posse, in dubium non venit. Verùm si eundem numerum adfuisse sine scriptis testamento condito, doceri potest : jure civili testamentum factum videri, ac secundùm nuncupationem bonorum possessionem deferri, explorati juris est.

Proposit. 12 calend. martii, Attico et Praetextato Coss. 243.

TITULUS XII.

De bonorum possessione contra tabulas, quam praetor liberis pollicetur.

1. Imp. Alexander A. Rufo.

LIBERI contra tabulas parentum bonorum possessione admissa, solis parentibus et liberis legata praestare secundùm edictum debent.

Proposit. 4 id. octobris, Maximo II. et Æliano Coss. 224.

2. *Idem A. Claræ.*

Posthumo nato, qui neque heres institutus à patre, neque nominatim exhere-
datus est, testamentum rumpitur : et si
contra tabulas bonorum possessio infantis
nomine à tutore petita est, secundùm tabulas possessio locum habere non potest.

Datum calend. mart. Juliano II. et Crispino Coss. 225.

TITULUS XIII.

*De bonorum possessione contra ta-
bulas liberti, quæ patronis libe-
risque eorum datur.*

1. *Imp. Gordianus A. Herculiano.*

LICÈT ex causa fideicommissi manumissus sit is, quem ex voluntate patris cum
sorore tua te manumisisse proponis : tamen
si extraneos scripsit heredes : partis legitimæ contra tabulas ejus bonorum possessionem petendo, vel contra nuncupationem, si testamentum sine scriptis conditum est, intra tempora edicto præstituta
eam partem poteris obtinere.

Proposit. 6 calend. decembris, Gordiano A. et Aviola Coss. 240.

2. *Imp. Anastasius A. Asclepiodoto.*

Patronus liberti, muneribus electis et
operis, à contra tabulas bonorum possessione repellitur.

Datum 13 calend. martii, Viatore et
Æmiliano Coss.

Fait le 4 des ides d'octob., sous le deuxième cons. de Maxime et le premier d'E-
milien. 224.

2. *Le même empereur à Clara.*

Le testament est cassé par l'événement
de la naissance d'un enfant posthume qui
n'a été ni institué ni exhérédé par son
père ; et si la possession des biens est
demandée contre les tables au nom de
l'enfant par son tuteur, la possession des
biens ne peut avoir lieu selon les tables.

Fait pendant les calend. de mars, sous
le deuxième cons. de Julien et le premier
de Crispinus. 225.

TITRE XIII.

*De la possession des biens contre
les tables d'un affranchi, qui est
donnée à ses patrons ou à leurs
enfans.*

1. *L'empereur Gordien à Herculien.*

QUOIQUE celui que vous dites avoir
affranchi de concert avec votre sœur par
suite de la volonté de votre père, l'ait été
pour cause de fidéicommis, cependant s'il
a institué des héritiers étrangers, vous
pourrez obtenir contre les tables, ou la *nun-
cupation*, si le testament a été fait sans
écrit, la possession des biens jusqu'à concurrence de la légitime, si vous faites
votre demande dans le délai fixé par l'édit
perpétuel.

Fait le 6 des calend. de décemb., sous
le cons. de l'empereur Gordien et le premier d'Aviola. 240.

2. *L'empereur Anastase à Asclépiodote.*

Le patron qui a imposé à son affranchi
un certain travail et certains ouvrages,
ne peut être admis à la possession des
biens contre les tables.

Fait le 13 des calend. de mars, sous le
cons. de Viator et d'Émilien.

TITULUS   TITRE

TITRE XIV.

De la possession des biens déférée aux enfans par le préteur.

1. *Les empereurs Dioclétien et Maximien à Sarpedon.*

Si votre aïeul est décédé en laissant trois fils émancipés qui ont reçu la possession de biens *unde liberi*, il est certain que ces trois enfans succèdent aux biens de leur aïeul par égale part.

Fait le 3 des nones * * sous le deuxième cons. de Maxime et le premier d'Aquilinus. 286.

2. *Les mêmes empereurs et les Césars à Zosime.*

Lorsqu'un fils ou un petit-fils héritier sien vient à la succession en vertu d'un testament ou *ab intestat*, personne autre ne peut être héritier *ab intestat*.

Fait le 3 des ides de mars, sous le cons. des mêmes empereurs et Césars.

3. *L'empereur Constantin à Léonce, comte de nos affaires privées de l'Orient.*

Celui qui répudie la succession paternelle ne peut accepter et recevoir la succession de son aïeul, à qui son père a succédé *ab intestat*, surtout s'il est émancipé; mais il peut obtenir les biens de son aïeul, mêlés avec ceux de son père, en demandant la possession des biens.

Fait le 8 des ides d'avril, sous le cons. de Liménius et de Catulinus. 349.

TITRE XV.

De la succession prétorienne déférée aux agnats et aux cognats.

1. *L'empereur Alexandre à Ulpius.*

Vous ne pouvez être empêché de réclamer les biens de vos cousins décédés *intestat*, dont vous avez accepté la possession, parce que vous êtes leur plus proche parent.

Fait le 3 des ides d'août, sous le deuxième cons. de Julien et le premier de Crispinus. 225.

Tome II.

TITULUS XIV.

Unde liberi.

1. *Impp. Diocletianus et Maximianus AA. Sarpedoni.*

Si avus tuus relictis tribus emancipatis filiis decesserit, hique bonorum possessionem *unde liberi* acceperint : pro rata portione heredes eos extitisse, palàm est.

Datum 4 non. .... Maximo II. et Aquilino Coss. 286.

2. *Iidem AA. et CC. Zosimo.*

Ex testamento vel ab intestato existente filio vel nepote suo herede, nemo potest ab intestato heres existere.

Datum 3 id. martii, ipsis AA. et CC. Coss.

3. *Imp. Constantinus A. ad Leontium comitem rerum privatarum Orientis.*

Qui se patris post avum intestato defuncti negat heredem, mortui avi paterni suscipere facultates non potest, maximè emancipatus : nisi per bonorum possessionem ad hujusmodi beneficium pervenerit.

Datum 8 id. aprilis, Limenio et Catulino Coss. 349.

TITULUS XV.

Unde legitimi, et unde cognati.

1. *Imp. Alexander A. Ulpio.*

Consobrinorum tuorum intestatorum bona, si ad prioris necessitudinis neminem jure pertinuerint, tuque eorum possessionem agnovisti, persequi non prohiberis.

Datum 5 id. augusti, Juliano II. et Crispino Coss. 225.

2. *Impp. Diocletianus et Maximianus AA. Zenoni.*

Cùm propiorem sobrinum, id est, à con-sobrina natum rebus humanis intestatum defunctum proponas : intelligis , sine au-xilio bonorum possessionis ejus te succes-sionem vindicare non posse.

Datum 7 calend. junii, Laodiceæ, AA. Coss.

3. *Iidem* AA. *et* CC. *Felici.*

Nepotibus avi materni pro virili por-tione etiam jure honorario successio de-fertur.

Datum idib. octobr. CC. Coss.

4. *Iidem* AA. *Syristæ.*

Non hoc, an tenuerit quis res heredi-tarias , necne , sine voluntate adquirendæ sibi hereditatis , quærendum est : sed an admiserit hereditatem vel bonorum pos-sessionem.

Datum 11 calend. januarii, CC. Coss.

5. *Iidem* AA. *Platoni.*

Certum quidem est cognationis jure ci-tra admissionem bonorum possessionis ne-minem posse succedere : defuncti verò co-gnati succedere nolentes, bonorum pos-sessionem petere non urgentur.

Datum 12 calend. martii, CC. Coss.

TITULUS XVI.

De successorio edicto.

1. *Imp. Alexander* A. *Juliano.*

Si mater tua propter furorem suum pa-trui sui bonorum possessionem non acce-pit : tu filius ejus ad eorumdem bonorum patrui magni possessionem ex edicto , quo prioribus non petentibus, sequentibus per-mittitur , admissus es.

Proposit. 3 id. decembris, Maximo II. et Æliano Coss. 224.

2. *Les empereurs Dioclétien et Maxi-mien à Zénon.*

Si ce que vous dites est vrai, que le fils de votre cousine-germaine est mort intes-tat, vous devez savoir que vous ne pouvez revendiquer sa succession que par le moyen de la possession des biens.

Fait à Laodicée, le 7 des calend. de juin, sous le cons. des mêmes empereurs.

3. *Les mêmes empereurs et les Césars à Félix.*

La succession est aussi déférée par le droit honoraire aux petits-fils de l'aïeul maternel , par portions viriles.

Fait pendant les ides d'octobre, sous le cons. des Césars.

4. *Les mêmes empereurs à Syrista.*

On ne doit pas s'informer si celui qui détient les choses héréditaires les possède dans l'esprit de s'acquérir l'hérédité ou non, mais seulement s'il est déchu de ses droits sur l'hérédité ou la possession des biens.

Fait le 11 des calend. de janvier, sous le cons. des Césars.

5. *Les mêmes empereurs à Platon.*

Il est certain que les cognats ne peu-vent succéder que par la possession des biens, mais s'ils ne veulent pas succéder, ils ne peuvent être forcés de demander la possession des biens.

Fait le 12 des calend. de mars , sous le cons. des Césars.

TITRE XVI.

De l'édit qui fixe l'ordre entre ceux qui sont appelés à la succession prétorienne.

1. *L'empereur Alexandre à Julien.*

Si votre mère n'a pas accepté la pos-session des biens de son oncle à cause de la fureur dont elle est atteinte , vous, son fils, vous êtes admis à la possession des mêmes biens de votre grand-oncle, d'après l'édit, qui porte que dans le cas où les plus proches parens ne la deman-deraient, elle serait déférée aux autres parens les plus proches après eux.

Fait le 3 des ides de décembre, sous le deuxième cons. de Maxime et le premier d'Élien. 224.

2. *Les empereurs Dioclétien et Maximien à Firmus.*

Le frère de votre aïeule a accepté l'hérédité testamentaire de ceux de la succession de qui il s'agit, que vous prétendez être morts intestats, en taxant de faux le testament qui leur est attribué. Vous ajoutez que se reposant sur la validité du testament, il est décédé sans demander la possession des biens. Si vous, quoique constitué au cinquième degré, vous avez demandé, en vertu du droit prétorien, la possession des biens, ou si vous la demandez présentement, le délai pendant lequel il vous est permis de la demander n'étant pas encore écoulé, vous pouvez revendiquer la succession dont il est question. Mais il est certain que si celui qui est constitué au quatrième degré a demandé, conformément à l'édit, la possession des biens, et ne vous l'a point caché, c'est vainement que vous nous suppliez.

Fait le 6 des ides d'avril, sous le cons. des Césars.

2. *Impp. Diocletianus et Maximianus AA. Firmo.*

Si aviæ eorum frater, de quorum successione agitur, velut ex testamento adiit hereditatem, quos intestatos decessisse, ac falsum testamentum prolatum contendis : et ab intestato, non petita bonorum possessione, vita functus est. Ac tu, licèt quinto gradu constitutus, ex successorio capite petiisti bonorum possessionem, vel needum exclusus petas : eorum successionem potes vindicare. Nam si is, quem quarto gradu constitutum esse non ambigitur, ex edicto petiit, nec hoc te latuit : frustra nobis supplicasti.

Datum 6 id. aprilis, CC. Coss.

TITRE XVII.

De l'édit Carbonien.

1. Les mêmes empereurs et les Césars à Flora.

Si ceux contre lesquels vous nous parlez dans votre requête élèvent une question d'état à votre sujet, ainsi qu'à celui de votre fils, vous concevez que la demande en restitution des choses que votre fils revendique comme composant la succession de son père, est prématurée : car, conformément à l'édit Carbonien, si votre fils n'a point encore atteint sa puberté, la possession des biens doit lui être accordée, et il doit être mis en possession sous la condition qu'il sera fourni une caution. Mais s'il n'est pas fourni de caution, la possession doit être donnée à tous les prétendans, et la question de servitude différée jusqu'au tems de la puberté.

TITULUS XVII.

De Carboniano edicto.

1. Iidem AA. et CC. Floræ.

Si tibi ac filio tuo ab his, contra quos supplicas, status movetur quæstio : perspicis prematurè rerum, quas velut de patris successione filius tuus vindicat, restitutionem postulari : cùm si in pupillari permaneat ætate, secundùm formam edicti Carboniani data bonorum possessione, satisdatione impleta, tunc demùm in possessionem eum constitui conveniat : vel hac non oblata, portionem ab omnibus, quam vindicat, possideri : servitutis verò quæstionem in tempus pubertatis differri.

Datum 12 calend. novembris, CC. Coss.

2. *Imppp. Theodosus, Arcadius et Honorius* AAA. *ad Rufinum præfectum prætorio.*

Carbonianum edictum sub personis legitimis ex indubitato matrimonio, custodito partu, et probata legitima successione, defertur : scilicet ut in possessione novus heres constitutus usque ad pubertatis annos sine inquietudine rebus utatur interdum alienis.

Datum 4 calend. octobris, Theodosio A. III, et Habuundantio Coss. 293.

2. *Les empereurs Théodose, Arcadius et Honorius à Rufinus, préfet du prétoire.*

L'édit Carbonien est applicable aux enfans nés d'un mariage légitime, même à ceux nés après la dissolution du mariage, mais dont la légitimité a été constatée. C'est pourquoi, que celui qui se trouve dans ce dernier cas soit d'abord mis en possession et jouisse des biens jusqu'à sa puberté, époque à laquelle on pourra, s'il y a lieu, lui contester son état.

Fait le 4 des calend. d'octobre, sous le troisième cons. de l'empereur Théodose et le premier d'Habundantius. 293.

TITULUS XVIII.

Unde vir et uxor.

1. *Impp. Theodosius et Valentinianus* AA. *Hierio præfecto prætorio.*

MARITUS et uxor ab intestato invicem sibi in solidum pro antiquo jure succedant, quotiens deficit omnis parentum, liberorumve, seu propinquorum legitima vel naturalis successio, fisco excluso.

Datum 12 calend. martii, Hierio et Ardaburio Coss. 427.

In authent. Nov. 117, cap. 5.

Prætereà si matrimonium sit absque dote, conjunx autem præmoriens locuples sit, superstes verò laboret inopia : succedet unà cum liberis communibus alteriusve matrimonii in quartam, si tres sint vel pauciores. Quòd si plures sint, in virilem portionem : ut tamen ejusdem matrimonii liberis proprietatem servet, si extiterint ; his verò non extantibus, vel si nullos habuerit, potietur etiam dominio, et imputabitur legatum in talem portionem.

TITRE XVIII.

De la succession prétorienne déférée ab intestat *au mari ou à la femme.*

1. *Les empereurs Théodose et Valentinien à Hiérius, préfet du prétoire.*

LE mari et la femme se succèdent réciproquement *ab intestat* pour la totalité, conformément au droit ancien, à l'exclusion du fisc, si le défunt n'a laissé ni ascendans ni descendans, ni autres proches légitimes ou naturels.

Fait le 12 des calend. de mars, sous le cons. de Hiérius et d'Ardaburius. 427.

Authentique extraite de la Nov. 117, chap. 5.

En outre si le mariage ayant été célébré sans dot, l'époux prédécédé a laissé des biens, tandis que celui qui survit se trouve pauvre, que ce dernier succède avec les enfans communs ou d'un autre mariage pour un quart, si le nombre des enfans n'excède pas celui de trois. Si les enfans sont en plus grand nombre, qu'il succède avec eux pour une portion virile ; en sorte cependant qu'il conserve la propriété aux enfans qui lui sont communs avec le défunt, s'il en existe. S'il n'en existe pas ou s'il n'en a jamais eu, qu'il jouisse de la pleine propriété des choses qui lui sont échues de cette manière, et qu'elles soient réputées lui être parvenues à titre de legs.

TITRE XIX.

De la répudiation de la possession des biens.

1. *Les empereurs Dioclétien et Maximien à Théodosien.*

C'EST vainement que l'émancipé qui a répudié la possession des biens s'efforce de revenir maintenant contre sa répudiation, sous le prétexte que lorsqu'il l'a faite son patron était absent.

Sans date ni désignation de consulat.

2. *Les mêmes empereurs et les Césars à Théodore.*

Il n'est pas permis au père de répudier en fraude de son fils la possession des biens qui est déférée à ce dernier.

Fait à Nicomédie, le 6 des calend. de décembre, sous le cons. des Césars.

TITRE XX.

Des rapports.

1. *L'empereur Alexandre à Deutéria.*

IL est d'un droit manifeste que les enfans émancipés, institués héritiers par le testament de leur père, ne sont point tenus de tenir compte à leurs frères, et de rapporter à la masse commune de la succession ce qu'ils ont reçu de leur père à titre de donation ; à moins que le testateur, dans sa dernière volonté, ne l'ait ordonné.

Fait le 3 des ides de juillet, sous le deuxième cons. de Julien et le premier de Crispinus. 225.

Authentique extraite de la Nov. 18, chap. 6.

Le rapport de la dot et des autres choses données n'a pas lieu dans les successions testamentaires et *ab intestat*, quand même le défunt l'aurait expressément ordonné. Les autres dispositions concernant les rapports conservent toute leur force.

2. *Le même empereur à Primus.*

Si un père, décédé intestat, a laissé deux fils et une fille à laquelle il a promis une dot, les deux fils et la fille succè-

TITULUS XIX.

De repudianda bonorum possessione.

1. *Impp. Diocletianus et Maximianus AA. Theodosiano.*

EMANCIPATUS, repudiata bonorum possessione, absentiæ patroni causæ velamento rursus ad eandem redire quæstionem frustrà conatur.

Sine die et consule.

2. *Iidem AA. et CC. Theodoro.*

Filio delatam bonorum possessionem patri ad fraudem filii repudiare non licet.

Datum 6 calend. decembris, Nicomediæ, CC. Coss.

TITULUS XX.

De collationibus.

1. *Imp. Alexander A. Deuteriæ.*

EMANCIPATOS liberos testamento heredes scriptos, et ex eo successionem obtinentes, à patre donata fratribus conferre non oportere, si pater, ut hoc fiat, supremis judiciis non cavit : manifesti juris est.

Proposit. 3 id. julii, Juliano II. et Crispino Coss. 225.

In authent. Nov. 18, cap. 6.

Ex testamento et ab intestato cessat dotis et aliorum datorum collatio, ita demùm si parens hoc designavit expressim : aliis quæ de collatione dicta sunt, suum robur obtinentibus.

2. *Idem A. Primo.*

Si pater intestatus decessit relictis duobus filiis et filia, cujus nomine dotem promiserat : portiones hereditatis æquæ sunt, et dos nihilominùs ita conferenda est, ut pro portionibus fratres ejus à necessitate præstandæ ejus dotis liberentur.

Datum 3 id. septembris, Juliano II. et Crispino Coss. 225.

3. Idem A. Alexandro.

Pactum dotali instrumento comprehensum, ut contenta dote, quæ in matrimonio collocabatur, nullum ad bona paterna regressum haberet, juris auctoritate improbatur ; nec intestato patri succedere filia ea ratione prohibetur. Dotem sanè quam accepit, fratribus, qui in potestate manserunt, conferre debet.

Datum 14 calend. julii, Agricola et Clementino Coss. 231.

4. Imp. Gordianus A. Marino.

Filiæ dotem in medium ita demùm conferre coguntur, si vel ab intestato succedant, vel contra tabulas petant. Nec dubium est, profectitiam seu adventitiam dotem à patre datam vel constitutam, fratribus qui in potestate fuerunt, conferendam esse. His etenim qui in familia defuncti non sunt, profectitiam tantummodò dotem post varias prudentium opiniones conferri placuit.

Proposit. 4 id. martii, Gordiano A. et Aviola Coss. 240.

5. Idem A. Alexandria.

Dotis quidem petitio perseverante matrimonio tibi non competebat. Quamvis enim eam intestato patre defuncto, fratri conferre debueras : non tamen eo nomine adversus maritum tibi actio potuit esse : cùm eo minus in partem tibi delatæ successionis patris auferre potueris.

Datum non. septembr. Gordiano A. et Aviola Coss. 240.

dent par égale part, et la dot doit être rapportée à la masse commune ; au moyen de quoi les frères sont libérés de la nécessité de la fournir en qualité d'héritiers du père.

Fait le 3 des ides de septembre, sous le deuxième cons. de Julien et le premier de Crispinus. 225.

3. Le même empereur à Alexandre.

La clause renfermée dans le contrat de mariage, par laquelle il est dit que celle du mariage de qui il s'agit doit se contenter de la dot qui lui est donnée, et renoncer à la future succession paternelle, est désapprouvée par les lois ; c'est pourquoi la fille, nonobstant cette clause, peut venir à la succession *ab intestat* de son père. Elle doit cependant tenir compte de cette dot à ceux de ses frères qui sont restés sous la puissance paternelle.

Fait le 14 des calend. de juillet, sous le cons. d'Agricola et de Clémentin. 231.

4. L'empereur Gordien à Marinus.

La dot de la fille doit être rapportée à la masse commune de la succession, si elle est ouverte *ab intestat* ou contre les tables. Il n'est pas douteux non plus que la dot profectice ou adventice, donnée ou constituée par le père, doit être rapportée à ceux des frères de la fille qui sont restés sous la puissance paternelle jusqu'à la mort du défunt. Il a été enfin convenu, après beaucoup de discussions entre les jurisconsultes, qu'il ne devait être tenu compte aux frères émancipés et sortis de la famille que de la dot profectice.

Fait le 4 des ides de mars, sous le cons. de l'empereur Gordien et d'Aviola. 240.

5. Le même empereur à Alexandria.

Vous n'aviez pas droit de demander la dot pendant l'existence du mariage. Car, quoique votre père étant mort *ab intestat*, vous deviez en tenir compte à votre frère, vous n'avez pu cependant, sous ce prétexte, intenter légitimement une action à votre mari en revendication de votre dot, parce que vous pouvez compenser la dot avec une partie de la succession qui vous est déférée.

Fait pendant les nones de septembre, sous le cons. de l'empereur Gordien et d'Aviola. 240.

Authentique extraite de la Nov. 97, chap. 6.

Cette loi est applicable, soit que le mari soit solvable, soit qu'il ne le soit pas ; parce que, dans ce dernier cas, la femme doit s'imputer de n'avoir pas, conformément à la loi de l'empereur Justinien, exigé sa dot, quoique le mariage ne fût pas dissout, lorsqu'elle voyait que son mari tombait dans l'indigence; ce qui lui était permis étant *sui juris* et majeure. Lorsque la mère, du consentement du père, a donné la dot, la fille a une action pour la prélever sur l'hérédité. Ceci a lieu lorsque la dot est petite ; mais elle peut exiger, même malgré le père, la dot qui est d'une grande valeur. Ces dispositions doivent être observées dans tous les cas où il s'agit de rapports, quand même il serait question de la succession de l'aïeule.

6. *Le même empereur à Claudius.*

Il est d'usage que les frères émancipés tiennent compte à leurs frères qui sont restés sous la puissance paternelle jusqu'à la mort du défunt, de tous les biens qu'ils possédaient lors de la mort de leur père, excepté ceux cependant qu'ils devaient à d'autres.

Fait le 7 des calend. de mai, sous le cons. de Pérégrinus et d'Émilien. 245.

7. *L'empereur Philippe à Tyrannia.*

Il est d'un droit éprouvé que la fille instituée héritière avec ses frères ne doit point rapporter sa dot à ces derniers, à moins que le père défunt ne l'eût expressément ordonné.

Fait le 6 des calend. de mai, sous le cons. de Présens et d'Albinus. 247.

8. *Les empereurs Dioclétien et Maximien à Calippus.*

Si votre sœur vous a trompé lors du partage des biens de la succession paternelle, et n'a point rapporté à la masse commune la dot qu'elle a reçue de votre père décédé *intestat*, le président de la province, si après avoir examiné vos raisons respectives s'assure de la vérité de vos réclamations, ordonnera que la dot soit confondue avec les autres biens, et que ce qu'elle a reçu de plus que ce qui lui revenait vous soit restitué. Ces mêmes dispo-

In authent. Nov. 97, cap. 6.

Quod locum habet sive pars viri sit idonea, sive mulieri possit imputari quare marito ad inopiam vergente, ex lege Justiniani etiam constante matrimonio, non exegerit dotem. Quod ei licet, cùm et sui juris sit, et legitimæ ætatis ; et cùm mater obtulerit dotem, et pater ei consentiat agenti. His cessantibus, solam actionem (licèt inanem) conferens, partem ex hereditate feret. Hoc cùm dos parva sit. Sed dotem magnam quæ conferri speratur, invito etiam patre filia exigere potest. Hæc observantur ubicumque collationis ratio emergit, etiam si avita sit successio.

6. *Idem A. Claudio.*

Ea demùm ab emancipatis fratribus his, qui remanserunt in potestate, conferri consueverunt, quæ in bonis eorum fuerunt eo tempore quo pater fati munus implevit : exceptis his videlicet, quæ ab ipsis aliis debentur.

Datum 7 calend. maii, Peregrino et Æmiliano Coss. 245.

7. *Imp. Philippus A. Tyranniæ.*

Filiam testamento patris institutam heredem, fratribus iisdemque coheredibus dotem conferre non oportere, nisi pater hoc ipsum specialiter designaverit, explorati juris est.

Proposit. 6 calend. maii, Præsente et Albino Coss. 247.

8. *Impp. Diocletianus et Maximianus AA. Calippo.*

Si soror tua in paternorum bonorum divisione te fefellit, nec dotem quam acceperat à patre vestro, intestato diem functo, contulit : præses provinciæ, examinatis partium allegationibus, cum bonis dotem confundi jubebit : et quod deducta ratione plus apud eam esse animadverterit, tibi restitui jubebit. Idem est et si arbitro dato divisio celebrata est.

Sancit. 6 id. julii, ipsis AA. Coss.

9. *Iidem* AA. *et* CC. *Onesimo.*

Si emancipati utrique à patre fuistis : collatio cessat. Sin autem frater tuus in potestate patris mortis tempore fuerat, nec ullum testamentum relictum est, vel novissimum judicium communis patris, teque emancipatum probatum fuerit : ab intestato te ad successionem paternam venientem, ad collationem forma perpetui edicti certo jure provocat.

Sancit. 6 calend. maii, Heracliæ, CC. Coss.

10. *Iidem* AA. *et* CC. *Hirenæ.*

A patre verbis precariis in codicillis relictum, extero jure capiens filia, ad collationem dotis urgeri non potest.

Sancit. 6 calend. decembris, CC. Coss.

11. *Iidem* AA. *et* CC. *Artemiæ.*

Posthumo præterito patris testamentum rumpenti, atque intestato succedenti, emancipatum petita bonorum possessione conferre debere bona sua, perpetuo edicto cavetur : cum his etiam qui sui futuri essent, si vivo patre nati fuissent, conferre debere manifesté significatur : et emancipatis (si legi datæ collationis non pateant) denegandas actiones, non est ambigui juris.

Datum 5 calend. januarii, ipsis AA. et Coss.

12. *Iidem* AA. *et* CC. *Philanteæ.*

Filiæ, licèt maneat in sacris, si dotem nou

sitions sont applicables au cas où le partage aurait été fait par un arbitre.

Fait le 6 des ides de juillet, sous le cons. des mêmes empereurs.

9. *Les mêmes empereurs et les Césars à Onésimus.*

Si vous avez été émancipés l'un et l'autre par votre père, vous n'êtes point obligés de vous tenir compte réciproquement des libéralités paternelles ; mais si votre frère est resté sous la puissance paternelle jusqu'à la mort de votre père commun, et s'il est prouvé que le défunt n'ait laissé aucun testament ni autre dernière volonté, et que vous ayez été émancipé, alors succédant *ab intestat*, vous êtes tenu indubitablement, en vertu de l'édit perpétuel, de rapporter à la masse commune ce que vous avez reçu de votre père pendant son vivant.

Fait à Héraclée, le 6 des calend. de mai, sous le consul. des Césars.

10. *Les mêmes emp. et les Césars à Hiréna.*

Une fille succédant non à titre universel, mais à titre particulier ou du chef de quelqu'un, ne peut être tenue de rapporter sa dot à la masse commune, nonobstant la volonté contraire du père exprimée dans un codicille en termes de prières.

Fait le 6 des cal. de décembre, sous le consul. des Césars.

11. *Les mêmes empereurs et Césars à Artémia.*

Lorsque, par l'événement de la naissance d'un enfant posthume, le testament du père est rompu, et que la succession par conséquent s'ouvre *ab intestat*, le frère émancipé qui demande la possession des biens est tenu, d'après l'édit perpétuel, de rapporter tous ses biens à la masse commune de la succession : car dans la supposition que le posthume fût né du vivant de son père, le frère émancipé aurait été de même tenu du même rapport. Il est de droit certain que toutes actions doivent être refusées aux émancipés s'ils refusent de faire ce rapport.

Fait le 5 des cal. de janvier, sous le consul. des empereurs nommés ci-dessus.

12. *Les mêmes empereurs et Césars à Philantéa.*

Il est certain qu'on doit refuser les actions

actions héréditaires à la fille, qui, quoique restée sous la puissance paternelle jusqu'à la mort du défunt, refuse de tenir compte à ses frères de la dot qu'elle a reçue du père commun lors de sa mort. C'est pourquoi votre intérêt et les lois exigent que vous teniez compte de votre dot à ceux de vos frères que vous dites être restés jusqu'à la mort du père commun sous la puissance paternelle. De même si vos frères non émancipés ont un pécule, autre que le pécule castrense ou quasi-castrense, ils ne peuvent pas l'avoir en préciput, mais ils sont tenus de le rapporter à la masse commune de la succession ; et il leur est défendu de rien changer ou de détériorer les biens provenans d'une telle cause. Ces dispositions sont de rigueur.

Fait le 11 des cal. de février, sous le consul. des Césars.

13. *Les mêmes empereurs et Césars à Antistia.*

Si vous avez acquis à titre de donation, un fonds après la mort de votre père, votre sœur ne peut en revendiquer une portion ; mais s'il vous a été donné par votre père pendant que vous étiez encore sous sa puissance, succédant avec votre sœur à votre père commun, c'est contre les dispositions du droit que vous demandez que ce fonds vous soit accordé en préciput.

Fait le 6 des ides de février, sous le consul. des Césars.

14. *Les mêmes empereurs et les Césars à Stratonice.*

Si votre défunt mari ayant succédé à son père, est ensuite décédé, et un enfant posthume, né de vous, lui a succédé ; le président de la province n'hésitera pas de refuser à la tante de votre fils les actions héréditaires qu'elle a eues par la mort de son père, si elle refuse de rapporter sa dot à la masse de la succession.

Fait le 7 des calend. de mars, sous le consul. de Tuscus et d'Anulinus. 295.

15. *Les mêmes empereurs et Césars à Philippe.*

Les enfans émancipés ne sont point tenus de rapporter à la masse de la suc-

Tome II.

non conferat, quam mortis tempore communis patris habuit, fratribus in eadem familia constitutis : actiones hereditarias denegari non ambigitur. Unde consultè ac pro juris ratione collationem fratribus tuis, quos in patris communis mortis tempore fuisse potestate proponis, offeres. Quòd autem fratres tui durantes in familia patris, peculium (si hoc neque castrense, neque relictum eis doceatur) præcipuum habere non possint, sed in divisionem paternæ veniat hereditatis : nec quicquam mutet, penes quem res ex hoc proficiscentes, et in eadem causa durantes, constitutæ reperiantur : absoluti manifestique juris est.

Datum 11 calend. februarii, CC. Coss.

15. *Iidem* AA. *et* CC. *Antistiæ.*

Si donatione tibi post mortem patris fundum quæsisti : soror tua portionem ejus vindicare non potest. Nam si is filiæfamilias constitutæ tibi a patre donatus est, cum sorore patri communi succedens, cum præcipuum habere, contra jura postulas.

Datum 6 id. februarii, iisdemque CC. Coss.

14. *Iidem* AA. *et* CC. *Stratonicæ.*

Si maritus quondam tuus ab intestato patri suo heres extitit, et ei posthumus à te editus successit : actiones hereditarias amitæ filii vestri, quas habuit patris sui mortis tempore, dotem non conferenti, denegare præses non dubitabit.

Proposit. 7 calend. martii, Tusco et Anulino Coss. 295.

15. *Iidem* AA. *et* CC. *Philippo.*

Nec emancipati post mortem communis patris quæsita conferre coguntur : sed hæc

54

retinentes, ejus bona pro hereditaria dividunt portione.

Datum idib. decembr. ipsis CC. Coss. 297.

16. *Iidem* AA. *et* CC. *Socrati.*

Filiam cum fratribus suis coheredibus intestato patri succedentem, ultra relictum codicillis non conferentem dotem, judicio familiæ erciscundæ nihil posse consequi, summa cum ratione placuit.

Datum 5 calend. januarii, ipsis CC. et Coss. 297.

17. *Imp.* Leo A. *Erythrio præfecto prætorio.*

Ut liberis tam masculini quàm fœminini sexus sive sui juris, sive in potestate constitutis, quocunque jure intestatæ successionis, id est, aut testamento penitus non condito, aut si factum fuerit, contra tabulas bonorum possessione petita, vel inofficiosi querela mota rescisso, æqua lance parique modo prospici possit : hoc etiam æquitatis studio præsenti legi credidimus inserendum, ut in dividendis rebus ab intestato defunctorum parentum, tam dos, quàm ante nuptias donatio conferatur, quam pater vel mater, avus vel avia, proavus vel proavia, paternus vel maternus, dederit vel promiserit pro filio vel filia, nepote vel nepte, pronepote vel pronepte : nulla discretione intercedente, utrùm in ipsas sponsas pro liberis suis memorati parentes donationem contulerint, an in ipsos sponsos earum, ut per eos eadem in sponsas donatio celebretur : ut in dividendis rebus ab intestato defuncti parentis, cujus de hereditate agitur, eadem dos vel ante nuptias donatio ex substantia ejus profecta conferatur. Emancipatis videlicet liberis utriusque sexus, pro tenore præcedentium legum, ea quæ in ipsa emancipatione à parentibus suis (ut adsolet fieri) consequuntur, vel post emancipationem

cession, les biens qu'ils ont acquis après la mort du père commun, et ils viennent, sans être tenus de faire ce rapport, à la succession paternelle pour leur portion héréditaire.

Fait pendant les ides de décembre, sous le consul. des Césars. 297.

16. *Les mêmes empereurs et les Césars à Socrate.*

C'est avec beaucoup de justice qu'il a été ordonné que la fille qui succède *ab intestat* à son père, concurremment avec ses frères, ne doit rien obtenir par l'action du partage de famille, si elle refuse de rapporter sa dot à la masse de la succession ; mais si le père commun lui a laissé quelque chose par codicille, elle n'est pas tenue d'en faire le rapport à ses frères ses cohéritiers.

Fait le 5 des calend. de janvier, sous le consul. des Césars. 297.

17. *L'empereur Léon à Erythrius, préfet du prétoire.*

Afin que les enfans de l'un et de l'autre sexe, *sui juris* ou constitués sous la puissance paternelle, venant de quelque manière que ce soit à la succession paternelle *ab intestat*, c'est-à-dire, soit qu'ils y viennent, parce qu'il n'a point été fait de testament, ou s'il en a été fait, par la demande de la possession des biens contre les tables, soit enfin parce qu'il a été rescindé par suite de la querelle d'inofficiosité, soient traités de la même manière et avec équité, nous avons cru devoir ordonner par la présente loi, que dans le partage de la succession du père ou de la mère ou des ascendans, la dot, ainsi que la donation *ante nuptias*, soient rapportées à la masse de la succession ; peu importe qu'elles aient été données ou promises par le père ou la mère, l'aïeul ou l'aïeule, le bisaïeul ou la bisaïeule paternels ou maternels, à leur fils ou à leur fille, à leur petit-fils ou à leur petite-fille, à leur arrière-petit-fils ou à leur arrière-petite-fille. On ne doit pas même excepter le cas où les parens et ascendans dont nous venons de parler auraient conféré la donation dont il s'agit à l'épouse pour l'époux ou à l'époux pour l'épouse : car dans ce cas, comme dans le précédent, la dot ou la donation *ante nuptias* données des biens de celui dont il est question de partager la succession, doivent être rapportées à la masse commune. Les dispositions des lois précédentes, qui portent que les enfans émancipés sont tenus de rapporter à la masse les biens qu'ils ont reçus de leurs père ou mère, avant ou après l'émancipation, conservent toute leur force.

Fait le 5 des calend. de mars, sous le consul. de Busée et de Jean. 467.

18. *L'empereur Anastase à Constantin, préfet du prétoire.*

Nous ordonnons que les enfans qui, en vertu de notre loi, ont été émancipés et effectués *sui juris* par suite des prières qu'ils nous ont présentées et du rescrit qui les a suivies, soient, comme ceux qui ont été émancipés à la manière ordinaire, tenus de faire les rapports à la masse commune de la succession, conformément aux dispositions des lois portées au sujet des autres émancipés.

Fait à Constantinople, le 12 des cal. d'août, sous le consul. de Probus et d'Aviénus.

19. *L'empereur Justinien à Menna, préfet du prétoire.*

Nous avons cru qu'il était de notre devoir d'applanir le doute qui s'est élevé au sujet de la dot et de la donation *ante nuptias*, et qui a été l'objet d'assez de discussions entre certaines personnes : Quelqu'un meurt *ab intestat* et laisse un ou plusieurs fils, une ou plusieurs filles, et d'un de ces fils ou filles décédés, des petits-enfans, peu importe leur sexe ou leur nombre; ou, pour poser l'espèce d'une autre manière, une femme meurt intestat et laisse pareillement un ou plusieurs fils, une ou plusieurs filles, et de l'un de ces fils ou de ces filles décédés, des petits-enfans, peu importe encore leur nombre ou leur sexe; il ne s'était point élevé de doutes sur la portion pour laquelle ces petits-enfans doivent venir à la succession ; on convenait qu'ils doivent y venir pour deux tiers, l'autre tiers étant réservé par une constitution précédente aux oncles et tantes paternels et maternels. Mais à l'égard du rapport de la dot ou de la

ab iisdem parentibus adquisierint, collaturis.

Datum 5 cal. martii, Busco et Joanne Coss. 467.

18. Imp. *Anastasius* A. *Constantino praefecto praetorio.*

Liberos, qui per nostrae legis auctoritatem, per oblationem precum et imperiale rescriptum sui juris effecti fuerint, ad similitudinem caeterorum qui emancipati ex antiquo jure sunt, collationes facere, jubemus compelli, secundùm ea quae super caeteris emancipatis statuta sunt.

Datum 12 calend. augusti, Constantinopoli, Probo et Avieno juniore Coss.

19. Imp. *Justinianus* A. *Mennae praefecto praetorio.*

Illam meritò dubitationem amputare duximus, quae super collatione dotis vel ante nuptias donationis inter certas personas satis jam ventilata est. Nam si intestatus quis defunctus esset, filio vel filiis, aut filia vel filiabus relictis, et ex mortua filia, vel filio, cujuscumque sexus aut numeri nepotibus: vel si qua intestata defuncta esset, filio quidem vel filiis, filia vel filiabus similiter relictis, ex mortuo verò filio vel filia itidem nepotibus cujuscunque sexus aut numeri : de modo quidem successionis minimè dubitabatur, sed palàm erat, quòd hujusmodi nepotes duas partes paternae vel maternae portionis tantùm haberent, tertiam partem patruis suis, vel avunculis, vel amitis, vel materteris, pro jam posita constitutione concedentes. De collatione verò dotis vel ante nuptias donationis, quam defuncta persona pro filio vel filia superstitibus, et pro mortuo vel mortua filio vel filia dedisset : multa dubitatio orta est. Superstitibus quidem filiis defunctae

54 *

personæ non debere se dotem, vel ante nuptias donationem pro se datam à suo patre vel matre, conferre filiis mortui fratris sui vel mortuæ sororis suæ contendentibus , eo quòd nulla constitutio super hujusmodi collatione posita esset : nepotibus verò mortuæ personæ non tantùm huic resistentibus, sed etiam adserentibus, quòd onus collationis constitutione Arcadii et Honorii divæ memoriæ sibi impositum , in personis tantummodò suorum avunculorum, non etiam patruorum, vel amitarum, vel materterarum locum habere posset. Talem igitur subtilem dubitationem amputantes, præcipimus tam filios vel filias defunctæ personæ dotem vel ante nuptias donationem à parentibus suis sibi datam conferre nepotibus vel neptibus mortuæ personæ : quàm eosdem nepotes vel neptes patruis suis aut avunculis, amitis etiam et materteris dotem vel ante nuptias donationem patris sui, vel matris, quam pro eo vel ea mortua persona dedit, similiter conferre : ut commistis hujusmodi collationibus cum bonis mortuæ personæ, duas quidem partes nepotes vel neptes habeant illius portionis quæ patri vel matri eorum, si superesset, deferebatur; tertiam verò ejusdem portionis partem unà cum sibi competentibus portionibus filii vel filiæ defunctæ personæ, cujus de hereditate agitur, capiant.

Datum calend. jun. Constantinopoli, DN. Justiniano A. PP. II. Coss. 528.

In authent. Nov. 18 , cap. 4.

Quæ tertiæ portionis deminutio correctionem novo jure capit, ad æqualitatis justitiam redacta in omnibus talibus personis.

donation *ante nuptias* que la personne défunte a donnée pour son fils ou sa fille survivant et pour son fils ou pour sa fille prédécédé , il s'était élevé un grand doute : les fils ou filles survivans prétendaient n'être point tenus de faire le rapport à la masse de la succession de la dot ou de la donation *ante nuptias* qu'ils ont reçues de leur père ou de leur mère, disant qu'il n'existait aucune constitution qui les y obligeât. D'un autre côté , les petits-enfans non – seulement n'accordaient pas les prétentions de leurs oncles ou tantes, mais encore prétendaient que la charge du rapport n'avait été imposée par la constitution de l'empereur Arcadius et Honorius de divine mémoire, qu'aux oncles maternels , et que les oncles paternels et les tantes paternelles et maternelles ne pouvaient en être tenus. Voulant détruire de telles subtilités, nous ordonnons que non-seulement les fils et les filles de la personne défunte soient tenus de rapporter à la masse commune la dot ou la donation *ante nuptias* qu'ils ont reçues de leurs père ou mère, mais encore nous y obligeons les petits-enfans, pour ce qui concerne la dot ou la donation *ante nuptias* reçues par leurs père ou mère, peu importe avec qui ils viennent en concurrence à la succession de leurs oncles ou de leurs tantes paternels ou maternels : en sorte que les biens provenans de ces rapports étant confondus dans la succession de la personne défunte , les petits-enfans aient les deux tiers de la portion qui serait échue à leur père ou à leur mère s'ils eussent survécu, et que l'autre tiers soit déféré , outre la portion qui leur compète en propre, aux fils ou aux filles de la personne défunte de la succession de laquelle il s'agit.

Fait à Constantinople , pendant les cal. de juin, sous le deuxième consul. de l'empereur Justinien. 528.

Authentique extraite de la Novelle 18, chapitre 4.

Le nouveau droit a aboli cette diminution qui avait lieu dans la portion des petits-enfans, et ils succèdent maintenant par souche pour la même portion que leurs père ou mère auraient eue s'ils eussent survécu.

20. *Le même empereur à Menna, préfet du prétoire.*

Nous interprétons d'une manière claire, par la présente loi, le point suivant, sur lequel quelques personnes ont élevé des doutes ; nous ordonnons donc que toutes les choses qui composent la quarte légitime de ceux qui intentent contre le testament la querelle d'inofficiosité soient rapportées à la masse de la succession. Le rapport doit avoir lieu, non-seulement à l'égard de ces choses, mais encore à l'égard de celles acquises à l'un des héritiers avec l'argent du défunt à l'occasion de son entrée dans le service militaire ; en sorte que le gain qu'il a retiré de cette cause jusqu'à la mort du défunt, soit, s'il a été fait un testament, imputé sur la quarte légitime, et si le défunt est mort intestat, rapporté à la masse commune de la succession. La règle, *que tous les biens composant la quarte légitime, doivent être rapportés* ab intestat *à la masse de la succession*, ne peut avoir lieu dans le cas contraire, et posé de cette manière, *que tous les biens qui doivent être rapportés à la masse commune, doivent aussi être imputés sur la quarte légitime de ceux qui intentent la querelle d'inofficiosité :* car on ne doit imputer sur la quarte légitime que ceux des biens dont le rapport doit être fait, dont l'imputation sur la quarte légitime est expressément ordonnée par les lois.

§. 1. Il s'est élevé encore des doutes au sujet du rapport de la dot ou de la donation *ante nuptias*, données par le père ou la mère ou autres ascendans, pour un fils ou une fille, un petit-fils ou une petite-fille ou à d'autres descendans : par exemple, si l'un des enfans a reçu seulement une donation *ante nuptias* ou une dot, et qu'un autre de ces enfans ait reçu une simple donation, mais non une dot, ou une donation *ante nuptias* ; nous ordonnons, afin qu'il ne naisse pas une injustice de ce que ceux qui ont reçu la donation *ante nuptias* ou la dot soient contraints d'en faire le rapport, tandis que ceux qui ont reçu la simple donation n'en seraient pas tenus ; nous ordonnons, disons-nous, que dans un cas de cette sorte, ceux qui,

20. *Idem A. Mennæ præfecto prætorio.*

Illud sine ratione à quibusdam in dubitatem deductum, plana sanctione revelamus : ut omnia quæ in quartam portionem ab intestato successionis computantur his qui ad actionem de inofficioso testamento vocantur : etiam si intestatus is decesserit, ad cujus hereditatem veniunt : omnimodò coheredibus suis conferant. Quod tam in aliis, quàm in his quæ occasione militiæ uni heredum ex defuncti pecuniis adquisitæ lucratur is qui militiam meruit, locum habebit : ut lucrum quod tempore mortis defuncti ad eum pervenire poterat, non solùm testamento condito quartæ parti ab intestato successionis computetur, sed etiam ab intestato conferatur. Hæc autem regula, ut omnia quæ portioni quartæ computantur, etiam ab intestato conferantur : minimè è contrario tenebit, ut possit quis dicere etiam illa quæ conferuntur, omnimodò in quartam partem his computari, qui ad inofficiosi querelam vocantur. Ea enim tantummodò ex his quæ conferuntur, memoratæ portioni computabuntur, pro quibus specialiter legibus ut hoc fieret expressum est.

§. 1. Ad hæc cùm ante nuptias donatio vel dos à patre data, vel matre, vel aliis parentibus pro filio vel filia, nepote vel nepte, cæterisque descendentibus conferatur : si unus vel una liberorum ante nuptias tantummodò donationem vel dotem, non etiam simplicem donationem accepit vel acceperit, alter verò vel altera neque dotem neque donationem ante nuptias à parente suo suscepit vel susceperit, sed simplicem tantummodò donationem : ne ex eo injustum aliquid oriatur, si ea quidem persona quæ ante nuptias donationem vel dotem suscepit, conferre eam cogenda sit : illa verò quæ simplicem tantummodò donationem meruit, ad collationem ejus minimè coarctanda : si quid hujusmodi acciderit, jubemus ad similitudinem ejus qui

ante nuptias donationem vel dotem conferre cogitur, etiam illam personam quæ
nulla dote vel ante nuptias donatione data,
solam simplicem donationem à parentibus
suis accepit, conferre eam : nec recusare
collationem, ex eo, quòd simplex donatio
non aliter confertur, nisi hujusmodi legem
donator tempore donationis suæ indulgentiæ imposuerit.

Datum 8 id. augusti, Constantinopoli,
Decio V. C. Coss. 529.

21. *Idem* A. *Joanni præfecto prætorio.*

Ut nemini de cætero super collatione
dubietas oriatur : necessarium duximus
constitutioni, quam jam favore liberorum
fecimus, hoc addere, ut res quas parentibus adquirendas esse prohibuimus, nec
collationi post obitum eorum inter liberos
subjaceant. Ut enim castrense peculium
in commune conferre in hereditate divi-
denda, et ex prisci juris auctoritate minimè cogebantur : ita et alias res, quæ
minimè parentibus adquiruntur, proprias
liberis manere censemus

Datum 15 calend. novembris, Lampadio et Oreste VV. CC. Coss. 530.

TITULUS XXI.

De testamento militis.

1. *Imp. Antoninus* A. *Floro militi.*

FRATER tuus miles si te specialiter in
bonis quæ in paganico habebat, heredem
fecit : bona, quæ in castris reliquit, petere non potes ; etiam si is qui eorum heres institutus est, adire ea noluerit. Sed
ab intestato succedentes veniunt : modò si
in ejus locum substitutus non est, et liquidò probetur fratrem tuum castrensia
bona ad te pertinere noluisse. Nam voluntas militis in expeditione occupati pro jure
servatur.

sans avoir reçu ni dot ni donation *ante
nuptias*, ont reçu une donation simple
de leurs père ou mère ou autres ascendans, soient tenus, à l'exemple de ceux
qui ont reçu une dot ou une donation
ante nuptias, d'en faire le rapport à la
masse de la succession, et qu'ils ne puissent refuser de faire ce rapport sous le
pretexte que la donation est simple ; à
moins que dans le tems de la donation,
le donateur n'ait ordonné expressément
que le rapport n'en serait point fait.

Fait à Constantinople, le 8 des ides
d'août, sous le consul. de Décius. 529.

21. *Le même empereur à Jean, préfet
du prétoire.*

Afin qu'il ne s'élève désormais aucun
doute au sujet des rapports dont les héritiers sont tenus, nous croyons devoir
ajouter à la constitution que nous avons
déjà publiée en faveur des enfans, que
les biens provenus aux enfans, et dont le
père ou la mère n'ont que l'usufruit, ne
doivent pas venir en rapport à la succession de ces derniers : car de même
qu'ils ne peuvent être contraints, conformément à l'ancien droit, de rapporter
à la masse de la succession les biens
composant leurs pécules castrenses, de
même nous ordonnons qu'ils ne soient
point tenus de rapporter les autres biens
qui leur appartiennent en propre, et dont
leurs père ou mère n'ont que l'usufruit.

Fait le 15 des cal. de novembre, sous
le consul. de Lampadius et d'Oreste. 530.

TITRE XXI.

Des testamens militaires.

1. *L'emper. Antonin à Florus, soldat.*

SI le soldat votre frère vous a institué
héritier spécialement pour ceux de ses
biens situés dans son domicile ou ailleurs,
vous ne pouvez demander ceux qu'il a
laissés dans les camps, quand même celui
qui a été institué pour ces derniers biens
n'accepterait pas ; mais ils sont déférés
ab intestat à ceux qui ont droit de venir à cette succession, toutefois si personne n'a été substitué à l'héritier ins-

titué, et s'il est prouvé que votre frère n'a point voulu que ses biens castrenses vous appartinssent : car la volonté des soldats en activité de service fait droit.

Fait le 5 des ides de septembre, sous le consul. des deux Asper. 213.

2. *Le même emper. à Septimus, soldat.*

Si un soldat a, pour ce qui concerne seulement ses biens castrenses, institué héritier un de ses camarades, sa mère possédera de droit ses autres biens, comme laissés *ab intestat* par le défunt ; mais s'il a écrit un héritier étranger qui a accepté l'hérédité, votre demande, qui tend à ce que ses biens vous soient transférés, est contraire au droit.

Fait le 11 des cal. de mars, sous le quatrième consul. de l'emper. Antonin et le premier de Balbinus. 214.

3. *Le même empereur à Vindicien.*

Quoique les testamens des soldats ne soient pas soumis aux formalités ordinaires du droit (car à cause de la simplicité militaire, il leur est permis de faire leurs testamens comme ils veulent et comme ils peuvent), cependant l'institution faite par le testament du centurion Valérien doit être interprétée d'après le droit commun. Il était père de famille ; par son testament, il a institué sa fille pour deux douzièmes, et sa femme pour un douzième : il n'a rien disposé au sujet des neuf autres douzièmes de ses biens ; mais cependant il paraît par la disposition précédente, qu'il a voulu diviser toute sa succession en trois parties, dont il en défère deux à sa fille et l'autre à sa femme.

Fait pendant les calend. de novembre, sous le quatrième consul. de l'empereur Antonin et le premier de Balbinus. 214.

4. *L'empereur Alexandre à Junius.*

Si Rufinus, noble tribun porte-clef, vous a affranchi par son testament fait après sa majorité, vous devez savoir que vous avez obtenu légitimement votre liberté ; mais s'il était mineur lorsqu'il a fait son testament, dans ce cas votre affranchissement est nul, parce que les militaires n'ont pas la faculté de tester avant leur majorité. Si vous n'étiez au pouvoir du testateur, qu'afin qu'il vous

Accepta 5 id. septembris, Duobus et Aspris Coss. 213.

2. *Idem A. Septimo militi.*

Miles si castrensium tantummodò bonorum commilitonem suum instituit heredem : cætera bona ejus, ut intestati defuncti, mater ejus jure possidebit. Quòd si extraneum scripsit heredem, isque adiit hereditatem : bona ejus in te transferri non jure desideras.

Proposit. 11 calend. martii, Antonino A. IV. et Balbino Coss. 214.

3. *Idem A. Vindiciano.*

Quanquam militum testamenta juris vinculis non subjiciantur, cùm propter simplicitatem militarem quomodò velint, et quomodò possint, ea facere his concedatur : tamen in Valeriani quondam centurionis testamento institutio etiam jure communi accepit auctoritatem. Nam cùm paterfamilias filiam ex duabus unciis, uxorem ex uncia heredes scripserit, nec de residuis portionibus quicquam significaverit : in tres partes divisisse eum apparet hereditatem : ut duas habeat, quæ sextantem accepit : tertiam, quæ ex uncia heres est instituta.

Proposit. calend. novembr. Antonino A. IV. et Balbino Coss. 214.

4. *Imp. Alexander A. Junio.*

Si Rufinus vir clarissimus tribunus laticlavius major annis lege definitis faciens testamentum, te manumisit : justam tibi libertatem competisse, scire debes. Quòd si minor annis ex lege constitutus fuerit, cùm faceret testamentum : lege impediente nullam libertatem adeptus es, quæ in hac parte nec militibus remissa est. Quòd si idem testator causam manumittendi te habuit, quæ probabilis vivo manumittente

concilio futura esset : quia per fideicommissum data libertas a quolibet minore
annis , ei cujus causa probari potuit ,
præstari debet : ex testamento militis ejusmodi servis justam libertatem competere,
consequens est.

Datum 16 calend. decembris , Alexandro A. Coss. 224.

5. *Idem* A. *Sozomeno.*

Ex testamento militis , sive adhuc in
militia , sive intra annum missus honestè
decessit , hereditas et legata omnibus, quibus relicta sunt, debentur : quia inter cætera quæ militibus concessa sunt , liberum
arbitrium quibus velint relinquendi supremis judiciis suis concessum est : nisi lex
specialiter eos prohibuerit.

Datum 17 calend. februarii, Juliano II.
et Crispino CC. Coss. 225.

6. *Idem* A. *Valentino.*

In testamento quidem ejus , qui non
miles fuit , si duobus heredibus institutis,
altero cui potuit usque ad tempus pubertatis parens facere testamentum, altero cui
posteaquam heres extitit, substituere non
potuit , invicem substitutio eisdem verbis
facta est : in eum solum casum eam locum
habere sententiis prudentium virorum , et
constitutionibus divorum parentum meorum placet, quo utrique pari ratione potuit substitui. Sed cùm ex testamento
militis controversiam esse proponas , defuncta parvula ejus filia posteaquàm heres
extitit patri , cum qua simul æquis partibus heres institutus eras, substitutione invicem facta : et mater quidem intestatæ
filiæ sibi successionem defendat, tu autem
ex substitutione ad te pertinere contendas:
juris quidem ratio manifesta est , licere
militibus proprio privilegio etiam heredibus extraneis , posteaquàm heredes extiterint, mortuis substituere. Sed tibi probandum est , an ita frater tuus senserit.

Proposit. 11 calend. maii, Fusco II. et
Dextro Coss. 226.

affranchit, et s'il est probable que si la
mort ne l'avait pas surpris, il vous eût
donné la liberté de son vivant et à la
manière ordinaire , vous avez obtenu en
vertu de ce testament une liberté légitime, puisque les libertés fidéicommissaires peuvent être données par les mineurs ,
pourvu que le fidéicommis soit prouvé.

Fait le 16 des calend. de décembre ,
sous le consul. de l'emper. Alexandre.
224.

5. *Le même empereur à Sozomène.*

Il suit du testament du soldat qui est
mort honorablement pendant son service
ou dans l'année après l'avoir quitté , que
sa succession et les legs qu'il a laissés
sont dus à tous ceux à qui il les a déférés : car outre les autres priviléges qui
sont accordés aux soldats, ils ont celui
de laisser par leur dernière volonté leurs
biens à qui bon leur semble , à moins
que la loi ne le leur ait défendu spécialement.

Fait le 17 des calend. de février , sous
le deuxième consul. de Julien et le premier de Crispinus. 225.

6. *Le même empereur à Valentin.*

Lorsque quelqu'un non militaire a , par
son testament, substitué deux personnes
l'une à l'autre réciproquement , dont
l'une desquelles impubère , et pour qui le
père peut faire un testament pour le cas
où elle mourrait avant la puberté, et l'autre
majeure, et à laquelle, si l'hérédité lui
est déférée, il n'a pu substituer personne;
il a été ordonné, d'après les opinions des
jurisconsultes, et par les constitutions des
empereurs mes ancêtres, qu'il a pu substituer ces deux personnes l'une à l'autre ,
et que par le testament leur condition est
égale. Mais, pour résoudre la question
que vous dites s'être élevée au sujet du
testament d'un soldat, par lequel il vous
a institué réciproquement avec sa fille
impubère, qui est décédée avant l'ouverture de la succession, la mère demandant
que la succession soit déférée *ab intestat*,
et vous prétendant qu'en vertu de la substitution elle vous appartient, il est certain
en droit, à la vérité, qu'il est permis
aux soldats, par un privilége qui leur est
propre, de substituer des héritiers étrangers,

gers aux héritiers siens en cas de décès; mais vous devez prouver si telle a été la volonté de votre frère.

Fait le 11 des calend. de mai, sous le deuxième consul. de Fuscus et le premier de Dexter. 226.

7. *Le même empereur à Fortunatus.*

Il ne résulte point de ces mots : *Je donne, je lègue à Fortunatus, mon affranchi,* que vous puissiez revendiquer votre liberté, si le testament qui les contient n'a pas été fait par un militaire. Mais si, d'après ce que vous dites, le testateur est militaire, et a écrit ces mots dans l'esprit de vous donner la liberté, et non parce qu'il vous croyait libre, il suit des priviléges accordés aux militaires, que vous avez droit à la liberté directe et à la revendication du legs.

Fait le 12 des calend. de janvier, sous le deuxième consul. de l'emper. Alexandre et le premier de Marcellus. 227.

8. *L'emper. Gordien à Eternus, soldat.*

Il est certain en droit, qu'un militaire peut faire une institution d'héritier pour un tems déterminé.

Fait le 13 des cal. d'octobre, sous le consul. de Pius et de Pontien. 239.

9. *Le même empereur à Valérius.*

De même qu'il est de droit certain, que le soldat qui, sachant avoir des enfans, a institué des héritiers étrangers, est censé les avoir exhérédés ; de même si ignorant qu'il a un fils, il a institué d'autres héritiers, il n'est pas douteux que le testament ne peut nuire au fils, et que le testament étant nul, le fils succède à son père, si lors de la mort de ce dernier il se trouvait sous sa puissance.

Fait le 5 des nones d'octobre, sous le consul. de Pius et de Pontien. 239.

10. *L'empereur Philippe et le César Philippe à Justin, soldat.*

Si un soldat a prétérit sa fille dans son testament, parce qu'il ignorait que sa femme fût enceinte, ou si l'ayant crue morte d'après une fausse nouvelle qui lui avait été donnée, il n'en a fait aucune mention dans son testament, cette erreur n'entraine point l'exhérédation. Mais si le soldat qui a fait mention de sa fille dans son testament lui a fait un legs, en ne

Tome II.

7. *Idem A. Fortunato.*

Ex his verbis, *Fortunato liberto meo do lego*, vindicare tibi libertatem non potes, si pagani testamentum proponatur. At enim cùm testatorem militem fuisse proponas : si non errore ductus libertum te crediderit, sed dandæ libertatis animum habuerit : libertatem equidem directam competere tibi, sed et legati vindicationem habere te, prærogativa militaris privilegii præstat.

Datum 12 calend. januarii, Alexandro A. II. et Marcello Coss. 227.

8. *Imp. Gordianus A. Æterno militi.*

Certi juris est, militem ad tempus etiam heredem instituere posse.

Proposit. 3 calend. octobris, Pio et Pontiano Coss. 239.

9. *Idem A. Valerio.*

Sicut certi juris est, militem, qui scit se filium habere, aliosque scripsit heredes, tacitè cum exheredare intelligi : ita si ignorans se filium habere, alios scribat heredes, non obesse filio ademptam hereditatem, sed minimè valente testamento (si sit in potestate) cùm ad successionem venire, in dubiis non habetur.

Proposit. 5 non. octobris, Pio et Pontiano Coss. 239.

10. *Imp. Philippus A. et Philippus Cæs. Justino militi.*

Si cùm vel in utero haberetur filia inscio patre milite, ab eo præterita sit : vel cùm in rebus humanis cam non esse falso rumore perlato pater putavit, nullam ejus in testamento fecit mentionem : silentium hujusmodi exheredationis notam nequaquam infligit. Is autem miles, qui testamento filiam suam appellavit, eique legatum dedit, non instituendo cam heredem, exheredavit.

Proposit. 12 calend. junii, Præsente et Albino Coss. 247.

11. *Idem* A. *et* C. *Æmiliano militi.*

Captatorias institutiones etiam in militis testamento nullius esse momenti, manifestum est.

Proposit. 7 calend. julii, Præsente et Albino Coss. 247.

12. *Idem* A. *et* C. *Domitiæ.*

In testamento militis legem Falcidiam, et in legatis, et fideicommissis cessare, explorati juris est. Sanè si quid ultra vires patrimonii postulatur : competenti defensione tueri te potes.

Proposit. 6 non. julii, Præsente et Albino Coss. 247.

13. *Impp. Valerianus et Gallienus* AA. *Claudiæ.*

Et militibus nostris, centurionibus quoque ob flagitium militare damnatis, non aliarum quàm castrensium rerum testamentum facere permittitur, et intestatis jure proprio succeditur à fisco.

Proposit. non. aug. Valeriano et Gallieno AA. III. et II. Coss. 256.

14. *Impp. Diocletianus et Maximianus* AA. *heredibus Maximi.*

Si à fratre suo militante mater vestra scripta heres, successionem ejus sibi quæsivit : quamvis testamenti scriptura non continet juris observationem : hanc tamen hereditatem fratrem testatoris vel ejus filios ab intestato evincere non potuisse, jure constitit.

Proposit. 5 non. maii, ipsis AA. et Coss.

15. *Imp. Constantinus* A. *ad populum.*

Milites in expeditione degentes, si uxores, aut filios, aut amicos, aut commilitones suos, postremò cujuslibet generis homines amplecti voluerint supremæ voluntatis affectu : quomodò possint, ac velint, testentur : nec uxorum, aut filiorum

l'instituant point héritière, il l'a exhérédée.

Fait le 12 des calend. de juin, sous le consul. de Présens et d'Albinus. 247.

11. *Les mêmes empereur et César à Emilien, soldat.*

Il est manifeste que les institutions d'héritiers qui ont été captées, et qui sont la suite de la séduction, sont nulles, quoique faites par le testament d'un soldat.

Fait le 7 des calend. de juillet, sous le consul. de Présens et d'Albinus. 247.

12. *Les mêmes empereur et César à Domitia.*

Il est de droit éprouvé que, dans le testament d'un soldat, la loi *Falcidia* n'a pas lieu à l'égard des legs et des fidéicommis. Mais si on demande plus de biens que n'en renferme la fortune du défunt, vous pouvez vous défendre par les moyens qui sont en votre pouvoir.

Fait le 6 des nones de juillet, sous le consul. désigné ci-dessus. 247.

13. *Les empereurs Valérien et Gallien à Claudia.*

Il n'est permis à nos soldats et centurions qui ont été condamnés pour délits militaires, de tester que de leurs biens castrenses ; le fisc succède *ab intestat* à leurs autres biens.

Fait pendant les nones d'août, sous le troisième consul. de l'emper. Valérien et le deuxième de l'empereur Gallien. 256.

14. *Les emper. Dioclétien et Maximien aux héritiers de Maxime.*

Si votre mère ayant été instituée héritière par le soldat votre frère, s'est mise en possession de la succession, il est constant que quoique le testament n'ait point été fait avec toutes les formalités du droit, elle ne peut être évincée *ab intestat* par les frères du testateur ou ses enfans.

Fait le 5 des nones de mai, sous le consul des empereurs nommés ci-dessus.

15. *L'empereur Constantin au peuple.*

Que les militaires en activité de service puissent instituer héritiers par leur testament, qu'ils feront comme ils pourront ou comme ils voudront, leurs femmes ou leurs enfans, ou leurs amis, leurs camarades, enfin qui ils voudront ; et

dans le cas où ils institueraient leurs femmes ou leurs enfans, qu'on ne recherche aucunement leur capacité de succéder. Comme il leur est permis et leur
sera toujours permis par le droit, que
les dispositions de leurs biens qu'ils ont
faites en écrivant leurs intentions sur le
fourreau de leurs sabres ou sur leurs bou-
cliers avec le sang qui coule de leurs plaies,
ou en les écrivant sur la poussière avec la
pointe de leurs sabres, dans le moment
où ils ont été atteints d'une plaie mor-
telle dans le combat, soient valables et
considérées comme un testament.

Fait à Nicomédie, le 3 des ides d'août,
sous le consul. d'Optatus et de Paulinus.
334.

16. *L'empereur Anastase à Hiérius,
préfet du prétoire.*

Nous ordonnons que les secrétaires et
les appariteurs employés auprès des généraux, ne jouissent point des priviléges
des soldats pour ce qui concerne les testamens, quand même ils seraient inscrits
dans les matricules militaires.

Fait à Constantinople, pendant les ides
de février, sous le consul. de Paul. 496.

17. *L'empereur Justinien à Menna,
préfet du prétoire.*

Afin que les militaires ne croyent pas
qu'il leur soit permis de faire en tout
tems leurs testamens de la manière qu'ils
leur plait, nous ordonnons que les seuls
militaires en activité de service jouissent des priviléges qui ont été accordés
aux soldats relativement aux testamens.

Fait le 3 des ides d'avril, sous le consul.
de Décius. 529.

18. *Le même empereur à Jean, préfet du
prétoire.*

Quoiqu'il fût permis, par les anciennes
lois, aux pupilles qui étaient parvenus aux
armées jusqu'au grade de tribun, de faire
un testament, cependant il parait indigne
de notre siècle que celui dont la raison
n'est pas encore formée, puisse, par l'effet
des priviléges militaires, disposer des
droits des hommes faits, et que dans un
âge si tendre, il pût, par un tel privilége,
nuire à ses parens et à ses proches, en
laissant sa fortune à des étrangers. C'est

eorum, cùm voluntatem patris reportave-
rint, meritum aut libertas dignitasve quæratur. Proinde sicut juris rationibus licuit, ac semper licebit, si quid in vagina
aut clypeo litteris sanguine suo rutilanti-
bus adnotaverint, aut in pulvere inscrip-
serint gladio sub ipso tempore quo in præ-
lio vitæ sortem derelinquunt : hujusmodi
voluntatem stabilem esse oportet.

Datum 3 id. augusti, Nicomediæ, Optato et Paulino Coss. 334.

16. *Imp. Anastasius* A. *Hiero præfecto
prætorio.*

Scriniarios vel apparitores, qui virorum
magnificorum magistrorum militum jussionibus vel actibus obtemperant : etsi
nomina eorum matriculis militaribus referri videantur : nullatenùs tamen in ultimis à se conficiendis voluntatibus, juris
militaris habere facultatem decernimus.

Datum idib. februar. Constantinopoli,
Paulo V. C. Coss. 496.

17. *Imp. Justinianus* A. *Mennæ præfecto
prætorio.*

Ne quidam putarent in omni tempore
licere militibus testamento quoquo modo
voluerint componere : sancimus, his solis,
qui in expeditionibus occupati sunt, me-
moratum indulgeri circa ultimas voluntates conficiendas beneficium.

Datum 4 id. aprilis, Decio V. C. Coss.
529.

18. *Idem* A. *Joanni præfecto
prætorio.*

Licèt antiquis legibus permittebatur pupillis, si tribunatum numerorum mere-
bantur, ultimum elogium conficere posse :
attamen indignum nostris temporibus esse
videtur, cum qui stabilem mentem nondùm adeptus est, propter privilegia militum, sapientium hominum jura pertracta-
re, et in tam tenera ætate ex tali licentia
parentibus fortè suis vel aliis propinqvis
nocere, propriam substantiam extraneis
relinquendo. Ideòque hoc fieri nullo modo

55 *

concedimus.

Datum calend. novembr. post consulatum Lampadii et Orestis VV. CC. anno secundo. 552.

pourquoi nous ne leur permettons en aucune manière de tester.

Fait pendant les calend. de nov., après le cons. de Lampadius et d'Oreste. 552.

TITULUS XXII.

Qui testamentum facere possunt, vel non.

TITRE XXII.

De ceux qui peuvent ou ne peuvent pas tester.

1. *Imp. Gordianus A. Petronio militi.*

QUANQUAM omnium bonorum socer tuus, itemque frater ejus socii fuerint, tamen non eò minus idem frater ejus, cùm fati munus impleret, testamento suo potuit sibi heredem instituere quem vellet. Item non idcircò minus is testamenti factionem habet, quòd indivisam successionem cum sorore sua dicatur habuisse.

Proposit. 12 calend. augusti, Ariano et Pappo Coss. 244.

1. *L'empereur Gordien à Pétrone, soldat.*

QUOIQUE votre beau-père, ainsi que son frère, aient été vos associés pour tous les biens, cependant, nonobstant cette communauté, le frère de votre beau-père a pu faire un testament, et instituer, pour la portion de ces biens, qui bon lui a semblé; parce qu'on n'est pas privé de la faculté de tester des biens indivis, par cela seul qu'on n'a pas encore partagé la succession avec sa sœur cohéritière.

Fait le 12 des calend. d'août, sous le cons. d'Arien et de Pappon. 244.

2. *Impp. Diocletianus et Maximianus AA. et CC. Viatori et Pontiæ.*

Si is, qui te cum uxore tua heredem scripsit, quando testamentum ordinavit, sanæ mentis fuit, nec posteà alicujus sceleris conscientia obstrictus, sed aut impatiens doloris, aut aliqua furoris rabie constrictus, se præcipitem dedit, ejusque innocentia liquidis probationibus commendari potest à te : adscitæ mortis obtentu postremum ejus judicium convelli non debet. Quòd si futuræ pœnæ metu voluntaria morte supplicium antevertit, ratam voluntatem ejus conservari leges vetant.

Proposit. calend. decembr. ipsis AA. et Coss.

2. *Les empereurs Dioclétien et Maximien, et les Césars, à Viator et Pontia.*

Si celui qui vous a institué vous et votre femme héritiers, était, lorsqu'il a fait son testament, dans son bon sens, quoique par la suite il se soit suicidé, non à cause des remords produits par la conscience d'un crime, mais à cause de la violence des douleurs qu'il éprouvait et qui l'ont entraîné dans le désespoir, on ne doit point rejeter l'acte de sa dernière volonté, toutefois si vous donnez des preuves évidentes de son innocence. Mais s'il s'est donné la mort par la crainte d'un supplice prochain, les lois défendent que sa volonté soit observée.

Fait pendant les calend. de décembre, sous le cons. des empereurs nommés ci-dessus.

3. *Iidem AA. et CC. Licinio.*

Senium quidem ætatis, vel ægritudinem corporis, sinceritatem mentis tenentibus, testamenti factionem certum est non auferre. Filium autem, qui in potestate est, testamentum facere non posse, indubitati juris est.

Datum 4 non. aprilis, CC. Coss.

3. *Les mêmes empereurs et Césars à Licinius.*

Il est certain que ceux qui jouissent de leur bon sens peuvent tester, quoique surchargés d'un grand âge ou affligés d'une infirmité corporelle. Mais il n'est point douteux que le fils qui est encore sous la puissance paternelle ne peut tester.

Fait le 4 des nones d'avril, sous le cons. des Césars.

4. *Les mêmes empereurs et Césars à Radon.*

Comme votre cousin germain, qui est décédé avant d'avoir atteint sa quatorzième année, n'a pu faire de testament, on ne peut légitimement rien demander en vertu de cette dernière volonté. Mais si, étant mort après l'âge de quatorze ans, il a testé, quoique ses forces ne parussent pas encore développées, c'est vainement que vous vous efforceriez de faire rejeter son testament.

Fait le 6 des ides de novembre, sous le cons. des Césars.

5. *L'empereur Constance à Rufinus, préfet du prétoire.*

Qu'il soit permis aux eunuques de tester, d'émettre, à l'exemple de tout le monde, des dernières volontés, et de faire des codicilles, pourvu toutefois qu'ils observent les formalités exigées par les lois.

Fait le 5 des calend. de mars, sous le cinquième cons. de l'empereur Constance et le premier de l'empereur Constant, 359.

6. *Le même empereur à Volusius, préfet de la ville.*

Que celui qui a institué l'empereur héritier, ait la faculté de changer son testament, et d'instituer, en se conformant aux lois, qui bon lui semblera.

Fait à Milan, le 12 des calend. de mars, sous le cons. d'Arbition et de Lollien, 355.

7. *Les empereurs Valens, Valentinien et Gratien à Maxime.*

Que lorsque l'empereur ou l'impératrice sont institués héritiers, ils soient soumis au droit commun. On doit observer la même disposition à l'égard des codicilles et des lettres fidéicommissaires. Et (comme il a été ordonné par les anciennes lois) qu'il soit permis à l'empereur et à l'impératrice de faire un testament et de le changer.

Fait le 7 des ides d'août, sous le deuxième cons. de l'empereur Gratien et le premier de Probus. 371.

8. *L'empereur Justinien à Démosthène, préfet du prétoire.*

Nous ordonnons, par cette loi très-réfléchie, que les aveugles de naissance ou

---

4. *Idem AA. et CC. Radoni.*

Si frater patruelis tuus ante decimumquartum ætatis suæ annum decessit, cùm facere testamentum non potuit : nihil rectè ex ejus postremo judicio postulatur. Nam si hanc ætatem egressus, licèt vigoris nondum emersissent vestigia, suum solenniter ordinavit judicium : hoc evellere frustrà conaris.

Sancit. 6 id. novembris .... CC. Coss.

5. *Imp. Constantius A. ad Rufinum præfectum prætorio.*

Eunuchis liceat facere testamentum, componere postremas exemplo omnium voluntates, conscribere codicillos salva testamentorum observantia.

Datum 5 calend. martii, Constantio A. V. et Constante Cæsare Coss. 359.

6. *Idem A. ad Volusium præfectum urbi.*

Si quis imperatorem fortè heredem instituerit, habeat mutandi judicii facultatem, et quemcunque voluerit, secundùm leges in testamento suo heredem scribendi.

Datum 12 calend. martii, Mediolani, Arbitione et Lolliano Coss. 355.

7. *Imppp. Valens, Valentinus et Gratianus AAA. Maximo.*

Cùm heredes instituuntur imperator seu augusta : jus commune cum cæteris habeant. Quod et in codicillis, et fideicommissariis epistolis jure scriptis observandum erit. Et (sicut priscis legibus cautum est) imperatori quoque et augustæ testamentum facere liceat, et mutare.

Datum 7 id. augusti, Gratiano A. II. et Probo Coss. 371.

8. *Imp. Justinianus A. Demostheni præfecto prætorio.*

Hac consultissima lege sancimus, ut carentes oculis, seu morbo, vitiove, seu ita nati, per nuncupationem suæ condant moderamina voluntatis : scilicet præsentibus septem testibus, quos aliis quoque testamentis interesse juris est, tabulario etiam : ut cunctis ibidem collectis, primùm ad se convocatos omnes : ut sine scriptis testentur, edoceant. Deinde exprimant nomina specialiter heredum, et dignitates singulorum, et indicia, ne sola nominum commemoratio quicquam ambiguitatis pariat : et ex quantà parte, vel ex quot unciis in successionem admitti debeant, et quid unumquemque legatarium seu fideicommissarium adsequi velit : omnia denique palàm edicant, quæ ultimarum capit dispositionum series lege concessa. Quibus omnibus ex ordine peroratis uno eodemque loco et tempore, sed et tabularii manu conscriptis sub obtentu septem (ut dictum est) testium, et eorundem testium manu subscriptis, dehinc consignatis tam ab eisdem testibus, quàm à tabulario, plenum obtinebit robur testantis arbitrium. Quæ in eundem modum erunt observanda, quamvis non heredes instituere, sed legata solùm vel fideicommissa, et in summâ quæ codicillis habentur congrua, duxerint ordinanda. At cùm humana fragilitas mortis præcipuè cogitatione perturbata, minus memoria possit res plures consequi : patebit eis licentia voluntatem suam, sive in testamenti, sive in codicilli tenore compositam, cui volint, scribendam credere ; ut in eodem loco posteà convocatis testibus et tabulario, re etiam (ut dictum est), patefacta, cujus causa convocati sunt, etiam chartula promatur, quam susceptam testatori recitabit tabularius, simul et testibus : ut ubi tenor eorum cunctis innotuerit, elogium ipse suum profiteatur agnoscere, et ex animi sui, quæ lecta sint, disposuisse sententia, et in fine subscriptio sequatur testium, necnon omnium signacula tam testium (prout dictum est) quàm tabularii. Sed quia tabulariorum copia non in omnibus locis datur quærentibus : jubemus, ubi tabularius reperiri non possit, octavum adhiberi testem : ut quod tabulario pro supradicto modo commisimus, id per octavum testem effectum capiat : libera potestate concedenda, voluntates suas in prædictum modum ordinantibus,

par l'effet d'une maladie ou d'un accident, puissent faire des testamens nuncupatifs, pourvu cependant que ce soit en présence de sept témoins et d'un notaire. Il faut qu'ils soient tous présens lorsque le testament se fait, et qu'ils aient été tous convoqués expressément pour cet objet ; le testateur doit les prévenir qu'il est dans l'intention de faire un testament nuncupatif. Il doit ensuite prononcer et désigner expressément les noms des héritiers, les professions de chacun d'eux, et donner les autres renseignemens qui peuvent les faire connaître, afin qu'il ne naisse aucune ambiguïté de ce qu'on ne les aurait désignés que par leurs noms. Il doit ajouter pour quelle portion ils sont admis à la succession ; déterminer les legs qu'il leur fait, et les fidéicommis dont il les charge, et déclarer enfin d'une manière claire ses intentions. Après que tous les témoins auront été interrogés par ordre dans un même lieu et au même tems, que le testament aura été écrit de la propre main du notaire en présence des sept témoins qui doivent tous le signer, et enfin après que les témoins et le notaire y auront apposé leurs cachets, la volonté du testateur, revêtue de toutes les formalités ci-dessus, jouira d'une pleine autorité, et devra être observée. Une telle dernière volonté doit être pareillement observée, quoiqu'elle ne porte point d'institution d'héritier, mais seulement des legs ou des fidéicommis, ou enfin, quoique cette dernière volonté ne ressemble qu'à un codicille. Mais comme la fragilité humaine, troublée sur-tout par la pensée de la mort, ne peut se rappeler plusieurs choses à la fois de mémoire, qu'il soit permis aux aveugles de faire écrire par qui ils voudront leur dernière volonté, soit qu'elle consiste en un testament, soit en un codicille. Que dans ce cas, après que les témoins et le notaire auront été convoqués dans le même lieu, et que, comme nous l'avons déjà dit, on leur aura fait connaître l'objet pour lequel ils ont été convoqués, que le papier sur lequel le testament est écrit soit récité par le notaire au testateur et aux témoins, afin qu'ils prennent tous connaissance du testament ;

que le testateur déclare que ce qui vient d'être lu contient les dispositions testamentaires ; et qu'enfin, comme il a déjà été dit, que le testament soit signé et scellé par les sept témoins et le notaire. Mais comme il peut arriver qu'il ne se trouve pas de notaire dans le lieu qu'habite le testateur, nous ordonnons que, dans un cas semblable, on emploie un huitième témoin pour le remplacer. Ce huitième témoin doit faire les fonctions que nous avons attribuées ci-dessus au notaire. Le testateur a la faculté de choisir celui des témoins chez qui le testament fait dans la forme ci-dessus doit être déposé. Nous avons décrété ces dispositions, afin que non-seulement les aveugles aient la faculté de tester, mais encore qu'ils ne puissent être trompés, le testament se faisant en présence de tant de personnes, et qu'en outre il soit déposé en des mains sûres.

Fait à Constantinople, pendant les cal. de juin, sous le cons. de Justinien et de Valérius. 521.

9. *L'empereur Justinien à Julien, préfet du prétoire.*

Les princes nos prédécesseurs et nous, avons ordonné que les furieux puissent tester dans leurs momens lucides, quoique cela fût chez les anciens l'objet d'un doute. Il reste à décider maintenant (ce qui a encore occupé les anciens jurisconsultes) ce qu'il arriverait dans le cas où la fureur reprendrait le testateur dans le moment où il travaille à son testament. Nous ordonnons donc qu'un tel testament soit censé nul ; mais que si le furieux voulant, dans ses intervalles lucides, faire un testament ou autre dernière volonté, il l'a entrepris dans un moment où il jouissait de sa raison, et s'il a fini sans qu'il ait été surpris par le retour de la maladie, ce testament ou tout autre acte de dernière volonté soit valable, si toutefois toutes les formalités requises pour ces sortes d'actes ont été observées.

Fait à Constantinople, pendant les cal. de septembre, sous le cons. de Lampadius et d'Oreste. 530.

10. *Le même empereur à Jean, préfet du prétoire.*

Les muets étant ordinairement sourds,

chartulam ita subscriptam, ita denique consignatam, ut antelatæ formæ declarant, cui velint ex testibus custodiendam mandare. Sic fieri namque confidimus, ut non recipiant se tantùm in cæcis testandi licentia, sed ne locum quidem ullum relinquat insidiis tot oculis spectata, tot insinuata sensibus, tot insuper in tuto locata manibus.

Datum calend. jun. Constantinop. Justiniano et Valerio Coss. 521.

9. *Imp. Justinianus A. Juliano præfecto prætorio.*

Furiosum in suis induciis ultimum condere elogium posse, licèt ab antiquis dubitabatur, tamen et retrò principibus, et nobis placuit. Nunc autem hoc decidendum est, quod simili modo antiquos animos movit, si cœpto testamento furor eum invasit. Sancimus itaque tale testamentum hominis, qui in ipso actu testamenti adversa valetudine tentus est, pro nihilo esse. Si verò voluerit in dilucidis intervallis aliquod condere testamentum, vel ultimam voluntatem, et hoc sana mente inceperit facere, et consummaverit, nullo tali morbo interveniente : stare testamentum, sive quamcunque ultimam voluntatem censemus : si et alia omnia accesserint, quæ in hujusmodi actibus legitima observatio requirit.

Dat. calend. septemb., Constantinopoli, Lampadio et Oreste, VV. CC. Coss. 530.

10. *Idem A. Joanni præfecto prætorio.*

Discretis surdo et muto, quia non semper hujusmodi vitia sibi concurrunt : sancimus, si quis utroque morbo simul laboret, id est, ut neque audire, neque loqui possit, et hoc ex ipsa natura habeat : neque testamentum facere, neque codicillos, neque fideicommissum relinquere, neque mortis causa donationem celebrare concedatur, nec libertatem sive vindicta sive alio modo imponere : eidem legi tam masculos quàm fœminas obedire imperantes. Ubi autem et hujusmodi vitii non naturalis, sive masculo sive fœminæ accidit calamitas, sed morbus postea superveniens et vocem abstulit, et aures conclusit : si ponamus hujusmodi personam litteras scientem ; omnia quæ priori interdiximus, hæc ei sua manu scribenti permittimus. Sin autem infortunium discretum est, quod ita rarò contingit : et surdis, licèt naturaliter hujusmodi sensus variatus est, tamen omnia facere et in testamentis, et in codicillis, et in mortis causa donationibus, et in libertatibus, et in omnibus aliis permittimus. Si enim vox articulata ei à natura concessa est : nihil prohibet eum omnia quæ voluerit, facere : quia scimus quosdam jurisperitos et hoc subtilius cogitasse, et nullum esse exposuisse, qui penitus non exaudiat, si quis supra cerebrum illius loquatur, secundùm quod Jubentio Celso placuit. In eo autem, cui morbus postea superveniens auditum tantummodo abstulit : nec dubitari potest, quin possit omnia sine aliquo obstaculo facere. Sin verò aures quidem apertæ sint, et vocem recipientes, lingua autem ejus penitus præpedita : licèt à veteribus auctoribus sæpius de hoc variatum est : attamen si hunc peritum litterarum esse proponamus, nihil prohibet eum scribentem hæc omnia facere, sive naturaliter, sive per interventum morbi hujusmodi infortunium ei accesserit : nullo discrimine, neque in masculis, neque in fœminis in omni ista constitutione servando.

Datum 15 calend. mart. Constantinop. post consulatum Lampadii et Orestis VV. CC. 531.

ces deux défauts se rencontrant rarement l'un sans l'autre, nous ordonnons que celui qui est affligé en même tems de tous les deux de naissance, en sorte qu'il ne peut ni entendre ni parler, ne puisse ni tester ni faire des codicilles, ni laisser des fidéicommis, des donations à cause de mort, des affranchissemens, soit par la *vindicte* ou de toute autre manière. Nous soumettons à cette loi les hommes comme les femmes. Si le sourd et muet, quel que soit son sexe, n'est pas né tel, mais que cette infirmité lui soit survenue à la suite d'une maladie qui lui a ôté la voix et fermé les oreilles, il lui est permis de faire les actes que nous avons interdits aux sourds et muets de naissance ; mais dans le cas seulement qu'il saura écrire et qu'il les écrira de sa propre main. Si ces deux infirmités sont séparées, ce qui arrive rarement, nous permettons à celui qui n'est que sourd, quoique naturellement ce vice ait plusieurs degrés, de tester, de faire des codicilles, de donner à cause de mort, d'affranchir et de faire tous autres actes : car si la nature lui a accordé la faculté de s'exprimer par des sons articulés, rien n'empêche qu'il ne puisse faire tout ce qui est permis aux autres. Nous savons d'ailleurs que quelques jurisconsultes ont pensé et écrit avec assez de raison, qu'il n'existait personne d'absolument sourd, et que tous ceux qui sont atteints de ce vice entendent, si on leur parle avec une voix forte à côté du cerveau ; telle est l'opinion de Jubentius-Celsus. Quant à celui qui est devenu sourd par suite d'une maladie, il n'est aucun doute qu'il ne puisse faire toutes sortes d'actes, sans obstacle, comme tout le monde. Pour ce qui concerne celui qui, sans être sourd, a la langue embarrassée et ne peut parler (cas au sujet duquel les opinions des anciens étaient très-divisées), rien n'empêche, s'il sait écrire, qu'il ne fasse toutes sortes d'actes en les écrivant de sa propre main, soit qu'il ait reçu cette infirmité de la nature, soit des suites d'une maladie. Toutes les dispositions contenues dans cette constitution doivent être appliquées sans aucune distinction aux personnes des deux sexes.

Fait à Constantinople, le 15 des calend.

de

de mars, après le cons. de Lampadius et d'Oreste. 55t.

11. *Le même empereur à Jean, préfet du prétoire.*

Que personne ne s'avise de s'écarter de la loi que nous avons naguères promulguée au sujet des choses acquises aux enfans et non à leurs parens, ni de croire qu'il soit permis aux enfans de famille, quel que soit leur sexe, de tester de ces sortes de biens, soit qu'ils les possèdent selon la distinction introduite par notre loi, sans le consentement de leurs père ou mère, soit qu'ils aient ce consentement : car nous ne leur permettons en aucune manière de disposer de ces biens par testament; mais que l'ancienne loi, par laquelle il n'est pas permis dans certains cas aux fils de famille de faire un testament, et dans d'autres où cette faculté leur est accordée, soit observée dans tout son contenu.

Fait à Constantinople, pendant les cal. de septembre, après le consul. de Lampadius et d'Oreste. 53t.

12. *Le même empereur à Jean, préfet du prétoire.*

Que tous ceux à qui les lois accordent un pécule quasi-castrense, puissent disposer par dernières volontés des biens compris dans ce pécule, conformément à celle de nos constitutions qui exempte de tels testamens de la querelle d'inofficiosité.

Fait à Constantinople, le 3 des nones de décembre, après le consul. de Lampadius et d'Oreste. 53r.

TITRE XXIII.

Des testamens et de leurs formalités.

1. *L'empereur Adrien à Catonius.*

Peu importe dans la question sur laquelle vous nous consultez, que les témoins soient libres ou esclaves, puisque dans le tems où le testament a été signé, ils ont été admis comme témoins avec le consentement de tous les enfans, et que personne ne s'est avisé jusqu'à présent de leur contester leur état.

Tome II.

---

11. *Idem A. Joanni prafecto prætorio.*

Nemo ex lege, quam nuper promulgavimus, in rebus quæ parentibus acquiri non possunt, existimet aliquid esse innovandum, aut permissum esse filiisfamilias cujuscunque gradus vel sexus, testamenta facere : sive sine patris consensu bona possideant secundùm nostræ legis distinctionem, sive cum eorum voluntate. Nullo etenim modo hoc eis permittimus : sed antiqua lex per omnia conservetur, quæ filiisfamilias, nisi in certis casibus, testamenta facere nullo modo concedit, et in his personis quæ hujusmodi facultatem habere jam concessæ sunt.

S. dat. calend. septemb. Constantinop. post consulatum Lampadii et Orestis VV. CC. 53t.

12. *Idem A. Joanni prafecto prætorio.*

Omnes omnino, quibus quasi castrensia peculia habere ex legibus concessum est, habeant licentiam in ea tantummodo ultimas voluntates condere secundùm nostræ constitutionis tenorem, quæ talibus testamentis de inofficiosi querela immunitatem præstilit.

Dat. 3 non. decembr. Constantinop. post consulatum Lampadii et Orestis VV. CC. 53t.

TITULUS XXIII.

De testamentis, et quemadmodum testamenta ordinentur.

1. *Imp. Hadrianus A. Catonio.*

Testes servi, an liberi fuerint, non in hac causa tractari oportet : cùm eo tempore quo testamentum signabatur, omnium consensu liberorum loco habiti sint, nec quisquam eis usque adhuc status controversiam moverit.

Siue die et consule.

2. *Imp. Alexander A. Expedito.*

Publicati semel testamenti fides, quamvis ipsa materia, in qua primùm à testatore scriptum relictum fuit, casu, qui probatur, intercidit : nihilominùs valet.

Proposit. calend. jun. Fusco II. et Dextro Coss. 226.

3. *Idem A. Antigono.*

Ex imperfecto testamento nec imperatorem hereditatem vindicare posse, sæpe constitutum est. Licèt enim lex imperii solemnibus juris imperatorem solverit : nihil tamen tam proprium imperii est, quàm legibus vivere.

Proposit. 11 calend. januar. Lupo et Maximo Coss. 233.

4. *Imp. Gordianus A. Rufino.*

Si in nomine vel prænomine, seu cognomine, seu agnomine testator erraverit, nec tamen, de quo senserit, incertum sit : error hujusmodi nihil officit veritati.

Proposit. 12 calend. januar. Gordiano A. et Aviola Coss. 240.

5. *Impp. Valerianus et Gallienus AA. Lucillo.*

Neque professio, neque adseveratio nuncupantium filios qui non sunt, veritati præjudicat : et quæ ut filiis testamento reliquuntur, juxta ea quæ à principibus statuta sunt, non deberi, certi juris est.

Accepta 6 non. jul. Valeriano et Gallieno AA. III. et II. Coss. 226.

6. *Impp. Diocletianus et Maximianus AA. Terentiæ.*

Verba testamenti, quibus mater vestra decedens nihil se cuiquam donasse significavit, si res se aliter habeat, fidem veri non perstringunt.

PP. 3 non. novemb. Diocletiano A. et Aristobolo Coss. 285.

Sans date ni désignation de consulat.

2. *L'empereur Alexandre à Expéditus.*

Le testament une fois publié n'en est pas moins valable, quoique par la suite l'acte qui le constate ait péri par l'effet d'un accident.

Fait pendant les cal. de juin, sous le deuxième consul. de Fuscus et le premier de Dexter. 226.

3. *Le même empereur à Antigone.*

Il a été souvent décrété que l'empereur même ne peut revendiquer un hérédité d'après un testament imparfait : car quoique la constitution de l'empire exempte l'empereur des formalités du droit, il n'est rien de plus propre à l'empereur que de s'y soumettre.

Fait le 11 des calend. de janvier, sous le consul. de Lupus et de Maxime. 233.

4. *L'empereur Gordien à Rufinus.*

Quoique le testateur ait erré au sujet du nom ou du prénom, du *cognom* ou de *l'agnom*, une telle erreur ne peut nuire à la vérité, si les intentions du testateur sont d'ailleurs claires et certaines.

Fait le 12 des calend. de janvier, sous le consulat de l'empereur Gordien et d'Aviola. 240.

5. *Les empereurs Valérien et Gallien à Lucillus.*

L'aveu ou la déclaration qu'un testateur fait que tels sont ses enfans, quoiqu'ils ne le soient pas, ne préjudicie point à la vérité : car il est de droit certain que ce qu'il a laissé à des individus qu'il prétend être ses enfans n'est point dû, conformément aux constitutions des princes.

Fait le 6 des nones de juillet, sous le troisième consul. de l'emper. Valérien et le deuxième de l'empereur Gallien. 226.

6. *Les emper. Dioclétien et Maximien à Térentia.*

Les expressions du testament, par lesquelles votre mère en mourant a déclaré n'avoir fait à qui que ce soit aucune donation, ne nuisent point à la vérité, s'il est prouvé d'ailleurs qu'elle ait fait des donations.

Fait le 3 des nones de novembre, sous le consul. de l'empereur Dioclétien et d'Aristobole. 285.

7. *Les mêmes empereurs à Rufina.*

L'erreur de l'écrivain ne peut porter aucune atteinte à la validité du testament : car lorsqu'il est défectueux sous le rapport de l'écriture, il est plutôt réputé nuncupatif qu'écrit ; c'est pourquoi, quoiqu'on ne trouve point dans un testament, fait d'ailleurs selon les formalités ordinaires du droit, ces mots : *qu'il soit héritier ;* il est constant que celui qui, d'après le testament, doit être réputé héritier, est tenu de délivrer, conformément à la volonté du testateur, les legs et les fidéicommis.

Fait le 17 des calend. de février, sous le quatrième consul. de l'empereur Dioclétien et le troisième de l'emper. Maximien. 290.

8. *Les mêmes empereurs à Marcellinus.*

Quoiqu'on relâche un peu la rigueur du droit dans le cas où l'un des témoins, par un événement majeur et extraordinaire, se trouverait surpris tout-à-coup d'une maladie contagieuse qui épouvanterait les autres témoins, cependant les formalités du testament ne doivent point pour cette cause être entièrement négligées. Il est vrai que dans un pareil cas on n'est point tenu d'assembler et de réunir en même tems les témoins épouvantés par la maladie de l'un d'entre eux, mais cependant le testateur n'en est pas moins tenu de faire signer son testament par le nombre de témoins exigé par les lois.

Fait le 16 des calend. de juillet, sous le consul. désigné ci-dessus. 290.

9. *Les mêmes empereurs à Patroclia.*

Si, par un privilége spécial, le testateur n'ayant point été dispensé de l'observation rigoureuse du droit de son pays, les témoins n'ont pas rempli leurs fonctions en sa présence, le testament est nul.

Fait le 10 des calend. de juillet, sous le consul. désigné ci-dessus. 290.

10. *Les mêmes empereurs et les Césars à Ménophélinus.*

Si le testament ayant été fait conformément aux lois, l'héritier institué est capable, ce testament ne peut être rescindé par notre rescrit.

7. *Iidem AA. Rufiæ.*

Errore scribentis testamentum, juris solemnitas mutilari nequaquam potest : quando minus scriptum, plus nuncupatum videtur. Et ideo recte testamento condito, quanquam desit *hæres esto :* consequens est existente hærede, legata seu fideicommissa juxta voluntatem testatoris oportere dari.

PP. 17 calend. februar. ipsis AA. IIII. et III. Coss. 290.

8. *Iidem AA. Marcellino.*

Casus majoris ac novi contingentis ratione, adversus timorem contagionis, quæ testes deterret, licet aliquid de jure laxatum est : non tamen prorsus reliqua testamentorum solemnitas perempta est. Testes enim hujusmodi morbo oppressos eo tempore jungi atque sociari remissum est : non etiam conveniendi numeri eorum observatio sublata est.

Dat. 16 cal. jul. ipsis IV. et III. AA. Coss. 290.

9. *Iidem AA. Patrocliæ.*

Si non speciali privilegio patriæ tuæ juris observatio relaxata est, et testes non in conspectu testatoris testimoniorum officio functi sunt : nullo jure testamentum valet.

Proposit. 10 calend. jul. ipsis IV. et III. AA. Coss. 290.

10. *Iidem AA. et CC. Menophelimo.*

Si testamentum jure factum sit, et heres sit capax : auctoritate rescripti nostri rescindi non oportet.

Dat. 15 calend. aug. AA. Coss.

56 *

11. *Iidem AA. et CC. Zenoni.*

Non idcirco minus jure factum testamentum suas obtinet vires, quòd post mortem testatoris subtractum probatur.
S. D. prid. id. novemb. AA. Coss.

12. *Iidem AA. et CC. Matronæ.*

·Si unus de septem testibus defuerit, vel coram testatore omnes eodem loco testes suo vel alieno annulo non signaverint : jure deficit testamentum. De his autem quæ interleta, sive suprascripta dicis : non ad juris solemnitatem, sed ad fidei pertinent quæstionem : ut appareat, utrùm testatoris voluntate emendationem meruerint, vel ab altero inconsultè deleta sint, an ab aliquo falsò hæc fuerint commissa.
Sancit. datum pridiè non. jul. Philippoponi, AA. Coss.

13. *Iidem AA. et CC. Euryphidæ.*

Testandi causa de pecunia sua, legibus certis facultas est permissa ; non autem jurisdictionis mutare formam, vel juri publico derogare, cuiquam permissum est.

14. *Iidem AA. et CC. Achilleo.*

Non codicillum, sed testamentum aviam vestram facere voluisse, institutio et exhæredatio facta probant evidenter.
Subscrip. idib. decemb. CC. Coss.

15. *Imp. Constantinus A. ad populum.*

Quoniam indignum est ob inanem observationem irritas fieri tabulas et judicia mortuorum : placuit, ademptis his quorum imaginarius usus est, institutioni heredis verborum non esse necessariam observantiam, utrùm imperativis et directis verbis

---

Fait le 15 des calend. d'août, sous le consul. des mêmes empereurs.

11. *Les mêmes empereurs et Césars à Zénon.*

Le testament fait conformément aux lois n'en est pas moins valable, s'il est prouvé avoir été soustrait après la mort du testateur.
Fait la veille des ides de novembre, sous le consul. des mêmes empereurs.

12. *Les mêmes empereurs et Césars à Matrona.*

Si le testament n'a que six témoins, ou si tous les témoins ne l'ont pas scellé dans le même lieu avec leur cachet ou celui d'un autre, le testament est nul. Pour ce qui concerne les ratures et les renvois que vous dites se trouver dans le testament, ces défauts ne regardent point les formalités de droit, mais peuvent seulement donner naissance à la question, si ces renvois ou ratures ont été approuvés par le testateur. On doit donc dans ce cas rechercher si ces corrections ont été faites conformément à la volonté du testateur, ou inconsidérément par un autre sans l'intervention du testateur, ou enfin si elles ont été faites avec dol par quelqu'un.
Fait à Philippeville, sous le consul. des mêmes empereurs.

13. *Les mêmes empereurs et Césars à Euryphida.*

Quoique les lois accordent la pleine faculté de tester de la fortune qu'on possède, cependant il n'est permis à personne de changer la forme de la juridiction ni de déroger au droit public.

14. *Les mêmes empereurs et Césars à Achilléus.*

L'institution et l'exhérédation que votre aïeule a faites prouvent évidemment qu'elle a voulu faire un testament et non un codicille.
Fait pendant les ides de décembre, sous le consul. des Césars.

15. *L'empereur Constantin au peuple.*

Étant injuste qu'à cause de l'oubli d'une vaine formalité les testamens et les dernières volontés des morts soient annullés, il a été ordonné que les formalités inutiles seraient abolies, et que peu importe maintenant à une institution d'héritier qu'elle ait été faite en terme impératifs et directs ou en termes *inflexifs* : car les diverses formules suivantes n'introduisent aucune différence dans l'institution, *je vous fais ou vous institue mon héritier, je veux , je vous mande , je désire que vous soyez mon héritier , soyez ou tel sera mon héritier.* Que donc une institution d'héritier soit valable quels que soient les termes dans lesquels elle est conçue , quelle que soit la forme de langage que le testateur ait adopté , il suffit que les intentions du testateur soient intelligibles. La manière balbutiante dont la langue du testateur demi-mort dicte son testament , ne peut nuire à l'institution; et dorénavant la solemnité des paroles est abolie pour ce qui concerne les testamens. Que ceux en conséquence qui désireront disposer de leurs biens par testament puissent écrire leurs dispositions sur quelque matière que ce soit , et les concevoir en tels termes qu'il leur plaira d'employer.

Fait pendant les cal. de février , sous le consul. des empereurs Constance et Constant. 339.

16. *Les empereurs Gratien , Valentinien et Théodose à Eutrope , préfet du prétoire.*

Il n'est ni douteux ni incertain qu'on peut laisser tant une hérédité qu'un legs ou un fidéicommis aux personnes revêtues de dignité ou de puissance, comme cela peut se faire à l'égard de l'empereur lui-même. On doit observer encore que celui qui a fait volontairement l'adition d'une hérédité testamentaire ou *ab intestat*, est tenu de remplir l'obligation qu'il a contractée par ce fait même, quoique la volonté du défunt ne soit pas conforme aux lois pour ce qui concerne les legs, les fidéicommis ou les affranchissemens.

Fait à Thessalonique, pendant les cal. de juillet, sous le cinquième consul. de l'emper. Gratien et le premier de l'empereur Théodose. 380.

17. *Les emper. Arcadius et Honorius à Éternal, proconsul d'Asie.*

Un testament ne doit pas être réputé nul, par cela seul que le testateur a désigné les personnes dont il y fait mention

fiat, aut inflexis. Nec enim interest si dicatur, *heredem facio*, vel *instituo*, vel *volo*, vel *mando*, vel *cupio*, vel *esto*, vel *erit :* sed quibuslibet confecta sententiis, vel in quolibet loquendi genere formata institutio valeat : si modò per eam liquebit voluntatis intentio. Nec necessaria sunt momenta verborum, quæ fortè seminecis et balbutiens lingua profudit. Et in postremis ergo judiciis ordinandis amota erit solennium verborum necessitas : ut qui facultates proprias cupiunt ordinare , in quacumque instrumenti materia conscribere , et quibuscumque verbis uti , liberam habeant facultatem.

Sancit. datum calend. feb. Constantio A. et Constante A. CC. Coss. 339.

16. *Impp. Gratianus, Valentinus et Theodosus AAA. Eutropio præfecto prætorio.*

Non dubium nec incertum est, sicut imperatoribus, ita qualibet dignitate vel potestate decoratis viris, tam hereditatem , quàm legatum seu fideicommissum relinqui posse. Illud etiam adjiciendum est , ut qui ex testamento vel ab intestato heres extiterit : etsi voluntas defuncti circa legata seu fideicommissa , seu libertates legibus non sit subnixa ; tamen si sua sponte agnoverit , implendi eam necessitatem habeat.

Sancit. datum calend. jul. Thessalonicæ, Gratiano V. et Theodosio AA. Coss. 380.

17. *Impp. Arcadius et Honorius AA. Æternali proconsuli Asiæ.*

Testamentum non ideo infirmari debebit, quòd diversis hoc deficiens nominibus appellavit, cùm superflua non noceant.

Namque necessaria prætermissa immi-
nuunt contractus, et testatoris officiunt
voluntati, non abundans cautela.

Datum 12 calend. april. Arcadio IV. et
Honorio III. AA. Coss. 396.

18. *Iidem* AA. *Africano præfecto*
urbi.

Testamenta omnia, cæteraque quæ
apud officium censuale publicari solent, in
eodem loco reserventur, nec usquam permittatur fieri ulla translatio. Mos namque
retinendus est fidelissimæ vetustatis: quem
si quis in hac urbe voluerit mutare, irri-
tam mortuorum videri faciet voluntatem.

Dat. 12 calend. octob. Constantinop.
Cæsario et Attico Coss. 397.

19. *Impp. Honorius et Theodosius* AA.
Joanni P. P.

Omnium testamentorum solennitatem
superare videtur, quod insertum mera fide
precibus, inter tot nobiles, probatasque
personas etiam conscientiam principis tenet. Sicut ergo securus erit, qui actis cujuscumque judicis, aut municipum, aut
auribus privatorum mentis suæ postremum
publicavit judicium : ita nec de ejus unquam successione tractabitur, qui nobis
mediis, et toto jure, quod in nostris scriniis est constitutum, teste succedit. Nec
sanè illud heredibus nocere permittimus,
si rescripta nostra nihil de eadem voluntate responderint. Voluntates etenim hominum audire volumus, non jubere ; ne
post sententiam nostram inhibitum videatur commutationis arbitrium : cùm hoc
ipsum, quod per supplicationem nostris
auribus intimatur, ita demum firmum sit,
si ultimum comprobetur, nec contra judicium suum defunctus postea venisse detegatur. Ne quid sanè prætermisisse creda-
mur, hujusmodi institutionis successoribus
designatis, omnia quæ scriptis heredibus
competunt, jubemus eos habere, nec super bonorum possessionis petitione ullam
controversiam nasci : cùm pro herede agere cuncta sufficiat, et jus omne ipsa com-
plere aditio videatur. Omnibus etenim

par plusieurs noms, parce que le superflu
ne nuit pas. L'oubli qui porte sur un point
important nuit aux contrats et aux testamens, mais non ce qui est superflu.

Fait le 12 des calend. d'avril, sous le
troisième consul. des emper. Arcadius et
Honorius. 396.

18. *Les mêmes empereurs à Africain,*
préfet de la ville.

Que tous les testamens et les autres
actes dont l'ouverture doit se faire devant l'officier du cens soient toujours conservés dans le même lieu, et qu'il ne soit
jamais permis d'en faire la translation
ailleurs : car on doit conserver cet usage
suivi par les anciens ; celui qui y con-
treviendra sera réputé avoir tenté d'annuller le testament.

Fait à Constantinople, le 12 des cal.
d'octobre, sous le consul. de Césarius et
d'Atticus. 397.

19. *Les empereurs Honorius et Théodose*
à Jean, préfet du prétoire.

Celui qui a notifié de bonne foi au
prince son testament, qui a été accueilli,
est dispensé de toutes les formalités des
testamens : car le témoignage du prince
et celui de tant de personnes qui l'en-
tourent, supplée à toutes les formalités
que les lois exigent pour les testamens.
De même que celui qui a manifesté ses
dispositions testamentaires dans les actes
d'un juge quelconque ou d'un magistrat
municipal, ou qui les a confiées aux oreilles et au souvenir de particuliers est dans
la pleine sécurité au sujet de leur observation ; de même l'héritier institué par un
testament fait au milieu de nous, n'éprou-
vera aucune difficulté au sujet de la succession qui lui est acquise. Un tel testament
n'en sera pas moins valable, quoique l'empereur n'ait rendu aucun rescrit au sujet de
la communication qui lui en a été faite : car
nous voulons bien écouter les dernières
volontés des hommes, mais nous ne voulons point les commander ; ce qui arriverait cependant si nous confirmions par un
rescrit la volonté du testateur, puisqu'il ne
pourrait plus alors faire aucun changement
aux dispositions de son testament. Que
le testament donc qui nous aura été com-
muniqué et notifié dans une requête par

le testateur soit valable , s'il est prouvé néanmoins qu'il n'y ait fait depuis aucun changement et n'ait pas fait un testament postérieur. Afin qu'on ne nous accuse pas d'avoir omis quelque chose au sujet des héritiers institués dans de pareils testamens , nous ordonnons que les héritiers institués de cette manière jouissent de tous les droits qui compètent à ceux qui ont été institués par un testament ordinaire, et qu'ils puissent demander la possession des biens , qu'il est absolument défendu de leur contester : car il suffit, pour l'acquisition d'une succession à laquelle on est appelé , de faire en qualité d'héritier tout ce qu'il convient à un héritier de faire ; d'ailleurs l'adition de l'hérédité donne à l'héritier la pleine propriété des choses qui la composent. Nous ordonnons donc , qu'il soit permis à tout le monde jouissant du droit de tester , de déclarer au prince par présentation de requête , celui qu'il veut bien désigner pour son héritier ; nous faisons savoir qu'un tel testament sera valable. Que l'héritier institué dans un testament de cette sorte soit dans la sécurité, s'il peut prouver par des témoins capables , que le testateur n'a pas depuis changé de sentiment , pourvu toutefois qu'on ne puisse lui opposer d'autres justes exceptions.

Fait à Ravenne, le 12 des calend. de mars, après le huitième consul. de l'empereur Honorius et le cinquième de l'empereur Théodose. 499.

20. *Edit des mêmes empereurs adressé au peuple de la ville de Constantinople et des provinces.*

Nous ne voulons point qu'un testament écrit et revêtu de toutes les formalités du droit, soit réputé nul, par cela seul que le testateur aurait fait postérieurement un autre testament non écrit, quand même par ce dernier testament, il aurait désigné l'empereur pour son héritier. Nous défendons à tous les particuliers et à tous les militaires d'attaquer un testament solennel, sous le prétexte qu'il en existe un postérieur, mais qui est moins solennel; et nous ordonnons que ceux-là soient réputés coupables de faux, qui

præstandum esse censemus, ut libero arbitrio , cui testandi facultas suppetit, successorem suum oblatis precibus possit declarare : et stabile sciat esse quod fecerit. Nec institutus hæres pertimescat, cùm oblatas preces secundùm voluntatem defuncti idoneis testibus possit adprobare , si ei alia nocere non possunt.

Datum 12 calend. mart. Ravennæ , post consulatum Honorii VIII. et Theodosii V. AA. 499.

20. *Eorundem AA. edictum ad populum urbis Constantinopolitanæ, et omnes provinciales.*

Nolumus convelli deficientium scriptas jure ac solenniter voluntates, dum quoddam morientis supremum, et non scriptum processisse confirmatur arbitrium, tanquam patrimonium suum ad nos deficiens maluerit pertinere. Omnibus enim privatis et militantibus interdicimus, ne hujusmodi perhibeant testimonia : et falsi criminis reos teneri præcipimus, si cùm scriptæ jure ac solenniter deficientium extiterint voluntates, non scriptum aliquid sub nostrorum nominum mentione falsò adstruere moliantur. Nemo itaque relictus hæres, vel legibus ad successionem vocatus, nostrum vel potentium nomen horrescat : nemo ferre testimonia in hunc modum, vel suscipere in gestis hujusmodi voces audeat, nostro vel etiam privatorum potentium nomine.

Datum 7 id. mart. Constantinop. Theodosio A. VII. et Palladio Coss. 407.

21. *Impp. Theodosus et Valentinus* AA. *Florentio præfecto prætorio.*

Hac consultissima lege sancimus, licere per scripturam conficientibus testamentum, si nullum scire volunt ea quæ in eo scripta sunt, consignatam, vel ligatam, vel tantùm clausam involutamque proferre scripturam, vel ipsius testatoris, vel cujuslibet alterius manu conscriptam, eamque rogatis testibus septem numero civibus romanis puberibus, omnibus simul offerre signandam et subscribendam : dum tamen testibus præsentibus testator suum esse testamentum dixerit, quod offertur, eique ipse coram testibus sua manu in reliqua parte testamenti subscripserit. Quo facto, et testibus uno eodemque die ac tempore subscribentibus et consignantibus, testamentum valere : nec ideò infirmari, quòd testes nesciant quæ in eo scripta sunt testamento. Quòd si litteras testator ignoret, vel subscribere nequeat : octavo subscriptore pro eo adhibito, eadem servari decernimus. In omnibus autem testamentis, quæ præsentibus vel absentibus testibus dictantur, superfluum est, uno eodemque tempore exigere testatorem, et testes adhibere, et dictare suum arbitrium, et finire testamentum : sed licèt alio tempore dictatum scriptumve proferatur testamentum, sufficiet uno tempore eodemque die, nullo actu extraneo interveniente, testes omnes, videlicet simul, nec diversis temporibus, subscribere signareque testamentum.

opposent frauduleusement à un testament écrit et solennel, un autre testament nuncupatif postérieur, quand même nous serions dans le dernier institué héritier. Que donc aucun héritier testamentaire ou légitime ne redoute notre nom ou celui des grands ; que personne ne puisse attaquer un testament solennel, sous le prétexte de l'existence d'un autre testament moins solennel, quoique postérieur, et quoique nous soyons institué héritier ou d'autres personnes en autorité, et qu'aucun magistrat ne s'avise d'accueillir de telles réclamations.

Fait à Constantinople, le 7 des ides de mars, sous le septième consul de l'empereur Théodose et le premier de Palladius. 407.

21. *Les emper. Théodose et Valentinien à Florentius, préfet du prétoire.*

Nous ordonnons par cette loi, que nous avons beaucoup méditée avant de publier, qu'il soit permis à ceux qui font un testament par écrit, s'ils désirent que son contenu soit secret, de le cacheter, lier, rouler, ou cacher de toute autre manière l'écriture faite, soit par le testateur lui-même ou par toute autre personne; de convoquer ensuite sept témoins, qui doivent être tous citoyens romains et pubères, et de leur faire sceller et signer dans le même tems son testament. Il faut en outre que le testateur déclare en présence de tous les témoins, que l'acte qu'il leur offre à sceller et à signer est son testament, qu'il doit signer lui-même de sa propre main en présence encore des témoins. Cela fait et les témoins ayant signé dans le même jour et la même heure, le testament est revêtu de toutes les formalités nécessaires pour qu'il soit valable, et on ne doit pas le réputer nul, par cela seul que les témoins ignorent son contenu. Nous ordonnons que dans le cas où le testateur ne saurait ou ne pourrait signer, il soit appelé un huitième témoin, qui signera pour lui. A l'égard de tous les testamens, il est inutile d'obliger le testateur d'écrire ou de dicter son testament en un et même tems, et en présence des témoins, il suffit que le testament déjà écrit soit ensuite signé et scellé en un et même

même tems par tous les témoins. Nous ordonnons qu'un testament soit terminé par la signature et le cachet des témoins. Le testament qui n'a été signé ni scellé par les témoins est réputé non fait.

§. 1. Nous voulons qu'il ne résulte rien d'un testament imparfait, à moins que le testateur ne l'eût fait que pour ses seuls enfans, quel que soit leur sexe. Si le testateur, dans un testament imparfait, a disposé de ses biens en faveur de ses enfans et d'autres personnes étrangères, nous ordonnons que le testament soit supposé non fait par rapport à ces derniers, et que leurs portions accroissent aux enfans. *Authentique extraite de la Nov.* 107, *chap.* 1.

Le testament fait par un père entre ses enfans est valable, quoique non signé, si, sachant écrire, il a écrit de sa propre main la date, le nom des enfans, la quotité des portions ou la désignation des choses particulières. Il peut, dans un tel testament, léguer à des étrangers, leur laisser des fidéicommis, et donner la liberté à des esclaves. *Authentique extraite de la même Nov.*, *chap.* 2.

Le testament fait par un père entre ses enfans est annullé, si le testateur déclare en présence de sept témoins, qu'il révoque son testament, ou s'il manifeste une autre volonté par un testament parfait écrit ou nuncupatif. *Fin de l'authentique.* *Suit le texte du Code.*

§. 2. Nous ordonnons qu'un testament nuncupatif, c'est-à-dire non écrit, ne soit valable qu'en tant que le testateur aura convoqué sept témoins (comme il a déjà été dit ci-dessus), et qu'il leur aura manifesté sa volonté étant tous présens en même tems.

§. 3. Si quelqu'un, ayant déjà fait un testament revêtu de toutes les formalités légales, désire le révoquer et le remplacer par un autre, nous ordonnons que la révocation ne soit valable qu'en tant que le second testament sera, comme le premier, revêtu de toutes les formalités exigées par les lois; à moins que dans le premier, le testateur ayant institué des personnes

tum. Finem autem testamenti subscriptiones et signacula testium esse decernimus. Non subscriptum autem à testibus, ac non signatum testamentum, pro infecto haberi convenit.

§. 1. Ex imperfecto autem testamento voluntatem tenere defuncti, nisi inter solos liberos à parentibus utriusque sexus habeatur, non volumus. Si verò in hujusmodi voluntate liberis alia sit extranea mista persona : certum est eam voluntatem defuncti quantum ad illam duntaxat permistam personam, pro nullo haberi, sed liberis accrescere.

In authent. Nov. 107, *cap.* 1.

Quod sine subscriptione ita procedit, si parens litteras edoctus, manu propria, non signis, sed litterarum consequentia declaret et tempus, et liberorum nomina, item et unciarum numerum, seu signa rerum specialium : in quo et aliis legari, et fideicommitti, et libertas relinqui potest.

In authent. Nov. idem, cap. 2.

Hoc inter liberos testamentum ita infirmatur, si parens septem testibus adhibitis declaret se nolle tale testamentum valere, et aliam disponat voluntatem vel in testamento perfecto, vel in non scripta perfecta voluntate. *Finis authenticæ.* *Sequitur textus Codicis.*

§. 2. Per nuncupationem quoque, hoc est, sine scriptura, testamenta non aliàs valere sancimus, quàm si septem testes (ut suprà dictum est) simul uno eodemque tempore collecti, testatoris voluntatem, ut testamentum sine scriptura facientis audierint.

§. 3. Si quis autem testamento jure perfecto, postea ad aliud venerit testamentum : non aliàs quod antè factum est infirmari decernimus, quàm si id quod secundò facere testator instituit, jure fuerit consummatum : nisi fortè in priore testamento scriptis his qui ab intestato ad testatoris hereditatem vel successionem venire non poterant, in secunda voluntate

testator eos scribere instituit, qui ab intestato ad ejus hereditatem vocantur. Eo
enim casu, licèt imperfecta videatur scriptura posterior, infirmato priore testamento, secundam ejus voluntatem non
quasi testamentum, sed quasi voluntatem
ultimam intestati valere sancimus. In qua
voluntate quinque testium juratorum depositiones sufficiunt. Quo non facto, va-
lebit primum testamentum, licèt in eo
scripti videantur extranei.

§. 4. Illud etiam huic legi prospeximus
inserendum : ut etiam græcè omnibus liceat testari.
Datum idib. septembr. Theodosio A.
XVII. et Festo Coss. 439.

22. *Imp. Zeno A. Sebastiano præfecto
prætorio.*

Dictantibus testamenta, vel aliam quamlibet ultimam voluntatem, legatum, vel
fideicommissum, vel quodcumque aliud,
quolibet legitimo titulo testatorem posse
relinquere, minimè dubitatum est. Testibus etiam ad efficiendam voluntatem adhibitis, pro suo libito, quod voluerit, testator relinquere non prohibetur.
Datum calend. maii, Constantinopoli,
Basilio juniore v. c. Coss. 480.

23. *Imp. Justinianus A. Archelao
præfecto prætorio.*

Consulta divalia, quibus consideratò
prospectum est, ne voluntates ultimæ deficientium in hac regia urbe confectæ,
apud alium aperiri possint, quàm apud
virum clarissimum pro tempore census
magistrum, monumentis intervenientibus
pro juris ordine : neve in hereditate, cujus summa centum aureorum pretium non
excedit, mercedis quicquam aut sumptuum
censum administrantes, aut censualis ap-
paritio super intimandis iisdem elogiis audeant adsequi : firma nunc quoque dicimus, ac repetita promulgatione non solùm judices quorumlibet tribunalium, verùm etiam defensores ecclesiarum, quos
turpissimum intimationis genus irrepserat,

qui ne pouvaient venir *ab intestat* à sa
succession, il n'ait institué dans le second
des personnes d'entre celles qui peuvent
lui succéder *ab intestat*. Car, dans ce cas,
nous ordonnons que, quoique le testament
postérieur soit imparfait, la révocation du
premier soit valable, et que les institués
par le second ne viennent point à la succession en vertu du testament, mais de
la dernière volonté d'un *intestat*. Il suffit,
pour qu'une telle volonté soit valable,
qu'elle soit confirmée par le serment de
cinq témoins. Au défaut de l'observation
de cette formalité, le premier testament
sera valable, quoiqu'il institue des étrangers.

§. 4. Nous croyons devoir ajouter à
cette loi, qu'il est permis d'écrire son testament en langue grecque.
Fait pendant les ides de septemb., sous
le dix-septième cons. de l'empereur Théodose et le premier de Festus. 439.

22. *L'empereur Zénon à Sébastien, préfet du prétoire.*

Il n'est pas douteux que le testateur peut
laisser quelque chose au notaire à titre de
legs, de fidéicommis ou à tout autre titre
légitime. Il peut de même laisser ce qui
bon lui plaît aux témoins employés à son
testament.
Fait à Constantinople, pendant les cal.
de mai, sous le cons. de Basilius jeune.
480.

23. *L'empereur Justinien à Archélaüs,
préfet du prétoire.*

Nous confirmons les rescrits impériaux
par lesquels il a été sagement ordonné
que les actes de dernière volonté faits
dans cette ville impériale, ne pourraient
être ouverts qu'en présence du noble magistrat du cens alors en fonctions, qui
doit dresser procès-verbal de l'ouverture;
et il est en outre défendu aux administra-
teurs du cens d'exiger quelque rétribution
de l'insinuation du testament qui ne dispo-
serait pas d'une quantité de biens excédant la valeur de cent pièces d'or. Nous
confirmons non-seulement ces dispositions,
mais nous ordonnons de nouveau, par la
présente loi, qu'il ne soit permis à aucun
juge, de quelque ordre qu'il soit, même

aux défenseurs des églises, à qui il est arrivé de recevoir des insinuations, qu'il n'appartient qu'aux magistrats du cens de les recevoir ; car il est absurde que quelqu'un, sans y être autorisé, se permette d'exercer les fonctions qui sont attribuées à un autre ; cela est d'autant plus répréhensible dans les clercs, que c'est une chose honteuse pour eux que de se mêler des affaires du barreau. Les contrevenans à la présente disposition seront condamnés à cinquante livres d'or. Les testamens ne sont point annullés par cela seul qu'ils auraient été insinués chez une personne incompétente qui se serait audacieusement arrogé ce droit.

Fait à Constantinople, le 13 des calend. de décemb., sous le deuxième cons. de l'empereur Justinien et le premier d'Opilion. 524.

24. *L'empereur Justinien à Menna, préfet du prétoire.*

Nous croyons devoir détruire les ambiguités qui se rencontrent dans les testamens par suite de l'ignorance ou de la négligence des notaires ; c'est pourquoi nous n'accordons à personne la faculté d'attaquer un testament, en prétendant qu'il est nul en entier ou dans quelques-unes de ses dispositions, sous le prétexte que la donation des legs a été écrite avant l'institution d'héritier ou de l'oubli de toute autre formalité, lorsque ces défauts ne proviennent point du testateur, mais seulement de la faute du notaire ou de celui qui a écrit le testament.

Fait pendant les calend. de janv., sous le deuxième cons. de l'empereur Justinien. 528.

25. *Le même empereur à Menna, préfet du prétoire.*

On sait que l'empereur Léon, par une nouvelle constitution, a déjà décrété que les actes concernant les conventions matrimoniales n'étaient point viciés par les transpositions d'articles qu'on pourrait y rencontrer. Quant à nous, nous étendons cette disposition à tous les autres contrats, ainsi qu'aux testamens ; de cette manière une telle exception n'existant plus, on ne doutera plus que les stipulations, les autres contrats et les dernières volon-

præmonendos censemus, ne rem attingant, quæ nemini prorsùs omnium secundùm constitutionum præcepta, quàm census magistro competit. Absurdum est namque, si promiscuis actibus rerum turbentur officia, et alii creditum, alius subtrahat : et præcipuè clericis, quibus opprobrium est, si peritos se velint disceptationum esse forensium. Pœna etiam temeratoribus præsentis sanctionis feriendis quinquaginta liberarum auri. Nec enim concedendum est, ut suprema vota deficientium, eversionis quicquam ex incongrua insinuatione contrahant, dum res ab incongruis usurpatur audacter.

Datum 13 calend. decembris, Constantinopoli, Justino A. II. et Opilione Coss. 524.

24. *Imp. Justinianus A. Mennæ præfecto prætorio.*

Ambiguitates, quæ vel imperitia, vel desidia testamenta conscribentium oriuntur, resecandas esse censemus : et sive institutio hæredum post legatorum donationes scripta sit, vel alia prætermissa sit observatio, non ex mente testatoris, sed vitio tabellionis, vel alterius qui testamentum scribit : nulli licentiam concedimus per eam occasionem testatoris voluntatem subvertere, vel minuere.

Datum calend. januar. DN. Justiniano A. PP. II. Coss. 528.

25. *Idem A. Mennæ præfecto prætorio.*

Præposteri repræhensionem, quam novella constitutio divi Leonis in dotalibus instrumentis sustulisse noscitur : in aliis quoque omnibus tam contractibus, quàm testamentis tollimus : ut tali exceptione cessante, et stipulatio et alii contractus, et testatoris voluntas indubitatè valeant : exactione videlicet post conditionem vel diem competente.

Sancit. datum 7 id. decemb. DN. Justiniano A. PP. II. Coss. 528.

57 *

tés, ne soient sous ce rapport valables.
Pour ce qui concerne l'exaction, elle ne
pourra avoir lieu, comme auparavant,
qu'à l'accomplissement de la condition ou
à l'arrivée du jour déterminé.

Fait à Constantinople, le 4 des ides de
décembre, sous le deuxième cons. de
l'empereur Justinien. 528.

26. *Idem* A. *Mennæ præfecto
prætorio.*

In testamentis sine scriptis faciendis,
omnem formalem observantiam penitus
amputamus : ut postquam septem testes
convenerint, satis sit voluntatem testatoris
vel testatricis simul omnibus manifestari,
significantis ad quos substantiam suam
pervenire velit, vel quibus legata dare,
vel fideicommissa, vel libertates disponere : etiam si non ante hujusmodi dispositionem prædixerit testator vel testatrix
illa formalia verba, *ideò eosdem testes
convenisse, quòd sine scriptis suam voluntatem vel testamentum componere censuit.*

Sancit. datum 4 idus decemb. Constantinop. DN. Justiniano A. PP. II. Coss. 528.

26. *Le même empereur à Menna, préfet
du prétoire.*

Nous dispensons, à l'égard des testamens nuncupatifs, de l'observation de
toutes formules de paroles. Il suffit que
le testateur ou la testatrice, après avoir
convoqué sept témoins, leur fasse con-
naitre sa volonté à tous réunis ensemble,
qu'il leur déclare qui il veut instituer
son héritier, à qui il veut laisser des legs
ou des fidéicommis, ou lesquels de ses
esclaves il veut affranchir. Il n'est pas
nécessaire que le testateur ou la testatrice
fasse précéder ses dispositions testamentaires par la formule de paroles, *qu'elle a
convoqué les témoins présens, afin qu'ils
attestent le contenu de son testament,
ou de tout autre acte de dernière volonté
qu'il est dans l'intention de faire.*

Fait à Constantinople, le 4 des ides de
décembre, sous le deuxième consul. de
l'empereur Justinien. 528.

27. *Idem* A. *Juliano præfecto
prætorio.*

Sancimus, si quis legitimo modo condidit testamentum, et post ejus confectionem decennium profluxerit : si quidem
nulla innovatio, vel contraria voluntas
testatoris apparuerit, hoc esse firmum.
Quod enim non mutatur, quare stare prohibetur? Quemadmodum enim qui testamentum fecit, et nihil voluit contrarium,
intestatus efficitur? Sin autem in medio
tempore contraria testatoris voluntas ostenditur : si quidem perfectissima est secundi testamenti confectio, ipso jure prius
tollitur testamentum. Sin autem testator
tantummodo dixerit non voluisse prius
stare testamentum, vel aliis verbis utendo
contrariam aperuerit voluntatem, et hoc
vel per testes idoneos non minùs tribus,
vel inter acta manifestaverit, et decennium fuerit elapsum : tunc irritum est testamentum, tam ex contraria voluntate,

27. *Le même empereur à Julien, préfet
du prétoire.*

Nous ordonnons qu'un testament fait
légitimement soit valable, quoiqu'il se
soit écoulé dix années depuis sa confection,
si toutefois il est prouvé que le testateur n'y
ait fait depuis aucun changement et n'ait
manifesté aucune volonté contraire. Car
pourquoi un testament auquel il n'a rien
été changé serait-il réputé nul? Pourquoi celui qui a fait un testament qu'il
n'a révoqué dans aucun de ses points
serait-il déclaré intestat? Mais s'il est
prouvé que depuis le testateur ait fait un
second testament, le premier est révoqué de droit, si dans le second on a
observé toutes les formalités exigées par
les lois. Si le testateur a seulement dit qu'il
ne voulait point que le testament qu'il a
fait fût exécuté, ou a manifesté en d'autres
termes l'intention où il était de révoquer son testament, et a fait constater

sa volonté par des témoins qui doivent être au moins au nombre de trois, ou en a fait conster par acte public ; dans ce cas, s'il s'est écoulé dix ans depuis la date du testament, il est nul tant à cause de la volonté contraire du testateur que de l'espace de tems écoulé. Mais nous ne souffrons en aucune manière que dans tout autre cas un testament soit réputé nul, par cela seul qu'il se serait écoulé dix ans depuis sa date. Les constitutions antérieures à celle-ci, concernant la caducité des testamens pour cause d'exceptions de tems, sont rapportées.

Fait à Constantinople, le 15 des cal. d'avril, sous le consul. de Lampadius et d'Oreste. 530.

18. *Le même empereur à Julien, préfet du prétoire.*

Considérant que la loi par laquelle les anciens avaient ordonné que les testamens seraient faits de suite, sans reprise ni interruption, a été mal interprétée, et qu'il en est résulté des effets pernicieux aux testateurs et aux testamens ; nous ordonnons que pendant le tems qu'on s'occupe d'un testament, d'un codicille ou de toute autre dernière volonté, on observe l'ancien usage (car nous n'y portons aucun changement), et que la rédaction du testament, du codicille ou d'un autre acte de dernière volonté ne soit interrompu en aucune manière par une cause non nécessaire, parce qu'un acte de cette importance ne doit pas pour une cause légère être suspendu, pour être ensuite repris. Mais s'il arrive que le testateur, malade, soit forcé par la nécessité d'abandonner un moment son testament pour prendre de la nourriture, pour boire ou pour prendre un médicament intérieurement ou extérieurement, faute de quoi il serait à craindre que l'état du testateur n'empirât, ou que le testateur ou les témoins aient quelques besoins pressans à satisfaire ; nous ordonnons que le testament ne soit pas réputé nul pour cette cause, quand même il arriverait à l'un des témoins de tomber du mal caduc, ce que nous avons appris être arrivé ; mais qu'on reprenne le testament aussitôt que la cause de l'une de celles que nous venons de mentionner a

quàm ex cursu temporali. Aliter etenim testamenta mortuorum per decennii transcursionem evanescere nullo patimur modo : prioribus constitutionibus, quæ super hujusmodi testamentis evacuandis fuerant latæ, penitus antiquandis.

Datum 15 calend. april. Constantinop. Lampadio et Oreste VV. CC. Coss. 530.

28. *Idem* A. *Juliano præfecto prætorio.*

Cùm antiquitas testamenta fieri voluerit nullo actu interveniente, et hujusmodi verborum compositio non ritè interpretata, penè in perniciem et testantium et testamentorum processerit : sancimus in tempore quo testamentum conditur, vel codicillus nascitur, vel ultima quædam dispositio secundùm pristinam observationem celebratur (nihil enim ex ea penitus immutandum esse censemus) ea quidem, quæ minimè necessaria sunt, nullo procedere modo : quippe causa subtilissima proposita, ea quæ superflua sunt, minimè debent intercedere. Si quid autem necessarium evenerit, et ipsum corpus laborantis respiciens contigerit, id est, vel victus necessarii vel potionis oblatio, vel medicaminis datio, vel impositio, quibus relictis ipsa sanitas testatoris periclitetur, vel si quis necessarius naturæ usus ad depositionem superflui ponderis immineat vel testatori, vel testibus : non esse ex hac causa testamentum subvertendum, licèt morbus comitialis (quod et factum esse comperimus) uni ex testibus contigerit : sed eo, quod urget et imminet, repleto, vel deposito, iterum solita per testamenti factionem adimpleri. Et si quidem à testatore aliquid fiat, testibus paulisper separatis, cùm coram his facere aliquid naturale testator erubescat : iterum introductis testibus, consequentia factionis testamenti procedere. Si tamen in quentdam vel quosdam testium aliquid tale contingat : si quidem ex brevi temporis intervallo necessitas potest transire : iterum eorumdem testium reversum exspectari, et solemnia peragi sancimus. Sin autem longiore spatio refectio fortuiti casus indigeat, et maximè si salus testatoris periclitantis immineat : tunc illo vel illis testibus, circa quos aliquid tale eveniet, separatis, alios subrogari, et ab eo vel ab eis tam testatorem, quàm alios testes sciscitari, si ea quæ eorum præsentiam antecedunt, omnia coram his processissent. Et si hoc fuerit undique manifestum : tunc eos vel cum unâ cum aliis testibus, ea quæ oportet, facere, etsi in medio subscriptiones testium jam fuerant subsecutæ. Sic etenim et naturæ medemur, et mortuorum elogia in suo statu facimus permanere.

§. 1. Cùm autem constitutione, quæ de testamentis ordinandis processit, cavetur quatenus septem testium præsentia in testamentis requiratur, et subscriptio à testatore fiat, vel ab aliquo pro eo, et constitutio sic edixit, octavo subscriptore adhibito : et quidem testamentum suum omne manu propria conscripsit, et post ejus litteras testes adhibiti suas subscriptiones supposuerunt, aliaque omnia solemniter in testamento peracta sunt, et testamentum ex hoc dubitabatur an irritum factum esset : eandem constitutionem corrigentes, sancimus, si quis sua manu totum testamentum vel codicillum conscripserit, et hoc specialiter in scriptura reposuerit, quòd hæc sua manu confecit : sufficiat ei totius testamenti scriptura, et non alia subscriptio requiratur, neque ab eo, neque pro eo ab alio : sed sequantur hujusmodi scripturam et litteræ testium, et omnis quæ exspectatur observatio : et sic testamentum validum, et codicillus, si quinque testium litteræ testatoris scripturæ coadunentur, in sua firmitate remaneant, et nemo callidus machinator hujusmodi

cessée. Si les témoins se sont un peu éloignés à cause d'un besoin que le testateur n'ose satisfaire en leur présence, qu'ils soient appelés aussitôt qu'il aura été satisfait, et que le testament soit repris et continué. S'il arrive que l'un ou plusieurs des témoins soient obligés pour une pareille cause de s'absenter un instant, nous ordonnons qu'ils puissent aller la satisfaire, et qu'on attende leur retour pour continuer le testament. Mais si l'état du testateur empirant à chaque instant, il arrive, par un accident imprévu, que l'un ou plusieurs des témoins soient forcés de s'absenter pour trop long-tems, qu'il en soit subrogé d'autres à leur place, auxquels le testateur et les autres témoins devront donner connaissance de ce qui a déjà été fait du testament avant que leur témoignage fût demandé. Cela ayant été fait exactement, les nouveaux témoins doivent faire, comme les autres, ce qu'on a demandé d'eux, quand même les anciens témoins auraient déjà signé avant qu'il en fût subrogé pour compléter le nombre nécessaire.

§. 1. La constitution qui a été rendue au sujet des formalités à observer dans les testamens, exige que le testament soit fait en présence de sept témoins, qu'il soit suivi de la signature du testateur ; ou s'il ne sait ou ne peut signer, de celle d'un huitième témoin qui signe à sa place. On doutait si, d'après cette constitution, le testament non signé par le testateur, mais écrit en entier de sa propre main, revêtu de la signature des témoins et de toutes les autres formalités requises par les lois, était valable ; corrigeant cette constitution, nous ordonnons que le testament ou le codicille écrit en entier de la main du testateur soit valable, quoiqu'il ne porte pas la signature du testateur ou d'un huitième témoin, si d'ailleurs toutes les autres formalités ont été remplies. Que donc un tel testament ou codicille soient valables, s'ils ont été faits en présence du nombre de témoins déterminé (sept pour les testamens et cinq pour les codicilles), et qu'à l'avenir il ne soit élevé aucune mauvaise contestation à ce sujet.

Fait à Constantinople, le 6 des cal. d'avril, sous le consul. de Lampadius et d'Oreste. 530.

29. *Le même empereur à Jean, préfet du prétoire.*

Nous ordonnons que le testateur, s'il conserve encore assez de forces pour pouvoir écrire, écrive de sa propre main, à côté de sa signature ou dans un autre endroit du testament, le nom de l'héritier ou des héritiers ; afin qu'il soit manifeste que sa volonté est qu'ils lui succèdent. Mais si, par l'effet de la maladie ou à cause qu'il ne sait pas écrire, il ne peut remplir cette formalité, qu'il prononce en présence des témoins le nom de l'héritier ou des héritiers, afin que les témoins les connaissent, et qu'il ne s'élève aucun doute au sujet de celui ou de ceux à qui la succession est dévolue. Si le testateur se trouve dans un état tel qu'il ne peut ni écrire ni parler, il doit être réputé mort et faux, le testament qu'on produirait de lui ; nous publions cette loi édictale, qui doit être observée dans le monde entier, afin de bannir les faux de notre empire, surtout à l'égard des testamens. Si le testateur n'a pas écrit de sa main le nom de l'héritier ou des héritiers, ou ne l'a pas prononcé en présence des témoins, le testament ne sera valable dans aucune de ses parties, s'il n'a écrit le nom d'aucun des héritiers, ou seulement à l'égard de celui ou de ceux dont il n'a écrit ni prononcé les noms. Et comme il serait possible que les témoins perdissent le souvenir de ce qui a été fait, qu'ils n'hésitent point, pour éviter les suites d'un tel accident, d'écrire à la suite de leurs signatures tous les noms des témoins, si le testateur ne les a ni écrits ni prononcés. Si le testateur a déjà écrit en un endroit quelconque du testament le nom des héritiers, il est inutile que les témoins l'écrivent à la suite de leur signature ; parce qu'il suffit qu'il ait été écrit par le testateur, et qu'il serait possible que ce dernier ne voulût point que les témoins connussent ses héritiers. Il faut nécessairement que dans un testament les noms des

iniquitatis in posterum inveniatur.

Datum 6 calend. aprilis, Constantinopoli, Lampadio et Oreste, VV. CC. Coss. 530.

29. *Idem A. Joanni præfecto prætorio.*

Jubemus omnino testatorem, si vires habeat ad scribendum, nomen heredis vel heredum in sua subscriptione, vel in quacunque parte testamenti ponere : ut sit manifestum, secundùm illius voluntatem hereditatem esse transmissam. Sin autem forsitan ex morbi acerbitate, vel litterarum imperitia, hoc facere minimè potuerit : testibus testamenti præsentibus, nomen vel nomina heredis vel heredum ab eo nuncupari, ut omnimodò sciant testes, qui sint scripti heredes, et ita certo heredis nomine successio procedat. Si enim talis est testator, qui neque scribere, neque articulatè loqui potest : mortuo similis est, et falsitas in elogiis committitur. Quam ut exul fiat à republica nostra, maximè in testamentorum confectione, cupientes, hanc edictalem legem in orbem terrarum ponimus. Quod si non fuerit observatum, et nomen heredis vel heredum non fuerit manu testatoris scriptum, vel voce coram testibus nuncupatum : hoc testamentum stare minimè patimur, vel in totum, si tota heredum nomina fuerunt prætermissa : vel in ejus heredis institutionem, cujus nomen neque lingua neque manus testatoris significavit. Sed ne aliqua forsitan oblivio testium animis incumbat, pluribus interdum nominibus heredum expressis : ipsi testes in suis subscriptionibus (cùm testator hæc non scripserit, sed nuncupaverit) eorum nomina subscribere non differant ad æternam rei memoriam. Sin verò ipse testator in qualicunque parte testamenti nomina heredum (sicut dictum est) scripserit : supervacuum est posteà testes in sua subscriptione hæc exprimere : cùm forsitan nec eos scire testator suos heredes voluerit, et semel causa ex ipsius testatoris scriptura appareat. Oportet enim omnimodò vel ex litteris testatoris, vel ex voce quidem testatoris, litteris autem testium, qui ad elogium conficiendum fuerint convocati, nomina manifestari heredum. Quemadmodùm enim in elogio quod sine scriptura conficitur, necesse est testatorem voce exprimere nomen vel nomina heredum : ita et in testamentis per scripturam conficiendis, cùm ipse testator manu sua scribere heredes vel noluerit, vel minimè potuerit, voce tamen ejus eos manifestari oportet. Quæ in posterum tantummodò observari censemus, ut quæ testamenta post hanc novellam nostri numinis legem conficiuntur, hæc cum tali observatione procedant. Quid enim antiquitas peccavit, quæ præsentis legis inscia, pristinam secuta est observationem? Scripturis et tabellionibus, et his qui conficienda testamenta procurant, quòd si aliter facere ausi fuerint, pœnam falsitatis non evitabunt, quasi dolosè in tam necessaria causa versati.

Datum calend. mart. Constantinopoli, post consulatum Lampadii et Orestis VV. CC. 531.

héritiers se connaissent, soit par l'écriture ou la voix du testateur, soit par l'écriture des témoins qui ont été convoqués pour assister à la confection du testament. De même qu'à l'égard d'un acte de dernière volonté qui se fait sans écrit, il est nécessaire que le testateur prononce le nom de l'héritier ou des héritiers, de même il faut qu'à l'égard d'un testament écrit, le testateur prononce le nom des héritiers, s'il ne veut ou ne peut l'écrire de sa propre main. Cette constitution ne sera applicable qu'aux cas futurs; en sorte que les dispositions qu'elle contient ne soient observées qu'à l'égard seulement des testamens qui seront faits à l'avenir : car peut-on accuser ceux qui ont fait antérieurement leur testament, de n'avoir pas observé les dispositions de cette loi qu'ils ignoraient? Les notaires et tous ceux qui écrivent des testamens seront réputés coupables de faux, s'ils ont la témérité de contrevenir à la constitution, pour s'être conduits frauduleusement à l'égard d'un objet si important.

Fait à Constantinople, pendant les cal. de mars, après le consul. de Lampadius et d'Oreste. 531.

In authent. Nov. 119. *cap.* 9.

Et non observato eo, subvenitur testamentis, sive per se, sive per alium quis inscribat nomen heredis.

Authentique extraite de la Novelle 119, *chapitre* 9.

Le testateur n'est point tenu aujourd'hui de prononcer le nom de l'héritier; le testament est valable, soit que le nom de l'héritier ait été écrit de la main du testateur, soit qu'il l'ait été par un autre.

30. *Idem* A. *Joanni præfecto prætorio.*

Nostram provisionem, maximè circa ultima elogia defunctorum, nunc etiam extendi properamus. Unde cùm invenimus quasdam controversias veteribus juris interpretatoribus exortas propter testamentum, quod legitimo modo conditum, septemque testium signa habens, posteà fortuito casu, vel per ipsius testatoris operam lino toto, vel plurima ejus parte incisa, in ambiguitatem incidit : solitum ei præbemus remedium, sancientes, si quidem testator linum vel signacula inciderit, vel abstulerit : utpote ejus voluntate mutata, testamentum non valere. Sin autem ex alia quacunque causa hoc contigerit,

durante

30. *Le même empereur à Jean, préfet du prétoire.*

Nous nous efforçons d'étendre notre prévoyance sur toutes choses et principalement sur les dernières volontés des morts. C'est pourquoi ayant appris qu'il s'était élevé des controverses entre les anciens jurisconsultes au sujet du testament, qui, revêtu de toutes les formalités requises par les lois et scellé par sept témoins, a, par l'effet d'un cas fortuit ou par l'œuvre du testateur, été déchiré en totalité ou en grande partie; nous ordonnons, pour applanir ces doutes, que dans le cas où le testateur aurait déchiré et enlevé la partie de son testament qui renferme les cachets, voulant marquer par

là

là qu'il a changé de volonté, le testament soit réputé nul ; mais que dans le cas où cet accident serait provenu de toute autre cause, le testament soit valable, et que les héritiers qu'il appelle viennent en conséquence à la succession ; sur-tout si, en vertu de la constitution que nous avons promulguée au sujet des testamens, le testateur a écrit de sa propre main le nom de l'héritier, ou si ne sachant pas écrire, ou ne le pouvant à cause de maladie ou de toute autre cause, les témoins ont écrit en présence du testateur le nom de l'héritier à la suite de leur signature, après l'avoir entendu prononcer par le testateur lui-même.

Fait à Constantinople, le 15 des cal. de novembre, après le cousul. de Lampadius et d'Oreste. 531.

31. *Le même empereur à Jean, préfet du prétoire.*

Les anciennes lois et divers princes nos prédécesseurs ont constamment favorisé les paysans, et ils ont été dispensés de l'observation rigoureuse des lois à l'égard de beaucoup de points concernant les testamens : cela est prouvé par les lois mêmes qui ont été rendues à ce sujet. Car sans ce privilége, comment des paysans, qui n'ont aucune connaissance des lettres, pourraient-ils observer rigoureusement dans leurs dernières volontés les formalités infinies dont les lois les ont enveloppées? C'est pourquoi, prenant pour modèle l'humanité de Dieu, nous avons cru nécessaire de venir par cette loi au secours de leur simplicité. Nous ordonnons donc, que dans toutes les villes et camps de l'empire romain, lieux dans lesquels nos lois ont été publiées, et où ordinairement on est instruit dans les lettres, toutes les dispositions concernant les testamens qui sont contenues dans le digeste, les institutes, les sanctions impériales et nos propres constitutions, soient rigoureusement observées. Nous n'introduisons par la présente loi aucune innovation à cet égard; mais nous permettons aux paysans habitans dans les lieux où rarement on trouve des hommes instruits dans les lettres, de suivre, à l'égard de leurs dernières volontés, leur ancien usage, auquel

durante testamento scriptos heredes ad hereditatem vocari : maximè cùm nostra constitutio, quam pro tuitione testamentorum promulgavimus, testatorem disposuerit vel sua manu nomen heredis scribere, vel si imperitia litterarum, vel adversa valetudine, seu alio modo hoc facere non possit : testes ipsos audito nomine heredis, sub præsentia ipsius testatoris nomen heredis suis subscriptionibus declarare.

Datum 15 calend. novembris, Constantinopoli, post consulatum Lampadii et Orestis VV. CC. 531.

31. *Idem A. Joanni præfecto prætorio.*

Et ab antiquis legibus, et à diversis retrò principibus semper rusticitati consultum est, et in multis legum subtilitatibus stricta observatio eis remissa : quod ex ipsis rerum invenimus documentis. Cùm enim testamentorum ordinatio sub certa definitione legum instituta sit : homines rustici, et quibus non est litterarum peritia, quomodò possunt tantam legum subtilitatem custodire in ultimis suis voluntatibus? Ideòque ad Dei humanitatem respicientes, necessarium duximus per hanc legem eorum simplicitati subvenire. Sancimus itaque, in omnibus quidem civitatibus et in castris orbis romani, ubi et leges nostræ manifestæ sunt, et litterarum viget scientia : omnia quæ in libris nostrorum digestorum, seu institutionum, et imperialibus sanctionibus, nostrisque dispositionibus in condendis testamentis cauta sunt, observari, nullamque ex præsenti lege fieri innovationem. In illis verò locis, in quibus rarò inveniuntur homines litterati, per præsentem legem rusticanis concedimus antiquam eorum consuetudinem legis vicem obtinere : ita tamen, ut ubi scientes litteras inventi fuerint, septem testes, quos ad testimonium convocari necesse est, adhibeantur, et unusquisque pro sua persona subscribat. Ubi autem non inveniuntur litterati : septem testes, etiam sine scriptura testimonium adhibentes, admitti. Sin autem in illo loco minimè inventi fuerint septem testes : usque ad quinque modis omnibus testes adhiberi jubemus; minus autem, nullo modo concedimus. Si verò unus, aut duo, vel plures fuerint litterati : liceat eis pro ignorantibus litteras, præsentibus tamen, subscriptionem suam interponere : sic tamen, ut ipsi testes cognoscant testatoris voluntatem, et maximè quem vel quos heredes sibi relinquere voluerit : et hoc post mortem testatoris jurati deponant. Quod igitur quisque rusticorum (sicut prædictum est) pro suis rebus disposuerit : hoc omnimodo, legum subtilitate remissa, firmum validumque consistat.

Datum 3 non. julii, Constantinopoli, DN. Justiniano A. IIII. et Paulino V. C. Coss. 534.

nous donnons force de loi. Cependant, dans le cas où il serait possible de trouver des hommes lettrés, le testateur doit appeler sept témoins qui doivent chacun signer le testament ; quoiqu'il soit impossible de trouver des personnes qui sachent écrire, le testateur doit néanmoins faire son testament en présence de sept témoins. Mais s'il est impossible de trouver sept témoins dans ce lieu, nous ordonnons que le testament puisse être fait valablement en présence de cinq seulement ; mais un testament qui aurait moins de cinq témoins serait nul de droit. S'il se trouve un ou deux ou plusieurs autres témoins qui sachent écrire, qu'il leur soit permis de signer pour ceux qui sont illitérés, en présence néanmoins de ceux pour qui ils signent, afin que de cette manière les témoins connaissent la volonté du testateur, et sur-tout celui ou ceux qu'il institue ses héritiers : ils doivent ensuite après la mort du testateur confirmer leur témoignage par le serment. Qu'en conséquence des dispositions précédentes, les dispositions testamentaires des paysans, faites de la manière que nous venons de décrire, soient valables et observées dans toutes leurs forme et teneur.

Fait à Constantinople, le 3 des nones de juillet, sous le quatrième consul. de l'empereur Justinien et le premier de Paulinus. 534.

TITULUS XXIV.

De heredibus instituendis, et quae personae heredes institui non possunt.

1. *Imp. Titus Ælius Antoninus* A. *Anthestiano.*

Qui deportantur, si heredes scribantur, tanquam peregrini capere non possunt ; sed hereditas in ea causa est, in qua esset, si scripti heredes non fuissent.
Sine die et consule.

2. *Imp. Antoninus* A. *Cælitio.*
Pater tuus si ex residua parte heres ins-

TITRE XXIV.

Des institutions d'héritiers, et de ceux qui ne peuvent être institués héritiers.

1. *L'empereur Titus-Elius Antonin à Anthestien.*

Un déporté est réputé étranger et ne peut par conséquent venir à la succession ensuite d'une institution d'héritier ; mais l'hérédité reste dans le même état où elle aurait été s'il n'y eût point eu d'institution d'héritier.
Sans date ni consulat.

2. *L'empereur Antonin à Célitius.*
Si votre père a été institué héritier

pour la *partie restante*, il est réputé institué pour le tout, si son cohéritier est incapable de recevoir la portion pour laquelle il a été institué, et ne peut venir, à cause de sa condition, pour aucune partie à la succession : car dans ce cas le mot *restant* doit être pris pour la totalité.

Fait à Rome, le 15 des cal. de juillet, sous le consul. des deux Asper. 213.

3. *L'emper. Alexandre à Vital, soldat.*

Vous exposez que le cavalier Alexandre a institué en premier lieu dans son testament Julien, qu'il dit être son affranchi, pour héritier, et vous a substitué à lui par ces mots : *Si pour une cause quelconque, mon premier héritier ne veut ou ne peut accepter ma succession, je lui substitue dans ce cas Vital.* Depuis, dites-vous encore, la mort du testateur, il a été découvert que Julien était esclave commun du défunt et de son frère Zoile. Il naît delà la question si vous devez être admis à la substitution : car si le testateur croyant avoir la pleine et entière propriété sur l'esclave Julien, l'a institué son héritier sans le charger de transmettre la succession à une autre personne, la substitution est ouverte et l'hérédité vous est déférée. Il en est de même dans le cas où l'esclave ouvre la substitution en ne transférant pas, contre ce qui lui est ordonné par le testateur, la succession à la personne qu'il lui a désignée; par son acceptation (car l'esclave peut malgré l'ordre du testateur répudier la succession), le substitué est appelé à l'hérédité. Mais si obéissant à son maître, il a accepté la succession, il n'y a pas lieu à la substitution.

Fait le 6 des cal. de mai, sous le deuxième consul. de Maxime et le premier d'Élien. 224.

4. *L'empereur Gordien à Ulpius.*

Si votre père a institué un étranger comme son fils, étant dans la fausse opinion qu'il était réellement son fils, et s'il est prouvé qu'il ne l'eût point institué s'il eût su qu'il lui fût étranger, comme il a été découvert par la suite ; d'après la constitution des empereurs Sévère et Antonin, il doit être éloigné de la succession.

titutus est, quam alter heres scriptus capere non poterat, isque ad nullam partem hereditatis per conditionem suam admitti potuit : ex asse heres extitit. Nam residui commemoratio etiam totum admittit.

Proposit. 15 calend. julii, Romæ, Duobus et Aspris Coss. 213.

3. *Imp. Alexander A. Vitali militi.*

Cùm proponas Alexandrum equitem testamento primo loco Julianum ut libertum heredem instituisse, eique substituisse his verbis, *quòd si ex aliqua causa primus heres hereditatem meam adire noluerit, vel non potuerit : tunc in locum ejus secundum heredem substituo Vitalem.* Post mortem autem testatoris Julianum servum communem fuisse defuncti militis et Zoili fratris ejus apparuerit : an tu ex substitutione admittaris, voluntatis est quaestio. Nam si credens eum proprium et suum libertum, heredem instituit, nec per eum ad alium quemquam hereditatem pertinere voluit : extitit conditio substitutionis, tibique hereditas delata est. Quòd si verba substitutionis subscriptæ ad jus retulit, ut si nec per semetipsum alium fecisset heredem (potuit enim, quamvis jubente domino, nolle adire), ita demùm substitutus vocaretur : si tamen paruerit domino, et adierit, substitutioni locus non est.

Proposit. 6 calend. maii, Maximo II. et Æliano Coss. 224.

4. *Imp. Gordianus A. Ulpio.*

Si pater tuus eum quasi filium suum heredem instituit, quem falsa opinione ductus suum esse credebat, non instituturus si alienum nosset, isque posteà subditus esse ostensus est : auferendam ei successionem, divorum Severi et Antonini placitis continetur.

Proposit. pridiè non. octobr. Pio et Pontiano Coss. 239.

5. *Idem* A. *Cassiano.*

Non ideò minus uxor tua jure videtur instituta, quòd non uxor, sed adfinis testamento nominata est.

Proposit. 5 calend. octobris, Gordiano A. II. et Pompeiano Coss. 242.

6. *Imp. Philippus* A. *et Philippus Cœs. Antonino.*

Si compensandi debiti gratia uxor maritum fecit heredem : desiderio tuo præter portionem hereditatis debitum quoque restitui postulantis, non tantùm juris severitas, verùm etiam defunctæ voluntas refragatur.

Proposit. 12 calend. martii, Præsente et Albino Coss. 247.

7. *Impp. Diocletianus et Maximianus* AA. *Zizoni.*

Nec apud peregrinos fratrem sibi quisquam per adoptionem facere poterat. Cùm igitur, quod patrem tuum voluisse facere dicis, irritum sit : portionem hereditatis, quam is, adversus quem supplicas, velut adoptatus frater heres institutus tenet : restitui tibi præses provinciæ curæ habebit.

Proposit. 3 non. decembris, Diocletiano II. et Aristobulo Coss. 285.

8. *Iidem* AA. *Hadriano.*

Collegium, si nullo speciali privilegio subnixum sit, hereditatem capere non posse, dubium non est.

Proposit. 10 calend. junii, ipsis IV. et III. AA. Coss. 290.

9. *Iidem* AA. *et* CC. *Juliæ.*

Extraneum etiam cùm quis moreretur, heredem scribi sibi placuit.

Proposit. 16 calend. novembris, AA. Coss.

Fait la veille des nones d'octobre, sous le consul. de Pius et de Pontien. 239.

5. *Le même empereur à Cassien.*

Votre femme n'en est pas moins valablement instituée héritière, quoique dans le testament elle ne soit pas désignée comme votre femme, mais comme votre parente par alliance.

Fait le 5 des cal. d'octobre, sous le deuxième consul. de l'empereur Gordien et le premier de Pompéien. 242.

6. *L'empereur Philippe et le César-Philippe à Antonin.*

Si votre femme vous a institué héritier dans l'esprit et le dessein de compenser avec une partie de la succession ce qu'elle vous devait, non-seulement les lois, mais encore la volonté de la défunte s'opposent à ce que vous demandiez le paiement de la dette outre la portion de l'hérédité pour laquelle vous avez été institué.

Fait le 12 des cal. de mars, sous le consul. de Présens et d'Albinus. 247.

7. *Les emper. Dioclétien et Maximien à Zizon.*

Non-seulement on ne peut adopter personne en place de frère dans les pays étrangers, mais encore dans les lieux soumis à notre empire : c'est pourquoi l'adoption de cette sorte, que vous dites que votre père a faite, est nulle. En conséquence le président de la province ordonnera que la portion de l'hérédité réclamée par celui contre qui vous suppliez, vous soit restituée.

Fait le 3 des nones de décembre, sous le deuxième consul. de l'empereur Dioclétien et le premier d'Aristobulus. 285.

8. *Le même empereur à Adrien.*

Il n'est point douteux qu'un corps, s'il n'est point pourvu d'un privilége spécial, ne peut recevoir une hérédité.

Fait le 10 des cal. de juin, sous le quatrième consul. de l'emper. Dioclétien et le troisième d'Aristobulus. 290.

9. *Les mêmes empereurs et Césars à Julia.*

Il est permis à tout le monde d'instituer héritier un étranger.

Fait le 16 des cal. de décembre, sous le consul. des mêmes empereurs.

10. *Les mêmes empereurs et Césars à Asclépiada.*

Les lois portent que ceux qui sont incapables de recevoir une succession, ne peuvent non-seulement l'acquérir par eux-mêmes par suite de leur institution, mais encore par leurs propres esclaves.

Fait le 16 des cal. de septembre, sous le consul. des Césars. 293.

11. *Les emper. Théodose et Valentinien à Hiérien, préfet du prétoire.*

On peut instituer un étranger, quoi-qu'il soit entièrement inconnu.

Fait à Constantinople, le 11 des cal. de mars, sous le consul. de Félix et de Taurus. 428.

12. *L'empereur Léon à Erythrius, préfet du prétoire.*

Cette capitale ou toute autre ville peu-vent acquérir à titre d'hérédité, de legs, de fidéicommis ou de donation, des mai-sons, des *annones civiles*, des édifices, quels qu'ils soient, ou des esclaves.

Fait le 5 des cal. de mars, sous le consul. de Martien et de Zénon. 469.

13. *L'empereur Justinien à Menna, préfet du prétoire.*

Un testateur, parmi les héritiers qu'il a institués, en a institué pour une ou plusieurs choses déterminées (lesquels sans doute doivent être réputés légatai-res), et d'autres pour une certaine partie ou pour le restant de la succession. Dans cette espèce, nous ordonnons que ceux-là seuls qui ont été institués pour une certaine partie ou pour le restant de la succession puissent user des actions hé-réditaires dans toute leur intégrité, sans qu'elles puissent être diminuées à l'occa-sion des héritiers institués pour une ou plusieurs choses déterminées.

Fait à Constantinople, le 8 des ides d'avril, sous le consul. de Décius. 529.

14. *Le même empereur à Jean, préfet du prétoire.*

On trouve dans les commentaires qu'Ul-pien a publiés sur les ouvrages de Ma-surius-Sabinus, l'espèce suivante, qu'il nous paraît de notre devoir d'expliquer. Un testateur a institué quelqu'un par ces expressions : *Que Sempronius soit l'héri-*

10. *Iidem* AA. et CC. *Asclepiadæ.*

Neque per se heredes institutos, quibus hoc concessum non est, neque per servos proprios hereditatem posse quærere, juris dictat ratio.

Sancit. 16 calend. septembris, Cæsari-bus Coss. 293.

11. *Impp. Theodosus et Valentinus* AA. *Hierio præfecto prætorio.*

Extraneum etiam penitus ignotum he-redem, quis instituere potest.

Datum 11 calend. martii, Constantino-poli, Felice et Tauro Coss. 428.

12. *Imp. Leo* A. *Erythrio præfecto prætorio.*

Hereditatis, vel legati, seu fideicom-missi, aut donationis titulis, domus, aut annonæ civiles, aut quælibet ædificia, vel mancipia ad jus inclytæ urbis, vel alterius cujuslibet civitatis pervenire possunt.

Datum 5 calend. martii, Martiano et Zenone Coss. 469.

13. *Imp. Justinianus* A. *Mennæ præfecto prætorio.*

Quotiens certi quidem ex certa re scripti sunt heredes, vel certis rebus pro sua ins-titutione contenti esse jussi sunt, quos le-gatariorum loco haberi certum est : alii verò ex certa parte, vel sine parte, qui pro veterum legum tenore ad certam un-ciarum institutionem referuntur : eos tan-tummodò omnibus hereditariis actionibus uti, vel conveniri decernimus, qui ex certa parte, vel sine parte scripti fuerint, nec aliquam deminutionem earundem ac-tionum occasione heredum ex certa re scriptorum fieri.

Datum 8 id. aprilis, Constantinopoli, Decio viro clarissimo Coss. 529.

14. *Idem* A. *Joanni præfecto prætorio.*

Cùm in libris Ulpiani, quos ad Masu-rium Sabinum scripsit, talis species relata sit : hanc apertiùs expedire nobis visum est. Quidam testamentum faciens, ita ins-tituit, *Sempronius Plotii heres esto.* Vete-res quidem existimabant errorem nominis esse, et sic institutionem valere, quasi testator Plotius nominaretur ; et Sempronium sibi scripsisset heredem. Sed hujusmodi sententiam crassiorem esse existimamus. Neque enim sic homo supinus, imò magis stultus invenitur, ut suum nomen ignoret. Sed si quidem ipse testator Plotio cuidam heres extitit : manifestum est, sibi Sempronium heredem instituisse, ut per mediam ipsius testatoris personam Plotii heres efficiatur. Et hoc argumentamur ex antiqua regula, quæ voluit heredem heredis testatoris esse heredem. Sin autem nihil tale factum est, supervacuam et inanem hujusmodi institutionem esse : nisi prius herede Plotio sibi instituto, sic adjecerit, *Sempronius Plotii heres esto*. Tunc etenim existimandum est, eum dixisse, si non Plotius heres sibi fuerit, tunc Sempronium in totum partemve Plotii ex substitutione vocari : ita ut ex consequentia verborum Plotius quidem institutus, Sempronius autem substitutus inveniatur. Sin autem neque ipse testator Plotio heres extitit, neque Plotium heredem anteà scripsit, et sic Sempronium Plotio heredem esse voluit : nullius esse momenti talem institutionem, cùm non sit verisimile in suum nomen quenquam errasse.

Datum 3 calend. augusti, post consulatum Lampadii et Orestis VV. CC. 531.

tier de Plotius. Les anciens croyaient qu'il n'y avait là qu'une simple erreur de nom, et que l'institution devait être valable, comme si réellement le testateur s'appelait Plotius, et qu'il eût institué pour son héritier Sempronius. Quant à nous, cette opinion ne nous paraît point raisonnable : car il n'est point d'homme tellement imbécille et stupide qu'il ignore son propre nom. Mais il n'en est pas de même si l'on suppose que le testateur ait été l'héritier d'un nommé Plotius ; car il est manifeste que dans un tel cas il a voulu par son intermédiaire, instituer Sempronius héritier de Plotius. Nous concluons cette conséquence de la règle qui veut, *que l'héritier de l'héritier le soit aussi du testateur*. Mais si la supposition précédente ne peut avoir lieu, nous ordonnons que l'institution soit réputée nulle, à moins que le testateur n'ait employé ces expressions : *Que Sempronius soit héritier de Plotius*, que parce qu'il a institué en premier lieu Plotius pour son héritier ; car dans ce cas il doit être censé avoir dit que si Plotius ne voulait ou ne pouvait être son héritier, Sempronius lui serait substitué pour la partie pour laquelle il a été institué ; de cette manière, il résultera de telles expressions du testateur, que Plotius a été institué et que Sempronius lui a été substitué. Mais s'il se rencontre que le testateur n'ait point été l'héritier de Plotius, et qu'il n'ait point institué non plus un Plotius pour son héritier, l'institution par laquelle il a voulu que Sempronius fût l'héritier de Plotius est nulle ; parce qu'il est invraisemblable que quelqu'un puisse errer sur son propre nom.

Fait le 3 des calend. d'août, après le cons. de Lampadius et d'Oreste. 531.

TITULUS XXV.

De institutionibus, et substitutionibus, et restitutionibus sub conditione factis.

1. *Impp. Severus et Antoninus AA. Alexandro.*

CUM avum maternum ea conditione fi-

TITRE XXV.

Des institutions, des substitutions et des restitutions conditionnelles.

1. *Les empereurs Sévère et Antonin à Alexandre.*

SI, comme vous l'exposez, l'aïeul maternel de votre fille l'a instituée héritière sous la condition qu'elle se marierait avec le fils d'Anthyllus, il est certain qu'elle ne peut être héritière qu'en tant qu'elle obéira à la condition, ou que le fils d'Anthyllus aura refusé de prendre votre fille en mariage.

Fait pendant les calend. d'octob., sous le cons. d'Anulinus et de Fronton. 200.

2. *L'empereur Antonin à Cassia.*

Si, ayant été conditionnellement instituée héritière par le testament de votre mère, vous n'avez pas obéi à la condition, la substitution est ouverte. Vous ne pouvez vous défendre en alléguant que la condition porte sur un mariage honteux, parce qu'elle a voulu (ce qui est permis) que vous épousiez le fils de sa sœur qui est votre cousin germain. Vous ne devez vous attendre à aucune faveur, puisque, dans votre requête même, il est déclaré qu'il n'a pas tenu à votre cousin que la condition imposée par la testatrice votre mère s'accomplît.

Fait à Rome, le 8 des ides de mars, sous le quatrième cons. de l'empereur Antonin et le premier de Balbinus. 214.

3. *Le même empereur à Maxence et autres.*

Si votre mère vous ayant institué héritiers sous la condition que vous seriez émancipés, votre père, avant que la condition fût accomplie, a été condamné à la déportation ou est décédé naturellement, la condition sous laquelle vous avez été institués est censée accomplie, puisque par la mort de votre père ou toute autre cause, vous avez été délivrés de la puissance paternelle, et avez acquis par conséquent le droit d'accepter l'hérédité.

Fait la veille des calend. de mai, sous le cons. de Sabinus et d'Anulinus. 217.

4. *L'empereur Alexandre à Emylien.*

Si un père a institué un fils qu'il avait sous sa puissance sous la condition qu'il serait émancipé, et ne l'a point exhérédé dans le cas où la condition n'aurait pas lieu, le testament est réputé nul; mais si, étant éloigné du pays qu'habite le testateur et séparé de lui par les mers, vous avez, d'après ce que vous dites, été insti-

liam tuam heredem instituisse proponas, si Anthylli filio nupsisset, non priùs eam heredem existere, quàm conditioni paruerit, aut Anthylli filio recusante, matrimonium impeditum fuerit, manifestum est.

Proposit. calend. octob. Anulino et Frontone Coss. 200.

2. *Imp. Antoninus A. Cassiæ.*

Conditioni, sub qua testamenti matris tuæ heres instituta es, si non paruisti, locum habet substitutio. Nec enim videri potest sub specie turpium nuptiarum viduitatem tibi indixisse, cùm te filio sororis suæ consobrino tuo probabili consilio patrimonio jungere voluerit. Nec extraordinario auxilio indiges, cùm ex iis precibus, quas libello complexa es, declaretur, non per eum stetisse, quo minùs supremæ voluntati matris tuæ testatricis satisfieret.

Proposit. 8 id. martii, Romæ, Antonino A. IIII. et Balbino Coss. 214.

3. *Idem A. Maxentio et aliis.*

Si mater vos sub conditione emancipationis heredes instituit, et priùs quàm voluntati defunctæ pareretur, sententiam deportationis pater meruit, vel aliter defunctus est : morte ejus vel alio modo patria potestate liberati, jus adeundæ hereditatis cum sua causa quæsistis.

Sancit. pridiè calend. maii, Sabino et Anulino Coss. 217.

4. *Imp. Alexander A. Æmyliano.*

Si pater filium, quem in potestate habebat, sub conditione, quæ in ipsius potestate non erat, heredem scripsit, nec in defectum ejus exheredavit : jure testatus non videtur. Cùm autem trans mare et longè te agentem, sub hac conditione heredem scriptum esse dicas, si in patriam, quæ in provincia Mauritaniæ erat, regressus fuisses, nec exheredatum te alleges, si in eum locum non redisses : manifestum est , multis casibus non voluntariis, sed fortuitis evenire potuisse , ut eam implere non posses : et ideò adire hereditatem non prohiberis.

Proposit. 6 calend. aprilis , Juliano II. et Crispino Coss. 225.

tué héritier sous la condition que vous retourneriez dans la province de la Mauritanie, votre patrie , et non exhérédé dans le cas où vous n'y retourneriez pas, vous ne serez point empêché d'accepter l'hérédité ; parce qu'il n'est point douteux que vous avez pu vous trouver , par l'effet d'une infinité de cas fortuits et indépendans de votre volonté, dans l'impossibilité de retourner en Mauritanie.

Fait le 6 des calend. d'avril , sous le deuxième cons. de Julien et le premier de Crispinus. 225.

5. Impp. Valerianus et Gallienus AA. Maxima.

Reprehendenda tu magis es, quàm mater tua. Illa enim si heredem te sibi esse vellet : id, quod est inutile, matrimonium te dirimere cum viro non juberet : tu porro voluntatem ejus divortio comprobasti. Oportuerat autem, etsi conditio hujusmodi admitteretur, præferre lucro concordiam maritalem. Enimverò cùm boni mores hæc observari velent, sine ullo damno conjunctionem retinere potuisti. Redi igitur ad maritum, sciens hereditatem matris, etiam si redieris, retenturam : quippe quam retineres, licèt prorsus ab eo non recessisses.

Proposit. 12 calend. decembris, Valeriano IV. et Gallieno III. AA. Coss. 258.

5. Les empereurs Valérien et Gallien à Maxima.

Vous êtes plus répréhensible que votre mère. Vous étiez son héritière par suite de l'institution qu'elle a faite en votre faveur, nonobstant la condition par laquelle elle a voulu que vous vous sépariez de votre mari en faisant casser votre mariage, qui était inutile et censée non écrite ; c'est donc mal-à-propos que vous avez obéi à sa volonté en faisant prononcer le divorce. Votre devoir, quand même une telle condition aurait été réputée valable, était de préférer au gain l'existence de votre mariage. D'ailleurs de telles conditions étant réprouvées par les bonnes mœurs, vous auriez pu, sans danger de perdre l'hérédité, conserver votre mariage. Retournez donc chez votre mari, il ne peut être un obstacle à ce que vous conserviez la succession de votre mère.

Fait le 12 des calend. de décemb., sous le quatrième cons. de l'emper. Valérien et le troisième de l'empereur Gallien. 258.

6. Idem A. ad senatum.

Generaliter sancimus , si quis ita verba sua composuerit , ut edicat : Si filius vel filia intestatus vel intestata, vel etiam sine liberis, vel sine nuptiis decesserit, et ipse vel ipsa liberos sustulerit, sive nuptias contraxerit, sive testamentum fecerit : firmiter res possideri, et non esse locum substitutioni eorum, vel restitutioni. Si enim nihil ex his fuerit subsecutum, tunc valere conditionem, et res secundùm verba testamenti restitui, ut incertus successionis morientis exitus videatur certo substitutionis vel restitutionis fine concludi. Cui enim

6. Le même empereur au sénat.

Nous ordonnons, par cette constitution générale, que si un père ayant institué son fils ou sa fille héritiers, et leur a substitué dans le cas où ils mourraient intestat, ou sans enfans, ou sans contracter mariage, quelqu'un autre, le fils ou la fille institués ont reçu des enfans ou ont contracté mariage, ou ont fait un testament, la succession leur soit déférée légitimement, et qu'il n'y ait pas lieu à la substitution ni à la restitution. Mais si le fils ou la fille institués n'ont point eu d'enfans, ou ne se sont point mariés, ou sont décédés

décédés *intestat*, nous ordonnons que la condition soit valable, et que, d'après les dispositions du testament, les biens renfermés dans la succession soient restitués, et que le maître de la succession du défunt soit enfin déterminé par la substitution ou la restitution. Mais que doit-il arriver si l'institué n'ayant point fait de testament, a cependant laissé des enfans? doivent-ils être privés de la succession de leur père à cause de cette ambiguïté de paroles? Voulant empêcher que désormais les testateurs ne fassent des dispositions aussi impies, nous publions cette constitution favorable tant aux pères qu'aux enfans, et qui doit être observée à jamais. Par cette même présente constitution, nous venons au secours des autres personnes, quoiqu'étrangères à la famille du testateur, au sujet desquelles il aurait été fait de semblables dispositions. Le jurisconsulte Papinien, homme d'un grand génie, pense avec beaucoup de raison, que dans le cas où un père a substitué quelqu'un à ses enfans sans faire mention du cas où ils laisseraient des enfans, la substitution s'évanouit si ceux qui en sont grevés deviennent pères et laissent des enfans ; par la raison qu'il est vraisemblable que si le testateur eût pensé aux petits-enfans qu'il pouvait avoir, il n'aurait pas fait une telle substitution. Nous adoptons non-seulement l'opinion de Papinien ; mais, en considération de l'humanité, nous croyons devoir lui donner une interprétation plus étendue. Nous ordonnons donc que si quelqu'un ayant des enfans naturels, et leur ayant donné ou laissé la partie de ses biens qu'il est tenu de leur donner ou de leur laisser conformément aux lois, les a encore, pour ce qui concerne les mêmes biens, grevé d'une substitution, sans faire nullement mention du cas où ils laisseraient des enfans, la substitution s'évanouisse en faveur des petits-enfans du testateur : en sorte que les substitués soient éloignés de la succession, qui doit être déférée aux fils ou aux filles, petits-fils ou petites-filles, arrière-petits-fils ou arrière-petites-filles de ceux qui ont été institués en premier lieu. La substitution ne pourrait s'ouvrir que dans le cas où

Tome II.

enim ferendus est intellectus, si forsitan testamentum quidem non fecerit, posteritatem autem habuerit : propter hujusmodi verborum angustias liberos ejus omni penè fructu paterno defraudari ? Viam itaque impiam obstruentes, ut ne quis alius deviet, hujusmodi facimus sanctionem : et hanc legem in perpetuum valituram inducimus, tam patribus, quàm liberis gratam : quo exemplo etiam aliis personis, licèt extraneæ sint, de quibus hujusmodi aliquid scriptum fuerit, medemur. Cùm autem invenimus excelsi ingenii Papinianum in hujusmodi casu, in quo pater filiis suis substituit, nulla liberorum ex his procreandorum adjectione habita, optimo intellectu disposuisse, evanescere substitutionem, si is qui substitutione prægravatus est, pater efficiatur, et liberos sustulerit : intelligentem non esse verisimile, patrem, si de nepotibus cogitaverit, talem fecisse substitutionem : humanitatis intuitu hoc et latius et pinguius interpretandum esse credidimus, ut et si quis naturales filios habeat, et partem eis reliquerit vel dederit usque ad modum quem nos statuimus, et substitutioni eos subjugaverit, nulla liberorum eorum mentione facta : et hic intelligi evanescere substitutionem, liberis eam excludentibus, et intellectu optimo his qui ad substitutionem vocantur, obsistente, et non concedente ad eos eam partem venire, sed ad filios vel filias, nepotes vel neptes, pronepotes vel proneptes morientis transmittente, et non aliter substitutione locum accipiente, nisi ipsi liberi sine justa sobole decesserint : ut quod inter justos liberos sancitum est, hoc et in naturales filios extendatur. Quæ omnia et in legatis et fideicommissis specialibus locum habere sancimus.

Datum 11 calend. augusti, Constantinopoli, Lampadio et Oreste VV. CC. Coss. 530.

les enfans institués en premier lieu ne laisseraient aucune postérité légitime. Nous étendons par cette loi aux enfans naturels, ce qui a été ordonné à l'égard des enfans légitimes. Nous ordonnons qu'elle soit applicable aux legs et aux fidéicommis spéciaux.

Fait à Constantinople, le 11 des calend. d'août, sous le cons. de Lampadius et d'Oreste. 530.

7. Idem A. Joanni præfecto prætorio.

Si quis heredem scripserit sub tali conditione, *Si ille consul factus fuerit*, *vel prætor :* vel ita filiam suam instituerit heredem, *Si nupta fuerit ;* vivo autem testatore, vel ille consul processerit, vel prætor fuerit factus, vel filia ejus nupta fuerit, vel adhuc vivo testatore consulatum quidem vel præturam ille deposuerit, filia autem ejus a marito diverterit : omni veterum dubitatione explosa, sancimus, quandocumque impleta fuerit conditio, sive vivo eo, sive mortis tempore, sive post mortem, conditionem videri esse completam. Qvod et in legatis et fideicommissis et libertatibus obtinendum esse censemus : ne dum nimia utimur circa hujusmodi sensus subtilitate, judicia testantium defraudentur.

Datum 9 calend. augusti, Constantinopoli, post consulatum Lampadii et Orestis vv. cc. 531.

8. Idem A. Joanni præfecto prætorio.

Si testamentum ita scriptum inveniatur, *Ille heres esto secundùm conditiones infra scriptas.* Si quidem nihil est adjectum, neque aliqua conditio in testamento posita est : supervacuam esse conditionum pollicitationem sancimus, et testamentum puram habere institutionem. Et argumento utimur, quod Papinianus respondit, Vicos reipublicæ relictos, qui proprios fines habebant, non ideo ex fideicommisso minus deberi, quòd testator fines eorum, et certaminis formam, quod celebrari singulis annis voluit, alia scriptura se declara-

7. Le même empereur à Jean, préfet du prétoire.

Un testateur ayant institué quelqu'un sous la condition *qu'il serait fait consul ou préteur ;* ou ayant institué sa fille sous la condition *qu'elle se marierait ;* du vivant du testateur l'institué a été nommé consul ou préteur, mais avant la mort du testateur il a cessé ses fonctions de consul ou de préteur ; ou la fille s'est mariée du vivant de son père, et a quitté son mari encore du vivant de son vivant. Il s'était élevé sur cette espèce des doutes chez les anciens jurisconsultes. Nous, voulant les décider, nous ordonnons que, soit que la condition se soit accomplie du vivant ou après la mort du testateur, elle soit réputée valablement accomplie. Nous ordonnons en outre que cette loi soit applicable aux legs, aux fidéicommis et aux affranchissemens ; il arriverait autrement que pour s'attacher à une telle subtilité, les volontés des testateurs recevraient des altérations.

Fait à Constantinople, le 9 des calend. d'août, après le cons. de Lampadius et d'Oreste. 531.

8. Le même empereur à Jean, préfet du prétoire.

Nous ordonnons que lorsqu'on trouve ces mots dans un testament, *que tel soit mon héritier sous les conditions désignées ci-dessous,* cette annonce de conditions soit censée non écrite, et que l'institution soit censée simple, si dans la suite du testament on ne trouve aucune condition. Nous fondons cette décision sur ce que Papinien a dit, que *les métairies laissées à la république par fidéicommis, n'en sont pas moins dues, quoique le testateur n'en ait point indiqué les limites, ni le programme des jeux qu'il voulait qu'on y célébrât, nonobstant la promesse faite dans le testament qu'il donnera les renseignemens dans un autre écrit.* Mais si, dans une partie quelconque de son testament, il a mis des conditions, l'institution est dans ce cas censée conditionnelle dès son origine, et les conditions doivent être observées comme si elles étaient écrites de suite après l'institution.

Fait à Constantinople, le 6 des calend. d'août, après le cons. de Lampadius et d'Oreste. 531.

9. *Le même empereur à Jean, préfet du prétoire.*

Quelqu'un laisse en mourant son épouse enceinte ; il fait un testament par lequel il institue d'une part son épouse, et de l'autre l'enfant qu'elle porte dans son sein. Il ajoute que *dans le cas où il ne lui naîtra point d'enfans posthumes, un tel sera son héritier.* Il lui est né un enfant posthume, mais il est décédé avant d'avoir atteint sa puberté. Les anciens jurisconsultes doutaient de la décision qu'on devait prendre dans une telle espèce. Ulpien et Papinien, très-savans jurisconsultes, conviennent qu'il s'agit ici d'une question de volonté ; Papinien pense que l'intention du testateur a été que, dans le cas qu'il lui naîtrait un enfant posthume, la mère devait, si l'enfant mourait avant d'avoir atteint sa puberté, venir à la succession à l'exclusion du substitué. Cette opinion est encore plus vraie lorsque le testateur a institué la mère pour une partie de sa succession : car il résulte delà qu'il est décédé avec toute l'affection maritale, et qu'il n'a pas voulu priver la mère de la succession. Quant à nous voulant applanir tous les doutes, nous adoptons dans cette espèce l'opinion de Papinien, et nous ordonnons en conséquence, que dans le cas où le posthume vient au monde, quoiqu'il décède avant d'avoir atteint la puberté, la substitution soit rejetée ; nous ne l'admettons que dans le cas où il ne naîtrait pas de posthume ou dans celui où la mère mourrait avant lui.

Fait à Constantinople, le 3 des calend. d'août, après le consul. de Lampadius et d'Oreste. 531.

turum promisit, ac posteà morte præventus non fecit. Sin autem conditiones quasdam in quavis parte testamenti posuit : tunc videri ab initio conditionalem esse institutionem, et sic omnia compleri, tanquam si testator ipsas institutiones eisdem conditionibus copulasset, quæ infrà conscriptæ sunt.

Datum 6 calend. augusti, Constantinopoli, post consulatum Lampadii et Orestis VV. CC. 531.

9. *Idem* A. *Joanni præfecto prætorio.*

Cùm quidam prægnantem habens conjugem, scripsit heredem ipsam quidem suam uxorem ex parte, ventrem verò ex alia parte, et adjecit : si non posthumus natus fuerit, alium sibi hæredem esse ; posthumus autem natus impubes decessit : dubitabatur quid juris sit, tam Ulpiano, quàm Papiniano viris disertissimis voluntatis esse quæstionem scribentibus : cùm opinabatur Papinianus eundem testatorem voluisse posthumo nato, et impubere defuncto, matrem magis ad ejus venire successionem, quàm substitutum. Si enim suæ substantiæ partem uxori dereliquit, multò magis et luctuosam hereditatem ad matrem venire curavit. Nos itaque in hac specie Papiniani dubitationem resecantes, substitutionem quidem in hujusmodi casu, ubi posthumus natus adhuc impubes viva matre decesserit, respuendam esse censemus : tunc autem tantummodò substitutionem admittimus, cùm posthumus minimè editus fuerit, vel post ejus partum mater prior decesserit.

Datum 3 calend. augusti, Constantinopoli, post consulatum Lampadii et Orestis VV. CC. 531.

TITULUS XXVI.

De impuberum, et aliis substitutionibus.

1. *Imp. Marcus Ælius Antoninus* A. *Secundo.*

CUM heredes ex disparibus partibus instituti, et invicem substituti sunt, nec in substitutione facta est ullarum partium mentio : verum est, non alias partes testatorem substitutioni tacitè inseruisse, quàm quæ manifestò in institutione expressæ sunt.

Datum .... Claro II. et Severo Coss. 171.

2. *Impp. Severus et Antoninus* AA. *Frontiniæ.*

Hereditatem quidem defuncti intestati filii delatam tibi dubitari non oportet. Substitutio enim testamento patris facta, ad pubertatis tempora porrigi non potest : quia ipso et aliis non ejusdem conditionis heredibus institutis, et invicem substitutis, propter eorum personam, quibus in unum casum duntaxat substitui potest, etiam in filio idem debere servari, et ratio suadet, et divus Marcus pater constituit.

Proposit. 6 calend. augusti, Chilone et Libone Coss. 205.

3. *Imp. Alexander* A. *Achillæ.*

Heres instituta matris testamento, si successionem ex testamento omisisti, et ab intestato bonorum possessionis jus habere voluisti : substituto locum quin feceris, in dubium non venit. Proinde si substitutus hereditatem amplexus est, actionibus, quæ tibi adversus matrem competebant, ipsum convenire, non successionem ab intestato potes vindicare.

Proposit. 11 calend. septembris, Maximo II. et Æliano Coss. 224.

TITRE XXVI.

Des substitutions pupillaires et des autres substitutions.

1. *L'empereur Marcus-Elius Antonin à Secundus.*

LORSQU'UN testateur a institué ses héritiers pour des portions différentes, et les a substitués ensuite réciproquement l'un à l'autre, sans faire dans la substitution aucune mention des portions de chacun d'eux, il est certain que le testateur a eu tacitement en vue, à l'égard de la substitution, les portions qu'il a déterminées et exprimées manifestement dans l'institution.

Fait sous le deuxième consul. de Clarus et le premier de Sévère. 171.

2. *Les empereurs Sévère et Antonin à Frontinia.*

Il est certain que la succession de votre fils décédé *intestat* vous est déférée : car la substitution pupillaire faite par le testament du père, votre époux, ne peut s'étendre à la puberté; parce que celui de vos fils à qui vous prétendez succéder, et les autres d'une condition différente ayant été institués héritiers et substitués réciproquement les uns aux autres, le même droit qu'on doit observer à l'égard des derniers, à qui on ne peut substituer que dans un seul cas, doit être aussi appliqué au premier qui est décédé avant la puberté. Tel est ce que la raison dicte et ce qu'a ordonné l'empereur Marcus notre père.

Fait le 6 des calend. d'août, sous le consul. de Chilon et de Libon. 205.

3. *L'empereur Alexandre à Achilla.*

Si ayant été instituée par le testament de votre mère, vous avez négligé de demander la succession en vertu du testament, mais vous avez demandé *ab intestat* la possession des biens, vous avez certainement par-là donné lieu à l'ouverture de la substitution. C'est pourquoi si le substitué a accepté l'hérédité, vous pouvez le poursuivre par les actions que vous aviez contre votre mère et non revendiquer de lui la succession *ab intestat.*

Fait le 11 des calend. de septembre, sous le deuxième consul. de Maxime et le premier d'Elien. 224.

4. Le même empereur à Firmien.

Quoiqu'il soit convenu que la substitution vulgaire ainsi conçue, *s'il n'est point mon héritier, je lui substitue, etc.* faite par le testateur à l'égard de son enfant impubère, serait étendue au cas où l'héritier institué, après avoir accepté l'hérédité, mourrait avant d'avoir atteint la puberté, c'est-à-dire que la substitution vulgaire faite à l'égard d'un impubère comprendrait aussi la substitution pupillaire, lorsque toutefois le testateur n'a manifesté aucune volonté contraire ; il est manifeste cependant que dans le cas de la formule suivante, le fils et la mère sont substitués l'un à l'autre, et que par conséquent il n'y a pas lieu à la substitution faite en faveur d'un tiers : *Si Firmien mon fils et Elia ma femme ne sont pas, ce que je suis loin de désirer, mes héritiers, que Publius-Firmianus soit mon héritier à leur place.*

Fait le 4 des calend. de juillet, sous le deuxième consul. de Fuscus et le premier de Dexter. 226.

5. Les empereurs Dioclétien et Maximien à Adriana.

Les substitutions autres que les pupillaires s'évanouissent par l'adition d'hérédité.

Fait le 10 des calend. de juin, sous le quatrième consul. de l'empereur Dioclétien et le troisième de l'emper. Maximien. 290.

6. Les mêmes empereurs et les Césars à Quintien.

Lorsque, par un testament fait légalement, plusieurs héritiers sont institués et substitués réciproquement les uns aux autres, la portion de ceux qui répudient la succession accroit à ceux qui en font l'adition, qui ne peuvent même répudier cet accroissement.

Sans date ni désignation de consulat.

7. Les mêmes empereurs et Césars à Félicien.

Si un père vous a substitué en termes directs par son testament fait légalement, à sa fille impubère, constituée sous sa

4. Idem A. Firmiano.

Quamvis placuerit substitutionem impuberi, qui in potestate testatoris fuerit, à parente factam ita, *Si heres non erit,* porrigi ad eum casum, quo posteà quàm heres extitit, impubes decessit, si modò non contrariam defuncti voluntatem extitisse probetur : cùm tamen proponas ita substitutionem factam esse, *Si mihi Firmianus filius et Ælia uxor mea (quod abominor) heredes non erunt, in locum eorum Publius Firmianus heres esto :* manifestum est, in eum casum factam substitutionem, quo utrique heredum subtitui potuit.

Proposit. 4 calend. julii, Fusco II. et Dextro Coss. 226.

5. Impp. Diocletianus et Maximianus AA. Hadrianæ.

Post aditam hereditatem directæ substitutiones non impuberibus filiis factæ expirare solent.

Proposit. 10 calend. junii, ipsis IV. et III. AA. Coss. 290.

6. Iidem AA. et CC. Quintiano.

Testamento jure facto, multis institutis heredibus, et invicem substitutis, adeuntibus suam portionem, etiam invitis, coheredum repudiantium accrescit portio.

Sine die et consule.

7. Iidem AA. et CC. Feliciano.

Si testamento jure facto, intra pupillarem ætatem, et in sua potestate constitutæ filiæ, si intra pubertatem decesserit, directis verbis pater substituit : heredem te factum ex testamento post eventum conditionis, intestati successionem exclusisse constat.

Sancit. calend. januar. AA. Coss.

8. *Iidem* AA. *et* CC. *Patronæ.*

Precibus tuis manifestiùs exprimere debueras, maritus quondam tuus miles defunctus, quem testamento facto heredem communem filium vestrum instituisse proponis, et secundum heredem scripsisse, utrumne in primum casum, an in secundum filio suo, quem habuit in potestate mortis tempore, si intra decimumquartum suæ ætatis annum, aut posteà decesserit, substituerit. Nam non est incerti juris, quòd si quidem in patris militis positus potestate, primo tantùm casu habuit substitutum, et patri heres extitit : eo defuncto ad te omnimodò ejus pertineat successio. Si verò substitutio in secundum casum, vel expressa vel compendiosa, non usque ad certam ætatem facta reperiatur : si quidem intra pubertatem decesserit, eos habeat heredes, quos pater ei constituit, et adierint hereditatem. Si verò post pubertatem : tunc ejus te successionem obtinente, veluti ex causa fideicommissi bona, quæ cùm moreretur patris ejus fuerint, à te peti possunt.

Sancit. 5 id. aprilis, AA. Coss. 293.

9. *Imp. Justinianus* A. *Mennæ præfecto prætorio.*

Humanitatis intuitu parentibus indulgemus, ut si filium, nepotem, vel pronepotem, cujuscumque sexus habeant, nec alia proles descendentium eis sit, iste tamen filius vel filia, nepos vel neptis, pronepos vel proneptis mente captus, vel mente capta perpetuò sit ; vel si duo vel plures isti fuerint, nullus verò eorum sapiat : liceat iisdem parentibus legitima portione et vel eis relicta, quos voluerint his substituere : ut occasione hujusmodi substitutionis ad exemplum pupillaris querela nulla contra testamentum eorum oriatur ; ita tamen, ut si posteà resipuerit, vel resipuerint : talis substitutio cesset. Vel si filia aut alii descendentes ex hujusmodi

puissance, dans le cas où elle mourrait avant la puberté ; il est certain que, d'après ce testament, vous êtes héritier si la condition s'est accomplie, et que vous excluez les héritiers *ab intestat.*

Fait pendant les calend. de janvier, sous le consul. des Césars.

8. *Les mêmes empereurs et Césars à Patrona.*

Vous auriez dû développer d'une manière plus claire dans votre requéte si votre défunt mari, soldat, que vous dites par son testament avoir institué héritier votre fils commun et lui avoir substitué un autre héritier, a voulu faire une substitution vulgaire, pupillaire ou compendieuse : car il est certain en droit que si votre fils (dont le père était militaire) à qui il a été substitué vulgairement, a fait l'adition de l'hérédité, la succession vous appartient. Mais dans le cas que la substitution soit pupillaire, si le pupille est décédé avant la puberté, la substitution est ouverte, et les héritiers substitués ont droit à la succession. Si la substitution étant *compendieuse*, votre fils est mort après sa puberté, vous lui succédez *ab intestat*, mais les héritiers substitués ont droit de vous demander les biens que le père a laissés comme pour cause de fidéicommis.

Fait le 5 des ides d'avril, sous le consul. des mêmes empereurs. 293.

9. *L'empereur Justinien à Menna, préfet du prétoire.*

En considération de l'humanité, nous permettons aux père et mère et ascendans, qui ont un ou plusieurs enfans ou petits-enfans, ou arrière-petits-enfans insensés ou privés de leur bon sens et sans postérité, de leur substituer qui bon leur plaît pour la portion de la succession qu'ils leur laissent : en sorte qu'à l'exemple de la substitution pupillaire, il ne naisse d'une telle substitution aucune querelle contre le testament. Cependant si leur bon sens leur revenait, la substitution s'évanouirait ; mais si les insensés dont nous parlons ont des descendans, la substitution ne peut avoir lieu qu'en leur faveur ; un seul d'entre eux, deux et même tous ensemble peuvent être substitués. Si l'insensé n'ayant aucune postérité, le testateur ou la testatrice ont d'autres enfans doués de raison, la substitution ne peut avoir lieu qu'en faveur de l'un, de plusieurs ou de tous ces derniers.

Fait à Constantinople, le 3 des ides de décembre, sous le deuxième consul. de l'empereur Justinien. 528.

10. Le même empereur à Jean, préfet du prétoire.

Lorsqu'un testateur, après avoir institué ses deux fils impubères, ajoutait que *s'ils venaient à mourir l'un et l'autre avant la puberté, tel serait son héritier*, les anciens jurisconsultes doutaient si l'intention du testateur était que le substitué fût admis seulement dans le cas où ils mourraient tous les deux impubères, ou s'il devait être admis à recevoir la portion de celui d'entre eux qui décéderait avant la puberté, quoique l'autre survécût à ce tems. L'opinion de Sabinus est qu'il ne doit être admis que dans le cas seulement où les deux institués mourraient avant la puberté, le père devant être censé avoir substitué ses deux fils l'un à l'autre. Quant à nous, adoptant l'opinion de Sabinus, parce que nous la croyons la plus raisonnable, nous ordonnons que le substitué ne soit admis à la succession que dans le seul cas où les deux institués mourraient avant la puberté.

Fait à Constantinople, le 6 des cal. d'août, après le consul. de Lampadius et d'Oreste. 531.

11. Le même empereur à Jean, préfet du prétoire.

On trouve l'espèce suivante dans Ulpien : Un testateur institue deux héritiers, il les substitue avec un tiers à son fils impubère. La substitution est conçue en ces termes : *Que mes héritiers, ainsi que Titius, soient héritiers de mon fils.* Dans la supposition de la mort du fils avant la puberté, on demandait pour quelle portion les trois institués devaient venir à la succession, si les deux premiers qui sont en même tems héritiers du père devaient y venir pour la moitié et le troisième

mente capta persona sapientes sint : non liceat parenti, qui vel quæ testatur, alios quàm ex eo descendentes, unum vel certos, vel omnes substituere. Sin verò etiam liberi testatori vel testatrici sint sapientes, ex his verò personis quæ mente captæ sunt, nullus descendat : ad fratres eorum unum, vel certos, vel omnes eandem fieri substitutionem oportet.

Datum 3 id. decembris, Constantinopoli, DN. Justiniano A. PP. II. Coss. 528.

10. Idem A. Joanni præfecto prætorio.

Cùm quidam duobus impuberibus filiis suis heredibus institutis adjecit, si uterque impubes decesserit, illum sibi heredem esse : dubitabatur apud antiquos legum auctores, utrumne tunc voluerit substitutum admitti, cùm uterque filius ejus in prima ætate decesserit : an alterutro decedente, illicò substitutum in ejus partem succedere. Et placuit Sabino, substitutionem tunc locum habere, cùm uterque decesserit. Cogitasse enim patrem, primo filio decedente, fratrem suum in ejus portionem succedere. Nos ejusdem Sabini veriorem sententiam existimantes, non aliter substitutionem admittendam esse censemus, nisi uterque eorum in prima ætate decesserit.

Datum 6 calend. augusti, Constantinopoli, post consulatum Lampadii et Orestis VV. CC. 531.

11. Idem A. Joanni præfecto prætorio.

Si quis duobus heredibus institutis, filio suo impuberi eos unà cum alio tertio substituerit, et verba testamenti ita composuerit : *Quisquis mihi heres erit, et Titius filio meo heres esto.* Secundùm quod apud Ulpianum invenimus ; mortuo impubere filio, quærebatur quomodò ad substitutionem vocentur tres substituti : utrùmne duo priores, qui et patri heredes fuerant scripti, in dimidiam vocentur, tertius in reliquam dimidiam : an tres substituti unusquisque ex triente ad substitutionem vocentur ?

Alia applicata dubitatione, si quis ita heredem scripserit, *Titius unà cum filiis suis,
et Sempronius heredes mihi sunto*. Et in
præsenti enim specie quærebatur secundùm Ulpianum voluntas testantis, utrumne
Titium unà cum filiis suis in dimidiam vo-
cet, et Sempronium in aliam dimidiam,
an omnes in virilem portionem? Nobis autem in prima quidem specie videtur tres
substitutos, unumquenque in trientem vocari : in secunda autem specie, cùm et natura pater et filius eadem esse persona penò
intelligantur, dimidiam quidem partem
Titio cum filiis , alteram autem partem
Sempronio adsignari.

Datum 6 calend. augusti, Constantinopoli, post consulatum Lampadii et Orestis
VV. CC. 531.

pour l'autre moitié, ou s'ils devaient y
venir tous par égale part? La question est
encore plus compliquée si l'on suppose que
le testament soit conçu en ces termes :
*Que Titius avec mes enfans et Sempronius
soient mes héritiers*. D'après Ulpien, on
demandait si dans cette espèce la volonté
du testateur était que ses enfans avec
Titius eussent la moitié de la succession
et Sempronius l'autre moitié, ou s'ils
devaient tous venir à la succession par
portions viriles ? Quant à nous, nous décidons que dans la première espèce, les
trois substitués viennent à la succession
par portions viriles ; mais que dans la seconde espèce, le père et l'enfant étant censés ne faire presque qu'une même personne, la moitié de la succession soit assignée
à Titius et aux enfans, et l'autre moitié à
Sempronius. 531.

Fait à Constantinople, après le consul.
de Lampadius et d'Oreste. 531.

Fin du second volume.

INDEX TITULORUM

QUI IN HOC SECUNDO VOLUMINE CONTINENTUR.

TABLE DES TITRES

CONTENUS DANS CE SECOND VOLUME.

Liv. VI.

Lib. VI.

Finis Indicis.   *Fin de la Table.*

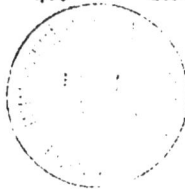

A METZ, de l'Imprimerie de LAMORT.